# Guide de lecture
# du Nouveau Testament

*Sous la direction de*
Pierre Debergé et Jacques Nieuviarts
Avec Édouard Cothenet, Bernadette Escaffre,
Odile Flichy, Alain Marchadour, Elian Cuvillier,
Jean-Pierre Prévost

# Guide de lecture du Nouveau Testament

NOVALIS

Bayard

ISBN (Bayard) 2-227-47410-6

3 et 5, rue Bayard, 75008 Paris

ISBN (Novalis) 2-89507-582-4

« Comprends-tu ce que tu lis ? – Et comment le pourrais-je si personne ne me guide ? »

(Ac 8,30-31)

# Sommaire

# *Préface*

## par Pierre Debergé[1]

Le 18 novembre 1993, un texte a été publié par la Commission biblique pontificale sur *L'interprétation de la Bible dans l'Église*[2] ». Donner à ce document un tel titre n'était pas neutre ; c'était déclarer, à la fois, que la lecture de la Bible relève d'un véritable travail d'interprétation et que ce travail est à situer et à accomplir en Église. Dès la première page de l'introduction, le propos était d'ailleurs très clair : « Le problème de l'interprétation de la Bible n'est pas une invention moderne, comme on voudrait parfois le faire croire » ; il a simplement « pris ces dernières années des dimensions nouvelles ». Et le document de montrer qu'il faut affronter ce problème dans une attitude qui soit, intellectuellement et ecclésialement, responsable. Avec un double danger : celui d'une certaine prétention à un accès individuel et immédiat au sens des textes bibliques ; plus largement encore, celui du fondamentalisme qui « invite, sans le dire, à une forme de suicide de la pensée ».

Reconnaissons-le pourtant, des premières manières d'interpréter la Bible aux recommandations de ce document, un long chemin a été parcouru. Même si le souci de saisir le sens véritable des textes bibliques a toujours été au cœur des différentes et successives approches de la Bible[3]. Depuis une trentaine d'années, plus particulièrement, les sciences humaines ont également modifié le rapport au texte aussi bien qu'à l'histoire, s'attachant à mettre en évidence les structures anthropologiques, sociales, psychologiques de l'être humain. Les sciences du langage ont aussi fait leur apparition, renouvelant la compréhension des textes tant dans leur fonctionnement que dans leur existence même. La place du lecteur est devenue un paramètre incontournable dans l'analyse et la lecture des textes. Par le fait même, l'historien s'est trouvé déplacé dans son rôle : il était auparavant l'homme clé de l'investigation, celui qui apportait lumière et éventuellement réponses aux questions posées par les textes ; même si son rôle demeure essentiel, il est désormais, parmi d'autres, l'un des acteurs de la recherche.

Significatif de cette nouvelle approche, le document romain sur *L'interprétation de la Bible dans l'Église*, auquel nous venons de faire allusion, examine les méthodes et les approches utilisées aujourd'hui dans le cadre de l'étude de la Bible. Il le fait de manière positive, car, s'il est extrêmement critique vis-à-vis du fondamentalisme, il s'emploie à

1. Recteur de l'Institut catholique de Toulouse.

2. *Documentation catholique*, n° 2085, 2 janvier 1994. Ce document a également été publié aux Éditions du Cerf, toujours en 1994.

3. Voir J. Nieuviarts, p. 122-161.

souligner les apports de chacune de ces différentes méthodes et approches, ainsi que leurs limites. Au sein de ces méthodes, l'une d'entre elles est présentée comme « indispensable » : la méthode historico-critique. Indispensable, elle l'est dans la mesure où elle s'efforce de déterminer le sens des textes par l'étude de leur genèse et de leurs conditions de production. De l'avis des auteurs de ce document, bien qu'indispensable, cette méthode ne peut cependant être utilisée de manière exclusive, car son usage « se restreint à la recherche du sens du texte biblique dans les circonstances historiques de sa production et ne s'intéresse pas aux autres potentialités de sens qui se sont manifestées au cours des époques postérieures de la révélation biblique et de l'histoire de l'Église ». D'où l'intérêt des nouvelles méthodes d'analyse littéraire, comme la rhétorique, la narratologie ou la sémiotique.

Pour les auteurs de ce document, si importantes qu'elles soient, ces différentes méthodes sont toutefois « insuffisantes pour l'interprétation de la Bible, car elles considèrent chaque écrit isolément. Or la Bible ne se présente pas comme un assemblage de textes dépourvus de relations entre eux, mais comme un ensemble de témoignages d'une même grande tradition. » Rien d'étonnant donc si les membres de la Commission biblique évoquent ensuite des approches qui s'intéressent davantage à la réception des textes bibliques ou à leurs influences postérieures. Certaines de ces approches sont fondées sur la tradition, soit qu'elles s'efforcent de lire les textes bibliques en les situant dans l'ensemble du Canon des Écritures, soit qu'elles s'intéressent aux traditions juives d'interprétation ou à l'influence exercée par ces textes aussi bien sur la littérature et l'art que sur la théologie, la mystique ou l'ascèse. D'autres approches ont pour fondement les sciences humaines : sociologie, anthropologie, psychologie et psychanalyse. D'autres enfin lisent les textes bibliques à la lumière de problématiques de type libérationiste, féministe ou liées à des courants militants particuliers. Bien que pouvant conduire à des excès, elles ne sont pas sans apports intéressants.

À la différence de ces diverses méthodes et approches, seule la lecture fondamentaliste est qualifiée de dangereuse. Pourquoi ? Parce qu'elle refuse toute considération historique sur le texte, donc toute prise en compte du caractère historique de la révélation biblique. Parce qu'elle s'enracine de ce fait dans une idéologie qui n'est pas biblique et qui « dénature l'appel lancé par l'Évangile lui-même ». Pire encore, parce qu'elle « se rend incapable d'accepter pleinement la vérité de l'incarnation elle-même ». Seule, la lecture fondamentaliste fait donc l'objet d'une critique acerbe et sans appel. Même si elles sont accompagnées ici ou là de réserves, toutes les autres méthodes et approches sont reconnues comme porteuses d'éléments positifs, à condition, c'est vrai, qu'elles ne prétendent pas à l'exclusivité et qu'elles soient perçues comme complémentaires.

Tel est précisément l'objectif qui a présidé à ce *Guide de lecture du Nouveau Testament*. Proposer une introduction au Nouveau Testament qui ne se contente pas de répondre aux questions habituelles – quand tel livre a été écrit, où, pour qui, dans quel but ? –, mais qui permette d'entrer dans la lecture des textes qui le constituent. C'est pour cela que nous avons choisi d'aborder les questions relatives aux auteurs et aux conditions d'élaboration de leurs œuvres dans un chapitre introductif intitulé : « La constitution du Nouveau Testament : Repères historiques, littéraires et théologiques ». Concernant la lecture du Nouveau Testament, avant d'entrer dans la lecture proprement dite des évangiles, des lettres de Paul ou de l'Apocalypse de Jean, il nous a semblé important également de retracer l'histoire du texte du Nouveau Testament et des différentes manières dont, au fil de l'histoire, il a été traduit et lu. C'est l'objet du deuxième chapitre, où l'on trouvera quantité d'informations précieuses, notamment sur les manuscrits du Nouveau Testament ou sur les caractéristiques des différentes méthodes de lecture utilisées.

Mais il ne fallait pas se contenter, comme le font la plupart des Introductions, d'une présentation générale, il fallait entrer dans la lecture des textes et expérimenter la fécondité des méthodes et des instruments dont on dispose aujourd'hui. Nous avons donc demandé à des spécialistes de choisir, pour chacun des livres présentés, des passages qui leur paraissaient essentiels pour la compréhension de cette œuvre, et de nous en proposer une lecture. Chacun l'a fait, avec sa sensibilité et en s'inspirant des méthodes qu'il employait habituellement. Faisait également partie du contrat le souci d'indiquer, le plus souvent sous forme d'encadrés, des mots clés ou des thèmes théologiques caractéristiques du livre ou des lettres étudiés. Enfin, chacun pouvait aussi présenter différentes lectures d'un même passage, en n'hésitant pas, s'il le jugeait opportun, à faire appel à des approches féministe, matérialiste, juive, psychanalytique, etc. C'est ce qui a été fait.

Dans sa constitution, comme dans son contenu, cet ouvrage, en même temps qu'il est une véritable introduction au Nouveau Testament, est donc surtout une invitation à la lecture. À lire le Nouveau Testament, en se mettant à l'écoute de la Parole qui l'habite, pour faire l'expérience vivante de Dieu qui se communique à chacun et à tous. Car lire la Bible, c'est entrer en dialogue avec le Verbe de Dieu, la Parole qui fait vivre.

Pierre Debergé
Recteur
de l'Institut catholique de Toulouse

1

# La constitution du Nouveau Testament

## Repères historiques, littéraires et théologiques

par Pierre Debergé [1]

Celui qui ouvre le Nouveau Testament se trouve devant un ensemble de 27 écrits disposés généralement en 4 groupes : les **évangiles**, avec Matthieu, Marc, Luc et Jean ; les **Actes des Apôtres** ; les **lettres** : 13 lettres de Paul, la lettre aux Hébreux, la lettre de Jacques, 2 lettres de Pierre, 3 lettres de Jean et la lettre de Jude ; l'**Apocalypse**. Mais une présentation plus respectueuse de la date et du contenu de ces écrits commencerait par les lettres de Paul, présenterait ensuite l'évangile de Marc, situerait dans un stade intermédiaire des lettres dont la date est incertaine (Hébreux, 1 Pierre, Jacques, Jude) pour revenir aux œuvres des évangélistes Matthieu et Luc. Elle se terminerait par la tradition johannique (évangile, lettres, Apocalypse) et la 2e lettre de Pierre.

Malgré leurs genres littéraires différents, tous ces écrits ont un point commun : ils évoquent Jésus Christ comme Sauveur et médiateur d'une « Nouvelle Alliance » (2 Co 3,6). Telle est d'ailleurs l'origine de la désignation : Nouveau Testament. En découle un constat : l'histoire de la rédaction et de l'élaboration du Nouveau Testament est contemporaine de celle de l'Église primitive qui découvre son Seigneur, en même temps qu'elle se développe, non sans tensions il est vrai, aussi bien avec le monde environnant qu'à l'intérieur d'elle-même. Reste que, le jour de Pentecôte, les apôtres n'ont aucun écrit, mais seulement une certitude : Dieu a ressuscité Jésus, l'humanité est sauvée (1 Co 15,1-8).

Présenter les textes du Nouveau Testament, c'est donc évoquer des écrits qui, dès leur composition, étaient destinés à jouer un rôle dans les communautés primitives : pour les aider à dire leur foi, pour instruire les catéchumènes, pour contester les « opposants », pour maintenir l'unité à l'intérieur et entre les communautés, pour louer et célébrer

1. Recteur de l'Institut catholique de Toulouse, professeur à la faculté de théologie.

le Christ ressuscité, etc. Ce sont donc des écrits fonctionnels qui deviendront très vite normatifs.

Si la formation littéraire du Nouveau Testament est en rapport étroit avec les grandes étapes du développement de l'Église primitive, deux dates vont également jouer un rôle important : la ruine de Jérusalem, en l'an 70 de notre ère, qui affectera le monde juif et les judéo-chrétiens ; l'expulsion, vers l'an 80, des chrétiens d'origine juive de la vie synagogale, qui privera les premiers chrétiens de la protection juridique dont ils bénéficiaient. Ils seront alors accusés de rébellion contre la société et même d'athéisme.

# DES TRADITIONS ORALES AUX PREMIERS RECUEILS

Dès les premiers temps du christianisme, de multiples petites communautés chrétiennes vont surgir en Palestine, en Syrie, en Asie Mineure ou sur le pourtour méditerranéen. Implantées dans des régions différentes, avec des hommes et des femmes d'origines sociologique, religieuse et culturelle diverses, ces communautés auront des visages différents. Mais c'est partout le même Seigneur que l'on y célébrera, même si les traits qu'on retiendra de lui varieront en fonction de la constitution des communautés chrétiennes et de leurs attentes. Certaines activités seront également communes à toutes ces communautés, qu'elles se trouvent à Jérusalem, à Antioche de Syrie, à Éphèse, à Rome ou à Alexandrie. Au nombre de ces activités communes figurent notamment la vie liturgique et le culte, la catéchèse pour instruire les nouveaux baptisés, l'annonce de l'Évangile destinée à conduire les juifs et les païens à la foi, etc. Autour de ces différentes activités s'élaboreront des traditions orales qui seront ensuite mises par écrit.

## Annoncer l'Évangile

Pour dire leur foi, les premiers chrétiens vont rédiger des Credo. Le plus ancien d'entre eux se trouve vraisemblablement dans la 1re lettre aux Corinthiens, où Paul évoque l'Évangile qu'il a lui-même reçu. Il demande aux Corinthiens de le garder tel qu'il le leur a transmis, sinon ils auraient cru en vain :

> « Je vous rappelle, frères, l'Évangile que je vous ai annoncé (littér. : évangélisé), que vous avez reçu, auquel vous restez attachés, et par lequel vous serez sauvés si vous le retenez tel que je vous l'ai annoncé ; autrement vous auriez cru en vain. Je vous ai transmis en premier lieu ce que j'avais moi-même reçu : Christ est mort pour nos péchés selon les Écritures. Il a été enseveli, il est ressuscité (littér. : il a été relevé), le troisième jour, selon les Écritures. Il est apparu (littér. : il s'est fait voir) à Céphas, puis aux Douze » (1 Co 15,1-5).

Suit une liste des apparitions du Christ ressuscité.

Quand Paul a-t-il reçu cet Évangile ? Pour certains, ce serait à Antioche. Pour d'autres, dès son entrée dans l'Église locale de Damas, où les Actes disent qu'il fut baptisé (Ac 9,18), à moins que ce ne soit lors de son premier passage à Jérusalem (Ac 9,26-29), où Paul rencontra Pierre (Ga 1,18). Dans tous les cas, quelques années à peine s'étaient écoulées entre les événements de la mort et de la résurrection du Christ et la réception de cet Évangile. Et déjà apparaissent les trois dimensions constitutives de l'Évangile annoncé par les premiers chrétiens : un événement historique, considéré comme conforme au dessein de Dieu, et dont on reconnaît qu'il a pour effet le salut de l'humanité.

À la lecture de ce passage de la 1re lettre aux Corinthiens, on constate également qu'une lecture chrétienne des Écritures accompagne l'annonce et la proclamation de l'Évangile, puisque c'est à partir des Écritures que les premiers chrétiens saisissent le sens profond de la vie, du ministère, de la mort et de la résurrection de Jésus. Si cela est particulièrement évident en ce qui concerne sa passion et sa mort sur la croix, c'est l'ensemble du ministère de Jésus qui est ainsi interprété à la lumière des Écritures. Au même moment, pour traduire leur compréhension de la Résurrection – une réalité qui ne peut se résumer en une seule formule –, les premiers chrétiens utilisent deux concepts différents et complémentaires : celui de la « Résurrection » et celui de l'« Exaltation ». Ils apparaissent dans les différents genres littéraires dans lesquels est exprimée la foi en la résurrection du Christ (Ph 2,6-11 ; Ac 2,32-36 ; Lc 24,36-43 ; Mt 28,16-18).

## « Faire mémoire » du Seigneur

À côté de cette dimension essentielle de la vie de l'Église qu'est l'annonce de l'Évangile, il faut en mentionner une autre, tout aussi fondamentale : la dimension liturgique. Qu'il s'agisse du repas du Seigneur, du baptême ou de l'envoi des premiers missionnaires, ces différents moments de la vie des communautés sont, en effet, l'occasion de se rappeler (faire mémoire) ce que le Christ a fait et enseigné dans des contextes similaires. Dans une de ses lettres, Paul, par exemple, évoque le repas que les chrétiens de Corinthe prennent ensemble. Ce repas culmine dans une célébration rituelle d'un genre nouveau : le **repas du Seigneur**, où l'on communie à son corps et à son sang (1 Co 10,16 ; 11,20 *sqq.*). Il est le fondement de la vie communautaire et le lieu où la communauté tout entière se reçoit de Celui qui forge et nourrit sa communion (1 Co 10,17). Lieu de communion, le repas eucharistique devrait donc être un lieu de fraternité et de partage.

En fait, ce n'est pas toujours le cas. Ainsi, à Corinthe, certains membres de la communauté font bombance et ne partagent pas leur nourriture avec les derniers arrivés, de sorte que « chacun se hâte de prendre son propre repas, et l'un a faim, tandis que l'autre est ivre » (1 Co 11,21). Pour Paul, ce mépris du partage est grave. Il revient à boire le vin et à manger le pain du Seigneur « indignement » (11,27). Pire, parce que, dans la réalité concrète qu'est la communauté rassemblée pour le repas eucharistique, ils ne perçoivent pas le corps du Christ, ceux qui mangent et boivent ainsi mangent et boivent leur propre condamnation (11,28-29). C'est l'occasion pour Paul de rappeler aux chrétiens de Corinthe ce qu'il a lui-même reçu :

> « Moi, voici ce que j'ai reçu du Seigneur et ce que je vous ai transmis : le Seigneur Jésus, dans la nuit où il fut livré, prit du pain, et après avoir rendu grâce, il le rompit et dit : "Ceci est mon corps, qui est pour vous, faites cela en mémoire de moi." Il fit de même pour la coupe, après le repas, en disant : "Cette coupe est la nouvelle Alliance en mon sang ; faites cela toutes les fois que vous en boirez en mémoire de moi" » (1 Co 11,23-25).

Le fait que Paul rappelle ici les gestes que Jésus avait accomplis et les paroles qu'il avait prononcées, lors de la dernière Cène, confirme que le contexte liturgique – à comprendre dans un sens plus large qu'aujourd'hui – sera un des lieux majeurs où seront élaborées les premières traditions orales concernant non seulement l'institution eucharistique, mais vraisemblablement aussi les repas de Jésus, certains de ses enseignements où le thème du repas occupe une place importante, ou encore des miracles de Jésus comme celui de la multiplication des pains (Mc 6,30-44 et par.).

Ce même scénario va, semble-t-il, accompagner un autre acte liturgique fondamental, puisqu'il introduit dans la communauté chrétienne : le **baptême** « au nom de Jésus ». À la lecture des Actes des Apôtres on apprend qu'il est donné là où il y a de l'eau (Ac 8,36 ; 16,13-15), éventuellement dans des maisons particulières (Ac 16,33 et probablement 10,48). Une formule primitive liée à ce rite a été conservée : les fidèles sont baptisés « au nom de Jésus ». Mais la formule trinitaire de Mt 28,19 : « Allez donc ! De toutes les nations faites des disciples, les baptisant au nom du Père et du Fils et du Saint-Esprit ! » dérive probablement, elle aussi, de cette même pratique baptismale. Des scènes évangéliques, comme celle du baptême de Jésus (Mc 1,9-11 amplifié dans Mt 3,13-17 ; Lc 3,15-18 et même Jn 1,19-20), avec le rappel de la prédication de Jean Baptiste, ont vraisemblablement été élaborées dans ce contexte liturgique.

Autre exemple : **l'envoi en mission**. Parce qu'il est un geste majeur de la vie des communautés qui envoient au loin certains des leurs annoncer l'Évangile, il donne lieu à un rite liturgique que Luc évoque, dans les Actes des Apôtres, à propos de Barnabé et de Saul :

> « Il y avait à Antioche, dans l'église du lieu, des prophètes et des hommes chargés de l'enseignement : Barnabas, Syméon appelé Niger et Lucius de Cyrène, Manaen, compagnon d'enfance d'Hérode le tétrarque, et Saul. Un jour qu'ils célébraient le culte du Seigneur et qu'ils jeûnaient, l'Esprit saint dit : "Réservez-moi donc Barnabas et Saul pour l'œuvre à laquelle je les ai appelés." Alors, après avoir jeûné et prié, et leur avoir imposé les mains, ils leur donnèrent congé » (Ac 13,1-3).

Ce passage des Actes des Apôtres montre bien que les premiers chrétiens ne considéraient pas la mission comme une affaire privée et qu'ils avaient conscience qu'on est toujours envoyé par une communauté. Outre le fait que l'envoi de Barnabé et de Paul a lieu ici durant une célébration liturgique, on notera également qu'il s'accompagne d'un geste – l'imposition des mains – que l'on retrouvera plus tard à propos de personnes qui exercent une responsabilité au sein de la communauté chrétienne (1 Tm 4,14 ; 5,22 ; 2 Tm 1,6). Enfin, sachant que Paul fait allusion, dans ses lettres, à une règle donnée par le Seigneur au sujet de ceux qui annoncent l'Évangile (1 Co 9,14 ; voir Lc 10,7), il y a lieu de penser que les discours d'envoi en mission reproduits dans les Synoptiques ont reçu leur première forme dans les célébrations d'envoi des missionnaires chrétiens (Mc 6,7-11 ; Mt 10,5-15 ; Lc 9,1-6 ; 10,1-11). Mais sans doute en est-il de même des scènes où l'on voit Jésus évoquer l'envoi de l'Esprit, et cela en rapport avec les difficultés que rencontreront les messagers de l'Évangile (Mc 13,11 ; Mt 10,19-20 ; Lc 12,11-12 ; Jn 15,18-27).

C'est dans ce contexte liturgique que l'on doit situer enfin l'élaboration des **hymnes** transmises par Luc : *Magnificat*, Cantique de Zacharie, Cantique de Syméon (Lc 1,46b-55.68-79 ; 2,29-32) ainsi que celle des hymnes au Christ ou à Dieu que l'on trouve dans différentes lettres du Nouveau Testament (Ph 2,6-11 ; Col 1,15-20 ; Ep 1,3-14 ; 1 P 2,22-24). Cela vaut également pour les deux versions différentes du *Notre Père* qui, comme pour le repas du Seigneur, nous sont parvenues à travers des pratiques liturgiques différentes (Mt 6,9-15 ; Lc 11,2-4). Mentionnons, pour terminer, certaines **acclamations** dont l'enracinement liturgique semble évident : *Amen, Alleluia, Maranatha* (1 Co 16,22 ; Ap 22,20).

## Instruire les fidèles

S'il est un autre secteur de la vie des communautés chrétiennes qui a dû contribuer à l'élaboration de recueils de paroles ou d'épisodes de la vie de Jésus, c'est sans aucun doute celui de la formation de ceux qui adhéraient au Christ. Encore qu'il ne soit pas toujours facile de déterminer avec exactitude ce qui relève de l'annonce de l'Évangile et ce qui est propre à « l'instruction chrétienne ». Quoi qu'il en soit, on peut imaginer que cet enseignement devait comporter le rappel d'épisodes de la vie de Jésus dans lesquels ceux qui avaient adhéré au Christ pouvaient puiser un enseignement pour leur vie, qu'il s'agisse de l'appel des premiers disciples qui avaient tout quitté pour suivre Jésus (Mc 1,16-20), de certaines rencontres de Jésus, comme celles du « jeune homme riche » (Mt 19,16 *sqq.*) ou de Zachée (Lc 19,1 *sqq.*), de la manière dont Jésus avait surmonté les tentations de toujours (Mt 4,1-11) ou de son enseignement sur l'attitude à adopter à l'égard des autorités religieuses et politiques (Mc 12,13-17 ; Mt 17,24-27).

Toujours à propos de « la formation des croyants », il faudrait aussi évoquer les paroles de Jésus sur le mariage, sur le danger des richesses, sur la place des petits, sur l'exercice du pouvoir, etc., qu'elles aient été rassemblées dans des collections de paroles (Mt 5 – 7) ou qu'elles aient « erré » de communauté en communauté. Ce qui est sûr, c'est que ce souci de faire mémoire des faits et gestes de Jésus s'est inscrit dans une fidélité vivante qu'il ne faut pas confondre avec une répétition de nature presque « mécanique ». D'où sans doute la diversité des formulations et des contextes dans lesquels ces paroles apparaissent aujourd'hui dans le Nouveau Testament. Mais cela ne veut pas dire que chaque communauté a produit ce qu'elle voulait, comme elle le voulait.

À cela, il faut ajouter que la fixation littéraire des souvenirs s'est échelonnée sur plusieurs décennies, avec la souplesse et le flottement qu'on peut supposer en de telles circonstances. Mais ce que l'on peut imaginer, c'est que, très vite, les responsables des communautés locales ont eu besoin d'une documentation évangélique écrite, en dehors des

Écritures, qui restaient la base de leur culture religieuse. Et c'est dans ce contexte que se sont constituées des collections partielles, comportant sans doute beaucoup de variantes et de détails, mais que l'on conservait et que l'on se transmettait de communauté à communauté [2]. Dans tous les cas, s'il y a eu, comme on le verra surtout avec les évangiles, une véritable création littéraire, ce travail s'est adapté aux besoins concrets et particuliers des communautés à qui il fallait donner un enseignement pour entretenir, approfondir et formuler leur foi.

2. Il est même possible que certains recueils de paroles de Jésus, disparus entre-temps, aient véhiculé des matériaux de ce genre jusqu'à l'époque patristique. C'est ainsi que s'explique la présence de paroles vraisemblablement authentiques de Jésus dans certains écrits des Pères de l'Église ou même dans l'Évangile selon Thomas. On les désigne habituellement sous le vocable : *agrapha*.

# LES LETTRES DE PAUL

Les lettres de Paul appartiennent à la première littérature chrétienne. Elles correspondent à une période où les premiers chrétiens attendaient le retour imminent du Christ. Paul étant un apôtre itinérant qui annonçait l'Évangile de ville en ville, les lettres étaient un moyen pour lui de communiquer avec les communautés qu'il avait fondées [3]. Ainsi s'explique le fait que, dans les années 50 de notre ère, Paul ait été à l'origine des écrits chrétiens les plus anciens qui nous soient parvenus [4]. Chacun d'eux a une tonalité et un accent quelque peu différents, car tous dépendent de ce que vivaient les communautés auxquelles Paul s'adressait et de leurs besoins particuliers. Sur les treize lettres qui sont généralement attribuées à Paul, sept sont considérées comme « authentiques », c'est-à-dire ayant été dictées et envoyées personnellement par Paul. Pour les six autres, les avis divergent.

***« Lettres » ou « épîtres »* [5] *?***

« Les écrits pauliniens relèvent d'un genre littéraire qui se situe entre la lettre et l'épître. La lettre, au sens strict du terme, est un document bref, à caractère privé et personnel. L'épître, telle qu'elle est utilisée dans l'Antiquité par Aristote, Cicéron ou Sénèque, est un genre littéraire qui traite d'un sujet précis d'intérêt général, de façon systématique, et selon des règles de présentation déterminées. Les épîtres sont destinées à être lues en public.

Ces deux aspects se croisent dans les écrits pauliniens. Ceux-ci, tout en donnant des nouvelles personnelles de l'Apôtre, en informant de ses déplacements, sont destinés à être lus dans l'assemblée chrétienne et la concernent directement. D'une part, les écrits répondent aux problèmes très concrets de la communauté et, de l'autre, ils ont pour but de l'encourager à vivre de manière cohérente la foi qu'elle proclame. »

C. Reynier, *L'Évangile du Ressuscité,*
Paris, Éditions du Cerf, « Lire la Bible » n° 105, p. 10-11

## LES LETTRES RECONNUES COMME PAULINIENNES

Sept lettres sont habituellement considérées comme d'origine paulinienne. Il s'agit de la 1re lettre aux Thessaloniciens, des deux lettres aux Corinthiens, des lettres aux Galates, aux Philippiens, aux Romains et à Philémon. Elles ont été rédigées à partir de modèles bien connus

3. Véritable « substitut de présence », les lettres permettaient à Paul de se rendre présent à ceux qu'il avait rencontrés lorsqu'il leur avait annoncé le Christ. Elles apportaient avec elles l'autorité de Celui qui avait joué un rôle important dans la fondation de leur communauté. Elles autorisaient également certaines audaces ou une certaine fermeté qu'une présence physique ou un discours de vive voix n'auraient pas toujours rendues possibles (Ga 5,12). Il semble bien d'ailleurs que l'on reprochera à Paul d'être si humble quand il est présent et de parler avec tellement de hardiesse quand il écrit (2 Co 10,1) !

4. Pour une chronologie possible de Paul, voir E. Cuvillier, « Lire les lettres de Paul », p. 394.

5. *Id.*, « Paul et l'art épistolaire : une question difficile », p. 393-396.

dans le monde hellénistique. Elles ont aussi pour caractéristique d'être des « écrits de circonstance », visant des destinataires connus et répondant à des problèmes concrets. Ce ne sont donc pas des traités théologiques, mais des actes pastoraux dont les thèmes et le langage ont été déterminés par les problèmes et les questions que rencontraient les communautés auxquelles Paul s'adressait. La lettre aux Romains semble cependant faire exception.

## La 1re lettre aux Thessaloniciens [6]

Datée des années 50-51, la 1re lettre aux Thessaloniciens marque une étape dans l'activité missionnaire de Paul, car elle est non seulement la première en date de ses lettres, mais aussi le plus ancien écrit du Nouveau Testament. Bien qu'elle ait été envoyée par Paul, Silvain et Timothée – tous trois à l'origine de la communauté de Thessalonique, dont ils n'avaient pu, apparemment, achever l'organisation (Ac 17,1-9) –, Paul semble en être le véritable auteur (5,27). Elle a été rédigée peu de temps après son arrivée à Corinthe, où Timothée venait de lui apporter des nouvelles rassurantes de la communauté de Thessalonique (3,6-10 ; voir 2,17-20).

À la lecture de la lettre, on apprend que cette communauté était composée d'anciens païens (1,9), et non, comme auraient pu le laisser croire les Actes des Apôtres, de Juifs et de païens sympathisants de la Synagogue. À l'heure où Paul écrit, cette communauté était l'objet de calomnies ou de persécutions de la part des Juifs, qui ameutaient la population et les autorités locales. D'où la violente réaction de Paul (2,14-16).

Cette lettre a pour but d'encourager les Thessaloniciens et de les fortifier dans leur foi, non de corriger des erreurs ou des déviations. Paul les exhorte à vivre dans la sainteté (4,1-8), à travailler pour éviter d'être à la charge les uns des autres (4,11), à faire preuve de vigilance (5,1-11) et à s'édifier mutuellement (4,18 ; 5,12-22). Dans un contexte où le retour du Christ semblait imminent (1,10 ; 2,19 ; 4,16), Paul répond également à des questions qui préoccupaient les chrétiens de Thessalonique, notamment au sujet de ceux qui seraient décédés avant qu'intervienne la parousie (5,1 *sqq.* ; 4,13). C'est l'occasion d'un enseignement précieux sur la résurrection des morts (4,13-18).

## Les lettres aux Corinthiens

Ces lettres font partie d'un échange de correspondance entre Paul et les chrétiens de Corinthe qui ne se limite pas aux deux lettres que nous connaissons. Il semble bien, en effet, que Paul ait envoyé au moins quatre lettres à la communauté de Corinthe. On en a pour preuve le fait que, dans la 1re lettre aux Corinthiens, Paul évoque une précédente lettre, manifestement perdue (1 Co 5,9-11) [7], en même

6. Comme pour les autres lettres, nous nous limitons ici à une présentation succincte. On trouvera d'autres développements dans la contribution d'Elian Cuvillier, p. 391 *sqq.*

7. La lettre que nous appelons la première pourrait donc être la deuxième.

temps qu'en 7,1 il est question d'une lettre envoyée par les chrétiens de Corinthe. Dans la 2e lettre aux Corinthiens, Paul fait allusion également à une troisième lettre « écrite dans les larmes » (2 Co 2,3-4 ; 7,8). De nombreux auteurs sont d'avis qu'elle pourrait correspondre aux chapitres 10 à 13 de la deuxième lettre actuelle[8], les autres chapitres constituant une quatrième lettre.

D'après les Actes des Apôtres, Paul est arrivé à Corinthe après l'échec d'Athènes (Ac 18,1-18). Il y est resté près d'un an et demi, vraisemblablement de la fin de l'année 50 au début de l'année 52. Au cours de ce séjour à Corinthe, il fut traduit devant Gallion, proconsul de la province romaine d'Achaïe, une des rares figures du Nouveau Testament que l'on puisse dater de manière certaine. À en croire la 1re lettre aux Corinthiens, Paul avait alors annoncé l'Évangile non pas avec la sagesse de la parole (1 Co 1,17), mais comme missionnaire du Christ crucifié (1,23-24 ; 2,1-5). Il avait transmis aussi des traditions liturgiques comme le baptême (1,13 ; 12,13), le repas du Seigneur (11,23 *sqq.*) et bien sûr le « credo » qu'il avait lui-même reçu (15,1 *sqq.*). D'une manière générale, il avait choisi de ne pas se faire « entretenir », mais de gagner sa vie par son travail manuel (4,12), ce qui avait suscité une certaine hostilité (1 Co 9 ; 2 Co 11,7-12). Très vite, une communauté s'était constituée, composée en grande partie de convertis de culture grecque venus du paganisme, de milieux plutôt humbles (1 Co 1,26 *sqq.* ; 7,21 *sqq.* ; 11,22), avec quelques éléments d'origine juive (Ac 18,8 ; 1 Co 1,22-24). Après le départ de Paul, d'autres missionnaires chrétiens avaient poursuivi son action (3,5-15). D'eux nous ne connaissons qu'Apollos (Ac 18,24), qui avait fait des adeptes (3,5) et dont la permanence à Corinthe est attestée aussi en Ac 19,1.

À la lecture de la 1re lettre aux Corinthiens, on apprend que, à la différence de celle de Thessalonique, la communauté de Corinthe n'était pas en butte à l'hostilité, et encore moins aux persécutions. Au contraire même, puisque les chrétiens étaient invités à la table des non-chrétiens (10,27 *sq.*), fréquentaient, semble-t-il, les échoppes qui se trouvaient près des temples païens (8,10) et faisaient appel aux tribunaux de la ville (6,1). Mais, si l'Église de Corinthe était bien intégrée dans la société, elle était traversée par de terribles fractures et de tragiques divisions, les uns se réclamant d'Apollos, les autres de Céphas, et d'autres encore du Christ (1,10-12). À ces scissions s'ajoutaient, si l'on en croit 11,17-34, des divisions d'ordre social entre ceux qui avaient des maisons et qui mangeaient, et ceux qui n'avaient rien. Ainsi, lors du repas du Seigneur, les plus aisés arrivaient les premiers et mangeaient tout ce qu'ils avaient apporté, tandis que les moins fortunés, peut-être retenus par le travail, arrivaient plus tard et ne trouvaient rien à manger.

Enfin, les chrétiens de Corinthe n'avaient pas la même appréciation de l'attitude à adopter par rapport aux viandes immolées (8,10 ; 10,14 *sqq.*). Certains, forts de la liberté reçue du Christ, n'avaient pas de

8. À moins qu'elle n'ait été perdue. On trouvera une belle présentation des relations entre Paul et Corinthe, in J. Murphy O'Connor, *Corinthe au temps de saint Paul. L'archéologie éclaire les textes*, Paris, Éditions du Cerf, 2004, p. 216-217.

scrupule en la matière, d'autres – les faibles – s'abstenaient d'en manger par motif de conscience. Comme on le voit dans les chapitres 6 et 7, différentes étaient également leurs manières de « se situer » face à la sexualité. Enfin, les réunions de prière étaient aussi des occasions de divisions (12 – 14), car il n'était pas rare que certains fassent montre, avec une certaine supériorité, d'un charisme dont d'autres étaient privés, ce qui humiliait encore plus les moins avantagés. Plus grave encore, certains niaient même la résurrection des morts (1 Co 15).

***Comment écrivait-on au temps de Paul ?***

« On taillait la tige d'un roseau pour écrire. L'encre, noire, était obtenue à partir de la suie qu'on dissolvait dans de l'eau de gomme ; l'encrier qui la recevait était en métal ou en céramique. On écrivait sur papier ou sur parchemin. Le papier venait des feuilles de papyrus, qu'on entrelaçait, collait et pressait fortement pour en faire des feuilles bien lisses, d'une dimension avoisinant notre format A4. Pour former les rouleaux, on collait les bords des feuilles. Quant aux feuilles de parchemin – peau d'animal, le plus souvent mouton ou agneau, préparée pour l'écriture –, on les cousait sur les deux côtés pour en faire un rouleau, ou sur un seul côté, et elles prenaient alors la forme d'un cahier (appelé *codex*).

Les lettres étaient en général dictées. La technique de l'écriture rapide (sténographie ou tachygraphie) était connue à l'époque et son usage répandu ; il était en effet très difficile d'écrire vite sur papyrus : doser la quantité d'encre sur la plume et effacer les fautes prenait du temps. Aussi, à l'aide d'un stylet, on écrivait sur des tablettes enduites de cire, avant de copier au propre, sur papyrus ou parchemin.

On confiait à un secrétaire le travail d'écriture, qui pouvait aller de la simple copie servile aux corrections de grammaire et de style, voire à la composition d'ensemble (à partir des idées et thèmes fournis par l'auteur). Pour la préparation et l'élaboration de ses lettres, Paul a pu se faire aider d'un ou de plusieurs collaborateurs, qu'il a consultés et avec lesquels il a discuté des différents types d'arguments et de leur articulation.

L'expéditeur conservait en général une copie de la lettre – voilà pourquoi certains exégètes pensent que le codex des lettres pauliniennes a été créé par Paul lui-même à l'aide des copies qu'il conservait et transportait avec lui. Quant à l'autre ou aux autres copies de la lettre, quelqu'un les portait aux destinataires, et pouvait au besoin en expliquer le contenu, comme cela semble avoir été le cas pour les missives de Paul. »

J.-N. Aletti, *Le Monde de la Bible* n° 123, p. 60

Si cela peut éclairer le contexte et la nature de la correspondance de Paul avec les chrétiens de Corinthe, pour ce qui est de l'envoi des différentes lettres, on peut imaginer, parmi d'autres possibles, le scénario suivant :

– Alors qu'il est à Éphèse, Paul apprend que de graves désordres ont eu lieu dans la communauté de Corinthe. Il écrit une première lettre, perdue, mentionnée en 1 Co 5,9. Dans cette lettre, Paul exige des Corinthiens qu'ils renoncent à fréquenter ceux dont l'inconduite est notoire.

– Cette lettre ayant produit peu d'effet, Paul espère que l'envoi de Timothée, fondateur avec lui de la communauté, sera plus efficace. Des questions sont alors posées par écrit à Paul, qui entreprend d'y répondre point par point et envoie une deuxième lettre. C'est celle que nous désignons comme la première. Elle pourrait dater du printemps 55.

– Tite quitte alors Éphèse pour Corinthe. Il y trouve une situation lamentable. Les deux premières lettres et la visite de Timothée sont restées sans effet. Paul décide donc d'aller à Corinthe, au cours d'un voyage éclair, mais il ne réussit pas à se rendre maître de la situation. De retour à Éphèse, il rédige sa troisième lettre : la lettre écrite dans les larmes. Sans doute correspond-elle aux chapitres 10 à 13 de notre 2e lettre aux Corinthiens.

– Pour surmonter l'échec de sa visite et mesurer les effets de cette lettre, Paul charge Tite de renouer le contact avec les Corinthiens. Il attend avec impatience les résultats de sa mission. Sous la pression de circonstances, sans doute graves (2 Co 1,8), il quitte Éphèse pour Troas. De là il part pour la Macédoine. C'est là que Tite le rejoint, porteur de bonnes nouvelles : un revirement s'est produit dans la communauté, qui s'est soumise à l'apôtre. Rempli de joie, réconforté, Paul rédige une apologie de son apostolat. Il y ajoute un petit chef-d'œuvre littéraire : l'appel en faveur de la collecte (2 Co 8). C'est la quatrième lettre (2 Co 1-9). Paul la confie à Tite. Nous sommes vers la fin de l'an 56.

## La lettre aux Galates

Considérée comme le plus paulinien de tous les écrits de Paul, celui où la colère l'a amené à dire ce qu'il pensait vraiment, cette lettre a été écrite durant le séjour de Paul à Éphèse (54-55 ou 56-57). Paul venait d'apprendre que des judaïsants troublaient les Galates, qu'il avait évangélisés vraisemblablement à l'occasion d'une maladie qui l'avait contraint à s'arrêter chez eux (Ga 4,13 *sqq.* ; Ac 18,23).

Ces judaïsants essayaient de persuader les Galates de revenir à la pratique de la Loi (Ga 3,2 ; 4,21 ; 5,4) et de se faire circoncire (5,6.12 ; 6,12). Ils en avaient déjà convaincu quelques-uns (5,2-4), qui faisaient maintenant pression sur les autres (6,13). Pour mieux déconsidérer la position de Paul, ils s'en prenaient également à sa personne en s'efforçant de saper son autorité d'apôtre. Pour eux, Paul ne faisait pas partie du groupe des Douze et il n'avait reçu d'eux aucune mission. Il prêchait un Évangile de son cru, en contradiction avec celui des autorités véritables de l'Église. Il édulcorait les exigences du message pour se faire accepter plus aisément par les païens (1,10). S'ils voulaient rentrer dans le droit chemin, les Galates devaient donc rompre avec lui.

Accusé de ne pas être un véritable apôtre, confronté à une contre-mission judaïsante dont les thèses vidaient l'Évangile de son contenu essentiel en réduisant à néant la croix du Christ (2,21 ; 3,1 ; 3,13 ; 5,11 ; 6,12-14), que fait Paul ? Il écrit aux Galates pour les convaincre que l'« évangile » de ces nouveaux missionnaires n'a rien à voir avec l'Évangile de Dieu, et qu'il est bien, lui, un messager de Dieu. Il réagit avec force, avec passion même, donnant cours à une émotion qu'il ne cherche pas à contenir. Emporté par sa fougue, il ne recule pas devant les formules audacieuses (5,12), les interpellations directes (3,1-5 ; 5,2-11), les appels pressants où transparaît toute sa sensibilité (4,8-20). Il a recours également aux formes littéraires les plus variées : récits autobiographiques (1,13 – 2,14 ; 4,13-20), arguments scripturaires (3,6-14 ; 4,27-30), bénédictions et doxologies (6,16), parénèse (5,19-21), listes de vices (5,19-21) et de vertus (5,22). Car ce qui compte, c'est que la vérité de l'Évangile soit maintenue (2,5) : une vérité qu'il énonce en 3,26-28.

## La lettre aux Philippiens [9]

D'après les Actes des Apôtres, Philippes avait été la première ville d'Europe à accueillir l'Évangile (16,11 *sqq.*), notamment grâce à Lydie. Paul avait séjourné dans cette ville, lors de son second voyage missionnaire, mais son séjour s'était terminé par une émeute à la suite de laquelle il avait dû quitter Philippes. Depuis, des liens très forts l'unissaient à cette communauté, la seule d'ailleurs dont il acceptera une aide matérielle (Ph 4,15-16 ; 2 Co 11,9).

Paul écrit aux chrétiens de Philippes alors qu'il est en prison (1,13.20-24), sans doute à Éphèse, vers l'an 56-57. La lettre qu'il leur adresse est attachante et pleine d'émotion (1,7-8 ; 4,1). Elle reflète les réflexions que l'emprisonnement provoque chez celui qui ne peut plus prêcher comme auparavant l'Évangile (1,12 *sqq.* ; 3,8). Elle contient également l'une des méditations les plus belles sur l'amour désintéressé du Christ qui s'est dépouillé et a pris la forme d'esclave, se faisant obéissant jusqu'à la mort et la mort sur la Croix (2,6-11). Au fil de la lecture, on note le souci de Paul de voir les chrétiens de Philippes se comporter de manière irréprochable, en étant lumineux au milieu d'une « génération dévoyée et pervertie » ; alors il saura qu'il n'a pas couru en vain (Ph 2,14-16). C'est pour cela qu'il les exhorte à tenir ferme et à lutter d'un cœur unanime pour la foi de l'Évangile (1,27 *sqq.* ; 2,1 *sqq.*).

À la lecture de la lettre aux Philippiens, on pressent cependant que certains semaient le trouble dans l'Église de Philippes et qu'ils ne vivaient pas dans la communion. Tel est le cas d'Évodie et Syntychè, qui avaient pourtant travaillé aux côtés de Paul (4,2-3), mais qui, comme d'autres, faisaient preuve d'un manque évident d'humilité (2,2-4). C'est contre de tels comportements, faits essentiellement de vanité, que Paul met en avant le Christ, l'exemple parfait du service désintéressé (2,6-11). À cela s'ajoutaient des tracasseries dont étaient victimes les chrétiens de Philippes (1,28-29), peut-être les mêmes que celles auxquelles Paul avait été confronté lorsqu'il était venu dans cette ville (1,30 ; Ac 19,23 – 20,1).

Enfin, il y avait les mauvais ouvriers (3,2-3), qui mutilaient la chair en prêchant vraisemblablement la circoncision. Peut-être s'agit-il des mêmes adversaires que chez les Galates ? Ce qui est sûr, c'est que Paul

9. Pour certains auteurs, cette lettre pourrait être le résultat de trois morceaux indépendants ensuite réunis : un billet de remerciement pour l'aide financière reçue en prison (Ph 4,10-23), une lettre écrite dans la perspective d'une mort possible (1,1 – 3,1a ; 4,4-7) et une troisième lettre postérieure à l'offensive des judéo-chrétiens (3,1b – 4,3 ; 4,8-9). La réunion de ces trois morceaux pourrait être attribuée à la communauté de Philippes.

demande aux Philippiens de se méfier d'eux. Il réfute même leurs prétentions en invoquant ses références juives sans défaut, mais c'est parce qu'il considère que tout cela n'est plus rien au regard du bénéfice suprême qu'est la connaissance de Jésus Christ (3,4-11).

## La lettre aux Romains

Par son ampleur et par le caractère systématique de la présentation de son contenu, la lettre aux Romains revêt une importance particulière dans le Nouveau Testament. C'est la plus longue des lettres [10], celle dont la réflexion est sans doute la plus élaborée. Rédigée à Corinthe, vraisemblablement en 58, elle semble avoir été motivée par le désir de Paul de se rendre en Espagne (15,22-29). S'adressant à la communauté de Rome, qu'il ne connaissait pas (1,8-17 ; 15,22.24.28-29), Paul en profite pour lui présenter « son » Évangile et exposer ce qui lui tient à cœur [11] : le salut est donné gratuitement à tous ceux qui mettent leur foi en Christ, qu'ils soient juifs ou païens (1,16 – 4,25). On passe ainsi de la polémique (lettre aux Galates) à l'exposé doctrinal (lettre aux Romains), avec sa dimension éthique (5,12 – 8,39).

Considérant que le thème principal de cette lettre n'est autre que le salut de l'être humain obtenu par la foi, et non par la Loi ou par les « œuvres de la Loi », tout pourrait laisser croire que la communauté chrétienne de Rome était alors majoritairement judéo-chrétienne. Ainsi s'expliqueraient les références à Abraham du chapitre 4, les trois chapitres consacrés au mystère d'Israël (9 – 11), ainsi que certaines réflexions (2,17 *sqq.*). Dans les faits, rien n'est moins sûr. Dès les salutations initiales, Paul se réfère, en effet, « à la grâce qu'il a reçue d'être apôtre pour conduire à l'obéissance de la foi [...] tous les peuples païens, dont vous êtes aussi » (1,5-6) ; et il précise que, s'il désire se rendre à Rome, c'est « afin de recueillir quelque fruit chez vous, comme chez les autres peuples païens » (1,13). À la fin de la lettre, Paul dit même aux Romains que, s'il leur a écrit par endroits avec une certaine hardiesse, c'est en vertu de la grâce que Dieu lui a donnée « d'être un officiant de Jésus Christ auprès des païens [...] afin que les païens deviennent une offrande sanctifiée par Dieu » (15,15-16). Même la grande méditation sur la destinée d'Israël (chap. 9 – 11) semble d'ailleurs être adressée à des chrétiens d'origine païenne, puisqu'elle se termine avec une mise en garde énergique contre la tentation de mépriser leurs frères judéo-chrétiens (11,17-25).

À partir de ces différents constats, il semble légitime d'affirmer que la communauté de Rome à laquelle est destinée cette lettre était composée de chrétiens venus aussi bien du judaïsme que du paganisme. Marqués par leurs origines respectives, ils avaient, semble-t-il, du mal à s'accepter les uns les autres. Aussi Paul s'adresse-t-il aux uns et

---

10. Une très petite minorité de spécialistes y voit l'assemblage de deux lettres séparées ; une minorité plus importante estime que le chap. 16 a été ajouté plus tard.

11. Et qu'il vient d'exposer dans la lettre aux Galates.

aux autres, prêchant l'union et l'accueil mutuel [12]. Dans ce contexte, les chapitres 14 et 15 sont d'une importance particulière ; et un verset comme 15,7 : « Accueillez-vous les uns les autres comme le Christ vous a accueillis », résume bien les exhortations que Paul croit devoir exprimer à une communauté menacée d'éclatement par ses divisions internes.

Sachant qu'à la suite de l'édit de Claude, en 49, un certain nombre de juifs et de judéo-chrétiens avaient dû quitter Rome (dont Aquilas et Priscille, Ac 18,2) et que la communauté chrétienne s'était alors retrouvée majoritairement d'origine païenne, les pagano-chrétiens n'ayant pas été touchés par l'édit impérial, on comprend que Paul ait insisté sur la nécessaire communion à retrouver au sein des communautés chrétiennes de Rome. Car, majoritaires, les pagano-chrétiens l'étaient restés après le retour de ceux qui avaient été expulsés, donc au moment où Paul écrit aux chrétiens de Rome. D'où cette exhortation, pour qu'ils n'oublient pas leur dette à l'égard de leurs frères d'origine juive.

À la lecture de la lettre, on apprend également que Paul avait rassemblé la collecte de Macédoine et d'Achaïe (Rm 15,26) et qu'il se préparait à embarquer pour Jérusalem. En recommandant son voyage à la prière des chrétiens de Rome (15,30-31), Paul laisse même entrevoir les difficultés prévisibles qui accompagneraient son projet, car il n'était pas assuré de recevoir un accueil favorable des frères de Judée et il se préparait à une confrontation difficile. D'une certaine manière, l'imminence de ce voyage à Jérusalem a donc dû aussi déterminer la rédaction de cette lettre, soit que cela ait été pour Paul l'occasion de faire le bilan de ses années d'apostolat, soit qu'il se soit préparé à se défendre à Jérusalem.

Reste enfin une dernière hypothèse, plus missionnaire que pastorale : ayant achevé sa tâche missionnaire en Méditerranée orientale, Paul aurait écrit cette lettre pour présenter à l'Église de Rome « son » Évangile et la compréhension qu'il en avait. Pourquoi ? Parce qu'il savait qu'il avait besoin de l'aide de cette Église pour poursuivre sa mission et aller évangéliser l'Espagne : « Mais, maintenant, comme je n'ai plus de champ d'action dans ces contrées et que, depuis bien des années, j'ai un vif désir d'aller chez vous, quand j'irai en Espagne [...] J'espère en effet vous voir lors de mon passage et recevoir votre aide pour m'y rendre, après avoir été d'abord comblé, ne fût-ce qu'un peu, par votre présence » (15,23-24 ; voir 1,8-16). Paul attendait peut-être même d'être mandaté par l'Église de Rome pour cette nouvelle mission. Pour cela, même si c'était risqué, il savait qu'il devait exposer « son » Évangile aux chrétiens de Rome, qu'il n'avait jamais rencontrés.

## La lettre à Philémon

C'est la plus courte des lettres de Paul. Sa forme est très proche des lettres hellénistiques d'intercession ou de recommandation. En même temps qu'à Philémon, elle est adressée à Apphia et Archippe

12. On remarquera que la lettre use fréquemment du couple « païens-juifs » ou de couples parallèles (1,14-16 ; 2,9-10.25-27 ; 3,9.29 ; 4,9-12 ; 10,12 ; 11,13-25 ; 15,8).

(*cf.* Col 4,17), ainsi qu'à l'Église qui se réunit chez Philémon. Ce chrétien, converti par Paul (v. 19), devait être fortuné puisque sa maison servait de lieu de réunion pour une Église domestique.

En raison des mentions répétées de la captivité de Paul (v. 1.13), cette lettre, envoyée aussi au nom de Timothée, a pu être écrite soit à Éphèse, soit à Césarée Maritime, soit à Rome. Mais la proximité géographique nécessaire à ce qu'Onésime puisse sans difficulté aller chercher refuge chez Paul plaide pour Éphèse, donc vers l'an 56.

On ne connaît pas les raisons exactes qui avaient conduit Onésime auprès de Paul, même s'il semble bien qu'il avait causé un préjudice financier à son maître (v. 18-19). Ce qui est sûr, c'est qu'il s'était converti à l'Évangile pendant qu'il était auprès de Paul (v. 10). Ce dernier, qui aurait bien voulu le garder auprès de lui (v. 13), va pourtant le renvoyer à Philémon, muni d'une lettre de recommandation. C'est un modèle du genre. Jouant sur des tableaux différents – d'ordre juridique, ecclésial et christologique –, Paul espère que Philémon recevra Onésime non plus comme un esclave mais comme un « frère bien-aimé » (v. 16). Qu'il l'ait fait est quasi certain, car, dans le cas contraire, la lettre n'aurait sans doute pas été conservée. C'est le signe que Philémon a compris qu'à l'intérieur de la communauté chrétienne l'appartenance au Christ transforme les rapports maître-esclave en relations fraternelles.

***Paul a-t-il vraiment écrit ses lettres ?***

« Paul composait ses lettres, seul ou avec d'autres, mais il ne les écrivait pas lui-même. Dans l'Antiquité, la plupart des épistoliers avaient recours aux services d'un secrétaire de métier, et l'Apôtre ne fait pas exception [...] Le secrétaire auquel Paul a dicté sa lettre aux Romains signale en note sa présence : "Je vous salue dans le Seigneur, moi Tertius, qui ai écrit cette lettre" (Rm 16,22). C'est le seul cas où l'un des secrétaires de l'Apôtre intervient personnellement et se nomme. Qu'il se soit senti libre de le faire en dit long sur ses rapports avec Paul : aucun professionnel engagé pour l'occasion n'aurait pris pareille liberté.

Dans d'autres lettres, Paul trahit l'activité d'un secrétaire en attirant l'attention sur un changement d'écriture : "Ce salut est de ma main, à moi, Paul. C'est le signe qui distingue toutes mes lettres" (2 Th 3,17) ; "Voyez quels gros caractères ma main trace à votre intention" (Ga 6,11) ; "La salutation est de ma main, à moi, Paul" (1 Co 16,21) ; "Moi, Paul, je m'y engage de ma propre écriture" (Phm 19) ; "Voici le salut de ma main, à moi, Paul" (Col 4,18). Richards note que, dans l'Antiquité, de telles notations figurent au début d'une section autographe [...] Un paragraphe de conclusion, normalement bref, de la main même de l'auteur, montrait qu'il avait relu le dernier état de la lettre et en assumait la responsabilité.

Qu'en est-il des autres lettres ? Un secrétaire est-il intervenu dans le cas de 2 Co ; Ph ; 1 Th ? La pratique paulinienne notée pour les six lettres mentionnées plus haut engendre une certaine présomption favorable en ce sens. »

J. Murphy-O'Connor, *Paul et l'art épistolaire*,
Paris, Éditions du Cerf, 1994, p. 21-22

En se basant sur un passage de la lettre d'Ignace d'Antioche aux chrétiens d'Éphèse [13], on a parfois imaginé que, ayant été libéré par Philémon, Onésime serait retourné à Éphèse où, après le départ de Paul, il serait devenu l'un des personnages chrétiens les plus importants de la communauté chrétienne. On a même suggéré que c'est lui qui aurait recueilli les lettres éparses de Paul, non sans y inclure celle qui le concernait, ce qui expliquerait que, malgré son caractère particulier, elle ait été conservée. Si cela est bien séduisant, il faut reconnaître que nous n'en avons aucune preuve. Aussi certains auteurs préfèrent-ils penser que l'Onésime d'Éphèse, mentionné par Ignace aux alentours de l'an 110, n'était pas celui de la lettre à Philémon, mais un chrétien qui portait ce nom en souvenir de l'esclave qui, longtemps auparavant, avait été converti par Paul à Éphèse.

## Les lettres contestées

Six lettres, traditionnellement attribuées à Paul, voient leur authenticité contestée. Des différences de style, de vocabulaire, d'enracinement historique, et surtout d'ordre théologique empêchent de les attribuer à Paul, même si elles sont pour la plupart d'inspiration paulinienne. Pour combler le vide créé par la mort de Paul, pour maintenir vivant son enseignement et résoudre, dans la fidélité à son esprit, les problèmes nouveaux survenus après sa mort, des chrétiens se réclamant de lui ont, en effet, complété sa correspondance par des lettres de leur composition. Rédigées en son nom, elles avaient pour but d'actualiser le message de leur maître et de préserver son autorité.

Beaucoup de biblistes placent la 2e lettre aux Thessaloniciens, les lettres aux Colossiens et aux Éphésiens, ainsi que les lettres pastorales (1 et 2 Tm et Tt) dans cette catégorie d'écrits, composés dans les années 70-100 [14]. Des disciples de Paul y abordent les problèmes d'alors en donnant des avis ou en préconisant des attitudes qu'ils jugent fidèles à la pensée de leur maître [15]. Ce procédé, qui concerne d'autres écrits du Nouveau Testament [16], était bien connu de l'époque. Il a un nom : la « pseudépigraphie ». Trop habitués à une autre conception du

---

13. « C'est donc bien toute votre communauté que j'ai reçue au nom de Dieu, en Onésime, [homme] d'une indicible charité, votre évêque selon la chair » (Ep 1,3).

14. En fait, si l'authenticité de la 2e lettre aux Thessaloniciens, de la lettre aux Colossiens et de la 2e lettre à Timothée est débattue, la lettre aux Éphésiens, la 1re lettre à Timothée et la lettre à Tite sont habituellement considérées comme n'étant pas de Paul. Quant à la lettre aux Hébreux, l'hypothèse que Paul n'en soit pas l'auteur, émise dès l'Antiquité, fait aujourd'hui l'unanimité.

15. Tout en traitant de problèmes du moment tels que les faux maîtres ou les lettres contrefaites, ces lettres, désignées parfois comme « deutéro-pauliniennes », ont souvent un ton plus universel et permanent que les lettres pauliniennes. Les lettres aux Colossiens et aux Éphésiens proposent, en effet, une théologie sur « l'Église » plutôt que sur les Églises locales, comme c'est le cas dans les premiers écrits pauliniens. La structure défendue par les Pastorales, constituée de presbytres/évêques et de diacres, vise également à assurer la survie de l'Église dans les générations futures.

16. Selon l'opinion de nombreux spécialistes, c'est le cas des lettres attribuées à Pierre, Jacques et Jude, qui ont, elles aussi, un ton plus universel. Avec les lettres de Jean, elles sont connues sous le nom de « catholiques », terme que le christianisme oriental a jugé plus approprié pour des ouvrages adressés à l'Église universelle.

rapport à l'auteur ou à la propriété littéraire, on a parfois du mal à comprendre que ces écrits, placés fictivement sous la signature d'un auteur qui n'était pas le leur, avaient pour but de faire vivre la parole de ceux dont on se réclamait. S'agissant des écrits que l'on place sous le patronage de Paul, on admettra donc que ce ne sont pas des faux, mais des lettres qui reflètent la conscience qu'avaient ceux qui les ont rédigées de poursuivre l'œuvre de Paul.

## La 2e lettre aux Thessaloniciens

Depuis le début du XIXe siècle, on se demande si la 2e lettre aux Thessaloniciens a été rédigée par Paul ou par un auteur se réclamant de lui mais écrivant après sa mort. Le fait que, tout comme en 1 Th, la formule d'ouverture énumère « Paul, Silvain et Timothée » (1,1) pourrait accréditer la thèse de l'authenticité, et cela d'autant plus qu'on trouve en 3,17 une signature écrite visant à authentifier la lettre. Mais la mention, dans ce même passage, de « chaque lettre » n'est pas sans poser problème, car elle sous-entend qu'une tradition existait déjà selon laquelle Paul avait écrit beaucoup de lettres, et pas seulement 1 Th.

Autre sujet qui pose problème : l'enseignement eschatologique donné en 2 Th 2,1-12 détonne par rapport au « scénario » de 1 Th 4,13-18 [17]. Les réalités qui y sont évoquées (apostasie, homme impie, adversaire, être perdu, etc.) – apparemment connues des destinataires de la lettre – sont en effet absentes des autres lettres de Paul. À cela il faut ajouter que la perspective de fond est différente puisque 1 Th se caractérisait par l'attente imminente de la venue du Christ, alors que 2 Th s'oppose à l'opinion selon laquelle « le jour du Seigneur est déjà arrivé » (2,2). L'auteur de cette lettre demande même aux Thessaloniciens de ne pas se laisser séduire par ceux qui prétendent que c'est lui qui l'a annoncé. Non seulement il ne l'a pas dit, mais il rappelle que des signes apocalyptiques précéderont la venue du Jour du Seigneur.

Dans ce contexte, l'auteur de cette lettre revient également sur un problème qui pointait déjà en 1 Th 4,11, mais qui s'était, semble-t-il, dangereusement aggravé : celui du travail et de l'ordre au sein de l'Église de Thessalonique (3,6-15). Dans la perspective d'un retour imminent du Christ, certains de ses membres avaient, en effet, abandonné leur travail et vivaient dans l'oisiveté, donc aux dépens des autres. C'est l'occasion d'une des plus célèbres déclarations de cette lettre : « Si quelqu'un ne veut pas travailler, qu'il ne mange pas non plus » (3,10).

Que conclure ? Qu'il est assez vraisemblable que cette lettre a été rédigée vers la fin du Ier siècle, pour rassurer des chrétiens aux prises avec de sévères épreuves (1,4.6) et confrontés au retard de la parousie. Composant un écrit sous le patronage de Paul, son auteur – qui connaissait 1 Th 5,1-2, où Paul s'était montré prudent quant « aux temps et aux moments », annonçant que le Jour du Seigneur viendrait comme un voleur – voulait à la fois mettre en garde ses lecteurs contre

17. À quoi il faut ajouter 1 Th 5,1-11.

certaines annonces mensongères (2,2-3) et les exhorter à ne pas perdre courage en gardant les yeux fixés sur l'essentiel.

À cela on ajoutera que les nombreuses similitudes entre cette lettre et la 1re lettre aux Thessaloniciens, notamment en ce qui concerne la forme, le style et le vocabulaire, ne s'expliquent que si un autre rédacteur que Paul a rédigé cette lettre. On ne comprendrait pas en effet que Paul se fût copié de cette façon. C'est la marque d'un autre écrivain qui se couvre du manteau de Paul [18].

## Les lettres aux Colossiens et aux Éphésiens

Quatre lettres de Paul sont habituellement regroupées sous l'appellation *Épîtres de la captivité* : Philippiens, Colossiens, Éphésiens et Philémon. Chacune d'entre elles évoque, en effet, un emprisonnement de Paul : Ph 1,7.12-14 ; Col 4,3.10.18 ; Ep 3,1 ; 4,1 ; 6,20 ; Phm 1,13. Si l'authenticité de la lettre aux Philippiens et du billet à Philémon a rarement été mise en cause, il n'en est pas de même des lettres aux Colossiens et aux Éphésiens.

### *La lettre aux Colossiens*

Ceux qui considèrent que la lettre aux Colossiens [19] n'a pas été rédigée par Paul notent d'abord que son style et son vocabulaire sont différents des autres lettres de Paul : 34 *hapaxlegomena* (mots présents une seule fois dans le Nouveau Testament, 28 mots inconnus des lettres habituellement reconnues comme pauliniennes, 15 mots qui ne se trouvent que chez Colossiens et Éphésiens). À cela s'ajoutent l'absence d'expressions typiques du vocabulaire paulinien et l'usage différent des conjonctions, des infinitifs, des propositions et de certaines figures de style.

Les partisans de la non-authenticité constatent également que des différences théologiques considérables existent entre cette lettre et les autres lettres de Paul. Au nombre d'entre elles figurent, en particulier, la présentation de Paul comme ministre de l'Église universelle et non d'une Église particulière (1,24 – 2,5), l'insistance sur la place du Christ dans la Création ou par rapport aux puissances célestes (1,15-20), la représentation du Christ comme tête du corps qu'est l'Église (1,18.24 ; 2,19 ; 3,15), un rapport différent à l'eschatologie puisque, par le baptême, les chrétiens sont déjà ressuscités avec le Christ (2,12 ; 3,1), enfin, une éthique marquée par l'apparition de codes domestiques influencés par certaines élites d'alors (3,18 – 4,1).

Si, pour beaucoup de spécialistes, il semble improbable qu'une lettre au profil théologique si original ait pu être rédigée par Paul, d'autres

---

18. Telle n'est pas, par exemple, la position de J. Murphy-O'Connor, pour qui cette lettre est bien de Paul. Ce serait même la troisième lettre envoyée par Paul aux chrétiens de Thessalonique, puisque celle que nous désignons habituellement comme la première est, d'après lui, le résultat de la réunion de deux lettres : 1 Th 2,13 – 4,2 et 1 Th 1,1 – 2,12 + 4,3 – 5,28 ; voir J. Murphy-O'Connor, *Histoire de Paul de Tarse*, Paris, Cerf, 2004, p. 106 *sq*.

19. C'est Épaphras, natif de Colosses – et non Paul – qui avait fondé les Églises de Colosses et de Laodicée (*cf*. Col 2,1). Et c'est, semble-t-il, d'après ses informations que l'auteur rédige cette lettre, mais non sans avoir reconnu pleinement le ministère d'Épaphras, « notre ami et compagnon de service, qui nous supplée fidèlement comme ministre du Christ » (Col 1,7).

mettent en avant les liens théologiques étroits qui existent entre cette lettre et la pensée de Paul. Si différences il y a – y compris en ce qui concerne le style –, elles sont dues, d'après eux, aux doctrines que Paul conteste dans cette lettre, à savoir un mélange de croyances en Christ et de doctrines juives ou païennes à l'origine d'un système hiérarchique où le Christ apparaît au milieu des puissances célestes [20]. Considérant que la théologie de cette lettre est particulièrement bien élaborée et qu'on peut y déceler certaines affinités avec la lettre aux Romains, les partisans de l'authenticité pensent que cette lettre a été rédigée dans les années 61-63.

Si cette lettre n'a pas été écrite par Paul, nous avons très peu d'indices internes quant à son origine et à la date de sa rédaction. Une chose semble certaine : l'auteur de la lettre aux Éphésiens s'en est probablement inspiré.

### *La lettre aux Éphésiens*

La question de l'auteur de la lettre aux Éphésiens s'est posée dès le XVIe siècle. Érasme de Rotterdam (1469-1536) avait déjà remarqué que le style de cette lettre était très différent de celui des grandes lettres de Paul, et qu'elle pouvait donc avoir été rédigée par quelqu'un d'autre. C'est aujourd'hui l'avis de la plupart des spécialistes. Ils se basent sur des arguments littéraires (vocabulaire, style) et sur des différences d'ordre théologique significatives par rapport aux lettres pauliniennes authentiques, notamment dans les domaines de la christologie et de l'ecclésiologie.

Outre la question de l'auteur de cette lettre, se pose aussi celle de ses destinataires. L'adresse en italique dans 1,1b « aux saints [qui sont] *à Éphèse* et [aux] fidèles dans le Christ Jésus » manque, en effet, dans des manuscrits importants. Le plus ancien papyrus, du début du IIIe siècle, comporte même comme adresse « aux saints qui sont fidèles », et Marcion évoque une lettre adressée « aux Laodiciens ». On est également étonné de constater que, contrairement à son habitude – si son auteur est bien Paul –, il ne fait aucune allusion dans cette lettre à ce qu'il a vécu à Éphèse ou à ceux qu'il y a rencontrés. Considérant que Paul a passé trois ans à Éphèse, le fait que cette lettre ne comporte pas la moindre salutation ou le plus petit rappel d'un événement passé

20. À la lecture de la lettre aux Colossiens, on pressent que les chrétiens de cette communauté étaient menacés par des tendances syncrétistes qui combinaient des prescriptions juives (observances des calendriers liturgiques [2,16-17], des prescriptions alimentaires [2,16.21-23], de la circoncision [2,11-13], etc.) et des influences philosophiques ou religieuses païennes, notamment en ce qui concerne les éléments du monde (2,8.20), le culte des anges (2,18) ou certaines puissances célestes. Conscient du danger que les chrétiens de Colosses encouraient, l'auteur de cette lettre les invite donc à ne pas se laisser abuser (2,4) ou prendre au piège (2,8) par des enseignements qui cherchent à aller au-delà de l'Évangile traditionnel en prétendant procurer une meilleure connaissance des mystères.

Pour J. Murphy O'Connor, partisan de l'authenticité de cette lettre, « du point de vue de Paul, le problème fondamental à Colosses était qu'en honorant le Christ comme on le faisait, on en revenait à nier sa réalité : le Christ cosmique faisait disparaître le Christ terrestre. Son élévation même le rendait inimitable et les croyants échappaient au défi lancé par les terribles souffrances d'un sauveur crucifié. Au lieu de cela, ils étaient conviés à contempler sereinement les anges en adoration dans le ciel », in *Histoire de Paul de Tarse*, *op. cit.*, p. 172.

rend improbable qu'elle ait pu être écrite par lui. On a même parfois l'impression que l'auteur de cette lettre s'adresse aux chrétiens d'Éphèse comme à des inconnus.

Ces différents constats ont conduit de nombreux exégètes à considérer cette lettre comme une circulaire, destinée non à une seule Église mais à un groupe d'Églises probablement situées en Asie Mineure, avec un espace laissé en blanc qu'on remplissait chaque fois pour y mettre le nom de la ville qui la recevait. Dans le cadre de cette hypothèse, les manuscrits qui comportent la désignation « à Éphèse » pourraient concerner la copie qu'on lisait à Éphèse [21]. Mais ce n'est là qu'une hypothèse, le témoignage de l'utilisation de telles lettres dans le christianisme ancien étant insuffisant.

Enfin, si l'on considère que la lettre aux Éphésiens ressemble de façon frappante à celle aux Colossiens, il n'est pas impossible qu'elle ait été largement inspirée par cette dernière. On a même évoqué une école paulinienne à Éphèse, dont un membre aurait composé la lettre aux Colossiens dans les années 80, en utilisant comme fond de tableau des éléments tirés de la lettre à Philémon. Une dizaine d'années plus tard, sur la base de la lettre aux Colossiens, un membre de cette école aurait rédigé la lettre aux Éphésiens en reprenant certains aspects de la pensée paulinienne. Mais ce ne sont là que des hypothèses.

### Les lettres à Timothée et à Tite

Avec, comme destinataires, Timothée et Tite, ces trois lettres se présentent comme des instructions adressées à des responsables de communautés chrétiennes. Il y est question, surtout dans 1 Tm et Tt, des qualités nécessaires à ceux qui exercent des responsabilités au sein des Églises, des déviations dont il faut se défendre, d'un certain ordre qu'il faut faire respecter. Dès le XVIIIe siècle, cela a valu à ces lettres la qualification de « Pastorales ». Jusqu'au XIXe siècle, leur authenticité paulinienne n'a jamais été mise en cause ; elle s'appuyait en grande partie sur le fait que ces lettres avaient été très tôt intégrées au corpus paulinien. Si on notait des différences de style, de ton, de langue et de sensibilité avec les autres lettres de Paul, on considérait qu'elles étaient dues à l'évolution de l'Apôtre, à la diversité des situations et à la nouveauté des sujets traités.

Les avis sont aujourd'hui très partagés, même si la plupart des auteurs font remarquer que le contexte géographique et historique des Pastorales ne correspond ni à ce que les Actes des Apôtres rapportent au sujet de Paul, ni à ce que l'on peut déduire des autres lettres pauliniennes.

---

21. D'autre part, le fait que Paul n'ait jamais écrit une lettre à cette communauté importante du christianisme primitif, bien qu'il y ait séjourné et travaillé longtemps, a pu paraître surprenant. Ainsi s'expliquerait le fait que la tradition ait choisi une lettre comportant cette désignation pour l'insérer dans la liste des lettres pauliniennes.

**Timothée et Tite**

Originaire de Lystres, de père grec et de mère juive devenue chrétienne (Ac 16,1), Timothée devint compagnon de Paul au cours de son deuxième voyage missionnaire. Pour éviter toute susceptibilité de la part des Juifs, Paul le fit circoncire. Timothée suivit ensuite Paul dans la plupart de ses voyages : en Macédoine, à Athènes (Ac 17,14-16), à Corinthe (Ac 18,5), à Éphèse (Ac 19,22), et enfin à Jérusalem lorsque Paul y apporta la collecte en faveur de cette Église (Ac 20,4). Timothée avait l'entière confiance de Paul, qui s'en servit comme d'un chargé de mission dans des moments difficiles ou des situations délicates (1 Th 3,2-6 ; 1 Co 4,17 ; 16,10-11 ; Ph 2,19-24). Aussi n'est-il pas étonnant de le voir associé à l'envoi de plusieurs lettres (1 et 2 Th ; 2 Co ; Ph ; Col ; Phm). D'un caractère, semble-t-il, assez timide, parfois hésitant, c'était un homme profondément dévoué.

Le texte des Actes des Apôtres ignore Tite. Dans la lettre aux Galates, il est présenté comme un compagnon de Paul, d'origine païenne. C'est lui qui accompagne Paul à Jérusalem, comme un défi lancé à ceux qui prônaient le retour à la circoncision (Ga 2,1-5). Excellent négociateur, il œuvra à la réconciliation des chrétiens de Corinthe avec Paul (2 Co 7,6.13), permit la réalisation de la collecte (2 Co 8,6) et accepta des missions difficiles (2 Co 12,17-18).

## La 1re lettre à Timothée

Si l'on en croit la 1re lettre à Timothée, Paul, en quittant Éphèse, y avait laissé Timothée avec la charge de diriger l'Église qui s'y trouvait et de lutter contre certains enseignements erronés (1,3). Lorsqu'il écrit plus tard cette lettre, il espère revenir bientôt à Éphèse même s'il n'exclut pas la possibilité que son absence se prolonge (3,14-15 ; 4,13). Il espère surtout que les instructions contenues dans cette lettre permettront à Timothée de tenir bon et d'accomplir pleinement sa mission. Et cela d'autant plus que Timothée semble être un jeune homme (4,12), qui a certes reçu un don « conféré par une intervention prophétique, accompagnée de l'imposition des mains par le collège des anciens » (4,14), mais qui est sujet à de fréquents malaises (5,23).

Tout au long de la lettre, des séquences marquées par la polémique (1,3-20 ; 4,1-16 ; 6,3-16) alternent avec des instructions relatives à l'organisation de la communauté (2,1 – 3,16 ; 5,3 – 6,2). On y apprend qu'à côté des presbytres-évêques la communauté d'Éphèse comporte des diacres (3,8-13), qui doivent avoir les mêmes qualités que les précédents, donc être respectables, non buveurs, ne recherchant pas le gain mal acquis, mariés une seule fois, bons pères et bons chefs de famille. Il est même spécifié, en 3,10, que les diacres doivent être mis à l'épreuve avant d'être autorisés à exercer leur responsabilité. Certaines directives contenues dans cette lettre sont d'une étonnante sévérité. C'est notamment le cas de celles qui concernent les femmes (2,9-15) ou les richesses, avec le célèbre : « La racine de tous les maux, c'est l'amour de l'argent » (6,10 ; voir 6,17-19).

L'image qui ressort de Timothée, au fil de la lecture de cette lettre, est celle d'un rempart opposé aux fausses doctrines évoquées à plusieurs reprises. À la suite de son maître, Timothée doit donc être un exemple (1,18-20 ; 4,6-16 ; 6,11-14). Mais c'est le souvenir de la figure fondatrice de Paul, « établi héraut et apôtre » (2,7) qui habite l'ensemble de cette lettre.

## *La 2e lettre à Timothée*

Tout autre est le contexte de la 2e lettre à Timothée. Paul est en prison à Rome (1,16-17 ; 2,9). La fin de son séjour sur la terre est proche (4,6-8). À l'exception de Luc (4,11) et d'Onésiphore (1,16), tous ses compagnons l'ont abandonné (1,15), et c'est donc seul qu'il a présenté sa première défense (4,16). D'où cette invitation qu'il adresse à Timothée (supposé se trouver, pour les uns, encore à Éphèse et, pour les autres, à Troas) pour qu'il le rejoigne (4,9.21) avec Marc (4,11). Il lui rapportera un manteau et des livres qu'il a laissés à Troas (4,13)[22].

Plus personnelle dans le ton, cette lettre reflète la solitude et la souffrance de Paul, en prison, à l'approche de la mort. Évoquant avec une certaine tristesse l'imminence de son départ (4,6-8), son auteur use de mots apaisants, invitant ceux qu'il va quitter à ne pas avoir peur (2,1-2.14-15). Il rappelle sa situation et sa vie passée (1,11-13.15-18 ; 3,10-17), exhorte à l'unité ceux qu'il laisse (2,14.23-25), les prévient des dangers qu'ils vont encourir (2,16-17 ; 3,1-9.12-13 ; 4,3-4) et les encourage à la fidélité (2,11-13 ; 3,14, 4,8). Comme la première, cette lettre se caractérise par l'alternance de dénonciations contre les faux docteurs (2,16-18.26 ; 3,1-9) et d'exhortations adressées à Timothée pour qu'il s'oppose à eux. Comment ? « En réfutant, menaçant, exhortant, avec une patience inlassable et le souci d'instruire » (4,2 ; voir 1,6-8 ; 2,1-7.14-15.22-25 ; 3,10 – 4,5).

Comme dans la première lettre, Paul est présenté ici comme le fondement et le modèle aussi bien du responsable de communauté que du croyant (1,11 *sqq.* ; 2,8b-10 ; 3,11b ; 4,6-8). Ses souffrances donnent lieu à des développements théologiques uniques (1,8.12.16 ; 2,3.8-13 ; 3,10-12 ; 4,6-8.17-18). Paul a donné sa vie à Dieu en Christ ; au milieu de ses souffrances, il sait que Dieu protégera ce qu'il lui a confié. S'il est enchaîné, la parole de Dieu, elle, ne peut pas l'être (2,9).

## *La lettre à Tite*

De la lecture de la lettre à Tite, il ressort que Paul, durant son séjour en Crète, n'avait pas eu le temps, semble-t-il, de pourvoir à l'organisation de l'Église qui s'y trouvait (1,5), et qu'il avait donc confié cette tâche à Tite, demeuré sur place après son départ. De l'endroit où il écrit, Paul, à la fin de la lettre, demande à Tite de le rejoindre, lorsque Artémas ou Tychique l'auront remplacé (3,12). Trois thèmes traversent cette lettre : la structure et l'ordre ecclésial (1,5-9), les faux enseignements (1,10-16) et les relations communautaires (2,1 – 3,11). Ce troisième thème occupe à peu près les deux tiers de la lettre. Comme dans les lettres aux Colossiens et aux Éphésiens, on trouve ici un code

22. La plupart des auteurs supposent que Timothée est à Éphèse parce que c'est là que 1 Tm l'a laissé. Mais la 2e lettre peut avoir été écrite avant la première. Voir encadré : E. Cuvillier, « Pseudépigraphie et souvenirs personnels », p. 443.

domestique (2,1-10), suivi d'instructions pastorales fondées sur ce que le Christ a fait (2,11 – 3,11).

Si l'on en croit aussi bien les Actes des Apôtres que les autres lettres pauliniennes, la seule visite de Paul en Crète se situa durant le voyage qui, vers l'an 61, l'emmena, comme prisonnier, à Rome. Le bateau fit alors escale à Bons-Ports et suivit la côte de Crète, d'où il fut chassé par la tempête (Ac 27,7-14). Mais jamais il n'est vraiment question d'une présence de Paul dans cette île, et encore moins d'une délégation de Tite. Le même problème se pose au sujet de la 1re lettre à Timothée, car les informations qu'elle nous donne au sujet d'une présence alors de Timothée à Éphèse ne cadrent pas avec ce que rapportent les Actes des Apôtres – ou ce que laissent sous-entendre les lettres incontestées de Paul –, à savoir le fait que lorsque Paul quitta Éphèse pour la Macédoine, en 57, Timothée partit avec lui (Ac 20,4).

### *Synthèse*

À partir de ce constat, la plupart des exégètes qui considèrent que Paul a rédigé ces lettres, ou qui acceptent au moins l'authenticité des détails géographiques et historiques qu'on y trouve, ont émis l'hypothèse d'une « deuxième carrière » de Paul, lorsque, libéré après les deux années de captivité évoquées en Ac 28,30 (61-63), Paul serait retourné en Orient. Au cours de ce voyage missionnaire, il se serait d'abord arrêté dans l'île de Crète, y établissant Tite comme responsable de l'Église qui s'y trouvait (Tt 1,5). De là, il aurait ensuite navigué vers l'Asie Mineure, laissant Timothée à la tête de la communauté d'Éphèse (1 Tm 1,3) avant de repartir en Macédoine, d'où il aurait écrit à Tite et à Timothée.

Est-il ensuite retourné à Éphèse selon le projet exprimé en 1 Tm 3,14 et 4,13, en faisant escale à Troas (où il aurait oublié son manteau ; voir 2 Tm 4,13) et à Milet (2 Tm 4,20) ? Nous ne le savons pas. Ce qui semble probable, c'est qu'il ait été alors à nouveau arrêté et conduit à Rome pour une seconde captivité plus sévère que la première. Considérant que la 2e lettre à Timothée évoque un emprisonnement de Paul et une mort proche, les partisans de cette hypothèse pensent que c'est dans ce contexte (2 Tm 1,16-17 ; 2,9) que Paul a rédigé la 2e lettre à Timothée, juste avant d'être exécuté en 65-67 [23]. Il lui demandait de le rejoindre quand Tychique l'aurait remplacé (4,11-12.21).

À la difficulté de situer les Pastorales dans le cadre du ministère de Paul s'en ajoutent d'autres liées soit au style de ces lettres, qui diffère notablement de celui des autres lettres pauliniennes, soit à certains points d'insistance, comme la lutte contre les faux docteurs, ou à des glissements théologiques importants, la foi, par exemple, de lien vivant entre l'homme et le Christ, devenant davantage l'objet d'une doctrine.

23. Certains auteurs soutiennent cependant qu'il n'est pas nécessaire d'envisager pour cette lettre à Timothée une « deuxième carrière » de Paul, car elle est tout à fait conciliable avec l'hypothèse selon laquelle, après les deux années d'une captivité romaine assez souple (Ac 28,30-31), Paul aurait connu une détention plus rude qui l'aurait conduit jusqu'à la mort vers 64 ou peu après.

Enfin, l'organisation ecclésiastique et les titres donnés à ceux qui détiennent des fonctions dans les Églises sont différents de ceux que l'on trouve dans les autres lettres de Paul. Il y est question de presbytres-évêques et de diacres, avec d'ailleurs des différences entre 1 Tm et Tt.

D'une manière générale, les communautés à la tête desquelles se trouvent Timothée et Tite subissaient la propagande de faux docteurs (1 Tm 1,3-6 ; 4,1-7 ; 6,3-5 ; Tt 1,10.16 ; 2 Tm 2,14.18 ; 3,1-9.13 ; 4,3-4) auxquels ils devaient faire face. D'où la nécessité que la responsabilité de la foi, dans chaque communauté locale, soit confiée à des hommes sûrs, qui reçoivent ici des consignes précises (1 Tm 3,1-13 ; 5,17-22 ; Tt 1,5-9). Dans ce contexte, les instructions données aux fidèles n'ont plus, comme naguère, l'allure d'exhortations baptismales : elles visent des communautés organisées où tout doit se dérouler dans l'ordre, l'assemblée étant le lieu de l'instruction, de la lecture des Écritures et de la prière.

De ces différents constats, on a souvent conclu que les lettres à Timothée et à Tite n'avaient pas pu être rédigées par Paul, une position intermédiaire (entre l'authenticité ou l'inauthenticité totales) évoquant une authenticité partielle pour certains fragments, ou médiate pour d'autres ce qui suggère la possibilité que ces lettres aient été rédigées par un secrétaire. Une chose est sûre : attaché à l'héritage paulinien, l'auteur (ou les auteurs) de ces lettres voulait amener les Églises à garder le dépôt de la foi (1 Tm 6,20 ; 2 Tm 1,14 ; 2,2 ; 3,14) tel que Paul l'avait légué, d'abord à ses disciples Timothée et Tite, et tel qu'il avait été transmis ensuite aux responsables des communautés. Mais il le fait dans le cadre de situations nouvelles qui exigeaient des adaptations correspondant à l'évolution des communautés. C'était pour lui une manière de poursuivre l'œuvre de Paul, en reprenant le genre épistolaire paulinien, qu'il devait bien connaître.

Ce sont ainsi plusieurs possibilités qui s'offrent à ceux qui veulent à tout prix savoir si ces lettres ont été ou non rédigées par Paul [24] :

– Ces trois lettres sont de Paul ; elles ont été rédigées dans l'ordre : Tt, 1 et 2 Tm. Elles correspondent à une « deuxième carrière » missionnaire de Paul qui a abouti à un second emprisonnement à Rome.

– La 2e lettre à Timothée est de Paul. Elle a été rédigée vers 64 ou peu après, à la fin de son seul emprisonnement romain, qui l'a conduit à la mort. La lettre à Tite et la 1re lettre à Timothée ne sont pas de Paul ; elles ont été écrites plus tard, très probablement vers la fin du Ier siècle, à partir d'une « deuxième carrière » missionnaire que l'on a construite pour en faire le cadre de ces deux lettres.

– Ces trois lettres ne sont pas de Paul, mais la 2e lettre à Timothée a été écrite peu après la mort de Paul par quelqu'un qui avait été le témoin de ses derniers jours, de sorte que les détails biographiques qu'elle comporte sont en grande partie historiques, bien que, par certains côtés, rendus plus dramatiques. La lettre à Tite et la 1re lettre à

24. *Que sait-on du Nouveau Testament ?*, Paris, Bayard, 2000 p. 726-727. R. E. Brown ne cache pas sa préférence pour la troisième hypothèse, tout en notant que la majorité des biblistes opte pour la quatrième.

Timothée ont été rédigées plus tard, très probablement vers la fin du Ier siècle, en partie en imitant la 2e lettre à Timothée. On a inventé pour elles une « deuxième carrière » missionnaire de Paul.

– Ces trois lettres ne sont pas de Paul. Elles ont été rédigées dans l'ordre : Tt, 1 et 2 Tm, très probablement vers la fin du Ier siècle. On a pour cela imaginé une « deuxième carrière » missionnaire de Paul avec un second emprisonnement. Pourquoi ? Pour que, par le biais de la pseudonymie, Paul puisse intervenir par rapport à des questions qui troublaient alors des régions qu'il avait lui-même évangélisées.

### *Un cas particulier : la lettre aux Hébreux*

Tant du point de vue littéraire que du point de vue théologique, la lettre aux Hébreux occupe une place à part dans le Nouveau Testament. Soigneusement construite et rédigée dans un grec de qualité, elle n'en est pas moins énigmatique. Car la question de son auteur comme celle de ses destinataires ne sont pas sans poser de nombreux problèmes.

En Orient, aussi loin que l'on peut remonter dans la tradition, cette lettre a toujours été reçue comme paulinienne, même si les différences évidentes qui la distinguent des lettres de Paul ont suscité de nombreux essais d'explication. Clément d'Alexandrie, par exemple, estimait que le texte grec n'était pas de Paul, mais de Luc, qui avait traduit et adapté au goût des Grecs un original écrit par Paul en hébreu. Origène, lui, note que seul Dieu sait qui a rédigé cette lettre, et il propose une distinction entre le fond et la forme : le fond est de l'apôtre, la forme est d'un disciple.

En Occident, on est resté longtemps perplexe, personne ne soutenant l'authenticité paulinienne de la lettre. Tertullien l'attribuait même à Barnabé. Mais c'est la tradition orientale qui finalement s'imposa. Preuve en est le fait qu'Hilaire de Poitiers, qui avait été exilé en Phrygie, cite la lettre aux Hébreux au même titre que les épîtres pauliniennes. Jérôme, Latin établi en Orient, se prononce lui aussi clairement en faveur de la canonicité de cette lettre, même s'il distingue cette question de l'authenticité paulinienne. Augustin prend la même position en invoquant « l'autorité des Églises orientales ». Luther, en son temps, attribuera cette lettre à Apollos, décrit en Ac 18,24 avec des attributs qui pourraient correspondre à l'auteur de cette lettre : un juif, natif d'Alexandrie, éloquent, très versé dans les Écritures. Mais on évoquera aussi Priscille et Aquilas, Silas et Philippe.

Tout en reconnaissant qu'on ne sait rien sur l'auteur de la lettre aux Hébreux, on notera que la qualité de son grec et sa maîtrise des Écritures grecques laissent sous-entendre que c'était un pagano- ou un judéo-chrétien de bonne éducation hellénistique, expérimenté dans la lecture allégorique de l'Écriture, et connaisseur des écoles philosophiques stoïciennes et néoplatoniciennes. A-t-il, comme on l'a souvent affirmé, rédigé cette lettre à Alexandrie ? Rien ne permet de l'affirmer avec certitude, d'autant plus que les origines de l'Église d'Alexandrie nous sont en grande partie inconnues. L'argumentation de la lettre, fondée sur la liturgie et le sacerdoce juifs, pourrait rendre plus probables Jérusalem ou la Palestine, mais, à la lecture de la lettre, on constate que la présentation de la liturgie y correspond davantage à une connaissance livresque de la Septante qu'à une fréquentation du Temple de Jérusalem, jamais mentionné. À cela on ajoutera que l'auteur de cette lettre fait vraisemblablement partie de la deuxième génération chrétienne (He 2,3) et qu'il travaille à partir de traditions théologiques dont on trouve d'autres traces chez Philon, à Qumrân ou ailleurs.

La question des destinataires de cette lettre est également loin d'être simple. En se basant sur le titre « aux Hébreux », on a évoqué des Juifs qui habitaient la Judée et parlaient hébreu. Mais on sait aujourd'hui que cette lettre a été conçue et composée en grec, et qu'elle n'est donc en aucun cas une traduction de l'hébreu. Par ailleurs, elle s'adresse manifestement à des chrétiens et non à des Juifs. L'auteur les engage en effet à maintenir leur profession de foi chrétienne (3,6.14 ; 4,14 ; 13,7-8 *sqq.*). D'où l'hypothèse, plus communément admise aujourd'hui, d'une communauté chrétienne de la seconde moitié du Ier siècle, composée de membres venant à la fois du judaïsme et du paganisme, vivant dans un contexte où la splendeur du culte juif et son souvenir étaient suffisamment proches encore pour exercer sur ces baptisés une attirance ou des regrets qui risquaient de dévaluer le culte chrétien, si différent et apparemment si pauvre.

Toujours à propos de ces chrétiens, on ajoutera qu'ils n'avaient pas connu directement le Seigneur (2,3), que ce n'étaient pas des convertis mais des chrétiens de longue date (5,12). Dans les premiers temps de leur conversion, ils avaient été en butte à des vexations et à des persécutions qui leur avaient valu beaucoup de souffrances et de pertes matérielles, mais ils avaient tout supporté avec allégresse (10,32-34). Membres d'une communauté qui n'avait plus ses premiers dirigeants (13,7), ils devaient affronter de nouvelles difficultés (12,1.7), ce qui nécessitait de leur part une endurance (10,36) qui les préserve du découragement qui risquait de gagner certains membres de la communauté (12,3). Chose d'autant plus prévisible que tous les membres de la communauté n'étaient plus assidus aux assemblées cultuelles (10,25) et que le niveau spirituel n'était pas ce qu'il aurait dû être (5,11-12).

À cela, il faut ajouter que des déviations doctrinales étaient apparues au sein de la communauté (13,9). L'auteur de la lettre met même les fidèles en garde contre des positions judaïsantes qui mettaient l'accent sur les observances alimentaires (13,9b-10 ; 9,10). À plusieurs reprises il évoque également le danger de l'apostasie et de chutes graves. Mais on le voit surtout combattre vigoureusement les prétentions de la Loi et affirmer que la première alliance est périmée (8,13), car le Christ a établi une alliance nouvelle (7,22 ; 9,15 ; 12,24). Bref, sa perspective est spécifiquement chrétienne. S'il ne nie pas le rapport qui unit le Christ à la descendance d'Abraham (2,16), il affirme, en effet, que c'est pour tout homme que le Christ a affronté la mort (2,9). Il est devenu « pour tous ceux qui lui obéissent cause de salut éternel » (5,9 ; voir 7,25) sans distinction de provenance.

Considérant que le grec élégant de cette lettre et l'absence de toute référence au Temple interdisent de voir dans ses destinataires des judéo-chrétiens de Judée dont la langue maternelle était l'araméen (ou l'hébreu), on a émis l'hypothèse qu'il pourrait s'agir de chrétiens habitant Rome issus aussi bien du paganisme que du judaïsme. Pour ces chrétiens qui avaient connu les persécutions de Néron et qui, quelques décennies plus tard, subiraient d'autres épreuves, l'allusion aux souffrances passées devait donc résonner d'une manière particulière (10,32-34). Que la 1re lettre de Clément, rédigée à Rome, cite un passage de cette lettre pourrait confirmer le fait qu'elle ait été adressée à des chrétiens de Rome, destination dont témoignerait également la mention par Justin, au milieu du IIe siècle et toujours à Rome, de cette lettre. Pourtant, si la mention des persécutions, des spoliations et des emprisonnements en 10,32-34 peut être une allusion aux persécutions des chrétiens de Rome par Néron (64 ap. J. C.), on reconnaîtra que rien n'impose une telle identification, l'état de tension entre les communautés chrétiennes et leur environnement juif ou païen faisant partie de l'expérience quotidienne des chrétiens des premiers siècles. D'où d'autres hypothèses comme Antioche, Chypre, Éphèse, Colosses, la Bithynie et le Pont.

Il n'en est pas moins vrai que les indices contre l'attribution à Paul sont décisifs. Outre le style grec, qui diffère beaucoup de celui de Paul, des expressions pauliniennes courantes n'apparaissent jamais dans cette lettre. Mais, surtout, la perspective n'est pas celle de Paul. Alors que la Résurrection est un facteur essentiel de la théologie de Paul, elle n'est, en effet, mentionnée qu'une seule fois, en 13,20. À l'inverse, le thème majeur de la lettre aux Hébreux, à savoir le « Christ, grand prêtre », n'apparaît jamais chez Paul.

## Vers un corpus paulinien

On admet habituellement qu'une ou plusieurs collections des lettres pauliniennes se sont constituées dès la fin du Ier siècle. Plusieurs indices montrent d'ailleurs que ces lettres ont dû très tôt circuler et être lues dans d'autres communautés que celles auxquelles elles étaient adressées à l'origine [25]. Clément de Rome et Ignace d'Antioche, au tournant du Ier et du IIe siècle, connaissaient également plusieurs lettres de Paul, mais il est difficile d'en préciser le nombre et de savoir si elles constituaient déjà une collection. Lorsque l'auteur de la 2e lettre de Pierre, vers le milieu du IIe siècle, évoque « toutes les lettres » de « Paul, notre frère et ami » (2 P 3,15-16), il est probable que l'expression désigne déjà un ensemble constitué.

Ces différents éléments s'opposent à l'hypothèse selon laquelle les lettres de Paul seraient tombées dans l'oubli après sa mort – ce qui expliquerait le silence des Actes des Apôtres à leur sujet – et n'auraient été mises en circulation qu'à la fin du Ier siècle, grâce à une initiative

25. Parmi ces indices, figure le fait que certaines adresses ont dû être retouchées dans un sens universalisant (Rm 1,7 ; 1 Co 1,2), ou encore que des lettres pseudépigraphiques ont été composées, ce qui laisse sous-entendre une circulation et une reconnaissance des lettres authentiques en dehors de leur lieu originel de destination. L'échange de lettres entre Colossiens et Laodiciens, recommandé en Col 4,16, présuppose également que l'auteur de cette lettre connaissait une telle pratique et voulait l'encourager.

individuelle. Dans l'histoire de l'exégèse, cette théorie a été soutenue par les partisans de la théorie dite du « big bang [26] ». Pour eux, chacune des lettres de Paul, ayant été écrite dans un but pratique et immédiat, aurait été, une fois son objectif atteint, oubliée. Dans le meilleur des cas, elle aurait été conservée dans des archives, mais en aucun cas utilisée dans le cadre de la liturgie. Avec la publication des Actes des Apôtres, vers 90, les choses auraient changé. Le fait que Paul occupe dans cette œuvre une place égale à celle de Pierre aurait, en effet, stimulé l'intérêt pour l'Apôtre des nations. On aurait alors commencé à rechercher les lettres de Paul et à les rassembler dans un recueil. Les partisans de cette théorie évoquent même le rôle important qu'aurait joué ici un vieillard qui avait été disciple de Paul. Pourquoi pas Onésime, l'ancien esclave, natif de Colosses, mentionné par la lettre à Philémon ? Le fait qu'il soit devenu évêque d'Éphèse lui donnait toute autorité en ce sens.

À l'opposé de cette hypothèse, d'autres auteurs soutiennent que les lettres de Paul ont été, dès le début, conservées précieusement par les communautés auxquelles elles avaient été envoyées. Considérant que même ceux qui n'étaient pas d'accord avec leur contenu en reconnaissaient le pouvoir et l'autorité (2 Co 10,10), ils pensent que chaque communauté les lisait de manière habituelle, car elles étaient comme la charte de leur Église. Mais on n'imaginait pas qu'elles pouvaient avoir de l'importance pour les autres communautés. C'est seulement dans le dernier quart du Ier siècle – peut-être à la suite de la publication des Actes des Apôtres – que la conviction se fit jour que ces lettres contenaient des principes et des perspectives qui dépassaient les circonstances dans lesquelles elles avaient été écrites, et qu'elles avaient donc une valeur universelle. On entreprit alors de recueillir les lettres qui avaient été conservées dans les différentes communautés pour en faire un recueil accessible à l'ensemble des communautés chrétiennes. Composé initialement des seules lettres adressées à des Églises (Rm, 1 et 2 Co, Ga, Ep, Ph, Col, 1 et 2 Th et Phm), ce recueil se serait agrandi progressivement jusqu'à comporter d'abord 13 lettres avec l'adjonction des Pastorales, et 14 ensuite avec celle de la lettre aux Hébreux.

Cette seconde hypothèse semble avoir, aujourd'hui, la préférence des spécialistes. Elle honore à la fois l'importance évidente que les communautés reconnurent très tôt aux lettres que Paul leur avait envoyées, et le temps qu'il fallut pour qu'elles comprennent que ces lettres pouvaient concerner l'ensemble de l'Église, et donc être échangées ou rassemblées. À cela on peut ajouter que des communautés jouèrent sans doute ici un rôle très important, on songe en particulier à Corinthe et surtout à Éphèse. S'agissant de cette dernière ville, certains auteurs continuent à penser qu'Onésime peut être considéré comme « responsable du recueil complet des lettres de Paul, d'autant que son rôle est nécessaire pour expliquer la présence de Phm [27] ». Mais c'est avec Marcion qu'une collection et une édition des lettres de Paul sont

26. Expression employée par J. Murphy-O'Connor in *Paul et l'art épistolaire*, Paris, Éditions du Cerf, 1994, p. 170 *sqq.*

27. J. Murphy-O'Connor, *ibid.*, p. 188.

attestées de manière certaine, soit vers l'an 140. Cette collection comprend dix lettres disposées dans l'ordre suivant : Ga, 1-2 Co, Rm, 1-2 Th, Ep, Col, Ph, Phm. La place que Marcion réserve à la lettre aux Galates, en tête du corpus paulinien, est tout à fait conforme à sa théologie, notamment en raison de l'opposition entre christianisme et judaïsme qui la caractérise. Mais il n'est pas impossible que Marcion ait repris le contenu et l'ordre d'une édition antérieure.

À partir de l'étude des manuscrits des lettres de Paul et des écrits des Pères de l'Église qui mentionnent ces lettres, les spécialistes ont reconstitué diverses dispositions des lettres de Paul, correspondant à des éditions différentes. Cet évident manque d'unanimité montre également qu'il n'a probablement pas existé à l'origine une seule collection de lettres pauliniennes, mais plusieurs collections qui ont été ensuite combinées. L'ordre actuel des lettres a été déterminé par un principe très simple : celui de la longueur décroissante des lettres [28].

Une chose est certaine : les lettres « authentiques » de Paul comme celles qui lui ont été ensuite attribuées, lèguent aux lecteurs que nous sommes une théologie enracinée dans le mystère de la mort et de la résurrection du Christ, et construite en dialogue avec la culture d'alors. D'une lettre à l'autre, une évolution se fait sentir, en effet, au gré des questions que Paul a dû affronter et des défis que représentait l'annonce de l'Évangile dans le monde gréco-latin. Le fait que les premiers écrits chrétiens aient été des lettres, rédigées en grec, la langue de tous, montre surtout que l'annonce de l'Évangile a été d'abord une parole adressée à des personnes, les interpellant dans le concret et la singularité de leur existence : le contraire d'une parole intemporelle réservée à un groupe d'élus.

---

28. Deux lettres font cependant exception. La première est la lettre aux Éphésiens, qui devrait avoir sa place avant la lettre aux Galates, mais qui se trouve fréquemment reléguée en cinquième place. La seconde est la lettre aux Hébreux, qui n'est pas toujours incluse dans le corpus paulinien, et, quand elle l'est, se trouve placée en queue de liste ou alors, en raison de sa longueur, entre la lettre aux Romains et la 1re lettre aux Corinthiens.

## LES ÉVANGILES SYNOPTIQUES

À l'époque du Nouveau Testament, *euaggelion* (évangile = bonne nouvelle) ne désignait pas un livre ou un écrit, mais la proclamation d'un message : une victoire militaire, dans le monde grec ; la naissance de l'empereur ou son intronisation, dans le monde romain [29]. Dans la Bible, plus particulièrement dans la traduction grecque de la Septante, ce mot peut évoquer une victoire militaire ou la mort d'un ennemi (2 S 18,20.25.27). Dans le livre d'Isaïe, il évoque surtout la venue du règne de Dieu qui apportera aux exilés de Babylone, et aux pauvres en général, la consolation, la paix et le salut (Is 52,7 ; voir 40,9 ; 61,1-3).

Jésus lui-même a-t-il utilisé ce mot « évangile » pour définir sa proclamation du Royaume ? Les exégètes en débattent. Mais ce qui est sûr, c'est que ses disciples l'ont certainement fait, « l'Évangile » désignant alors tout ce que Dieu a fait en Jésus. Après 1 Co 15, qui a déjà été évoqué, on pourrait mentionner ici Rm 1,2-4, où Paul définit « son » Évangile en des termes probablement déjà connus des chrétiens de Rome. Pour lui, le cœur de l'Évangile se trouve dans la séquence souffrance/mort/résurrection de Jésus, avec sa « puissance » de justification et de salut (Rm 1,16).

C'est seulement au IIe siècle de notre ère que les chrétiens désigneront sous le titre « évangile » des écrits relatant la « vie » de Jésus, sans doute parce qu'ils les reconnaissaient différents des vies des prophètes, des philosophes ou autres grands personnages connus de leur temps. Ils savaient que, nés de la foi, ces récits appellent une réponse de foi en même temps qu'ils conduisent à Celui qui est la source du salut. Car, bien qu'ils en aient l'allure, les évangiles ne sont pas des récits biographiques au sens strict du terme, mais des témoignages de foi qui appellent une réponse de foi. Si les évangélistes « racontent l'Évangile », c'est en effet pour susciter et faire grandir la foi, et donc conduire au salut. Parce qu'ils sont différents, les évangiles nous renvoient également à la diversité des mondes dans lesquels ils ont été rédigés. Écrits à la lumière de la Résurrection, ils l'ont été en fonction des communautés auxquelles ils s'adressaient et des attentes respectives d'une « Bonne Nouvelle » de la part de ces communautés.

Leurs auteurs nous sont connus par la tradition, qui, au IIe siècle, les a attribués à Matthieu et à Jean, reconnus comme témoins oculaires de la vie de Jésus ; à Marc et à Luc, présentés respectivement comme compagnons de Pierre et de Paul. De nombreux exégètes mettent en doute aujourd'hui de telles attributions. Ils font remarquer que ce recours à des figures apostoliques s'explique par le fait que la foi de l'Église naissante était alors menacée et que c'était une manière de

29. Flavius Josèphe rapporte que, lorsqu'elles apprirent que Vespasien était devenu empereur (en 69), toutes les villes fêtèrent ces « bonnes nouvelles » (ces « évangiles ») [*Guerre juive* 4,618].

défendre l'autorité des évangiles et leur caractère normatif. Considérant que la signification du mot « auteur » n'était vraisemblablement pas alors aussi stricte qu'elle l'est aujourd'hui, on peut se demander si ces différentes attributions ne nous renvoient pas cependant à ceux qui sont à l'origine des traditions conservées dans chacun des évangiles, traditions qui furent ensuite mises en forme par les évangélistes.

## L'Évangile selon Marc

### L'auteur

Ce n'est qu'au IIe siècle que cet évangile est désigné comme l'« Évangile selon **Marc** », un nom romain répandu à cette époque. Très vite, semble-t-il, la tradition chrétienne l'associa au « Jean surnommé Marc » des Actes des Apôtres [30]. C'était le fils d'une certaine Marie, qui possédait une maison dans laquelle se réunissait une assemblée chrétienne (Ac 12,12). Durant le premier voyage missionnaire, alors qu'il les accompagnait, il s'était prématurément séparé de Paul et de Barnabé, ce que Paul ne lui avait pas alors pardonné (Ac 13,13 ; 15,37-39). Pourtant, dans le billet à Philémon, Paul mentionne un certain Marc, présent avec lui à l'endroit d'où il écrit (Phm 24). Salué par Pierre comme un « fils » (1 P 5,13), il est mentionné également dans la 2e lettre à Timothée. Paul, en prison et dans l'attente de sa mort prochaine, demande que Marc lui soit envoyé, car « il lui est précieux » (2 Tm 4,11). La lettre aux Colossiens le présente comme un cousin de Barnabé (Col 4,10).

Dans le souci de rattacher cet évangile à un apôtre, la tradition a fait de Marc « l'interprète » de Pierre [31]. Elle s'est appuyée pour cela sur le témoignage de Papias, évêque, vers l'an 125, de Hiérapolis, en Phrygie, et ami de Polycarpe, l'évêque de Smyrne mort dans la première moitié du IIe siècle. Le témoignage de Papias est rapporté par Eusèbe de Césarée dans son *Histoire ecclésiastique* (III, 39,15-16). Papias dit tenir ses informations d'un certain Jean le Presbytre (« l'Ancien »), un chrétien de la première génération qui a connu les Apôtres.

30. Une seule fois, il est désigné comme « Marc » (15,39).

31. Eusèbe de Césarée, *Histoire ecclésiastique* III, 39,15 (Paris, Éditions du Cerf, « Sources chrétiennes » n° 31, 1952). On apprend à la lecture de cette notice que Marc n'a pas connu Jésus et qu'il tient ses informations de Pierre. Si Papias insiste sur la dépendance et la fidélité de Marc par rapport à Pierre, on ne sait pas ce que signifie exactement ici le mot « interprète ». De plus, contrairement à ce que dit Papias, l'œuvre de Marc n'est pas une composition « sans ordre ». Elle contient également des données que la seule dépendance par rapport à Pierre n'explique pas.

*Le témoignage de Papias*

« Et voici ce que disait le presbytre : "Marc, qui était l'interprète de Pierre, a écrit avec exactitude, mais cependant sans ordre, tout ce dont il se souvenait de ce qui avait été dit ou fait par le Seigneur." Car il n'avait ni entendu ni accompagné le Seigneur ; mais, plus tard, comme je l'ai dit, il a accompagné Pierre. Celui-ci donnait ses enseignements selon les besoins, mais sans faire une synthèse des paroles du Seigneur. De la sorte, Marc n'a pas commis d'erreur en écrivant comme il se souvenait. Il n'a eu en effet qu'un seul dessein, celui de ne rien laisser de côté de ce qu'il avait entendu et de ne tromper en rien dans ce qu'il rapportait [32]. »

## Le lieu de rédaction

À la fin du IIe siècle, Clément d'Alexandrie (*Histoire ecclésiastique* VI, 14,6) cite **Rome** comme le lieu où Marc a rédigé cet évangile, thèse soutenue aujourd'hui encore par un grand nombre d'exégètes, même si d'autres évoquent la Galilée – à cause de l'intérêt de cet évangile pour cette région –, la Syrie ou même Alexandrie. Toujours selon la tradition, Marc aurait écrit peu après le martyre de Pierre, avant la destruction du Temple de Jérusalem en 70 [33], pour une communauté composée de chrétiens venus du paganisme et parlant grec. De nombreuses caractéristiques de cet évangile conviennent bien, en effet, à ce type de communauté : absence de réflexion approfondie sur la Torah ou sur l'accomplissement des prophéties de l'Ancien Testament ; nombreuses explications des coutumes juives, notamment en 7,2.11 ; latinismes [34] et expressions araméennes traduites en grec comme si les destinataires de cet évangile ne connaissaient pas l'araméen (5,41 ; 7,11.34 ; 14,36 ; 15,34) ; récits qui supposent la mission auprès des nations païennes (7,27 ; 10,12 ; 11,17 ; 13,10 ; 14,9 ; 15,39). À cela on ajoutera que la communauté à laquelle s'adresse cet évangile avait vraisemblablement été bouleversée par les persécutions de Néron. Elle savait ce que c'est qu'être trahi, dénoncé, poursuivi, condamné, mis à mort (13,9-13). D'où le souci de l'évangéliste de proposer à ses lecteurs une véritable « théologie de la croix ».

32. Aussi bien à partir de la présentation de Pierre dans cet évangile que des nombreuses inexactitudes géographiques qu'on peut y déceler (par exemple 7,31), ou d'autres caractéristiques de cet évangile, beaucoup d'auteurs jugent aujourd'hui improbable que Jean-Marc, un Juif de Jérusalem, parlant probablement araméen, et devenu très tôt chrétien, ait pu écrire cette œuvre, qui plus est dans la dépendance de Pierre. Ils préfèrent attribuer cet évangile à un judéo-chrétien de la deuxième génération, parlant grec et ouvert à la mission universelle. Peut-être s'appelait-il Marc, ce qui expliquerait qu'il ait été ensuite confondu avec le Jean-Marc des Actes des Apôtres.

33. Si l'on fait remarquer habituellement que l'évangile de Marc (différemment de Mt 22,7 et de Lc 21,20) ne semble pas connaître la destruction de Jérusalem par les troupes de Titus en l'an 70, certains auteurs notent que des passages comme Mc 13,1-2.14 pourraient contenir des allusions au Temple et à ceux qui l'ont détruit. Une position intermédiaire consiste à dire que Marc a entrepris la rédaction de cet évangile alors que la prise de Jérusalem par les Romains était devenue évidente et inéluctable.

34. Ce sont surtout des termes militaires ou monétaires qui devaient faire partie du langage courant : *legion* en 5,9.15 ; *denarion* en 6,37 ; 12,15 ; 14,5 ; *kentyrion* en 15,39, ou la traduction de lepte en quadrant romain en 12,42, etc. Mais certaines tournures grecques reflètent un lieu où l'on parlait latin : 2,23 ; 15,15, etc.

Dans un registre différent, Marc donne des précisions géographiques qui laissent supposer que ceux à qui il s'adresse ne connaissaient pas la Galilée ou Jérusalem (1,9 ; 11,1).

## Les thèmes

De l'auteur de cet évangile, on notera également qu'il est le premier à avoir présenté l'Évangile sous une forme narrative, proposant ainsi **une approche originale de l'Évangile** que les premiers chrétiens ne cessaient d'annoncer : Christ mort et ressuscité pour le salut de tous les hommes. Différemment de Paul, Marc, à partir de recueils déjà existants [35] ou de paroles « isolées », élabore en effet une œuvre qui, sans négliger la proclamation du Christ mort et ressuscité, donne toute sa place au « Jésus de l'Histoire ». Pour cela, il choisit de présenter son ministère public sous la forme d'un récit autour d'un schéma géographique comprenant trois temps : le ministère en Galilée, la montée à Jérusalem et les événements qui se sont déroulés autour de Jérusalem. Cette présentation s'articule autour de la confession de foi de Pierre (8,27-30), véritable charnière entre une première partie (1,14 – 8,26), où tous se demandent qui est Jésus, et une seconde partie (8,27 – 16,8), orientée vers la Passion, où il s'agit de comprendre quel Messie est Jésus.

Présente dès le premier verset (Mc 1,1), la question de **l'identité de Jésus** est au cœur de l'évangile de Marc, sur les lèvres de ceux et celles qui voient Jésus à l'œuvre (1,27 ; 4,41) et reprise par lui en Mc 8,27 : « Pour vous, qui suis-je ? » Il faudra pourtant attendre que Jésus meure sur la croix pour que, en le voyant mourir dans le dénuement le plus extrême, un païen trouve la réponse adéquate : « Vraiment cet homme était Fils de Dieu » (15,39). Certes, bien avant, Pierre avait reconnu en Jésus le Messie (8,29), mais sa confession avait donné lieu à un ordre étrange de Jésus : « Et il leur commanda sévèrement de ne parler de lui à personne » (8,30). Pour la première fois, Jésus avait alors annoncé ouvertement sa destinée de souffrance et de mort (8,31 *sqq.*).

Dans l'Évangile selon Marc, un mystère semble donc entourer la personne de Jésus. Il apparaît dans la manière dont Jésus à la fois manifeste de manière éclatante son pouvoir – notamment à travers ses exorcismes, ses guérisons, ses miracles, le pardon des péchés ou l'accueil des pécheurs – et insiste au même moment pour que l'on ne dise pas qui il est ou ce qu'il a fait. On le voit alors faire taire les démons qui proclament qui il est (1,24 *sqq.* ; 1,34 ; 3,11 *sqq.*) ou imposer le silence aux malades qu'il guérit (1,44-45 ; 5,43 ; 7,36 ; 8,26). Et, lorsque, comme nous l'avons vu, Pierre reconnaît en lui le Messie, Jésus lui interdit, comme aux autres disciples, de « parler de lui à personne » (8,30). Un peu plus tard, Pierre, Jacques et Jean, les trois témoins de la transfiguration, recevront, eux aussi, l'ordre « de ne raconter à personne ce qu'ils ont vu jusqu'à ce que le Fils de l'homme ressuscite d'entre les morts » (9,9).

À côté de cette tension entre la manifestation de la puissance de Jésus et le mystère qui l'entoure, se manifeste une autre caractéristique de l'évangile de Marc : **l'incompréhension des disciples** [36]. Bien qu'il existe, chez Marc, une relation très étroite entre eux et Jésus – plus

35. C'est le cas du récit de la Passion – un document dont l'ancienneté est reconnue –, mais peut-être aussi des cinq controverses de 2,1 – 3.6, des paraboles du chapitre 4, ou des miracles de 4,35 – 5,43, etc.

36. Voir plus bas B. Escaffre, « Ouverture théologique : identité de Jésus, itinéraire des Douze et secret messianique », p. 260 *sqq.*

que chez Matthieu et Luc – les disciples ne comprennent pas ce qui se passe, ni qui est leur Maître. Paradoxalement, plus ils sont instruits par Jésus, plus leur intelligence semble s'obscurcir (4,13 ; 6,52 ; 7,18 ; 8,14-21). Ainsi, alors que leur a été « révélé le mystère du Royaume de Dieu » (4,11), ils ne saisissent pas le sens des paraboles (4,13), tout comme ils ne comprennent pas le sens véritable des actions de Jésus (6,52, différent de Mt 14,33). Comme si, malgré tout le chemin parcouru avec lui, Jésus restait pour eux un incompris.

Comment comprendre une telle présentation ? En se rappelant ce que vivaient les communautés pour lesquelles Marc a écrit. Particulièrement intéressant est ici le chapitre 13 de cet évangile, qui reflète une période troublée, faite d'effervescence apocalyptique et d'attente du retour du Christ. Si, comme le soutiennent de nombreux spécialistes, elle pourrait correspondre à celle qui suivit les persécutions de Néron, où un grand nombre de chrétiens de Rome – et non des moindres – avaient péri, il faut y voir le souci de Marc de montrer que le mystère de Jésus ne peut être véritablement accueilli qu'avec les yeux de la foi. En tout cas, le thème du secret messianique [37], si caractéristique de cet évangile, le laisse entendre. Pour Marc, au cœur de la foi chrétienne figure, en effet, la Croix ; toute reconnaissance de la véritable identité du Christ doit donc accueillir le mystère de son inséparable destinée de souffrance et de résurrection. Sous peine de se méprendre, comme les disciples, sur la réelle identité de Jésus. Résonne ici la question cruciale de cet évangile : « Pour vous, qui suis-je ? »

## Le style

Le style de l'évangile de Marc se caractérise essentiellement par une certaine pauvreté de vocabulaire, des propositions davantage juxtaposées les unes aux autres que construites, et de nombreuses répétitions [38]. Mais ce style est au service d'un récit où son auteur introduit partout où il le peut de la vie et du pittoresque. À titre d'exemple, on peut mentionner ici l'emploi par Marc des diminutifs [39] ; Jésus poursuivi par la foule à tel point qu'il n'a même plus le temps de manger (3,20), qui dort « sur le coussin » à l'arrière de la barque (4,38), ou qui marche « devant » ses disciples (10,32) [40]. Pauvreté du vocabulaire, répétitions, lourdeurs de certaines phrases donc, mais extraordinaire capacité de saisir les événements et de les raconter. Marc est un conteur. Un conteur à la fois fasciné par la question de l'identité de Jésus : **Christ, Fils de Dieu** (Mc 1,1), et soucieux que l'on ne s'attache pas à une image partielle – donc fausse – du Christ ; une image qui ne reposerait que sur ses manifestations glorieuses et ne correspondrait pas à sa réelle identité.

37. Voir *ibid.*, « Le secret messianique », p. 267.

38. « Ils viennent » (24 fois contre 3 fois chez Mt et 1 fois chez Lc) ; « ils se mirent », « il se mit » (26 fois contre 9 fois chez Mt et 19 fois chez Lc) ; « aussitôt » (42 fois) ; « de nouveau » (28 fois), etc.

39. « Les petits chiens » 7,27 ; « les petits poissons » 8,7 ; « la petite barque » 3,9 ; « la petite » 5,41, etc.

40. Ce sont aussi les « quatre » qui portent le paralytique (2,3), la fillette de Jaïre qui se lève et qui marche « car elle avait douze ans » (5,42).

C'est pour cela que, dans « le deuxième évangile, tout se passe comme s'il fallait toujours remettre en question ce que l'on croit, ce que l'on sait ou croit savoir de Jésus, comme s'il fallait toujours revoir la signification des titres attribués à Jésus [41] ». Comme on le voit avec les possédés, qui prétendent connaître Jésus, ou même avec Pierre, que Jésus traite de Satan (8,33), les mots de la gloire et de la puissance ne suffisent donc pas à dire qui est Jésus. Il faut prendre en compte le mystère de sa Passion et de sa mort, et cela de façon concrète, c'est-à-dire en s'engageant à sa suite, jusqu'au bout (8,34).

Ainsi s'explique sans doute l'épilogue déconcertant de cet évangile (16,1-8). Il y est question des femmes qui se rendent au tombeau, où il leur est annoncé que le Crucifié est ressuscité. Étonnamment pourtant, invitées à aller dire à Pierre et aux disciples que le Ressuscité les précède en Galilée (16,7), elles ne diront rien, car, note l'évangéliste, « elles avaient peur » (16,8). Déroutés par une telle finale, des copistes, dès la plus haute Antiquité, ajouteront une fin plus convenable, reconnue depuis comme canonique. On peut le regretter, car, en évoquant le silence des femmes, Marc voulait vraisemblablement souligner combien l'événement de la résurrection du Crucifié échappe à tout raisonnement. Insaisissable, il ne peut être reçu que dans la foi et dans le silence. Ensuite, on pourra l'annoncer [42].

### *La finale de l'évangile : Marc 16,9-20*

La finale de Marc (16,9-20) est tenue pour *canonique*, c'est-à-dire qu'elle est considérée comme faisant partie des Écritures reconnues comme inspirées. Mais elle n'est pas *authentique*, les versets 9-20 ayant été vraisemblablement ajoutés à un récit initial qui s'arrêtait en 16,8. Deux arguments essentiellement vont dans ce sens. Le premier provient de la tradition manuscrite, puisque des manuscrits importants tels le *Vaticanus* et le *Sinaïticus* ne possèdent pas les versets 9-20. Des auteurs anciens, comme Eusèbe de Césarée, savent que cette finale est absente de certains manuscrits grecs, qui possèdent d'ailleurs parfois une autre finale, plus courte.

L'autre argument provient de l'examen de Mc 16,9-20. On note, en effet, qu'il y a une rupture entre le verset 9 et ce qui précède, les personnages passant, sans raison apparente, de trois femmes à Marie de Magdala qui est seule. Mais, outre le fait que ces versets se distinguent également du reste de l'évangile par leur style et par leur vocabulaire, on note surtout qu'ils sont un « résumé » des apparitions du Ressuscité rapportées dans les trois autres évangiles : à Marie de Magdala (v. 9-10 ; voir Jn 20,1 *sqq.*), aux disciples d'Emmaüs (v. 12-13 ; voir Lc 24,13-35), aux Onze (v. 14 ; voir Mt 28,16-20 ; Lc 24,36 *sqq.*). L'Ascension est même évoquée au verset 19 (voir Ac 1,9-11).

Considérant que ces récits proviennent d'œuvres rédigées après l'évangile de Marc, on peut donc penser que les versets 9-20 ont été ajoutés à la finale de Marc. Sans doute parce qu'on avait du mal à concevoir qu'un évangile puisse se terminer par : « Et elles ne dirent rien à personne, car elles avaient peur » (16,8).

41. C. Runacher, *Saint Marc*, Paris, éditions de l'Atelier, 2001, p. 94.

42. Voir plus bas B. Escaffre, « Un évangile qui se termine sur une mauvaise nouvelle ? », p. 222.

## L'Évangile selon Matthieu

### L'auteur

Comme pour l'Évangile selon Marc, le titre « selon Matthieu » a été vraisemblablement associé à cet évangile dans la seconde moitié du IIe siècle. Vers 125, Papias écrivait : « Matthieu réunit donc en langue hébraïque [araméenne ?] les sentences [*logia*] et chacun les interpréta comme il en était capable. » Cette précision venant après l'évocation de Marc laisse supposer que, pour Papias, Matthieu avait écrit après Marc. Différemment, Clément d'Alexandrie (première moitié du IIIe siècle), suivi par Origène et Eusèbe de Césarée, dira que l'Évangile selon Matthieu est le premier évangile. C'est Eusèbe de Césarée qui le rapporte, toujours dans son *Histoire ecclésiastique* VI, 14,1-7 :

**_Matthieu, Luc, Marc, Jean_**

« Dans les mêmes livres encore, Clément cite une tradition des anciens presbytres relativement à l'ordre des évangiles. La voici : il disait que les évangiles qui comprennent les généalogies ont été écrits d'abord et que celui selon Marc le fut dans les circonstances suivantes : Pierre ayant prêché la doctrine publiquement à Rome et ayant exposé l'Évangile par l'esprit, ses auditeurs, qui étaient nombreux, exhortèrent Marc, en tant qu'il se souvenait de ses paroles, à transcrire ce qu'il avait dit : il le fit et transcrivit l'Évangile à ceux qui le lui avaient demandé : ce que Pierre ayant appris, il ne fit rien par ses conseils pour l'en empêcher ou pour l'y pousser. Quant à Jean, le dernier, voyant que les choses corporelles avaient été exposées dans les évangiles, poussé par ses disciples et divinement inspiré par l'Esprit, il fit un évangile spirituel. Voilà ce que rapporte Clément. »

Comment interpréter ce que dit Papias à propos de Matthieu qui a réuni les *logia* en hébreu/araméen [43] ? Évoque-t-il un original hébraïque qui aurait été ensuite traduit en grec ? Certains auteurs le soutiennent ; ils pensent même pouvoir reconstruire l'original hébreu ou araméen sous-jacent à tout ou partie du texte grec de Matthieu. D'autres constatent que, dans l'Antiquité, un évangile juif, probablement araméen, existait. Il était utilisé par les chrétiens de Palestine. Les Pères de l'Église l'associent à certains judéo-chrétiens vivant dans la région d'Alep en Syrie. Connu plus tard sous le nom d'évangile des Nazaréens, cet évangile est parfois cité par les Pères comme « l'évangile hébreu » ou « l'évangile selon les Hébreux ». Jérôme affirme l'avoir traduit en grec. De l'avis de nombreux spécialistes pourtant, quand on les compare à l'évangile canonique, les quelques passages conservés dans les citations patristiques semblent être des ajouts secondaires au récit de Matthieu. Considérant que la majorité des exégètes estime que l'évangile que nous connaissons sous le nom de Matthieu a été originellement écrit en grec, et qu'il ne peut pas être la traduction d'un original sémitique, que conclure ? « Ou bien Papias se trompait en

43. Voir plus bas É. Cothenet, « Un Matthieu araméen ? », p. 179-180.

attribuant à Matthieu un évangile (sentences) en hébreu/araméen, ou bien il avait raison, mais la composition hébreu/araméen qu'il évoquait n'était pas l'œuvre que nous connaissons en grec et qui est le Matthieu canonique [44]. »

Quant à l'attribution de cet évangile à Matthieu, **l'un des Douze, publicain de surcroît** [45], elle n'est pratiquement plus retenue aujourd'hui. Plusieurs arguments vont dans ce sens : *a)* cet évangile utilise comme source [46] Marc, daté des années 67-68, ce qui serait très surprenant de la part de quelqu'un qui aurait été témoin oculaire de la vie de Jésus ; *b)* l'image du judaïsme que cet évangile renvoie – et auquel son auteur était confronté – est celle d'un judaïsme réuni autour des pharisiens, donc après la chute de Jérusalem en 70 ; *c)* les nombreuses fois où l'on trouve l'expression « leurs synagogues » (4,23 ; 9,35 ; 10,17 ; 12,9 ; 13,54 ; 23,34) laissent entendre que la séparation entre la communauté à laquelle s'adresse cet évangile et les Juifs, si elle n'est pas totalement consommée, est en bonne voie. À cela s'ajoute une allusion possible à des persécutions, notamment en 10,16-33, ainsi qu'à la destruction de Jérusalem (22,7 ; 23,38), indices qui donnent à penser que cet évangile a vraisemblablement été rédigé dans les années 80-90 par un chrétien d'origine juive [47], dans une communauté où le disciple Matthieu avait peut-être joué un rôle important.

## Le lieu de rédaction

Au sujet de cette communauté, on peut préciser que cet évangile a dû être rédigé **en Syrie, plus précisément à Antioche**. Outre le fait qu'il est question de la Syrie en Mt 4,24, on évoque souvent le fait qu'Ignace (lettre aux Philippiens II,3 ; lettre aux Éphésiens XIX,2-3 ; Smyrn I,1) et la Didachè (I,4 ; VII,1 ; VIII,2), tous deux associés à Antioche, connaissaient cet évangile. Mais c'est surtout la correspondance entre ce que l'on sait aujourd'hui de l'Église d'Antioche à cette époque et le climat de l'Évangile selon Matthieu qui va dans ce sens [48]. Il n'est d'ailleurs pas impossible que, composée à l'origine de Juifs qui avaient reconnu en Jésus le Messie d'Israël – et qui se savaient d'abord envoyés à Israël (Mt 15,24) – la communauté de Matthieu ait émigré ensuite en Syrie, soit après la destruction du Temple de Jérusalem, soit après l'exclusion des chrétiens des synagogues [49]. Meurtrie, traumatisée, elle

44. R. E. Brown, *Que sait-on du Nouveau Testament ?, op. cit.*, p. 252.

45. Mt 10,3 ; voir aussi 9,9 ; Mc 3,18 ; Lc 6,15 ; Ac 1,13.

46. Voir plus bas « Le “fait synoptique” », p. 61-65.

47. L'omniprésence des traditions héritées du judaïsme fait pencher pour l'identité judéo-chrétienne de l'évangéliste. Elle apparaît notamment dans les récits de l'enfance avec le parallélisme entre Moïse et Jésus et la connaissance de certaines légendes juives. Mais elle est sous-jacente aussi à l'intérêt de cet évangéliste pour la question du statut et de la place de la Loi dans la vie du croyant (5,17-20) – ou de la justice (3,15 ; 5,6.10.20 ; 6,1.33 ; 21,32) –, ainsi qu'aux images utilisées à propos de l'autorité de Pierre (16,18 *sq.* : « clefs du Royaume », « lier » et « délier »).

48. R. E. Brown et John P. Meier, *Antioche et Rome, berceaux du christianisme*, Paris, Éditions du Cerf, « Lectio Divina » n° 131, 1988, p. 48-49.

49. Ainsi s'expliqueraient les nombreuses controverses de Jésus avec les autorités juives et tout particulièrement avec les pharisiens : 9,10-17.34 ; 12,1-14 ; 15,1-20 ; 16,1-4 ; 19,1-9 ; 21,23-27 ; 22,15-33.41-45, sans oublier les invectives répétées et d'une rare violence de Mt 23.

aurait alors compris que l'Évangile s'adresse à toutes les nations et elle se serait ouverte au monde païen. Cette évolution, qui s'est opérée lentement et non sans difficultés, est perceptible à la lecture de cet évangile [50].

## Le thème et le style

Différent de celui de Marc [51], **le style de Matthieu** est celui d'un auteur qui abrège, élague, résume, élimine tout ce qui lui paraît secondaire, anecdotique : absence du « coussin » sur lequel Jésus dormait, absence de l'argent dépensé en vain par l'hémorroïsse, absence de la couleur verte de l'herbe lors de la multiplication des pains, etc. Mais, si cet évangéliste élimine tous les détails qui lui paraissent secondaires, c'est pour donner à ses récits un caractère plus solennel et attirer l'attention sur l'unique personne du Christ : le Seigneur. Car ce qui compte, c'est le Seigneur, et lui seul ! Au même moment, Matthieu amplifie pourtant les éléments miraculeux (14,21.24.35 ; 15,28) et il introduit des discours ! Au nombre de cinq (5 – 7 ; 10 ; 13 ; 18 ; 23 – 25) [52], ils jalonnent l'évangile, faisant de Jésus non seulement celui qui guérit ou accomplit des miracles, mais celui qui enseigne. Revêtu de l'autorité de Dieu, il est en effet le Maître, l'enseignant par excellence (5,2 ; 7,29 ; 21,23 ; 22,16). Venu accomplir la Loi et les prophètes (5,17), il est également le nouvel interprète de la Loi, celui qui rappelle la volonté originelle de Dieu et conduit à une radicalisation qualitative de cette Loi (5,21-48). En détachant ses auditeurs des « traditions humaines » dont les scribes sont les gardiens (15,9), il enseigne une perfection nouvelle (5,48 ; 19,21). On n'est donc pas surpris, à la fin de l'évangile, de voir Jésus inviter ses disciples à rester fidèles à son enseignement (28,20).

En s'appuyant sur l'Écriture, l'auteur de cet évangile montre également que Jésus « réalise » par sa parole et par ses actes ce que les prophètes avaient annoncé. **Il « accomplit » les Écritures** [53]. Fils de David, Fils d'Abraham (1,1), il est Dieu avec nous, l'Emmanuel (1,22-23 ; 28,20). Davantage encore, il est le Seigneur de l'Église qu'il accompagne de sa présence (28,20). Ce n'est donc pas un hasard si Matthieu évite de prêter à Jésus des sentiments trop humains [54]. Pour lui, il est le Seigneur, reconnu par ses disciples et célébré [55].

---

50. Voir plus bas É. Cothenet, « La communauté de Matthieu », p. 171.

51. Il n'est pas rare que Matthieu corrige le style de Marc ; il se livre même parfois à des jeux de mots grecs. Cette bonne connaissance du grec laisse supposer qu'il a été éduqué dans la diaspora.

52. La même formule de conclusion clôt chacun de ces discours (7,28 ; 11,1 ; 13,53 ; 19,1 ; 26,1).

53. Voir l'importance accordée à l'accomplissement des Écritures avec les fameuses citations d'accomplissement : 1,23 ; 2,6.18.23 ; 4,15-16 ; 8,17 ; 12,18-21 ; 13,14.35 ; 21,5 ; 27,9-10. À cela, il faut ajouter 43 citations de l'Ancien Testament et 89 passages dérivant immédiatement de la Bible, sans compter les nombreuses allusions émaillant le texte de Matthieu.

54. La colère (*cf.* Mc 1,41 ; 3,5), l'irritation (*cf.* Mc 1,43 ; 8,12 ; 10,14) ou la tendresse (*cf.* Mc 9,36 ; 10,16.21).

55. 8,25 ; 14,30 ; 15,22 ; 17,15 ; 21,30 *sqq.* ; le titre (Seigneur) convient davantage au Ressuscité (28,6) mais aussi, comme le montrent certaines paraboles (24,45.50 ; 25,11.20.22.24), au Christ de la parousie.

Vivant dans une communauté aux prises avec des difficultés internes, Matthieu fait également de son œuvre **un évangile ecclésial**[56]. L'Église y apparaît comme une communauté à la fois fraternelle (5,22 *sqq.* ; 7,3-5 ; 18,15.21.33) et missionnaire (Mt 28,19). Mais, si le Christ répudie tout esprit de caste et toute forme de privilège parmi ses disciples (20,25-27 ; 23,8), l'égalité fondamentale qui existe entre tous les croyants n'empêche pas Matthieu de souligner le rôle privilégié des disciples, en particulier des Douze. À la différence de Marc, qui rapporte sans ménagement les défaillances des apôtres, Matthieu idéalise également leur attitude en les présentant comme ceux qui « comprennent » (13,51 ; 16,12 ; 17,13)[57]. Dans quatre cas seulement, il signale qu'ils ne comprennent pas (13,36 ; 15,16 ; 16,9 ; 17,10), comme pour montrer que ce n'est pas d'emblée et par eux-mêmes que les disciples ont compris qui était le Christ, mais par le biais de son enseignement sans cesse repris. Car, ainsi que l'indique la déclaration de 13,11, l'écoute compréhensive des disciples est un don. Enfin, là où Marc blâme leur absence de foi, Matthieu introduit l'expression mitigée « peu de foi » (8,26 ; 14,31 ; 16,8 ; 17,20).

Toujours à propos de l'Église, on notera la place particulière que Jésus attribue à Pierre. Trois épisodes sont même propres à Matthieu : la marche sur les eaux (14,28-31), la didrachme du Temple (17,24-27) et surtout la fondation de l'Église (16,18 *sqq.*). Ces trois scènes s'éclairent l'une l'autre et mettent en valeur le rôle personnel que tient Pierre dans la fondation et le développement de l'Église. Porte-parole autorisé des disciples (15,26-33 ; 16,16 *sqq.* ; 17,4 ; 18,21), Pierre est à la fois le roc sur lequel Jésus construit son Église (16,18), et le tentateur, objet de scandale pour Jésus (16,23), qui ira même jusqu'à renier son Maître (26,34.75). Ce mélange d'humaine fragilité et de force divine ne pouvait que conforter dans leur foi les chrétiens auxquels s'adressait Matthieu. Aux prises avec des rivalités internes, ils recevaient de Matthieu la certitude que Pierre était celui que le Christ avait choisi pour conduire son Église. Alors qu'ils étaient en butte à des tensions extérieures qui auraient pu les faire douter, cette présentation de Pierre, à la fois faillible et triomphant, les encourageait à suivre une route qu'ils savaient marquée du sceau de la toute-puissance de Dieu[58].

Enfin, Matthieu réserve dans son évangile une place importante au **thème du jugement** (11,21-24 ; 13,36-43 ; 18,23-35 ; 22,1-14 ; 25,31-46). Cette importance peut se comprendre à la lumière du risque que Matthieu voulait vraisemblablement éviter à la communauté chrétienne à laquelle il s'adressait : celui de ne pas tirer les leçons de l'histoire d'Israël et de s'enfermer dans la sécurité trompeuse d'être le nouveau peuple élu (21,43). Aussi, tout au long de son évangile, Matthieu rappelle à ses lecteurs qu'il ne suffit pas d'entrer dans la communauté chrétienne pour être sauvé (22,11-14), car le salut n'est pas un acquis,

56. Le mot « Église » est présent en 16,18 et 18,17.

57. Matthieu omet ou modifie les passages de Marc défavorables à la famille ou aux disciples de Jésus. C'est le cas des omissions de Mc 3,21 ; 8,17.22-26 ; 9,10.32. Différemment de la version de Marc, il a bien soin également de préciser que c'est la mère des fils de Zébédée qui est intervenue auprès de Jésus pour qu'ils partagent sa gloire (Mt 20,20).

58. P. Debergé, *Saint Pierre*, Paris, Éditions de l'Atelier, 2003, p. 51 *sqq.*

mais une tâche à accomplir. Dans cette perspective, Matthieu exhorte ses lecteurs à vivre le temps qui leur est imparti dans l'obéissance à l'enseignement reçu, en attendant le jugement. C'est sans doute aussi pour cela que la dernière recommandation qu'il leur adresse est celle de la vigilance (24,42 ; 25,13 ; 26,38.41). Plus qu'une invitation à la conversion, le thème du jugement situe en fait le disciple en régime de responsabilité. Mais il ne doit pas être détaché de la promesse qui clôt cet évangile : « Et moi, je suis avec vous tous les jours jusqu'à la fin des temps » (Mt 28,20 ; voir 1,23). À l'image de la Loi, qui avait jadis accompagné le peuple de Dieu, la présence constante de Jésus avec l'humanité jusqu'à la fin des temps est désormais la certitude qui accompagne les croyants.

***Les symboles des évangélistes***

Les quatre évangélistes ont été souvent représentés par des symboles, dont trois sont empruntés au monde animal. Issues d'une vision d'Ézéchiel (Ez 1,24-28) reprise dans l'Apocalypse (Ap 4,7-8), ces différentes représentations sont censées traduire une particularité de l'œuvre de chacun des évangélistes.

Parmi les nombreuses explications que l'on a données de ces symboles, on retiendra la suivante : Matthieu est représenté comme un jeune homme, car son évangile commence par la généalogie de Jésus ; Marc, par un lion, car son évangile commence par la prédication de Jean Baptiste dans le désert ; Luc, par le taureau, l'animal des sacrifices, car son évangile commence dans le Temple ; Jean, par l'aigle qui vole et scrute d'en haut, car son évangile commence par des considérations théologiques sur Jésus, le Verbe fait chair [59].

## L'Évangile selon Luc et les Actes des Apôtres

### L'auteur

Dès la fin du IIe siècle, la tradition patristique a unanimement reconnu en Luc l'auteur du troisième évangile et des Actes des Apôtres. Le plus ancien témoignage est celui d'Irénée : « Luc, le **compagnon de Paul**, consigna en un livre l'Évangile que prêchait celui-ci » (*Adversus Haereses* III,1). Le fragment de Muratori, Clément d'Alexandrie, Origène, Tertullien témoignent également dans ce sens. Cette attribution se fondait essentiellement sur les passages en « nous » des Actes des Apôtres, dans lesquels le narrateur parle à la première personne du pluriel comme s'il avait participé aux événements qu'il rapporte [60]. À cela s'ajoutait le fait que Paul, à trois reprises, nomme Luc comme faisant partie de ses compagnons (Phm 24 ; Col 4,14 ; 2 Tm 4,11) [61].

59. On trouvera de plus amples développements plus bas, in J. P. Prévost, encadré « Les Pères de l'Église et leur interprétation des quatre animaux comme symbole des évangiles », p. 475.

60. Ac 16,10-17 ; 20,5-15 ; 21,1-18 ; 27,1 – 28,16.

61. Plus que les autres, cette dernière notice qui fait de Luc le dernier collaborateur resté fidèle à Paul, prisonnier à Rome, a peut-être contribué à désigner Luc comme l'auteur du troisième évangile et des Actes des Apôtres.

Nombreux furent cependant ceux qui, dès la fin du XIXe siècle, remirent en cause ce témoignage de la tradition. Le nom de Luc (Loukas) étant alors très répandu, la mention par Paul de Luc comme un de ses collaborateurs ne prouvait pas, selon eux, que celui-ci fût l'auteur de cette œuvre. Enfin, fallait-il vraiment considérer les passages en « nous » des Actes comme la preuve que Luc avait pris part aux voyages missionnaires de Paul ? Considérant que c'était là un procédé d'écriture connu dans l'Antiquité, on pouvait en douter. À cela, il faut ajouter que la perspective générale de l'œuvre de Luc correspond à la situation des communautés chrétiennes de la fin du Ier siècle, notamment en ce qui concerne leur rupture avec le judaïsme, et qu'elle reflète davantage le point de vue d'un homme de la deuxième, voire troisième génération, que celui d'un compagnon de Paul [62]. Il connaît d'ailleurs la chute de Jérusalem et sa destruction en 70, qu'il présente dans l'évangile comme une catastrophe à venir (21,20.24 ; voir 19,43 *sqq.*).

Bien qu'aucun manuscrit ne transmette le texte des Actes des Apôtres à la suite de celui de l'évangile [63], la plupart des spécialistes sont d'accord pour affirmer qu'un même auteur a composé l'évangile et les Actes des Apôtres. Ils reconnaissent que ces deux livres, vraisemblablement rédigés dans les années 80-90, s'inscrivent dans un véritable projet littéraire et théologique : présenter l'accomplissement et le déploiement de l'œuvre salvifique de Dieu dans la continuité des deux moments que sont le temps de Jésus et le temps de l'Église.

## Une œuvre bien construite

Première partie d'un magnifique récit, l'évangile est en effet inséparable des Actes des Apôtres, car, pour Luc, **le temps d'Israël** (compris comme « temps de la promesse [64] »), le **temps de Jésus** (compris comme « temps du salut »), et le **temps de l'Église** (compris comme « temps du témoignage ») forment un tout qui fait de Jésus, selon la belle désignation de Conzelmann, le « milieu du temps », celui qui est au centre de l'histoire du salut. Après l'évangile, les Actes montrent comment les Apôtres, revêtus de l'Esprit saint, sont allés annoncer Jésus Christ, la parole du salut, jusqu'aux extrémités de la terre.

62. Cela apparaît dès le prologue de l'évangile, où Luc situe son œuvre après celle des témoins oculaires et celle des « nombreux » à avoir, avant lui, composé des récits sur les événements concernant Jésus, sa mort et sa résurrection (1,1-4).

63. Cela s'explique par le fait que, dans le cadre du processus de canonisation au cours du IIe siècle, l'évangile a été détaché des Actes pour constituer le *corpus* des évangiles. Ceux-ci, à qui ont reconnaissait une plus grande autorité, ont été alors regroupés et copiés ensemble, soit dans l'ordre actuel, soit suivant l'ordre dit « occidental » attesté par les plus anciennes versions latines (Mt, Jn, Lc, Mc). L'autorité apostolique et canonique des Actes des Apôtres ne fut admise qu'un peu plus tard, notamment grâce aux efforts d'Irénée de Lyon. On copia alors les Actes à la suite des quatre évangiles, ou parfois des épîtres catholiques, dont le regroupement était en cours.

64. Il est évoqué dans les chapitres 1 et 2 de l'évangile à travers les figures de Zacharie et d'Élisabeth, de Marie et de Joseph, du vieillard Syméon et de la prophétesse Anne, ou encore de Jean Baptiste. Tous attendent un envoyé de Dieu qui apportera le salut (2,29-30).

| Syméon<br>Anne<br>Jean Baptiste | Évangile (Jésus) | Actes des Apôtres (Église) |
|---|---|---|
| | En Galilée / Montée /**Jérusalem** | **Jérusalem** /Judée-Samarie/ extrémités de la terre (Rome) |
| | **Pâques** | **Pentecôte** |
| | Jésus avec la force de **l'Esprit** | Les témoins avec **la force de l'Esprit** |
| **Temps de la promesse** | **Temps de l'accomplissement de la promesse** | |

Si Jésus est bien au centre de la construction lucanienne, une ville y occupe une place déterminante : **Jérusalem**. C'est vers elle qu'est orienté l'évangile et c'est à partir d'elle que se déploieront les Actes des Apôtres. Car, si c'est à Jérusalem que s'achève l'évangile, avec la Passion, les apparitions du Ressuscité et l'Ascension, c'est à Jérusalem que les Actes des Apôtres trouvent leur point de départ avec un nouveau récit d'Ascension et l'événement de Pentecôte.

L'unité entre le temps de Jésus et le temps de l'Église apparaît également dans les deux prologues qui précèdent aussi bien l'évangile que les Actes des Apôtres. Dans le premier (Lc 1,1-4), Luc, qui reconnaît qu'il n'a pas été témoin oculaire de la vie de Jésus, présente longuement la manière dont il a travaillé et le but qu'il s'est fixé. Utilisant les procédés littéraires de son temps, il dédie son œuvre à un certain Théophile, afin qu'il « puisse constater la solidité des enseignements » qu'il a reçus. Il a fait œuvre d'historien : il a mené son enquête, ce qui suppose l'existence de récits écrits dont il a eu connaissance et qu'il a pu utiliser ; il présente des faits bien établis dans lesquels il a reconnu l'œuvre de Dieu.

***Théophile***

« Le destinataire de Lc-Ac est nommé. Luc s'adresse directement à lui en disant : "excellent Théophile". Plusieurs hypothèses ont été faites au sujet de l'identité de ce dernier : pour les uns, Théophile était un personnage de haut rang social, occupant une position élevée dans le monde romain (certains ont pensé que c'était un officier romain ou encore un homme cultivé, proche de la foi chrétienne), pour d'autres, un grand prêtre juif (l'historien juif Flavius Josèphe mentionne un Théophile, grand prêtre entre 37 et 41). On a pensé à Théophile, l'évêque d'Antioche à la fin du IIe siècle ou à un autre Théophile, riche personnage connu de Clément de Rome à la fin du Ier siècle.

Il paraît plus sage de dire que nous ne savons rien de Théophile en dehors du fait que c'était un chrétien (ou au moins un sympathisant du christianisme) à qui Luc voulait donner "assurance" concernant le témoignage reçu des apôtres. »

O. Flichy

Dans le prologue des Actes des Apôtres (1,1-3), Luc évoque d'abord le premier livre qu'il a écrit, puis il fait allusion aux événements qui ont suivi la Résurrection et aux rencontres du Ressuscité avec les apôtres

« pendant quarante jours ». Suit le récit de l'Ascension, avec une promesse et un commandement du Seigneur qui détermineront le plan des Actes des Apôtres : « Vous allez recevoir une puissance, celle du Saint-Esprit qui viendra sur vous ; vous serez alors mes témoins à Jérusalem, dans toute la Judée et jusqu'aux extrémités de la terre » (1,8).

Reprenant de manière systématique le programme missionnaire de Jésus, Luc, dans les Actes des Apôtres, relève les étapes géographiques de la prédication chrétienne : à Jérusalem d'abord, dans la Judée et la Samarie ensuite, enfin jusqu'aux extrémités de la terre. Et son œuvre se termine avec l'arrivée de Paul à Rome, « proclamant le Règne de Dieu et enseignant ce qui concerne le Seigneur Jésus Christ avec une entière assurance et sans entraves » (Ac 28,31). Mais, entre le récit de l'Ascension et cette ultime mention de Paul à Rome, le chemin aura été long et la vie de l'Église aura connu bien des bouleversements. On songe au récit de Pentecôte ou à l'émerveillement de Pierre qui assiste à la venue de l'Esprit saint sur Corneille et sa famille (Ac 10 – 11). On pense également à la bouleversante rencontre de Paul sur le chemin de Damas : « Je suis Jésus, c'est moi que tu persécutes » (Ac 9,5). On n'oublie pas cependant les tensions que suscitera l'arrivée des païens dans la communauté chrétienne (qui n'imaginait pas que Dieu puisse faire de ces hommes et de ces femmes son peuple, voir Ac 15), ou les innombrables difficultés auxquelles se heurteront les messagers de l'Évangile (Ac 4,1 *sqq.* ; 5,17 *sqq.* ; 6,1-7.54-60 ; 8,1 *sqq.* ; etc.).

À la lecture de cette œuvre, on pressent que celui que l'on désigne comme Luc n'était vraisemblablement ni palestinien [65], ni juif [66]. **Homme cultivé**, son **talent d'écrivain** lui permet de jongler avec différents styles de grec, faisant même parler ses personnages selon la langue et le style qui devaient les caractériser : ainsi, lors de la Pentecôte, Pierre s'exprime dans un grec pétri de sémitismes (Ac 2,14-36), tandis que Paul, devant l'Aréopage d'Athènes, prononce un discours dans un grec élégant (Ac 17). En d'autres endroits, Luc sait également imiter le grec de la Septante (Lc 1). Jusque dans la matérialité de son écriture, il inscrit ainsi la continuité du projet de salut de Dieu, tout en notant que l'accomplissement dépassera la promesse puisque le Messie attendu sera « la lumière des nations », envoyé pour que « tout homme voie le salut de Dieu ». Enfin, grand connaisseur des Écritures, auxquelles il fait de nombreuses allusions [67], cet évangéliste semble

---

65. On le remarque à sa manière de présenter Nazareth (4,29), aux notices maladroites de 4,44 et de 17,11, à ce que Luc rapporte à propos des maisons aux toits de tuiles (5,19), des crues des rivières (6,48-49), de la technique des semailles (8,5-7) ou encore du lac de Tibériade, qu'il se refuse à qualifier de mer (5,1-11 ; 8,22-23.33).

66. Sa connaissance de l'Ancien Testament pourrait le laisser croire. Mais l'erreur sur la purification en 2,22 (« leur » implique à tort la purification du père) semble interdire le fait qu'il ait été élevé dans une famille juive, et ce qu'il dit de la Loi de l'Ancien Testament – considérée comme un joug intolérable (Ac 15,10) – est improbable de la part d'un circoncis. Il convient donc plutôt de situer l'évangéliste parmi les païens devenus « craignant-Dieu » (voir Lc 7,5 ; Ac 10,2) ou prosélytes. On peut donc imaginer qu'avant sa conversion au christianisme, il s'était rapproché du judaïsme.

67. En se référant au texte grec de la Septante.

connaître les conventions rhétoriques des historiens grecs et il possède un art éprouvé de conteur [68].

Cela apparaît dans la construction globale de son œuvre, avec : deux prologues (Lc 1,1-4 et Ac 1,1-3) ; deux récits d'Ascension (Lc 24,50-53 et Ac 1,6-11) qui produisent comme un effet de « tuilage » entre l'évangile et les Actes des Apôtres, un même mandat étant confié aux apôtres à la fin de l'évangile et au début des Actes. Autre exemple, le récit de la prédication de Jésus à Nazareth (Lc 4,16-30) se présente comme un « texte programme » non seulement pour la suite de l'évangile mais aussi pour les Actes. Constamment invité à aller et venir entre l'évangile et les Actes, le lecteur est ainsi entraîné dans un processus dynamique de lecture et d'approfondissement du sens de l'œuvre de Luc [69].

Y contribuent les nombreux liens que Luc établit entre différents épisodes de l'évangile et des Actes [70], ainsi que l'utilisation d'un procédé littéraire bien connu de la littérature ancienne : la mise en parallèle (en grec, *syncrisis*) des personnages. Si on le trouve à propos de Jean Baptiste et de Jésus (Lc 1 – 2), ou de Pierre et de Paul (Ac 1 – 12 ; 13 – 28), il éclaire tout particulièrement les rapports entre Jésus et ses disciples, Pierre et Paul notamment, mais aussi Étienne, dont l'attitude au moment de sa mort rappelle celle de Jésus (Ac 7,60 ; Lc 23,34). Jésus apparaît ainsi comme « le modèle fondateur du disciple, celui en qui s'enracine le sens de la mission de l'Église, mais surtout celui qui reste présent à son Église à travers tous ceux qui témoignent en son nom [71] ».

### *Pierre et Paul dans les Actes des Apôtres*

Paul, dans les Actes des Apôtres, est celui qui réalise la troisième partie de la mission que le Christ avait confiée aux Douze : « Vous serez mes témoins jusqu'aux extrémités de la terre » (Ac 1,8). Les Actes des Apôtres se terminent d'ailleurs avec Paul, à Rome, « proclamant le Règne de Dieu et enseignant ce qui concerne le Seigneur Jésus Christ avec une entière assurance et sans entrave » (Ac 28,31).

Parce que Paul ne faisait pas partie du groupe des Douze, Luc s'efforce dans les Actes des Apôtres de souligner l'unité et la continuité qui existent entre l'œuvre de Paul et celle des apôtres. Sa venue à Jérusalem, après sa « conversion », en est un exemple (Ac 9,27-28). Comme l'est aussi le fait que, plus tard, en tant que délégué de l'Église d'Antioche, il se rendra une nouvelle fois à Jérusalem pour exposer aux apôtres et aux anciens sa pratique à l'égard des païens qui adhèrent au Christ (Ac 15,2).

68. Voir plus bas O. Flichy, encadré « Douze règles de l'historiographie antique », p. 275.

69. « Une des techniques littéraires utilisées par Luc à cette fin consiste à faire circuler son lecteur dans le récit, en amont et en aval du déroulement des faits. En termes de linguistique, on parlera de "prolepse" et d'"analepse". Tantôt anticipant le récit des faits à venir, il lui en donne d'emblée la clé de compréhension, lui laissant la tâche de vérifier (plutôt que de découvrir) que tel est bien leur sens (c'est la prolepse) ; tantôt rappelant ce qui a déjà eu lieu, il fait appel à la mémoire de son lecteur pour l'inviter à déchiffrer le moment présent à la lumière du passé (c'est l'analepse) » (O. Flichy, « L'œuvre de Luc », in *Cahiers Évangile* n° 114, p. 38).

70. Lc 3,6 et Ac 28,28 ; Lc 7,1-10 et Ac 10 – 11 ; Lc 8,1 ; 9,2 et 28,23.31 ; Lc 10,10-11 et Ac 13,51 ; Lc 10,19 et Ac 28,4-6 ; Lc 24,49 et Ac 1,8, etc.

71. O. Flichy, *op. cit.*, p. 53.

Cette volonté de Luc de souligner l'unité du témoignage de Paul et du témoignage apostolique apparaît aussi dans son souci de ne présenter l'activité missionnaire de Paul (Ac 13,4 *sqq.*) qu'après l'action décisive de Pierre à Césarée Maritime (Ac 10,1-11.18). De manière plus subtile encore, elle est sous-jacente au parallélisme étroit que Luc établit entre Pierre et Paul : ils « inaugurent » leur mission par deux discours semblables (Ac 2,14-36 et Ac 13,16-41) ; ils accomplissent les mêmes signes : guérison (Ac 3,1-10 et Ac 14,8-10), exorcisme (Ac 5,16 et Ac 16,16-18), résurrection (Ac 9,36-43 et Ac 20,7-12) ; ils bénéficient tous deux de visions (Ac 10,9-16 ; Ac 16,9) ; ils sont, l'un et l'autre, emprisonnés et miraculeusement libérés (Ac 5,19 ; Ac 12,6-11 et Ac 16,25-40), etc.

Luc montre ainsi que Paul, à la manière de Pierre, est un véritable témoin du Christ. De ce fait, bien qu'il n'ait pas suivi Jésus « depuis le baptême de Jean jusqu'à son Ascension » (Ac 1,22), et qu'il ne fasse pas partie du groupe des Douze, il peut être considéré comme un véritable apôtre (Ac 14,4.14), et non comme un témoin « de deuxième classe » !

Au même moment, en faisant de Pierre le premier évangélisateur des païens et en faisant assumer à toute l'assemblée de Jérusalem, composée d'apôtres et d'anciens d'origine hébraïque, la responsabilité de ne pas faire circoncire les frères provenant du paganisme (Ac 15,28-29), Luc acquitte Paul de l'accusation que certains faisaient peser sur lui : celle d'avoir arraché le groupe chrétien à ses racines juives.

## Des thèmes

Compris dans le cadre de l'Empire romain (Lc 3,1-2 ; Ac 28), le récit de Luc est traversé par la question du **rapport entre le judaïsme et le christianisme**, plus particulièrement même par celle de l'accueil réservé au « Salut de Dieu » (Is 40,5) offert en Jésus Christ. Dès le début de l'évangile, les paroles prophétiques de Syméon (2,34-35) annoncent que celui qui est venu proclamer la Parole de Dieu et son offre de salut pour tous les hommes ne sera pas bien reçu par son peuple. Lors de la prédication de Jésus à Nazareth – un épisode que Luc situe au début de son ministère public (Lc 4,16-30) –, les compatriotes de Jésus réagissent ensuite de manière hostile lorsque Jésus, évoquant les prophètes Élie et Élisée, leur annonce que les païens font partie de ceux à qui il doit apporter la Bonne Nouvelle (Lc 4,25 *sq.*). Sous-jacent au scénario habituel des voyages missionnaires de Paul, ce refus culmine avec l'annonce finale de Paul à Rome : « Sachez-le donc ! C'est aux païens qu'a été envoyé ce Salut de Dieu ; eux, ils écouteront » (Ac 28,28).

Considérant que Luc établit sur ce point un lien évident entre le début et la fin de son récit (Lc 2,30 ; Ac 28,28), on évitera pourtant de voir dans son œuvre le récit de l'échec des prédications successives de Jésus et des apôtres auprès des Juifs. Car, si une partie des Juifs a refusé d'accueillir l'annonce du Salut de Dieu aux nations, une autre l'a acceptée, permettant ainsi l'accomplissement du dessein salvifique de Dieu pour Israël et pour tous les peuples. Il n'en est pas moins vrai que Luc raconte comment le christianisme est né d'un déchirement au sein du peuple juif, en même temps qu'il affirme que ses racines se trouvent dans l'histoire d'Israël et dans ses Écritures. De ce récit, plus apaisé que celui de Matthieu, découle la conviction que Dieu a accompli en Jésus ses promesses envers Israël : celle d'un salut universel, c'est-à-dire pour tous les peuples de la Terre (2,11).

### *Jésus*

Comme Sauveur, **Jésus** est surtout pour Luc le **messager de la miséricorde de Dieu**. Aussi n'est-ce pas étonnant si son évangile, plus que les autres, manifeste la tendresse de Dieu et sa bonté. C'est la parabole du fils prodigue (15,11-32), la rencontre entre Jésus et Zachée (19,1-10), Jésus priant son Père pour ses bourreaux (23,34) ou promettant le « paradis » au « bon larron » (23,43). Totalement abandonné entre les mains de son Père (2,49 ; 23,46), avec qui il est constamment en prière (3,21 ; 5,16 ; 6,12 ; 9,18 ; 9,28-29 ; 11,1 ; 22,32.40-46) [72], Jésus révèle le mystère de l'amour de Dieu pour les pécheurs, et sa plénitude de joie « pour un seul pécheur qui se convertit » (15,10). Évangile de la tendresse de Dieu, cet évangile est aussi celui de **la joie messianique** et de la louange vers Dieu. Alors que Matthieu est grave, souvent hiératique, et que Marc ne mentionne la joie qu'une seule fois (Mc 4,16), Luc souligne en effet la joie messianique qui fait irruption dans les récits de l'enfance (1,14.28.44.47.58 ; 2,10) et transparaît dans de nombreuses pages de son récit (10,17 ; 13,17 ; 18,43 ; 19,6.37 ; 24,51-52) [73].

Enfin, Luc élimine volontairement tout ce qui, d'une manière ou d'une autre, lui paraît contraire à la dignité de Jésus [74]. Même le récit de la Passion en sort profondément transformé : au lieu de tomber à terre, Jésus, plus noblement, se met à genoux (22,41), et son agonie, soutenue par la prière, devient le modèle du combat chrétien. Luc ne mentionne pas non plus qu'on a craché sur Jésus, ni n'évoque la flagellation et le couronnement d'épines. Il atténue les insultes au pied de la croix et préfère au cri du Psaume 22 la prière d'abandon entre les mains du Père (23,46). Auparavant, parce qu'il est soucieux d'éliminer ce qui aurait pu porter atteinte à la renommée de Jésus, Luc avait omis la scène où l'on voyait sa famille déclarer qu'il était devenu fou (voir Mc 3,21) et les paroles de Jésus au sujet de l'ignorance du Fils de l'homme par rapport à la parousie (Lc 21,33 et par.).

---

72. Si la prière accompagne les grandes décisions et les grands événements de la vie de Jésus, c'est aussi dans cet évangile que l'on trouve de nombreux enseignements de Jésus sur la prière, notamment lors de la montée à Jérusalem : 11,1-13 ; 18,1-14.

73. Il faudrait ajouter tous les cantiques qui parcourent les évangiles de l'enfance : Magnificat, 1,46-55 ; cantique de Zacharie, 1,68-79 ; chant des anges à Bethléem, 2,14 ; cantique de Syméon, 2,29-32.

74. Il ne supporte pas, en particulier, que le Seigneur soit dépeint dur, irrité ou faible : d'où l'élimination de Mc 1,41 (pitié) ; 1,43 (irritation) ; 4,39 (menace) ; 10,14a (indignation) ; 11,15b (colère) ; 13,32 (ignorance) ; 14,33 *sq.* (tristesse) ; 15,34 (sentiment d'abandon).

### Les disciples

Ce même souci apparaît à propos des disciples [75], que Luc traite avec beaucoup d'égards et de révérence. Il omet, en effet, tout ce qui lui paraît être peu conforme à l'image qu'il veut en donner, comme lorsque Jésus appelle Pierre « Satan » (Mc 8,33), prédit que tous tomberont (Mc 14,27) ou trouve Pierre, Jacques et Jean, pour la troisième fois, endormis à Gethsémani (Mc 14,40 *sqq.*) [76]. Pourtant, loin de ménager la sensibilité de ceux qui veulent suivre Jésus, Luc accentue la nécessité du dépouillement libérateur : les premiers disciples ont **tout** quitté à l'appel de Jésus (5,11.28 ; *cf.* 14,33 ; 18,22) ; il faut prendre sa croix **chaque jour** (9,23) et renoncer à **tous ses biens** (14,33). C'est Luc aussi qui donne la liste la plus complète des parents à « haïr » et à ne pas préférer à l'amour du Seigneur (14,26 ; 18,29). Enfin, plus que les autres évangélistes, Luc dénonce le danger des richesses et prône la nécessité du renoncement (6,24-25 ; 12,13-21.22-31.33-34 ; 16,1-9.10-13.19-31 ; 21,1-4), au point d'ailleurs que certains exégètes se demandent si Luc ne s'adressait pas à des communautés où l'importance des différences sociales était déjà un problème aigu. Un adverbe résume le tout : **aujourd'hui** (2,11 ; 3,22 ; 5,26 ; 13,32 ; 19,5.9 ; 23,43). Pour Luc, la Bonne Nouvelle de Jésus, Sauveur, doit être en effet entendue et accueillie « aujourd'hui [77] ».

### L'Esprit saint

À cette rapide présentation manque un acteur. Il est essentiel, car, sans lui, il n'y aurait eu ni l'Église ni l'annonce de l'Évangile : c'est l'Esprit saint. Déjà présent dans l'évangile (1,15.35.67 ; 2,25-27 ; 3,22 ; 4,1.14 ; 10,21 ; 11,13), il est mentionné pas moins de soixante-dix fois dans les Actes des Apôtres. Âme de la vie communautaire et du mouvement missionnaire, il n'a de cesse que le salut de Dieu soit annoncé à tous. Pour toute communauté chrétienne, il s'agit donc de se livrer à la liberté de l'Esprit, de l'Esprit qui souffle où il veut et qui ne se laisse enfermer dans aucune pratique pas plus que dans aucun enseignement.

---

75. Luc leur donne souvent le nom d'apôtres, un titre qu'il emprunte vraisemblablement à la communauté primitive : Lc 6,13 ; 9,10 ; 17,5 ; 22,14 ; 24,10. Il note également que, parmi eux, figuraient vraisemblablement des femmes (8,2), même s'il faut attendre les Actes pour qu'une femme soit explicitement désignée comme « disciple » (9,36). Cela correspond à la place privilégiée que Luc accorde aux femmes ; voir J. Stricher, « Le parallélisme hommes-femmes dans l'œuvre de Luc », in *Cahiers Évangile* n° 114, 2001, p. 58-63.

76. Comparer Lc 8,11 et Mc 4,13 ; Lc 8,24 et Mc 4,38 ; Lc 8,45-46 et Mc 5,31 ; Lc 9,32 et Mc 8,31-33 ; Lc 9,36 et Mc 9,10 ; Lc 9,37 et Mc 9,16 ; Lc 9,43 et Mc 9,28 ; Lc 9,46-47 et Mc 9,33-34 ; Lc 18,31 et Mc 10,32 ; Lc 22,45-46 et Mc 14,37-41 ; Lc 22,54 et Mc 14,50.

77. « Au fond, Luc joue toujours sur la tension entre deux excès : l'excès de la miséricorde divine, d'une part, l'excès de la responsabilité et de la liberté humaines qui restent entières, de l'autre : "Si le sel lui-même perd sa saveur, avec quoi l'assaisonnera-t-on ?" (14,34) », in R. Dupont-Roc, *Saint Luc*, Paris, éditions de l'Atelier, La Bible tout simplement, 2003, p. 94.

*Les évangiles apocryphes*

Les livres du Nouveau Testament ne sont qu'une partie d'une production littéraire chrétienne beaucoup plus large. Bien d'autres livres, parfois proches des évangiles canoniques par leur contenu et leur forme, ont en effet vu le jour entre le IIe siècle et le VIe siècle de notre ère. Si l'on met de côté certains d'entre eux à tendance hérétique, comme l'évangile de Thomas, la plupart répondaient à la curiosité de ceux qui s'intéressaient à l'enfance de Jésus (Protévangile de Jacques, Évangile de l'enfance de Thomas, etc.) ou à sa passion et à sa résurrection (Évangile de Pierre, Actes de Pilate, Évangile de Nicodème, etc.).

Bien que méconnus, ces écrits apportent un éclairage précieux sur la pratique, la spiritualité et la théologie des premiers chrétiens ainsi que sur les courants religieux qui existaient dans l'Église naissante. Ils témoignent également de la richesse de la littérature chrétienne, qui ne s'est pas limitée aux seuls livres du Nouveau Testament. Mais ce type de récit ou d'écrit comportait de nombreux risques : celui que le merveilleux et l'extraordinaire l'emportent sur la vérité profonde de l'Évangile ; celui qu'une fois coupés de leurs milieux d'origine, on ne sache plus les lire en distinguant leur genre littéraire du message, y compris de foi, dont ils étaient porteurs, etc.

Cela explique en partie qu'on ait progressivement considéré ces écrits comme dangereux et que, étant interdits de lecture, ils aient sombré dans l'oubli. Il n'en est pas moins vrai que l'iconographie chrétienne et même la liturgie leur doivent beaucoup [78].

## Le « fait synoptique »

### Les débuts de la recherche

C'est un savant allemand, J. J. Griesbach, qui, à la fin du XVIIIe siècle, donna pour la première fois le nom de « synoptiques » aux évangiles de Matthieu, de Marc et de Luc. Pourquoi ? Parce qu'ils ont entre eux de telles ressemblances qu'ils peuvent être mis en colonnes parallèles et être embrassés tous les trois d'un seul coup d'œil. Si l'on ne tient pas compte des évangiles de l'enfance, qui sont propres à Matthieu et à Luc, ces trois évangiles sont en effet construits sur un plan globalement semblable articulé autour de quatre moments identiques : préparation du ministère ; ministère en Galilée ; montée à Jérusalem ; Passion et Résurrection.

Si l'on regarde de plus près, on constate cependant que certains passages ne sont communs qu'à deux évangiles (le plus souvent Matthieu et Luc) tandis que d'autres se trouvent dans un seul évangile :

78. P. Debergé, « Et si les évangiles apocryphes disaient vrai ? », in A. Marchadour (dir.), *Que sait-on de Jésus de Nazareth ?*, Paris, Bayard, 2001, p. 9-33.

**Des passages qui ne sont communs qu'à deux évangiles**

| | Matthieu | Marc | Luc |
|---|---|---|---|
| – Jésus et la Syro-Phénicienne | 15,21-28 | 7,24-30 | |
| – l'obole de la veuve | | 12,41-44 | 21,1-4 |
| – les Béatitudes | 5,3-12 | | 6,20-26 |
| – le Notre Père | 6,9-13 | | 11,2-4 |

**Des passages qui ne se trouvent que dans un évangile**

| | Matthieu | Marc | Luc |
|---|---|---|---|
| – l'aveugle de Bethsaïde | | 8,22-26 | |
| – la parabole du bon Samaritain | | | 10,29-37 |
| – la parabole du fils prodigue | | | 15,11-32 |
| – les disciples d'Emmaüs | | | 24,13-35 |
| – la parabole des ouvriers à la vigne | 20,1-16 | | |
| – le Jugement dernier | 25,31-46 | | |

**Pour le résultat suivant** :

| | Matthieu | Marc | Luc |
|---|---|---|---|
| versets communs : | | | |
| – aux trois | 330 | 330 | 330 |
| – à Matthieu et à Marc | 178 | 178 | |
| – à Marc et à Luc | | 100 | 100 |
| – à Matthieu et à Luc | 230 | | 230 |
| propres à chacun | 330 | 53 | 490 |

Comment expliquer qu'un certain nombre de passages sont communs soit à Matthieu, Marc et Luc, soit à Matthieu et Luc ? Matthieu, Marc et Luc se sont-ils copiés ? Ou bien ont-ils utilisé un ou plusieurs documents communs qu'ils auraient recopiés, chacun à sa manière ? Et comment expliquer que certaines scènes évangéliques ne se trouvent que dans un seul évangile ?

Au fil de l'histoire, ces interrogations ont donné lieu à plusieurs hypothèses concernant l'histoire littéraire des évangiles synoptiques et leur interdépendance. La plus simple consistait à penser que les évangélistes s'étaient « utilisés » l'un l'autre. La plus célèbre est celle élaborée par J. J. Greisbach, en 1789 : Luc a utilisé Matthieu ; Marc, dont la plus grande partie des matériaux se trouve chez Matthieu et Luc, est une synthèse de ces deux évangiles. Preuve en est le fait que le texte de Marc semble parfois combiner des expressions de Matthieu et des expressions de Luc, comme en 1,41 où on peut lire : « Et aussitôt la lèpre le quitta et il fut purifié », alors que Matthieu a : « Et aussitôt fut purifié de sa lèpre » (8,3) et Luc : « Et aussitôt la lèpre le quitta » (5,13).

Bien que l'on ait recensé plusieurs dizaines de cas semblables, ceux-ci ne suffisent pourtant pas à emporter l'adhésion. Le récit de Luc est en effet trop différent de celui de Matthieu pour que l'on puisse affirmer que l'un dépende directement de l'autre. Par ailleurs, on a du mal à comprendre pourquoi Marc n'aurait pas conservé, s'il les avait connus, des passages de Matthieu et de Luc aussi essentiels que les évangiles de l'enfance (Mt 1 – 2 et Lc 1 – 2), les Béatitudes, le Notre Père, les paraboles de Luc sur la miséricorde (Lc 15) ou la fresque du Jugement dernier chez Matthieu (Mt 25). Séduisants par leur simplicité, les schémas d'interdépendance ne rendent pas compte, en fait, de la complexité des ressemblances et des différences entre Matthieu, Marc et Luc. Ils ont aujourd'hui peu de défenseurs.

Cette insuffisance des théories de la dépendance mutuelle a conduit à l'élaboration d'autres hypothèses, notamment à propos de l'existence de documents préévangéliques – aujourd'hui perdus –, qui seraient à l'origine des évangiles de Matthieu, de Marc et de Luc. On appelle les théories qui ont ainsi vu le jour : « les hypothèses documentaires ». Outre certains témoignages patristiques, notamment à propos d'un Matthieu araméen, elles s'appuient sur ce que Luc note dans le prologue de son évangile, lorsqu'il évoque tous ceux (« beaucoup ») qui, avant lui, « ont entrepris de composer un récit des événements qui se sont accomplis parmi nous » (1,1).

Aujourd'hui, le principe des hypothèses documentaires est admis par la plupart des biblistes. Mais là où les choses se compliquent, c'est quand il s'agit de préciser le nombre et le contenu de ces documents dont, faut-il le préciser, aucun ne nous est parvenu. Une théorie semble pourtant l'emporter sur les autres. C'est celle des *deux sources*. Non seulement elle a résisté aux assauts répétés de ses adversaires, mais elle continue à avoir de nombreux partisans chez les biblistes.

## La source *Q*

Lancée dès 1817 par F. Schleiermacher, reprise ensuite par lui et d'autres exégètes de langue allemande, cette hypothèse a trouvé sa forme classique en 1838. Elle est simple : Matthieu et Luc ont utilisé, indépendamment l'un de l'autre, deux documents rédigés avant eux – l'un est l'évangile de Marc, l'autre est un recueil de *logia* (ou sentences), habituellement désigné par le sigle Q, première lettre du mot allemand *Quelle*, qui veut dire « source ». C'est à ce dernier document que Matthieu et Luc ont emprunté les passages qu'ils ont en commun et qui ne figurent pas chez Marc. Cette théorie peut être visualisée de la manière suivante :

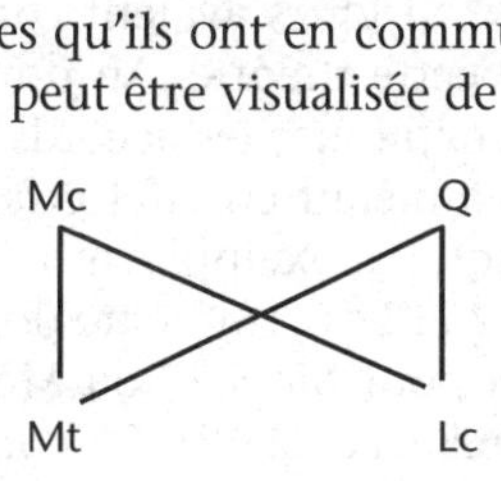


Pour ce qui est des passages communs à Matthieu et à Luc, cette hypothèse présuppose donc l'existence d'un document dont ils se seraient inspirés : **la source *Q***. Bien qu'il n'ait jamais été retrouvé et qu'il reste donc une hypothèse, ce document peut être reconstitué à partir des traditions communes à Matthieu et à Luc. Rédigé en grec, il aurait regroupé des paroles, des discours et des paraboles de Jésus.

Il ne contient pas de récits continus ni d'éléments « biographiques » ; les récits de l'enfance et de la Passion en seraient absents. Mais il ne faut pas en conclure pour autant que ce n'était qu'une collection de paroles sans ordre. De l'avis de nombreux spécialistes, Luc aurait conservé plus fidèlement que Matthieu l'ordre original de ce document.

L'hypothèse des deux sources présuppose également l'antériorité de Marc, le plus court des trois Synoptiques. Cette position se défend surtout sur la base du principe exégétique selon lequel on augmente habituellement un texte court plutôt qu'on ne réduit un texte long. Comme on l'a déjà souligné, on comprendrait mal en effet, s'il s'était inspiré de Matthieu et de Luc ou d'une source commune, que Marc ait choisi de ne pas rapporter le Notre Père ou les Béatitudes. Cette hypothèse offre également une solution au problème des doublets que l'on retrouve chez Matthieu et chez Luc. Car il arrive qu'une même parole de Jésus soit présente deux fois dans ces évangiles, une fois dans la forme de Marc, une seconde fois dans une autre forme qu'on associe à la source *Q*. C'est le cas en particulier de Mc 4,25, que l'on trouve en Mt 13,12 et Lc 8,18, mais qui est présent aussi en Mt 25,29 et Lc 19,26. Autre exemple : Mc 8,35 se trouve en Mt 16,25 et Lc 9,24, mais apparaît sous une autre forme en Mt 10,39 et Lc 17,33.

Enfin la confirmation par Matthieu ou par Luc de l'ordre narratif de Marc, chaque fois que l'un des deux premiers s'en écarte, est un autre facteur important à l'appui de l'hypothèse des deux sources. C'est ainsi que, différemment de Luc qui situe l'appel des premiers disciples après la prédication à Nazareth et certains miracles de Jésus (Lc 5,1-11), Matthieu suit la présentation de Marc (Mt 4,18-22 ; Mc 1,16-20). Inversement, à la suite de Marc (2,13 – 3,6), Luc regroupe dans une seule séquence quatre controverses galiléennes (5,27 – 6,11), que Matthieu a redistribuées en deux groupes séparés (Mt 9,9-17 ; 12,1-14).

### Remise en cause de la théorie de la source *Q*

Les critiques les plus sévères contre la théorie des deux sources sont venues de la part des exégètes de langue française, notamment Boismard et Rolland. Ces critiques avaient comme point de départ les déficiences dont souffre cette théorie. Au nombre d'entre elles figure surtout son incapacité à expliquer les accords mineurs entre Matthieu et Luc contre Marc. Il semblerait en effet étrange que, chacun de son côté, Matthieu et Luc aient, par exemple, modifié de manière identique le texte de Mc 2,3 (Mt 9,2 et Lc 5,18), texte dont ils sont censés dépendre. Cela vaut également pour Mc 5,27 ou Mc 14,72 (à comparer avec Mt 9,20/Lc 8,44 et Mt 26,75/Lc 22,62). Ce constat a conduit à l'élaboration d'autres théories, avec plusieurs documents (perdus) qui seraient à l'origine des évangiles synoptiques, et des rédactions intermédiaires entre les sources les plus lointaines et les rédactions ultimes.

S'il est impossible de présenter chacune de ces théories dans son détail, et d'en faire une critique fondée, on retiendra ici que la majorité des exégètes admet aujourd'hui que Marc est antérieur à Matthieu et à Luc, et que Matthieu et Luc n'ont pas entre eux de dépendance directe.

Ce sont deux acquis non négligeables. Quant aux passages communs à Matthieu et à Luc, bien qu'hypothétique le recours à une source commune est tout à fait vraisemblable. Mais comment rendre compte des passages que l'on ne trouve que chez Matthieu ou que chez Marc ? En évoquant des sources propres à chacun de ces évangélistes.

# LA TRADITION JOHANNIQUE : L'ÉVANGILE SELON JEAN, LES LETTRES, L'APOCALYPSE

On a parfois comparé l'œuvre attribuée à Jean à un massif montagneux composé de trois sommets : un évangile, des lettres et une Apocalypse. Mais trois sommets différents, puisque correspondant chacun à un « genre littéraire » différent. Avec une question que l'on décline de diverses manières : un seul et même auteur ? plusieurs auteurs ? une école ?

## L'ÉVANGILE SELON SAINT JEAN

### Un évangile à part

Différent des évangiles synoptiques, l'Évangile selon Jean l'est à bien des égards. Mais la différence la plus évidente est celle qui concerne le **cadre général du ministère de Jésus**. Alors que le schéma synoptique présente un ministère public d'environ un an, qui se déroule autour du lac de Tibériade et s'achève tragiquement lors de l'unique montée de Jésus à Jérusalem, Jésus, dans l'évangile dit « de Jean », circule constamment entre la Judée et la Galilée, montant à Jérusalem à cinq reprises à l'occasion de fêtes juives (2,13 ; 5,1 ; 7,10 ; 10,22 ; 12,12). Ces nombreux déplacements dessinent un ministère public qui dure entre deux et trois ans, soit le temps nécessaire pour couvrir les trois fêtes de Pâques auxquelles participe Jésus (2,13 ; 6,4 ; 11,55). Différemment de la présentation des évangiles synoptiques, la portion galiléenne du ministère de Jésus est également très peu développée. Elle se réduit à quelques épisodes : rencontre de Philippe et de Nathanaël (1,43-51), noces de Cana (2,1-12), guérison du fils d'un officier romain (4,43-54), multiplication des pains et marche sur la mer (6,1-21).

À côté de ces différences qui concernent la **durée** et l'organisation du ministère de Jésus, il faut noter que cet évangile ne rapporte pas les mêmes événements que les Synoptiques. Jean omet, en effet, le baptême de Jésus, ne connaît ni la confession de foi de Pierre, ni la Transfiguration, ni les trois annonces de la Passion, ni le procès devant le sanhédrin. D'autre part, nombre d'événements racontés dans son évangile n'ont aucun parallèle dans les évangiles synoptiques. Il s'agit, par exemple, des noces de Cana (2,1-12), de la rencontre avec la Samaritaine (4,1-42), des guérisons du paralytique à la piscine de Béthesda et de l'aveugle-né (5 et 9), de la résurrection de Lazare (11), du lavement des pieds (13,4-11), et, dans le cycle pascal, de la course de Pierre et de Jean au tombeau (20,1-10), de l'apparition du Ressuscité à Marie de Magdala (20,11-18) ou de l'épisode de Thomas (20,24-29). Enfin, l'épisode de la purification du Temple se situe, chez Jean, au début du ministère public de Jésus et non, comme chez les Synoptiques, au début du récit de la Passion (2,13-22 ; voir Mt 21,12-17).

Le cheminement proposé par cet évangile n'est pas non plus le même que celui des Synoptiques. Là on allait progressivement vers la découverte du mystère de Jésus : du baptême jusqu'à Pâques. Ici, c'est plutôt un développement en spirale avec des larges cercles présentant la totalité du mystère du Christ. Mais on ne tourne pas en rond ! À chaque fois, comme dans une spirale, on progresse dans la profondeur du mystère.

Dans un registre différent, il est frappant de constater que le quatrième évangile (mis à part l'ajout du chapitre 21) ne comporte **aucune liste des Douze**. Sans que soit niée leur existence, leur rôle, comparé aux Synoptiques, est même fortement réduit puisqu'ils ne reçoivent de Jésus aucune mission particulière. Le premier d'entre eux, Simon-Pierre, se trouve même dans une position pour le moins étonnante. S'il est en effet, en 6,69, le sujet d'une confession de foi particulièrement importante, chaque fois qu'il se trouve en compagnie du « disciple que Jésus aimait », son infériorité semble évidente (13,23-25 ; 20,2 *sqq.* ; 21,7 *sqq.*). Enfin, il n'est pas rare que les Douze soient éclipsés par d'autres personnages, inconnus des Synoptiques, mais par certains côtés plus proches de Jésus. On peut mentionner ici Nathanaël (1,45), Lazare, associé à Jésus au point d'encourir la même hostilité de la part des autorités juives (12,10-11), des femmes, comme la Samaritaine ou Marthe et Marie, qui jouent un rôle essentiel dans la reconnaissance de Jésus comme le Fils unique de Dieu, envoyé du Père pour que les hommes aient la vie.

Les divergences entre l'Évangile selon Jean et les évangiles synoptiques affectent également **la personne et la mission** de Jésus. Alors que dans les Synoptiques le ministère de Jésus est centré sur la proclamation de la venue imminente du Règne ou du Royaume de Dieu (Mc 1,14-15 et par.), Jésus, dans cet évangile, ne proclame pas la venue du Royaume de Dieu [79], pas plus qu'il ne se présente comme celui qui vient réinterpréter la Loi, un thème cher à Matthieu. Il ne parle pas non plus en paraboles, ne prononce pas d'enseignements éthiques et ne fait aucun exorcisme. Il est le Fils unique de Dieu [80], la Parole divine créatrice du monde, le Verbe fait chair (1,14). Car telle est l'originalité du quatrième évangile : elle tient à l'identification du Verbe divin avec Jésus de Nazareth, un être humain qui relève de l'histoire, comme le suggèrent, dans le prologue, tant le mot « chair » que la référence au témoignage, humain et daté, rendu par Jean Baptiste (1,6-9.15). Envoyé d'auprès du Père (3,31-36 ; 6,43), Jésus est venu révéler qui était le Père (14,7-9 ; voir 1,18).

Dans l'évangile de Jean, Jésus est donc beaucoup plus que le Messie attendu ou le Prophète du Royaume. Il est l'envoyé du Père, celui qui reconnaît de manière explicite sa divinité et sa préexistence (8,58 ; 10,30-38 ; 14,9 ; 17,5), et est salué comme Dieu (20,28). Aussi sa querelle fondamentale avec les « Juifs » ne concerne pas la violation des règles du sabbat, mais le fait qu'il se proclame l'égal de Dieu (5,16-18 ; 10,33 ; 19,7). À plusieurs reprises, Jésus affirme même participer pleinement des pouvoirs divins (5,25-26), et il évoque la Gloire qu'il avait auprès du Père avant la création du monde (17,5.24). Ce qu'il fait ou ce qu'il dit, il l'a vu

79. Seule de tout l'évangile de Jean, la scène du dialogue avec Nicodème mentionne, à deux reprises, le Royaume de Dieu (3,3.5).

80. En grec, le « monogène » (1,18 ; 3,18), un mot formé par le quatrième évangile pour exprimer le caractère parfaitement unique de la filiation divine de Jésus.

et entendu quand il était avec Dieu (5,19 ; 8,28 ; 12,49). Rien d'étonnant donc s'il a une connaissance surnaturelle des événements et des personnes (1,48 ; 2,25 ; 4,18-19 ; 13,1.3 ; 16,30). Sa filiation divine est la source même de son être et le ressort de son action.

Au service de cette révélation de la Gloire du Fils, il y a les **nombreux discours** où Jésus expose qui il est, fait connaître la nature du salut qu'il est venu apporter, interprète le sens de son départ, notamment en annonçant la venue du Paraclet (14,15 *sqq.* ; 16,5-15). S'ils sont un autre trait qui distingue cet évangile des Synoptiques [81], les discours se présentent surtout comme l'instrument premier de la révélation. Souvent introduits par un signe accompli par Jésus (5,1-9.19-47 ; 6,1-15.22-59 ; 9,1-41 – 10,1-21), situés parfois dans le cadre de controverses avec les Juifs (5 ; 7 – 8), ils présentent Jésus comme l'envoyé du Père en qui doivent mettre leur foi ceux qui veulent avoir la vie éternelle (3,15-16.36). Ils culminent dans les célèbres déclarations en « Je suis » (8,24.28.58 ; 13,19).

Dans ces discours, on retrouve certains procédés que l'auteur de cet évangile affectionne particulièrement, notamment l'ironie et le malentendu. Ils tracent le chemin qui s'impose à celui qui, à l'image de Nicodème, veut mettre sa foi en Jésus : passer des « choses terrestres » aux « choses célestes » (3,12), donc considérer le mystère de Jésus du point de vue de son origine divine et au regard de son éternelle relation au Père. Y sont présents les grands thèmes qui traversent cet évangile : la vie, l'amour, la lumière, le pain, la vigne, le bon berger, etc. Associés à la figure de Jésus, ces thèmes font entrer le lecteur dans le mystère de Jésus, le Verbe fait chair. Ils sont une des caractéristiques fondamentales de cet évangile que l'on a, très tôt, qualifié d'« évangile spirituel [82] ».

## Structure de l'évangile

À la lecture de cet évangile, on constate l'existence d'une division majeure après le chapitre 12, partageant ainsi l'évangile en **deux parties** : la première, désignée parfois comme le « Livre des Signes [83] », est introduite par un prologue (1,1-18) ; elle couvre le ministère public de Jésus (1,19 – 12,50). La seconde partie, désignée comme le « Livre de

81. L'évangile de Marc est en effet, principalement composé de récits (miracles, exorcismes, controverses, etc.) liés par des notices rédactionnelles et parsemés par quelques paroles de Jésus (surtout des paraboles) et quelques sommaires. Différemment, Matthieu et Luc ont inséré divers enseignements qui proviennent principalement de la source Q. Mais, même lorsque ces paroles sont regroupées en grandes unités – comme le Sermon sur la montagne (Mt 5 – 7) –, ces unités n'ont rien d'un véritable discours. Il s'agit plutôt de compilations autour d'un thème.

82. Clément d'Alexandrie, cité par Eusèbe de Césarée (in *Histoire ecclésiastique* VI, 14,7). Dans ce passage, Clément d'Alexandrie oppose les évangiles synoptiques à Jean : « Voyant que les autres avaient seulement relaté les faits matériels, Jean, le dernier de tous, encouragé par ses amis et divinement inspiré par le Saint-Esprit, écrivit l'évangile spirituel. »

83. Ces « signes » sont au nombre de sept (2,1-12 ; 4,46-54 ; 5,1-18 ; 6,1-15.16-20 ; 9 ; 11). Ils ont comme caractéristique essentielle de renvoyer à une réalité autre qu'eux-mêmes : « l'heure » (2,4), un mot qui s'applique à la Croix et représente le sommet de la révélation incarnée par Jésus. Par nature ambigus, ces « signes » ne conduisent pas automatiquement à la foi, car ils risquent toujours d'être détournés de leur sens véritable (voir 4,48). Le bilan sévère établi en 12,37 confirme d'ailleurs l'échec des « signes » et leur non-réception. En fait, les « signes » peuvent être parlants lorsque, au-delà du spectaculaire recherché par beaucoup (6,26), la foi sait reconnaître la personne même de Jésus et adhère au mystère de la Croix.

### *Jean, le Fils de Zébédée, et le quatrième évangile*

Le quatrième évangile ne mentionne aucun nom d'auteur, mais il reconnaît sa dette à l'égard d'un personnage mystérieux : le « disciple que Jésus aimait ». Ce dernier n'est jamais mentionné durant le ministère de Jésus en Galilée, ni même à l'occasion de ses différents séjours à Jérusalem. Il apparaît au moment des événements décisifs de la dernière Pâque (13,23-26 ; 19,26-27 ; 20,2-10). Du dernier repas à l'épilogue du quatrième évangile (21,7.20-23), il est le témoin privilégié de la mort et de la résurrection de Jésus.

Depuis Irénée (180), il est de tradition de considérer que l'apôtre Jean, fils de Zébédée, et le « disciple que Jésus aimait » ne font qu'un seul et même personnage. Irénée est également le premier à faire de Jean, « le disciple du Seigneur », l'auteur du quatrième évangile : « Jean, le disciple du Seigneur, celui-là même qui avait reposé sur sa poitrine, publia aussi l'évangile, tandis qu'il séjournait à Éphèse en Asie » (*Contre les hérésies* III,1,1, Cerf, Sources chrétiennes n° 211). Irénée dit tenir cette information de Polycarpe, dont il a été le disciple et qui aurait connu Jean, l'apôtre. Ainsi, dans sa lettre à Florinus, conservée par Eusèbe de Césarée dans son *Histoire ecclésiastique*, Irénée confie : « Je puis dire l'endroit où s'asseyait le bienheureux Polycarpe pour parler, comment il entrait et sortait, sa façon de vivre, son aspect physique, les entretiens qu'il tenait devant la foule, comment il rapportait ses relations avec Jean et avec les autres qui avaient vu le Seigneur, comment il rappelait leurs paroles et les choses qu'il leur avait entendu dire au sujet du Seigneur, de ses miracles, de son enseignement ; comment Polycarpe, après avoir reçu tout cela des témoins oculaires de la vie du Verbe, le rapportait conformément aux Écritures. Ces choses, alors aussi, je les ai écoutées avec soin et je les ai notées non pas sur du papier, mais dans mon cœur ; et toujours par la grâce de Dieu, je les ai ruminées avec fidélité... » (V, 20,4-8).

Sans pouvoir fournir de preuves concluantes pour invalider le témoignage d'Irénée, deux arguments sont constamment invoqués pour nier que Jean, le fils de Zébédée – et plus généralement un témoin oculaire –, soit l'auteur du quatrième évangile. D'une part, à en croire Mc 10,35-40 (« *vaticinium ex eventu* » ?), il serait mort martyr très tôt et non pas vénérable vieillard, sous le règne de Trajan, à Éphèse. D'autre part, la comparaison avec les évangiles synoptiques révèle qu'une longue histoire interprétative sépare le ministère de Jésus de sa reprise dans cet évangile. À cela d'autres auteurs ajoutent que la présentation johannique du « disciple que Jésus aimait » ne correspond pas à l'image contrastée retenue par les Synoptiques dans leur évocation des fils de Zébédée (Lc 9,54-55 ; Mc 10,35-40).

Quelle que soit l'identité véritable du « disciple que Jésus aimait », si la rédaction tardive du quatrième évangile empêche d'y voir l'œuvre littéraire de ce disciple, rien n'interdit de penser qu'il ait été l'auteur de l'évangile en tant que porteur et garant de la tradition qui le sous-tend. Considérant que le grec de cet évangile contient des tournures sémitiques, que son arrière-fond est fortement marqué par le judaïsme et l'Ancien Testament (1,17.45 ; 3,14 ; 6,31 ; 7,38, etc.), que son « auteur » manifeste une excellente connaissance de la Judée et de Jérusalem : informations sur la piscine de Béthesda (5,2-3), la piscine de Siloé (9,7), le portique de Salomon (10,22-23), le pavement de pierre du prétoire (19,13), etc., il semble qu'il soit légitime d'admettre que ces différents éléments, sans permettre une réponse définitive sur l'identité de l'« auteur » du quatrième évangile, vont dans le sens d'un Juif, connaissant la Palestine et ayant accompagné Jésus depuis le commencement de sa mission.

Autre certitude : cet homme a joué un rôle historique fondamental dans la communauté où a été écrit cet évangile. En aucun cas, on ne peut donc le réduire à une figure symbolique. Comme le souligne justement Alain Marchadour, « il est certain que, derrière les traditions johanniques, il y a une figure apostolique prestigieuse, un disciple, témoin oculaire. C'est lui qui a recueilli les traditions de Jésus inconnues des écrits synoptiques. Lui seul pouvait imposer une tradition par ailleurs marginale. C'est lui qui a imprimé sa marque, son style et qui a su imposer un courant christologique très différent des autres évangiles. Qui est-il vraiment ? La tradition l'a identifié avec l'un des fils de Zébédée. Rien ne s'oppose à cette identification » (*L'évangile de Jean*, Commentaire pastoral, Centurion, 1992, p. 14).

l'Heure » ou le « Livre de la Gloire [84] », s'ouvre sur le récit du lavement des pieds (13,1-30), que suivent la longue séquence des discours d'adieu (13,31 – 17,26) et le récit des événements de la dernière Pâque (18 – 20). Le chapitre 21 se situe après la conclusion initiale de l'évangile où le rédacteur exposait son intention d'encourager et de conforter dans leur foi les croyants auxquels il s'adressait [85]. L'auteur de ce chapitre ajouté ultérieurement se distingue explicitement du rédacteur de l'évangile lui-même : « C'est ce disciple qui témoigne de ces choses et qui les a écrites et *nous savons* que son témoignage est conforme à la vérité » (21,24). Ces deux conclusions accréditent l'hypothèse d'une double rédaction.

Cette hypothèse est confirmée par **certaines incohérences ou ruptures dans le récit** [86]. Ainsi, en 4,1-2, on est étonné de constater qu'il est dit à la fois que Jésus baptisait (v. 1) et qu'il ne baptisait pas (v. 2), ce qui laisse sous-entendre que le verset 2 a été ajouté pour corriger, sans toutefois l'effacer, l'information première. Autre exemple, dans les chapitres 5 à 7, le signe de la multiplication des pains, avec la marche de Jésus sur la mer et le discours sur le pain de vie – trois épisodes situés en Galilée – interrompt brutalement le débat entre Jésus et les Juifs de Jérusalem, commencé au chapitre 5 et qui se poursuit au chapitre 7. Mais, si on inverse l'ordre actuel des chapitres 5 – 7 en 4, 6, 5 et 7, le cadre géographique retrouve sa cohérence. De même, en 13,36 et 14,5, les disciples demandent à Jésus où il va ; or, en 16,5, Jésus s'étonne que personne ne lui ait demandé où il allait ! Enfin, le premier discours d'adieu s'achève en 14,31 par le célèbre : « Levez-vous ! Partons d'ici ! » Mais cet ordre ne sera exécuté qu'en 18,1, comme si les

84. Sans cesse, le quatrième évangile met en garde ses lecteurs contre l'erreur qu'il y aurait à identifier cette Gloire avec la gloire humaine (5,41 ; 8,50 ; 12,43). La preuve en est qu'elle se manifeste principalement à l'heure de la Croix, c'est-à-dire en l'absence de tout apparat et dans le dénuement le plus total. C'est alors que la royauté de Jésus est pleinement révélée.

85. « Jésus a opéré sous les yeux de ses disciples bien d'autres signes qui ne sont pas consignés dans ce livre. Ceux-ci l'ont été pour que vous croyiez que Jésus est le Christ, le Fils de Dieu, et pour que, en croyant, vous ayez la vie en son nom » (20,30-31).

86. La critique textuelle révèle que 5,3b-4 et 7,53 – 8,11 (l'épisode de la femme adultère) constituent des séquences qui sont venues se greffer postérieurement sur le texte de Jean. Ces deux séquences ne faisaient donc pas partie de l'œuvre initiale.

chapitres 15 – 17 avaient été placés secondairement entre 14,31 et 18,1, Jésus, dans l'état actuel du récit, ignorant l'ordre qu'il vient de donner et commençant son discours comme si de rien n'était (15,1). Ces différents exemples [87] posent la question de l'histoire de la rédaction de cet évangile et, plus largement encore, celle de l'histoire de la communauté où il a été élaboré.

## La tradition johannique

La prise en compte des situations historiques ou culturelles sous-jacentes à l'Évangile selon Jean laisse sous-entendre que la communauté où il a été rédigé a connu une histoire mouvementée. Le confirme la manière dont la relation aux Juifs est présentée différemment selon qu'il s'agit d'un épisode comme la rencontre avec Nicodème (3,1-21), qui atteste la pratique d'un véritable dialogue judéo-chrétien, ou d'autres passages comme ceux qui évoquent l'exclusion des synagogues (9,22 ; 12,42 ; 16,2), avec ses inévitables conséquences pour ceux qui se réclamaient du Christ [88]. Dans ce contexte, où le dialogue n'était plus possible, le mot « Juif » – qui désigne surtout les autorités politiques et religieuses – acquiert un sens essentiellement négatif (2,18 ; 5,10-18 ; 7,1.13 ; 9,22 ; etc.) [89].

L'histoire mouvementée de la communauté johannique apparaît également dans la double conception du monde qui semble traverser cet évangile : un monde que Dieu aime et pour lequel il a envoyé son Fils (3,17) ; un monde qui est l'objet de la plus grande sévérité de la part de Jésus (15,18-19 ; 17,14), comme si ceux qui ont rédigé cet évangile avaient connu de sérieux déboires dans leur volonté d'approcher le monde païen, au point d'ailleurs de se replier sur eux-mêmes. Enfin, l'ajout du chapitre 21 traduit, lui aussi, un changement dans cette communauté qui, après s'être attachée à la seule autorité du Christ, relayée par le témoignage du disciple qui l'avait fondée, s'était ouverte à une autorité ecclésiale supérieure aux particularismes communautaires, reconnue en la personne de Pierre.

À partir de ces différents constats, une hypothèse semble aujourd'hui faire l'unanimité, même si tous ne sont pas d'accord sur l'identification du lieu initial d'implantation de la communauté johannique : la Syrie, pour les uns ; la Palestine, pour d'autres. On aurait donc le scénario suivant : avant la rédaction de l'évangile, une communauté de disciples du Christ se serait formée en Palestine ou dans une zone proche. Composée de Juifs et de disciples de Jean Baptiste qui

---

87. On aurait pu ajouter le fait qu'en 12,36 Jésus se cache pour échapper à ses adversaires, alors que, quelques versets plus loin (12,44), il parle en public ! Sans compter les répétitions, ou même les doublets, que l'on peut déceler ici ou là : 3,13-21 et 3,31-36 ; 14,1-31 et 16,4-33.

88. On pourrait mentionner aussi ces deux passages difficilement conciliables : Jn 4,22 et 8,44 ! L'évangile de Jean est le seul texte du Nouveau Testament à utiliser un terme technique, l'adjectif *aposynagogos*, pour désigner cette sortie du monde juif, non du plein gré des communautés johanniques, mais sous l'effet d'une violence causée par les autorités juives. Voir plus bas, A. Marchadour, encadré « Les Juifs dans l'évangile de Jean », p. 368.

89. Même si l'on doit reconnaître que le quatrième évangile salue la droiture d'un certain nombre de hauts personnages, entre autres pharisiens, prêts à laisser sa chance à Jésus (7,50-51 ; 12,42-43), ce qui montre bien que le quatrième évangile n'est pas tout d'un bloc !

avaient reconnu en Jésus le Messie davidique, elle se serait regroupée autour d'un disciple qui avait connu Jésus : le « disciple que Jésus aimait » (13,23-25 ; 19,26-27 ; 20,1-10 ; 21,2-8.20-24 ; voir aussi 18,15-16 ; 19,34b-35). Composée, en partie aussi, de Samaritains convertis au Christ, cette communauté aurait entretenu avec les milieux juifs environnants des relations familières autant qu'exigeantes. Après la chute de Jérusalem en 70 et la dispersion des communautés tant juives que chrétiennes, cette communauté aurait quitté la Palestine et se serait retrouvée en milieu païen, probablement à Éphèse, en Asie Mineure. Là, elle aurait subi de plein fouet l'expulsion des synagogues, qui ne pouvait qu'accroître sa fragilité et nourrir en elle un sentiment de rancune à l'égard de ceux auprès de qui elle attendait un soutien (9,22 ; 12,42 ; 16,2). L'évangile aurait été rédigé alors, donc dans les années 90, à partir de traditions antérieures orales et écrites provenant de l'interprétation de la foi chrétienne esquissée par le « disciple que Jésus aimait ». Plus jeune que lui d'une génération, un évangéliste aurait donné à cet évangile sa configuration littéraire et théologique actuelle.

Se tournant vers le monde païen, avec lequel elle espérait poursuivre un dialogue fécond, la communauté où il écrivait aurait alors connu une autre déconvenue, sa volonté de dialogue débouchant très vite sur une impasse. À cela se seraient ajoutées des tensions avec les disciples de Jean Baptiste, et même des scissions au sein de la communauté [90], notamment à partir de certaines interprétations de l'évangile qui venait d'être rédigé. Dans ce contexte, un ultime rédacteur, vraisemblablement vers la fin du Ier siècle, aurait ajouté le chapitre 21, et cela pour éviter la désintégration de la communauté johannique. Le développement d'une structure pastorale se serait alors imposé, développement qui aurait conduit cette communauté à accepter le principe d'une autorité ecclésiale extérieure à sa propre tradition – en l'occurrence la figure symbolique de Pierre –, et à rejoindre la « Grande Église ». À l'inverse, ceux qui avaient rompu avec elle auraient continué leur chemin, notamment vers les mouvements gnostiques qui émergeront à partir de la seconde moitié du IIe siècle. Mais il n'est pas impossible qu'avant cette révision finale d'autres modifications aient été apportées à cet évangile, à la suite peut-être d'autres conflits ou d'autres tensions internes.

Comme le dit Yves-Marie Blanchard, on est donc loin de la présentation traditionnelle, imputant le quatrième évangile à la « méditation solitaire d'un très vieil apôtre, certes plus versé que quiconque dans la pénétration spirituelle du mystère de Jésus, mais aussi quelque peu radoteur et porté à répéter indéfiniment les mêmes choses ». Tout autant que les Synoptiques, le quatrième évangile paraît être en effet le résultat d'un travail collectif, servi par de riches personnalités, mais engageant la mémoire d'une communauté qui reconnaissait sa

90. On retrouve ces scissions dans les lettres dites de Jean, surtout dans les deux premières, qui sont contemporaines ou légèrement postérieures à cette ultime phase de rédaction de l'évangile.

dépendance à l'égard du disciple qui l'avait fondée. Car la véritable fidélité consiste dans l'actualisation sans cesse reprise de la tradition reçue [91].

Une chose est certaine, la tradition johannique a survécu aux tensions et aux divisions qui, vers la fin du Ier siècle, fragilisèrent les communautés qui se réclamaient du « disciple que Jésus aimait ». On peut dire aussi qu'elle a façonné la pensée christologique des grands conciles œcuméniques et nourri la confession de la foi chrétienne jusqu'à ce jour. Centrée sur la filiation divine de Jésus et sur le caractère unique de sa relation au Père – dès avant sa manifestation terrestre et jusqu'au-delà de la mort – elle a préparé les développements de la théologie trinitaire, dont elle constitue les fondements scripturaires les plus évidents. Tiraillée entre une conscience identitaire, exacerbée par les épreuves, et un vrai sens de l'universel, elle s'est construite autour de la bienveillance radicale de Dieu pour le monde et de son dessein de salut, mais sans occulter pour autant l'hostilité du monde et la menace des persécutions.

## Les lettres de Jean

### La 1re lettre

Le corpus johannique ne comprend pas seulement un évangile, mais aussi trois lettres. Deux d'entre elles sont attribuées à « l'Ancien », mais rien n'est dit au sujet de l'auteur de la 1re lettre. Des similitudes de style et de vocabulaire existant entre cette lettre et le quatrième évangile, on peut déduire que tous deux sont issus de la même tradition. Pour de nombreux auteurs, d'ailleurs, la 1re lettre de Jean ne peut se comprendre qu'à la lumière de cet évangile.

À sa lecture, on perçoit que la lutte avec la Synagogue et les Juifs n'était plus un problème majeur. En revanche, une division, provoquée par des divergences d'opinions au sujet de Jésus, était apparue au sein de la communauté johannique. Certains membres de la communauté avaient même fait sécession, entraînant d'autres frères avec eux (1 Jn 2,18-19.26-27). Radicalisant certains passages de l'évangile [92], ils favorisaient, semble-t-il, une lecture « désincarnée », voire gnosticisante, interprétation que l'auteur de cette lettre conteste avec force. Cela se voit dans la manière dont il affirme avec insistance la réalité de l'incarnation et dénonce ceux qui nient la portée sotériologique de la mort de Jésus sur la croix (1,7 ; 2,1-2 ; 3,16 ; 4,2.10 ; 5,6).

Plus que de simples docètes qui niaient la réalité de l'humanité du Christ, sans doute sous-estimaient-ils le rôle de l'humanité de Jésus dans l'histoire du salut. Pour certains auteurs, en se focalisant sur la préexistence et l'incarnation du Fils éternel de Dieu, ils distinguaient le Christ envoyé par Dieu de l'homme Jésus. Ne reconnaissant aucune

91. Aussi, pour désigner le cercle des écrivains qui, sur plusieurs générations, se sont relayés pour transcrire l'expérience et la réflexion de cette communauté, parle-t-on d'une « école johannique ».

92. Comme le baptême de Jésus, son enseignement sur l'Esprit saint ou le prologue.

importance salvifique à la vie terrestre de Jésus, et donc à sa mort en croix, ils considéraient que le salut était venu essentiellement de l'entrée du Fils de Dieu dans le monde.

Conséquence de cela, sans vivre pour autant dans le libertinage, ils n'accordaient que très peu d'importance au comportement moral, car seul comptait pour eux le fait d'appartenir à Dieu et de le connaître (1,6 ; 2,4.6 ; 4,20). Peut-être même se considéraient-ils, parce que nés de Dieu et habités par l'Esprit, au-dessus du péché ? Ainsi s'expliquerait l'insistance de l'auteur de cette lettre sur la nécessité, pour celui qui veut être enfant de Dieu, d'éviter le péché (3,9-10 ; 5,18), d'observer les commandements – en particulier celui de l'amour mutuel (3,11) – et de marcher dans la pureté et l'amour, comme l'avait fait Jésus, Fils de Dieu (2,6 ; 3,3.7 ; 4,10-11). Ainsi s'expliquerait sans doute aussi cette mise en garde contre les faux prophètes : « Ne vous fiez pas à tout esprit, mais éprouvez les esprits pour voir s'ils viennent de Dieu ! » (4,1). Car il y a un Esprit de mensonge qui guide les antichrists [93], et un Esprit de vérité qui guide l'auteur et ses disciples (4,5-6). On pressent ainsi que ce qui était en cause, c'était aussi une juste conception, et de l'Esprit, et de la vie éthique.

Ces erreurs, dénoncées par l'auteur de la 1re lettre, étaient, par certains côtés, la conséquence d'une interprétation erronée de quelques aspects du quatrième évangile. En effet, en insistant sur le fait qu'on est sauvé par la foi, du vivant même de Jésus, cet évangile pouvait donner l'impression de sous-estimer le caractère salvifique de la mort de Jésus. Autre point : en soulignant l'importance de l'incarnation du Fils de Dieu préexistant, qui semble sauver son peuple par le fait même de sa venue dans le monde, cet évangile pouvait donner l'impression de reléguer au second plan la vie éthique, et cela malgré son insistance sur la nécessité de s'aimer les uns les autres. Enfin, considérant que, d'après Jn 14,16-17.26 ; 16,13, c'est le Paraclet (ou l'Esprit de vérité) qui vient demeurer en chaque croyant, le guidant vers la vérité tout entière, grand était le risque de vouloir s'affranchir de toute règle. D'où l'affirmation par l'auteur de cette lettre, que c'est son interprétation, à lui, qui représente le véritable Évangile tenu depuis le commencement.

Membre de l'école johannique, il écrit en effet pour rendre témoignage à la tradition remontant au « disciple que Jésus aimait ». Il dit « nous » (1,1) : « ce que nous avons entendu, ce que nous avons vu de nos yeux, ce que nous avons contemplé et que nos mains ont touché du Verbe de vie ». Mais c'est pour convaincre ceux qui se sont éloignés de la communauté de leur égarement et les inciter à revenir. Au même moment, c'est aux siens, demeurés fidèles, que l'auteur de cette lettre s'adresse, car, s'il combat certaines interprétations erronées de l'évangile, c'est pour affermir les croyants dans la vérité afin qu'ils ne succombent pas à l'erreur.

93. Indigné qu'on puisse sous-estimer à ce point la place de l'humanité de Jésus dans l'œuvre du salut, l'auteur de la 1re lettre diabolise ses adversaires, considérés comme autant d'antichrists, c'est-à-dire d'ennemis absolus de la Croix du Christ.

## Les 2e et 3e lettres

De même que celui de la 3e lettre, l'auteur de la 2e lettre est désigné comme « l'Ancien » (v. 1). Sans y voir la désignation d'une fonction ministérielle précise, il semble bien que ce titre évoque une personne jouissant d'un certain prestige, habilitée à s'adresser aux Églises johanniques et à les enseigner. C'est une autre figure éminente de l'école johannique. À l'origine de ces deux lettres, qui ont été probablement rédigées à Éphèse, à la fin du Ier siècle, elle est contemporaine du dernier stade de la production de l'école johannique qui nous soit connu [94].

La 2e lettre est adressée à une communauté johannique éloignée de la communauté mère. La sécession dénoncée dans la 1re lettre n'est pas encore arrivée jusqu'à elle, mais certains de ses partisans sont en route. L'« Ancien » prévient donc cette communauté (désignée comme la « Dame élue et ses enfants », v. 1) ; il la met en garde contre ceux « qui ne professent pas la foi à la venue de Jésus Christ dans la chair » (v. 7) ; il lui demande de ne pas accueillir ceux qui ne sont pas porteurs de la doctrine du Christ (v. 10). Car « qui leur souhaite la bienvenue communie à leurs œuvres mauvaises » (v. 11). Jouant de son prestige, l'auteur de cette lettre espère ainsi empêcher toute propagation de ce qu'il considère être une hérésie. À l'argumentation théologique (1re lettre) succède donc ici le geste disciplinaire.

Écrit le plus court du Nouveau Testament, très proche de la 2e lettre par la structure, le style, l'attribution et la longueur, la 3e lettre est néanmoins très différente des deux autres, car elle ne contient aucune allusion aux doctrines hérétiques dénoncées dans les deux lettres précédentes. Il y est question d'un certain Diotréphès, un responsable de communauté, qui a décidé de refuser l'hospitalité à des prédicateurs itinérants proches de l'école johannique (v. 9-10). Son refus de les recevoir amène donc l'« Ancien » à écrire à Gaius – un membre aisé d'une communauté voisine –, pour qu'il pourvoie à l'accueil des missionnaires, notamment d'un dénommé Démétrius, un homme bien connu par ailleurs (v. 12).

Si le différend entre l'« Ancien » et Diotréphès n'est pas ici de nature doctrinale, ce que l'auteur de cette lettre dit de lui a conduit certains auteurs à penser qu'il était peut-être proche de l'hérésie dénoncée, ce qui expliquerait d'ailleurs qu'il ait refusé d'accueillir les envoyés de l'« Ancien ». En fait, rien ne permet de l'affirmer. On peut aussi y voir un simple conflit de pouvoir ou une perte d'influence de l'« Ancien ».

---

94. Si certains auteurs pensent que la 2e lettre a été rédigée après la première (les v. 5-7 reprenant 1 Jn 2,7 *sq.* ; 2,18 *sq.* ; 4,1 *sq.*), d'autres font remarquer que rien ne permet de dire avec certitude dans quel ordre ces trois lettres ont été écrites. Certains évoquent même l'hypothèse que la 1re lettre ait été rédigée en dernier, car elle reflète, selon eux, un développement et une aggravation de l'hérésie combattue. Avec elle, l'auteur de cette lettre ne s'adresse plus, en effet, à une Église locale – comme il le fait dans la 2e et la 3e lettre –, mais à l'ensemble des Églises d'Asie Mineure qui relèvent de son autorité.

Le livre de l'Apocalypse clôt le Nouveau Testament, même s'il n'a probablement pas été rédigé le dernier [95]. Il relève de la littérature apocalyptique, très répandue autour de l'ère chrétienne [96]. Relais de la prophétie vétérotestamentaire, cette littérature de résistance s'adressait à des hommes et des femmes, souvent minoritaires, vivant dans des situations de grande précarité et en butte à l'oppression ou aux persécutions. Des visionnaires y faisaient état de révélations surnaturelles dont ils avaient été les bénéficiaires, visions qui faisaient d'eux les messagers d'une espérance qui réconfortait ceux qui étaient éprouvés en même temps qu'elle contestait les pouvoirs dont ils étaient victimes. Présentés le plus souvent comme des personnages célèbres du passé, ces visionnaires utilisaient un langage codé, avec des images terrifiantes, bêtes et monstres représentant les empires ennemis, parfois même les empereurs [97].

L'Apocalypse de Jean se présente comme une « **révélation de Jésus Christ** » (1,1), donc comme une œuvre où son auteur s'est vu révéler le sens divin de ce que son peuple est en train de vivre. Cette révélation est communiquée à celui qui, à quatre reprises, s'autodésigne comme étant Jean (1,1.4.9 ; 22,8). Il écrit depuis l'île de Patmos où il est en exil « à cause de la Parole de Dieu et du témoignage de Jésus » (1,9) [98]. La suite du livre confirme qu'il s'agit manifestement d'une période troublée, faite de détresse et d'oppression (2,9.10 ; 7,14). Les nombreuses allusions voilées à Rome [99], la capitale de l'empire, pointent également en direction d'une période de confrontation avec Rome. À quel contexte historique correspond une telle situation ? En se basant sur certains passages de l'Apocalypse qui font allusion au mythe du *Nero redivivus* (13,3 ; 17.8), on a parfois évoqué les persécutions de Néron. Aujourd'hui, pour un grand nombre d'exégètes, le règne de Domitien (81-96) semble davantage correspondre au contexte du livre de l'Apocalypse.

Outre le fait qu'il n'est pas question dans ce livre d'Églises naissantes, mais d'Églises qui ont connu les grandeurs et les limites d'une période de croissance et d'expansion, ces auteurs font remarquer que Domitien a développé plus intensément que ses prédécesseurs le culte impérial [100], ce qui donna peut-être une teinte « diabolique » au combat entre César et le Christ. Sans que l'on puisse parler de persécutions

95. Comme nous le verrons, il s'agit vraisemblablement de la 2e lettre de Pierre.

96. Outre l'Apocalypse de Jean, le Nouveau Testament a conservé, dans les évangiles synoptiques, de petites apocalypses (Mt 24,1-36 ; Mc 13,1-37 ; Lc 17,20-37 et 21). Jésus y détourne d'ailleurs la forme apocalyptique de son objet puisqu'il refuse de trancher la question du jour ou de l'heure de la fin des temps.

97. Si ce langage symbolique est présent dans l'Apocalypse de Jean, il faut savoir que les chrétiens auxquels ce livre s'adresse connaissaient les Écritures juives, et qu'ils avaient donc un autre accès que nous aux images utilisées. Car elles faisaient partie d'un univers symbolique familier aux hommes et aux femmes de cette époque.

98. On sait que Patmos était alors l'une des petites îles de la mer Égée où les gouverneurs de province romains avaient l'habitude d'exiler ceux qu'ils considéraient comme indésirables.

99. Voir plus bas J. P. Prévost, encadré « Babylone = Rome », p. 457.

100. Dont il pourrait être question dans certains passages comme 2,13.

systématiques contre les chrétiens, mais plutôt de harcèlement, il semblerait également que, dans sa méfiance vis-à-vis de déviations potentiellement dangereuses [101], Domitien ait fait exiler, voire exécuter, les adeptes de certains cultes, notamment quand leur position religieuse s'alliait à une opposition politique. Cela tendrait à montrer que le « Jean » dont il est question ici était un personnage important, sans doute connu de l'administration romaine d'Asie Mineure.

## L'auteur

S'agit-il de l'auteur de l'évangile et des lettres que l'on attribue habituellement à Jean ? Justin, le premier, l'identifia au fils de Zébédée (Dialogue 81,4). À sa suite, Irénée rattacha l'Apocalypse aussi bien que l'évangile et les lettres à Jean, « disciple du Seigneur ». Le consensus traditionnel s'appuya sur son témoignage, oubliant celui de Denys d'Alexandrie qui, à partir d'une étude attentive du langage, du style et de la pensée de ce livre, était déjà convaincu qu'il n'avait pu être rédigé par l'auteur du quatrième évangile et des lettres de Jean [102]. Si cette paternité johannique a sans doute joué un rôle très important dans l'acceptation – difficile – de cette œuvre dans le Canon des Écritures, rien ne permet pourtant d'identifier Jean de Patmos à l'apôtre Jean, pas plus d'ailleurs qu'à l'« Ancien » des lettres. Non seulement lui-même ne le revendique jamais, mais le contexte historique où il écrit ne correspond pas à celui de l'évangile. Il n'en est pas moins vrai que c'était sans doute une personnalité importante des communautés asiates de la fin du Ier siècle.

Certains auteurs mettent même en doute son appartenance à l'école johannique, insistant sur le fait que, si certaines ressemblances existent entre le livre de l'Apocalypse et les œuvres johanniques, elles sont sans commune mesure avec les différences, bien plus importantes. Si cela ne veut pas dire qu'il n'y ait pas eu de contact entre le voyant de l'Apocalypse et la tradition ou les écrits johanniques, on doit ajouter que le grec de ce livre – le plus pauvre du Nouveau Testament – laisse supposer que son auteur avait pour langue maternelle l'araméen ou l'hébreu. Autre certitude : il connaissait bien les Églises auxquelles il s'adresse et leurs différentes implantations géographiques.

## Un chant de victoire

S'agissant maintenant du message de ce livre, on notera qu'il ne se comprend véritablement qu'à la lumière des lettres (2,1 – 3,22), adressées, au début, « aux sept Églises qui sont en Asie » (1,4). À côté des dangers externes qui menaçaient ces Églises (2,9.13 ; 3,9) [103], l'auteur de ces lettres y dénonce surtout le risque qu'elles couraient de

101. Surtout lorsque, comme le judaïsme et le christianisme, elles favorisaient le culte exclusif d'un Dieu sans image.

102. Voir plus bas J. P. Prévost, « Jean, auteur de l'Apocalypse », p. 452.

103. À noter qu'en Ap 2,10 ; 3,10, la persécution est à venir, alors qu'il est question en 2,3 d'une épreuve passée.

se conformer au monde environnant et de perdre la ferveur des premières années (2,4.14.20 ; 3,1.17). Tout en encourageant celles d'entre elles qui étaient en butte à l'hostilité et aux brimades, il mettait en garde les autres contre le danger de se laisser gagner par l'esprit du temps en s'installant dans le monde. D'une manière générale, comme cela apparaît dans la suite du livre, il dénonçait également les prétentions monstrueuses, voire diaboliques, du pouvoir impérial romain. À ceux qui, face à de telles prétentions, auraient pu douter de l'efficacité de leur foi, en se compromettant ou en se laissant aller, il rappelait que « c'est l'heure de la persévérance et de la foi des saints » (13,10 ; 14,12).

Chant de victoire (5,5 ; 6,2 ; 17,14), qui célèbre la libération et le salut acquis dans la mort et la résurrection du Christ (1,5 ; 5,9 ; 7,10) [104], le livre de l'Apocalypse ne cherche donc pas tant à révéler l'avenir ou la fin des temps qu'à proclamer l'avènement de cette fin des temps dans l'événement Jésus Christ, avec la contestation du monde présent qui en découle. Les destinataires de ce livre sont ainsi invités à reconnaître en Jésus Christ, l'« agneau immolé qui siège sur le trône » (Ap 5,6), Celui qui a vaincu les puissances de mort, quelles qu'elles soient ; et donc à témoigner de Jésus (1,2 ; 6,9 ; 11,7 ; 12,11.17 ; 19,10 ; 20,4). Comment ? En ne concédant rien à ce que l'auteur du livre désigne comme étant le Mal. En ce sens, ce livre combine à la fois le genre de la prophétie et celui de l'apocalypse [105].

---

104. Apparaît ici une des grandes caractéristiques de la christologie de l'Apocalypse : c'est une christologie exclusivement pascale, entièrement centrée sur le seul événement de la mort-résurrection de Jésus. Il n'y a dans l'Apocalypse de Jean aucune référence au ministère ou à l'enseignement public de Jésus. Seul compte l'événement pascal (1,5 ; 5,9 ; 7,14, etc.), dont l'auteur de ce livre s'efforce de dévoiler les implications pour les communautés auxquelles il s'adresse, avec une attention plus particulière pour celles qui sont éprouvées.

105. Bien que le voyant intitule son ouvrage *Apokalupsis*, il en parle six fois comme d'une prophétie, notamment au commencement et à la fin de son ouvrage (1,3 ; 22,19). Les lettres aux Églises (1,4 – 3,22) comportent également des éléments qui sont de l'ordre de l'avertissement et de la consolation prophétiques.

# LES LETTRES CATHOLIQUES

C'est Eusèbe de Césarée qui, au début du IVe siècle, désigna ainsi l'ensemble que forment ces sept lettres, à savoir Jacques, 1-2 Pierre, 1-2-3 Jean et Jude. Pourquoi cette désignation ? Sans doute parce que ces lettres semblent être adressées à l'Église universelle et non à des Églises particulières. Sous leurs titres actuels, venant dans l'ordre canonique après le corpus paulinien, elles ont aussi pour caractéristique d'avoir été attribuées à deux membres de la famille de Jésus (Jacques et Jude) et à deux figures parmi les plus importantes des Douze (Pierre et Jean).

Ayant abordé précédemment les lettres de Jean, nous présenterons donc ici les lettres de Jacques, de Pierre et de Jude, dans l'ordre où elles apparaissent dans le Nouveau Testament [106].

## LA LETTRE DE JACQUES

Déclarée « épître de paille » par Luther, à cause du passage apparemment antipaulinien de 2,14-26, où son auteur met en garde ceux à qui il s'adresse contre une « foi qui ne s'accompagnerait pas des œuvres », la lettre de Jacques constitue à bien des égards un texte unique dans le Nouveau Testament. Parce qu'on n'y trouve aucune référence au ministère de Jésus ou à sa mort et à sa résurrection, on a même parfois douté de sa provenance chrétienne et émis l'hypothèse qu'on avait « christianisé » un écrit provenant à l'origine du judaïsme hellénistique.

### L'auteur

Son auteur se présente comme « Jacques, serviteur de Dieu et du Seigneur Jésus Christ » (1,1), mais le lien entre ce Jacques et le « frère du Seigneur » ne s'établira que lentement dans la tradition patristique et l'historiographie chrétienne. Ce n'est qu'à la fin du IIe siècle, en effet, que l'on commencera à l'attribuer à Jacques, le « frère du Seigneur ». S'agit-il donc plutôt de Jacques, fils de Zébédée ? Même s'il ne faut pas surestimer la culture grecque de son auteur, son grec raffiné, son style et le fait que la Bible utilisée soit la Septante, et non la Bible hébraïque, rendent cela improbable. De plus, le fait qu'il connaisse la tradition paulinienne sur la foi et les œuvres ainsi que le Sermon sur la montagne – même si c'est dans une autre formulation que celle de Matthieu – laisse supposer que cette lettre a été écrite après les morts respectives de Jacques, le fils de Zébédée, et de Jacques, le « frère du Seigneur ». Enfin la structure ecclésiale impliquée en 3,1, avec une charge d'enseignant, et des anciens qui jouent un rôle particulier, quasi liturgique (5,14-15),

106. Considérant qu'elles ne feront pas l'objet, dans la suite de cet ouvrage, d'une présentation plus abondante, nous indiquerons ici ce qui semble essentiel pour une juste compréhension de ces lettres.

plaident en faveur d'une rédaction vers la fin du Ier siècle, par un auteur inconnu.

### *Jacques, le frère du Seigneur*

Jacques occupe une place importante dans le Nouveau Testament. Dans la 1re lettre aux Corinthiens, Paul le met en tête de ceux à qui, en dehors des Douze, le Christ ressuscité est apparu (1 Co 15,7). Dans la lettre aux Galates, Paul laisse même entendre que, très tôt, Jacques a occupé un poste d'autorité dans l'Église de Jérusalem. Ainsi, lorsque, trois ans après sa « conversion », il est monté à Jérusalem pour faire la connaissance de Céphas, Paul indique qu'il est resté quinze jours auprès de lui « sans voir cependant aucun autre apôtre, mais seulement Jacques, le frère du Seigneur » (Ga 1,18-19). Un peu plus loin, dans cette même lettre, Paul évoque des troubles suscités à Antioche par des « gens de l'entourage de Jacques » (Ga 2,12).

Nommé une première fois, dans les Actes des Apôtres, après la délivrance miraculeuse de Pierre (Ac 12,17), Jacques est mentionné à l'occasion de l'Assemblée de Jérusalem (Ac 15,13 *sqq.*). Si seules son intervention et celle de Pierre sont alors rapportées, c'est sa proposition qui est adoptée ; ce qui est un indice évident de l'autorité qu'on lui reconnaissait alors.

La troisième et dernière mention de Jacques se trouve au chapitre 21 des Actes des Apôtres. Jacques semble être alors devenu le premier responsable de la communauté chrétienne de Jérusalem. C'est du moins ce que l'on peut déduire du fait que, lors de sa dernière venue à Jérusalem, Paul n'entre plus en contact, comme auparavant (Ac 9,27 ; 15,4) avec les apôtres, mais il se rend « chez Jacques où tous les Anciens se trouvaient aussi » (Ac 21,18). Il leur fait alors un rapport de ses activités auprès des païens. Et ce sont les Anciens, avec Jacques à leur tête, qui indiquent à Paul ce qu'il doit faire (Ac 21,20-25). Le silence sur Pierre et les autres apôtres laisse supposer qu'ils ont alors quitté la Ville sainte.

Que dire de plus ? Que nous ne savons pas dans quelles circonstances exactes Jacques a pris la tête de l'Église de Jérusalem. Et que, s'il a d'une certaine manière succédé à Pierre, ce n'est pas en tout point, car son rôle s'est restreint à l'Église locale de Jérusalem. On ajoutera à cela qu'en fidèle observateur de la Loi, Jacques a sûrement incarné, au sein du christianisme primitif, une position conservatrice, davantage préoccupée des liens avec le judaïsme que de l'ouverture aux païens.

D'après une tradition rapportée par Eusèbe de Césarée, les Juifs eux-mêmes avaient un grand respect pour lui (*Histoire ecclésiastique* II, 23,4-6). Eusèbe rapporte aussi qu'en 62 des pharisiens exaltés le firent condamner à mort. Il fut jeté du haut du pinacle du Temple, puis, encore vivant, lapidé.

Il est bien difficile de savoir **où** cette lettre a été écrite. Pour certains, ce pourrait être à Jérusalem ou en Palestine [107]. Pour d'autres, qui notent que son auteur connaît le monde de la mer (1,5-8 ; 3,4), l'univers des hommes d'affaires en voyage (4,13-17), ou les relations qui régnaient dans les propriétés rurales des riches citadins, ce pourrait être à Antioche, à Alexandrie, à Césarée et même à Rome.

107. Ils notent le souci évident de l'auteur de cette lettre pour les pauvres et, surtout, son allusion aux pluies précoces et tardives typiques du climat palestinien (5,7).

## Les destinataires

À la lecture de cette lettre, on pressent que ses destinataires sont des chrétiens qui vivent vraisemblablement en dehors de la Palestine [108]. Ils appartiennent à des communautés qui sont disséminées et minoritaires dans un monde largement païen. Vivant dans un environnement difficile pour beaucoup d'entre eux (1,2.12 ; 2,6 ; 5,4.10-11), mais plus agréable pour d'autres [109], ils sont aux prises avec des problèmes qui, à l'intérieur de leurs communautés, sont la conséquence le plus souvent de la convoitise « qui enfante le péché, lequel engendre la mort » (1,14-15), de l'arrogance (4,16), de la médisance (4,11 ; 5,9), de la jalousie (3,14.16 ; 4,2), de la duplicité (1,8 ; 4,8), de la colère (1,19-20) ou de l'abus de parole (1,19.26 ; 3,1-12).

Ils appartiennent à des communautés qui comptent dans leurs rangs des personnes de condition modeste, incapables de subvenir à leurs besoins élémentaires (2,15-16) et d'autres qui sont plus fortunées. Faisaient-ils partie de ces communautés ? L'auteur de cette lettre se montre d'une extrême sévérité à l'égard de ceux qu'il appelle les « riches » (2,6-7 ; 5,1-6). Il leur reproche de spolier les ouvriers de leur salaire (5,1-6), d'opprimer les membres de la communauté, de les traîner devant les tribunaux et de blasphémer le nom de Jésus (2,6-7). Dans ce contexte, il s'adresse également à ceux qui, dans les communautés, regardaient peut-être avec envie ceux qu'ils considéraient avoir réussi. C'est pour leur rappeler que les richesses sont un bien périssable (1,9-11), qui détourne de l'essentiel (4,13-17). Loin de procurer le confort et la sécurité à ceux qui s'y attachent (1,11), elles les rongent et les rouillent de l'intérieur ! À l'opposé, Dieu a choisi les pauvres pour les rendre riches de la foi (2,1-13). Pourquoi une telle mise en valeur de la pauvreté ? Parce qu'elle conduit à la liberté qui naît de la confiance en la providence de Dieu et rend capable de résister au conformisme social, à l'ambition et à l'arrivisme (4,1-10). Elle permet aussi d'affronter, dans la fidélité et la persévérance, la précarité du réel (1,2-4 ; 5,7-11).

## Une foi agissante

Pour l'auteur de cette lettre, il s'agissait en fait de défendre la cohésion des communautés auxquelles il s'adressait. En dénonçant les attitudes partiales qui entachaient la vie communautaire (2,1 *sqq.*), en exhortant les destinataires de la lettre à renforcer leur unité en se montrant solidaires de ceux d'entre eux qui étaient dans le besoin (1,27 ; 2,15-16), il voulait que leur foi soit vraiment agissante [110]. C'est bien cette insistance très forte sur la dimension éthique de la foi qui caractérise d'ailleurs cette lettre. Face à ceux qui préconisaient peut-être un repli sur une piété personnelle, loin des questions économiques et

108. Usage du grec, de la Septante et référence à la diaspora (1,1).

109. Comme en témoigne l'existence de riches et de commerçants au sein des communautés chrétiennes, ce qui est le signe d'une bonne adaptation au monde dans lequel ils vivaient.

110. Au même moment, il rappelait l'imminence du retour du Seigneur (5,7), ainsi que celle du jugement de Dieu (5,9 ; voir aussi 2,12-13 ; 4,12 ; 5,12).

sociales, Jacques affirme qu'il n'y a de foi véritable que là où il y a accueil réel du dessein de Dieu [111], donc lutte – d'abord à l'intérieur des communautés – contre toutes les formes de précarité, de discrimination sociale et économique. Face au danger d'une spiritualité verbale et stérile, Jacques reprend l'avertissement de Jésus : « Soyez les réalisateurs de la parole, et pas seulement des auditeurs qui s'abuseraient eux-mêmes » (1,22 ; voir aussi Mt 7,21).

De manière générale, en rectifiant peut-être certaines interprétations erronées de la pensée de Paul [112], l'auteur de cette lettre n'avait pas l'intention de dévaloriser la foi pour redonner de l'importance aux œuvres. Ce qu'il voulait, c'était redéfinir ce qu'est une foi vivante et dénoncer le caractère stérile des confessions de foi qui sont uniquement verbales ou formelles. Or, si quelqu'un a la foi, cela doit se voir. Car la vraie « religion » n'est pas seulement un credo, mais une pratique qui tranche avec les usages sociaux du monde (1,27 ; 4,4).

## Les lettres de Pierre

Deux lettres sont habituellement attribuées à Pierre. Elles sont très différentes aussi bien du point de vue du style que du contenu. Si la première se rattache d'assez près à l'apôtre Pierre, la seconde constitue, de l'avis général des biblistes, le dernier en date des écrits du Nouveau Testament. Bien qu'elles ne puissent donc pas être attribuées directement à Pierre, ces deux lettres ne manquent pas d'intérêt par rapport à la manière dont l'œuvre de Pierre a été perçue et poursuivie.

### La 1re lettre de Pierre

#### *Les destinataires*

Dès les premiers versets, l'auteur de la 1re lettre se présente : « Pierre, apôtre de Jésus Christ », et il indique les destinataires de sa lettre : « Aux élus qui vivent en étrangers dans la dispersion, dans le Pont, la Galatie, la Cappadoce, l'Asie et la Bithynie » (1 P 1,1). Ces régions qui correspondent au nord et au nord-ouest de l'actuelle Turquie étaient peuplées de communautés juives importantes, ce qui explique en partie la bonne connaissance de l'Écriture supposée chez ceux à qui s'adresse cette lettre. Mais quelques passages de la lettre évoquent aussi le passé païen de certains de ses destinataires (1 P 1,14-18 ; 2,10 *sqq.* ; 2,25 ; 4,2-4).

---

111. « La religion pure et sans tache devant Dieu le Père, la voici : visiter les orphelins et les veuves dans leur détresse ; se garder du monde pour ne pas se souiller » (1,27).

112. Dans la lettre aux Galates, Paul avait affirmé : « L'homme n'est pas justifié par les œuvres de la loi, mais seulement par la foi en Jésus Christ » (2,16). Quelques années plus tard, il avait écrit aux chrétiens de Rome : « L'homme est justifié par la foi, indépendamment des œuvres de la loi » (Rm 3,28). Dans la lettre qui lui est attribuée, Jacques écrit : « Vous constatez que l'on doit sa justice (littér. "l'homme est justifié") aux œuvres et pas seulement à la foi » (2,24).

Qu'ils soient d'origine païenne ou d'origine juive, ils appartenaient, semble-t-il, à **des communautés modestes, vivant au sein d'un monde qui leur était hostile**. Incompris de leur entourage (1 P 4,4), victimes d'agressions verbales (1 P 2,12.15 ; 3,13.16), menacés de sévices (1 P 3,13 ; 4,1), de comparution devant les tribunaux (1 P 3,15), ces chrétiens avaient du mal, dans une telle situation, à assumer leur foi. Ils trouvaient « étrange d'être dans la fournaise de l'épreuve », pensant que ce qui leur arrivait était anormal (1 P 4,12). Faut-il pour autant parler de « persécutions » au sens strict ? L'allusion à des « souffrances semblables réservées à vos frères dans le monde » pourrait le faire penser (1 P 5,9 ; 4,12). C'est pour cela qu'on les a souvent rapprochées des actions menées contre les chrétiens par Pline le Jeune, sous l'autorité de Trajan (98-117).

Considérant le caractère tardif de ces actions, et surtout leur caractère local, d'autres ont préféré à cette hypothèse celle des persécutions de Domitien (81-96), la tradition chrétienne ayant fait de cet empereur un persécuteur forcené des chrétiens, un second Néron. Mais cette hypothèse est aujourd'hui de moins en moins admise, car on sait que si, vers la fin de son règne, Domitien se comporta en despote cruel, qui fit éliminer par l'exil ou par la mort plusieurs de ses opposants, il n'y eut pas pour autant, durant son règne, de persécution officielle et systématique. Enfin, cette lettre n'évoque pas le culte impérial, souvent associé à la figure de Domitien. À moins que la remarquable distinction que l'auteur de la lettre établit entre l'attitude que l'on doit avoir envers le roi et celle que l'on doit avoir envers Dieu – « Craignez Dieu, honorez le roi » (2,17) – n'y fasse allusion. Davantage qu'une répression publique systématique, il semble donc préférable d'envisager ici des tracasseries et des brimades, ou des persécutions épisodiques, à l'initiative d'autorités locales. D'où cette recommandation bien connue : « Soyez toujours prêts à rendre compte de l'espérance qui est en vous » (1 P 3,15).

Pour l'auteur de la lettre, l'hostilité était le prix que ces chrétiens devaient payer pour avoir adhéré au Christ. Aussi, tout en les invitant à mener une vie exemplaire (1 P 2,1-12 ; 3,8-12 ; 4,7-11) et à refuser de céder aux pressions païennes (1 P 4,13-14), il les encourageait à résister, d'un point de vue éthique et spirituel. Non seulement leur foi en sortirait purifiée (1 P 1,6-7), mais, dans l'attente du retour glorieux du Christ, ils participeraient ainsi ensemble à sa Passion et se prépareraient à sa Gloire à venir (1 P 4,13-14). Sans qu'il faille y voir une apologie inconsidérée du martyre, l'auteur de la lettre fait même de ces souffrances l'objet d'une béatitude : « Si l'on vous outrage pour le nom du Christ, heureux êtes-vous ! » (1 P 4,14 ; voir 3,14.)

### *L'auteur et le lieu de rédaction*

Considérant maintenant **le lieu** d'où cette lettre a été envoyée, son auteur évoque une ville appelée « Babylone » (1 P 5,13), donc vraisemblablement Rome. On sait en effet que cette manière de désigner la ville impériale était devenue habituelle après l'an 70, Rome ayant en commun avec Babylone d'avoir détruit le temple de Jérusalem [113]. Cet indice, précieux pour la datation de la lettre, pose la question de son **auteur véritable**, puisqu'on sait que Pierre est mort vers l'an 65. À cela s'ajoutent d'autres constats, qui rendent plus problématique encore l'attribution de cette lettre à Pierre, le pêcheur du lac de Galilée : elle est rédigée dans un grec excellent ; les citations de la Bible, empruntées à la Septante, s'inscrivent dans un travail exégétique particulièrement raffiné ; de nombreux éléments de la théologie de la lettre sont proches de celle de Paul [114] ; les communautés sont bien organisées, notamment avec des presbytres (Anciens) à leur tête (1 P 5,1-5). Mais l'objection la plus grave est d'ordre historique : des régions telles que la lointaine Bithynie avaient-elles été évangélisées avant 64, une région – comme la Cappadoce et le Pont – pour laquelle les Actes des Apôtres ne nous fournissent aucun renseignement ?

Ces différents éléments supposent donc une époque postérieure à celle de Pierre et de Paul, et plaident pour la rédaction de cette lettre entre 70 et 90. Son auteur pourrait être un judéo-chrétien, écrivant, sous le patronage de Pierre, au nom de la communauté romaine [115]. Qu'elle soit désignée ici comme la « co-choisie » indique qu'un lien très fort unissait cette communauté à celles d'Asie Mineure (voir 1 P 5,13).

Le fait qu'on ait eu ainsi recours à Pierre comme auteur « fictif » d'une lettre destinée à des communautés de la moitié orientale de l'Empire romain témoigne de l'autorité qu'on lui reconnaissait, quelque quinze ou vingt ans après sa mort, aussi bien dans des régions qu'il avait, peut-être, en son temps visitées que dans des communautés davantage attachées à Paul – comme les Galates –, ou évangélisées par d'autres. Associée à la place que Pierre avait eue au sein du groupe des Douze, ainsi qu'au rôle qu'il avait joué dans les débuts de l'Église, cette autorité était même devenue le modèle sur lequel on s'appuyait pour définir le comportement de ceux qui assuraient une responsabilité à la tête des communautés chrétiennes. C'est ce que reflète ce magnifique passage de la lettre :

> « J'exhorte donc les anciens qui sont parmi vous, moi qui suis ancien avec eux et témoin des souffrances du Christ, moi qui ai part à la gloire qui va être révélée : Paissez le troupeau de Dieu qui vous est confié, non par contrainte, mais de bon gré, selon Dieu ; non par cupidité, mais par dévouement ! N'exercez pas un pouvoir autoritaire sur ceux qui vous sont échus en partage, mais devenez les modèles du troupeau ! Et quand

113. 2 Ba 11,1-2 ; 67,7 ; Ap 14,8 ; 17,5. Bien que nous ne partagions pas cette position, on notera que, pour certains, le fait que ce nom désigne ici Rome ne signifie pas nécessairement que 1 P a réellement été expédiée depuis cette ville. À l'appui de cette thèse, ils font remarquer que la localisation comme l'attribution de la lettre à l'apôtre Pierre peuvent être artificielles. Quoi qu'il en soit, c'est le signe que Pierre et Rome étaient étroitement associés dans la pensée chrétienne.

114. Il est clair, en particulier, que 1 P 2,13-17, qui évoque le comportement à l'égard du pouvoir de l'État, prend appui sur Rm 13,1-7.

115. À la fin de la lettre (1 P 5,12), l'auteur indique aux chrétiens à qui il s'adresse, qu'il a écrit ces quelques mots par Silvain qu'il « considère comme un frère fidèle », et il ajoute que Marc, son « fils », se trouve auprès de lui. Certains en ont déduit que cette lettre avait été dictée par Pierre à Silvain, d'autres, qu'elle avait été composée par Silvain sur la base de thèmes fournis par Pierre ou relevant de sa prédication.

paraîtra le souverain berger, vous recevrez la couronne de gloire qui ne se flétrit pas ! » (1 P 5,1-4).

On retiendra de cette lettre que, revêtu d'une autorité renforcée par le martyre, Pierre y apparaît comme un modèle, à la suite du Christ, de la persévérance dans les épreuves, jusqu'au don de la vie. Il y est également présenté comme un exemple pour ceux qui sont à la tête de communautés, dont ils doivent prendre un très grand soin. Ce sont là des informations précieuses sur la manière dont aussi bien l'Église de Rome que des communautés chrétiennes d'Asie Mineure, dans les années 80-90, percevaient le rôle passé et présent de Pierre. Si l'on ajoute à cela que certaines de ces communautés, parce que fondées par eux, auraient pu être davantage marquées par Paul, par Jean, ou par d'autres missionnaires, on comprendra qu'au-delà de l'autorité de Pierre lui-même cette lettre reflète aussi l'autorité reconnue à l'Église de Rome.

## La 2e lettre de Pierre

Même pour le lecteur non initié aux problèmes de critique littéraire, la 2e lettre de Pierre apparaît bien différente de la première. Le style d'abord est plus recherché ; le ton surtout diffère du tout au tout, l'auteur de cette lettre développant une polémique virulente contre des faux docteurs qui mettaient en doute l'attente traditionnelle du retour du Christ (2 P 3,4). Est-ce à cause de la gravité de ce qu'il combattait, il utilise tous les moyens possibles pour que son écrit soit revêtu de l'autorité de Pierre : il se présente comme « Syméon [116] Pierre, serviteur et apôtre de Jésus Christ » (2 P 1,1). Il dit avoir été le témoin oculaire de la transfiguration de Jésus et avoir entendu la voix venue du ciel : « Tu es mon Fils bien-aimé ! » (2 P 1,16-18). C'est, précise-t-il, la seconde fois qu'il écrit à ses lecteurs, allusion à peu près certaine à la 1re lettre de Pierre (2 P 3,1) [117]. Il évoque enfin son amitié avec Paul (2 P 3,15), ainsi que sa mort prochaine (2 P 1,13-15).

Tout laisse supposer, pourtant, que cette lettre n'a pas été écrite par Pierre, et qu'elle n'a pas le même auteur que la première [118]. Outre le fait qu'elle dépend en grande partie de celle de Jude, son style, sa tonalité, sa théologie sont, en effet, trop différents pour envisager un auteur commun. On a même parlé de « différences irréductibles » (J. Schmitt),

---

116. C'est une forme archaïque, rare dans le Nouveau Testament, de « Simon » (Ac 15,14).

117. La 1re lettre était adressée à des communautés vivant dans une aire géographique précise. Les destinataires de cette lettre appartiennent à un cercle beaucoup plus large : celui de « ceux qui ont reçu, par la justice de notre Dieu et Sauveur, une foi de même prix que la nôtre » (1,1).

118. Les hésitations de l'époque patristique pour admettre cette lettre dans la liste des écrits apostoliques montrent que, très vite, se posa la question de son attribution à Pierre. Pour Origène, « Pierre [...] a laissé une seule épître reconnue, et peut-être une seconde, mais on hésite à ce sujet » (voir Eusèbe de Césarée, *Histoire ecclésiastique* VI, 25,8). Eusèbe de Césarée est plus direct encore : « Nous avons appris qu'elle n'est pas testamentaire ; mais pourtant, parce qu'elle a paru utile à beaucoup, elle a été prise en considération avec les autres Écritures » (*ibid.* III, 3,1), et Jérôme note : « La seconde [lettre de Pierre] est reniée par la plupart à cause de sa différence de style avec la première » (*De viris illustribus* 1 PL 23, 601).

notamment en matière de christologie. Son genre littéraire n'est pas le même non plus, puisqu'il relève davantage du testament spirituel : proche de la mort, les yeux fixés sur le retour du Christ et conscient du caractère inéluctable du jugement de Dieu à venir, Syméon Pierre évoque les événements dont il a été le témoin ; il insiste sur la nécessité de rester fidèle aux fondements de la foi. Car la foi de ceux à qui il s'adresse est menacée, non plus par les brimades et les tracasseries, mais par la confusion doctrinale et morale. À la façon dont il cherche à expliquer le « retard » du retour du Christ (2 P 3, 1-15) ; à la façon dont il rappelle la nécessité d'attendre patiemment le Jour du Seigneur, on perçoit que les doctrines qu'il combat ont de dangereuses implications éthiques (2 P 2,1-22 ; 3,3-7.8-10).

Ainsi s'explique l'importance que l'auteur de cette lettre attache à la fois au témoignage apostolique et à une juste interprétation de l'Écriture (2 P 1,20). Opposant le témoignage des apôtres aux « fables sophistiquées » des hérétiques (2 P 1,16), il affirme qu'« aucune prophétie de l'Écriture n'est affaire d'interprétation privée » (2 P 1,20). S'agissant des lettres de Paul, qu'il connaît, il déplore également leur déformation par des gens « qui en tordent le sens, comme ils le font aussi des autres Écritures, pour leur perdition » (2 P 3,16). Outre le fait que c'est un témoignage précieux sur la constitution, dans la première moitié du IIe siècle, d'un corpus paulinien, on peut imaginer que c'est parce que les fauteurs de troubles qu'il combattait s'appuyaient sur les écrits de Paul pour défendre leurs théories, que l'auteur de cette lettre fait appel à l'autorité de Pierre pour réfuter les interprétations erronées de certains passages des écrits de Paul, passages qu'il reconnaît, lui-même, être « difficiles » (3,16). Dans ce contexte, à l'encontre d'exégèses arbitraires et fantaisistes, il préconise une lecture ecclésiale.

Si la 1re lettre attribuait essentiellement à Pierre un rôle de pasteur, cette lettre-ci, rédigée dans la première moitié du IIe siècle, soit entre vingt-cinq et cinquante ans après [119], révèle une dimension particulière de l'autorité pastorale de Pierre. Présenté comme un compagnon de Jésus et un témoin privilégié de la Transfiguration, Pierre conteste en effet les « faux prophètes » et les « faux docteurs », capables par leurs discours d'affaiblir la foi et l'espérance des chrétiens [120] ; il met en garde ceux à qui il s'adresse contre certaines interprétations de l'Écriture ; il rappelle le fondement apostolique de la foi. L'auteur de la lettre n'hésite pas d'ailleurs à attribuer à Pierre cette déclaration, qui traduit une évidente détermination : « Je veillerai soigneusement à ce qu'après mon départ [ma mort] vous ayez la possibilité, en toute occasion, de conserver le souvenir de ces enseignements » (2 P 1,15 ; voir 1,12-18).

119. On ne sait pas où elle a été rédigée. Le fait qu'elle ne soit citée ni en Asie Mineure (Polycarpe), ni à Lyon (Irénée), ni à Rome (Justin), ni à Antioche (Ignace), ni en Afrique (Tertullien), ni chez les Latins en général avant les Ve-VIe siècles, a conduit certains auteurs, mais sans preuve décisive, à lui attribuer une origine égyptienne.

120. C'est sans doute parce que ceux qu'il combattait niaient le retour de Jésus en Gloire que l'auteur de cette lettre évoque la Transfiguration, dont Pierre avait été le témoin privilégié (2 P 1,16-18). Plus que quiconque, il était qualifié pour conforter les chrétiens dans leur foi en un retour glorieux du Seigneur. Ce récit présente d'évidentes affinités avec celui de Matthieu (17,5).

Parce que Pierre est surtout représenté dans cette lettre comme le gardien de la foi véritable, avec ses conséquences en matière morale, on peut dire que cette lettre laisse apparaître les premiers jalons en direction d'un « magistère de Pierre », magistère qui se rattache peut-être – comme une mise en pratique – au pouvoir de lier et de délier mentionné par Matthieu (Mt 16,19). Le fait que Paul soit associé à Pierre – qui dit de lui qu'il est « notre frère et ami » – indique également qu'au temps de la rédaction de cette lettre, l'autorité conjointe de Pierre et de Paul était déjà solidement établie dans les Églises, comme critère de la vérité en matière de foi et de conduite (2 P 3,15) [121]. Ensemble, ils étaient les figures les plus représentatives d'une autorité qui ira grandissant.

## La lettre de Jude

Cette lettre est difficile à dater et à situer. Le nom de « Jude, frère de Jacques » n'est sans doute pas celui de l'auteur, mais un pseudonyme qui pourrait rapprocher la lettre de celle de Jacques. Au nombre des raisons qui vont dans le sens de la pseudonymie, on note que son auteur écrit à une époque où « la foi a été transmise aux saints définitivement » (v. 3) et où l'enseignement des apôtres semble remonter à un passé lointain (v. 17). On avance également le fait que la lettre combat des erreurs plus évoluées que celles de l'époque apostolique, même si l'activité de ceux qui sont présentés comme des « impies » (v. 4) en est, semble-t-il, encore à ses débuts, puisque la communauté les reçoit dans ses agapes (v. 12) [122], et que l'auteur vient à peine d'être alerté à leur sujet (v. 3 *sq.*). Mais l'argument le plus décisif est littéraire : le vocabulaire est, en effet, riche et recherché, et la grammaire grecque parfaitement bien maîtrisée. Prêter une telle qualité de style à un « frère du Seigneur » s'avère donc peu vraisemblable, même si demeure la possibilité qu'il ait employé un scribe plus versé que lui dans la pratique du grec.

À la différence de la plus grande partie des écrits du Nouveau Testament, les allusions de cette lettre à l'Ancien Testament semblent dépendre de la Bible hébraïque, et non de la Septante, ce qui pourrait laisser supposer qu'elle a été rédigée en Palestine, et non dans une communauté de langue grecque.

Il est difficile de dater cette lettre. Le fait qu'elle soit abondamment utilisée par l'auteur de la 2$^{e}$ lettre de Pierre interdit une datation postérieure aux années 125-130. Que l'auteur évoque le contenu de la foi comme un « donné » qui a été transmis de manière définitive (v. 3), et les apôtres comme des figures du passé qui ont prédit les difficultés présentes (v. 17-18), laisse sous-entendre que cette lettre a été rédigée après la période apostolique, vraisemblablement entre 80 et 95.

---

121. Au-delà des mises en garde de son auteur contre des interprétations erronées des lettres de Paul, on retiendra que cette lettre reconnaît l'autorité de Paul et l'importance de ses écrits qui, lorsqu'ils sont bien interprétés, servent au maintien de la vraie foi. C'est ce qui est ici affirmé, et c'est par la bouche de Pierre !

122. C'est, dans le Nouveau Testament, la première mention (et peut-être la seule, voir 2 P 2,13) des « agapes », au sens technique du terme.

### *Jude ou Judas ?*

Le même nom grec *Ioudas* est rendu en français par Judas ou par Jude. À côté de Judas Iscariote, qui livra Jésus, on trouve vers la fin de la liste des Douze un Judas/Jude (fils ou frère ?) de Jacques (Lc 6,16). Mais nous ne savons rien de lui. Ac 15,22.27-33 évoque un certain Judas/Jude (appelé Barsabbas), envoyé avec Silas à Antioche porter des décisions prises lors de l'Assemblée de Jérusalem. En Mc 6,3 et Mt 13,55, il est aussi question d'un Jude, présenté comme « le frère de Jacques ».

C'est vraisemblablement à lui que se réfère l'auteur de cette lettre. Comme frère de Jacques – le célèbre chef de l'Église de Jérusalem –, Jude devait en effet jouir d'une certaine autorité. Hégésippe (HE 3,19-20) rapporte même que, jusqu'au règne de Trajan (98-117), les petits-fils de Jude, frère de Jésus « selon la chair », étaient chefs d'Églises dans la région palestinienne.

Voilà qui pourrait aller dans le sens d'une lettre envoyée, peut-être depuis Jérusalem, au nom de Jude, « frère de Jésus et de Jacques ».

Pas plus que la tradition patristique, l'auteur ne donne aucune indication sur ceux à qui est destinée cette lettre, pas plus d'ailleurs que sur le lieu de sa composition. À en croire les nombreuses références de cette lettre à l'histoire biblique et à ses relectures juives [123], la seule chose que l'on puisse dire, c'est que ce devaient être des chrétiens d'origine juive, capables d'apprécier les exemples cités dans cette lettre. Mais la menace que les « impies » font peser sur l'ensemble des membres de cette communauté n'interdit pas de penser qu'il y avait parmi eux des pagano-chrétiens.

Plus difficile encore est l'identification de ces « impies » qui menacent la communauté à laquelle s'adresse cette lettre. Jude dit à leur sujet qu'ils « renient notre seul Maître et Seigneur Jésus Christ [v. 4], méprisent la Seigneurie du Christ [v. 8], ne portent pas de fruits [v. 12], se laissent guider par leurs convoitises ». Ce sont « des gens de hargne et de rogne, qui sont menés par leurs passions ; leur bouche profère des énormités et ils ne considèrent les personnes qu'en fonction de leur intérêt » (v. 16 ; voir v. 7 *sq.*). Faut-il prendre à la lettre ces dernières accusations ? Beaucoup d'auteurs ne le pensent pas, car elles correspondent, selon eux, à des clichés utilisés alors pour dénigrer ses adversaires sur le plan éthique [124]. Si l'on a parfois vu dans ces « impies » des gnostiques, beaucoup préfèrent aujourd'hui reconnaître que rien ne nous permet de les identifier de manière certaine.

Outre le fait que cette lettre semble avoir été rédigée dans un contexte où l'on connaissait des œuvres comme le livre d'Hénoch, l'Assomption de Moïse ou les Testaments des Douze Patriarches, on notera, pour terminer cette rapide présentation, que des traditions au sujet des anges (v. 6 *sq.*) y étaient également bien connues, traditions qui s'accompagnaient d'une réelle vénération pour certains d'entre eux (v. 8).

---

123. Voir citations de 1 Hénoch aux versets 6 et 14-15, à l'Assomption de Moïse aux versets 9 et 16. La référence à certaines traditions au sujet de Caïn ou Balaam au verset 11 indique que cette lettre dépendait également de traditions qui s'étaient développées au-delà du récit de la Genèse.

124. Des auteurs considèrent que la doctrine de ces « impies » devait entraîner des désordres moraux, occasionnés peut-être même par une déformation de la doctrine paulinienne sur la liberté chrétienne (v. 4.8.19).

# VERS UN CORPUS DES ÉCRITURES CHRÉTIENNES

## Un ou des évangiles ?

À l'origine, chacun des 27 écrits du Nouveau Testament était destiné à mener sa vie propre, et non à prendre place dans une collection. Adressé à une communauté particulière ou à un groupe de communautés, et non à l'ensemble de l'Église, il visait à transmettre un message revêtu d'une autorité, mais il ne prétendait pas accéder au statut de « livre saint et inspiré ». Progressivement ces écrits vont pourtant acquérir un caractère normatif, en tant que témoins authentiques de la tradition apostolique. Grâce à eux les communautés vérifieront, d'une part, la solidité des enseignements reçus et transmis, et, d'autre part, la fidélité de leur vie communautaire à l'Évangile annoncé par les envoyés du Christ ressuscité.

Deux passages du Nouveau Testament sont les témoins de la constitution, très tôt, de recueils des écrits chrétiens : ce sont la finale non authentique de l'évangile de Marc (16,9-20) [125] et la 2e lettre de Pierre, qui évoque les lettres de Paul, que l'auteur de cette lettre assimile aux « autres Écritures » (3,15-16). C'est le premier indice d'un recueil spécifiquement chrétien [126]. Mais la réunion des 27 écrits du Nouveau Testament au sein d'un recueil unique et fermé – désigné comme « le Canon des Écritures [127] » – sera le résultat d'un processus de plusieurs siècles, qui connaîtra des phases diverses selon les époques et selon les régions [128]. Deux figures du christianisme primitif vont, semble-t-il, précipiter ce mouvement de fixation des Écritures : Marcion et Tatien.

Originaire du Pont, **Marcion** avait été éduqué dans la foi chrétienne ; c'était peut-être même le fils d'un évêque. Il vint à Rome vers l'an 140, affirmant que le christianisme était fondé sur une révélation nouvelle, venant d'un Dieu d'amour, Père de Jésus Christ, qui n'avait rien à voir avec le Dieu vindicatif de l'Ancien Testament. Paul et Luc son compagnon étaient les seuls à l'avoir compris. Mais leurs écrits, falsifiés par les apôtres qui étaient restés attachés au Dieu des Juifs, devaient être révisés et expurgés de leurs interpolations judaïsantes. Excluant tout l'Ancien Testament, qu'il considérait comme l'œuvre d'un Dieu mauvais, Marcion ne conservait donc du Nouveau que l'évangile de Luc et une partie des lettres de Paul. Condamné comme

---

125. Voir plus haut encadré « La finale de l'évangile : Marc 16,9-20 », p. 48.

126. Voir plus haut « Vers un corpus paulinien », p. 40-42.

127. Ce terme d'origine sémitique désignait, à l'origine, un roseau, ou un instrument de mesure fabriqué avec un roseau. Au sens figuré, il pouvait signifier la règle de conduite, la norme, le modèle. Il était aussi employé en matière d'astrologie ou de chronologie pour désigner une liste, un catalogue ou une table. Aux IIe et IIIe siècles, on le rencontre dans des formules comme « règle de la vérité », « règle de la foi » ou « règle de l'Église », qui désignent la norme à laquelle on doit se conformer. Au IVe siècle, ce terme est utilisé par rapport à la Bible pour indiquer la liste des livres de l'Ancien et du Nouveau Testament reconnus (concile de Laodicée [363] ; 39e lettre festale d'Athanase d'Alexandrie [367]).

128. Même si, très vite, le souci de « garder le dépôt » (1 Tm 6,20 ; 2 Tm 1,14), c'est-à-dire l'Évangile authentique, hantera les communautés chrétiennes.

hérétique par les Anciens de l'Église de Rome, vers 144, il créa sa propre Église, qui dura environ trois siècles.

En réaction aux théories de Marcion, qui opposaient le Dieu de l'Ancien et du Nouveau Testament, les communautés chrétiennes, soutenues par l'œuvre de grandes figures de l'Église comme Irénée de Lyon, reconnurent l'Ancien Testament comme faisant partie de « leurs » Écritures. Au même moment, l'opposition au canon tronqué de Marcion poussa ces communautés à reconnaître les quatre évangiles – et non Luc seulement –, ainsi que l'ensemble des lettres de Paul. Sans doute en fut-il de même pour les Actes des Apôtres, la deuxième partie de l'œuvre lucanienne. Avec son récit de l'œuvre de Pierre – qui préparait celle de Paul –, ce livre prit logiquement sa place entre les quatre évangiles et les lettres réunies de Paul. C'est peut-être aussi à cette époque qu'on intégra la 1re lettre de Pierre et la 1re lettre de Jean.

Mais, si l'Église reconnaissait les quatre évangiles, composés, comme nous l'avons vu, dans la période 65-100, cela ne veut pas dire que tout était réglé. Preuve en est le fait que **Tatien** [129], entre 170 et 180, chercha à harmoniser les quatre évangiles. Éliminant les doublets, combinant les différents récits, et ajoutant quelques traditions apocryphes, il composa un récit unique, cohérent et continu : le *Diatessaron* [130]. C'est le plus ancien témoin de l'utilisation conjointe des quatre évangiles. Faut-il en conclure que les quatre évangiles formaient déjà une collection canonique ? Sûrement pas, car la liberté avec laquelle Tatien a fondu en un récit nouveau la substance des quatre évangiles, en même temps que le fait qu'il ait ajouté des traditions apocryphes aux évangiles, indiquent qu'ils n'avaient pas à ses yeux une valeur unique ou exclusive [131]. Loin de susciter des oppositions, le *Diatessaron* bénéficia d'une grande popularité ; il s'imposa même pendant plus de deux siècles comme l'évangile des Églises de langue syriaque. Un tel succès ne s'explique que parce que cette œuvre apportait une réponse au problème que posait à l'Église ancienne l'existence de quatre évangiles différents.

La préférence pour un évangile unique avait déjà été illustrée par le choix de Marcion, qui ne reconnaissait comme authentique qu'une version révisée de Luc. Elle trouvait de quoi s'alimenter dans les divergences – voire incohérences – qu'une simple lecture des évangiles ne pouvait que noter. Mais elle s'appuyait sans doute aussi sur l'attachement de certaines communautés à un évangile, et un seul ! Que l'évêque Papias, dès l'an 125, connaisse plusieurs évangiles ne prouve

---

129. Né en Syrie de parents païens, il s'était converti au christianisme sous l'influence de Justin.

130. Cet ouvrage est perdu. Il ne peut être reconstitué que fragmentairement à partir de sources secondaires, d'origine orientale (comme le *Commentaire du Diatessaron* rédigé au IVe siècle par Ephrem le Syrien) ou occidentale (par exemple le *Codex Fuldensis* de la Vulgate, ou l'*Harmonie de Liège* en moyen hollandais).

131. On pourrait d'ailleurs ajouter à cela qu'à la même époque (IIe siècle) les Pères de l'Église ne citent pratiquement pas les évangiles lorsqu'ils se réfèrent aux enseignements de Jésus. « Ils paraissent le faire dans le flux continu d'une tradition orale, certes proche des fixations évangéliques, mais en quelque sorte distincte de ces diverses versions » (Y.-M. Blanchard, « Naissance du Nouveau Testament et Canon Biblique », in *L'autorité de l'Écriture* [J. M. Poffet dir.], Paris, Éditions du Cerf, 2002, p. 28).

donc pas qu'à cette époque ils étaient tous lus dans toutes les communautés. Or, c'est précisément parce que l'habitude de n'utiliser qu'un seul évangile pouvait traduire un exclusivisme dangereux pour la communion des Églises, que l'accueil et la lecture des autres évangiles devint la pratique courante des communautés chrétiennes, surtout à partir de l'an 150. Irénée [132], en Occident, et Origène, en Orient, y contribuèrent largement, l'un et l'autre insistant sur le fait que la pluralité des évangiles révèle un aspect essentiel du mystère de l'Église et du Christ.

## Le Nouveau Testament

Dans ces circonstances s'effectua, au cours du IIe siècle, un double travail dont le résultat fut la fixation du Nouveau Testament. D'une part, les Églises commencèrent en effet à constituer des listes officielles de livres qu'elles considéraient comme « la règle de la foi ». D'autre part, des copistes s'efforcèrent d'améliorer le texte des livres sur lesquels s'appuyaient la foi et la prédication de l'Église : d'un texte populaire aux variantes multiples, on passa à un texte mieux établi, plus savant, prélude aux grandes recensions du IVe siècle. Le **Fragment de Muratori**, appelé aussi « Canon de Muratori », est le plus ancien témoin de ce travail de fixation. Rédigé dans un mauvais latin, ce texte a été publié, en 1740, par le savant italien L. A. Muratori. Il semble inspiré d'un original grec, composé au tournant du IIe et du IIIe siècle. On y trouve la liste des écrits qu'une communauté chrétienne, peut-être celle de Rome, reconnaissait ou rejetait. C'est un témoin précieux de l'état de la formation du Nouveau Testament vers la fin du IIe siècle [133].

Dans la première partie (lignes 1-63), l'auteur présente des écrits dont l'autorité est indiscutable : les évangiles, au nombre de quatre – auxquels se rattachent les Actes des Apôtres et, indirectement, la 1re lettre de Jean –, et les lettres de Paul, au nombre de 14. Dans la seconde partie (lignes 63-85), l'auteur passe en revue des livres au sujet desquels un travail de discernement s'impose : les uns ont été écrits par des hérétiques et sont donc à rejeter absolument (lignes 63-68 et 81-85) ; les autres (68-80) ont une origine honorable et sont « reçus » dans l'Église, mais leur statut est objet de discussion. Si on considère qu'ils peuvent être lus en privé, on se demande s'ils peuvent l'être dans le cadre de la liturgie. Pour quatre de ces écrits, devenus depuis canoniques (Jude, 2 et 3 Jean, Apocalypse), la réponse est positive. Elle est en revanche négative pour le Pasteur d'Hermas et l'Apocalypse de Pierre.

132. L'*Adversus Haereses* d'Irénée de Lyon (environ 180) constitue, en effet, une étape importante dans la mise en place du dispositif canonique. Pour la première fois, la référence au Nouveau Testament dépasse le rappel de l'Ancien. Les auteurs des quatre évangiles et des Actes des Apôtres sont identifiés, ainsi que ceux de la plupart des épîtres, avec leurs caractéristiques principales. Au moins en ce qui concerne Luc et Jean, la trame narrative des évangiles est même évoquée.

133. Voir présentation in *Cahiers Évangile* n° 49, Paris, Éditions du Cerf, 1984, p. 42-43 ou traduction de J.-D. Kaestli in *Introduction au Nouveau Testament. Son histoire, son écriture, sa théologie* (D. Marguerat éd.), Genève, Labor et Fides, 2000, p. 471-473.

Les 1^re^ et 2^e^ lettres de Pierre, la lettre de Jacques et la lettre aux Hébreux n'apparaissent dans aucune de ces catégories.

Un autre témoignage capital pour l'histoire de la constitution du Canon nous est fourni par l'*Histoire ecclésiastique* d'**Eusèbe de Césarée**, une œuvre qui a connu plusieurs rédactions entre 304 et 325. Elle est le résultat d'une enquête systématique de l'évêque de Césarée qui a recueilli tout ce qui concernait l'usage des textes chrétiens anciens dans le monde grec au début du IV^e^ siècle. Sans doute à la suite d'Origène, Eusèbe distingue trois grandes catégories d'écrits : 1) des livres reconnus par tous ; 2) des livres contestés ; 3) les livres des hérétiques. À l'intérieur de la deuxième catégorie, il y a deux listes : a) les livres contestés, « mais reçus pourtant par le plus grand nombre » ; b) les livres contestés et inauthentiques.

***La constitution du Canon***

« Arrivés à ce point, il nous semble raisonnable de récapituler la liste des écrits du Nouveau Testament, dont nous avons parlé. Et, sans aucun doute, il faut placer tout d'abord la sainte tétrade des évangiles, que suit le livre des Actes des Apôtres. Après ce livre, il faut citer les épîtres de Paul, à la suite desquelles on doit mentionner la première attribuée à Jean et semblablement la première épître de Pierre. À la suite de ces ouvrages, on rangera, si cela paraît bon, l'Apocalypse de Jean au sujet de laquelle nous exposerons au moment opportun ce qu'on en pense.

Tels sont les livres reçus (universellement). Parmi les écrits contestés, mais reçus pourtant par le plus grand nombre, il y a l'épître attribuée à Jacques, celle de Jude, la deuxième épître de Pierre et les lettres dites deuxième et troisième de Jean, qu'elles soient de l'évangéliste ou d'un autre qui portait le même nom.

Parmi les apocryphes (bâtards), on range le livre des Actes de Paul, l'ouvrage intitulé le Pasteur [d'Hermas], l'Apocalypse de Pierre et de plus l'Épître attribuée à Barnabé, l'écrit appelé Les enseignements des apôtres, puis, comme je l'ai dit, l'Apocalypse de Jean, si cela semble bon : quelques-uns comme je l'ai dit la rejettent ; mais d'autres la joignent aux livres reçus. Parmi ces mêmes livres, quelques-uns ont encore placé l'Évangile selon les Hébreux, qui plaît surtout à ceux des Hébreux qui ont reçu le Christ. Tous ces livres sont au nombre des écrits contestés.

Nous avons trouvé nécessaire de faire également la liste de ces derniers ouvrages en séparant les Écritures qui, selon la tradition ecclésiastique, sont vraies, authentiques et reconnues, d'avec les livres qui, à leur différence, ne sont pas testamentaires, mais contestés bien que connus par la plupart des écrivains ecclésiastiques. Ainsi, nous pourrons connaître ces livres mêmes et ceux qui, chez les hérétiques, sont présentés sous le nom des apôtres, qu'il s'agisse des évangiles de Pierre, de Thomas, de Matthias et d'autres encore ou des Actes d'André, de Jean et des autres apôtres : absolument jamais personne parmi les orthodoxes qui se sont succédé n'a trouvé bon de rappeler leur souvenir dans un de ses ouvrages. D'ailleurs, le caractère de l'élocution s'écarte de la manière apostolique ; la pensée et la doctrine qu'ils renferment sont autant que possible en désaccord avec la véritable orthodoxie ; ce qui prouve clairement que ces livres sont des fabrications d'hérétiques. Par suite, il ne faut même pas les placer parmi les apocryphes, mais il faut les rejeter comme tout à fait absurdes et impies. »

Eusèbe de Césarée, *Histoire ecclésiastique* III, XV

Une comparaison entre la notice d'Eusèbe de Césarée et le Fragment de Muratori révèle des points communs, qui indiquent que la situation n'a pas beaucoup changé entre la fin du IIe siècle et le début du IVe siècle. Le « noyau dur » des écrits incontestés est quasiment le même : les quatre évangiles, les Actes des Apôtres, les lettres de Paul, la première lettre de Jean, la première lettre de Pierre. Le statut des cinq autres lettres catholiques reste toujours incertain. Mais il faut aussi relever des différences. Eusèbe, quand il mentionne les épîtres de Paul, inclut implicitement la lettre aux Hébreux, ce qui est conforme à l'usage unanime des Églises d'Orient. Il se fait aussi l'écho des divergences de ces mêmes Églises au sujet de l'Apocalypse (citée dans deux catégories). La catégorie des livres contestés est plus étoffée que dans le Fragment de Muratori : on y retrouve le Pasteur d'Hermas et l'Apocalypse de Pierre, mais viennent s'y ajouter l'Épître de Barnabé, la Didachè, ainsi que l'Évangile aux Hébreux.

En fait, il faudra attendre la **39e lettre festale d'Athanase d'Alexandrie**, datée de l'an 367, pour que la liste actuelle de 27 livres soit fixée. Dans cette lettre adressée aux Églises d'Égypte, Athanase énumère les livres de l'Ancien et du Nouveau Testament reconnus comme normatifs pour la foi chrétienne. S'agissant du Nouveau Testament, on peut lire : « Il ne faut pas hésiter à nommer aussi les livres du Nouveau Testament. Ce sont en effet : les quatre évangiles, selon Matthieu, selon Marc, selon Luc, selon Jean ; puis, après ceux-là, les Actes des Apôtres et les épîtres catholiques, écrites par les apôtres, au nombre de sept que voici : une de Jacques, deux de Pierre, puis trois de Jean et après cela, une de Jude ; de plus, il y a quatorze épîtres de l'apôtre Paul, inscrites dans l'ordre suivant : une aux Romains, puis deux aux Corinthiens, après cela aux Galates, et puis aux Éphésiens, ensuite aux Philippiens, et aux Colossiens, après cela deux aux Thessaloniciens, et celle aux Hébreux et aussitôt deux à Timothée, une à Tite et la dernière, celle de Philémon ; et encore l'Apocalypse de Jean [134]. »

Après avoir énuméré ces œuvres, Athanase souligne leur statut canonique : « Ce sont là les sources du salut, au point que l'homme assoiffé peut puiser à satiété les paroles qui s'y trouvent ; par eux seuls la doctrine de la piété peut être annoncée ; que personne ne leur ajoute, ni ne leur enlève quoi que ce fût [135] » (voir Dt 4,2 ; Ap 22,18 *sqq.*).

En Occident, la fixation définitive du canon des 27 livres semble être intervenue plus tôt dans l'Église latine que dans l'Église grecque. Le décret attribué au pape Damase [136] donne une liste que l'on retrouve dans les textes des synodes africains d'Hippone (393) et de

134. Cité in J.-D. Kaestli et O. Wermelinger (éd.), *Le Canon de l'Ancien Testament, sa formation et son histoire*, Genève, Labor et Fides, 1984, p. 142.

135. *Ibid.*, p. 142. La prise de position d'Athanase fit sentir ses effets en Égypte. Peut-être a-t-elle été directement à l'origine de l'enfouissement des manuscrits coptes de Nag Hammadi, qui devaient faire partie des livres dénoncés comme « apocryphes ». Mais elle ne semble pas s'être imposée à d'autres régions de l'Église d'Orient (voir la mise en question durable de l'Apocalypse).

136. Voir texte in G. Dumeige, *La foi catholique*, Paris, éditions de l'Orante, 1979, p. 75-76.

Carthage (397) [137], ainsi que dans une lettre adressée, en 405, par Innocent Iᵉʳ à Exupère, évêque de Toulouse. Toutes ces listes admettent en particulier les lettres de Pierre, celle de Jacques et celle aux Hébreux, et l'Apocalypse de Jean, des écrits à propos desquels la tradition antérieure était hésitante.

Même si nous ne connaîtrons jamais tous les détails sur la manière dont les 27 livres du Nouveau Testament ont été rédigés, conservés, choisis et rassemblés, on peut donc dire que c'est au IVᵉ siècle, voire au Vᵉ, que s'imposa le principe même de clôture du « Canon des Écritures », avec, en corollaire, l'établissement de listes exemplaires. Cela correspond, semble-t-il, au « processus d'institutionnalisation qui affecta tous les secteurs du christianisme constantinien (symboles de la foi, règles et pratiques liturgiques, recensions éditoriales, discipline ecclésiastique), voire d'autres réalités de la vie sociale du temps [138] ».

Cette normalisation était le résultat de contacts et d'une communion croissante entre l'Orient et l'Occident qui partageaient leur expérience, et acceptèrent vraisemblablement aussi d'accueillir des livres sur lesquels l'un ou l'autre avaient eu des doutes. Un fait demeure indiscutable : grâce à ce travail de fixation, vécu dans la communion, des hommes et des femmes de partout sont, depuis près de vingt siècles, entrés en communion avec Jésus de Nazareth, le Christ, et avec ceux qui, les premiers, annoncèrent la Bonne Nouvelle de sa vie, de sa mort et de sa résurrection. Au contact de ces écrits, ils trouvèrent une Parole inspiratrice pour leur vie et celle du monde. Car c'est bien cela qui importe : lecteurs du Nouveau Testament, nous allons à la rencontre de Celui qui est le « chemin, la vérité et la vie ». Pour que nos vies se laissent inspirer par sa Parole, la seule qui compte.

---

137. « Appartiennent au Nouveau Testament : quatre livres des Évangiles ; un livre des Actes des Apôtres ; treize épîtres de l'apôtre Paul ; une épître du même aux Hébreux ; une de Jacques ; deux de Pierre ; trois de Jean ; une de Jude ; un livre de l'Apocalypse de Jean. Il y a donc 27 livres », cité in *ibid.*, p. 198-199.

138. Y.-M. Blanchard, *op. cit.*, p. 35.

## Bibliographie

Brown R. E., *Que sait-on du Nouveau Testament ?*, Paris, Bayard, 2000.
Cousin H. (éd.), *Le monde où vivait Jésus*, Paris, Éditions du Cerf, 1998.
Marchadour A. (dir.), *Que sait-on de Jésus de Nazareth ?*, Paris, Bayard, 2001.
Marguerat D. (dir.), *Introduction au Nouveau Testament*, Genève, Labor et Fides, 2001.

2

# Le Nouveau Testament : histoire du texte et de ses lectures

par Jacques Nieuviarts[1]



## LIRE UN TEXTE VENU DE LOIN

Il est de multiples façons de lire le Nouveau Testament, comme plus largement la Bible. Le lecteur aborde ces textes avec tant d'attentes différentes, ou de savoirs parfois. Et la lecture travaille le texte, peut-être comme l'artisan le fait de la matière, lui donnant forme. Ainsi deux auditeurs à la sortie d'un concert n'ont-ils pas entendu exactement la même musique, ou n'ont pas placé les signets de l'écoute aux mêmes endroits. Et deux spectateurs reviennent si différents d'une même pièce de théâtre ou d'un même film. Pourtant l'œuvre donnée à entendre ou à rencontrer était la même. Il en va ainsi de la lecture du texte biblique. Le même texte donne lieu à tant de lectures. Comment en respecter la lettre quand il s'agit de le lire ?

Le mot « exégèse » est né au XVIIe siècle, dans un sens d'abord profane. Il prit peu à peu la signification qu'il a aujourd'hui, de travail sur le texte biblique. Cette signification est éclairée par l'étymologie du mot, dont la racine renvoie à « conduire, guider de bout en bout, exposer en détail, expliquer, interpréter [2] ». L'exégèse vise ainsi l'interprétation. Son but est de comprendre les textes. Elle prend acte que nous sommes à distance de l'écriture de ces textes et de leur milieu d'origine. Cette distance est prise en compte et reconnue.

Et l'exégèse a pour but et pour démarche de tracer les chemins (le mot *méthode* renvoie étymologiquement au « chemin ») par lesquels

1. Professeur à la faculté de théologie de l'Institut catholique de Toulouse, il collabore actuellement aux éditions Bayard.

2. Voir par exemple A. Manguel, *Une histoire de la lecture*, Arles, Actes Sud, 1998 (titre original : *A History of Reading*, 1996). Évoquons simplement ici, à titre suggestif, quelques-uns des titres de chapitres : « lire des ombres », « lire en silence », « lire des images », « écouter lire », « la forme du livre », « lecture privée », « lire en lieu clos », « le voleur de livres »...

**Pour une anthropologie du lecteur**
« Il y a tant de manières de lire [3] »

L'attente du lecteur modèle le texte ou sa rencontre, oriente le *chemin* – c'est-à-dire la *méthode* – de sa lecture. « Lire, écrivait Italo Calvino, c'est aller à la rencontre d'une chose qui va exister [4]. »

Il est ainsi des gens qui ouvrent la Bible comme l'un des grands trésors de l'humanité, pour une lecture de type plutôt *culturel*. Leur chemin est libre. Que recueille-t-il ? Tant de choses, en liberté. D'autres auprès d'eux l'ouvrent pour y trouver leur sève *spirituelle* et leur nourriture, chercheurs de Dieu à la fois curieux et solitaires. Ils ouvrent le Livre seuls, chercheurs de chemins de vie, soucieux de sens pour leur existence, assoiffés d'absolu ou de lumière, et pressentant qu'ils pourront les trouver dans ce Livre.

Il en est d'autres encore qui s'en remettent à l'Église pour le choix d'une Parole, donnée au jour le jour, selon un lectionnaire ou un calendrier établis, sans autre question peut-être en eux qu'une soif durable, abreuvée aux sources vives, guidés par l'Église. C'est la lecture *liturgique*, la lecture commune du peuple de Dieu, qui s'assemble pour entendre cette Parole.

Un peu différente est la lecture contemplée, la *lectio divina* des moines, parfois appelée d'une expression familière, « rumination de la Parole ». Peut-on mieux dire que la Parole est nourriture ? C'est à l'école de la vie monastique que l'on apprend que le Livre est immense et que même un chapitre est trop grand. On lui préfère, sept fois le jour, l'écoute d'un « petit chapitre », d'un *capitule*. Cette expérience s'ouvre aujourd'hui plus largement au peuple de Dieu, qui la reçoit pour la méditer au cœur même des activités quotidiennes.

Le lecteur de la Bible est parfois encore comme le pâtre, qui laisse chanter ou murmurer en lui une parole, comme le chant d'une source ou celui qui accompagne la marche, parfois le silence. Une parole entendue y suffit. Ou bien une parole lue et recueillie. C'est selon… Mais le lecteur est aussi le navigateur ou le voyageur consultant la carte qui oriente sa marche, chercheur.

*Intellige ut credas*

Car il est une autre modalité de lecture du texte biblique, qui est l'étude. « Crois pour comprendre et comprends pour croire (*intellige ut credas*) », disait Augustin. Le lecteur de la Bible est ici invité à travailler pour mieux lire. On entre alors dans la sphère de l'*exégèse* du texte biblique ou du travail de la lecture, qui a ses exigences et ses règles.

on passe pour comprendre. Si la Parole peut toucher le cœur sans préalables rationnels, penser cependant que l'on a un accès immédiat à la Bible, c'est nier l'altérité de cette Parole par rapport à nous. Elle est autre que nous et a besoin d'écoute attentive, de recherche de notre part. C'est s'exposer à la tentation du fondamentalisme que de l'ignorer ou le refuser.

3. Dans *Si par une nuit d'hiver un voyageur*, 1981, cité par A. Manguel, *op. cit.*, p. 41.
4. Voir X. Léon-Dufour, *Dictionnaire du Nouveau Testament*, Paris, Éditions du Seuil, 1975, p. 249.

L'exégèse essaie donc par différents moyens de mieux entendre le texte : dans sa lettre, dans ses mots, son histoire, dans sa façon de dire, sa différence aussi par rapport à d'autres paroles de sagesse ou celles des religions existant au temps de cette écriture. L'exégèse situe le texte dans son histoire et l'histoire des choix faits dans son écriture. Elle reconstitue son histoire pour mieux l'entendre.

De façon très simple, on pourrait définir l'exégète comme quelqu'un qui avant tout lit et relit, observe le texte et s'étonne. Qui s'étonne de sa lettre et se laisse interroger et même choquer par ce qu'il lit. Il observe et dit ce qu'il observe, puis tente de comprendre ou d'expliquer. Ces différentes étapes sont essentielles. Elles offrent à chaque moment prise à un autre regard critique sur les observations émises : l'observation est-elle exacte ? D'autres ont lu différemment, que disent-ils ? J'éprouve ainsi ma lecture. Et les lectures entrent en confrontation, pour un approfondissement et une vérification de la compréhension ou de l'interprétation du texte lu. Peut-être comme on se tait pour mieux entendre un bruit ou une voix discrète. Ainsi s'éveille le texte lu. L'exégèse ne tue pas son écoute, elle l'affine. Elle éclaire et nourrit celui qui lit. Elle peut être aussi prélude à la prière. Le sait-on assez [5] ? On affirme si vite l'inverse.

### *Lire les Écritures*

« Désirer bien lire l'Écriture, c'est désirer quelque chose de divin. C'est pourquoi il faut prier pour bien lire l'Écriture. Ce qui est divin s'obtient par la prière, parce que, si nous pouvions l'obtenir par nous-mêmes, il n'y aurait aucune raison de l'appeler divin, il faudrait l'appeler seulement humain... Mais ce qui est divin a encore une autre propriété : *ce qui est divin est libre...* »

P. Beauchamp, *Parler d'Écritures Saintes*,
Paris, Éditions du Seuil, 1987, p. 38

5. « La Torah a 70 faces », affirme la pensée juive (Nb Rabbah 13,15 ; Sanh. 34a). « Tourne-la et retourne-la sans cesse, car tout est en elle » (Abot V, 22). Mais on pense aussi au mot de Paul Ricœur : « Quand, dit-il après une longue description du travail de l'exégèse, on a mené avec le texte écrit les batailles que je viens de dire et que, oubliant toutes les techniques de l'exégèse, l'on fait une dernière lecture, n'accède-t-on pas parfois à ce moment précieux où il est permis de dire que le texte nous parle, que quelque chose ou quelqu'un s'adresse à nous ? [...] En ce moment rare de la lecture heureuse, il devient légitime de dire que lire, ce n'est pas voir, mais écouter » (« Éloge de la lecture et de l'écriture », in *Études théologiques et religieuses* n° 64, 1989, p. 395-405).

### *La Bible comme Parole*

« Dans la Parole annoncée, Christ entre, selon la promesse, dans sa communauté qui l'attend, l'invoque et le prie dans la liturgie. Dans la parole proclamée, Christ est vivant en tant que Parole du Père. Dans la Parole proclamée, Christ se charge de la communauté. C'est par la Parole que le monde est créé. La Parole s'est incarnée. Et la Parole incarnée nous est restée dans la Parole de l'Écriture. De l'Écriture, elle vient à nous par le Saint-Esprit dans la prédication. Elle est l'unique et la même Parole : celle de la création, celle de l'incarnation, celle de l'Écriture Sainte, celle de la prédication. Elle est la Parole de Dieu grâce à laquelle le monde vit. Parole qui crée, accepte et réconcilie [...].

[...] La Parole de la prédication tire son origine de l'incarnation de Jésus Christ. [...] Dans l'incarnation, le *Logos* devient chair. Dieu le Fils assume la nature humaine. Ainsi il se charge de toute la communauté et la porte [...].

Il faut donc prêcher de telle manière que l'auditeur remette à la Parole sa détresse, son souci, sa peur et son péché. La Parole les accueille. C'est ainsi qu'elle est la proclamation du Christ. Celle-ci ne veut pas en premier enseigner, éveiller des sentiments, stimuler la volonté, bien qu'elle veuille faire cela aussi ; elle veut porter. La Parole est là pour que nous la chargions de notre fardeau. Nous sommes tous portés par la Parole du Christ. Quand la Parole fait cela, elle crée une communauté.

[...] Aussitôt que la Bible est ouverte, le texte se déplace déjà dans la communauté. La Parole sort pour ainsi dire de la Bible, prend forme comme prédication et s'avance ainsi vers la communauté pour la porter. Le prédicateur doit reconnaître et non empêcher, ce mouvement autonome de la Parole vers la communauté. »

D. Bonhoeffer, *La parole de la prédication. Cours d'homilétique à Finkenwalde*,
Genève, Labor et Fides, p. 23-27 (extraits)

## LA TRANSMISSION ORALE PUIS ÉCRITE DU TEXTE



### LES LANGUES DE LA PALESTINE ET DU PROCHE-ORIENT AU Ier SIÈCLE

Le Nouveau Testament s'écrit, après probablement un assez long temps de tradition orale, dans un univers où se côtoient ou se croisent plusieurs langues, qui sont comme l'écrin du texte que nous recevons. Il est important d'en dire ici quelques mots.

***La Bible en traduction***

*Il n'existe pas de langue sacrée pour la Bible*

Il n'existe pas dans la Bible tout entière, ni pour le Nouveau Testament en ce qui nous concerne, de langue sacrée. Trois siècles av. J. C. (IIIe-IIe siècle av. J. C.), la Bible hébraïque existe à peine. Tout au plus la Torah est-elle achevée ou rassemblée. Pour les prophètes, ce ne sont que quelques rouleaux, dont la composition est encore inachevée. Les conquêtes d'Alexandre viennent d'imposer le grec comme langue commune du Proche-Orient, et, à Alexandrie, l'importante communauté juive ne comprend plus l'hébreu, ni même l'araméen, et n'a plus accès à ses textes. On les traduit donc en grec.

Une légende pieuse raconte que soixante-dix vieillards, à qui la tâche a été confiée, ont traduit chacun le précieux Livre ou les précieux rouleaux, parvenant tous miraculeusement à une traduction identique. Cette légende atteste la conviction forte que *cette traduction est inspirée* par Dieu, et bonne à lire pour tous : traduction inspirée, et non plus seulement écriture inspirée. Le Livre n'a pas été composé sous une sainte dictée le rendant intouchable, il s'exprime dans le langage des hommes.

La constitution conciliaire *Dei Verbum* de Vatican II exprime cela avec clarté : « Dieu, dans la Sainte Écriture, a parlé par les hommes, à la manière des hommes » (*DV* III, 12). Paul Beauchamp commente ces mots de façon lumineuse : « Ce n'est pas assez que, pour nous atteindre et nous toucher, l'Écriture parle *de* l'amour de Dieu. Elle parle dans notre langue et c'est un signe d'amour. Elle parle de charité divine mais aussi d'abord elle parle *charité*, parce qu'*elle parle homme aux hommes*. Le point crucial, poursuit-il, est que si nous, hommes, cessons de "parler homme", nous n'entendons pas Dieu ! Le rendez-vous est manqué [6] ! »

Le Nouveau Testament s'écrit en grec. Son univers est l'espace large de la *koiné*, le grec devenu langue commune du Proche-Orient depuis les conquêtes d'Alexandre (333 av. J. C.). La traduction des Écritures qu'il utilise est le plus souvent la Septante, la traduction grecque de ce que nous nommons l'Ancien ou Premier Testament [7]. L'étude de détail des textes apporterait simplement sur ce point des nuances. En filigrane du texte apparaît l'horizon palestinien du Ier siècle, son terreau

6. P. Beauchamp, *Parler d'Écritures Saintes*, Paris, Éditions du Seuil, 1987, p. 23.

7. Il faudrait apporter ici des nuances, car l'Ancien ou le Premier Testament n'existe pas comme tel au Ier siècle. La Torah (ou Pentateuque) existe comme un tout constitué, mais le reste des Écritures existe encore sous la forme de rouleaux, de plus en plus ancrés dans l'usage, la lecture et la prière des croyants, mais pas comme un livre.

d'origine. Et, en toile de fond du grec du Nouveau Testament, transparaissent ici ou là l'hébreu et l'araméen. Les trois langues étaient, à des titres différents, en usage en Palestine au temps de Jésus. Le grec cependant, dominant dans toute la diaspora, était la grande langue de communication. Le latin, quant à lui, ne s'imposera que peu à peu par la suite.

## Des langues connues des lecteurs de la Bible

Ouvrant la Bible – et parfois même sans l'avoir jamais ouverte – nous connaissons déjà, pour les avoir entendus, voire utilisés, plusieurs termes issus des trois grandes langues de la Bible. Plusieurs mots hébreux d'abord, tels que le mot *amen*, que l'on trouve 126 fois dans le Nouveau Testament grec, non traduit, tout juste translittéré (écrit en lettres grecques et pour nous latines). Il signifie ce qui est fondé solidement, c'est-à-dire sur Dieu. Le mot *alleluia* est également passé dans nos langues, sans traduction. Utilisé de multiples fois, et en particulier dans les Ps 113 à 118 désignés comme les psaumes du *Hallel*, il est à la fois un cri et un appel à la louange. Le terme *hosanna*, pour sa part, est hybride. C'est un mot hébreu mâtiné d'araméen. Acclamation à connotation eschatologique, on le trouve en sa forme et dans sa signification premières dans le Ps 118,25 : « Sauve [nous] donc ! »

Plusieurs expressions ou mots araméens se sont également enracinés peu à peu dans nos mémoires. C'est le cas du mot *Golgotha*, que l'on trouve dans les récits de la Passion et de la mort de Jésus (Mt 27,33 ; Mc 15,22 ; Jn 19,17). Les évangiles en donnent une traduction : le « lieu du crâne ». Le terme *Abba* apparaît aussi plusieurs fois dans le Nouveau Testament, dans la prière de Jésus à son Père. Le mot signifie père, dans une dimension de proximité (Mc 14,36 ; voir Rm 8,15 ; Ga 4,6). Plusieurs cantiques présents dans le Nouveau Testament conservent aussi l'antique invocation *maranatha*. On hésite sur sa traduction, qui dépend de la façon dont on coupe le mot. On le traduit ainsi : « Le Seigneur vient » (cri ou profession de foi) ou « Seigneur, viens ! » (prière ou supplication, voir 1 Co 16,22). Les évangiles utilisent une autre expression elle aussi connue : *talitha qoum*. C'est la parole qu'adresse Jésus à la fille de Jaïre qui est morte : « Petite fille, lève-toi » ou « dresse-toi », lui dit Jésus (Mc 5,41). Le lecteur des évangiles se souvient aussi du cri de Jésus en croix dans les évangiles de Marc et de Matthieu : *Eloï, Eloï, lema sabachtani* (Mc 15,34), *Eli, Eli, lema sabachtani* (Mt 27,46), « Mon Dieu, mon Dieu, pourquoi m'as-tu abandonné ? ». En cet instant essentiel, les évangiles rapportent une phrase associant curieusement dans les deux cas hébreu et araméen. Les exégètes ont beaucoup réfléchi et travaillé sur ces textes. On se reportera à leurs travaux. Mentionnons, pour terminer cette brève énumération, cette invocation entendue ou chantée, et connue de tous : *Kyrie eleison*. C'est une expression grecque : « Seigneur, prends pitié. » On la trouve parfois dans les évangiles sous une forme voisine : *Kyrie sôson*, « Seigneur sauve ! » (ainsi en Mt 8,25 ; Mc 10,47 ; Lc 16,24 ; 17,13, etc.).

Les lecteurs de l'Ancien Testament ont eux-mêmes connu ce croisement des langues dans les textes qu'ils lisaient. Ainsi trouve-t-on déjà des expressions araméennes en Jr 10,1 ; Dn 2,4b – 7,28 ou encore Esd 4,8 – 6,18 ; 7,12-26. Le livre de Daniel offre même cette particularité, unique dans la Bible, d'utiliser de façon longue successivement les trois langues. Ainsi celles-ci se côtoyaient-elles en Palestine avant même le Ier siècle. Jésus parla l'araméen, la langue de son peuple. Mais, à la synagogue, les textes saints étaient lus en hébreu, avant d'être traduits en araméen, tandis que les Psaumes étaient priés en hébreu. Les évangiles par contre, de même que les lettres de Paul, sont écrits dans la langue devenue peu à peu la langue commune de tout le Proche-Orient, le grec.

Que représentent donc ces trois langues, araméen, grec, hébreu ? Où et quand furent-elles parlées ? Quel fut leur rayonnement ?

## L'hébreu

L'hébreu est la langue de l'Ancien Testament. Il est parlé et utilisé en Palestine des environs du Xe siècle au temps de l'Exil à Babylone (587-538). À cette époque, l'hébreu disparaît peu à peu comme langue parlée, c'est l'araméen qui devient la langue commune. L'hébreu moderne est pour sa part une reconstitution récente, faite à partir de l'hébreu biblique, à la fois allégé et modernisé. L'araméen et le syriaque, dont il va être question dans les paragraphes suivants, dérivent de la même souche que l'hébreu, la souche des langues sémitiques.

## L'araméen

Beaucoup savent que l'araméen est la langue parlée en Palestine au temps de Jésus. Mais ne l'imagine-t-on pas souvent comme un simple dialecte, proche de l'hébreu et parlé seulement par les gens du peuple ? La réalité est autre. L'araméen est beaucoup plus ancien. Il exerça même une influence importante en Orient pendant près d'un millénaire. Déjà les tablettes d'Ebla (près de 17 000 tablettes, retrouvées au cours de fouilles, entre 1974 et 1976, en Syrie du Nord) attestent pour une période située entre 2350 et 2250 av. J. C. une langue proche à la fois de l'ugaritique et de l'araméen. C'est cependant vers le IXe-VIIIe siècle av. J. C. qu'est véritablement attestée cette langue dans son état ancien. Les documents retrouvés sont beaucoup plus nombreux à partir du VIIe siècle, quand l'araméen fut parlé dans le puissant Empire assyrien, et beaucoup plus encore vers 500 av. J. C., quand les Achéménides en firent la langue officielle des chancelleries de l'Empire perse. L'araméen se répand alors partout dans le Moyen-Orient. Et on a retrouvé en 1906-1907, à Éléphantine près d'Assouan, au sud de l'Égypte, des *papyrus* ou *papyri* en langue araméenne (datant d'environ 400 av. J. C.), signe de l'ampleur du rayonnement de cette langue à cette époque. Les passages en araméen du livre d'Esdras évoqués plus haut l'attestent pour la Palestine vers le Ve-IVe siècle. De même les passages importants du livre de Daniel en araméen, à une date un peu plus tardive – probablement au IIIe siècle (Dn 2,4 – 7,28).

Lorsque l'Empire perse s'impose dans tout le Moyen-Orient, l'usage de l'araméen officiel se généralise. Au retour d'exil (538 av. J. C.), il s'impose en Palestine, au point que beaucoup peinent à comprendre l'hébreu. À cette époque naît le *targum*, traduction araméenne – dans la langue de tous ! – du texte biblique, lu d'abord en hébreu, mais à peine compris. Les targums seront peu à peu consignés par écrit. Au temps de Jésus, ils ont pris forme fixe et écrite. Ils sont précieux pour l'étude du Nouveau Testament dans la mesure où ils témoignent de la façon dont étaient compris, au temps de Jésus et des évangiles, un certain nombre de textes importants des Écritures ou de ce que nous désignons comme l'Ancien Testament. L'araméen continuera à être parlé en Palestine et dans les environs pendant encore assez longtemps. De nombreuses inscriptions l'attestent, de même que des textes plus longs retrouvés à Qumrân, ainsi que les targums dont on vient de parler. Et le *nabatéen* (170 av. J. C.-306 ap. J. C.) est un dialecte encore tout proche. Ainsi l'araméen joue-t-il un rôle important pendant près d'un millénaire au Proche-Orient ancien.

Au temps des premiers Pères de l'Église, dans les tout premiers siècles de notre ère, parler de *lingua hebraïca* ne signifie pas nécessairement, comme on l'a parfois soutenu, désigner l'hébreu, mais probablement plutôt l'araméen, cette langue en usage, de la même souche sémitique que l'hébreu. La distinction entre l'hébreu et l'araméen bibliques est beaucoup plus claire aujourd'hui. Elle date, dans les études modernes, de 1886 et des travaux de Franz Delitzsch, précurseur dans le domaine des langues bibliques et de leur étude moderne.

L'araméen est encore parlé aujourd'hui dans la petite communauté chrétienne chaldéenne d'Irak, proche de l'antique Babylone, où était parlée cette langue.

## Le syriaque

Le syriaque fut à l'origine le dialecte araméen de la ville d'Édesse, au nord de la Mésopotamie, puis devint la langue des chrétiens syriens. On reparlera, à propos des manuscrits, de la *Peshitta* (parfois écrit *Peschitta*). Elle est la traduction en syriaque du Nouveau Testament, au IIe siècle de notre ère. Le syriaque se développera, en particulier à partir du IVe siècle, mais déclinera au moment et sous l'effet des invasions arabes du VIIe siècle. Devenu langue morte, le syriaque a été conservé, pour un usage liturgique, dans quelques communautés orientales, syriaques ou jacobites.

## Le grec biblique ou « koiné »

On a évoqué déjà la Septante, traduction grecque de la Bible, réalisée à Alexandrie aux IIIe-IIe siècles av. J. C. Les auteurs du Nouveau Testament ont, comme les traducteurs de la Septante, utilisé le grec, la langue devenue « commune » (ou *koiné*) à l'ensemble du Bassin méditerranéen à cette époque. Cette langue, dérivée en grande partie de la langue attique, est devenue à partir des conquêtes d'Alexandre le Grand (356-323 av. J. C.) la langue internationale, parlée des rives du Nil à celles de l'Indus. Si on la désigne comme langue commune, c'est qu'elle devint d'abord la langue commune de toute la Grèce. Mais elle le devint aussi pour tous les peuples soumis à l'influence grecque. Ainsi « un fonctionnaire égyptien, un notaire de Chypre, un commerçant de Césarée au temps d'Hérode, un médecin de Pergame, un vendeur de papyrus magiques à Éphèse, un conducteur d'ânes du plateau d'Anatolie, un poète de Tarse, un apôtre de Jésus Christ à Corinthe, tout autant que le préfet de Judée Ponce Pilate, parlent le même grec [8] ». Ce grec devenait ainsi la langue de toutes les classes sociales, au point qu'il est difficile de distinguer entre langue vulgaire et langue savante.

On ne sera pas surpris que, dans le mouvement de cette expansion large, le grec de la langue commune intègre des sémitismes aussi bien que des latinismes, que l'on retrouve dans le grec des évangiles. C'est le cas de la fameuse parole de Jésus à sa mère, dans le récit de Cana : « Quoi entre toi et moi ? » (Jn 2,4). Cette parole semble énigmatique au lecteur et les traducteurs l'escamotent parfois pour la rendre plus compréhensible. Il faut pour la comprendre la rapprocher de sa source en hébreu, et d'autres expressions semblables dans la Bible hébraïque. C'est en fait un *sémitisme*, que l'on peut communément traduire par : « De quoi t'occupes-tu ou te mêles-tu ? » De même la réponse de Philippe à Nathanaël en Jn 1,46 : « Viens et vois » est-elle également un sémitisme. L'expression dans sa frappe est belle. Mais peut-être signifie-t-elle assez simplement : « Viens voir. » X. Léon-Dufour a pu de la même façon montrer comment le récit de Mc 1,29-31 (la guérison de la belle-mère de Simon) laisse transparaître une formulation primitive en araméen, peut-être le témoignage de Pierre à l'évangéliste ou à sa communauté. On parle dans tous ces cas de *substrat* hébreu ou araméen, repérable dans les textes.

## De la voix au tracé de la lettre : les manuscrits du Nouveau Testament

### L'argile puis le papyrus et le parchemin, principaux supports du texte

#### *Les ostraca*

On connaît assez bien aujourd'hui l'histoire de l'écriture. Celle aussi des supports sur lesquels on écrivit au fil des siècles. Pour la période du Nouveau Testament, il faut d'abord parler des *ostraca*, ces tessons de poterie qui étaient le support d'écriture le plus simple, à la façon des très anciennes tablettes cunéiformes en Mésopotamie. Mais celles-ci étaient gravées, tandis que l'on écrit sur les ostraca. On en a retrouvé de nombreux dans le Proche-Orient. Ils portent des indications de contenu ou de propriété pour des marchandises, ou encore de provenance ou de millésime pour le vin. Ils servirent tout naturellement pour la consignation écrite d'éléments du texte biblique. Nous possédons ainsi, sur des ostraca, plusieurs fragments du Nouveau Testament, tels que le *Notre Père* de Matthieu (Mt 6,11-13), le cantique de

8. M. Carrez, *Manuscrits et langues de la Bible : du papyrus aux Bibles imprimées*, Société biblique française, 1991, p. 46.

Marie (Lc 1,42), quelques extraits aussi d'épîtres (Rm 8,31 ; 1 Jn 2,12-14), de même plusieurs textes apocryphes, le panégyrique d'un évêque martyr ou des textes de prières.

### *Le papyrus*

Le papyrus prit le relais des ostraca. Plante aquatique, abondante en particulier dans le delta du Nil, il représentait un support beaucoup plus souple et léger que l'argile. La tige de la plante était ouverte puis écrasée. Les lamelles ainsi obtenues étaient ensuite croisées, pressées et séchées, ainsi qu'on peut encore le voir faire aujourd'hui en certains lieux d'Égypte, où cette plante continue à être travaillée, en particulier pour les touristes. De longueur variable, le papyrus était aussi un support beaucoup plus pratique que les tessons d'argile. Il était possible de coller bout à bout plusieurs *papyri* pour en composer de plus longs et obtenir ainsi des rouleaux, de dimensions variables. On pressent dès lors l'usage précieux qui put en être fait pour les textes bibliques.

### *Les parchemins*

Au IIe siècle av. J. C., l'importante ville de Pergame en Asie Mineure fut privée de papyrus par Ptolémée, roi d'Égypte. Peut-être craignait-il que la bibliothèque de Pergame ne devienne plus importante que celle d'Alexandrie ? Le roi de Pergame, Eumène, favorisa alors la fabrication et l'emploi de peaux d'animaux, en particulier de mouton, comme nouveau support d'écriture. Le mot parchemin (*pergament*) dérive du nom de la ville. On a redécouvert un certain nombre de ces rouleaux de cuir à Qumrân, signe qu'au Ier siècle ils étaient très couramment employés.

### *Les codex ou codices*

Le *codex* (au pluriel *codices*), quant à lui, résulte d'une nouvelle utilisation du papyrus aussi bien que du parchemin, en feuilles pliées et reliées entre elles sous forme de cahiers. Il était plus facile de retrouver un texte dans un codex qu'en déroulant parfois longuement des *megillot*, ou rouleaux. L'usage du codex était beaucoup plus pratique, et celui-ci s'imposa. Il peut être considéré comme l'ancêtre du livre. Celui-ci cependant n'apparaît que peu à peu, et l'on connaît sa relative rareté jusqu'au Moyen Âge. À cette époque les livres, de cuir et de peau, cousus et souvent richement enluminés, existent toujours sous forme d'exemplaires chaque fois uniques. La grande diffusion du livre attendra Gutenberg et l'invention de l'imprimerie (1456). Celle-ci modifiera complètement le rapport à l'écrit.

Tels sont les supports sur lesquels le texte du Nouveau Testament est consigné. Mais sous quelle forme nous parvient-il ?

## Des témoins innombrables

Dans une mentalité moderne, on rêverait de saisir l'original, de même qu'on l'imaginerait volontiers rédigé de façon assez linéaire et d'un seul tenant. Habitués à la notion de propriété intellectuelle ou artistique soigneusement protégée, nous envisageons mal celle de propriété collective et imaginons tout aussi mal cette chaîne de témoins tous ensemble porteurs du témoignage transmis. Tel est pourtant le chemin suivi par le texte biblique. Il nous faut ainsi faire un effort important, pour apprendre à penser autrement. Nous sommes, dans le champ biblique, héritiers d'une chaîne infinie de témoins, sans que nous puissions toucher ou parvenir à l'original.



Il n'est aucun manuscrit autographe, ou dont nous soyons sûrs qu'il soit le premier, ni encore moins de la main de son premier auteur. Face à la somme immense des manuscrits, des spécialistes ont travaillé pendant des décennies et continuent de le faire, afin de vérifier l'authenticité des manuscrits et de les classer par familles pour tenter de retracer l'arbre généalogique dans lequel ils s'inscrivent. On dispose aujourd'hui de près de 3 000 manuscrits du Nouveau Testament grec, datables du IIe au XVIIe siècle, auxquels il faut ajouter plus de 2 000 lectionnaires liturgiques manuscrits, datables à partir du VIIe siècle, et contenant des passages, ou péricopes, du Nouveau Testament.

La datation d'un manuscrit contraint aussi à résister aux idées simples. Ainsi, un manuscrit très ancien n'est pas nécessairement plus fiable qu'un manuscrit plus récent. Tout dépend de la chaîne de transmission, de la fiabilité, et éventuellement de la date de la source dont il dépend. Un manuscrit récent, à l'opposé, peut très bien garder une tradition plus ancienne et beaucoup plus fiable qu'un manuscrit ancien. La datation et l'identification des manuscrits constituent l'essentiel de ce que l'on appelle la critique textuelle. Celle-ci vise « la recherche, sinon de l'archétype, c'est-à-dire de l'ancêtre, du moins des descendants les plus proches [9] ».

L'ensemble du travail mené sur les manuscrits a depuis longtemps permis de disposer d'un texte considéré comme fiable, témoin de la tradition ancienne, sinon la plus ancienne. Ce texte est désigné communément comme le « texte reçu ». C'est à partir de lui que l'on opère les traductions et que l'on travaille. Les éditions scientifiques de la Bible en langue originale donnent avec le texte, sous forme d'apparat critique en bas de page, l'ensemble des variantes disponibles. Cet apparat est très utile pour le travail de l'exégèse. Il permet en effet de vérifier les choix opérés dans l'établissement du texte et de tenir compte, dans la lecture et l'interprétation, des variantes comme d'autant de lectures qui ont eu lieu au fil des siècles, comme autant de lectures possibles.

## *La critique textuelle*

La critique textuelle moderne date du XIXe siècle. Elle demeure liée à plusieurs grands noms comme ceux de Tischendorf, dans son *Editio octava critica maior* du Nouveau Testament (1751-1752), de Westcott-Hort ou de von Soden, qui tous trois donnent en apparat critique les manuscrits sur lesquels s'appuie le texte choisi. On fait parfois remonter la critique textuelle à Érasme de Rotterdam, qui en effet publia le

9. M. Carrez, *op. cit.*, p. 50.

premier Nouveau Testament grec, imprimé en 1516. Mais les manuscrits sur lesquels il fonda son travail représentent essentiellement le groupe byzantin (dont il sera question dans la suite de l'exposé), des manuscrits tardifs (XIIe-XIIIe siècle). Érasme n'avait à sa disposition aucun papyrus, ni aucun des grands onciaux [10], découverts ultérieurement. Longtemps utilisé comme texte reçu (*textus receptus*) et faisant autorité, il ne l'est plus aujourd'hui, au regard de la critique textuelle moderne. Il est cependant à la base de traductions aussi prestigieuses que la *King James* et l'*Authorized Version*, qui demeurent des bibles de référence en Angleterre ou dans les pays de culture anglaise. La Polyglotte d'Alcala, réalisée dès 1514, mais publiée seulement en 1520, après l'autorisation de Léon X, serait bien meilleure. Elle place en face du grec le texte latin (de la Vulgate) d'où son nom de Polyglotte. Ces deux ouvrages – le Nouveau Testament imprimé d'Érasme et la Polyglotte – ont été à la base de toutes les traductions réalisées jusqu'au XVIIIe siècle.

Depuis 1898, date de sa première édition, c'est le texte établi par Nestle-Aland qui fait autorité. Il est le texte reçu, sur lequel se fondent les traductions, et fait l'objet de corrections permanentes, au fur et à mesure des avancées de la recherche sur les manuscrits. En 1993 paraissait sa 27e édition. Un tel texte, notons-le, ne nous donne pas accès au texte original. Il constitue un texte reconstruit sur la base de la confrontation des nombreux manuscrits. Dans un tel travail, telle phrase est choisie parce que jugée plus solide ici, telle autre là. Le texte reçu représente donc un texte qui n'a jamais existé comme tel dans l'histoire, ni ne fut jamais lu comme tel dans aucune communauté chrétienne. Il constitue le texte admis par la communauté scientifique. Cela brise peut-être le rêve d'un texte original, mais signifie, plus profondément, qu'aucun texte ne peut être idolâtré. Si les livres du Nouveau Testament sont canoniques, aucun texte grec ne peut être comme tel canonisé. On ne peut idolâtrer la lettre du texte. L'exégèse est familière de cette mise en garde, mais il importe de la rappeler.

De même faut-il rappeler que c'est sur la base d'une longue pratique liturgique ou croyante que s'est opérée la délimitation du Canon des Écritures, et non sur des constats de spécialistes sur l'état des textes. C'est ainsi par exemple, tardivement, au concile de Trente, que l'on décida d'intégrer au Canon des Écritures Jn 7,53 – 8,11 (le récit de la femme adultère) ou Mc 16,9-20 (finale longue de Marc rapportant la suite des récits de résurrection), qui manquent dans de nombreux témoins textuels. Les critères de la lecture canonique sont des critères de lecture croyante. L'exégèse – et la critique textuelle aussi pour sa part – vise quant à elle à instruire la lecture. Elles sont à ce titre irremplaçables. La critique textuelle ne brise ni n'éteint le texte. Elle l'ouvre. Elle en ouvre la lecture.

10. Manuscrits du NT (voir plus bas).

## Comment s'opère le choix des variantes ?

### La datation des manuscrits

Il est plus facile de déterminer la date d'un manuscrit que son lieu d'origine. Les manuscrits ont en effet beaucoup circulé, et leur origine et leur histoire demeurent souvent mystérieuses. La paléographie offre des éléments précieux pour la datation. Elle distingue en particulier entre majuscules et minuscules (manuscrits écrits en majuscules ou en minuscules). Dans l'Antiquité, l'écriture privilégiée pour les livres ou parchemins était en effet la majuscule, ainsi que la *scriptio continua*, c'est-à-dire sans espace entre les mots, ni ponctuation, ni accents. L'écriture courante était par contre, dans l'Antiquité, l'écriture cursive en minuscules et liée. Ce type d'écriture ne fut utilisé pour la Bible qu'à partir des VIIIe-Xe siècles. La division moderne en chapitres est relativement récente. Elle est l'œuvre de Stephen Langton, au XIIIe siècle. Et la division en versets est plus récente encore. Elle est une invention de l'imprimeur parisien Robert Estienne, en 1551, dans l'une des premières bibles imprimées. Ainsi, pour citer le dernier chapitre de Matthieu, Luther disait encore « Matthaï am Letzten » (« au dernier de Matthieu »).

La forme des lettres, les abréviations (le mot Dieu réduit à deux lettres, de même les mots Christ, Père à trois lettres, etc.), le matériel employé pour l'écriture, le nombre de signes par ligne, de lignes par colonne, de colonnes par page pour les *codex* ou *codices*, l'écart entre les colonnes, sont d'autres indices utiles.

C'est à partir de cet ensemble que s'opère une datation des manuscrits, de façon assez précise.

### Les différents types de manuscrits

Le papyrus était relativement bon marché, mais fragile, sensible en particulier à l'humidité et au climat, ce qui explique que la majorité des papyri conservés viennent de l'Égypte, au climat plus sec. Les papyri sont en général plus anciens que les codices de parchemin, plus solides, mais également plus chers. Les papyri ont été découverts massivement à partir des années 1930. Jusque-là on n'en possédait que quelques fragments. La critique textuelle moderne désigne les papyri par la lettre p suivie d'un exposant, celui-ci ne représentant que l'ordre de catalogage et en aucun cas un indice de date.

Plusieurs papyri sont très connus. Ils sont désignés par le nom de leur propriétaire et ont été soigneusement répertoriés et photographiés. Ainsi le $p^{52}$, ou papyrus 457 John Rylands. Ce n'est qu'un bref fragment, qui reproduit Jn 18,31-34. Il a été retrouvé dans une petite région d'Égypte, signe que le christianisme se répandit bien au-delà et en dehors de grandes villes comme Alexandrie. Sa date, vers 135, interdit toute datation trop tardive de l'évangile de Jean. Les papyri Chester Beatty, qui représentent 80 pages de codices (un petit livret donc), qui datent des environs de 200 ou sont peut-être même antérieurs. Ils regroupent le $p^{45}$ des évangiles, $p^{46}$ des lettres de Paul, incluant la lettre aux Hébreux, mais pas les Pastorales, $p^{47}$ de l'Apocalypse. Mentionnons encore les papyri Bodmer, dans un excellent état de conservation, dont $p^{66}$, écrit vers 200 et contenant l'évangile de Jean, et $p^{75}$, également du début du IIIe siècle et contenant les évangiles de Luc et de Jean. On dispose ainsi aujourd'hui d'une centaine de papyri du Nouveau Testament, bien identifiés et connus.

La grande masse des manuscrits du Nouveau Testament sont des codices de parchemin, un support qui s'est de plus en plus imposé à partir du IVe siècle. Parmi eux on distingue, rappelons-le, ceux qui sont écrits en majuscules de ceux qui sont écrits en minuscules. On appelle les premiers onciaux (en majuscules) et les désigne par des lettres majuscules latines et grecques suivies d'un chiffre, toujours précédé du chiffre 0. Le Nouveau Testament de Nestle-Aland comporte une longue introduction qui les présente en détail.

Des 300 *onciaux* aujourd'hui bien répertoriés, quatre sont à connaître, auxquels nous ajouterons un cinquième. Ils contenaient à l'origine à la fois l'Ancien Testament et le Nouveau Testament en entier (aujourd'hui certaines détériorations rendent cependant plusieurs parties non lisibles). Ces manuscrits étant importants, il nous faut préciser à quelles familles de manuscrits ils se rattachent. Nous reviendrons ensuite sur ces précisions.

– Le premier est désigné par la lettre hébraïque aleph (א) ou la lettre S (= 01). C'est le fameux *Sinaïticus*, découvert au Sinaï par Tischendorf. Il date du milieu du IVe siècle et contient tout le Nouveau Testament, ainsi que Barnabé et le Pasteur d'Hermas. Il suit la tradition alexandrine pour les évangiles et les Actes, et ailleurs la tradition occidentale, dont nous reparlerons.

– Le deuxième est l'*Alexandrinus*, désigné par la lettre A (= 02), découvert au Ve siècle, à Alexandrie. Il contenait tout le Nouveau Testament ainsi que 1 et 2 Clément et les Psaumes de Salomon. Mais certaines pages ont été perdues. Le texte est byzantin pour les évangiles, et alexandrin pour le reste du Nouveau Testament.

– Le troisième est le *Vaticanus*, désigné par la lettre B (= 03). Écrit vers 350, il est considéré par de nombreux spécialistes comme le meilleur témoin du texte original du Nouveau Testament, même s'il n'en comporte pas la fin. Il fait partie du groupe alexandrin.

– Le quatrième est le codex *Ephraemi rescriptus* ou C (= 04), du Ve siècle. Il tient son nom de sa nature de palimpseste. Le manuscrit étant coûteux, il arrivait en effet qu'il soit gratté et réécrit (*rescriptus*), ce que désigne le mot de palimpseste. C'est le cas de ce manuscrit, sur lequel ont été réécrites les œuvres du Père de l'Église syriaque Ephrem. Les spécialistes parviennent cependant à déchiffrer et à lire les palimpsestes dans leur première écriture.

– Ajoutons le codex *Bezae* ou D, du Ve siècle. Il ne contient pas, à la différence des précédents, l'Ancien Testament, mais pour le Nouveau Testament il renferme Mt, Jn, Lc, Mc, 3 Jn, et Ac en latin et en grec juxtaposés. Il est le principal représentant de la tradition textuelle occidentale.

La plupart des autres majuscules ne contiennent que des parties du Nouveau Testament.

Les *minuscules* sont numérotés à la suite. Ils sont en général tardifs. La plupart sont des IXe-XIe siècles, ou ultérieurs. Ils sont nettement moins intéressants pour la critique textuelle que les papyri ou les onciaux (majuscules). On en compte aujourd'hui près de 3 000. Parmi ces manuscrits, deux familles retiennent l'attention. On les désigne du nom des deux spécialistes qui les ont répertoriés et étudiés : Lake et Ferrar $f^1$ et $f^3$.

Dans le travail de critique textuelle, on recourt également aux *traductions anciennes* de la Bible, car elles renvoient au texte grec qui fut à la base de la traduction. Elles nous renseignent ainsi indirectement sur le texte. Les plus significatives sont les traductions syriaques, coptes et latines. Nous reviendrons sur ce point.

La critique textuelle recourt aussi, pour des raisons semblables, aux Pères de l'Église, qui citaient abondamment l'Écriture pour la commenter. L'usage qu'ils en font renseigne sur un état du texte relativement primitif. Mais leurs citations n'étaient pas nécessairement littérales, et les manuscrits de leurs œuvres pas toujours bien conservés, ce qui oblige à des précautions dans leur exploitation pour la critique textuelle. Le texte de Marcion (vers 150) occuperait ici une place à part. On se souvient de lui comme d'un hérétique célèbre, qui voulut en particulier expurger le Nouveau Testament des traces des Écritures juives censées altérer son texte. Cela pose des problèmes en particulier pour les textes de Luc et de Paul. On recourt parfois au texte de Marcion en raison de son ancienneté, mais avec une très grande prudence.

Les lectionnaires représentent un dernier outil pour la critique textuelle. Les lectionnaires sont des recueils de péricopes (le mot désigne une unité textuelle circonscrite comme constituant un tout ou une unité narrative) choisies pour la lecture liturgique. Les lectionnaires sont tous désignés par un *l* suivi d'un chiffre (*l*10, etc.).

## *Les familles de manuscrits*

Les spécialistes ont réuni en groupes ou familles les manuscrits qui comportent des lectures ou des particularités semblables. On parvient ainsi aux groupes suivants :

Le groupe *alexandrin* tient son nom de la ville d'Alexandrie, en Égypte. Le christianisme s'y développa de façon importante, ce qui entraîna un travail considérable de reproduction de manuscrits. Les scribes alexandrins étaient d'excellents connaisseurs du grec. On se demande parfois si le texte que nous recevons d'eux est bien le texte original ou s'il n'a pas été retravaillé par eux. Ce groupe se caractérise par la brièveté des textes. Aleph (א, *Sinaïticus*), B (*Vaticanus*), et C (codex *Ephraemi rescriptus*) appartiennent à ce groupe, de même que A (l'*Alexandrinus*) à l'exception des évangiles.

Le groupe *occidental* est quelque peu hybride. Il inclut de nombreux manuscrits qui circulèrent en Occident (Afrique du Nord, Italie, Gaule...), mais aussi certains provenant d'Égypte ou des Églises syriaques d'Orient. En fait, il est appelé occidental parce qu'il est représenté, entre autres, par les traductions latines, et qu'on en déduisit qu'il était apparu en Occident. Il vient très probablement de Syrie et était déjà répandu très tôt en Égypte, comme l'attestent $p^{38.48}$ et quelques modifications de seconde main observables dans $p^{46.66}$. Les témoins principaux de ce texte sont les codices *Bezae Cantabrigiensis* et *Claramontanus*. Ses variantes comportent surtout des particularités importantes dans les Actes des Apôtres. Le texte occidental des Actes est en effet presque d'un dixième plus long que celui de la tradition alexandrine.

Le groupe *césaréen* date du début du IIIe siècle. Il tire son nom de son lien avec la ville de Césarée, ville côtière de la Palestine qui était à cette époque le centre chrétien le plus important. Il possédait en particulier une très riche bibliothèque. Le texte césaréen vient probablement d'Égypte. Il passa ensuite à Jérusalem, puis en Géorgie et au Caucase par l'intermédiaire de missionnaires arméniens.

Le groupe *byzantin* est issu de la liturgie de l'Église byzantine. Il est considéré comme plus tardif et moins fiable que les autres. Il garde pourtant certaines lectures anciennes remontant à l'Église antiochienne vers 300. La plus grande masse des manuscrits représente cette tradition. Elle se distingue en particulier par une foule de changements consistant le plus souvent en tentatives d'« améliorations » et en ajouts. Les grandes traductions anglaises (*King James* ou *Authorized Version*) se rattachent à cette tradition.

## Les critères de choix en critique textuelle

La critique textuelle comprend essentiellement trois phases : 1) l'inventaire des manuscrits disponibles ; 2) l'évaluation de chaque variante pour elle-même ; 3) le jugement de critique textuelle proprement dit, qui cherche à reconstruire l'histoire de la chaîne de transmission, en vue de choisir parmi les variantes les plus plausibles.

### *L'inventaire des manuscrits disponibles*

Pour procéder à un travail de critique textuelle, il faut partir de l'attestation *externe* des leçons (ou variantes), ce qui signifie recenser ces variantes, en accordant cependant moins d'importance au nombre qu'à la qualité des manuscrits : *la lecture la mieux attestée est la plus originelle*. Papyri et codices du type alexandrin sont ici des témoins de première importance, que l'on préfère aux manuscrits ultérieurs, même s'ils sont plus nombreux. C'est l'âge ou l'ancienneté du texte transmis qui compte, et non pas l'âge du codex sur lequel il a été copié. Il faut en quelque sorte vérifier si les textes même récents rapportent des traditions anciennes.

### *L'évaluation des variantes*

Une fois ce travail de recensement et de mise en ordre des variantes opéré, on procède à la *critique interne*. Il s'agit ici de donner à la leçon la plus ancienne et supposée originale une interprétation sensée *par rapport au contexte*, pour tenter d'expliquer ensuite comment les autres leçons pourraient être issues de cette première leçon, suite à des modifications textuelles.

### *Le jugement de critique textuelle*

Pour opérer le jugement de critique textuelle, il existe quelques règles essentielles :

– La première consiste à choisir habituellement la leçon la plus difficile (*lectio difficilior, lectio melior*). Le texte le plus difficile à comprendre ou le plus choquant est souvent le meilleur (on préfère en effet arranger un texte difficile plutôt que compliquer ou rendre inintelligible un texte simple, on présume qu'il en fut ainsi dans la transmission du texte), à moins qu'il ne soit si « difficile » qu'il n'ait plus de sens.

– La deuxième est de privilégier la leçon la plus courte (*lectio brevior potior*) car on présume que les copistes avaient ou auraient plutôt tendance à amplifier le texte lors des révisions ou dans leur copie qu'à l'abréger.

– La troisième est le souci de la *cohésion du texte*. Il faut en effet à terme que le texte se lise. On est ainsi amené à choisir la leçon qui correspond le mieux avec le contexte.

– Le recours à la *conjecture*, enfin, doit être toujours très prudent. Mais il est parfois nécessaire.

## Mesurer les altérations du texte premier

L'ensemble de ce travail vise ainsi en quelque sorte à remonter le cours du temps de l'écriture ou de la transmission des textes. Face aux incohérences ou aux difficultés du texte, il tente d'imaginer ce qui a pu y amener : les erreurs involontaires, ou certaines transformations volontaires du texte dans sa transmission.

### *Des erreurs involontaires*

Les principaux écarts entre les différentes versions sont communément attribuables à une erreur de lecture des copistes, qui leur faisait parfois poursuivre ou anticiper la lecture d'une ligne parce que plusieurs mots étaient repris d'une phrase à l'autre et qu'il leur arrivait de confondre. Parfois aussi ce pouvait être une erreur d'oreille, quand celui qui dictait prononçait mal ou que le copiste comprenait différemment. Il pouvait arriver aussi qu'un scribe, au lieu d'écouter le texte qui lui était lu, se le dicte intérieurement, d'après la mémoire qu'il en avait.

Les différents types d'erreurs involontaires sont ainsi :

– La répétition : d'une même lettre, d'un même mot, de la même syllabe, voire de la même phrase.

– À l'inverse, l'omission : d'une lettre, d'un mot, d'une phrase. Plusieurs manuscrits omettent ainsi Lc 18,39, qui se termine comme le verset précédent (18,38).

– La confusion de deux lettres de graphie proche ou de deux sons semblables.

– Les manuscrits les plus anciens, en particulier les majuscules, sont écrits sans ponctuation et sans intervalle entre les mots. Du manuscrit à la copie pouvaient ainsi s'insinuer des variantes.

### *Des erreurs ou des variantes volontaires*

Il arrivait aussi que le copiste corrige lui-même ce qu'il pensait spontanément devoir être autrement. Mais il est aussi d'autres sources d'erreurs :

– Évangiles et Actes des Apôtres ont ainsi fait l'objet d'une double tradition, la tradition orale se poursuivant tandis que prenait forme la tradition écrite. Ce chevauchement a pu provoquer des altérations de bonne foi.

– Certaines variantes sont grammaticales ou orthographiques. On a aussi éliminé parfois les sémitismes. Éventuellement corrigé l'ordre des mots.

– Certaines corrections sont dites harmonisantes. Ainsi la tradition manuscrite pour le récit du baptême de Jésus montre que la citation de Ps 2,7 par Lc 3,22 et celle de Is 42,1 et 44,2 en Mt 3,17 et Mc 1,11 ont parfois interféré pour se retrouver conjointes, par souci d'harmonisation.

– On assiste aussi à des corrections de certaines citations libres de l'Ancien Testament, harmonisées sur le texte grec de la Septante.

– Enfin les copistes ajoutaient parfois au texte des éléments explicatifs (voir l'apparat critique pour 1 Co 7,14), ou supprimaient des éléments jugés choquants (voir l'apparat critique pour Lc 23,32 et l'omission du mot « autre » qui pouvait laisser entendre que Jésus était lui-même un malfaiteur), ou encore rassemblaient deux versions proches d'un même verset (voir Mt 26,15). Parfois, ils corrigeaient le texte dans un souci doctrinal. Plusieurs manuscrits omettent la mention du « Fils » quand il s'agit de dire que même lui « ne connaît pas le jour et l'heure, mais seulement le Père » (voir Mc 13,32).

### Quelques exemples de critique textuelle

– En Mc 3,21, la *lectio difficilior* amène à privilégier dans le texte la leçon ou variante : « en apprenant cela, les gens de sa parenté vinrent pour s'emparer de lui ». Plusieurs manuscrits portent : « en apprenant cela, les scribes et les autres... ». Cette version a manifestement cherché à atténuer le fait, difficile pour les croyants, que la famille de Jésus s'oppose à lui et veuille s'en emparer.

– En Mc 9,49, un texte facilitant porte « et tout sacrifice sera salé de sel ». Le choix de la *lectio brevior* (le texte plus court) semble à privilégier : « car chacun sera salé par le feu ».

– À l'inverse, en Mt 27,17, Pilate pose la question : « Qui voulez-vous que je vous relâche ? *Jésus* Barabbas ou *Jésus* que l'on appelle Christ ? » La leçon courte porte « Barabbas », la leçon longue, « Jésus Barrabas ». Toutes deux sont aussi anciennes. La suppression s'explique mieux que l'addition, par le souci de respect, qui a amené à corriger le texte initial afin de ne pas joindre le nom de Jésus à celui d'un bandit. C'est la leçon longue (qui répète « Jésus » et parle donc de « Jésus Barrabas ») qui a toute chance d'être la bonne.

– La doxologie concluant le *Notre Père* apparaît dans certains manuscrits. Elle n'aurait pas été supprimée si elle avait fait partie du texte dès le début. C'est bien plutôt parce qu'elle correspondait à un usage liturgique qu'elle a été ajoutée par la suite. La leçon sans la doxologie est la meilleure. De même la comparaison de la transmission textuelle du Notre Père en Lc 11,2-4 et Mt 6,9-13 tend à montrer que la version plus courte de Lc a été complétée par la suite dans plusieurs manuscrits pour la faire correspondre à celle de Mt.

– Les manuscrits étaient écrits sans intervalles entre les mots. 1 Tm 3,16 présente en ce sens une question, liée à l'homophonie (même son pour deux mots ou deux expressions différentes) : deux possibilités de lecture d'un même manuscrit. On peut ainsi lire *homologoumenôs*, qui signifie « assurément », ou, comme l'ont fait plusieurs manuscrits, entendre ici deux mots : *homologoumen ôs*, et traduire : « nous confessons que ».

# LA VIE DU TEXTE DANS SES TRADUCTIONS

La Bible a été traduite dès l'origine en de multiples langues, de l'Europe et du Moyen-Orient anciens. Les grandes traductions qui marquèrent l'histoire de la transmission du Nouveau Testament, sont essentiellement la Vieille Latine, la Vieille Syriaque et les versions coptes, réalisées dès le début du IIIe siècle, une bonne centaine d'années seulement après la fin de la rédaction des écrits néotestamentaires et un siècle avant les plus anciens manuscrits grecs sur parchemin. Les versions tardives, établies sur un état déjà très évolué du texte original, sont d'un intérêt beaucoup plus limité, du moins dans le champ de la critique textuelle.

## Les traductions grecques de l'Ancien Testament utilisées dans les premières générations chrétiennes

Avant de présenter les traductions du Nouveau Testament, il faut cependant évoquer celles de l'Ancien Testament qu'utilisèrent les auteurs du Nouveau Testament. Ce sont en particulier la traduction grecque de la Septante, celles aussi d'Aquila, de Théodotion et de Symmaque, qui révisèrent la Septante. Ces traductions ou révisions sont juives et non chrétiennes, mais furent largement exploitées par les auteurs du Nouveau Testament. La Septante eut toujours en ce domaine la faveur, parfois Théodotion pour certains livres comme celui de Daniel. Mais les nécessités de l'apologétique chrétienne vis-à-vis des Juifs amenèrent les chrétiens à tenir compte des différences entre l'hébreu et la Septante. Ce travail reste lié au nom d'Origène.

### Les *Hexaples* d'Origène

Né à Alexandrie vers 185 et mort après 251, Origène entreprit avant 220 à Alexandrie, et acheva à Césarée de Palestine après 245, l'énorme travail mené avec des collaborateurs mais qui demeure lié à son nom, conservé sous le nom d'*Hexaples*. Ce travail, qui requit près de trente années, opère une mise en synopse en six colonnes (d'où le nom d'*Hexaples*) des différentes grandes recensions de la Bible juive : probablement le texte hébreu (non retrouvé), sa transcription phonétique en lettres grecques (première tentative de fixer la vocalisation de la Bible hébraïque), Aquila, Symmaque, la Septante (soigneusement recopiée : elle représente le *textus receptus* de l'Église d'alors) et Théodotion. Voulait-il réaliser un instrument de référence dans la controverse avec les Juifs ? ou atteindre le texte hébreu original ? La question reste discutée.

Les *Hexaples* furent conservés dans la bibliothèque de Césarée de Palestine. De nombreux Pères grecs et latins (comme Jérôme) les ont consultés. Ils ont disparu probablement lors des invasions arabes des années 630-640.

## La Septante (LXX)

Le travail d'Origène fut à l'origine d'une édition de la Septante seule, basée sur la cinquième colonne des *Hexaples*, et composée soit par Origène, soit à la fin du IIIe siècle par Eusèbe de Césarée et son maître Pamphile. Dans cette édition étaient notées les différences (ajouts ou omissions) d'avec le texte hébreu. Son texte est ainsi plus proche du texte massorétique que ne l'était la Septante ancienne. Il fut utilisé par les auteurs palestiniens (Eusèbe, Hésychius de Jérusalem) ou de mouvance palestinienne (Basile de Césarée). Les centres chrétiens de Césarée et d'Antioche réalisèrent des éditions qui couvrirent rapidement le monde chrétien. Les empereurs Constantin († en 337) et Constant († en 339) demandèrent à Eusèbe de Césarée et à Athanase d'Alexandrie un certain nombre d'exemplaires de cette Bible, pour les églises de Constantinople, leur nouvelle capitale. Cela dut accroître considérablement un travail de diffusion déjà entrepris auparavant. Le célèbre manuscrit *Vaticanus* est peut-être un témoin de cet immense travail.

La traduction grecque de l'Ancien Testament a servi à la plupart des auteurs du Nouveau Testament, aux Pères de l'Église, aux premiers traducteurs, latins, coptes, etc. Elle a joué aux origines de l'Église un rôle à ce point important que des théologiens récents ont proposé de reconnaître l'inspiration de la Septante.

## Aquila

On peut dater la traduction de l'Ancien Testament par Aquila de 128-129. Sa particularité est d'être une traduction-calque, qui s'efforce de rendre de façon constante par un même mot grec l'ensemble des emplois d'un mot hébreu. Ce principe serait contesté par les linguistes modernes. Aquila représente cependant ainsi une traduction très littérale, parfois incorrecte, il est vrai, sur le plan grammatical ou syntaxique. On y relève des traces nettes de polémique antichrétienne. Le mot grec *Christos*, quand il est utilisé par la Septante, est systématiquement rendu ici par *êleimenos*. Le mot hébreu *alma* de Is 7,14 n'est plus rendu par le mot vierge, comme dans la Septante, mais par jeune fille. L'ensemble de cette traduction réagit contre l'appropriation de la Septante (initialement Bible juive, puisqu'elle avait été traduite au IIIe siècle av. J. C. par et pour les Juifs d'Alexandrie) par les chrétiens. La version d'Aquila se répandit ainsi largement dans les milieux juifs de langue grecque, où elle évinça la Septante. Certains chrétiens cependant, comme Origène et Jérôme, apprécièrent la version d'Aquila, précisément pour sa littéralité. Nous la connaissons essentiellement par des fragments retrouvés à la *geniza* du Caire et par les *Hexaples* d'Origène.

## Théodotion

On ne sait si cette traduction est antérieure ou postérieure à Aquila. Théodotion du moins n'adopta pas le principe de traduction très littérale utilisé par Aquila. La version de Théodotion a été utilisée concurremment à la Septante en milieu chrétien. De nombreuses citations de l'Ancien Testament dans le Nouveau Testament se rapprochent de son texte. Dans les *Hexaples*, Origène s'est servi de cette version pour combler les lacunes de la Septante par rapport à l'hébreu.

### Symmaque

Symmaque représente une traduction grecque d'une grande qualité littéraire. Probablement fut-elle appréciée, pour cette raison même, de plusieurs commentateurs, comme Eusèbe de Césarée. Estimée par les chrétiens, la traduction de Symmaque le fut également par les Juifs de la diaspora grecque, qui, en particulier en Égypte, l'utilisèrent au moins jusqu'au début du IVe siècle.

## Les traductions anciennes du Nouveau Testament

Telles sont les principales traductions de l'Ancien Testament en langue grecque, qui furent utilisées par les premières générations chrétiennes. Il faudrait évoquer encore de nombreuses autres traductions, telles que les versions syriaques, en particulier la Vieille Syriaque, appelée *Peshitta* pour sa version « simple » ou « courante » (c'est le sens du mot *peshitta*).

### La Peshitta et les évangiles en syriaque

Pour le Nouveau Testament, l'existence d'une ancienne traduction syriaque antérieure au *Diatessaron* de Tatien (fin du IIe siècle) est peu probable. Tatien est un disciple de Justin. Il composa peu après 172 une harmonie des quatre évangiles (d'où son nom de *diatessaron*, « quatre en un »), utilisant aussi l'évangile apocryphe de Thomas. Cet ouvrage précieux pour l'histoire du texte est cependant perdu. Les premières compositions des évangiles séparés n'eurent pas lieu avant le IVe siècle. Les matériaux qui forment le fonds des plus anciens évangéliaires syriaques (début Ve-VIe siècle) remontent quant à eux, selon toute vraisemblance, au *Diatessaron* ou à une tradition grecque relativement tardive.

### Les versions coptes

Les versions coptes de la Bible sont anciennes (vers 150-200) et multiples. Le copte est en effet fragmenté en nombreux dialectes, d'où les versions sahidique (IIIe-IVe siècle), achmimique (IVe siècle), oxyrhynchique (IVe-Ve siècle), et encore fayoumique ou bohaïrique.

### La version éthiopienne

La traduction de l'Ancien Testament et du Nouveau Testament fut effectuée sans doute à partir des années 500 en langue ge'ez, ou éthiopien classique. On pense aujourd'hui que cette traduction se fit à partir du grec, même si pour le Nouveau Testament on a parfois avancé l'hypothèse d'une traduction sur le syriaque. La version ge'ez est connue par un grand nombre de manuscrits des XIVe et XVIIe siècles, mais aussi par de rares manuscrits anciens (Xe-XIe siècle). Elle est la version officielle de l'Église d'Éthiopie. L'Ancien Testament de cette version est aussi utilisé par les Juifs éthiopiens, les Falashas.



### Versions arménienne, géorgienne, arabe, nubienne

On ne sait exactement sur quel texte, grec ou syriaque, furent traduites les versions arménienne et géorgienne. La version géorgienne fut peut-être traduite primitivement sur le texte arménien. Elle est attestée par des fragments de lectionnaires des Ve-VIe siècles.

Il n'existe pas d'indice d'une utilisation de la Bible en arabe avant les années 800. Les plus anciennes versions connues sont celles des melkites de Palestine aux IXe-Xe siècles. Elles ont probablement été faites sur la Septante pour les chrétiens de langue arabe de la péninsule Arabique.

Il suffira d'évoquer simplement ici de multiples autres traductions de la Bible : les versions nubienne, perse, sogdienne (Iran), judéo-perse, albano-caucasienne, hunnique, chinoise, thrace. Mentionnons aussi, bien que plus tardive, la traduction de Cyrille († en 869) et Méthode († en 885) en vieux slave, attestée par des manuscrits généralement tardifs (IXe-Xe siècles).

### La Vieille Latine

La Vieille Latine est une Bible entière, relativement cohérente, attestée pour la première fois avant 250 à Carthage, par les citations abondantes de Cyprien. Des manuscrits du IVe siècle l'attestent. Elle relève du modèle occidental, connu également en Syrie et en Égypte, marqué par des gloses et des emprunts aux lieux parallèles. Son style et son vocabulaire sont très proches de la langue populaire, ce qui la rendit lisible autant par les gens des couches populaires que par les dirigeants. La traduction est littérale. Même si cette version n'est connue que de façon fragmentaire, elle revêt une grande importance. Elle atteste en effet un grec assez archaïque et permet de connaître la culture chrétienne latine en son point de départ. À ce titre, un seul témoin de cette époque pèse plus que dix manuscrits postérieurs et que cent du Moyen Âge, qui se recopient l'un l'autre.

### La Vulgate

Le texte de la Vulgate évolua à travers le temps. La Vulgate reste cependant liée au nom de saint Jérôme. Issu de la société cultivée de Rome, il ressentit probablement l'indigence littéraire de la Vieille Latine. Il travailla alors à une révision du vieux texte, pour lui redonner son éclat, perdu de surcroît au milieu de très nombreuses variantes. Un séjour à Antioche, de 375 à 380, le mit également en contact avec la culture orientale, avec l'hébreu et le syriaque, qu'il connaissait, en plus du grec. Il découvrit aussi l'exégèse spirituelle d'Origène. Autant d'éléments qui le confirmèrent dans une vocation de traducteur. Son travail ne le porta pourtant pas immédiatement à ce que nous recevons comme la Vulgate. Il connut en effet trois phases.

Jérôme revint d'abord sur le texte de la Septante et corrigea les textes des évangiles et des psaumes de la Vieille Latine (sous le pape Damase, 366-384). La suite de son travail se déroula en Palestine, où il s'établit définitivement en 386, ce qui lui permit de connaître les sites bibliques, qui marquèrent par la suite ses recherches. À Césarée, où il séjourna un moment, il découvrit les *Hexaples* d'Origène et les différentes versions grecques de l'Ancien Testament. Cela l'amena à une réflexion sur la « vérité » du texte et à privilégier la *veritas hebraïca* et par là le texte hébreu. Il se livra alors, de 390 à 405, à une vraie traduction à partir du texte hébreu, s'appuyant aussi sur une comparaison avec le grec. Son choix pour la *veritas hebraïca* l'amena à traduire les livres du canon palestinien, délaissant les autres, c'est-à-dire les textes deutérocanoniques, ceux qui ne se trouvent que dans le canon grec. La Septante se trouvait désormais traitée, dans les Églises latines, à l'égal de toute autre version. Jérôme rencontrera sur ce point en Augustin, évêque d'Hippone († en 430), un opposant de marque. Pour Augustin la Septante est en effet « inspirée ».

Le mot « Vulgate » est une abréviation pour *editio vulgata*, « édition communément admise ». Il désigne depuis le XIIIe siècle la Bible latine officielle, dont une partie seulement, nous venons de l'évoquer, remonte à Jérôme lui-même. Sous Grégoire le Grand († en 604), la Vulgate fut acceptée majoritairement à Rome, puis en Espagne et en Angleterre. L'humaniste et théologien louvaniste J. Driedo, dans une réflexion sur l'autorité des différents textes, pensa nécessaire de faire droit aux originaux, mais, inscrit dans la tradition catholique, il souligna que les versions dont l'Église a fait usage pour élaborer sa doctrine ne peuvent être religieusement erronées et remises en question (*De ecclesiasticis scripturis*, 1535). C'est son œuvre qui influença le concile de Trente qui, en 1546, déclara le texte de la Vulgate « authentique », c'est-à-dire officiel. Le décret *Tametsi* ne fit aucune allusion à la science de Jérôme, mais à l'usage de l'Église.

C'est l'édition clémentine (réalisée sous Clément VIII en 1592, après une édition trop rapidement établie et immédiatement délaissée sous Sixte V) qui fit autorité et demeura inchangée jusqu'au seuil du XXe siècle. Jusqu'à cette date, les traductions en langues modernes chez les catholiques sont faites à partir d'elle. En 1943 cependant, dans son encyclique *Divino afflante Spiritu*, essentielle dans l'histoire récente de la lecture de la Bible, Pie XII réhabilita les textes originaux, réaffirmant leur valeur pour la traduction et l'interprétation de la Bible. Le statut de la Vulgate s'en trouvait modifié. Elle n'était plus la référence unique, mais « l'une des versions particulièrement vénérables de la Bible [11] ».

11. A. Paul, *La Bible*, Paris, Nathan, « Repères pratiques », 1995, p. 13.

## *La consultation des textes anciens : outils*

L'édition en un volume du Nouveau Testament qui fait référence est le *Novum Testamentum Graece* de E. Nestle et K. Aland. L'apparat critique décrit à peu près toutes les leçons ou variantes principales contenues dans les manuscrits du Nouveau Testament, de telle sorte que le lecteur peut vérifier comment les éditeurs ont opéré leurs choix et fonder lui-même son propre jugement de critique textuelle.

La synopse grecque est très précieuse, voire indispensable pour une étude sérieuse. Celle qui fait autorité est la *Synopsis Quattuor Evangeliorum* éditée par K. Aland (Deutsche Bibelgesellschaft, 1996) qui comporte dans l'apparat critique tout le texte de l'évangile de Thomas en copte avec traduction en allemand et en anglais, accompagné des fragments grecs en note, de même que l'ensemble de l'évangile de Jean. En français, la synopse de référence est la *Synopse des quatre évangiles en français. I : Textes*, éditée par P. Benoît et M.-É. Boismard (3e éd. revue, Paris, Éditions du Cerf, 1981). Elle offre en particulier l'avantage, précieux pour le travail, de placer en regard des lignes courtes, voire seulement des mots, permettant une comparaison synoptique directe.

Metzger, *A Textual Commentary on the Greek New Testament* (2e éd. ; Stuttgart, United Bible Societies, 1994), représente un outil précieux pour la critique textuelle. Il passe en revue et commente le Nouveau Testament verset par verset, expliquant les différences textuelles et la raison pour laquelle les biblistes préfèrent une lecture à l'autre.

F. Bovon et P. Geoltrain, *Écrits apocryphes chrétiens* I, Paris, Gallimard, Pléiade nº 442, 1997 (un second volume est en préparation).

A. Dupont-Sommer et M. Philonenko, *La Bible : écrits intertestamentaires*, Paris, Gallimard, Pléiade nº 337, 1987. Contient aussi un certain nombre de textes de Qumrân.

H. L. Strack, *Introduction au Talmud et au Midrash*, Paris, Éditions du Cerf, 1986.

À consulter également, les Concordances de la Bible de Jérusalem (Paris, Éditions du Cerf, 1982) et de la TOB (Paris, Société biblique française, 2001).

# LA LECTURE DU TEXTE ET SES CHEMINS

## Les lectures du Nouveau Testament hier et aujourd'hui

L'histoire des traductions de la Bible nous conduit assez naturellement à celle des lectures de la Bible et, pour nous en particulier, du Nouveau Testament, au fil des siècles. Un simple regard sur le recueil des grands textes de l'Église relatifs à l'Écriture et à sa lecture serait éclairant pour notre sujet. L'*Enchiridion Biblicum* [12] que nous avons consulté rassemble tous les textes relatifs à l'Écriture, depuis le Canon de Muratori au IIe siècle jusqu'au document de la Commission biblique sur *L'interprétation de la Bible dans l'Église* en 1993. Sur les 1 230 pages de cet ouvrage, 100 couvrent la période qui va des débuts (IIe siècle) jusqu'à 1829, soit près de seize siècles. Trente autres couvrent tout juste un peu plus d'un demi-siècle, et mènent à 1893, date de la grande encyclique de Léon XIII, *Providentissimus Deus*. On est alors entré dans la période moderne. Les 1 100 pages suivantes couvrent seulement un siècle. Elles conduisent de 1893 à 1993, de l'encyclique de Léon XIII au document de la Commission biblique pontificale qui en marque le centenaire : *L'interprétation de la Bible dans l'Église.*

Cette observation très matérielle ou immédiate (à partir de la quantité de textes) montre le souci qu'a toujours porté l'Église de rendre compte de son rapport à l'Écriture et de ses exigences. Mais la période récente – depuis la fin du XIXe siècle jusqu'à aujourd'hui – a été particulièrement importante. Des questions nouvelles lui étaient en effet posées, qui la contraignaient à redire son attachement à l'Écriture, mais aussi les chemins qu'elle prenait ou que l'on pouvait prendre pour la lire. Nous pouvons ainsi retracer l'histoire de la lecture du Nouveau Testament en deux grandes périodes, la première allant des Pères de l'Église au Moyen Âge, la seconde, du Moyen Âge jusqu'à aujourd'hui. Nous préciserons pourquoi et autour de quels enjeux.

### Des Pères de l'Église au Moyen Âge

Les Pères de l'Église furent – après les toutes premières générations chrétiennes qui firent en quelque sorte naître les Écritures, évangiles et Nouveau Testament – les premiers grands penseurs de la foi, les premiers grands lecteurs de la Bible aussi. Familiers de la pensée grecque et latine, ils ouvraient la Bible et la plaçaient comme en écho dans la constellation des courants de pensée de leur époque. Ils lurent ainsi avec hardiesse les Écritures, dans le feu culturel de leur temps, n'abdiquant pas, ni ne laissant l'intelligence à l'entrée du Livre. Leur lecture s'enracinait dans la foi et la pratique ecclésiale et pastorale qui était la leur, en dialogue avec leur temps, parlant le même langage. Ainsi, l'exégèse patristique « implique tout à la fois une dogmatique, une

---

12. *Enchiridion Biblicum. Documenti della chiesa sulla Sacra Scrittura. Edizione bilingue*, Bologne, Edizioni Dehoniane, 1993.

spiritualité et une exégèse. C'est un acte global de lecture, à la lumière de la foi au Christ et à partir de toutes les Écritures [13] ».



Paul lui-même, inscrit dans la tradition juive de lecture des textes, pratique la lecture allégorique. Dans un passage souvent cité, il évoque le séjour des Pères dans le désert et commente : « Ces choses se sont produites pour nous servir de *figures* [...]. Cela leur arrivait *figurativement* et a été écrit pour notre instruction, nous qui touchons à la fin des temps » (1 Co 10,11). Ainsi existe-t-il dans l'Ancien Testament un sens second que le lecteur découvre dans la foi. Les Pères de l'Église s'inscriront dans ce sillage et liront ainsi les Écritures, ce qui les amènera à distinguer plusieurs registres de sens, que l'on a peu à peu appelés, en s'inspirant d'un distique attribué à Augustin de Dacie, au XIIIe siècle, les « quatre sens » de l'Écriture : « *Littera gesta docet, quid credas allegoria, moralis quid agas, quo tendas anagogia.* » « La lettre enseigne les événements (c'est le sens littéral), l'allégorie ce qu'il te faut croire (c'est le sens christologique), le sens moral (qu'on appelle aussi tropologique) ce qu'il te faut faire et l'anagogie ce vers quoi tu tends (sens anagogique ou eschatologique). » Avant de préciser ce que représentent ces différents sens, il faut cependant rappeler que le tout de cette exégèse est immergé dans la pratique ecclésiale, liturgique et pastorale, qui fut toujours celle des Pères. Les invoquer, c'est se référer à cette exigence.

Le premier sens est le sens *littéral*, parfois désigné aussi comme le sens *historique*, dans la mesure où il répond à une recherche liée au savoir culturel, linguistique, aux connaissances géographiques ou topologiques. Ce premier sens est celui qui instruit la lecture, menée de part en part comme une recherche qui va de la foi à la foi.

Le deuxième sens est le sens *allégorique*. Le terme « allégorie » apparaît une fois dans le Nouveau Testament, en Ga 4,24, un texte essentiel de Paul. L'Écriture est ainsi comprise à partir du Christ, dans sa dimension historique, mais plus encore sa signification pour le croyant en chemin vers la vie éternelle. La lecture allégorique se fait à l'école de Paul, relayé en chemin par Origène, qui a réfléchi à ce que représente l'allégorie dans la démarche de lecture croyante. Toute l'Écriture est lue à partir du Christ annoncé, venu, attendu. Commentant Ga 4,24, Cassien écrit ainsi : « Ce qui suit relève de l'allégorie, parce qu'il y est dit des choses réellement arrivées, qu'elles figuraient d'avance un autre mystère. »

Le troisième sens est le sens *moral* ou *tropologique* (du grec *tropos* : « façon », « manière ») qui, toujours selon les mots de Cassien, « fait discerner, selon la prudence, l'utilité ou la bonté de toutes les choses qui relèvent du jugement pratique ». Le sens tropologique oriente vers la vertu, la conversion du cœur.

Le quatrième sens est le sens *anagogique* (du grec *anagôgé* : « élévation », « sublimation »). C'est la lecture tendue vers les réalités eschatologiques, les choses invisibles ou célestes, ouvrant ainsi déjà aux joies de la vie future.

13. J. M. Poffet, *Les chrétiens et la Bible*, Paris, Éditions du Cerf, 1998, p. 43. Je m'en inspire dans ces paragraphes.

Le Moyen Âge a systématisé sous cette forme des données qui n'ont cessé d'être présentes à la méditation chrétienne des Écritures. On est même parvenu au Moyen Âge à sept sens de l'Écriture (le chiffre sept étant comme un chiffre d'or). Mais c'est la formulation des quatre sens qui est demeurée la plus classique. Telle est la lecture pratiquée des premiers siècles au Moyen Âge de façon à peu près continue. Probablement faudrait-il évoquer aussi la lecture croyante pratiquée sur les vitraux ou les tympans et chapiteaux des cathédrales, ou encore dans les enluminures des livres. Des ouvrages traitent de cette lecture pratiquée par l'image plus que par la lettre [14].

## Du Moyen Âge jusqu'à aujourd'hui

L'époque moderne est héritière de toute cette histoire. Mais elle l'est aussi de toute la culture qui s'est développée, en France comme en d'autres pays voisins, au temps de la Renaissance et de la redécouverte des *Antiquités*. Au siècle des Lumières aussi, et aux siècles suivants, au temps du positivisme, puis de ceux que l'on a appelés les Maîtres du soupçon : Marx, Nietzsche et Freud. Qu'on le veuille ou non, on ne peut lire la Bible aujourd'hui en faisant abstraction de cette histoire.

On date souvent la naissance de l'exégèse moderne des travaux de Richard Simon. C'est une simplification, mais de fait les recherches de Richard Simon marquent une date. C'est en effet à cet oratorien que l'on doit une *Histoire critique du Vieux Testament* (1678) et une *Histoire critique du Nouveau Testament* (1689), qui ont marqué un tournant dans le travail sur le texte biblique. Il faudrait joindre à son nom celui d'autres chercheurs, nombreux, en particulier dans l'univers anglo-saxon. Ainsi les découvertes importantes du XIXe siècle dans le domaine archéologique, en Mésopotamie et dans tout le Proche-Orient, le déchiffrement des hiéroglyphes avec Champollion, celui de l'écriture cunéiforme de Mésopotamie, ont-ils contraint à revoir certaines certitudes antérieures, trop simples.

Une certaine apologétique avait fait de la Bible en sa lettre l'expression d'une vérité recouvrant tous les domaines. L'affaire Galilée au XVIe siècle est restée dans les mémoires, comme un exemple de cette incompréhension et de cette coupure. L'Église a depuis adopté d'autres positions sur cette question du lien entre texte biblique et science. On a redécouvert l'importance des genres littéraires, appris aussi à situer le texte biblique face à d'autres textes, mésopotamiens en particulier, beaucoup plus anciens et apparemment identiques. Mais l'ensemble de ce travail a pris du temps. Le début du XXe siècle a connu le temps d'un divorce douloureux, la « Crise moderniste », dont on est lentement revenu. Il y a fallu du temps, des recherches, de la confrontation, le mouvement de l'histoire. Cet ensemble a peu à peu fait naître, en Allemagne d'abord, puis en France et en d'autres pays, ce que l'on a appelé

14. Voir par exemple sur le sujet O. Christin, *Les yeux pour le croire. Les dix commandements en images : XVe-XVIe siècle*, Paris, Éditions du Seuil, 2003.

la méthode historique ou *historico-critique*, dont on peut dater la naissance de la fin du XVIIIe ou plus largement du début du XIXe siècle [15].

Les grands événements à retenir dans ce domaine, sont l'encyclique de Léon XIII *Providentissimus Deus* (1893), puis celle de Pie XII, *Divino afflante Spiritu*, qui en marquait le cinquantenaire, et enfin le document encore récent de la Commission biblique : *L'interprétation de la Bible dans l'Église*, en 1993. L'encyclique de 1893 tentait de reformuler l'attitude croyante face aux découvertes nombreuses des décennies qui avaient précédé, et qui contribuèrent à ébranler de nombreux croyants. Ces découvertes, faites aussi bien en Sorbonne que dans les grands lieux de la recherche en Allemagne, se publiaient largement, comme cela se fait de la recherche scientifique. Les croyants cependant ne marchaient pas au même rythme. L'encyclique tentait de les rassurer, de les réconcilier aussi, mais de façon timide encore, avec ce courant de recherches nouvelles entrées désormais, qu'on le veuille ou non, dans l'air du temps. L'encyclique de 1943 prenait acte par contre beaucoup plus positivement et résolument, avec un peu plus de recul aussi – cinquante ans avaient passé –, de l'ensemble de ces recherches. De ce moment date l'exégèse moderne telle qu'elle se pratique dans l'Église aujourd'hui. Les années 1950 marquent sur ce point un tournant décisif. Le concile Vatican II devait le confirmer dans la constitution *Dei Verbum* en 1965.

Le document de 1993 (*L'interprétation de la Bible dans l'Église*) prend acte d'une avancée nouvelle de la recherche. Entre 1943 et 1993 ont en effet vu le jour de nombreuses méthodes ou approches dans la lecture des textes, les textes profanes comme aussi le texte biblique. Le document les énumère et les présente. Chaque méthode est ainsi présentée dans ses principes et sa démarche, puis évaluée, dans sa richesse mais aussi ses points faibles. Le document présente ensuite une réflexion sur l'herméneutique, avant que ne soient abordées les questions liées à la théologie, à la catéchèse et à la prédication. On gagnera à lire et même à travailler ce document majeur [16].

## Approcher du texte avec rigueur : différentes méthodes de lecture des textes

Nous venons de l'évoquer, si l'exégèse moderne est née, comme on le dit souvent, avec les travaux de Richard Simon, c'est vers la fin du XVIIIe siècle ou au début du XIXe qu'elle a pris corps. Cette période est riche des multiples découvertes faites en archéologie et en épigraphie. On déchiffre désormais les hiéroglyphes, mais aussi les cunéiformes, et les découvertes sont riches. On accède en effet aux textes mésopotamiens anciens, dans lesquels on découvre de lointains ancêtres de grands textes bibliques (en particulier les premiers chapitres de la Genèse). Ces découvertes ébranlent beaucoup les croyants. Mais

15. Voir ci-après la présentation de cette méthode p. 126-130.

16. Commission biblique pontificale : *L'interprétation de la Bible dans l'Église*, Paris, Éditions du Cerf, 1994. Texte complet également dans *La documentation catholique* n° 2085, du 2 janvier 1994.

les recherches se poursuivent et peu à peu se forge ce que l'on va appeler la méthode historique ou historico-critique.

## La méthode historico-critique [17]

Comme toute méthode, elle doit s'adapter au texte étudié, et les étapes que nous allons présenter sont parfois traversées dans un ordre différent. On comprendra vite qu'elles sont interdépendantes. La présentation des différentes étapes ne retrace donc pas le chemin obligé.

### *La critique textuelle*

La première démarche avant tout travail sur les textes (et quelle que soit la méthode employée) est l'établissement du texte dans le travail de critique textuelle. Il varie selon les textes. Parfois rapide, il peut demander plus de temps, selon l'importance des variantes et de leur impact sur la compréhension du texte à étudier.

### *La critique des sources*

On entend par *source* ou *tradition* une unité littéraire qui a une existence antérieure à celle qu'on lui connaît dans le texte où on la retrouve. La critique des sources cherche à établir si le texte étudié est de la main d'un seul auteur, ou s'il utilise des éléments ou des unités préexistants. Elle se propose donc de détecter ces sources et de tenter de les reconstituer ou de les identifier. Dans la pratique, cette étape ne peut être entièrement dissociée de la critique de la tradition et de celle de la rédaction. Nous les présenterons donc successivement.

Des doublets ou des répétitions à l'intérieur d'un même texte sont en général des indices de l'utilisation de sources ou de l'insertion éventuelle de matériaux déjà élaborés. Le travail d'observation est cependant facilité lorsque le texte étudié a des parallèles. Le cas le plus commun est le travail que l'on opère sur des textes synoptiques.

La présence d'un *texte parallèle* simplifie beaucoup l'identification et la reconstitution de la source. La démarche est alors la suivante :

On relève d'abord les similitudes et les divergences entre les textes parallèles, pour dégager ce qu'ils ont en commun. Se pose alors la question : Les deux dépendent-ils d'une source commune, ou bien l'un des deux utilise-t-il ou dépend-il de l'autre ? En ce cas, lequel des deux est premier ?

Si l'on peut penser que les deux auteurs travaillent indépendamment à partir d'une même source, le substrat commun permet de reconstituer cette source en tout ou en partie [18]. Pour identifier les ajouts ou les transformations de la source et les attribuer à l'un ou l'autre des rédacteurs, il faut élargir l'étude et vérifier en particulier le

17. Voir P. Guillemette et M. Brisebois, *Introduction aux méthodes historico-critiques*, Montréal, Fides, 1987, ou O. Mainville, *La Bible au creuset de l'histoire. Guide d'exégèse historico-critique*, Montréal, Paris, Médiaspaul, 1995 (une présentation très claire et pédagogique, reprise en substance dans ces paragraphes).

18. On trouverait un excellent exemple de ce travail dans J. Dupont, « Le message des Béatitudes », in *Cahiers Évangile* n° 24, Paris, Éditions du Cerf, 1978, p. 32-33.

vocabulaire. Est-il celui qu'utilise habituellement l'auteur ou non ? Le recours à la concordance est ici essentiel. Il permet d'identifier assez rapidement dans quel écrit ce vocabulaire est en situation, fréquemment employé et en quelque sorte congénital à l'écrit. De même sur le plan théologique : le trait observé est-il familier à l'auteur ou non ? S'il n'est pas en situation dans l'écrit étudié, il a toute chance d'avoir été emprunté. On vérifie alors s'il est mieux en situation dans l'autre écrit, l'autre évangéliste par exemple. Cet aspect du travail est très proche de la critique de la rédaction, sur laquelle nous allons revenir.

Le caractère composite de certains textes peut apparaître de façon presque évidente, à la lecture, en particulier quand on observe des répétitions, ruptures de style, incohérences, voire des contradictions. Ainsi, même sans la présence de textes parallèles, peut-on observer le « travail » interne du texte, ses tensions, la trace de sa rédaction progressive. Les indices sont relativement simples à observer :

*Les répétitions* : certaines paroles ou phrases se répètent à l'intérieur d'un même récit ou d'un même livre. On peut ainsi s'interroger sur le double récit de guérison d'aveugles en Mt 9,27-31 et 20,29-34. Matthieu n'a-t-il pas dupliqué un récit originalement unique dans la tradition ? Mais les répétitions peuvent intervenir dans le corps d'un même récit, signalant un travail de celui-ci dans son écriture.

*Les ruptures* : un récit est interrompu par une digression ou par un commentaire secondaire.

*Les tensions et les incohérences* : certains textes comportent des traits parfois difficiles à concilier, ou encore des contradictions littéraires ou théologiques.

*Le passage de la prose à la poésie et vice versa* : ainsi en Ph 2,6-11, il est clair que Paul introduit un passage poétique qui est étranger (préexistant) au corps de sa lettre.

*Les changements de style ou de vocabulaire* : ainsi le Prologue de Jean constitue une page solennelle qui marque l'ouverture du quatrième évangile. Il devrait donc constituer une clé de compréhension du reste de l'évangile, or Jésus n'est plus présenté sous la désignation du Verbe dans le reste de l'évangile.

*La tension entre le cadre d'un texte et son noyau* : ainsi Lc 24,36a – « Comme ils parlaient ainsi » – constitue une proposition d'introduction à la tradition de l'apparition aux Onze que Luc utilise et adapte. Elle renvoie à la finale du récit d'apparition aux disciples d'Emmaüs, où les disciples affirment être au courant que Jésus est ressuscité puisqu'il est apparu à Simon (24,33). Or, dans le récit suivant, ils semblent ignorer totalement qu'il est ressuscité (24,37.41).

### L'examen des sources

– Il prévient l'attribution à un auteur d'une pensée qui n'est pas la sienne. La critique des sources permet ainsi de comprendre la cohabitation de différents courants à l'intérieur d'un même livre. Il permet par là d'échapper à la tentation de vouloir harmoniser à tout prix des informations divergentes.

– Il permet de comprendre le développement de la pensée

théologique dans le christianisme primitif. Ainsi, par exemple, le fameux retard de la parousie chez Paul : ses premiers écrits affirment la fin des temps toute proche, et le retour du Seigneur. Mais il lui faut ensuite composer avec le délai de ce retour. On parvient alors à une compréhension théologique plus juste de la pensée de Paul.

### *L'histoire de la tradition ou de la transmission*

La ligne de démarcation entre la critique des sources et l'histoire de la tradition est ténue. Elle le sera aussi entre l'histoire de la tradition et celle de la critique de la rédaction. L'étude de l'histoire de la tradition est également largement tributaire de l'étude du genre littéraire et de la détermination du milieu de vie qu'elle permet. On pourra s'y reporter.

Dans cette phase de l'analyse, on tente de retracer l'évolution suivie par la tradition ou la transmission de ce que nous recevons comme un texte construit. D'où vient-il ? Comment et pourquoi s'est-il transformé ? Nous venons d'évoquer l'évolution de la pensée de Paul, le même travail pourrait être fait sur la transmission des *logia*, des paroles de Jésus, qui apparaissent de façon différente dans les évangiles. Peut-on cerner la parole originale ? Et pourquoi a-t-elle été ainsi transformée dans sa transmission ? Dans cette transformation, on voit apparaître en général des éléments qui reflètent la vie de la communauté qui transmet cette tradition [19].

### *Histoire de la rédaction*

L'étude de l'histoire de la rédaction s'intéresse à la forme finale du texte. La tâche consiste à repérer le travail opéré par un auteur sur les matériaux qu'il reçoit de la tradition : modifications ou remaniements, lieu de leur insertion dans son propre ouvrage, etc. L'objectif est toujours de tenter de comprendre les intentions théologiques sous-jacentes à l'activité rédactionnelle d'un auteur. Quel est son projet ? Toute péricope étudiée doit ainsi être resituée dans l'ensemble plus vaste dont elle provient et auquel elle appartient. Elle prend alors sens différemment, enrichit ou élargit l'horizon de son sens.

Le travail de la critique rédactionnelle bénéficie du travail réalisé dans la critique des sources, qui permettait d'isoler le noyau de la tradition des ajouts propres à chacun des rédacteurs. Ceux-ci peuvent être de plusieurs ordres : les corrections de type simplement stylistique, des ajouts ou omissions, des adaptations éventuelles de la tradition à la communauté des lecteurs visés, des modifications dans l'ordre de certaines séquences traditionnelles (voir la parabole des invités au festin en Mt 22 et Lc 14), la mise en séquence d'éléments reçus de la tradition (*logia* primitivement indépendants par exemple) et assemblés par des mots-crochets, le changement de cadre géographique pour une meilleure intégration contextuelle de la source. Chacune de ces modifications répond à un souci de l'auteur ou à son projet théologique. Ainsi, pour tout élément d'un texte, on pourra s'interroger sur le projet

19. J. Schlosser – *Jésus de Nazareth*, Paris, Noésis, 1999 » – présente une étude exemplaire sur cette question.

qui apparaît dans les choix rédactionnels faits. Comment s'inscrit-il dans le projet d'ensemble du livre, dans un projet théologique ? L'ensemble des études menées sur un même livre permet de mieux cerner à son tour ce projet.

La critique de la rédaction, en plus de revaloriser la forme finale du texte, permet, en quelque sorte, une synthèse des résultats recueillis au cours des autres étapes de l'analyse historico-critique. Elle réhabilite également le rédacteur dans sa double fonction d'auteur et de théologien que, dans une certaine mesure, l'étude morcelée de ses textes lui avait ravie. Elle met en relief l'originalité de son œuvre tout en l'inscrivant dans la grande chaîne de la transmission de la révélation.



### L'étude du genre littéraire

La catégorie de genre littéraire désigne des unités de textes ou des ouvrages ayant une forme commune. On a parfois parlé de l'étude des formes plutôt que du genre littéraire, mais on privilégie aujourd'hui la deuxième de ces appellations, estimant que le genre littéraire est précisément déterminé par sa forme. Il s'agit donc d'identifier cette forme, afin de déterminer le genre d'un écrit, ce qui amène à identifier aussi son milieu de vie, car l'emploi d'un genre littéraire répond à une situation ou à un besoin existentiel et social spécifique. On utilise en effet des textes d'un même genre littéraire en des situations analogues. Le genre littéraire s'inscrit dans une pratique, un lieu social.

On pourra se reporter plus bas [20] au passage qui traite des genres littéraires du Nouveau Testament. Retenons ici que pour identifier un genre littéraire il faut identifier sa structure : un même cadre, une même mise en scène, un même type de personnages ou de dialogues, une même structure de déroulement. Une identité, donc, de scénarios et de contenus, une parenté de structure d'expression, de procédés littéraires, des formules quasi stéréotypées. C'est l'ensemble de ces traits qui contribue à définir un genre littéraire.

On recherche dès lors le type de situation ou d'expérience qui a pu donner naissance à un genre littéraire particulier ou qui a motivé son emploi. Cela revient à établir ou tenter d'identifier le contexte historique, communautaire ou sociologique sous-jacent à l'utilisation d'un genre littéraire et à préciser le rôle qu'on lui a attribué. Si cette tâche demeure difficile, on peut néanmoins poser au texte certaines questions susceptibles d'éclairer la *recherche du « milieu de vie »* (ou *Sitz im Leben*). Les premières relèvent de l'observation du texte : Qui parle ? À qui parle-t-on ? Quelle est la situation à partir de laquelle on parle ? Quel est l'effet recherché ? Quelle est la conséquence des paroles prononcées ? D'autres débordent le strict contenu du texte : À qui le texte peut-il servir (groupe ou individu) ? Dans quel contexte un tel texte a-t-il pu être composé et transmis ? Quelle fonction le texte peut-il avoir dans le groupe où il est utilisé ?

Il s'agit donc, dans cette phase de l'analyse, d'identifier le genre littéraire du texte ainsi que le terreau sociologique qui lui donne

20. Voir plus bas, p. 149-153, « Les grands genres littéraires présents dans le NT ».

naissance. Comme l'écrivait P. Benoît, « le genre littéraire d'un ouvrage est la clé qui nous en livre l'intelligence ». L'identifier aide à éviter certaines erreurs de lecture, de type fondamentaliste (par exemple une lecture trop immédiate et actualisante de l'Apocalypse, comme celle que l'on trouve dans certains mouvements de type sectaire).

La compréhension d'un texte est, on le voit, grandement conditionnée par l'identification adéquate de son genre littéraire. Ainsi, lorsqu'en Ga 1,15-16 Paul use d'une forme analogue à celle de Is 49,1.5-6 et de Jr 1,5 pour parler de sa vocation, il indique de ce fait qu'il la comprend dans la ligne de l'appel prophétique.

### *L'approche comparative*

L'approche comparative vise à mettre en parallèle les textes bibliques et les textes extra-bibliques anciens qui ont utilisé des genres littéraires identiques. En tenant compte des *ressemblances* et des *dissemblances* entre ces deux catégories de textes, elle cherche à discerner les influences littéraires que les secondes ont pu exercer sur les premières. Cette approche s'inscrit en quelque sorte dans le prolongement de la critique du genre littéraire, mais pose aussi inévitablement la question des rapports entre la littérature biblique et la littérature ancienne contemporaine. Les auteurs bibliques, en effet, n'ont pas créé leurs modèles littéraires de toutes pièces, mais ils ont puisé à ceux déjà existants et s'en sont inspirés, ont travaillé selon les mêmes modèles. Ce travail pose en termes renouvelés les questions touchant à l'inspiration du texte biblique et à son originalité. L'exégèse et la théologie ont depuis longtemps reçu ces questions. Déroutantes il y a quelques décennies, elles ont été et sont stimulantes.

La méthode historique ou historico-critique peut sembler parfois austère. Elle est et demeure pourtant essentielle. Elle permet en effet de voir comment l'acte de foi d'un peuple s'est articulé à travers l'histoire, comment la foi s'est inscrite et exprimée dans l'histoire. Cet enjeu est essentiel. Il touche à un point central de la foi : l'incarnation et la révélation de Dieu au cœur de l'histoire.

## Le XXe siècle et l'apparition de nouvelles méthodes

Le XXe siècle a été marqué par la méthode historico-critique. Pourtant, deux autres méthodes sont nées au fil de ce siècle, dans les années 1960 ou 1970. L'une, d'abord appelée analyse structurale et plus communément aujourd'hui sémiotique, a peu à peu grandi parallèlement à la méthode historique. L'autre, la nouvelle critique littéraire ou narratologie, est née presque au même moment, mais de génération beaucoup plus rapide sinon spontanée. Nous présenterons ici ces deux méthodes, pour évoquer ensuite seulement plusieurs autres voies d'approche des textes.

### *La sémiotique et l'émergence du sujet*

Peut-être faut-il d'abord affirmer avec netteté que la sémiotique n'est pas ce que l'on croit, ni du tout ce que l'on en a dit parfois très hâtivement, dans des clichés excessifs qui permettaient de ne pas entrer dans la méthode. Certes, le structuralisme des années 1970 a manié des concepts et un vocabulaire souvent très ardus et complexes, austères à l'envi. Ce fut la première vague d'une méthode qui a considérablement évolué depuis.



La sémiotique trouverait ses racines ou son origine au début de ce siècle. Lointainement, dans les recherches de Ferdinand de Saussure sur le langage. De façon un peu plus proche, dans la fameuse *Morphologie du conte* de Vladimir Propp (1re édition 1928) [21], qui observait les structures de fonctionnement des contes russes. C'est aussi de structures de fonctionnement, anthropologiques cette fois, que Claude Lévi-Strauss traita longuement tout au long de son œuvre. Ce qui allait devenir le structuralisme doit beaucoup à ses travaux. Cette mouvance allait peu à peu offrir le terrain d'éclosion de la sémiotique, nouveau nom de ce que l'on appela le structuralisme, réalité peu à peu nouvelle aussi. L'ensemble des recherches de P. Ricœur publiées en particulier sous le titre *Temps et récit* [22] contribua à façonner encore la méthode. C'est en 1969, dans un congrès de l'A.C.F.E.B. (Association catholique française pour l'étude de la Bible) consacré aux méthodes de lecture de la Bible, que la sémiotique – encore appelée structuralisme – commencera à être appliquée à la Bible. En France, c'est le C.A.D.I.R. (Centre d'analyse du discours religieux) de Lyon qui en sera le fer de lance. On lui doit un ensemble important de travaux et des recherches qui ont fait considérablement évoluer la méthode.

Le travail sur les textes commence ou commençait, car la méthode évolue, par l'observation des figures (ce qui se donne à voir, qui se laisse représenter), pour mener à celle des thèmes mis en œuvre et de l'axiologie, c'est-à-dire du système de valeurs peu à peu mis au jour dans les textes. On respectait ainsi l'organisation du sens, qu'il était possible de vérifier dans le tracé du fameux « carré sémiotique ». Il n'était ni le but, ni le fin du fin de la méthode, mais une façon de constater ou de vérifier le fonctionnement du sens dans le texte. On s'attachait, alors ou chemin faisant, à l'étude de l'énonciation, à partir de points d'observation aussi simples mais essentiels que les personnages, l'organisation du temps et de l'espace. C'est en particulier là que pouvaient être saisies les traces de l'énonciation du récit, la trace du narrateur et du point de vue qu'il offrait au lecteur. Ce travail sur les structures de signification ou de mise en signification des récits postulait l'indépendance et le primat du texte seul.

La sémiotique s'est aujourd'hui considérablement ouverte en direction des sciences humaines et en particulier de la psychanalyse lacanienne, attentive à l'émergence du sujet dans le langage, attentive à la question : « Qu'est-ce qui se dit quand l'homme parle ? » La sémiotique s'attache aujourd'hui tout particulièrement à l'étude des figures ou de la dimension figurative des textes, comme lieu où se laisse percevoir

21. V. Propp, *Morphologie du conte*, Paris, Poétique/Seuil, 1965 et 1970.

22. P. Ricœur, *Temps et récit*. I. *L'intrigue et le récit historique*, Paris, Éditions du Seuil, 1983 ; – II. *La configuration dans le récit de fiction*, Paris, Éditions du Seuil, 1984 ; – III. *Le temps raconté*, Paris, Éditions du Seuil, 1985.

de façon privilégiée le sujet qui parle, comme lieu d'émergence aussi du sujet dans son propre acte de lecture. Est née, en ce sens, la notion d'espace « figural ». Elle désigne la trajectoire que dessinent dans un récit un certain nombre de figures qu'il est impossible d'apprivoiser ou d'identifier simplement, qui résistent et contraignent le lecteur à y voir l'expression d'autre chose – peut-être, dans sa discrétion, la trace de ce sujet parlant.

On doit à J. Calloud plusieurs articles importants sur la transformation de la méthode sémiotique et les horizons nouveaux qu'elle ouvre. Le mieux est de lui emprunter ici quelques paragraphes, pour tenter d'éclairer cette approche [23] :

« Les figures, écrit-il, interviennent [dans le récit] de manière ponctuelle mais insistante. C'est la réitération des figures qui fait chaîne ou produit un effet d'enchaînement. Dans un même récit parfois. Dans la série des récits, quand elle existe, toujours. Il ne s'agit plus de voir se constituer une histoire suivie, sur une période plus ou moins longue, mais de relever divers traits qui ont en commun de ralentir, d'interrompre ou d'obscurcir la narration. Ce qui se produit une fois, s'il s'agit d'une véritable figure, se reproduit, revient, forme un réseau d'obstacles, se déplace, se déforme, insiste. Trois fois l'Ange barre la route à Balaam, jusqu'à ce qu'il se décide à entendre. »

« La dimension figurative des textes a plus à voir avec le voilement qu'avec la manifestation. Il s'agit avant tout d'inscrire dans le tissu textuel une chose qui ne fait pas partie des choses directement rapportées, racontées, décrites. De l'y inscrire vraiment, de telle manière qu'elle puisse être par la suite reconnue comme ayant été déjà dite, mais de la garder secrète jusqu'au temps de l'accomplissement. À la figure, étrange produit de l'activité parlante des humains, revient ainsi le soin de montrer et de cacher à la fois, de dire et de taire, de manifester et de voiler ce qui, devant être tu, ne le peut, avec quelque chance d'être tout de même par quelques-uns trouvé et un jour entendu, qu'à la condition expresse d'être signalé comme tel. Nous voulons dire signifié comme autre chose par rapport à ce qui est directement et franchement déclaré, décrit, raconté. La figure trouve là sa place : à la surface du champ, parmi les perles, dans les choses dites, suffisamment semblable (figurativement) pour passer inaperçue, assez étrangère (figuralement) pour faire ombre en un point et en appeler à un autre système de corrélations. »

« Deux précisions sont nécessaires, ajoute J. Calloud : l'une concerne la rupture avec le signifié ; l'autre, l'affinité avec le sujet. » En effet, « La dimension figurative invite à passer du récit à ce qui s'énonce comme parole, de l'histoire racontée à ce dont il est parlé, mais ce passage est moins un pas à faire qu'une course pour saisir, une ligne à franchir qu'un chemin où marcher. Il est la demeure où advient le sujet... »

On ne décrira pas plus la méthode sémiotique. Y entrer suppose un réel travail. On peut cependant apercevoir ici la richesse de cette

23. Voir en particulier « Le texte à lire », in C.A.D.I.R., L. Panier (éd.), *Le temps de la lecture. Exégèse biblique et sémiotique*, Paris, Éditions du Cerf, 1993, p. 31-63. Les citations reproduites ici proviennent des pages 53, 49, 58 et 55.

approche en prenant comme exemple l'entrée de Jésus à Jérusalem dans Matthieu (Mt 21,1-17) [24].

Comme tout récit, celui-ci s'entend, s'écoute et se comprend presque facilement. Un enfant, à la simple lecture, le comprend. Du moins pourrait-on le penser. Pourtant, après lecture attentive, un certain nombre de traits étonnent, et le lecteur est amené à s'attarder et à s'interroger. Ainsi, comment ou à qui identifier la « fille de Sion » dont parle le récit, et à laquelle il est « dit » de « dire » que son roi vient à elle « humble et monté sur un ânon, le petit d'une ânesse » ? Le texte parle un instant après du « Fils de David », tandis qu'au passage la présence de l'ânesse – propre à Matthieu – soulignait la nature de l'autre animal, un ânon, le petit d'une bête de somme. Quand Jésus entre dans le Temple, il y trouve des enfants criant – comme les foules sur le chemin – : « Hosanna au fils de David ! » À la question des grands prêtres et des scribes à Jésus : « Entends-tu ce qu'ils disent ? », Jésus répond par la citation du Psaume 8, « N'avez-vous jamais lu : "de la bouche des tout-petits et des nourrissons [littér. des enfants à la mamelle], tu t'es ménagé une louange" ? »

Le récit présente ainsi de curieuses figures d'engendrement, de filiation, de naissance ou peut-être de renaissance. Chacune de ces figures a fait couler beaucoup d'encre. Pour tenter de justifier la présence des deux animaux, on a imaginé Jésus assis sur l'ânesse, les pieds posés sur l'ânon. Interprétation audacieuse sinon dérisoire. On semblait plus assuré sur la reconnaissance de la fille de Sion (que l'on relise les prophètes et les Psaumes) et du fils de David (les études ne manquent pas). Mais que dire de la présence des enfants dans le Temple ? Les tentatives d'explication de ce détail insolite et apparemment non compatible avec ce qui est connu des usages du Temple n'ont pas manqué.

L'ensemble de ces figures résistent à une compréhension ou à une identification trop rapides. Or, mises en série, elles semblent tracer l'itinéraire d'une filiation, d'un engendrement, d'une naissance ou d'une renaissance, puisque la dernière figure (la citation du Ps 8) nous ramène aux nourrissons et au sein maternel ! Ainsi semble s'organiser cet espace figural, ce discret lapsus du narrateur, qui semble tracer – est-ce vraiment malgré lui ? – une seconde histoire, dans le filigrane de celle que l'on croit écouter. Dans la lecture advient le sujet, instauré par la lecture même en situation de naissance, ouvert lui-même à la filialité.

Une autre figure, celle de la parole, trace elle aussi ou complète cet itinéraire. Elle est perceptible à la redondance dans le récit du verbe dire, souligné par d'autres expressions telles que « il est écrit », « n'avez-vous jamais lu ? ». La citation d'accomplissement des versets 4-5 est la plus étonnante peut-être : « Ceci advint pour que s'accomplît l'oracle (*to rhèten*) du prophète (*pro-phémi*), disant : "Dites à la fille de Sion : Voici que ton Roi vient à toi…" » Enchaînement ou cascade de paroles dites pour être redites, annoncées et finalement entendues, du moins l'aimerait-on. Un instant après, Jésus est acclamé par les foules comme

24. Voir J. Nieuviarts, *L'entrée de Jésus à Jérusalem (Mt 21,1-17) : messianisme et accomplissement des Écritures en Matthieu*, Paris, Éditions du Cerf, « Lectio Divina » n° 176, 1999.

fils de David, Messie, puis, sur la question de la ville en « séisme », comme « prophète de Galilée ». N'est-ce pas là souligner qu'il est véritablement et profondément porte-parole de Dieu ? Comment dès lors refuser sa *parole* ? Mais Jérusalem est la ville qui tue et lapide les « prophètes » (que l'on relise tout le chapitre 23 de Mt). Le sort de Jésus semble scellé. Pourtant, dans le conflit qui l'oppose aux grands prêtres et aux pharisiens, Jésus sera en quelque sorte protégé de ceux qui veulent attenter à sa vie... et à sa parole, par les foules, car elles le tiennent pour un prophète.

Le lecteur, dans cet itinéraire, n'est-il pas lui-même invité puissamment à entendre la parole... et à la mettre en pratique, comme l'y exhortait précisément la fin du Sermon sur la montagne (Mt 7,24-27) ? Le lecteur est peut-être invité en définitive, au croisement des figures, à *renaître* de la *Parole*, par son écoute. Tel est probablement l'un des enjeux profonds du récit, qui semble bien superposer, avec discrétion et vigueur, deux histoires : celle de Jésus, mais aussi celle de l'homme engendré par sa lecture.

C'est l'attention portée aux figures du texte et à leur résistance à une explication trop simple par assimilation à des connaissances déjà acquises, qui permet de relire différemment le texte. C'est l'un des enjeux aussi de la sémiotique, dont nous n'avons pas présenté ici une analyse, mais quelques-uns des résultats.

### *L'analyse narrative ou la redécouverte du récit*

La « nouvelle critique littéraire » est née aux États-Unis vers la fin des années 1970, d'une rencontre, peut-être pour une part fortuite mais heureuse, entre les méthodes de l'analyse littéraire et celles de l'exégèse. La collaboration entre des tenants des deux disciplines a contribué à ouvrir une nouvelle voie d'approche du texte biblique, sensible à la narrativité – l'art de raconter – et au lecteur. On pourra retenir quelques grands noms, en particulier celui de Ricœur, dont la pensée a marqué profondément cette approche, ou celui aussi de R. Alter, pour ne citer que les principaux. La liste sinon serait longue, car les tenants de la méthode narrative sont aujourd'hui nombreux [25].

L'analyse narrative s'attache à identifier et analyser les moyens mis en œuvre par un récit – une narration – pour agir sur le lecteur. Le récit travaille le lecteur et déploie en ce sens ce que l'on a pu appeler une « stratégie narrative ». L'analyse narrative s'emploie à l'identifier, en étant attentive à plusieurs aspects que nous pouvons rassembler de façon assez simple.

En effet, on le mesure mieux aujourd'hui, le **récit** est une construction qui ne vise pas à être ni ne peut être un calque de la

25. On trouvera une présentation intéressante dans le livre de D. Marguerat et Y. Bourquin, *Pour lire les récits bibliques*, Labor et Fides, Novalis, Éd. du Cerf, 1998. Voir encore J. L. Ska, J. P. Sonnet, A. Wénin, « L'analyse narrative des récits de l'Ancien Testament », in *Cahiers Évangile* n° 107, Paris, Éditions du Cerf, 1999 ; P. Bühler et J. F. Habermacher (éd.), *La narration. Quand le récit devient communication*, Genève, Labor et Fides, 1988. Voir aussi Marcel Dumais, « La critique narrative », in J. Duhaime et O. Mainville (éd.), *Entendre la voix du Dieu vivant : interprétations et pratiques actuelles de la Bible*, Montréal, Médiaspaul, 1994, p. 189-199, dont je m'inspire pour cette présentation.

réalité. Tel n'est pas son but ou sa visée, qui est de communiquer, d'agir sur le lecteur, peut-être de le transformer. Le récit organise ou compose en ce sens, de façon libre, temps, espace et personnages, qui ne sont pas tenus à être une copie du temps, de l'espace et des personnages observables dans la réalité. Pour le dire en d'autres termes, le récit est l'histoire telle qu'elle est racontée, celle que le lecteur d'un ouvrage a sous les yeux.



Ce qui vient d'être dit implique que l'on opère, à propos d'un texte, une distinction entre ce que la narratologie désigne comme l'***auteur** réel*, l'*auteur impliqué* (ou *implicite*) et le ***narrateur***. L'auteur réel est la personne qui a réellement écrit le récit. C'est l'auteur historique du texte. L'auteur « impliqué » ou « implicite » (*implied author* en anglais) est, dit-on parfois, la manifestation textuelle de l'auteur réel. Il représente la somme des choix faits par l'auteur réel dans son récit. Ce qui signifie en clair qu'il est l'auteur tel que l'on peut l'identifier ou l'inférer, à partir du récit. Il serait en quelque sorte le portrait que l'on est en droit de se faire à la lecture : pour écrire ainsi, l'auteur doit être ce genre de personne, s'inscrivant dans tel ou tel horizon de préoccupations, dans telle ou telle culture. Cet auteur impliqué peut en ce sens être différent d'une œuvre à l'autre produites par le même écrivain. Qui par exemple pourrait deviner, en lisant *Le nom de la rose*, l'identité de son auteur ? Quant au narrateur, il est la voix qui raconte l'histoire et s'adresse au lecteur. Il est la voix qui parle dans le texte, parfois à la première personne, souvent à la troisième, souvent aussi sans que l'on ait le sentiment de sa présence : l'histoire est racontée et l'on pense être « en direct ». Il semblerait presque que personne ne parle. Mais il y a en fait toujours un narrateur.

Dans le cas des évangiles nous ne savons à peu près rien ou nous mesurons que nous savons si peu de leurs auteurs réels. Par contre, à partir du texte, nous pouvons dégager les traits de « l'auteur impliqué », celui qui seul compte, en fait, pour l'interprétation. Ainsi par exemple, le texte de Luc, très nourri de références à la Septante, l'analyse le montre, laisse apparaître l'identité d'un homme qui connaît bien ce texte, de même que son évangile montre sa proximité d'une communauté de pauvres. Si l'histoire nous laisse éventuellement sur notre faim quant à l'identité réelle de Luc, le texte que nous lisons trace les traits de son portrait de façon sûre : il est ce type d'homme, identifiable ainsi.

Dans presque tous les récits bibliques, précisons-le, l'auteur impliqué et le narrateur se confondent en pratique. De même que le narrateur apparaît presque toujours omniscient. Il sait ce qui se passe dans plusieurs lieux à la fois et ce que pensent les personnages – même Dieu ! Ainsi le lecteur en sait-il souvent plus que les personnages du récit, ce qui le met en position, sans qu'il en soit conscient, de juger des personnages, de se situer à leur place autrement qu'eux. Ainsi le récit travaille-t-il son lecteur.

Une troisième notion clé est la *mise en intrigue* du récit ou sa construction. On distingue habituellement les étapes suivantes dans une intrigue : l'exposition, la complication, la crise ou le tournant (certains reprennent ici facilement le mot anglais *climax*), la résolution et le dénouement. En Marc, on peut ainsi distinguer les différentes étapes suivantes : l'exposition (1,1-13), la complication (1,14 – 8,21), la crise ou le *climax* (8,31 – 13), la résolution (14 – 15,39), le dénouement (15,40 – 16,8).

Certaines intrigues sont davantage centrées sur l'action (on parle d'intrigues de résolution), d'autres, sur un personnage (intrigues de révélation). Les évangiles relèvent en général de la seconde catégorie : l'intrigue de révélation. Les quatre évangiles racontent en effet la même histoire (schématiquement la même « action ») mais dans une organisation d'ensemble (ou intrigue) très différente de l'un à l'autre.

Une bonne intrigue comporte habituellement des « brèches » (*gaps* en anglais), c'est-à-dire des « blancs » dans le texte. Ceux-ci sont importants puisqu'ils provoquent le lecteur à compléter le texte ou à imaginer, ce qui le fait partir en quelque sorte dans une direction qui ne sera peut-être pas celle adoptée finalement par le récit. L'auteur ramènera le lecteur ou le conduira peut-être ailleurs. Mais le lecteur aura voyagé en imagination pendant ce temps, il aura construit et se sera construit momentanément dans un autre récit. Ces errances du lecteur constituent un travail intérieur par lequel le récit le travaille encore. Le narrateur rappellera alors à ce point où il l'avait laissé. À l'inverse, il peut orienter la lecture en donnant d'emblée des informations qui ne seront développées que beaucoup plus tard dans le récit. Ayant reçu ces informations, le lecteur sera placé en tension, en suspens, jusqu'au moment où le récit reprendra le cours de cette narration interrompue. Ainsi, pour ne prendre qu'un exemple, les évangiles précisent-ils à propos de Judas, au moment où Jésus choisit les Douze, que c'est « celui qui le livra » ou le livrerait (Mc 3,19 et par.). Le lecteur peut-il ignorer dès lors que Jésus marche vers un futur lourd de menaces ? Peut-il regarder Judas autrement que dans la préoccupation de vérifier s'il est bien celui-là ? Toute l'action éventuelle de Judas dans la suite du récit sera jugée, même inconsciemment, à cette aune.

La révélation de l'identité de Jésus, dans les évangiles, s'opérera de façon privilégiée selon cette technique narrative des brèches ou des blancs, des incertitudes aussi, dans le récit. Ainsi, Jésus est-il prophète ou messie ? Fils de l'homme ou fils de Dieu ? Le récit ouvre tour à tour, ou croise éventuellement, ces différents aspects, plaçant le lecteur en situation de poursuivre chacune de ces lignes de révélation. Le lecteur parfois tranchera, quitte à voir ce jugement éventuellement révisé par la suite du récit. Ayant échafaudé telle ou telle lecture, le lecteur ne ressortira pas indemne, à terme, de sa lecture. D'une certaine façon, elle devient catéchèse [26].

L'ensemble du récit repose bien sûr sur l'apparition et l'interaction des **personnages**. Ils sont au cœur de la construction de l'intrigue. Un personnage est défini par un ensemble de traits, c'est-à-dire d'éléments relativement stables. On appelle « caractérisation » la constitution du personnage par le récit. Chaque personnage s'y révèle, de différentes manières, par ses actes et ses paroles, par les noms qu'il reçoit,

26. Pour tout ce paragraphe, voir p. 143 l'encadré « Méthodes et approches pour l'interprétation ».

par les commentaires du narrateur ou d'autres personnages, par le contraste que le récit établit aussi avec d'autres personnages. C'est à travers l'ensemble de ces procédés que sont construits narrativement les personnages, de façon un peu schématique, selon deux types. Les personnages « pleins » (*round* en anglais », ce qui amène certains à parler, un peu improprement, de personnages « ronds ») possèdent plusieurs traits : ils apparaissent complexes, imprévisibles, et par conséquent plus réels. Ainsi Jésus dans les évangiles. À l'opposé, les personnages « plats » (*flat* en anglais) sont construits autour d'un seul trait et semblent unidimensionnels. C'est ainsi que les pharisiens apparaissent souvent défavorablement, proches de la critique d'hypocrisie qui leur est plusieurs fois adressée dans les évangiles. Ce serait aussi le cas des « Juifs » incrédules dans l'évangile de Jean. Selon leur place dans l'intrigue, on distingue aussi les personnages héros ou protagonistes et les personnages « repoussoirs », dont le rôle, narrativement, est de faire ressortir les qualités des autres personnages.

L'auteur choisit l'angle sous lequel il présente intrigue et personnages. On parle ici de « **point de vue** », ou encore de « perspective » ou de « focalisation ». Le point de vue est l'angle sous lequel une histoire est racontée. Celui-ci s'inscrit de différentes manières dans le récit : jugement discret prononcé par le narrateur ou encore l'un des personnages, éléments invitant à adopter un point de vue comme meilleur, plus agréable, ou connoté positivement, plutôt qu'à l'opposé un autre, présenté comme plus défavorable. Ainsi, pourquoi le lecteur préfère-t-il s'identifier éventuellement au publicain plutôt qu'au pharisien, du moins à la fin de la parabole racontée par Jésus (Lc 18,9-14) ? Ou encore, pourquoi dans les récits de Résurrection adopte-t-on le point de vue de l'ange plutôt que celui des femmes ou des disciples affolés ou gagnés par le doute ? Il faudrait relire attentivement les récits et voir les éléments qui y invitent, discrètement mais vivement. Cependant, au cours d'un même récit, on peut aussi assister à des changements de point de vue. Cela même contribue au voyage des possibles proposé au lecteur.

L'étude du point de vue contribue à mettre en lumière la pensée d'un auteur et les choix qu'il propose comme les meilleurs, invitant le lecteur à les suivre ou à les adopter dans son acte de lecture. Dans son application à la Bible, elle permet d'entrer dans la dimension profonde du texte et de la mettre en lumière.

Parallèlement à la notion d'auteur impliqué s'est constituée la notion de « **lecteur impliqué** », que l'on ne peut confondre avec le lecteur réel, historique. Il s'agit d'une instance littéraire. L'auteur en fait indique par différents signaux à ses lecteurs potentiels comment entrer dans la visée du récit. Le lecteur impliqué est en quelque sorte le lecteur idéal, correspondant au portrait type du lecteur tracé en filigrane du texte, par son écriture même. Il serait possible de reconstituer le portrait du lecteur impliqué en inventoriant les compétences que le récit requiert pour bien le lire : connaissances, prédispositions, attitudes, etc. Ainsi, le lecteur impliqué ou lecteur type de l'évangile de Luc serait quelqu'un connaissant la Bible et capable de saisir les allusions soignées mais discrètes que Luc fait aux Écritures dans la rédaction de son texte. Ce serait l'un des traits de ce lecteur. Et l'on pourrait multiplier les exemples. Ainsi, plus largement, seule une attitude de croyant permet d'assumer pleinement le rôle de lecteur impliqué présupposé par les textes bibliques.

L'étude du rapport réciproque entre le texte et le lecteur est, dans le champ de l'analyse narrative, l'un des lieux importants de l'investigation aujourd'hui. On parle ainsi, dans le monde anglophone, de *reader-response criticism*. L'expression est difficile à traduire. On pourrait parler de structures d'appel au lecteur repérables ou lisibles dans les textes. Ceux-ci sont ici envisagés comme acte de communication et l'on s'interroge sur les signaux émis par l'auteur à l'intention du lecteur. Le texte appelle ou invite le lecteur à prendre parti dans l'interprétation, à entrer dans le monde du récit, comme le font de façon discrète les paraboles de Jésus. Le lecteur n'est jamais ou rarement neutre. Cet aspect de l'analyse en prend acte.

On mesure l'apport de l'analyse narrative. Les notions d'auteur et de lecteur y apparaissent sous un jour nouveau. Le questionnement traditionnel sur l'auteur réel, historique, des textes, se trouve déplacé. La lecture des textes n'interroge plus sur le passé de l'écriture du texte, mais sur le présent de sa lecture. R. Alter est l'un de ceux qui, avec P. Ricœur, ont mis le plus en relief la ressource proprement théologique de l'analyse narrative. Le récit biblique est, par nature, une invitation existentielle adressée au lecteur. Il met en scène aussi le projet de Dieu dans son affrontement à ce que R. Alter appelle la « récalcitrance humaine ».

**_Projet de Dieu et récalcitrance humaine_**

« C'est précisément la composition narrative, l'agencement des faits dans l'intrigue, qui véhiculent, ou mieux fomentent, l'interprétation théologique. [...] C'est de la saisie la plus parfaite de l'art littéraire que procède la perception la plus aiguë de la visée théologique. [...] Le texte vise à communiquer la conviction que le dessein divin, bien qu'*inéluctable*, ne se réalise que par le truchement de [...] la récalcitrance humaine. [...] Prenant le problème par l'autre bout, on pourrait dire qu'une théologie qui affronte *l'inévitabilité* du dessein divin avec la *récalcitrance* des actions et des passions humaines est une théologie qui engendre du narratif, mieux : une théologie qui appelle le mode narratif comme son mode herméneutique majeur, et cela en vertu du caractère paradoxal et, pourquoi ne pas le dire, aporétique d'une telle théologie qui ignore la dialectique spéculative. [...] L'important reste le caractère approprié de ces techniques narratives par rapport au problème herméneutique de la collusion entre l'inévitable dessein divin et l'imprévisible contingence humaine [27]. »

Le succès que connaît aujourd'hui la méthode narrative est important et justifié. La perte de l'analyse historique poserait pourtant question, en raison même de l'enracinement historique de la Parole de Dieu

27. P. Ricœur, « Le récit interprétatif. Exégèse et théologie dans les récits de la Passion », in *RSR* n° 73, 1985, p. 18-19.

et de la Révélation, de la rencontre entre Dieu et les hommes. Mais, on l'aura perçu, les enjeux de chacune des méthodes ne sont pas exclusifs. On plaiderait volontiers pour la complémentarité des méthodes. De surcroît, il demeure important de s'interroger : par définition, en effet, la méthode narrative s'attache à l'analyse des récits, par opposition à discours. Le récit raconte, à la troisième personne. Le discours est un échange de parole entre deux locuteurs, un *je* ou un *nous* / un *tu* ou un *vous*. La méthode narrative cède le pas, dans le deuxième cas, à l'analyse rhétorique, même si dans un récit peut s'insérer un dialogue, qui relève encore de l'analyse narrative. Ces observations inviteraient à vérifier quels textes sont privilégiés dans le travail exégétique. L'emploi de la méthode narrative comme méthode unique signifierait peut-être que l'on privilégie les récits, au détriment des discours (oracles des prophètes, lettres de Paul...), une forme de langage qui invite à entrer dans une histoire, plutôt que de la raisonner. Une question à se poser.

Pour mieux entrer dans la méthode narrative, prenons deux exemples : Jn 21 et le récit des disciples d'Emmaüs en Lc 24.

Au chapitre 21 de l'évangile de Jean, le récit d'apparition de Jésus ressuscité aux disciples est raconté par Jean d'une façon extrêmement riche, et en délicatesse ; il exprime à la fois la conviction des disciples et la question qui les anime : « Aucun des disciples n'osait lui poser la question : "Qui es-tu ?", car ils savaient bien que c'était le Seigneur » (Jn 21,12). En une phrase apparemment anodine – on n'oserait dire « inutile » ! –, Jean pose toute la question de la foi, conviction qui surgit au creux même du doute. Il affirme en effet en quelques mots à la fois la conviction des disciples : « C'est le Seigneur ! » et la distance pleine de révérence qui les sépare de Jésus ressuscité, présence du doute au cœur même de la foi ou de la reconnaissance. La question, en effet, leur brûle les lèvres, Jean l'affirme, alors qu'ils « savent » que c'est Jésus ressuscité ! Cette simple phrase est une pure merveille, elle est l'esquisse de ce qui serait un véritable traité de théologie sur l'acte de croire.

Le texte des disciples d'Emmaüs (Lc 24,13-53) a quant à lui fait l'objet d'analyses multiples. On a depuis longtemps montré, en particulier, comment il a une forme et une portée liturgiques. L'étude narrative rend attentif à d'autres dimensions. Notons-en trois, la troisième étant probablement la plus importante.

1. Le narrateur précise en ouvrant le récit que les deux disciples marchent remplis de tristesse, le troisième jour « après la mort de Jésus ». Ce récit d'apparition du Ressuscité s'ouvre ainsi centré ou polarisé sur l'événement de la mort de Jésus. C'est d'elle – seule ? – qu'il s'agit. C'est d'elle qu'il faut partir et qu'il faudra quitter peu à peu, ou du moins comprendre. Et le narrateur ajoute : « *Jésus lui-même les rejoignit et fit route avec eux*, mais leurs yeux étaient empêchés de le reconnaître. » Dès cet instant, si les disciples ne reconnaissent pas Jésus, le lecteur, lui, l'a reconnu, puisqu'il lui a été clairement désigné. Et tout au long du récit, il cheminera lui aussi, comme ou avec les disciples, mais en comprenant le récit en quelque sorte sur deux fréquences : celle qui lui est ouverte par le narrateur, un chemin fait en présence du Ressuscité, et celle de l'histoire racontée du point de vue des disciples. Pour eux, c'est l'histoire d'une mort terrible, dont il leur est difficile de

se remettre, toute rumeur de résurrection demeurant jusque-là infondée.

Le lecteur entendra dès lors de toutes ses oreilles et de tout son entendement Jésus lire les Écritures pour ouvrir l'esprit des disciples. Et en lui se fera aussi, comme en eux, le chemin très lent de la mort à la Résurrection, d'une réalité douloureuse et sans issue, à la foi. Un tel double chemin trouve écho dans la finale du récit, au moment où Jésus « fit mine d'aller plus loin » tandis qu'ils « approchaient du village où ils se rendaient ». Ce « fit mine » a intrigué plus d'un lecteur : comment pouvait-on savoir que Jésus faisait mine, n'était-il pas le seul à pouvoir le dire ? On a parfois imaginé que Jésus aurait pu le dire ensuite aux disciples, en mesure dès lors de le rapporter. C'est là une perspective historiciste qui tente de retrouver une logique des événements sur le registre de l'information plutôt que de la communication. Or la narrativité apprend à lire ici une communication au lecteur : c'est à lui que s'adresse Luc dans cette remarque qui instaure en lui le suspense. C'est à lui qu'il dit le risque de laisser partir Jésus ressuscité sans avoir opéré la rencontre qui ouvre à la vie, ce que montre la suite du récit. C'est donc un effet de lecture important qui est ici à l'œuvre dans la façon de dire de Luc. Une lecture strictement logique ne peut le reconnaître. Seule une attention à la logique narrative peut y rendre sensible.

2. Un deuxième « détail » du récit est également intéressant dans une lecture narrative : « l'un d'eux nommé Cléophas », précise Luc. On peut certes gloser qu'il nous est ici donné un point de repère sur le plan historique, ouvrant à une possible vérification puisque nous est livré le nom du disciple. Mais, justement, l'autre disciple n'est pas nommé, de même qu'en Jean il nous est précisé à propos de Thomas que ce nom signifie « Didyme » ou « Jumeau » (Jn 21,2) sans que nous sachions de qui. Le chapitre précédent de Jean a mis longuement en scène Thomas, sans qu'il ne nous soit rien dit de ce nom. Pourquoi dès lors cela nous est-il dit ici ? Et qu'est-ce que cela apporte au récit ? Ne serait-il pas en fait « jumeau » du lecteur ? On peut émettre cette hypothèse, comme il est possible de penser que l'autre disciple, anonyme, du chemin d'Emmaüs, est une sorte de « double » du lecteur, qui trouve ainsi sa place au sein du récit. La lecture narrative ne tentera pas dès lors de résoudre l'énigme de l'identité de ce second disciple. Le chemin logique briserait ici la logique du *récit*. Car le propre de la narration est de dire une histoire pour y emporter le lecteur, et l'y faire pénétrer. Si la catéchèse affectionne ce grand texte, n'est-ce pas parce qu'il permet d'entrer dans cette histoire qu'il narre, comme s'il fallait que peu à peu elle devienne aussi celle du lecteur ?

3. L'étude narrative du récit amène à une troisième observation essentielle. L'ensemble des commentaires, en effet, s'attarde au jeu des situations et surtout aux paroles de Jésus, rarement aux paroles « intermédiaires » des disciples, comme si elles n'étaient là que pour le seul lien entre les différentes phases du récit. On les considérerait volontiers simplement comme un développement presque « inutile » de leur parole initiale, résumée au désespoir face à la mort de Jésus. La rumeur de résurrection colportée par les femmes n'a pu les atteindre. Or que disent-ils ? Sur la question de Jésus leur demandant : « Quels sont ces

propos que vous échangez en marchant ? » Cléophas répond : « Tu es bien le seul à séjourner à Jérusalem qui n'ait pas appris ce qui s'y est passé ces jours-ci ! [...] Ce qui concerne *Jésus de Nazareth, qui fut un prophète puissant en action et en parole devant Dieu et devant tout le peuple : comment nos grands prêtres et nos chefs l'ont livré pour être condamné à mort et l'ont crucifié* ; et nous, nous espérions qu'il était celui qui allait délivrer Israël. Mais, en plus de tout cela, *voici le troisième jour* que ces faits se sont passés. Toutefois, quelques femmes qui sont des nôtres nous ont bouleversés : s'étant rendues de grand matin au tombeau et n'ayant pas trouvé son corps, elles sont venues dire qu'*elles ont même eu la vision d'anges qui le déclarent vivant.* Quelques-uns de nos compagnons sont allés au tombeau et ce qu'ils ont trouvé était conforme à ce que les femmes avaient dit ; *mais lui, ils ne l'ont pas vu* » (Lc 24,17-24).



Ce que disent les disciples dans leur réponse à Jésus représente en fait l'ensemble de l'évangile : Jésus, prophète puissant en parole et en action – résumé ou condensé de l'ensemble de la vie publique de Jésus, de ses paroles et de ses actions. Condamné à mort par les grands prêtres et scribes et crucifié. Trois jours ont passé. Est survenue la nouvelle de la Résurrection, dite par des anges (c'est-à-dire par Dieu lui-même ou des envoyés émanant de lui). L'absence du corps de Jésus au tombeau a été constatée par plusieurs témoins, mais lui, ils ne l'ont pas vu.

Tout l'Évangile est dit ici. Il ne manque que la foi pour y croire. Il n'y manque que la présence du Ressuscité, donné à reconnaître, et la lecture des Écritures. Et nous apprenons ici l'élément essentiel à toute lecture croyante : la présence du Ressuscité, sa parole qui énonce l'ensemble de cet Évangile qu'ils viennent de dire sans savoir – ou plus exactement sans croire – conjointement aux Écritures. Pour le croyant il n'est qu'un exégète, un lecteur qui puisse ouvrir les Écritures : c'est Jésus lui-même, le Ressuscité.

Ils entrent dans la maison, et tandis que Jésus ressuscité rompt le pain, ils le reconnaissent et comprennent l'expérience, vécue sur le chemin, d'un Évangile mort, sur leurs lèvres et en leurs cœurs, mais que sont venues éveiller lentement la présence et la parole du Ressuscité. Le partage du pain est alors indissociable de la lecture croyante des Écritures. Tertullien l'affirmait : « La Parole de Dieu, c'est le premier corps du Christ. »

Au terme d'une réflexion sur le lecteur et la pluralité de lectures des Écritures, il faut peut-être le professer, c'est la présence du Ressuscité reconnue dans le geste et le partage du « pain qui fait lever les Écritures [28] ».

## Une multitude d'autres approches

Nous avons développé les trois méthodes principales auxquelles recourt l'exégèse : la méthode historique, la méthode sémiotique, la méthode narrative. Il est d'autres méthodes et approches

---

28. C. Combet-Galland et F. Smyth-Florentin, in *Études théologiques et religieuses* n° 68, 1993, p. 323-332.

(voir les ouvrages mentionnés en bibliographie), que nous évoquons seulement ici.

Tout d'abord, conjointement aux méthodes sémiotique et narrative, figurerait la méthode *rhétorique*, qui en est proche. Elle repose sur les procédés de la rhétorique ancienne, attentive à montrer comment tout discours (et non plus récit) s'adresse à un destinataire pour la persuasion, pour le convaincre.

Viendraient ensuite divers types d'*approches*. À la différence du mot « méthode », qui renvoie à un chemin construit fait de plusieurs approches, le mot « approche » évoque un regard selon une perspective unique. Suivant le document de la Commission biblique de 1993, *L'interprétation de la Bible dans l'Église*, il serait possible de distinguer plusieurs types d'approches, les premières basées sur la tradition, les deuxièmes fondées sur les sciences humaines, d'autres enfin que l'on pourrait qualifier de contextuelles.

### *Les approches fondées sur la tradition*

Ces approches en appellent à la tradition de lecture des textes. Ainsi l'*approche canonique*, qui s'attache à lire les textes dans leur forme finale, leur forme canonique, qui résulte de l'ensemble de leur histoire. C'est le texte tel qu'il nous parvient au terme de cette histoire qui est lu. Dans cette approche, un texte prend sens à partir de l'ensemble de la Bible, l'histoire d'alliance.

Une autre approche recourt aux *traditions juives d'interprétation des textes*, consciente que c'est dans cet univers que sont nés les textes. Il suffirait de lire les épîtres de Paul, Matthieu ou les Actes, pour voir combien ils sont construits dans le droit fil de ces traditions. Les redécouvrir aide à mieux lire. La bibliographie sur le sujet ne manquerait pas.

Une dernière approche est sensible à ce que l'on a pu appeler *l'histoire des effets du texte* (traduction du mot allemand *Wirkungsgeschichte*). Il s'agit ici de lire les textes dans leur force de transmission, d'éveil de lectures multiples. Il suffirait de lire attentivement le quatrième chant du Serviteur d'Isaïe (52,13 – 53,12) pour voir combien ce texte a été la matrice de lectures multiples, voire d'écriture d'autres textes, tout au long du Nouveau Testament. Ce serait là un bon exemple de cette approche.

### *Les approches fondées sur les sciences humaines*

Les textes ont parfois été lus dans une attention aux apports de la *sociologie*. Étudier dans ce cas un récit de miracle, ce n'est pas seulement voir Jésus opérer un signe qui touche un homme, en anticipation ou en signe de la présence du Royaume. La lecture se rend attentive au fait que ce geste modifie un rapport social avec une personne blessée par la maladie : un possédé est rendu à la société des hommes, une société religieuse qui l'avait chassé. On prêtera attention également ici, à la lecture, aux divisions sociales reflétées par des textes comme ceux de Luc sur la pauvreté, du récit de la naissance de Jésus jusqu'à la parabole du pauvre Lazare et du riche, par exemple.

Une lecture relativement proche se fait sur la base du travail réalisé en *anthropologie culturelle*, attentive à différents aspects d'une culture reflétée par les textes. Mais peut-être connaît-on mieux aujourd'hui une autre approche encore, qualifiée parfois de « lecture psychologique » ou « lecture psychanalytique ». Celle-ci est sensible à ce qui advient en l'homme lorsqu'il lit ces textes, quelle naissance ou quelle croissance il opère, ce qui se révèle ou parle en lui lorsqu'il lit ou laisse parler le texte en lui.

## Les approches contextuelles

La principale approche contextuelle est probablement celle qui est liée à la *théologie de la libération* (libérationiste). Des pauvres ont lu des textes comme ceux de l'Exode en s'identifiant aux pauvres de la Bible et en redécouvrant le Dieu qui s'y révèle comme Dieu sauveur, et cela a modifié leur lecture de l'ensemble de la Bible. C'est plus au continent sud-américain qu'est liée cette approche, mais pas uniquement.

L'*approche féministe* s'est répandue également ces dernières années ou décennies, sensible au fait que la Bible est souvent commentée par des hommes, et qu'une lecture opérée par des femmes découvre d'autres choses, une autre place des femmes aussi au cœur de la révélation opérée par la Bible, et par là même aujourd'hui.

Répétons que les approches sont un regard sur le texte, un faisceau. La méthode conjugue plusieurs faisceaux.

| *Méthodes et approches pour l'interprétation* | | | | |
|---|---|---|---|---|
| *Méthodes* | | *Approches* | | |
| Méthode<br><br><br><br>historico-critique | Nouvelles méthodes d'analyse littéraire<br>– rhétorique<br>– narrative<br>– sémiotique | Approches basées sur la tradition<br>– approche canonique<br>– approche par le recours aux traditions juives d'interprétation<br>– approche par l'histoire des effets du texte | Approches par les sciences humaines<br>– approche sociologique<br>– approche par l'anthropologie culturelle<br>– approches psychologique et psychanalytique | Approches contextuelles<br>– approche libérationiste<br>– approche féministe |

Resterait à dire quelques mots d'un aspect du travail biblique qui se développe aujourd'hui de façon importante, en particulier en lien avec tout le travail centré, de différentes façons, sur l'accomplissement des Écritures, l'intertextualité.

## L'intertextualité

On entend par intertextualité l'écriture d'un texte à partir d'éléments d'autres textes. Écrire ainsi un texte, c'est en appeler à une continuité de l'histoire, et l'affirmer dans le filigrane ou l'écriture du texte, ou encore en appeler à l'autorité ou à la force poétique ou évocatrice de textes antérieurs. L'étude de l'intertextualité enrichit beaucoup la lecture d'un texte. Elle a cependant ses règles et sa rigueur.

Les textes bibliques dialoguent les uns avec les autres à l'intérieur d'un même Testament ou d'un Testament à l'autre. Les mots des uns semblent servir à l'écriture des autres. Et, lorsqu'on lit ces textes, ils se trouvent placés en écho, comme si les textes anciens résonnaient à la lecture de ceux qui reprennent leur mot. On appelle ce phénomène *intertextualité*. Le mot désigne la rencontre des textes dans leur écriture. Il peut prendre plusieurs formes, et nécessite attention pour ne pas le reconnaître trop souvent là où éventuellement il n'est pas, mais le reconnaître pourtant chaque fois que possible, quand il est à l'œuvre. Le phénomène touche déjà l'Ancien Testament, travaillé dans sa rédaction par ce phénomène de réécriture ou d'écriture de textes à partir des mots d'autres textes déjà écrits, lus, relus. Il façonne le Nouveau Testament. Les principales formes que revêt le phénomène de l'intertextualité sont les suivantes :

*Citations explicites*

Ce sont des citations de l'Ancien Testament introduites comme telles, de sorte que l'on peut normalement sans équivoque les reconnaître. Elles sont en général introduites par une formule comme : « ainsi qu'il est écrit », ou « c'était pour que s'accomplisse la parole dite par le prophète » (dix emplois de cette formule en Mt, et dans une forme voisine à plusieurs reprises en Jn), « n'est-il pas écrit » ou « car il est écrit », ou d'autres encore.

Les exemples seraient assez nombreux. On peut ainsi relire le récit des Tentations (Mt 4,1-11 ; Lc 4,1-13), de nombreuses controverses entre Jésus et les pharisiens (Mc 7,6-7 ; etc.).

Dans certains cas, la référence à un prophète peut être générique et recouvrir des allusions ou citations combinées, placées sous l'autorité d'un prophète. C'est le cas en Mc 1,2, où le prophète Isaïe est mentionné, pour une citation combinant Ml 3,1 ; Is 40,3 et Ex 23,20. C'est encore le cas en Mt 27,9, où Jérémie est mentionné, pour une citation que l'on ne trouve comme telle nulle part. Elle combine en fait Za 11,12-13 et des allusions peut-être à Jr 18,2 *sq.*, 19,1 *sq.*, 32,7-9, et peut-être des allusions encore au livre des Lamentations. On trouverait aisément d'autres exemples.

*Citations implicites*

On parle de citations implicites, pour signifier que c'est l'ensemble d'une expression, d'une phrase, qui est repris de l'Ancien Testament par le Nouveau, sans aucune indication pourtant de citation, ce qui signifie que quelqu'un ne connaissant pas le texte premier, peut ne pas se rendre compte qu'il y a eu citation.

Un cas très repérable de citation implicite est l'ensemble des deux premiers chapitres de Luc, en particulier le cantique de Marie, ou *Magnificat* (Lc 1,46-56). Ce dernier est véritablement coulé à la fois dans les mots et le mouvement de la prière d'Anne, mère de Samuel (1 S 2,1-10). Celui qui reconnaît cette étroite parenté est également appelé, à la lecture, à reconnaître d'emblée l'action du Seigneur dans la naissance à venir de Jésus, de la Vierge Marie. C'est là l'œuvre du

Seigneur, et l'enfant à venir sera, comme Samuel, mis à part dès sa naissance, pour le Seigneur. Telle est la première approche, déjà immense, pour le lecteur, du mystère de Jésus qui sera peu à peu déployé, plus loin encore, dans l'évangile de Luc qui s'ouvre en ce chapitre.

Le récit de l'annonciation à Marie est lui-même un véritable puzzle ou une marqueterie finement agencée, de citations (implicites) de l'Écriture. Les principaux textes sont ici : Jl 2,21 ; So 3,14 *sq.* ; Za 9,9 ; Lm 4,21 ; Is 7,14 ; 2 S 7,1-17 ; Ex 40,35. Mais le maillage de citations est beaucoup plus fin encore, et c'est l'étude détaillée de ce passage qui peut en montrer la richesse.

Un troisième exemple serait la fameuse parabole des vignerons homicides (Mt 21,33-46), qui rappelle en particulier Is 5,1 *sq.*, mais, ici encore, conjugué à de nombreux autres textes où dans l'Ancien Testament la vigne est chantée comme vigne du Seigneur, comme son peuple. Au verset 42 apparaît une citation explicite (Ps 118,22).

*Allusions*

Elles sont plus difficiles à reconnaître. En effet, de même qu'une hirondelle ne fait pas le printemps, la présence d'un mot ne peut suffire à reconnaître une allusion. Ainsi, par exemple, toutes les eaux de la Bible ne rappellent pas l'Exode ni le baptême de Jésus au Jourdain. Il faut en général un faisceau ou une convergence d'indices pour pouvoir reconnaître avec plus de sûreté une allusion. Pourtant, les allusions sont nombreuses au fil des textes, et il est intéressant de ne pas les manquer, à une lecture attentive. Leur reconnaissance ouvre en effet une sorte de stéréophonie à l'intérieur du texte : deux histoires nous sont données à lire en superposition l'une de l'autre, un contrepoint discret s'inscrit dans le texte et la lecture.

On pourrait ici se référer aux exemples donnés ci-dessus pour illustrer les citations implicites. Les allusions en effet sont souvent l'usage d'un mot ou deux appelant à se souvenir de leur lieu d'origine.

Mais elles peuvent être aussi des allusions simplement thématiques. C'est déjà le cas dans le récit de l'annonciation chez Luc, évoqué plus haut : quelques citations implicites établissent le lien sur lequel viennent en quelque sorte se broder des thématiques bibliques : naissance merveilleuse, signe de l'action du Seigneur et de sa prévenance bienveillante, pour la joie de tout le peuple. Signe aussi qu'il intervient pour une œuvre de salut.

On peut aussi se reporter au paragraphe suivant, évoquant les allusions à de grands thèmes bibliques, qui eux aussi s'inscrivent dans le texte, d'un mot, appelant avec lui un contexte, comme un fil discret qui entre dans la trame du texte.

*Reprises thématiques*

C'est à partir des grands motifs et thèmes de la pensée d'Israël que les évangélistes ou les auteurs du Nouveau Testament construisent leur théologie, tracent le mystère de Jésus. Le motif du *passage*, évoquant à la fois l'Exode et la Pâque, est un des grands thèmes qui traversent ainsi la Bible.

Il suffit de lire Ex 13 – 15, puis Jos 3 ; 2 R 2 ; Rm 6 pour voir se nouer cette chaîne que l'on retrouverait dans de nombreux autres passages.

C'est de même à partir des textes de l'Ancien Testament que les croyants du Nouveau Testament peuvent reconnaître Jésus à la fois comme *Messie* et *Fils de Dieu*, et mieux comprendre les affirmations du Nouveau Testament sur le Royaume de Dieu. On peut ici relire 1 S 8 ; 16 ; Is 11 ; 61, Ps 72 ; 2 (noter le v. 7), 2 S 7 et Is 52,7 *sq*. Ces textes, auxquels on pourrait en joindre de nombreux autres, tracent un axe qui mène en droite ligne aux évangiles et éclairent aussi par exemple des textes comme celui des Béatitudes (Mt 5).

Le thème de la manne est abondamment repris dans les évangiles, en particulier par Jean (Ex 16,14-18 ; Nb 11,4 *sq*. ; Ps 78,24-25 ; Jn 6).

L'ensemble de ces procédés de rappel des Écritures est la *forme littéraire* que prend l'affirmation théologique de l'*accomplissement des promesses*, de l'*accomplissement des Écritures* en la personne de Jésus. Mais il faut aller plus loin. Pour dire la nouveauté présente en Jésus, pour dire son mystère, il était *nécessaire* aux premières communautés chrétiennes de puiser dans les Écritures et le trésor d'Israël. C'est là, dans les grands textes où se sont nourries et abreuvées leur foi et celle de leur peuple, qu'ils trouvaient les mots et expressions pour dire Dieu. Et pour affirmer que le visage de Jésus et son mystère « correspondaient » bien aux promesses et aux attentes de leur peuple. Les exemples seraient ici nombreux.

Pour n'en prendre qu'un, lorsque l'évangéliste Matthieu évoque la tempête apaisée par Jésus, il n'utilise pas les mêmes mots que Marc et Luc et ne parle pas de tempête, mais d'un *grand séisme* dans la mer. Le mot désigne dans l'Ancien Testament les grandes manifestations de Dieu. Ainsi, plus que les autres, Mt insiste – d'un seul mot – sur la dimension profondément théologique, apocalyptique même de cette scène. Il y a ici manifestation et révélation de Dieu (Mt 8,24).

Lorsque les auteurs du Nouveau Testament citent l'Ancien Testament, ils le font le plus souvent dans la traduction grecque de la Septante (IIIe s. av. J. C.). Parfois seulement d'après l'hébreu (Is 53,4 en Mt 8,17), ou en combinant ou modifiant les citations pour les faire entrer dans leur projet théologique (voir par ex. Mt 2,6, qui inverse d'une négation le verset de Mi 5,1 qu'il cite – en le combinant à 2 S 5,2 –, pour lui donner plus de force encore, sans pourtant le détourner de son sens premier).

## Selon la méthode choisie, le lecteur n'est pas le même. Et le texte ?

La méthode historique travaille à identifier tous les éléments du texte et l'histoire à la fois du texte et de son entour, historique, culturel, religieux. Le lecteur se veut observateur impartial (même si on ne l'est jamais entièrement !). Le travail qu'il opère est une mise à distance, une reconnaissance ou une identification du texte dans son histoire. L'approche narrative, elle, vise plutôt à observer l'action du texte sur le lecteur et cette observation ouvre le lecteur au texte, le rend plus perméable à celui-ci comme texte. Dans le premier cas, on demeure dans l'analyse, dans le second on passe plus résolument à l'acte de lecture. On apprend ainsi qu'il n'y a jamais de « détails » dans un texte :

tout ce qui est dit l'est pour une communication, un travail sur le lecteur. Ainsi, par exemple, quand l'évangile de Matthieu au chapitre 8 raconte ce que nous appelons habituellement la tempête apaisée, le récit s'ouvre par l'initiative de Jésus de partir pour monter dans la barque. Matthieu poursuit : « ses disciples le suivirent ». Ces deux mots sont essentiels : ils qualifient ceux qui entourent Jésus et vont partir avec lui, de « disciples ». Ils se trouvent ainsi à l'abri ou sous la guidance du maître dans la tempête qui va suivre. Mais, de surcroît, le récit dit qu'ils « suivent » Jésus, ce qui est une sorte de redondance de l'affirmation de leur identité de disciples. On comprend dès lors que Matthieu soit le moins pédagogue des trois Synoptiques. Chez Marc et Luc en effet, Jésus apaise la mer avant d'interroger les disciples sur leur foi. Matthieu dresse Jésus au milieu d'eux, qui les interroge *au cœur de la tempête* : « Où est votre foi ? » ou : « Pourquoi votre peu de foi ? » Cette parole prend un relief très fort en raison même de la mise en scène opérée par Matthieu dès les tout premiers mots du texte.



## Les genres littéraires présents dans le Nouveau Testament

Nous achevons l'ensemble de cette présentation par un rappel des différents genres littéraires rencontrés dans la Bible et en particulier dans le Nouveau Testament. Si reconnaître le genre littéraire d'un texte est l'une des phases de la méthode historique, on gagne toujours à reconnaître le type d'écrit que l'on est en train de lire. Connaître ou reconnaître le genre littéraire d'un texte, c'est en effet savoir comment le lire ou s'apprêter à le lire. La reconnaissance du genre littéraire d'un texte est essentielle, elle constitue l'une des phases importantes de sa lecture.

Parler de genre littéraire, c'est simplement avoir conscience que l'on ne parle pas de la même façon selon les lieux où l'on se trouve ou les personnes auxquelles on s'adresse. On ne parle pas de la même façon (port du vêtement, attitudes, ton de voix, gestes, etc.) à la terrasse d'un café, dans une cathédrale pendant un office, dans un repas d'amis ou dans un repas de famille fêtant les 80 ans d'un parent, au moment des discours. Pour s'en convaincre, il n'est qu'à regarder les humoristes, qui forcent le trait volontairement, ou bien intervertissent les façons de parler. L'effet est immédiat : l'insolite provoque le sourire ou le rire. Et, si l'on rit, c'est précisément que quelque chose a été mis en tension, volontaire et curieuse. Si la chose était involontaire, on ne rirait pas, mais on serait gêné ! De la même façon, on n'écrit pas de la même façon selon que l'on s'adresse à un proche, à la personne aimée, à des enfants, à des personnes très respectées, à un notaire ou à un percepteur. Tout est différent d'une de ces écritures à l'autre : le vocabulaire et le style, la construction des phrases, la structure du texte et les passages obligés et bien sûr jusqu'à la présentation. Qui ne s'est pas interrogé sur « comment on commence » ou « comment on finit la lettre quand on écrit à… » ? Ces aspects relèvent en effet du genre littéraire choisi ou imposé.

**La Bible, Parole de Dieu et parole d'homme**

« La Bible est parole de Dieu. C'est par elle que la Révélation se dit, en s'écrivant. La Bible est aussi parole d'homme, dans un mouvement de réponse à la parole qui le précède, parole d'homme qui se dit, elle aussi, en s'écrivant. La Bible pour le croyant est Parole vive, mais pour lui, cette parole vive s'est faite écriture. Écriture qui, à travers douze siècles de rédaction, épouse les méandres de la poésie ou de la prose, en de multiples genres littéraires. Écriture qui établit une jointure entre la mémoire de l'histoire et la lecture du lecteur. Écriture qui, par son essence anthropologique et théologique, lie indéfectiblement de la première page à la dernière, l'homme et son Dieu. Écriture qui met l'homme et Dieu en intrigue. Une intrigue personnelle et communautaire d'histoire, d'Histoire Sainte. Une intrigue littéraire aussi, à travers laquelle l'Histoire Sainte se dit, et ne se dit pas autrement. Jamais sans la lettre [29]. »

### Reconnaître un genre littéraire, c'est reconnaître un usage ou un enracinement social du texte, son *Sitz im Leben*

Et nous touchons ici un aspect important : une façon de parler s'ajuste à une situation, une façon d'écrire correspond à un lieu, un moment, une situation. Un genre littéraire répond ou correspond à un besoin que l'on peut qualifier de social. Un genre littéraire désigne un lieu social où il se trouve en situation. C'est la raison pour laquelle reconnaître un genre littéraire, c'est déjà reconnaître, en même temps, un lieu d'enracinement ou d'émergence, d'une parole ou d'un texte, un lieu ou un cadre de vie. L'exégèse désigne celui-ci, depuis plus d'un siècle, d'un mot allemand : le *Sitz im Leben*, ce qui signifie le cadre de vie ou le lieu d'émergence, d'enracinement aussi d'un texte. C'est dire que la recherche du genre littéraire mène déjà très loin dans l'exégèse d'un texte.

Pour déterminer le genre littéraire d'un texte, on tente simplement, dans l'observation, de répondre à des questions très élémentaires telles que : Qui donc a pu écrire ainsi ? ou : Qui donc parlait ainsi ? Qui donc a pu produire ce texte pour qu'il soit ainsi construit, utilisant telle forme, tel registre de langage ? Et ces questions nous sont familières puisque finalement nous réagissons habituellement et spontanément ainsi face à tout écrit. Ainsi par exemple quand on nous tend un tract dans la rue. Un regard rapide sur la forme (des photos ou non, des tarifs ou non, les phrases en caractères gras) nous permet de voir ou d'imaginer qui a pu produire ce tract, qui en est l'émetteur et sur quelle « fréquence » il s'adresse à nous (appel à conviction, invitation au loisir, à l'achat d'un produit quel qu'il soit, etc.). Ainsi voyons-nous d'emblée s'il s'agit d'une réclame ou d'un tract politique. Et un rapide coup d'œil sur les grands éléments du contenu suffit à nous renseigner sur l'identité de l'émetteur (pizzeria qui ouvre, syndicat, parti politique, de droite ou de gauche, ou des extrêmes, agence de voyage inaugurant une promotion, etc.).

29. J.-N. Aletti, M. Gibert, F. Mies, J.-P. Sonnet et A. Wénin, *Bible et littérature. L'homme et Dieu mis en intrigue*, Bruxelles, Lessius, 1999, p. 5-6.

Instinctivement, notons-le, notre coup d'œil sait où chercher dans un document les indices qui nous renseignent sur sa nature et donc aussi son but. C'est là le signe que nous sommes sensibles à la *forme* – ou aux formes. Celles-ci « fonctionnent » si l'on peut dire, et structurent d'emblée la lecture. Elles sont même essentielles. Les écoles allemandes qui ont travaillé ces questions, à la fin du XIXe siècle et au début du XXe, ont justement volontiers parlé de l'étude des formes ou de l'*histoire des formes* pour désigner cette part de l'étude que nous désignons plus volontiers aujourd'hui comme celle des genres littéraires.

**_Genres littéraires_**

« Les Orientaux, pour exprimer ce qu'ils avaient dans l'esprit, n'ont pas toujours usé des formes et des manières de dire dont nous usons aujourd'hui, mais bien plutôt de celles dont l'usage était reçu par les hommes de leur temps et de leur pays. L'exégète ne peut pas déterminer a priori ce qu'elles furent ; il ne le peut que par une étude attentive des littératures anciennes de l'Orient... Parmi les façons de parler dont on usait communément chez les peuples anciens, en particulier chez les Orientaux pour traduire la pensée en langage humain, il n'en est aucune qui soit étrangère aux Livres saints – pourvu seulement que le genre employé ne répugne en rien à la sainteté ni à la véracité de Dieu... »

Encyclique *Divino afflante Spiritu*, 1943

## Les grands genres littéraires présents dans le Nouveau Testament

Nous entendons ici par grands genres littéraires ceux qui couvrent l'ensemble d'une œuvre, d'un ou de plusieurs livres. Il nous faudra ensuite affiner le regard et reconnaître les multiples genres littéraires présents au sein de chaque livre ou de chaque œuvre.

### *L'évangile* [30]

Les critiques s'accordent à dire que Marc a créé le genre littéraire « évangile », qui sera repris par Matthieu, Luc et Jean. Le terme existait dans les textes profanes, pour désigner en particulier une annonce de victoire militaire ou l'avènement d'un souverain. Quand Marc le reprend, il est sûrement informé de cette signification, mais reçoit aussi et surtout la tradition que l'on trouve dans le Second Isaïe, qui lance le cri de bonne nouvelle annonçant la venue du Seigneur à Sion pour le salut. Le texte d'Isaïe (Is 52,7 *sq.*) est ici à relire. Sa problématique est entièrement celle que développeront les évangiles, en en reprenant même les mots. Marc a dû recevoir aussi du judaïsme palestinien, qui trace à partir de Is 40,9 ; 41,27 ; 52,7 ; 61,1 ; Na 2,1 et quelques autres textes, la figure du porteur de bonnes nouvelles. Les évangiles montrent comment Jésus est le messager de bonheur des derniers temps

30. P. M. Beaude, « Qu'est-ce que l'Évangile ? », in *Cahiers Évangile* n° 96, Paris, Éditions du Cerf, 1996 ; G. Friedrich, *Évangile*, Genève, Labor et Fides, 1966.

attendus (voir Mt 11,5 ou Lc 7,22, à rapprocher de Is 35,5 et 61,1 ; voir encore Lc 4,18 ou Lc 8,1).

Le Nouveau Testament connaît plusieurs usages du mot « évangile ». Ainsi Marc renonce-t-il totalement au verbe, lui préférant le substantif (qu'il emploie 8 fois, si l'on compte Mc 1,1 et la finale inauthentique de Mc 16,15). Matthieu n'use que quatre fois du substantif, et une fois du verbe (Mt 11,5). Luc a une préférence nette pour le verbe (10 fois), mais n'emploie pas le substantif, sauf deux fois dans les Actes. L'objet de la proclamation, le contenu de l'évangile, est de même déployé en une série de conjugaisons ou conjonctions du mot « évangile » avec des compléments très différents. Ainsi l'on annonce *Jésus* ou *lui* (Ga 1,16 ; Ac 8,35 ; 17,18), ou encore *le Christ Jésus* (Ac 5,42), ou *le Seigneur Jésus* (Ac 11,20), *le nom de Jésus Christ* (Ac 8,12), *la richesse insondable du Christ* (Ep 3,8), mais aussi *les souffrances et la gloire* (1 P 1,11 *sq.*), *la Résurrection* (Ac 17,18), *le royaume de Dieu* (Ac 8,12). Et encore : *la parole* (Ac 8,4 ; 1 P 1,25), *la parole du Seigneur* (Ac 15,35), *la foi* (Ga 1,23), *la bonne nouvelle* (1 Co 15,1 ; 2 Co 11,7 ; Ga 1,11)... De même le verbe (évangéliser ou proclamer l'Évangile) est en relation avec *prêcher* (Ac 8,4 *sq.*), *enseigner* (Ac 5,42 ; 15,35), *parler* (Ac 8,25 ; 11,19 *sq.*), *témoigner* (Ac 8,25), *faire des disciples* (Ac 14,21), *annoncer* (1 P 1,12), etc.

L'ensemble de ces observations montre que le mot « évangile » prend forme progressivement dans la tradition chrétienne, pour désigner essentiellement Jésus et son mystère. Le terme dérivera peu à peu seulement vers le sens de document, en venant à désigner l'écrit qui conserve la proclamation (voir le sens ouvert du mot en 1 Co 15,1-8 et le sens qu'il prend en Lc 1,1-4). C'est ainsi que le terme en vient à définir cet écrit très particulier que le canon des Écritures garde sous quatre noms, comme quatre attestations ou témoignages. Il qualifie aussi quelques écrits hors du canon, les évangiles apocryphes, ceux dont l'origine est cachée ou obscure, et que l'Église n'a toujours lus, pour cette raison, qu'avec réticence, leur préférant les évangiles portés par la foi longue de communautés, au fil du temps.

Si l'on se souvient du sens premier du mot « évangile », on comprend qu'il n'est pas une biographie. On fait la biographie des morts, or les évangiles proclament la bonne nouvelle du Vivant. Luc, il est vrai, serait un peu plus proche que les autres de la biographie : il fait précéder l'ensemble par un récit d'enfance, en précisant dans le prologue qu'il s'est soigneusement enquis des faits. Mais ce prologue même montre nettement la différence entre l'écrit qu'il entreprend et une biographie. Il n'est qu'à lire d'ailleurs le prologue de chacun des évangiles pour saisir que la réalité visée est d'un autre ordre : avant tout une proclamation. L'organisation des évangiles sous forme de récit intégrant un cadre chronologique ne peut donner le change. Ceux qui ont tenté d'écrire des « Vies de Jésus » l'ont bien vu. Ou, lorsqu'ils ne l'ont pas vu, ont rencontré inexorablement l'écueil, même en pensant l'éviter. La particularité des évangiles apocryphes est d'avoir complété largement les blancs du texte laissés par la proclamation sobre des évangiles canoniques : si peu de chapitres pour dire tant ! Les évangiles sont *kérygmatiques*, c'est-à-dire qu'ils sont proclamation.

## *La lettre*[31]



Aristote déjà désignait la lettre comme une forme de dialogue, ce qui signifie, dans ce dialogue, la présence *d'un auteur déterminé*, et de *destinataires* également *déterminés*, identifiables. On touche là un point essentiel : une lettre est un échange, même si dans le Nouveau Testament on ne dispose pas de la réponse des destinataires. Dans les lettres de Paul, on peut cependant souvent deviner les réactions des destinataires aux questions abordées, cela à la façon même dont l'apôtre les aborde. Cela signifie ou montre bien que les lettres sont *des écrits circonstanciés*. Pour l'exégèse et l'interprétation, ce point est essentiel. D'une part les lettres permettent de situer des correspondants et de saisir une histoire. Elles nous renseignent ainsi, souvent, sur une période donnée, un usage, une croyance, un état des lieux en un temps et un lieu donnés. Cela signifie d'autre part que ce qui va être lu pourra être de teneur très différente pour la foi, selon les questions abordées, leur ampleur, la façon dont elles touchent ou non à l'essentiel de la foi, que les évangiles et les autres écrits nous permettent d'identifier, et que la théologie et l'exégèse appellent le *kérygme* : la mort et la résurrection de Jésus, source de salut pour les croyants. Certains passages des lettres de Paul, par exemple, concernent des points particuliers ou des circonstances particulières, et n'engagent pas l'essentiel de la foi. Lire un texte, c'est aussi mesurer cela, non pour relativiser, mais précisément pour lire.

Les lettres ont, comme d'autres écrits, une forme *convenue* ou *conventionnelle*. Et les lettres de Paul peuvent ainsi aisément être rapprochées des lettres retrouvées en milieu profane dans l'Antiquité. Les unes et les autres s'ouvrent par un *praescriptum*, une introduction mentionnant le nom de l'expéditeur et celui du destinataire, et contenant en général une formule de salutation, invoquant éventuellement les dieux, chez les Romains ou les Grecs. Paul ouvre de même ses lettres, invoquant ou souhaitant à ses destinataires grâce et paix de la part de Dieu et du Seigneur Jésus. La lettre se termine de même par des salutations, chez Paul comme chez les Romains et les Grecs. Le corps de la lettre donne dans tous les cas la nature du message : des nouvelles, une demande (d'argent, de nouvelles), un reproche, ou bien un exposé, chez Paul, des réalités de la foi. C'est le cas en particulier de l'épître aux Romains, mais on trouve aussi cet aspect dans d'autres lettres. La 1re épître aux Corinthiens conjugue ces aspects (1 Co 11), de même l'épître aux Galates.

L'identification de ce modèle littéraire permet de mieux lire les diverses lettres du Nouveau Testament, éventuellement dans leurs différences : certaines sont de véritables synthèses théologiques ou, plus que des lettres, des exposés de la foi, d'autres sont à peine des lettres, tout juste un billet (Philémon) ou en comportent quelques-unes seulement des caractéristiques (épître aux Hébreux, par exemple).

---

31. J. Murphy-O'Connor, *Paul et l'art épistolaire : contexte et structure littéraires*, Paris, Éditions du Cerf, 1994 ; C. Salles, « L'épistolographie hellénistique et romaine », in J. Schlosser (éd.), *Paul de Tarse*, Paris, Éditions du Cerf, « Lectio Divina » n° 165, 1996, p. 79-97.

L'identification de la forme, ici encore, sert une meilleure lecture, plus fine, et à terme plus théologique.

### La monographie historique[32]

Nous mentionnons la monographie historique. On voit ce que recouvre le terme : un récit centré sur un aspect particulier de l'histoire. Les Actes des Apôtres sont le seul livre qui dans le Nouveau Testament corresponde à ce genre. Encore convient-il de dire que le but de Luc est beaucoup plus théologique qu'historique. Il indique la direction (le sens ou la signification) de l'histoire, plus qu'il ne fait l'histoire des commencements. On retiendra donc avec précaution la désignation de monographie historique. Cependant, on la trouve dans certains ouvrages d'exégèse et il convient de la mentionner.

### L'apocalypse[33]

Le mot, selon son étymologie même, signifie « révélation ». C'est ce terme que gardent par exemple les Anglais, pour désigner ce livre dans le Nouveau Testament. L'apocalypse est une forme littéraire, à laquelle ne correspond pas exactement le dernier livre de la Bible, nous le mentionnerons en terminant. Les apocalypses sont en général des écrits pseudépigraphes, c'est-à-dire attribués fictivement à l'un des grands personnages de l'histoire. On en trouve ainsi un certain nombre dans la littérature juive dite intertestamentaire (c'est-à-dire ne relevant ni de l'Ancien ni du Nouveau Testament, mais de la période jointure entre les deux). Elles sont attribuées à Isaïe, à Baruch, à Esdras, à Hénoch... Ceux-ci auraient reçu des révélations de la part de Dieu, leur permettant de voir l'avenir, jusqu'à la fin du monde. Mais ces événements sont cachés et ne devront être révélés que plus tard. Ils sont appelés à se produire selon le plan préétabli de Dieu.

La forme même de ces apocalypses en fait des écrits particulièrement appropriés aux temps difficiles, aux temps de persécution. Fictivement, l'auteur reporte l'histoire dans un passé révolu, et dont on connaît l'issue. Quand Daniel écrit, Nabuchodonosor a depuis longtemps quitté la scène de l'histoire. On sait que son empire, redouté, a lui aussi disparu. Et l'auteur pourrait commenter cyniquement : « *Sic transit gloria mundi* », « Ainsi passe la gloire du monde ». Mais Dieu veille. Et c'est ce message qu'en période de persécution il veut faire entendre, rappelant aux destinataires que ces temps dans lesquels ils vivent et souffrent sont les derniers, pas forcément du monde, mais de la révélation de Dieu. C'est le temps de la manifestation de Dieu et de son projet. L'histoire est dès lors fictivement partagée en périodes, à partir desquelles est anticipée la fin. L'apocalypse use aussi de

32. F. Bovon, « La vie des apôtres. Traditions bibliques et narrations apocryphes », in F. Bovon *et al.*, *Les actes apocryphes des apôtres*, Genève, Labor et Fides, 1981, p. 141-158 ; D. Marguerat, *Le premier historien du christianisme (Luc-Actes)*, « Foi Vivante » 96/4, 1997, p. 19-34.

33. Association catholique française pour l'étude de la Bible (A.C.F.E.B.), « Apocalypses et théologie de l'espérance », Congrès de Toulouse (1975), Paris, Éditions du Cerf, « Lectio Divina » n° 95, 1977 ; P. Prigent, « Apocalypse et apocalyptique », in *RSR* n° 47, 1973, p. 280-299.

symboles et de chiffres pour affirmer, à mots à peine couverts, mystérieux, que l'histoire est menée par Dieu. En ces temps présentés comme les derniers, il veille sur son peuple et ses fidèles aujourd'hui dans l'épreuve. Exhortation à tenir et à résister dans la foi.

L'apocalypse dite de Jean rejoint ce genre par de multiples aspects – et il est mentionné dans son premier verset. Pourtant, elle ne se présente pas comme un écrit pseudépigraphe. Elle n'envisage pas l'histoire à venir, qu'elle annoncerait pour des périodes de temps à dénombrer. Elle se présente plutôt comme une lettre (Ap 22,21) de Jean (1,4.9) aux sept grandes Églises d'Asie Mineure (1,4 ; 2,1 – 3,22). Elle est cependant de part en part révélation de l'histoire, d'une histoire illuminée par la présence de l'Agneau. Et l'introduction l'affirme : ce livre est révélation, apocalypse (1,1-3).

## De multiples aspects ou genres littéraires mineurs

Les quatre grands genres qui viennent d'être présentés permettent un classification des livres du Nouveau Testament. À l'intérieur de chacun cependant, on trouve des formes multiples de récits ou de discours. Autant de formes littéraires ou de genres littéraires qu'il est utile maintenant de distinguer plus nettement.

### *Les récits*

Les **récits de miracle** sont connus dans l'Antiquité. Tous revêtent une construction semblable correspondant à un modèle littéraire assez stable : 1) une présentation, description succincte de la situation, qui prépare à ce qui suit ; 2) une demande, qui peut revêtir des formes différentes (dans les évangiles, un mot suffit parfois : « on le lui présente » ou « on le présente à Jésus ») ; 3) une parole ou/et un geste ; 4) la guérison ; 5) les réactions de la personne ou de la foule présente.

À l'intérieur de ce moule commun aux récits bibliques et aux récits païens, il est une différence essentielle à noter : les évangiles insistent sur la rencontre avec Jésus. Elle importe plus encore que le miracle lui-même, qui n'est en quelque sorte que l'effet de cette rencontre. Il rend visible ce qu'elle opère en profondeur. Raison pour laquelle dans plusieurs cas le miracle est donné comme signe : que le péché est pardonné (Mc 2,10), que « le Fils de l'homme est plus grand que le sabbat » (Mc 3,4). Réduire à la lecture le récit de miracle à un simple geste merveilleux, c'est manquer la force *kérygmatique* que revêt toujours le récit dans les évangiles : l'annonce du salut opéré dans la rencontre de Jésus, dans sa mort et sa résurrection.

Les spécialistes ne comptent pas parmi les récits de miracle ceux dont la pointe est une parole de Jésus plus qu'un geste. Ils considèrent alors que le récit relève du genre apophtegme (voir plus bas). Mais cette distinction n'est pas absolument déterminante.

Les **récits de vocation** correspondent aussi, à travers toute la Bible, à un modèle littéraire. Dans l'Ancien Testament, plusieurs récits

### *La structure des récits de miracle*

Les récits de miracle des évangiles, comme ceux de l'Antiquité, grecque ou romaine, revêtent une construction semblable, que l'on peut tracer en cinq points :

– Une présentation, description succincte de la situation, qui prépare à ce qui suit. Dans les évangiles, le mal est éventuellement décrit comme incurable, ayant résisté à toute forme de tentative de le vaincre. Ce trait contribue à mettre en relief la puissance de celui qui va en venir à bout, Jésus. Son action est ainsi mise en lumière, elle appelle à reconnaître plus profondément son identité. Qui donc est-il pour guérir ainsi ?

– Une demande, qui peut revêtir des formes différentes. Dans les évangiles, un mot suffit parfois : « on le lui présente » ou « on le présente à Jésus ».

– Une parole ou/et un geste. En général c'est une parole, mais parfois Jésus l'accompagne d'un geste : il prend par la main de la personne qu'il fait se lever (Mc 1,31 ; 5,41 ; voir aussi Mc 7,33).

– La guérison.

– Les réactions de la personne ou de la foule présente.

insistent sur *la voix* donnée à entendre. Ainsi Moïse entend-il la voix de Dieu après le spectacle insolite du buisson en Ex 3. Jérémie, de même, entend la voix de Dieu après la vision très simple d'un amandier, puis d'une marmite qui fume (Jr 1). Amos exprime en termes très forts l'importance décisive de cette voix (Am 3,8). Plusieurs autres textes prophétiques insistent sur *la vision* (Is 6, tandis que Is 40 insiste sur la seule voix). Dans le Nouveau Testament, les récits de vocation sont essentiellement liés à la voix et à la parole. Le récit de la conversion de Paul, dans les Actes des Apôtres, ferait exception. Il insiste sur la vision, où s'origine cependant une parole qui se déploiera progressivement, pour entraîner Paul chez Ananie d'abord, puis jusqu'aux confins de la Méditerranée (Ac 9,1-19 ; 22,3-21 ; 26,9-20).

### *La structure des récits de vocation*

Les récits de vocation correspondent en général au modèle suivant, en cinq phases (certains auteurs éventuellement en distinguent six, subdivisant la première en deux : mise en présence puis salutation divine) :

– La manifestation de Dieu ou la mise en présence avec l'ange de Dieu (dans les évangiles, pour les apôtres, ce sera la présence de Jésus).

– L'appel ou l'envoi en mission (« Je ferai de vous des pécheurs d'hommes » Mt 1,17, « Voici [Marie] que tu concevras… » Lc 1,31).

– L'objection de l'appelé(e) (« Comment cela pourra-t-il se faire, dit Marie, je ne connais pas d'homme » Lc 1,34).

– La réassurance (« Ne crains pas, je serai avec toi », « L'Esprit saint te couvrira de son ombre » Lc 1,35).

– Le don d'un signe par Dieu (« Élisabeth ta parente en est à son sixième mois, elle qu'on appelait stérile » Lc 1,36).

L'ensemble des récits correspond au modèle suivant, en cinq phases (certains auteurs éventuellement en distinguent six) : 1) la manifestation de Dieu ou la mise en présence avec l'ange de Dieu (dans les évangiles, pour les apôtres, ce sera la présence de Jésus) ; 2) l'appel ou envoi en mission (« Je ferai de vous des pécheurs d'hommes » Mc 1,17, « Voici [Marie] que tu concevras... » Lc 1,31) ; 3) l'objection de l'appelé(e) (« Comment cela pourra-t-il se faire, dit Marie, je ne connais pas d'homme » Lc 1,34) ; 4) la réassurance (« Ne crains pas, je serai avec toi », « L'Esprit saint te couvrira de son ombre » Lc 1,35) ; 5) le don d'un signe par Dieu (« Élisabeth ta parente en est à son sixième mois, elle qu'on appelait stérile » Lc 1,36).



La présence d'un modèle littéraire est extrêmement importante. En effet, comment dire un appel de Dieu ? Les mots n'y suffisent pas. La sobriété des récits de vocation l'atteste implicitement. De surcroît, ce modèle interdit, ou prévient au sens fort, de faire une lecture trop psychologique de ces récits. Qu'avons-nous comme éléments pour une telle lecture, si ce n'est nos propres réactions, réelles ou imaginées ? La phase d'objection des récits, que l'on aimerait plus longue et à laquelle on aimerait... meilleure réponse, signifie que la mission à laquelle l'homme est appelé le dépasse infiniment : elle est mission de Dieu. Comment donc un berger de Madian, fût-il élevé à la cour du Pharaon, peut-il faire sortir d'Égypte le peuple que Dieu revendique comme sien ? Comment un pêcheur du lac de Galilée peut-il porter une mission de Dieu ? Là est le point essentiel dans le récit. D'où la réassurance divine, promesse que Dieu ou son Esprit sera avec l'envoyé. Si cette phase n'est pas présente dans le récit, elle est peut-être à présumer. C'est l'existence du genre ou du modèle littéraire « récit de vocation » qui précisément attire l'attention en ce sens.

Cela amènerait à porter attention au récit de l'appel des disciples en Marc : « Venez à ma suite, dit Jésus, je ferai de vous des pêcheurs d'hommes. – Et aussitôt, laissant les filets, ils le suivirent » (1,17-18). Le commentaire est infini. Face à autant de disponibilité de la part des disciples, le lecteur est mal à l'aise : lui hésiterait tellement. Mais la voix qui appelle ici est celle dont Marc dira, dans les chapitres suivants, qu'elle est celle du semeur de la Parole, cette semence qui pousse même seule (Mc 4,26-29, sans parallèle chez les autres Synoptiques) ! La voix de Jésus qui appelle est proprement créatrice. Elle fait ce qu'elle dit, comme la voix initiale qui au livre de la Genèse crée le monde (Gn 1). C'est la parole de Dieu. Le fait que Marc réduise à ce point la structure de son récit attire ainsi le regard ailleurs. L'absence de tant d'éléments du modèle oblige à mieux lire, et à relire le récit de Marc, jusqu'à trouver des indices solides pour l'interprétation. Marc est cohérent. Au chapitre 4 de son évangile, il montre Jésus enseignant, jetant large la semence de la Parole, une Parole généreuse qui d'elle-même porte fruit, et même jusqu'à 100 pour 1, contrairement à ce que dit Matthieu, plus prudent ou plus réaliste (Mc 4 ; Mt 13). Mais Matthieu s'inscrit dans une autre perspective, insistant sur la tâche du disciple. Il est à lire pour lui-même, dans sa façon propre de tracer les motifs.

Quand on lit ainsi Marc, on est alors loin de la pensée accablée du lecteur se sentant si faible et petit face aux apôtres.

On parle parfois de **récits historiques** et de **légendes**. Cette catégorie n'est pas absolument claire dans son intitulé. Elle existe cependant dans plusieurs manuels. Aussi est-il bon d'en dire quelques mots. En effet les évangiles, nous l'avons évoqué, ne sont pas des biographies et n'ont pas prétention, à proprement parler, à l'histoire. Encore moins à la légende. Les récits du baptême, de la Transfiguration, de la Résurrection et des apparitions, éventuellement classés dans cette catégorie, ne relèvent pas de la catégorie récits historiques ni légendaires. Récits concernant Jésus, ils contiennent des motifs théologiques à lire à la lumière souvent d'autres récits, en particulier de l'Ancien Testament (voir plus haut, « L'intertextualité », p. 143-146). Quant aux récits d'enfance des évangiles de Matthieu et Luc, ils relèveraient plutôt du genre *midrash*, explication à partir des Écritures. Nous manierions avec prudence, on le sent, cette catégorie, trop lâche et finalement inadéquate. La problématique vient de R. Bultmann, dont on connaît le souci de démythologiser les récits merveilleux des évangiles. La catégorie à laquelle il parvient est finalement trop tributaire de cette problématique.

### *Paroles et discours*

Il est de nombreux types de parole dans les évangiles et plus largement dans le Nouveau Testament. Tentons de les définir afin de mieux les lire.

La définition de la **parabole** est difficile. Elle est dans la Bible ce que recouvre le mot hébreu *mashal*, avant tout une comparaison. Le dicton ou le proverbe sont déjà paraboles, quand ils rapprochent deux réalités pour les donner à comprendre. La métaphore est elle aussi de l'ordre de la parabole. Elle omet simplement la conjonction « comme » qui introduit la comparaison. L'affirmation qu'elle pose est alors très forte. Ce n'est plus « telle chose ou telle personne sont comme... », mais elles sont ce qui est dit. Ainsi dans le Cantique des cantiques, la bien-aimée est comme une gazelle, mais la poésie emporte et le poète peut dire que la bien-aimée est une gazelle. La métaphore affirme à la fois ce qu'une chose (ou personne) est et ce qu'elle n'est pas. Non, la bien-aimée n'est pas une gazelle, chacun le sait. Et pourtant ne faut-il pas dire qu'elle l'est précisément. Le langage commun souligne l'audace quand il ajoute et précise « vrai » ou « vraiment » : cet homme est un vrai lion. Il est nécessaire d'ajouter « vrai », car chacun sait qu'il n'en est rien. Et pourtant... Telle est la force de la métaphore, qui contraint à imaginer (au sens fort : elle crée de l'image) et à penser.

La parabole était employée de façon très courante dans la tradition juive, en particulier pour parler de la Torah, c'est-à-dire de ce qui est en son cœur, au plus essentiel. Les prophètes recouraient de même à la parabole. Quelques-unes sont ancrées dans les mémoires (2 S 12 ; Is 5 ; Ez 36, plus proche de l'allégorie). Ils employaient aussi le dicton, le proverbe, et la métaphore abondamment. Amos, il n'est qu'à le relire, est familier du procédé.

Les paraboles évangéliques s'inscrivent dans cette tradition séculaire, pour dire les réalités les plus cachées ou les plus mystérieuses : le Royaume (surtout Mt), le pardon et l'accueil des pécheurs (surtout Lc), la puissance ou l'efficacité de la Parole (surtout Mc). Jésus pouvait se servir de ces comparaisons sans toujours les expliquer. Il était lui-même, dans ses actes et ses paroles, c'est-à-dire par sa présence, l'explication ou la référence de ces paraboles. Or, lorsque les premières générations chrétiennes ont de nouveau prononcé ces paraboles, elles l'ont fait sans cette proximité de Jésus. Il fallait alors compléter le récit pour lui rendre la force qu'avait la présence de Jésus quand il les disait, quand il en était la référence la plus forte. C'est alors que s'est opérée la relecture de certaines paraboles comme celle du grain semé en terre riche ou dans les broussailles, ou encore sur le chemin (voir Mc 4). Une relecture qui décode la parabole par une explication. Celle-ci transforme la parabole en **allégorie**, cette forme de parabole qui explique terme à terme chaque élément, pour l'appliquer à des situations précises. Si l'allégorie éclaire, elle ferme aussi la parabole, donnée à entendre large. Le risque de moralisation est alors grand (Mc 4 ; voir Ez 16). L'allégorie clôt en effet le sens en le précisant trop.

Les paraboles prennent toujours comme point de comparaison des réalités quotidiennes, proches des auditeurs (l'achat d'un champ, le geste d'une femme qui pétrit de la pâte ou qui nettoie sa maison, le geste du semeur, etc.). Mais elles opèrent aussi un passage limite, ce moment où elles optent pour de l'improbable, de l'impensé, de l'irréel. On a parlé en ce sens de l'extravagance des paraboles. Précisément, elles donnent à penser de l'inimaginable, de l'encore impensé. Il leur faut donc opérer ce passage à la limite, ce geste d'audace du langage, pour introduire le lecteur dans ce monde encore inimaginé. Dans l'Évangile, c'est le monde de Dieu, son accueil au pécheur, son pardon, la réalité du Royaume déjà présent et en développement au milieu des hommes. Tel est l'inimaginable auquel les paraboles prêtent forme en l'associant à des images.

À ce titre, les paraboles ont leur source dans l'expérience profonde de Jésus. Et elles peuvent, et doivent peut-être, être lues comme une révélation de ce que l'on pourrait appeler le monde de Jésus. D'où Jésus tire-t-il ces paraboles ? De son intimité profonde avec le Père. C'est celle-là qu'il trace devant ses auditeurs, en mots et en réalités simples... comme la vie quotidienne, et pour qu'eux aussi, s'ils le souhaitent, y entrent [34].

Le terme **apophtegme** désigne la sentence pleine de sel qui clôt le récit de certaines anecdotes concernant des philosophes, des saints ou des moines. Dans les évangiles, c'est la parole ou la maxime frappée, prononcée par Jésus dans des scènes de ce type : récits souvent de controverses avec les pharisiens ou d'autres opposants. « Pour que vous sachiez que le Fils de l'homme a pouvoir de pardonner les péchés... » (Mc 2,10), « Le Fils de l'homme est plus grand que le sabbat » (Mc 3,4).

Les ***logia*** ou paroles du Seigneur sont une catégorie voisine de la précédente et qui recouvre en fait toute parole de Jésus, y compris les discours. Selon les contextes où elles sont insérées, les paroles ou *logia* prennent un relief différent, une signification différente (comparer en ce sens la parabole des invités au festin, en Mt 22,1-14 et Lc 14,16-24).

---

34. Voir J. Nieuviarts, « Il parlait en paraboles », in P. Debergé, A. Marchadour, J. Nieuviarts, J.-M. Poirier, *Que sait-on de Jésus de Nazareth ?*, Paris, Bayard, 2001, p. 141-190.

Il est intéressant aussi, au regard de l'histoire, de mesurer comment un *logion* (singulier de *logia*), dépouillé de son entour ou de son contexte, reflète une situation (*Sitz im Leben*) proche de la prédication de Jésus, ou éventuellement de la vie des premières communautés, de leurs questions. On mesure alors le probable écart, l'interprétation dont a fait l'objet le *logion* initial, en entrant dans le récit évangélique. Il n'est pas altéré. Il a poursuivi un chemin que l'exégèse tente de retracer.

L'attention portée aux genres littéraires est une part importante, on le voit, de l'approche des textes. Il est en effet toujours essentiel d'identifier la nature du texte lu, pour l'entendre sur le registre qui est le sien. C'est à partir de là que s'opère le travail d'interprétation.

# OUVERTURE : LE TEXTE ET LA VOIX



Lire, c'est ainsi traverser et retraverser le texte, y recherchant les indices de la signification, c'est-à-dire d'une mise en mouvement du lecteur commandée par le treillis, le réseau des signes du texte. Sauf à transformer le texte en prétexte, on est conduit par lui selon ce chemin, qui laisse le lecteur libre, mais qui est pourtant tracé, interdisant une lecture à l'inverse ou ailleurs. Il est cependant plusieurs façons de parcourir ce chemin, plusieurs « méthodes » ou mises en chemin.

L'enjeu de ce chemin est une *révélation* pour le lecteur. La théologie donne à ce mot un sens fort. Dans ce chemin se révèle en effet le visage de Dieu et prend forme la parole qu'il adresse à l'homme. Dans la lecture est représenté ce chemin de Dieu, avec celui de l'homme, dans son émerveillement, mais aussi ce que R. Alter appelle sa *récalcitrance*. Ainsi Grégoire le Grand pouvait-il affirmer, selon le mot souvent cité, que « l'Écriture grandit avec ses lecteurs ». Augustin, commentant la parole de Jean Baptiste « Il faut qu'il grandisse et que je diminue » (Jn 3,30), commentait de même : « La Parole grandissant, la voix diminue. Que veut dire : la Parole grandissant ? En réalité, ce n'est pas la Parole elle-même qui grandit, c'est nous qui grandissons en elle, nous qui progressons en elle, nous qui augmentons en elle, afin que les voix ne nous soient plus nécessaires [35]. »

***Entendre la Parole***

« La parole est en rapport avec le silence. Lorsque nous écoutons un ami, un concert ou une conférence, nous sommes gênés si du bruit interfère. Toute audition est un travail de l'esprit pendant lequel il naît une parole intérieure qui est œuvre du silence. Tout se passe comme s'il y avait deux paroles, celle qui fait du bruit et l'autre. Celle qui fait du bruit, on entend seulement son bruit ; celle qui ne fait pas de bruit, on entend seulement son sens. C'est pourquoi le verbe *entendre* a deux sens, l'un physique, l'autre mental. Dans l'expression "à bon entendeur salut", "entendeur" signifie "compreneur". Or, quand nous disons que l'Écriture est parole de Dieu, est-ce qu'elle l'est en tant que bruit ou en tant que sens ? C'est là une question qui mérite d'être posée. Elle l'est en tant que son ou bruit, parce que, si l'on entendait d'autres sons, l'on entendrait (comprendrait) d'autres sens. Et l'Écriture a pour fonction d'assurer, par les conventions des signes reçus, que l'on entende bien ces sons et pas d'autres. Mais l'Écriture est parole de Dieu surtout en tant que sens. Autrement dit : le processus de la parole de Dieu inclut la parole silencieuse qui naît dans notre intérieur du fait de l'écoute. »

P. Beauchamp, *Parler d'Écritures Saintes*,
Paris, Éditions du Seuil, 1987, p. 68-69

Ainsi pouvons-nous peut-être, en conclusion de ce chapitre, souscrire simplement à ces mots de P. Ricœur, qui ouvrent à eux seuls le champ de la lecture : « Quand, observe-t-il, on a mené avec le texte écrit les batailles que je viens de dire et que, oubliant toutes les

35. Sermon Dolbeau 3, 12.

techniques de l'exégèse, l'on fait une dernière lecture, n'accède-t-on pas parfois à ce moment précieux où il est permis de dire que le texte nous parle, que quelque chose ou quelqu'un s'adresse à nous ? [...] En ce moment rare de la lecture heureuse, il devient légitime de dire que lire, ce n'est pas voir, mais écouter [36]. »

36. « Éloge de la lecture et de l'écriture », in *Études théologiques et religieuses* n° 64, 1989, p. 395-405.

# Bibliographie



ALTER R., *The Art of Biblical Narrative*, New York, 1981, trad. fr. *L'art du récit biblique*, Bruxelles, Lessius, 1999.

BROWN R. E., *Que sait-on du Nouveau Testament ?*, Paris, Bayard, 2000, p. 86-93.

BÜHLER P. et HABERMACHER J. F. (éd.), *La narration. Quand le récit devient communication*, Genève, Labor et Fides, 1988.

CARREZ M., *Manuscrits et langues de la Bible*, Villiers-le-Bel, Société biblique française, 1991.

CONZELMANN H. et LINDEMANN A., *Guide pour l'étude du Nouveau Testament*, Genève, Labor et Fides, 1999, p. 57-71.

DUHAIME J. et MAINVILLE O. (éd.), *Entendre la voix du Dieu vivant : interprétations et pratiques actuelles de la Bible*, Montréal, Médiaspaul, 1994.

LUZ U. (éd.), *La Bible : une pomme de discorde*, Genève, Labor et Fides, 1992.

MAINVILLE O., *La Bible au creuset de l'histoire. Guide d'exégèse historico-critique*, Montréal/Paris, Médiaspaul, 1995.

MOITEL P., « Des récits d'Évangile : apprentissage d'une lecture », in *Cahiers Évangile* n° 93, Paris, Éditions du Cerf, 1995.

SOULETIE J. L., GAGEY H.-J. (éd.), *La Bible, Parole adressée*, Paris, Éditions du Cerf, 2001.

VAGANAY L. et AMPHOUX C.-B., *Introduction à la critique textuelle du Nouveau Testament*, Paris, Éditions du Cerf, 1986.

3

# *Lire l'évangile de Matthieu*

par Édouard Cothenet[1]



L'Évangile selon Matthieu est celui qui a exercé la plus grande influence dans l'Église. Considéré comme le plus ancien, il a été sans cesse commenté et prêché. Jusqu'à la réforme liturgique du concile Vatican II, la plupart des lectures évangéliques du dimanche lui étaient empruntées. Dans le monde critique, l'étoile de Matthieu a décliné au XIXe siècle, avec la reconnaissance de la priorité de Marc. Des commentateurs en sont arrivés à ne plus rendre compte que des passages propres à Matthieu, laissant de côté les éléments qui ont leur parallèle dans Marc. Il fallut attendre les années 1950 pour une réaction salutaire : l'école dite de la Rédaction (*Redaktionsgeschichte*) s'est intéressée à la manière dont Matthieu avait retravaillé ses sources, au bénéfice de sa théologie. G. Bornkamm en fut l'initiateur en Allemagne, et, pour le public francophone, P. Bonnard et ses disciples. L'intérêt actuel pour l'analyse narrative va dans le même sens. Il faut prendre Matthieu pour lui-même, s'intéresser à ses procédés de composition, au service d'une théologie qui unit étroitement enseignement sur le Christ et perspectives ecclésiales. Comment est-on passé d'un messianisme centré sur Israël à un messianisme universel : tel est un enjeu majeur de l'œuvre.

1. Bibliste, professeur honoraire de la faculté de théologie de l'Institut catholique de Paris.

**Plan du livre**

Prologue. De la promesse vers l'accomplissement (1,1 – 4,16)
- Origine de Jésus (1 – 2)
- Appel à la conversion par Jean Baptiste ; baptême et tentations (3,1 – 4,11)
- Le départ en Galilée (4,12-16)

1. L'annonce du Règne qui vient (4,17 – 9,34)
   - Le Sermon sur la montagne : la justice du Royaume (5 – 7)
   - Les œuvres du Messie (8 – 9,34)
2. Mission et oppositions (9,35 – 12)
   - L'envoi des disciples en mission (9,35 – 10)
   - Interrogations et controverses (11 – 12)
3. Les mystères du Royaume des cieux (13 – 17)
   - La section des pains (14,13 – 16,12)
   - Vers la fondation de l'Église (16,13 – 17)
4. Les exigences communautaires du Royaume (18 – 22)
   - Le discours communautaire (18)
   - Instruction sur les états de vie (19)
   - De Jéricho à Jérusalem : entrée messianique, paraboles et controverses (20 – 22)
5. Les signes de la Fin et le Jugement (23 – 25)
   - Le réquisitoire contre les scribes et les pharisiens (23)
   - Les discours sur la ruine de Jérusalem, la parousie et le Jugement (24 – 25)
6. La Passion du Fils de l'homme (26 – 27)
7. La Résurrection et l'envoi en mission (28)

L'évangile de Matthieu se caractérise par l'importance de cinq discours : Sermon sur la montagne (5 – 7), envoi des apôtres en mission (10), paraboles (13), discours communautaire (18), discours eschatologique (les signes de la Fin et le Jugement 24 – 25). Chacun d'eux se termine par une formule de ce type : « Quand Jésus eut achevé ces instructions. » Nous gardons le titre traditionnel de « discours », bien qu'il ne s'agisse nullement de discours construits selon les règles de la rhétorique gréco-romaine. Ce sont des collections de paroles, souvent regroupées par affinité de mots (technique des mots-agrafes). Ils constituent les cinq piliers de l'œuvre, reliés entre eux par des récits où alternent sommaires et narrations plus circonstanciées. On discute pour savoir s'il faut relier les ensembles narratifs au discours qui précède ou à celui qui suit. La première solution nous semble préférable, du fait que l'introduction au Sermon sur la montagne est très réduite, alors que les chapitres 8 et 9 apparaissent comme l'application par Jésus lui-même des principes qu'il a énoncés : par sa conduite, il « exemplarise » la justice du Royaume [2].

2. D'une manière générale, pour manifester la relation de Matthieu avec Marc et Luc d'une part et l'importance des traditions propres à Matthieu d'autre part, nous utilisons les indications suivantes :

## PROLOGUE *(1,1 – 4,16)*

### Origine de Jésus, fils de David (Mt 1 – 2 SMt)

Le terme « origine » (*genesis*) donne le ton. La généalogie a pour but de rattacher Jésus à David. Elle s'articule en trois périodes égales de 14 générations : d'Abraham à David, de David à l'Exil (1,1-11), de l'Exil au Christ (1,12-17). Les femmes qui sont nommées le sont en leur qualité d'étrangères et de prosélytes. La finale sort du schéma ordinaire : Jacob engendra Joseph, l'époux de Marie, de laquelle est né Jésus, que l'on appelle Christ.

Suivent cinq épisodes, caractérisés chacun par une formule d'accomplissement de l'Écriture :

– En songe Joseph est invité à prendre avec lui Marie, enceinte par l'action de l'Esprit saint, en accomplissement de l'oracle de Is 7,14 sur l'enfant messianique né d'une vierge.

– L'étoile des mages en relation avec l'oracle de Mi 5,1 sur Bethléem, comme lieu de naissance du Messie. Les craintes d'Hérode en apprenant la naissance d'un enfant royal [3].

– La fuite en Égypte, rattachée à Os 11,1.

– Le massacre des enfants de Bethléem et les pleurs de leurs mères, selon l'oracle de Jr 31,15.

– Le retour et l'établissement à Nazareth, rattaché à un texte d'origine incertaine : « il sera appelé Nazoréen ».

Ce prologue, centré sur l'origine de Jésus, justifie les titres qui lui seront donnés. S'il pose sur le plan historique de difficiles problèmes, il revêt la plus grande importance pour déterminer la théologie de Matthieu.

### Appel à la conversion, baptême et tentation (3,1 – 4,11 ; voir Mc-Lc)

Selon la construction traditionnelle, Matthieu établit un lien étroit entre la prédication de Jean Baptiste, le baptême de Jésus et ses tentations au désert. Jean donne le ton : « Convertissez-vous : le Règne des cieux s'est approché » (v. 2). Il baptise en vue de la conversion, et non pour la rémission des péchés. Déjà apparaissent les adversaires : pharisiens et sadducéens (v. 7), durement rabroués par le Baptiste.

La protestation de Jean (SMt) provoque une réponse de Jésus à valeur de thèse : « Il nous convient d'accomplir toute justice » (v. 15). La voix céleste est adressée à tous les auditeurs/lecteurs de l'évangile : « Celui-ci est mon Fils bien-aimé, celui qu'il m'a plu de choisir » (v. 17).

Au désert (4,1-11), les trois épreuves/tentations rappellent celles d'Israël (voir Lc). En quel sens Jésus est-il le Fils de Dieu ? L'adoration

– voir Mc-Lc, pour les passages communs à Mt, Mc et Lc (triple tradition) ;
– voir Lc, pour les passages communs à Matthieu et Luc (double tradition) ;
– SMt, pour les passages propres à Mt (S provenant de l'allemand *Sondergut*).
– Ce bref signalement doit être complété par la lecture d'une synopse.

3. Voir la présentation du récit de l'adoration des mages, p. 187-190.

du Seigneur passe par l'écoute de la Parole, le refus des signes spectaculaires et du pouvoir à la manière humaine.

### Le départ en Galilée (4,12-16 ; voir Mc-Lc)

Le départ pour la Galilée est illustré par une longue citation de Is 8,23 – 9,1. À quel peuple vivant à l'ombre de la mort Jésus va-t-il s'adresser ?

## L'ANNONCE DU RÈGNE QUI VIENT (4,17 – 9,34)

« À partir de ce moment » : cette formule marque un tournant. Quelques mots donnent le ton : « Convertissez-vous : le Règne des cieux est proche. » Sont aussitôt présentés les témoins, appelés à devenir pêcheurs d'hommes : Pierre et André, Jacques et Jean. Un premier sommaire sur l'activité de Jésus (4,23-25) relève l'universalité de l'action de Jésus, du point de vue tant des malades que des auditeurs.

***Les sommaires***

Outre des collections de paroles et des récits circonstanciés, l'évangile de Matthieu comporte un certain nombre de tableaux d'ensemble : 4,23-25 insistant sur l'audience très large de la prédication de Jésus ; 9,35-38 évoquant le parcours du Bon Pasteur à travers villes et villages ; 14,34-36 et 15,29-31 sur les nombreuses guérisons de toutes sortes dans la région du lac de Génésareth. Dans ces sommaires à valeur généralisante, on relève l'union étroite entre la prédication et le ministère de guérison, comme signes de l'avènement du Royaume.

### Le Sermon sur la montagne : la justice du Royaume (5 – 7 ; voir Lc)

Parmi les éléments caractéristiques de ce premier discours, il faut noter :

– Une introduction solennelle qui évoque les instructions du Sinaï et concerne « la justice du Royaume », à pratiquer sous le regard du Père céleste.

– 8 béatitudes à la 3e personne et non à la 2e comme dans Luc, se caractérisant par leur orientation éthique [4].

– Le rôle des disciples dans le monde : sel et lumière (5,12-16 SMt).

– L'accomplissement de la justice de la Loi (5,17-20 SMt). Propre à Matthieu, ce passage définit la position de Jésus par rapport à la Loi : non pas abrogation, mais accomplissement. Nous y reviendrons.

– Les antithèses (SMt) : opposition entre l'enseignement donné aux anciens et celui du Maître, qui parle avec autorité : « Vous avez appris... et moi je vous dis... » De l'interdit de la colère, et pas seulement du meurtre, à l'amour des ennemis. « Une éthique de l'excès. »

4. Voir présentation des Béatitudes, p. 190-195.

– Au terme, une invitation à la perfection selon la volonté du Père céleste (voir Lc) et une exhortation à pratiquer la justice du Royaume.

– À propos de l'aumône, de la prière et du jeûne, Jésus fustige l'ostentation et invite à agir « pour le Père qui voit dans le secret (6,1-18 SMt) ».

– Au centre du Sermon sur la montagne, est en bonne place le Notre Père, avec sept demandes, et non cinq comme chez Luc.

– La suite du Sermon est moins construite. Relevons les exhortations majeures : confiance filiale en Dieu (6,19-34 ; voir Lc) et détachement vis-à-vis de l'argent.

– La parabole de la paille et de la poutre (7,1-5 ; voir Lc), condamnant les jugements hâtifs, est suivie d'une exhortation à la prière (7,7-11 ; voir Lc).

– Une exhortation à entrer par la porte étroite et des règles de discernement pour reconnaître les vrais disciples (7,15-22).

– La parabole des deux maisons, l'une construite sur le roc, l'autre sur le sable (7,24-27 ; voir Lc) qui montre la nécessité de mettre en pratique les enseignements reçus.

***Citations de l'écriture et accomplissement***

Pour Matthieu, les citations de l'Écriture dépassent de beaucoup le cadre de l'apologétique ou de la polémique avec les Juifs. Il s'agit d'une contemplation du plan de Dieu dans sa relation avec le Christ. Une déclaration du Sermon sur la montagne a valeur de programme : « N'allez pas croire que je sois venu abroger (*katalusai*) la Loi ou les Prophètes : je ne suis pas venu abroger, mais accomplir (*plèrôsai*). » Relevons l'association étroite entre la Loi et les Prophètes. À la différence des sadducéens, qui s'en tenaient à la seule Loi de Moïse, les scribes d'obédience pharisienne, et encore plus les sectaires de Qumrân, donnaient une grande importance aux écrits prophétiques. On a même parfois rapproché certains passages de Matthieu des *pesharîm* (interprétations) de Qumrân : ainsi l'explication de la parabole de l'ivraie (13,37-39) ou la combinaison de textes à propos de la mort du traître (27,9 *sq.*).

L'ensemble du Sermon sur la montagne est mis incontestablement sous le signe de l'accomplissement de l'alliance du Sinaï. Un point fait cependant l'objet de multiples discussions : Matthieu présente-t-il Jésus comme un nouveau Moïse ? Citons le jugement équilibré d'un bon connaisseur, W. D. Davies : « Si les catégories du nouveau Moïse et du nouveau Sinaï sont présentes dans les chapitres 5 à 7, comme ailleurs dans le premier évangile, les traits strictement mosaïques que comporte l'image matthéenne du Christ se trouvent, ici et dans d'autres passages de l'évangile, intégrés dans un contexte plus profond et plus élevé. Le Christ est moins Moïse, venu comme Messie, si l'on peut dire, que le Messie, le Fils de l'homme, l'Emmanuel, qui a absorbé en lui la fonction mosaïque. »

(*The Setting of the Sermon on the Mount*, Cambridge, 1964, p. 93)

## Les œuvres du Messie (8,1 – 9,34)

Matthieu regroupe une série de miracles et de controverses qui illustrent la manière dont Jésus vit l'idéal du Sermon sur la montagne.

**Jésus, le maître (*didaskalos* – enseignant)**

Souvent, dans l'évangile de Matthieu, ses interlocuteurs s'adressent à Jésus en le reconnaissant comme un « maître », les uns dans une bonne intention (8,19 ; 19,16), d'autres pour lui tendre un piège (22,16.24.36). Judas emploie le terme de rabbi (26,25.49). Jésus lui-même interdit à ses disciples de se faire appeler maîtres, car ils n'ont d'autre maître que lui (23,7 *sq.*). De fait, c'est bien comme l'enseignant par excellence que Matthieu présente Jésus.

En réorganisant des récits traditionnels, Matthieu leur confère une portée spéciale.

– Trois récits de guérison qui se terminent par une citation d'Isaïe (8,1-17) :

Le lépreux (8,1-4 ; voir Mc-Lc) : en purifiant par son toucher et sa parole, Jésus réintègre le lépreux dans la communauté.

Le serviteur du centurion (8,5-13 ; voir Lc) : extension du ministère de Jésus. La foi de cet étranger préfigure l'entrée des nations dans le Royaume, alors que les héritiers naturels en seront exclus.

La guérison de la belle-mère de Pierre (8,14-15 ; voir Mc-Lc) et des exorcismes aboutissant à une formule d'accomplissement : « C'est lui qui a pris nos infirmités et s'est chargé de nos maladies » (Is 53,4).

– Trois scènes qui invitent à suivre Jésus sur l'autre rive (8,18-34) :

Appels à un détachement radical (8,18-22 ; voir Lc).

La tempête sur le lac (8,23-27 ; voir Mc-Lc).

L'exorcisme de deux démoniaques gadaréniens, des étrangers (8,28-34 ; voir Mc-Lc).

– Trois controverses (selon l'ordre de Mc 2,1-22 et Lc 5,17-39) :

La guérison d'un paralysé et controverse sur le pouvoir de remettre les péchés (9,1-8).

La vocation de Matthieu et controverse sur l'appel des pécheurs (9,9-13).

Des controverses sur le jeûne ; le vin nouveau (9,14-17).

– Trois miracles qui illustrent la puissance de la foi (9,18-34) :

La guérison de la femme atteinte d'un flux de sang et la résurrection de la fille d'un notable (9,18-26 ; voir Mc-Lc).

La guérison de deux aveugles (9,27-31).

L'exorcisme d'un possédé muet (9,32-34 ; voir Lc). Les réactions sont contrastées : admiration de la foule, accusation de magie par les pharisiens : « C'est par le chef des démons qu'il chasse les démons » (9,34).

## Mission et oppositions (9,35 – 12)

### L'envoi des disciples en mission (9,35 – 10,42 ; voir Mc-Lc)

Un second sommaire sur l'activité de Jésus se conclut par la pitié du Bon Pasteur pour les brebis sans berger et par la prière pour l'envoi de moissonneurs (9,35-38 ; voir Lc). Suit la liste des douze apôtres (10,2-4). Au discours d'envoi, bref en Marc et Luc, Matthieu donne un large développement, ouvrant la mission des apôtres en Galilée sur la mission future. Une limitation stricte surprend : « N'allez pas chez les païens ou les Samaritains, mais prêchez aux brebis perdues de la maison d'Israël » (10,5 SMt). Selon l'accueil des envoyés, ce sera pour certains le don de la paix, pour d'autres, l'annonce d'un jugement sévère.

À partir du v. 16, l'horizon s'élargit à la mission future : « Je vous envoie comme des brebis au milieu des loups. » Comme soutien dans la persécution, il y a l'Esprit du Père qui parlera pour les persécutés (v. 20). Le terme à la mission est fixé par la venue du Fils de l'homme : « Vous n'achèverez pas le tour des villes d'Israël, avant que ne vienne le Fils de l'homme » (10,23).

Intervient alors une exhortation à la confiance : « Ne craignez pas ceux qui tuent le corps, mais ne peuvent tuer l'âme » (v. 28). Au même moment, on apprend que l'attachement total à la personne de Jésus doit caractériser le missionnaire : « Qui aime son père ou sa mère plus que moi n'est pas digne de moi » (v. 37). Le discours se termine en revenant au thème initial : la récompense de celui qui accueille les messagers de l'Évangile (v. 40-42). Aucune indication n'est donnée quant au retour des disciples. C'est le signe que la mission se poursuit.



## Interrogations et controverses (11 – 12)

La question de Jean Baptiste : « Es-tu celui qui doit venir ? » (voir Lc) introduit une section où s'opposent foi et incrédulité. Jésus répond en renvoyant implicitement à plusieurs passages d'Isaïe. Mais le signe suprême qu'il donne aux envoyés de Jean Baptiste, c'est l'annonce de la Bonne Nouvelle aux pauvres. Faisant ensuite l'éloge du Baptiste, Jésus le situe au terme du temps de la Loi (11,13). Face à certaines critiques, la conduite de Jésus est présentée ensuite comme parfaitement conforme à la joie du salut.

Suit un épisode où on apprend qu'à cause de leur incrédulité les villes de Galilée (11,20-24 ; voir Lc) se montrent plus coupables que les pires villes païennes. À l'opposé, le Christ rend grâce au Père pour la révélation faite aux petits (11,25-27 ; voir Lc), et il invite ceux qui sont accablés par le joug de la Loi à se mettre à son école (11,28-30 SMt).

Deux controverses sur le sabbat (12,1-12 ; voir Mc-Lc) mettent ensuite en valeur le primat de la miséricorde selon Os 6,6. C'est aussi l'occasion, pour Matthieu, de rappeler que le Serviteur de Dieu ne brise pas le roseau froissé et qu'il répond à l'espérance des nations (Is 42,1-4). Un exorcisme provoque ensuite l'admiration des foules et l'accusation des pharisiens (12,22-32.43-45 ; voir Mc-Lc). Mais Jésus réfute l'accusation d'agir au nom de Béelzéboul et dénonce la gravité de la faute contre l'Esprit. Il annonce également que le seul signe qui sera accordé à cette génération mauvaise sera celui de Jonas (12.38-42 ; voir Mc).

Ces controverses se terminent sur une note positive (12,46-50 ; voir Mc-Lc) : la famille véritable de Jésus est formée de ceux qui font la volonté de son Père.

## Les mystères du Royaume des cieux (13 – 17 ; voir Mc-Lc)

Plus développé que les passages parallèles, le discours en paraboles (13,1-52 ; voir Mc-Lc) comporte deux collections de paraboles, suivies chacune d'une conclusion.

La première (13,3-35), proche de Marc et de Luc, contient la parabole du semeur, l'explication de l'incrédulité de beaucoup avec le recours à Is 6,9 *sq.*, l'évocation du bonheur des disciples qui bénéficient de l'interprétation des « mystères du Royaume ». Suivent les paraboles de l'ivraie (SMt) [5], du grain de moutarde (voir Mc-Lc) et du levain (voir Lc). En contraste avec le pessimisme de 13,13-15, la conclusion de cette première collection est positive : « Je proclamerai des choses cachées depuis la fondation du monde » (d'après le Ps 78,2). La seconde collection (13,36-52) commence par l'interprétation de l'ivraie, puis contient des paraboles qui sont propres à Matthieu : le trésor, la perle, le filet.

Tout le chapitre concerne le Royaume et sa destinée : par six fois revient la formule : « Le Royaume des cieux est semblable à » ; le Semeur, c'est le Fils de l'homme (v. 37) ; le bon grain, ce sont les sujets du Royaume (v. 38) ; tous sont invités à entendre « la parole du Royaume » (v. 19). Ces paraboles ont pour but de laisser entrevoir, comme un mystère, la manière paradoxale dont Dieu établit son règne. À la fin, les apôtres estiment avoir bien compris l'enseignement de Jésus. Jésus fait même l'éloge du scribe qui sait tirer du trésor du neuf et de l'ancien (13,51 *sq.* SMt).

À partir de là, avec l'échec à Nazareth (13,53-58 ; voir Mc-Lc) et le martyre de Jean Baptiste (14,1-12 ; voir Mc), Matthieu suit l'ordre de Marc, mais non sans y apporter sa touche personnelle. Pour faire bref, nous nous contenterons de souligner ce qui, dans la succession des épisodes, est spécifique de Matthieu.

### La section des pains (14,13 – 16,12 ; voir Mc)

Comme dans l'évangile de Marc, une série d'épisodes sont centrés sur le pain : avec le pain multiplié pour 5 000 hommes et recueilli en 12 paniers (14,13-21 ; voir Mc-Lc), le retrait de Jésus et la marche sur les eaux pour rejoindre les disciples (voir Mc). Matthieu est ici le seul à indiquer à la fois une marche de Pierre sur les eaux à la rencontre de son Maître et son manque de foi (14,28-31). La discussion sur le pur et l'impur met ensuite en cause les pratiques juives de la pureté rituelle ; le cœur y est présenté comme étant le siège de la pureté véritable (15,1-20 ; voir Mc).

Suit la rencontre de Jésus avec la Cananéenne qui, en raison de sa foi, voit sa fille bénéficier du pain (15,21-28) [6]. Le récit du pain multiplié pour 4 000 hommes et des restes recueillis dans 7 paniers semble être ensuite la version hellénistique du premier miracle (15,32-39). La section des pains se termine par l'invitation à discerner les signes des temps et une mise en garde contre le levain des pharisiens et des sadducéens (16,1-12 ; voir Mc-Lc).

---

5. Voir la présentation de cette parabole, p. 195-199.
6. Voir la présentation de cet épisode, p. 199-201.

## Vers la fondation de l'Église (16,13 – 17)

La question de confiance, posée par Jésus à ses disciples à Césarée, marque un tournant dans la révélation que Jésus fait de sa mission (voir Mc-Lc). La confession de Pierre est d'ailleurs plus explicite chez Matthieu que chez Marc et Luc : « Tu es le Christ, le Fils du Dieu vivant. » La réponse de Jésus concerne également le rôle de Simon Pierre dans l'Église (16,18) [7].

La première annonce de la Passion déclenche ensuite la protestation de Pierre et une vive remontrance de la part de Jésus : « Retire-toi ! Derrière moi, Satan ! » (voir Mc.) Suit une autre scène de révélation : la Transfiguration (voir Mc-Lc) en présence de Moïse et d'Élie, avec l'invitation à la fois à écouter le Christ et à garder le silence sur ce qui vient de se produire. Les disciples, qui interrogent alors Jésus sur le retour d'Élie (voir Mc), apprennent que ce retour s'est accompli en la personne de Jean Baptiste (17,12). Enfin, l'épisode de l'enfant épileptique (voir Mc-Lc) met en évidence le peu de foi des disciples (17,20). Seule, en fait, la prière permet d'obtenir ce qui, humainement, est impossible (17,20). Le paiement de l'impôt pour le Temple illustre la place de Pierre auprès de Jésus (17,24-27 SMt).

# LES EXIGENCES COMMUNAUTAIRES DU ROYAUME (18 – 22)

## Le discours communautaire (18 ; voir Mc)

Aux apôtres qui interrogent Jésus pour savoir qui est le plus grand, Jésus donne un enfant en exemple. C'est le point de départ de plusieurs

### *La communauté de Matthieu*

On aimerait connaître la nature des problèmes concrets auxquels était confrontée la communauté pour laquelle l'évangile de Matthieu a été rédigé. On cite souvent certaines objections formulées contre la mission aux nations (10,5 ; 15,24), ou l'existence de charismatiques dont la liberté mettait peut-être en cause la discipline de l'Église (7,21 *sq.* ; 13,41).

À l'opposé, cette communauté devait être confrontée à des tendances rigoristes, comme on le voit dans les éléments disciplinaires insérés en 18,15-17. La construction du chapitre 18 avec les deux paraboles de la miséricorde semble même être une réaction à ce type de pratique. S'agissant du sabbat, les controverses à son sujet ne sont pas nécessairement le signe qu'il était aboli ; d'après 24,20 il semblerait même qu'il était encore observé. Enfin, malgré la dureté du réquisitoire du chapitre 23, les ponts entre la communauté où Matthieu écrit et le judaïsme n'étaient pas, semble-t-il, totalement rompus. Telle est, en tout cas, la conclusion de S. Légasse, pour qui « bien que les chrétiens, comme l'indique notamment l'expression "leurs synagogues" (4,24 ; 9,35 ; 10,17 ; 13,54 ; voir 23,34), ne fréquentent plus alors les assemblées cultuelles juives, on admettra néanmoins que la rupture n'avait pas encore été totalement consommée ».

7. Voir la présentation de cet épisode, p. 201-203.

**Jésus, Fils de David (9 fois chez Matthieu, 3 fois chez Marc)**

Le titre apparaît d'abord en tête de la généalogie (1,1). On le retrouve ensuite dans le contexte des guérisons opérées par Jésus : « L'aspect spécifique du fils de David matthéen est sa fonction de thaumaturge puissant et bienveillant, de guérisseur et d'exorciste » (J.-M. van Cangh). C'est le cri de plusieurs miraculés (9,27 ; 20,30) ; de façon significative, la Cananéenne s'adresse à Jésus comme au Fils de David : n'est-ce pas reconnaître qu'il est venu d'abord pour le peuple d'Israël (15,22.24) ? Le caractère royal du titre est bien mis en lumière à l'entrée de Jérusalem : « Hosanna au fils de David ! » (21,9). Mais Jésus n'est pas fils de David au sens où on l'entend communément (22,42 *sq.*). Il est *Kyrios.* Voir J.-M. van Cangh, « Fils de David dans les évangiles », in *Figures de David à travers la Bible,* Paris, Éditions du Cerf, « Lectio Divina » n° 177, 1999, p. 345-396.

enseignements sur la responsabilité à l'égard des petits (voir le scandale) et sur le devoir de rechercher la brebis égarée [8]. Le rigorisme des règles prévoyant l'exclusion de la communauté de ceux qui s'obstinent dans le mal (18,15-18) est tempéré ensuite par la parabole du débiteur impitoyable (18,23-35 SMt) : « C'est ainsi que mon Père céleste vous traitera, si chacun de vous ne pardonne pas à son frère du fond du cœur. »

## Instructions sur les états de vie (19 ; voir Mc-Lc)

L'interdiction de la répudiation comporte ici une réflexion propre à Matthieu sur ceux qui se font eunuques « à cause du Royaume des cieux » (19,12). Suit, après un épisode relatant l'accueil des enfants par Jésus (19,13-15), la démarche du jeune homme riche (19,16-22). Son éloignement montre combien il est difficile pour un riche d'entrer dans le Royaume de Dieu. Aux apôtres qui ont tout quitté pour le suivre, Jésus fait alors une promesse : ils jugeront les douze tribus d'Israël (v. 28).

Propre à Matthieu, la parabole des ouvriers de la onzième heure (20,1-16) bouleverse ensuite les idées reçues : elle invite à dépasser les normes de la stricte justice pour s'ouvrir à la bonté de Dieu. En réponse à la mère des fils de Zébédée qui réclamait, pour eux, les meilleures places à sa droite et à sa gauche, Jésus définit la nature de l'autorité comme un service, et il révèle le sens de sa mission : « Le Fils de l'homme est venu non pour être servi, mais pour servir et donner sa vie en rançon pour la multitude » (20,28).

## De Jéricho à Jérusalem : entrée messianique, paraboles et controverses (20 – 22 ; voir Mc-Lc)

On assiste maintenant à une montée de l'enthousiasme populaire : deux aveugles (et non un seul, comme chez Marc) s'adressent à Jésus comme Fils de David, prélude à l'acclamation des Rameaux. Lors de l'expulsion des vendeurs du Temple, les enfants reprennent

8. Voir la présentation du chapitre 18, p. 203-206.

## « Hypocrites »

L'accusation d'hypocrisie portée contre les pharisiens est une caractéristique de Matthieu : 13 emplois contre un seul en Marc et 3 en Luc. Le terme grec appartient à la langue du théâtre ; l'*hypokritès*, c'est l'acteur, le comédien. De là vient le sens de fourbe, d'hypocrite au sens moderne. L'hypocrisie se retrouve dans toutes les sociétés, principalement quand s'impose une religion officielle. Parmi les sept classes de pharisiens, le Talmud dénonce celle des hypocrites.

De son côté, le Christ s'en prend surtout à la disjonction entre le dire et le faire, l'apparence et la réalité. À propos de l'aumône, de la prière, du jeûne, sans désigner nommément les pharisiens, Jésus stigmatise ceux qui agissent pour se faire bien voir des hommes et non pour plaire à Dieu qui voit dans le secret (6,1-18). La même accusation est dirigée contre les pharisiens qui imposent aux autres de lourds fardeaux, sans se les imposer à eux-mêmes (23,4) et qui paradent aux premières places dans les synagogues (23,5 *sq.*).

En lisant Matthieu, on ne peut échapper à l'impression que la désignation « hypocrite » soit comme une épithète de nature pour les scribes et les pharisiens (15,7 ; 22,18 ; 23,13-15). Seraient-ils tous des hypocrites ? Une telle conclusion est une injure faite à des gens dont beaucoup étaient animés d'un grand zèle pour Dieu, comme en témoigne Paul (Rm 10,2).

Comment expliquer alors l'accusation si grave portée contre les pharisiens, traités ailleurs d'aveugles (15,14), de durs de cœur (19,8), de méchants (22,18) ? En plusieurs cas, l'accusation porte sur l'interprétation de la Loi, et non sur la fausseté de la personne. Ainsi Jésus condamne-t-il les subtilités casuistiques qui permettent de détourner la loi, comme ce qui concerne le soutien dû aux parents (15,3-6) : la tradition des hommes annihile ici la parole de Dieu, à laquelle le Christ rend toute sa force. Le même type de polémique se retrouve en 23,16-26.

D'une manière générale, on pense que ces accusations – sans nuances – reflètent la rupture entre la communauté matthéenne et le judaïsme qui, après 70, se réorganisa autour de l'interprétation de la Loi selon les écoles rabbiniques.

également l'acclamation : « Hosanna au Fils de David ! » (21,15 SMt) et Jésus justifie leur enthousiasme en citant le Ps 8,3. Le dessèchement du figuier a ensuite une valeur symbolique, il concerne le culte du Temple (21,18-22 ; voir Mc).

Dans le cadre de la mise en cause de l'autorité de Jésus, Matthieu regroupe ici trois paraboles menaçantes pour Israël :

– La parabole des deux fils (SMt) : celui qui a dit oui mais n'agit pas devrait prendre modèle sur celui qui, après avoir dit non, s'est converti.

– La parabole des vignerons homicides (voir Mc-Lc) : c'est une mise en garde contre le meurtre du Fils, avec une finale propre à Matthieu : « Le Royaume de Dieu vous sera enlevé, et il sera donné à un peuple qui en produira les fruits » (21,43).

– La parabole du festin nuptial (voir Lc) : elle préfigure la destruction de la ville qui est à la fois celle des invités et des meurtriers des serviteurs du Roi (22,7). L'addition concernant la robe nuptiale (22,11-14 SMt) constitue un avertissement pour les fidèles qui ne respecteraient pas les dispositions requises pour le Royaume.

Suit une série de controverses. Toutes manifestent l'indépendance de Jésus par rapport aux divers mouvements religieux de son temps (22,15-46 ; voir Mc-Lc) :

– Le tribut à César (à l'encontre des zélotes) [22,15-22].

– La résurrection des morts (à l'encontre des sadducéens) [22,23-33].

– Le double commandement de l'amour de Dieu et du prochain [22,34-40].

– La question posée aux pharisiens sur la seigneurie du Fils de David [22,41-46].

## Les signes de la Fin et le Jugement (23 – 25)

### Le réquisitoire contre les scribes et les pharisiens (23 ; voir Lc)

Le chapitre 23, en préambule au discours eschatologique, avec les 7 « Malheur à », constitue l'accusation la plus grave contre les pharisiens, traités d'hypocrites [9]. La leçon faite aux pharisiens vaut tout autant pour les disciples du Christ, tentés par l'orgueil : « Ne vous faites pas appeler Maître, car vous n'avez qu'un seul maître et vous êtes tous frères » (v. 8). À l'opposé des interprétations qui contredisent la Loi, ou des minuties qui accablent ceux qui doivent l'observer, Matthieu la recentre sur les valeurs essentielles : la justice, la miséricorde et la fidélité (23,23).

À la fin du réquisitoire de Jésus, on apprend que la persécution des envoyés du Christ mettra le comble à l'iniquité des pères : d'où le châtiment qui tombera sur Jérusalem, la ville sanguinaire (23,34-36). Le réquisitoire s'achève pourtant sur une note d'espérance : viendra le jour de l'acclamation du Seigneur qui vient (23,39) !

### Les discours sur la ruine de Jérusalem, la parousie et le Jugement (24 – 25 ; voir Mc-Lc)

Si on le compare à celui de Mc 13, on constate que le discours des chapitres 24 – 25 est celui auquel Matthieu a consacré le plus grand développement. Ce discours porte sur la Fin, qui ne viendra pas avant la proclamation de l'Évangile au monde entier (24,14 ; voir une référence explicite au prophète Daniel au v. 15).

La mise en garde contre les faux prophètes ou faux messies revient par deux fois (24,11.24). L'évocation de la grande tribulation est suivie de l'annonce de la *parousia,* au sens technique de retour glorieux du Christ en sa qualité de Fils de l'homme (24,3.27.37.39) : ce sera le rassemblement des élus de toute la terre.

L'allusion au Déluge renforce ici l'exhortation à la vigilance, qui est illustrée par trois paraboles : celle du serviteur fidèle (24,45-51 ; voir Lc), celle des dix vierges (25,1-13 SMt), celle des talents (25,14-30 ; voir Lc). Considérant qu'il faut compter avec le retard du Maître et faire preuve d'une ingéniosité confiante à son service, Matthieu insiste fortement sur l'importance de la responsabilité de chacun. Propre à Matthieu, la scène du Jugement universel révèle la présence secrète du Fils

9. Voir l'encadré, p. 173.

### Jésus, Fils de l'homme

Cette désignation, surprenante, est propre aux déclarations de Jésus lui-même dans les quatre évangiles ; elle n'apparaît pas dans les récits de l'enfance. Dans le reste du Nouveau Testament, on la trouve trois fois seulement, dans un contexte apocalyptique (Ac 7,56 ; Ap 1,13 ; 14,14). De multiples études ont paru sur le sujet, tant sur l'origine de l'expression que sur son sens dans la bouche de Jésus et pour la communauté primitive. L'utilisation de ce titre par Matthieu ne se distingue de celle de Marc que par certaines accentuations.

a) La référence au Fils de l'homme glorieux de Dn 7 est évidente tant dans le discours eschatologique (Mt 24,30 *sq.*) que dans la déclaration de Jésus devant le sanhédrin (26,64). Son retour est attendu comme proche (10,23 ; 16,28). Des paraboles s'attachent même à expliquer son retard (en particulier les dix vierges). À la différence de Marc, Matthieu attribue une fonction judiciaire au Fils de l'homme (13,41 ; 25,31 *sq.*).

b) Par anticipation, Jésus, comme Fils de l'homme, exerce le pouvoir de remise des péchés (9,8) et se déclare maître du sabbat (12,8). La condition du Fils de l'homme n'en est pas moins paradoxale : il est traité de glouton et d'ivrogne parce qu'il mange avec les pécheurs (11,19). Dans son itinérance, il n'a pas où reposer sa tête (8,20).

c) Enfin, Fils de l'homme revient avec insistance dans les annonces de la Passion. Matthieu a conservé le schéma d'une triple annonce, à partir de la confession de Pierre à Césarée (16,21 ; 17,22 ; 20,18). Le récit de la Passion commence par un rappel montrant que Jésus n'est pas pris au dépourvu : « Vous le savez, dans deux jours, c'est la Pâque ; le Fils de l'homme va être livré » (26,2).

Une expression est propre à Matthieu : le Royaume du Fils de l'homme, distingué du Royaume du Père, comme le montre l'explication de la parabole de l'ivraie (13,41.43) [10]. À l'heure fixée par le Père seul (24,36), le Fils de l'homme enverra ses anges pour extirper de son Royaume pécheurs et fauteurs de scandale (7,23 ; 13,41). Qui fait partie de ce Royaume ? À titre privilégié, les petits en leur qualité de disciples (10,42), les humbles, auxquels la révélation du Père est réservée (11,25 *sq.*), les enfants (18,1-5). La grandiose parabole du Jugement invite à un élargissement : tous ceux qui ont ouvert leur cœur à la détresse du prochain. Présent au milieu de ses disciples, le Fils de l'homme l'est aussi dans la personne des pauvres. Voir C. Perrot, *Jésus et l'histoire*, Desclée, 1979, p. 241-272.

de l'homme en chacun des malheureux : « Ce que vous avez fait aux plus petits d'entre mes frères, c'est à moi que vous l'avez fait » (25,40).

## La Passion du Fils de l'homme (26 – 27 ; voir Mc-Lc)

Matthieu suit de près l'ordre de Marc ; il situe tout le drame sous le signe de la Pâque (26,2). On relèvera, sans rien cacher des souffrances du condamné, tout ce qui, chez Matthieu, met en valeur la dignité de Jésus et sa prescience des événements. Comme chez Marc, les citations ou allusions à l'Écriture constituent l'arrière-plan du récit. L'onction à Béthanie (26,6-13), que Jean place six jours avant la Pâque (12,1-8), a valeur de préfiguration pour l'ensevelissement du Christ. La dernière Cène révèle le don que Jésus fait de sa personne et, grâce à l'amplification de la formule sur la coupe eucharistique, l'efficacité mystérieuse d'une mort inique : « Ceci est mon sang, le sang de l'Alliance, versé pour la multitude, pour la rémission des péchés » (26,28).

10. Voir la présentation de cette parabole, p. 195.

## Jésus, Fils de Dieu

Il y a lieu de distinguer, chez Matthieu, les emplois de Fils de Dieu et les emplois de Fils (tout court) dans sa relation avec le Père. Car l'expression « Fils de Dieu » peut avoir alors des significations bien différentes. Ainsi, quand les démoniaques crient : « Que nous veux-tu, Fils de Dieu » (8,29), on peut s'interroger sur le contenu de l'expression. Pour les grands prêtres, la revendication du titre est blasphématoire (26,63).

Pour Matthieu, Jésus est Fils de Dieu en raison de l'intervention de l'Esprit saint lors de sa conception. Comme Marc, Matthieu scande son récit par une triple proclamation de la filiation divine de Jésus : par le Père, lors du baptême (3,17) et de la Transfiguration (17,5) ; par le centurion et ses compagnons, au pied de la croix, qui représentent les païens devenus croyants (27,54).

Pourtant, à la différence de Marc, plus soucieux de nous faire découvrir la progression de la foi des apôtres, Matthieu place dès la tempête apaisée cette proclamation des Douze : « Vraiment, tu es Fils de Dieu » (14,33), ce qui donne moins de relief à la profession de foi de Pierre à Césarée (16,16). Dans cette scène où la confession de foi christologique forme un diptyque avec l'annonce de l'Église, Matthieu réunit d'ailleurs les divers titres de Jésus, Fils de l'homme et Fils de Dieu. Il souligne également l'initiative du Père qui seul révèle son Fils (16,16 *sq.*) et garde le secret du jour du Jugement (24,36). Différemment, l'hymne de jubilation de 11,25-27 témoigne à la fois de l'intimité des relations entre le Père et le Fils et de la dépendance aimante du Fils, comme le montrera la scène de l'agonie (26,39.42).

Le titre de Fils de Dieu revient avec insistance dans la Passion : à la question du grand prêtre (26,63) font écho les ricanements de la foule devant le Crucifié (27,40.43). Dans ce contexte, Matthieu reprend toutes les objections des Juifs contre le scandale de la Croix. On note également que la tentation du désert réapparaît ici de manière tragique : « Si tu es le Fils de Dieu, descends de la croix » (à rapprocher de 4,6 : « Si tu es le Fils de Dieu, jette-toi en bas »).

Entonné par le Crucifié, le Psaume du Juste souffrant qui crie sa détresse (« *Eli, Eli, lema sabaqthani* », 27,46) aura pour réplique la proclamation du Ressuscité : « Tout pouvoir m'a été donné au ciel et sur la terre » (28,18). La formule baptismale qui suit (28,19) jouera un rôle essentiel chez les Pères de l'Église pour reconnaître l'égale divinité du Père et du Fils et de l'Esprit saint.

La Passion selon Matthieu se caractérise par de nombreux développements sur le rôle de Judas. Celui-ci livre son maître pour 30 pièces d'argent (26,15 ; voir Za 11,12). Durant l'agonie, Jésus reprend plusieurs expressions du *Notre Père* ; sa non-résistance, au moment de l'arrestation, est soulignée par une parole – propre à Matthieu – qui marque la conformité de vouloir entre le Fils et le Père : « Penses-tu que je ne puisse faire appel à mon Père, qui mettrait aussitôt à ma disposition plus de douze légions d'anges ? » (26,53).

Le procès de nuit devant le sanhédrin reçoit les mêmes développements que chez Marc : déposition de faux témoins accusant Jésus de vouloir détruire le Temple et question décisive du grand prêtre. Dans sa réponse, Jésus reconnaît qu'il est le Messie, Fils de Dieu, et qu'il reviendra sur les nuées du ciel. Comme chez Marc, c'est un moment clé pour la christologie de Matthieu. Après le reniement de Pierre, et une seconde réunion du sanhédrin, le récit de la mort de Judas donne lieu à un *midrash* exégétique sur le champ du sang (combinaison de Za 11,12 *sq.* et de Jr 18,2-3 ; 19,1-2 ; 32,6-15). La tradition à laquelle Matthieu se réfère est différente de celle de Ac 1,17-19 : l'une et l'autre reprennent les clichés relatifs à la mort du traître.

Les hésitations de Pilate sont renforcées chez Matthieu par l'intervention de sa femme, suite à un songe (27,19). La scène du lavement des mains s'accompagne d'une déclaration de la foule, où l'on a trop souvent lu la condamnation du peuple juif : « Que son sang retombe sur nous et sur nos enfants ! » (27,25).

Les insultes adressées au Crucifié reprennent ensuite les motifs de l'accusation, notamment au sujet du Temple : « Toi qui détruis le Sanctuaire et le rebâtis en trois jours, sauve-toi toi-même... » (27,40). La seule parole de Jésus, en Matthieu comme en Marc, provient du Ps 21 : « Mon Dieu, mon Dieu, pourquoi m'as-tu abandonné ? », alors que Luc et Jean placent sur les lèvres du Crucifié des paroles de confiance et d'abandon.

Outre les ténèbres et la déchirure du voile du Temple, la mort de Jésus est marquée dans l'évangile de Matthieu par un ébranlement cosmique et par l'apparition de défunts. « La mort du Christ apporte le jugement sur le Temple mais aussi la résurrection des saints d'Israël. Les relations des hommes avec Dieu ont changé, et le cosmos a été transformé » (R. Brown). Ces phénomènes qui accompagnent la mort de Jésus sont à l'origine de la reconnaissance par un centurion et par ceux qui gardaient Jésus de son identité véritable : « Vraiment, celui-ci était Fils de Dieu » (27,54). En finale, Matthieu mentionne seul la garde du tombeau, à la demande des autorités juives (27,62-68).

## La Résurrection et l'envoi en mission (28)

Le tremblement de terre, que Matthieu est le seul à relater, au début de ce chapitre (v. 2), accentue le caractère eschatologique de la scène, avant que l'ange n'adresse aux femmes le message pascal. De même, alors que, selon Marc, la crainte les condamne au silence, chez Matthieu, elles bénéficient d'une apparition directe du Ressuscité avec un ordre à transmettre aux Onze. Matthieu revient ici sur les gardes qui se laissent acheter leur silence (28,11-15). L'apparition aux Onze sur la montagne de Galilée constitue une finale grandiose : c'est aux nations que sont envoyés les disciples, pour enseigner et baptiser, avec l'assurance de la présence du Seigneur, l'Emmanuel, parmi eux [11].

Au terme de ce parcours, soulignons la *cohérence* dans la disposition des discours qui jalonnent l'œuvre de Matthieu : d'abord un exposé d'ensemble sur la justice du Royaume, suivi de la diffusion du message par l'envoi en mission ; au centre une révélation sur les mystères du Règne de Dieu, rejetée par les uns mais accueillie par d'autres, suivie par des instructions sur la vie en Église ; enfin, l'annonce de la Fin et du Jugement selon les exigences du Royaume, notamment la priorité donnée à la charité concrète.

11. Voir la présentation de cette scène, p. 210-213.

## Jésus, Seigneur (*Kyrios*)

Au sens profane, *kyrios* signifie « le propriétaire ». À ce titre, le mot revient dans maintes paraboles de Matthieu qui mettent en scène un maître et ses serviteurs. Dans une parabole comme celle du serviteur qui doit veiller dans l'attente du retour de son maître (24,45-51), on assiste même à une application allégorique.

Dans les citations de l'Ancien Testament – comme en Mt 4,7 ; 22,37 –, *ho kyrios* désigne le Dieu d'Israël : « Tu ne tenteras pas le Seigneur ton Dieu », ou : « Tu aimeras le Seigneur, ton Dieu. » De même, dans sa prière d'action de grâces, Jésus s'adresse au Père « Seigneur du ciel et de la terre » (11,25).

D'une manière générale, le titre de *Kyrios* semble avoir été décerné au Christ lors de son exaltation pascale, selon l'hymne liturgique sous-jacente à Ph 2,11. Quant à l'emploi de ce titre à propos de la parousie, il remonte aux origines chrétiennes, comme en témoigne la prière *Marana tha* (Notre Seigneur, viens ! citée en 1 Co 16,22). C'est donc comme par anticipation que les interlocuteurs de Jésus s'adressent à lui couramment chez Matthieu en utilisant le titre « Seigneur » (8,2.6.21.25 ; 9,28, etc.). Cela prend d'ailleurs souvent la forme d'une prière liturgique : « Seigneur, aie pitié » (15,22 ; 17,15 ; 20,30 *sq.*) – « Seigneur, sauve » (8,25 ; 14,30). Au jour du Jugement, retentira de la part de certains le double appel angoissé « Seigneur, Seigneur » (7,22 ; 25,11).

Alors que, dans les épîtres de Paul, la prière monte vers le Père par le Christ, Matthieu est un précieux témoin de l'invocation dirigée directement vers le Christ Seigneur.

Voir C. Perrot, *Jésus, Christ et Seigneur des premiers chrétiens*, Paris, Desclée, 1997.

# L'ÉCRITURE DE MATTHIEU : LANGUE, STYLE ET THÉOLOGIE

## VOCABULAIRE ET LANGUE

L'évangile de Matthieu est écrit en un grec simple, mais correct. L'influence sémitique est indéniable, spécialement en ce qui concerne les paroles de Jésus. Il faut noter ici, à titre d'exemple, de nombreuses expressions araméennes : *raka* (5,22), *Béelzéboul* (10,25), *korbonas* (27,6), la citation du Ps 21 en hébreu *Eli, Eli, lema sabaqthani* (27,46), ainsi que des expressions typiquement sémitiques comme la chair et le sang, les portes de l'Hadès, lier et délier... Pourquoi Matthieu a-t-il évité des mots araméens de Marc, comme *talitha koum, Abba* ? On ne saurait le dire.

On décèle également dans cet évangile de véritables strophes, dans le style de la poésie sémitique, comme l'opposition entre les deux maisons (7,24-27), les interrogations au sujet de Jean Baptiste (11,7-9), les lamentations sur les villes du Lac (11,21-24) Ces passages relèvent du style des verbo-moteurs, étudié par M. Jousse.

### Un Matthieu araméen ?

Le premier auteur qui nous renseigne sur l'origine de l'évangile de Matthieu est Papias, évêque de Hiérapolis, au début du IIe siècle. Voici le texte, conservé par Eusèbe : « Matthieu réunit en ordre les sentences (*logia*) [du Seigneur] en langue hébraïque ; mais chacun les interpréta comme il put. » Irénée apporte en plus une indication chronologique : « Matthieu publia chez les "Hébreux", dans leur propre langue, une forme écrite d'Évangile, tandis que Pierre et Paul, à Rome, annonçaient l'Évangile et fondaient l'Église. »

On s'accorde aujourd'hui à ne pas donner un sens trop restrictif au mot « hébraïque ». Pour les Grecs, l'adjectif pouvait en effet concerner une langue sémitique sans autre précision, et donc, dans le cas présent, l'araméen, la langue véhiculaire de la population juive de Palestine.

Plus délicate est la question du sens du mot *logia*. On peut admettre, en effet, le sens strict de sentences, ce qui conduirait à faire du Matthieu araméen une collection de paroles, comme plus tard l'évangile de Thomas. Mais *logia* peut s'entendre également en un sens plus large, auquel cas rien n'interdirait en théorie de faire de Matthieu le premier évangile écrit. En réalité, cette hypothèse s'oppose au fait que l'évangile de Matthieu qui est en notre possession – et que l'on considère comme canonique – a manifestement été écrit après l'évangile de Marc, et en grec (voir présentation générale, p. 49-53).

Pourtant, au dire de Jérôme, il existait à la bibliothèque de Césarée un évangile araméen, utilisé par les Nazaréens. Jérôme en a même traduit quelques fragments dont voici les principaux :

« Dans l'évangile selon les Hébreux qui a été écrit en langue araméenne et syriaque mais avec des lettres hébraïques et dont les Nazaréens se servent encore aujourd'hui – cet évangile selon les apôtres ou bien, comme beaucoup le prétendent, selon Matthieu », on trouve l'explication suivante au sujet du baptême de Jésus : « Voici que la mère du Seigneur et ses frères lui disaient : "Jean Baptiste baptise pour la rémission des péchés ; allons nous faire baptiser par lui." Il leur répondit : Quel péché ai-je commis pour que j'aille me faire baptiser par lui ? À moins peut-être que cela même que je viens de dire ne soit de l'ignorance » (voir *Écrits apocryphes chrétiens*, t. I, p. 438 *sq.*).

À sa lecture, on constate que ce récit ne peut évidemment pas être la source de Matthieu, où Jésus oblige Jean à le baptiser pour accomplir toute justice. Mais cela n'enlève rien à nos regrets de la perte presque complète de cet évangile, où Jérôme a trouvé bien des renseignements intéressants ! Ainsi, à propos du *Notre Père*, il précise également : « Dans l'Évangile selon les Hébreux, au lieu de pain "nécessaire pour subsister", j'ai découvert *maar*, c'est-à-dire du lendemain, si bien que le sens serait "Donne-nous aujourd'hui notre pain du lendemain, autrement dit du futur". »

Quoi qu'il en soit de l'hypothèse d'un Matthieu araméen, on ne peut dire que l'évangile actuel soit une traduction directe de l'araméen. On relève par exemple des assonances, qui ne peuvent provenir que d'un auteur écrivant directement en grec (6,26 ; 21,41 ; 24,30). On relève également quelques mots favoris de Matthieu : alors (*tote*, 90 fois) au lieu de aussitôt (*euthus*, Marc), afin que (*hopôs*, 10 fois), se retirer (*anachorèsein*, 10 fois), s'approcher (*proserkhesthai*, 52 fois), se prosterner (*proskunein*, 13 fois), hypocrite (13 fois), ayant répondu... il dit (*apokritheis... eipen* en 3,15 ; 4,4 ; 11,4.25 ; 12,39, etc.) ; géhenne (7 fois chez Matthieu, contre 3 chez Marc et 1 chez Luc).

## Les expressions de Matthieu

Des expressions reviennent aussi chez Matthieu comme un refrain : dans les ténèbres extérieures, engeance de vipères, pleurs et grincements de dents, consommation du siècle, la Loi ou les prophètes. Enfin, on doit signaler ici des termes particulièrement significatifs de la théologie de Matthieu :

*Basileia* (55 fois) : à traduire selon les cas par règne, royauté, royaume. Il est question d'ordinaire de règne des cieux, 4 fois du règne de Dieu. Le terme de roi revient dans plusieurs paraboles, mais il n'est que rarement employé directement pour Dieu. La dénomination de Père est la plus courante.

*Dikaiosunè* (7 fois contre 0 chez Marc, 1 chez Luc) : ce mot désigne la conduite conforme à la volonté de Dieu en général, et pas seulement la justice dans les relations humaines.

*Ekklèsia* : Matthieu est le seul des évangélistes à employer ce mot pour la communauté chrétienne (16,16 ; 18,17).

*Parousia*, au sens de venue royale (4 fois au chapitre 24) : Matthieu est le seul évangéliste à employer ce terme qui, dans la communauté primitive, exprimait l'attente d'un retour glorieux du Christ.

*Patèr* en parlant de Dieu (42 fois contre 4 chez Marc et 15 chez Luc), qualifié comme le Père céleste. Chez Matthieu, la relation à Dieu n'est pas la même dans le cas de Jésus, qui peut dire : mon Père qui est dans les cieux, et dans le cas des disciples, pour qui Jésus dit : votre Père qui est aux cieux.

*Plèroun* (16 fois contre 2 chez Mc et 9 chez Lc) : accomplir apparaît notamment dans les formules d'accomplissement de l'Écriture (voir p. 167).

### *Le texte de Matthieu*

Nous ne disposons pas pour Matthieu de *papyri* quasi complets des années 200 comme pour Luc et Jean. Néanmoins, on est certain que le texte de Matthieu, transmis par les onciaux du IVe siècle, a été bien conservé, les variantes y étant mineures. La critique textuelle n'est donc pas confrontée aux mêmes problèmes que pour l'évangile de Marc, dont les manuscrits sont souvent contaminés par les textes parallèles de Matthieu ou de Luc, ni que pour Luc, chez qui la tradition dite « occidentale » offre un nombre important de variantes et d'omissions.

On a beaucoup discuté sur la datation des plus anciens papyri de Matthieu. Il est établi que les fragments d'Oxford ($p^{64}$) appartenaient au même codex que ceux de Barcelone ($p^{67}$). C. Thiede a voulu les dater de la fin du Ier siècle. Ses arguments ne sont pas convaincants. Selon toute probabilité, le codex dont proviennent ces fragments a été écrit vers la fin du IIe siècle. En les rapprochant des fragments de Luc, conservés à Paris ($p^{4}$), G. Stanton soutient qu'ils appartenaient à un même codex, écrit à la fin du IIe siècle et contenant les quatre évangiles canoniques.

Voir G. Stanton, *Parole d'évangile ?*, trad. fr., Paris-Montréal, Éditions du Cerf-Novalis, 1997, p. 23-34.

## Le style

On doit distinguer entre les *logia*, où l'influence sémitique est la plus sensible, et les passages de type narratif. À la différence de Marc, qui aligne les propositions en les reliant par un simple *kai* (et), Matthieu fait un grand usage du participe au génitif absolu. Il emploie normalement le temps typiquement grec de l'aoriste (aspect ponctuel d'une action passée) pour les récits et non le présent historique.

Dans les récits, Matthieu vise à la clarté, n'hésitant pas à réduire le nombre des protagonistes, comme le montre l'histoire du centurion qui s'approche directement de Jésus (Mt 8,5-13), alors que Luc fait intervenir par deux fois les envoyés du centurion (Lc 7,1-10). La concentration sur le face-à-face de Jésus et du malade dans les récits de miracle contribue également à mettre en valeur l'échange de paroles centrées sur la foi. Habituellement, Matthieu est économe de ses mots, à l'excès même : ainsi en 9,2, on ne sait pas comment Jésus peut admirer la foi des porteurs du paralysé, alors que Marc raconte qu'ils ont percé le toit pour faire descendre le brancard. La concision de Matthieu se manifeste tout autant dans l'histoire du possédé de Gérasa (8,28-34), d'où ont disparu les traits pittoresques et dramatiques de Marc ainsi que l'allusion à la « Légion » (Mc 5,9). Par ailleurs Matthieu double plusieurs fois le nombre des miraculés : démoniaques (8,28), aveugles (9,27 ; 20,30). En fait, chez Matthieu, le récit a pour but de servir de cadre à la parole, alors que Marc se révèle être, dans de nombreux passages, un conteur plein de verve.

Le style de Matthieu ne manque cependant pas de vigueur. Ainsi l'introduction au Sermon sur la montagne et la conclusion majestueuse de l'évangile, où tout fait ressortir le caractère décisif de cet envoi en mission (28,16-20). De même, dans le réquisitoire du chapitre 23, la polémique s'enfle en vagues successives.

Le style est généralement révélateur d'un tempérament. C'est le cas pour Matthieu, qui apparaît sous les traits d'un enseignant, soucieux de favoriser la mémorisation du message. Mais c'est aussi un théologien attentif à mettre en pleine lumière la dignité du *Kyrios* (Seigneur), dont l'autorité – qui est celle du Ressuscité – colore les scènes de la vie terrestre et imprègne des récits qui préparent le hiératisme des icônes orientales. Pour cela, Matthieu use de procédés didactiques et d'une certaine stylisation liturgique.

## Les procédés didactiques

La visée de Matthieu se traduit par le choix de termes caractéristiques : *mathèteuein* (former des disciples) en 13,52 et 28,19. Elle apparaît également dans la présentation de Jésus comme le Catéchète par excellence (23,10), qui regroupe des disciples autour de lui. Le verbe *sunienai*, « comprendre », revient souvent également (13,15.51 ; 15,10 ; 16,12 ; 17,13, etc.). Ainsi dans la parabole du Semeur, Matthieu est-il le seul à préciser qu'il faut comprendre pour porter du fruit (13,19.23). Évidemment, cette compréhension ne se situe pas sur le seul plan intellectuel, mais elle exige que l'on se rende disponible aux exigences du message, notamment en matière de conversion.

Plusieurs données relèvent également dans l'évangile de Matthieu du genre « catéchétique ». Ainsi, alors que Marc connaît surtout des controverses, Matthieu rapporte un grand nombre de « dialogues d'école », où l'on voit les disciples demander un éclaircissement ou une ligne de conduite (ainsi 17,10-13.24-27 ; 19,16, etc.). Souvent Jésus débute son enseignement en invitant à la réflexion : « Que t' [ou vous] en semble ? » (17,25 ; 18,12 ; 21,28.)

Matthieu aime aussi grouper les sentences ou les paraboles ; il recourt alors au procédé des mots-agrafes (par ex. « petit » en 18,6.10.14, « scandaliser » en 18,6.8.9). Le symbolisme numérique joue de même un rôle important dans son œuvre : 7 paraboles au chap. 13 (au lieu de 4 dans Marc) ; 7 demandes dans le Pater (contre 5 dans Luc), 7 « malheur à », contre les pharisiens (Mt 23), 8 béatitudes, 6 antithèses (5,20-48). Nulle part n'apparaît mieux ce symbolisme numérique que dans la généalogie du Christ : trois groupes de 14 générations pour aboutir à Jésus qui est appelé le Christ (1,16). Matthieu n'hésite pas d'ailleurs à supprimer des noms, car ce qu'il veut, c'est montrer que Jésus s'est inséré dans une longue histoire et qu'avec lui débute le septième âge de l'Histoire sainte, le septénaire du Salut (X. Léon-Dufour).

Enfin, selon un procédé bien sémitique, Matthieu aime commencer et conclure ses développements par un même mot ou une même idée. Ainsi, le thème de l'envoi (*apostellein*) au début et à la fin du

Discours missionnaire (10,5.40-41), la « génération mauvaise » en 12,39.45 ; les « mains non lavées » en 15,2.20 ; « se garder du levain » en 16,6.12, etc.

**_À propos des doublets_**

On a souvent remarqué l'existence d'un certain nombre de doublets dans l'évangile de Matthieu. Ainsi, la condamnation du scandale en 5,29 *sq.* est reprise en 18,8 *sq.* (en par. avec Mc 9,43 *sq.*) ; la condamnation du divorce figure dans le Sermon sur la montagne (5,31) et en 19,9 (en par. avec Mc 10,11) ; l'invitation à prendre sa croix en 10,38 se retrouve en 16,24 (en par. avec Mc 8,34) ; la parole sur la foi à transporter les montagnes en 17,20 se retrouve en 21,21 (en par. avec Mc 11,2).

Les explications peuvent être diverses. On pense volontiers que Matthieu a pu s'inspirer ici de deux sources différentes (Q et Mc), sans se préoccuper des répétitions. On pourrait dire aussi qu'en bon pédagogue Matthieu n'a pas hésité à regrouper et à répéter ce qui lui semblait le plus important.

Contre la thèse très répandue selon laquelle Matthieu travaillait directement sur le texte de Marc, on fait valoir un nombre important d'accords mineurs de Mt-Lc contre Mc. À titre d'exemple, en Matthieu 10,10 et Luc 9,3, les apôtres ne doivent pas emporter de bâton (*mèdé rabdon*), alors que Marc 6,8 leur accorde seulement un bâton (*ei mè rabdon monon*). De même, l'épisode de la Cananéenne (Mt 15,21-28) ne peut s'expliquer seulement sur la base de Marc.

En règle générale, il ne faut pas se représenter le travail d'un auteur ancien comme le nôtre. Dans une civilisation de l'oralité, la parole vivante a plus de poids que l'écrit (Papias). Les livres sont rares ; la forme du rouleau rend la consultation difficile. Sauf dans le cas où il recopie un document, l'écrivain antique mémorise ses lectures et écrit selon son orientation propre. La manière dont les Pères apostoliques reprennent les paroles du Sermon sur la montagne, pour donner un exemple, illustre cette liberté relative, plus attentive au sens qu'au mot à mot. Les variantes des manuscrits s'expliquent pour une part par ce jeu entre tradition orale et texte écrit. La fixation du texte se fera d'abord à Alexandrie.

## La stylisation liturgique

Dans ses récits, Matthieu met en relief la personne de Jésus comme le Maître dont on s'approche pour obtenir une réponse, un miracle. Le verbe « s'approcher » (*proserkhesthai*) revient ainsi 52 fois dans Matthieu contre 5 dans Marc. Dans plusieurs discours l'emploi de ce verbe a même un caractère particulièrement solennel (5,1 ; 13,10.36 ; 18,1 ; 24,3). De même, en mentionnant la présence des foules, Matthieu ne souligne pas seulement le caractère public de l'enseignement de Jésus, il montre que cette Parole retentit pour tous les peuples (voir les formules généralisantes de 4,24 *sq.* ; 7,28 ; 9,8 ; 21,8.10.11).

Corrélatif du verbe « s'approcher », le verbe « suivre » (*akolouthein*, 25 fois) est aussi une caractéristique de Matthieu. S'il est vrai que ce verbe est largement employé dans toute la tradition synoptique, comme un élément essentiel de la condition du disciple, on doit noter que dans des passages comme Mt 4,25 ; 8,1 ; 12,15 ; 19,2, etc., il semble anticiper le temps de l'Église. C'est aussi le cas de certaines invocations, de facture liturgique, comme : Seigneur (*Kyrie* : en 8,2.6 ; 15,22 ; 18,15) ; aie pitié (*eleison* : 15,22 ; 18,15, etc.). Ainsi, lors de la tempête, les apôtres s'adressent respectueusement à leur Maître qui dort : « Seigneur, au secours ! nous périssons » (8,25). Enfin, bien que le verbe *proskunein* (se prosterner) puisse n'avoir qu'un sens faible, il revêt souvent chez Matthieu un sens liturgique (13 fois contre 2 chez Marc). Mentionnons ici l'épisode des Mages (2,2.8.11) qui annonce l'adoration du Ressuscité (28,9.17).

Le récit de la Passion est aussi particulièrement empreint de hiératisme. Dès le début, le Christ se manifeste comme maître des événements : « Vous le savez, dans deux jours, c'est la Pâque : le Fils de l'homme va être livré pour être crucifié » (26,2), à quoi fait écho « Mon temps [*kairos*] est proche » (26,18). En fait, le *kairos* de Matthieu correspond à l'heure johannique. Au terme d'une étude très minutieuse sur la Passion, A. Descamps a pu conclure : « Le Christ de Matthieu est déjà, plus nettement que celui de Marc, celui des mosaïques byzantines. »

***Deux constantes de la présentation de Jésus par Matthieu***

La *majesté seigneuriale* de Jésus, que font ressortir la stylisation liturgique des récits et le souci de Matthieu de ne pas prêter à Jésus des sentiments trop humains, comme la colère (à la différence de Mc 1,41 selon le texte occidental), l'irritation (comme en Mc 1,43 ; 8,12 ; 10,14) ou même la tendresse (comme en Mc 9,36 ; 10,16.21). Durant le drame de la Passion, Matthieu est également particulièrement soucieux de ne pas porter atteinte à la dignité de Jésus. D'une manière générale, l'emploi si fréquent du titre *Kyrios* (44 fois contre 6 dans Marc au sens christologique) met en évidence le respect de Matthieu pour la personne du Christ.

La *compassion messianique du Sauveur*. Si grande que soit la dignité du Seigneur, elle n'est pas – comme c'est le cas souvent chez les héros stoïciens – synonyme d'impassibilité. Au contraire même, car Matthieu souligne volontiers la compassion du Christ pour toutes les misères, physiques et morales, de ceux qui se pressent autour de lui. En prélude à l'envoi des Douze en mission, il relève la miséricorde du Bon Berger (9,36) qui accomplit l'attente de l'Ancien Testament (Ez 34,23 ; Za 13,7). La compassion est mentionnée encore à propos de la double multiplication des pains (14,14 ; 15,32), dont on ne saurait méconnaître le symbolisme eucharistique. Le don du sang pour la multitude apparaît ainsi comme l'achèvement d'une vie toute donnée pour le salut du peuple.

## Une école de Matthieu ?

Dans un livre suggestif, K. Stendahl a présenté le premier évangile comme l'œuvre d'une école de didascales chrétiens, versés dans l'interprétation des Écritures [12]. Sans parler d'une école au sens strict, comme on peut le faire pour les écoles rabbiniques d'alors, on peut dire que l'œuvre de Matthieu se situe, en effet, au terme d'une longue

12. *The School of St. Matthew*, Lund, 1954.

maturation de l'enseignement de Jésus et d'une confrontation entre son message et la Loi et les Prophètes, confrontation savante aiguisée par la controverse.

Pourtant, le fait qu'il existe, dans la communauté, un certain nombre de didascales (23,34) ne supprime pas la part personnelle d'un auteur qui a laissé en son écrit sa marque propre de style et de théologie. En respectant le schéma narratif de Marc, il a voulu, semble-t-il, offrir une sorte de manuel où les enseignements du Maître étaient groupés par thèmes, à l'intention des chefs de communauté et des missionnaires. On reconnaîtra son portrait spirituel en la personne de ce scribe instruit du Royaume des cieux qui tire de son trésor du neuf et du vieux (13,53).



## L'ANTIJUDAÏSME DE MATTHIEU

Un point particulièrement sensible de la recherche concerne les jugements de Matthieu sur les Juifs, si souvent traités d'hypocrites. Une phrase a joué un rôle terrible dans l'accusation de déicide, portée contre le peuple juif : « Que son sang retombe sur nous et nos enfants ! » Il a fallu attendre le pape Jean XXIII pour que l'adjectif *perfidus* (au sens latin : qui rompt l'alliance, et non au sens moderne de perfide) soit retiré des oraisons du vendredi saint. La déclaration de Vatican II *Nostra Aetate* a ouvert de nouvelles perspectives dans la relation entre l'Église et le judaïsme.

D'une manière générale, le grand danger ici est de projeter nos idées modernes sur des textes anciens. Ainsi parler d'antisémitisme, au sens racial et politique du terme, apparu au XIXe siècle, est un non-sens. Matthieu était probablement lui-même d'origine juive comme les apôtres et Paul. Les discussions, si âpres soient-elles, sont des discussions de frères ennemis, les plus terribles de toutes ! Car les outrances de langage ne sont que trop fréquentes en ce cas. Ainsi, à Qumrân, le Maître de justice – ou son disciple – n'était pas tendre non plus à l'égard de « l'Homme d'insolence qui bava sur Israël des flots de mensonges » (*Document de Damas* I,14), ou contre les adversaires, coupables de luxure, de cupidité et de profanation du sanctuaire (IV,17). « Toiles d'araignées sont leurs toiles et œufs de vipères leurs œufs. Qui s'approche d'eux ne restera pas impuni » (V,13 *sq.*).

Du point de vue de Matthieu, l'enseignement de Jésus se présente comme un accomplissement de la Loi, non comme une rupture totale, selon la thèse énoncée en 5,17. Dans un premier temps, Jésus s'inscrit donc comme un réformateur religieux, dans la ligne des prophètes d'Israël, notamment celle d'Osée proclamant la supériorité de la miséricorde sur le sacrifice (Os 6,6 cité en 9,13 et 12,7), ou d'Isaïe invitant à la conversion du cœur (15,8 *sq.* qui cite Is 29,13). Dans ce contexte, les controverses sur le sabbat (12,1-14) ne signifient pas que la Loi soit périmée, mais plutôt qu'il faut la respecter selon l'intention divine d'en faire un signe de liberté pour l'homme (Dt 5,15). S'agissant du refus du divorce, on constate également qu'il était préparé par la prédication de Malachie (Ml 2,10-16). Enfin, la sévérité contre les scribes provient de la multiplication des préceptes extérieurs qui accablent les petits (23,4 à opposer à 11,28) et masquent l'essentiel : justice, miséricorde et fidélité (23,23).

À s'en tenir à cette réforme de la Loi par le retour à l'intention originelle de Dieu (19,4), que Matthieu met mieux en valeur que les autres évangélistes, comment comprendre que Jésus ait été condamné comme blasphémateur (9,3 ; 26,65) et livré à la justice romaine ? En ce qui concerne le procès nocturne de Jésus devant le sanhédrin, la critique historique émet des doutes sérieux. Les autorités juives ont certes livré Jésus à Pilate, mais il n'y a probablement pas eu de procès en règle, comme le suggèrent Marc et Matthieu. Les évangélistes ont vraisemblablement dramatisé la scène, pour rendre compte de l'opposition foncière entre le judaïsme officiel et le prophète de Galilée : la mise en cause du système sacrificiel avec l'expulsion des vendeurs du Temple et l'annonce de sa destruction ont ici joué un rôle essentiel, même si on ne doit pas minimiser la revendication – inouïe – d'autorité qui caractérise l'enseignement de Jésus, osant se présenter comme supérieur au Temple (12,8 SMt).

Avec le développement des communautés chrétiennes, qui mettait en cause le caractère exclusif de l'alliance accordée à Israël, l'opposition n'a fait que grandir. La flagellation de chrétiens par les autorités juives est évoquée en 10,17. Si Jacques, le frère du Seigneur, jouissait d'un grand prestige à Jérusalem, il n'en fut pas moins martyrisé en 62. La catastrophe de la ruine de Jérusalem a provoqué également le resserrement du judaïsme, jusque-là ouvert à de nombreux courants, sur l'interprétation stricte de la Loi, telle que l'enseignaient les maîtres pharisiens, regroupés à Jamnia autour de Yohanan ben Zakkai. Le conflit, dont témoigne Matthieu, est celui de deux écoles qui se réclament de la Loi, l'une au sens strict, l'autre selon l'accomplissement réalisé par Jésus. Au refus de la Synagogue s'oppose l'ordre de se déclarer ouvertement pour le Christ (10,32 *sq.*). Au sang de l'alliance du Sinaï se substitue le sang versé pour la multitude (26,28). Préfigurée par des actes concrets de Jésus lui-même, comme l'éloge de la foi du centurion de Capharnaüm (8,10) et de la Cananéenne (15,28), l'ouverture aux nations constitue une marque essentielle de la « voie de la justice ».

Ajoutons que Matthieu, comme nous l'avons relevé plus haut, est clairvoyant sur les dangers qui menacent la communauté chrétienne (voir p. 171). Le mépris dont le judaïsme a été si longtemps l'objet fait bien partie de ces déviations graves, dénoncées par le Sermon sur la montagne : « Ne jugez pas et vous ne serez pas jugés. »

# PRÉSENTATION DE QUELQUES TEXTES ESSENTIELS

**Textes étudiés**

Mt 2,1-12 : L'adoration des mages
Mt 5,3-12 : Les Béatitudes
Mt 13,24-30.36-43 : La parabole de l'ivraie
Mt 15,21-28 : La Cananéenne
Mt 16,13-20 : « Tu es Pierre »
Mt 18 : De la rigueur à la miséricorde
Mt 26,36 – 27,62 : Le récit de la Passion
Mt 28,16-20 : L'envoi en mission



Après une première lecture de l'ensemble de l'évangile de Matthieu, et quelques considérations générales sur les aspects littéraires de cette œuvre, nous avons choisi de présenter ici quelques textes particulièrement importants pour une bonne compréhension de cet évangile. Cette présentation est généralement suivie de développements théologiques visant à rendre compte de la richesse de la réflexion de Matthieu.

## Mt 2,1-12 : L'adoration des mages

> Jésus étant né à Bethléem de Judée, au temps du roi Hérode, voici que des mages venus d'Orient arrivèrent à Jérusalem et demandèrent : « Où est le roi des Juifs qui vient de naître ? Nous avons vu son astre à l'Orient et nous sommes venus lui rendre hommage. » À cette nouvelle, le roi Hérode fut troublé, et tout Jérusalem avec lui. Il rassembla tous les grands prêtres et les scribes du peuple, et s'enquit auprès d'eux du lieu où le Messie devait naître. « À Bethléem de Judée, lui dirent-ils, car c'est ce qui est écrit par le prophète : *Et toi, Bethléem, terre de Juda, tu n'es certes pas le plus petit des chefs-lieux de Juda : car c'est de toi que sortira le chef qui fera paître Israël, mon peuple.* » Alors Hérode fit appeler secrètement les mages, se fit préciser par eux l'époque à laquelle l'astre apparaissait, et les envoya à Bethléem en disant : « Allez vous renseigner avec précision sur l'enfant ; et, quand vous l'aurez trouvé, avertissez-moi pour que, moi aussi, j'aille lui rendre hommage. » Sur ces paroles du roi, ils se mirent en route ; et voici que l'astre, qu'ils avaient vu à l'Orient, avançait devant eux jusqu'à ce qu'il vînt s'arrêter au-dessus de l'endroit où était l'enfant. À la vue de l'astre, ils éprouvèrent une très grande joie. Entrant dans la maison, ils virent l'enfant avec Marie, sa mère, et, se prosternant, ils lui rendirent hommage ; ouvrant leurs coffrets, ils lui offrirent en présent de l'or, de l'encens et de la myrrhe. Puis, divinement avertis en songe de ne pas retourner auprès d'Hérode, ils se retirèrent dans leur pays par un autre chemin.

Le récit de Matthieu a suscité de nombreuses légendes et inspiré les artistes de tous les temps. En raison de la lecture liturgique du Ps 72, associé à la fête de l'Épiphanie, on a fait des mages des rois. Le lecteur moderne, focalisé sur la question de savoir ce qui est historique ou légendaire, a souvent peine à entrer dans la perspective propre de l'évangéliste [13].

13. Ch. Perrot, « Les récits de l'enfance de Jésus », *Cahiers Évangile* n° 18.

## Le texte

L'emplacement du texte : après le chapitre 1 centré sur l'ascendance juive de Jésus, on aurait pu attendre quelques détails sur la naissance, comme Luc les a donnés. Selon sa concision habituelle, Matthieu se borne à situer la nativité au temps du roi Hérode. Ce ne sont pas des bergers qui vont à la crèche, mais des mages venus d'Orient. Pourquoi ce coup de projecteur sur le lointain Orient ? Le retour des mages par un autre chemin provoque la suite des événements : fuite en Égypte, massacre des Innocents, retour en Galilée.

Du point de vue de la structure de la scène : au centre la proclamation de l'oracle de Michée (5,1, combiné avec 2 S 5,2) sur la naissance du Messie à Bethléem. Ce n'est pas une formule d'accomplissement ordinaire, mais une déclaration faite par les autorités du judaïsme, celles mêmes qui condamneront Jésus comme un blasphémateur. La ruse d'Hérode, tyran sanguinaire, fait pressentir le drame de la Passion.

## *Les symboles*

Relevons les données symboliques : l'*astre* à l'orient (*anatolè*) est riche de signification. Chez les Anciens, c'était un symbole royal ou un signe de victoire. Citons l'oracle de Balaam : « De Jacob monte une étoile, d'Israël surgit un sceptre qui brise les tempes de Moab et décime tous les fils de Seth » (Nb 24,17). Cet oracle était interprété messianiquement dans le judaïsme. C'est ainsi qu'il est recopié dans le recueil de textes messianiques de la grotte 4 de Qumrân (*4Q Testimonia*). Une interprétation allégorique en est également donnée dans le *Document de Damas* : « L'étoile, c'est le Scrutateur de la loi... Le sceptre, c'est le prince de la Congrégation, et à son avènement il sapera tous les fils de Seth » (VII,8-21).

L'*Orient* (*anatolè*) était aussi un terme symbolique pour désigner le Messie. On en a pour preuve la traduction par la Septante du mot hébreu signifiant germe par *anatolè* en Jr 23,5 ; Za 3,8 ; 6,12.

Dans ce contexte, l'astre est donc le symbole de la royauté de Jésus, attirant les nations qui espèrent en lui (Mt 12,21 citant Is 42,4). Mais le signe ne peut être déchiffré qu'à la lumière de l'Écriture, conservée par le peuple juif.

Les offrandes des mages, l'or, l'encens, la myrrhe, évoquent les trésors qui afflueront à Jérusalem selon Is 60. Elles sont destinées non à la ville, mais à Celui qui en est le roi. Quant au « prosternement » des mages (verbe *proskunein* : 3 fois à 2,2.8.11), il prélude à l'adoration de Celui qui, par sa résurrection, recevra de Dieu autorité sur toutes les nations (28,17). On peut se demander enfin si le fait que les mages s'en retournent par un autre chemin n'a pas une valeur symbolique, comme le signe d'une conversion. Car ils sont devenus « autres ».

Ces quelques remarques suffisent à montrer que, loin d'être un élément secondaire dans l'évangile de Matthieu, la scène de l'adoration des mages a valeur d'ouverture : elle prépare le drame futur, tout en n'étant pleinement intelligible que pour celui qui connaît la suite.

En même temps, ce récit invite le lecteur à se mettre lui aussi en route pour rencontrer l'enfant avec Marie sa mère.

Pour les Pères de l'Église, vivant dans un milieu imprégné de croyances astrologiques, cette scène revêtira une grande importance. Citons Ignace d'Antioche (martyr au début du IIe siècle) : « Un astre brilla dans le ciel plus que tous les astres, et sa lumière était indicible et sa nouveauté étonnait, et tous les autres astres avec le soleil et la lune se formèrent en chœur autour de l'astre et lui projetait sa lumière plus que tous les autres... Alors était détruite toute magie, et tout lien de malice aboli, l'ignorance était dissipée, et l'ancien royaume ruiné, quand Dieu apparut en forme d'homme pour une nouveauté de vie éternelle » (*Aux Éphésiens* XIX, 26).



## Jésus, l'Emmanuel qui accomplit le dessein de Dieu
## Ouverture théologique

Chaque évangéliste se propose de révéler l'œuvre et la personne de Jésus de Nazareth, le Crucifié, le Ressuscité que l'Église proclame Seigneur. Ce que Matthieu s'efforce de mettre spécialement en lumière, c'est l'accomplissement en Jésus des promesses faites jadis à Israël, la présence de Dieu (Emmanuel) au milieu de la communauté des croyants comme gage d'espérance dans les épreuves de l'heure.

Le prologue de l'évangile (1 – 4,16) expose l'enracinement de Jésus dans le peuple de la Promesse et les titres qui lui reviennent. Les premiers mots sont significatifs : « Livre de la genèse de Jésus Christ, fils de David, fils d'Abraham ». À ce mot de *genesis* correspond *palingenesia* (19,28 = renouvellement de toutes choses) et *syntéléia tou aiônos* (28,20 = consommation des siècles) : toute l'histoire du monde se trouve ainsi réunie dans un grand cercle dont le centre est l'héritier de David, Jésus appelé « Christ » (1,16).

Disposés avec art, les épisodes du prologue manifestent la double qualification de Jésus dans son appartenance à un peuple déterminé (fils d'Abraham, fils de David) et dans sa relation avec Dieu qui le fait naître d'une vierge par l'action de l'Esprit créateur et le présente au baptême comme chargé d'accomplir son dessein de salut (3,17 par allusion à Is 42,1). Joseph tient le premier rôle dans les deux premiers chapitres, parce que c'est lui qui doit introduire Jésus dans la lignée de David. Matthieu est le seul évangéliste à expliquer le nom de *Ièsous* : « C'est lui qui sauvera son peuple de ses péchés » (1,21), parole à rapprocher de celle de la Cène où Jésus présente son sang comme « versé pour la multitude, pour le pardon des péchés » (26,28). Beaucoup mieux que Josué, il introduira le peuple de Dieu dans la Terre (voir 5,4 : la béatitude des doux), car né d'une Vierge (citation de Is 7,14, selon la Septante : *parthenos* et non selon l'hébreu : *betulah*, jeune fille), il porte aussi le nom d'Emmanuel, ce qui se traduit : Dieu avec nous (1,23).

Propre à Matthieu, ce titre manifeste l'un des axes de sa christologie : la présence du Christ au milieu de ceux qui sont rassemblés pour invoquer son nom (18,20) et son assistance à l'Église au cours des âges (28,20). Alors que Paul développe une spiritualité de l'*in Christo* et que Jean privilégie les formules de réciprocité (ex. : « Demeurez en moi, comme moi en vous », Jn 15,4), Matthieu suggère l'idée que les croyants vivent *avec* Jésus [14].

Appelé à être le pasteur d'Israël (Mi 5,1, cité en Mt 2,6), Jésus commence donc par refaire l'itinéraire du peuple : descente en Égypte, exode, tentations au désert. La citation de Os 11,1 (« D'Égypte, j'ai appelé mon fils »), arbitraire à première vue, vaut comme l'indicatif d'un thème qui court en profondeur et est particulièrement illustré lors des tentations au désert. L'installation à Nazareth, enfin, apparaît à Matthieu comme chargée de sens. Aux moqueries juives contre les Nazaréens (voir Jn 1,48 ; 7,52), il répond par un jeu de mots bien rabbinique sur le *nétsèr* de Is 11,1b (= surgeon de la souche de Jessé). Là encore, l'allusion biblique a valeur de signal pour renvoyer à un ensemble plus vaste, qu'on retrouve à propos du titre « fils de David » (p. 172).

Au baptême sera révélée ensuite la relation de Jésus avec son Père. Tandis que, chez Marc, la voix céleste s'adresse directement à Jésus (« Tu es mon Fils »), dans Matthieu elle présente Jésus à la communauté chrétienne : « Celui-ci est mon Fils bien-aimé, en qui j'ai mis mes complaisances » (3,17 combinant le Ps 2,7 et Is 42,1). Comme le montre la double reprise lors de la tentation : « Si tu es le Fils de Dieu... » (4,3.6), l'attention porte d'abord sur le titre de Fils. Mais les textes d'Isaïe sur le Serviteur éclairent le ministère de guérison de Jésus : « Il a pris nos infirmités et s'est chargé de nos maladies » (Is 53,4 cité en 8,17) et surtout la longue citation de Is 42,1-4 en 12,18-21 avec la conclusion universaliste : « En son nom les nations mettront leur espérance. » Bref, comme Marc, Matthieu présente le salut accompli par le Christ comme l'œuvre du Serviteur souffrant : « Le Fils de l'homme est venu non pour être servi, mais pour servir et donner sa vie en rançon pour la multitude » (20,28) [15].

## Mt 5,3-12 : Les Béatitudes

> Heureux les pauvres de cœur : le Royaume des cieux est à eux.
> Heureux les doux : ils auront la terre en partage.
> Heureux ceux qui pleurent : ils seront consolés.
> Heureux ceux qui ont faim et soif de la justice : ils seront rassasiés.
> Heureux les miséricordieux : il leur sera fait miséricorde.
> Heureux les cœurs purs : ils verront Dieu.
> Heureux ceux qui font œuvre de paix : ils seront appelés fils de Dieu.
> Heureux ceux qui sont persécutés pour la justice : le Royaume des cieux est à eux.
> Heureux êtes-vous lorsque l'on vous insulte, que l'on vous persécute et que l'on dit faussement contre vous toute sorte de mal à cause de moi. Soyez dans la joie et l'allégresse, car votre récompense est grande dans les cieux ; c'est ainsi en effet qu'on a persécuté les prophètes qui vous ont précédés.

14. Voir notre article « Imitation du Christ », in *Dictionnaire de spiritualité*, Paris, Beauchesne, 1932-1995 (17 tomes), t. 7, col. 1548.

15. Seul des évangélistes, Matthieu donne enfin une certaine importance aux prophéties de Jérémie combinées avec celles de Zacharie, dans un midrash sur le champ du sang acquis par le traître (voir M. Quesnel, *Jésus Christ selon saint Matthieu*, Paris, Desclée, coll. « Jésus et Jésus Christ », p. 146 *sq.*).

Comme caractéristique de la Bonne Nouvelle du Royaume, le Sermon sur la montagne s'ouvre par huit béatitudes, la huitième étant dédoublée, alors que Luc n'en connaît que 4 dans le discours correspondant. Par contre Luc est seul à leur adjoindre 4 « Malheur à », non au sens de malédiction, comme on le dit trop souvent, mais de mise en garde solennelle.

Pour une bonne compréhension de ce que sont les Béatitudes, il faut se rappeler qu'elles appartiennent à un genre littéraire bien connu de l'Ancien Testament, où l'on distingue :

– Les béatitudes sapientiales, qui servent à l'exhortation : ainsi « Heureux l'homme qui a trouvé la Sagesse » (Pr 3,13 ; 4,21 ; 28,14 ; Ps 1,1 ; Si 25,7-9, etc.).

– Les béatitudes eschatologiques, qui proclament le bonheur pour les justes lors de l'intervention décisive de Dieu : ainsi Is 30,18 ; 32,20 ; Dn 12,12 et dans l'Apocalypse « Heureux ceux qui lavent leurs robes, afin d'avoir part à l'arbre de vie, et d'entrer, par les portes, dans la cité » (22,12).

Le genre des béatitudes était également attesté à Qumrân, comme on peut le voir avec cette série, reconstituée par É. Puech [16], qui n'est pas sans analogie avec le texte de Matthieu :

Heureux celui qui dit la vérité avec un cœur pur
    et ne calomnie pas avec sa langue.
Heureux ceux qui s'attachent à ses décrets
    et ne s'attachent pas à des voies de perversité.
Heureux ceux qui se réjouissent grâce à elle
    et ne se répandent pas dans des voies de folie…
Heureux l'homme qui a atteint la Sagesse,
        qui marche dans la Loi du Très-Haut,
        qui s'attache à ses leçons…

En règle générale, les Béatitudes que l'on trouve dans l'évangile de Matthieu reprennent un certain nombre d'expressions de l'Ancien Testament, notamment les termes du passage d'Isaïe (61,1-6) que Jésus a commenté dans la synagogue de Nazareth (voir Lc 4,17-19). D'autres expressions se rattachent à la langue des Psaumes (Ps 37,11 ; 24,4 ; 51,12). Mais, si le bonheur annoncé par Jésus se situe dans tout un courant spirituel qui espère l'intervention de Dieu, l'originalité des Béatitudes évangéliques vient de l'autorité avec laquelle le Christ s'exprime, n'hésitant pas à dire : « Heureux les persécutés à cause de *moi* » (v. 11).

## Disposition et caractéristiques

Les huit béatitudes de Matthieu, formulées en termes généraux à la troisième personne, se regroupent en deux séries, la neuvième béatitude – en « vous » – ayant été rajoutée à l'ensemble. La composition est soignée, comme le montrent les correspondances entre les finales de la première béatitude et de la huitième : « le Royaume des cieux est à eux », et l'emploi du mot « justice » à la quatrième et à la huitième. À cela, il faut ajouter que l'évangile de Matthieu contient d'autres

16. *Revue biblique*, 1991, p. 88.

béatitudes : 11,6 ; 13,16 ; 16,17 ; 24,46. Par l'importance donnée à la foi et à la persévérance dans l'épreuve, ces béatitudes complètent la présentation initiale pour conduire sur la voie étroite du bonheur véritable.

La première béatitude, celle des pauvres en esprit, donne le ton de l'ensemble ; elle a, comme parallèle, celle des doux. Dans l'évangile de Luc, le Christ a en vue les pauvres, rassemblés autour de lui, par opposition aux riches qui – comme dans le *Magnificat* – se condamnent au malheur. Différemment, la pauvreté dont parle Matthieu est celle des *anawîm*, telle qu'elle apparaît déjà en So 2,3 ; 3,12 *sq.* et à laquelle se rattache Marie. Dans les Psaumes, pauvreté, humilité, douceur sont associées : ainsi 10,17 ; 18,28 ; 37,11... Quant à l'expression « pauvres en esprit », on a trouvé son équivalent à Qumrân.

L'accent mis sur les dispositions des hommes ne doit pas faire oublier l'intervention décisive de Dieu. La formule « le Royaume des cieux est à eux » (*basileia,* au double sens de « royaume », « règne ») signifie que Dieu établit son règne sur ceux qui sont dans l'attitude des « enfants », à qui est promise l'entrée dans le Royaume (18,3 *sq.*).

La béatitude sur les artisans de paix, reconnus par Dieu comme ses fils, rejoint une préoccupation essentielle de l'évangéliste (5,23 *sq.* ; 10,13 ; 18,15).

La faim et la soif expriment plus qu'un désir, un besoin vital. Elles traduisent la passion de ceux qui sont prêts à souffrir pour la justice, sans haine, en priant pour les persécuteurs (5,44).

Le redoublement de la béatitude des persécutés s'éclaire par les nombreuses allusions aux dangers encourus par les disciples (10,17 *sq.* ; 24,9), qui doivent être prêts à sacrifier leur vie pour suivre le Maître (16,24 *sq.*). La persécution pour la justice n'est autre, en fait, que la participation du disciple à la condition de son Maître (10,24 *sq.*). La 1re lettre de Pierre développera cette béatitude des persécutés en en faisant l'application aux chrétiens dispersés en Asie Mineure (1 P 2,20 ; 3,14 ; 4,13).

Ces quelques remarques suffisent à indiquer la place privilégiée des Béatitudes dans l'évangile de Matthieu. Elles sont un véritable porche d'entrée pour cet évangile, un condensé de la vie chrétienne, toujours à méditer. Elles se situent certes en prolongement de l'Ancien Testament, mais elles traduisent le dépassement que le Christ est venu apporter en prêchant la justice du Royaume. Chaque béatitude reflète une facette de la vie chrétienne, qui se caractérise par une double relation : avec le Père qui est dans les cieux et avec le prochain, donc loin de tout individualisme. En définitive, la clef d'interprétation des Béatitudes n'est autre que le Christ lui-même « doux et humble de cœur » (11,29), qui a vécu ce bonheur qu'il veut partager à ses frères [17].

17. J. Dupont, « Le message des Béatitudes », in *Cahiers Évangile* n° 24 ; M. Dumais, « Le Sermon sur la montagne », in *Cahiers Évangile* n° 94 ; S. Légasse, *Les pauvres en esprit*, Paris, Éditions du Cerf, « Lectio Divina » n° 78, 1974.

## La justice du Royaume des cieux [18]
## Ouverture théologique

« Bien que le mot "justice" (*dikaiosynè*) apparaisse peu dans l'évangile de Matthieu (5 fois dans le Sermon sur la montagne et 2 autres fois au début et vers la fin de son évangile : 3,15 et 21,32), le thème de la justice joue un rôle essentiel dans la pensée de l'évangéliste » (P. Debergé). Par contraste, le terme manque dans Marc et ne se trouve qu'une fois en Luc dans un cantique de style vétéro-testamentaire (Lc 1,75). Mais il faut se garder de projeter la problématique de Paul (justice par la foi ou justice par les œuvres) sur la « justice » de Matthieu, dont l'arrière-plan est celui de l'Ancien Testament.

D'une manière générale, la justice, au sens le plus large, n'est autre que la conduite requise par Dieu. Venu lui-même pour accomplir toute justice (3,15), Jésus révèle par ses paroles et par ses œuvres la véritable nature de la justice qui doit polariser toutes les énergies de ses disciples : « Si votre justice ne dépasse celle des scribes et des pharisiens, vous n'entrerez pas dans le Royaume des cieux… Recherchez d'abord le Royaume de Dieu et la justice de Dieu, et tout cela vous sera donné par surcroît » (5,20 ; 6,33). Deux aspects méritent ici une attention toute spéciale : le lien entre la justice et le Royaume ; la manière d'accomplir la Loi.

### *La justice du Royaume*

Tout l'évangile de Matthieu est centré sur la venue du Royaume des cieux, comme on le voit dans le sommaire de 4,17. Par anticipation, c'était déjà le cas de l'appel de Jean Baptiste, un appel entendu par les plus éloignés aux yeux des hommes, les publicains et les prostituées (21,32). De manière significative, le grand exposé sur la justice du Royaume commence par les Béatitudes, qui indiquent, comme on vient de le voir, les conditions pour entrer dans le Royaume. S'inspirant de Is 61,1-6, elles détaillent les attitudes spirituelles qui ouvrent l'accès au bonheur promis par Dieu. Ces conditions apparaissent très exigeantes (5,20) ; elles correspondent à la nécessité d'entrer par la porte étroite (7,14), ou aux plaintes de Jésus devant ceux qui se contentent d'invoquer leur Seigneur, tout en commettant l'iniquité (7,21 *sq.*).

Par leur insistance sur le « faire », certains textes de Matthieu ne semblent pas très éloignés d'une morale de la volonté et l'on pourrait rapprocher les exigences de Jésus de celles du Maître de Justice de Qumrân. Matthieu transmettrait-il une nouvelle Loi, plus rigoureuse que la première ? Ou, selon l'interprétation luthérienne du Sermon sur la montagne, un code impraticable destiné à faire prendre conscience à l'homme de son état de pécheur ? Ce serait oublier que Matthieu fait précéder le Sermon sur la montagne d'un sommaire qui décrit Jésus comme le Sauveur qui compatit à toutes les formes de misère (4,23). Comme l'écrit J. Jeremias : « Si le Sermon est un catéchisme à l'usage

18. J. Dupont, *Les Béatitudes*, t. III (nouv. édition), Paris, Gabalda, 1973, p. 213-305 ; P. Debergé, *Cahiers Évangile* n° 115, « La justice dans le Nouveau Testament », p. 24-35 ; P. Beauchamp, *D'une montagne à l'autre. La Loi de Dieu*, Paris, Éditions du Seuil, 1999, p. 113-190.

des aspirants au baptême ou des néophytes, il *faut que quelque chose l'ait précédé*. Ce qui l'a précédé, c'est la proclamation de l'Évangile ; ce qui l'a précédé, c'est l'attrait vainqueur de la Bonne Nouvelle, c'est la conversion [19]. »

De fait, comme cela a déjà été indiqué, les Béatitudes sont l'expression du bonheur que Jésus a vécu lui-même, lui le Messie doux et humble de cœur (11,29), le Serviteur qui ne crie pas sur les places et n'éteint pas la mèche qui fume encore (Is 42,1-4, cité en Mt 12,18-21), le Roi pacifique qui entre dans Jérusalem monté sur un âne (citation de Za 9,9 en Mt 21,5). Par ailleurs, au centre du Sermon sur la montagne, figure le *Pater*. La prière confiante permet d'obtenir du Père céleste les dons nécessaires pour s'engager dans la voie tracée par Jésus. Lui-même a cherché dans la prière le secours nécessaire pour consentir à la volonté du Père (26,42). Aussi pouvait-il exhorter les siens à prier pour ne pas succomber à la tentation (26,41).

Dans ce contexte, la justice du Royaume se caractérise par la droiture d'intention, une rectitude comparable à la santé de l'œil (Mt 6,22). Elle s'oppose à la recherche de la gloire humaine et à toute forme d'hypocrisie (6,2.5.16 ; 23,5, etc.). Elle correspond donc à une éthique de l'intériorité, qui n'est pas pour autant individualiste, car les disciples, en communauté, sont le sel de la terre et la lumière du monde (5,13-16). Si la justice du Royaume exige de ceux qui y adhèrent bien des efforts, il ne faut pas non plus la confondre avec une morale de la Loi fondée sur le seul effort de l'homme. L'appel du Christ est en effet premier, un appel auquel on ne peut véritablement répondre que grâce à l'action de Dieu : « Venez à moi, vous tous qui peinez sous le poids du fardeau, et je vous soulagerai [...] Si tu veux être parfait, vends tout ce que tu possèdes... puis viens, suis-moi » (Mt 11,29 ; 19,21). Bref, « aux hommes, c'est impossible, mais à Dieu tout est possible » (19,26). Ainsi s'explique le fait qu'il soit demandé à certains de renoncer au mariage pour la cause du Royaume (19,12).

## *L'accomplissement de la Loi*

Venu pour « accomplir toute justice » (3,15), Jésus est aussi « celui qui accomplit la Loi et les prophètes » (5,17). Cette déclaration de principe a suscité une littérature considérable, car il semble y avoir une opposition entre l'absolutisme des formules (« Pas un iota, pas un point sur le *i* ne passera »), et le fait que certaines dispositions de la Loi sont abrogées, comme la permission du divorce ou la prestation du serment. Ailleurs, Jésus dira au sujet des scribes et des pharisiens : « Faites tout ce qu'ils vous disent... » (23,2). Cette tension reflète sans doute des tendances opposées dans la communauté de Matthieu, comme c'est le cas aussi pour l'universalisme. On peut néanmoins retrouver le point de vue propre de l'évangéliste.

Notons d'abord que Jésus maintient la validité de la seconde Table de la Loi, comme le montre l'entretien avec le jeune homme riche :

---

19. J. Jeremias, *Paroles de Jésus. Le Sermon sur la montagne, le Notre Père*, Paris, Éditions du Cerf, « Lectio Divina » nº 38, 1963, p. 35.

« Tu ne commettras pas de meurtre ni d'adultère : [...] » (19,18 *sq.*). Mais la notion d'accomplissement n'est pas à comprendre au sens de simple exécution, comme le montre le verbe *plèroun* (accomplir), qui est le verbe consacré pour les citations d'accomplissement qui ne peuvent se comprendre que dans l'optique d'une histoire en marche. C'est pour cela que la Loi est ici intimement reliée aux prophètes (5,17 ; 23,40) car, à la suite des prophètes, Jésus restaure en sa pureté la connaissance de la volonté de Dieu (ainsi à propos du mariage, 19,8) et révèle les axes fondamentaux de la Loi : justice, miséricorde, bonne foi (23,23). Moins tranchant que Marc, pour qui Jésus a déclaré que tous les aliments sont purs (7,20), Matthieu se limite à minimiser les lois extérieures (23,23) pour proclamer que la vraie source de la pureté ou de l'impureté réside dans le cœur.

Des maîtres pharisiens, comme Hillel, s'interrogeaient déjà sur les commandements les plus importants. De même que dans les passages parallèles de Marc et de Luc, se trouve chez Matthieu le double commandement de l'amour de Dieu et du prochain (22,37) : « De ces deux commandements, précise-t-il, dépendent toute la Loi et les Prophètes » (22,40). Propre à Matthieu, cette formule fait écho à la règle d'or (7,12). Elle est magistralement illustrée par le tableau du Jugement dernier (25,31-46). Relevons enfin l'importance accordée au pardon mutuel (6,14 *sq.* ; 18,21 *sq.*) et l'exhortation à la non-résistance au mal (5,38-42).

Par cette insistance sur l'*agapè* comme plénitude de la Loi, Matthieu visait-il un groupe particulier ? Certains indices pourraient donner à le penser, comme cette mise en garde contre les faux prophètes qui se targuaient de leurs charismes : « Je ne vous ai jamais connus ; écartez-vous de moi, vous qui commettez l'iniquité [*anomia*] ! » (7,23). Sans qu'on puisse en dire davantage, on admettra que Matthieu visait ici certaines tendances plus qu'un système défini.

## Mt 13,24-30.36-43 : La parabole de l'ivraie

> Il leur proposa une autre parabole : « Il en va du Royaume des cieux comme d'un homme qui a semé du bon grain dans son champ. Pendant que les gens dormaient, son ennemi est venu ; par-dessus, il a semé de l'ivraie en plein milieu du blé et il s'en est allé. Quand l'herbe eut poussé et produit l'épi, alors apparut aussi l'ivraie. Les serviteurs du maître de maison vinrent lui dire : "Seigneur, n'est-ce pas du bon grain que tu as semé dans ton champ ? D'où vient donc qu'il s'y trouve de l'ivraie ?" Il leur dit : "C'est un ennemi qui a fait cela."
>
> Les serviteurs lui disent : "Alors, veux-tu que nous allions la ramasser ?" "Non, dit-il, de peur qu'en ramassant l'ivraie vous ne déraciniez le blé avec elle. Laissez l'un et l'autre croître ensemble jusqu'à la moisson, et au temps de la moisson je dirai aux moissonneurs : Ramassez d'abord l'ivraie et liez-la en bottes pour la brûler ; quant au blé, recueillez-le dans mon grenier." » [...]
>
> Alors, laissant les foules, il vint à la maison, et ses disciples s'approchèrent de lui et lui dirent : « Explique-nous la parabole de l'ivraie dans le champ. » Il leur répondit : « Celui qui sème le bon grain, c'est le Fils de

l'homme ; le champ, c'est le monde ; le bon grain, ce sont les sujets du Royaume ; l'ivraie, ce sont les sujets du Malin ; l'ennemi qui l'a semée, c'est le diable ; la moisson, c'est la fin du monde ; les moissonneurs, ce sont les anges. De même que l'on ramasse l'ivraie pour la brûler au feu, ainsi en sera-t-il à la fin du monde : le Fils de l'homme enverra ses anges ; ils ramasseront, pour les mettre hors de son Royaume, toutes les causes de chute et tous ceux qui commettent l'iniquité, et ils les jetteront dans la fournaise de feu ; là seront les pleurs et les grincements de dents. Alors les justes resplendiront comme le soleil dans le Royaume de leur Père. Entende, qui a des oreilles !

Propre à Matthieu, la parabole de l'ivraie (13,24-30) comporte une explication détaillée (13,36-43), qui ne correspond pas pleinement à la pointe de la parabole elle-même. Cette distorsion est révélatrice du travail d'interprétation accompli dans l'école de Matthieu.

## La parabole

Elle part d'une situation ordinaire : l'ensemencement d'un champ avec du bon grain. L'ensemencement avec de l'ivraie constitue une étrange anomalie. D'où la question des serviteurs : d'où vient l'ivraie ? À la réponse du maître omniscient, les serviteurs se proposent d'arracher l'ivraie. Le refus est surprenant : Laissez-les croître ensemble. Le tri sera fait à la moisson.

Sans aucun doute, ce « croître ensemble » constitue la pointe de la parabole. On y verra une réponse de Jésus aux gens trop zélés qui voulaient employer les grands moyens pour purifier le peuple de Dieu de tous les mécréants. Telle était la position des zélotes. Jean Baptiste lui-même attendait du Messie qu'il nettoie l'aire (3,12). Il sera tout décontenancé par la manière d'agir de Jésus (Mt 11,2 *sq.*). La parabole de la semence qui pousse d'elle-même en Mc 4,26-29 semble bien dirigée elle aussi contre les impatients qui voudraient forcer la main à la Providence.

## L'interprétation

Elle est donnée aux seuls disciples et s'accomplit en deux temps. D'abord une explication qui porte sur les principaux termes de la parabole : « Celui qui sème le bon grain, c'est le Fils de l'homme ; le champ, c'est le monde... » C'est une explication par équivalences, comme on en trouve dans plusieurs textes de Qumrân. Curieusement pourtant, rien n'est dit sur le « jusqu'à ce que... ». À partir du v. 40, on se trouve devant une petite apocalypse qui porte sur le jugement à venir : sont présentés d'abord les anges, comme auxiliaires du Fils de l'homme, pour extirper du Royaume tous ceux qui commettent l'iniquité, et ensuite est évoqué le rassemblement des justes qui resplendiront dans le Royaume de leur Père. Selon cette interprétation l'accent porte sur le jugement et non sur le temps intermédiaire.

Il n'en reste pas moins une question : de quel champ s'agit-il ? S'il s'agit du monde en général, cela pourrait correspondre à l'universalisme de Matthieu. Auquel cas la présence de l'ivraie n'aurait rien de surprenant puisque Satan est maître des royaumes de la terre (4,9). Mais s'il s'agit de la communauté chrétienne, assimilée au Royaume du Fils, c'est beaucoup plus surprenant, c'est même scandaleux. Déjà la finale du Sermon sur la montagne envisageait ce cas (7,21-23), notamment avec la sentence du juge : « Éloignez-vous de moi, vous qui commettez l'iniquité » (*anomia*, même terme qu'en 13,41).

Distingué du Royaume du Père, le Royaume du Fils est donc semblable au filet qui ramène bons et mauvais poissons. Face aux donatistes, saint Augustin ne cessera de répéter que l'Église est un *corpus mixtum*, un corps mêlé de justes et de pécheurs.



## L'évangile de Matthieu et le Jugement
## Ouverture théologique

### *Les phases du Jugement*

Même si cela n'est pas toujours compréhensible pour les lecteurs modernes, il faut reconnaître que Matthieu, plus encore que les autres évangélistes, insiste sur la réalité du Jugement [20]. Ainsi, dès la prédication de Jean Baptiste, il est dit que « tout arbre qui ne produit pas de bon fruit va être coupé et jeté au feu » (3,10). Et le Baptiste annonce la venue de celui qui baptisera dans l'Esprit saint et le feu du Jugement. Même dans le Sermon sur la montagne, les avertissements ne manquent pas comme lorsque Jésus s'écrie : « Celui qui dira "fou" à son frère sera passible de la géhenne de feu » (5,22), géhenne réservée aux auteurs de scandale (5,30, repris en 18,9). C'est le signe que large est chez Matthieu le chemin qui mène à la perdition (7,13).

Dès le chapitre 8, la perspective du rejet est envisagée également pour ceux qui auraient dû hériter du Royaume, mais manquent de foi (8,12). On apprend alors qu'il faut craindre non les hommes, mais celui qui peut faire périr âme et corps dans la géhenne (10,28). Suit une menace dramatique vis-à-vis des villes du Lac, considérées comme plus coupables que Sodome et Gomorrhe (11,20-24). Les Ninivites et la reine du Midi se lèveront au jour du Jugement pour condamner cette génération mauvaise et adultère qui réclame un signe (12,39, repris en 16,1-4).

Comme nous venons de le mentionner, l'interprétation de la parabole de l'ivraie décrit ensuite les phases du Jugement, avec l'envoi par le Fils de l'homme des anges pour jeter les fauteurs d'iniquité dans la fournaise de feu (13,40-42). La parabole du filet reprend le même thème (13,49), et l'activité judiciaire du Fils de l'homme est réaffirmée en 16,27. Deux paraboles évoquent même le jugement du peuple d'Israël : les vignerons homicides (21,33-46) et le festin nuptial (22,1-14). Enfin, dans le réquisitoire du chapitre 23, l'accusation est particulièrement virulente : à cause de la persécution des envoyés du

20. D. Marguerat, *Le jugement dans l'évangile de Matthieu*, Genève, Labor et Fides, 1981 ; J. Zumstein, *Cahiers Évangile*, n° 58 : « Matthieu le théologien », p. 54-60.

Christ, « le sang de tous les justes répandus sur la terre depuis Abel retombera sur cette "engeance de vipères" » (23,33-36). On a presque l'impression de retourner au système de la rétribution collective, dénoncé par Ézéchiel.

Au terme du discours sur la Fin, vient la grande évocation des assises de toute la Terre : « Quand le Fils de l'homme viendra dans sa gloire, accompagné de tous les anges, alors il siégera sur son trône de gloire » (25,31). Dans cette scène, propre à Matthieu, il ne faut pas sous-estimer l'importance des termes qui évoquent l'universalité : personne ne sera exclu de ce Jugement, qui surprendra aussi bien les justes que les injustes et portera sur les devoirs de charité élémentaire, accomplis ou refusés au prochain en détresse, le Fils de l'homme s'identifiant au plus petit d'entre ses frères. Bref, la séparation entre les uns et les autres s'établira sur la base des relations terrestres. Ne pourront entrer dans le Royaume du Père que ceux qui ont agi en frères. Cette vision grandiose a inspiré les imagiers des tympans de multiples cathédrales et églises du XIIIe siècle.

Du point de vue des représentations, on notera que des expressions comme « géhenne de feu », « grincements de dents », « ténèbres extérieures » correspondent au langage traditionnel. On relèvera également la sobriété relative de ces évocations, à la différence des auteurs d'apocalypses, intarissables sur le supplice des damnés. On notera surtout que, dans l'Ancien Testament, le Jugement est un privilège exclusif de Dieu. On peut donc dire qu'en insistant sur le rôle du Fils de l'homme, ces textes sont novateurs. Reste que les anges, comme auxiliaires de justice, sont au service du Fils de l'homme pour extirper de son Royaume tous les éléments mauvais (13,41) et rassembler les justes (24,31).

Autre point à noter : la menace du Jugement s'adresse d'abord aux contemporains de Jésus, avec un objectif : obtenir leur conversion. La parabole des deux fils est éclairante à ce sujet (21,28-32). De même, si elle est un châtiment divin, la ruine de Jérusalem ne signifie pas la fin de l'appel des Juifs à entrer dans le peuple nouveau (28,19). Il faut en fait distinguer entre un jugement temporel, qui s'exerce au cours de l'histoire sur les collectivités, et un jugement individuel situé au-delà de l'histoire.

Enfin, cette menace du Jugement concerne tout autant les fidèles qui appartiennent à l'Église. Ainsi sont condamnés ceux qui méprisent les petits (18,6-9) ou commettent l'iniquité (*anomia* en 7,21 ; 13,41), tout comme les prétentions orgueilleuses des enseignants (23,8 *sq.*), le refroidissement de l'*agapè* entre les fidèles (24,12). D'une manière générale, les paraboles de l'ivraie (13,24-30) et de la robe nuptiale (22,11-14) montrent bien qu'il ne suffit pas d'entrer dans la communauté pour être élu, car, s'il y a beaucoup d'appelés, peu sont élus : une sentence rigoriste qu'il faut tempérer par la révélation de la miséricorde divine.

### Les critères du Jugement

Selon les textes, deux points de vue apparaissent. Dans une première série, il s'agit de l'accueil ou du refus du message proclamé par le Christ. C'est le cas, par exemple, de la parabole des talents, qui semble indiquer que l'on sera jugé selon l'idée même que l'on se fait de Dieu. Dans cette parabole, celui qui n'a reçu qu'un talent est condamné, en effet, parce qu'il s'est représenté Dieu comme un homme dur (25,24). À l'inverse, sont récompensés ceux qui, parce qu'ils avaient confiance en leur maître, ont pris des initiatives.

À l'opposé de la conception d'une rétribution proportionnelle au travail fourni - conception bien attestée dans des paraboles juives - Jésus, dans d'autres textes, donne la priorité à la bonté de Dieu : en d'autres termes, la grâce est première. La conclusion de la parabole provocante des ouvriers de la onzième heure est ici décisive : le Dieu de Jésus n'est pas celui de ses adversaires : « Ne m'est-il pas permis de faire ce que je veux de mon bien ? Ou alors ton œil est-il mauvais parce que je suis bon ? » (20,15). Dans la scène finale du Jugement dernier, seule la charité concrète est mise en avant.

Comment échapper au Jugement ? Peut-être en se souvenant de la mise en garde de Matthieu contre les propos malveillants. C'est en tout cas ce que montre la petite parabole de la paille et de la poutre : « Ne jugez pas et vous ne serez pas jugés » (7,1-5). Ailleurs, comme l'explique ce commentaire du *Notre Père*, on voit bien que le pardon de Dieu est lié à la disponibilité au pardon mutuel : « Si vous pardonnez aux hommes leurs fautes, votre Père céleste vous pardonnera... » (6,14). Enfin, l'invitation à pardonner soixante-dix fois sept fois (18,22) et la parabole du débiteur impitoyable, qui est propre à Matthieu, en sont une illustration saisissante : « C'est ainsi que mon Père céleste vous traitera, si chacun de vous ne pardonne pas à son frère du fond du cœur » (18,35).

## Mt 15,21-28 : La Cananéenne [21]

> Partant de là, Jésus se retira dans la région de Tyr et de Sidon. Et voici qu'une Cananéenne vint de là et elle se mit à crier : « Aie pitié de moi, Seigneur, fils de David ! Ma fille est cruellement tourmentée par un démon. » Mais il ne lui répondit pas un mot. Ses disciples, s'approchant, lui firent cette demande : « Renvoie-la, car elle nous poursuit de ses cris. » Jésus répondit : « Je n'ai été envoyé qu'aux brebis perdues de la maison d'Israël. » Mais la femme vint se prosterner devant lui : « Seigneur, dit-elle, viens à mon secours ! » Il répondit : « Il n'est pas bien de prendre le pain des enfants pour le jeter aux petits chiens. » « C'est vrai, Seigneur ! reprit-elle ; et justement les petits chiens mangent les miettes qui tombent de la table de leurs maîtres. » Alors Jésus lui répondit : « Femme, ta foi est grande ! Qu'il t'arrive comme tu le veux ! » Et sa fille fut guérie dès cette heure-là.

### Un épisode essentiel

Alors qu'en règle générale Matthieu abrège les récits de miracle de Marc, dans le cas présent il donne une ampleur significative à cet épisode qui met en scène une femme étrangère implorant un exorcisme

21. J.-F. Baudoz, « La Cananéenne ou Syrophénicienne », in *Cahiers Évangile* n° 103, « Lire les Évangiles en synopse », p. 37-54.

en faveur de sa fille. L'histoire appartient à la section des pains ; elle fait suite à la controverse sur le pur et l'impur, déclenchée par l'accusation portée contre les disciples de manger sans se laver les mains (15,2).

À la dénomination péjorative de « syro-phénicienne », Matthieu substitue le terme archaïque « cananéenne », lourd d'un mépris ancestral contre la race maudite de Canaan (Gn 9,25). L'invocation « fils de David » (propre à Matthieu) est d'autant plus surprenante : dans sa détresse, la femme reconnaît la validité des promesses faites à David et, par là même, la situation privilégiée des fils d'Israël.

Le silence de Jésus surprend. Quelle est l'attitude des apôtres ? Faut-il traduire : renvoie-la ou fais-lui grâce (*apoluson*) ? Le verbe grec est susceptible des deux sens. Pour justifier son refus, Jésus se réfère à la mission reçue de son Père : « Je n'ai été envoyé qu'aux brebis perdues de la maison d'Israël. » Cette restriction correspond à celle fixée aux apôtres, lors de leur première mission en Galilée (10,6). Elle correspond également à l'objectif premier de Jésus – qui n'est pas sans évoquer Ez 34 –, rassembler les brebis égarées d'un troupeau sans pasteur (9,36).

La femme ne se laisse pourtant pas décourager. Dans un grand geste d'humilité (*proskunein* – « se prosterner » – à l'imparfait, ce qui indique la durée, l'insistance), elle renouvelle sa supplication. Mais la réponse de Jésus est encore dilatoire : « Il n'est pas bien de prendre le pain des enfants pour le jeter aux petits chiens. » Cette comparaison vient ici renforcer le refus antérieur, en même temps qu'elle comporte une appréciation très péjorative : par rapport aux enfants d'Israël, les païens ne seraient-ils que des chiens ? Même ceux-ci, réplique la femme, ont droit aux reliefs qui tombent de la table des maîtres. Serait-ce le constat que les païens ne peuvent être admis dans la communauté que comme des membres de seconde zone ?

La réponse du Maître ouvre une autre perspective : « Femme, ta foi est grande ! Qu'il t'arrive comme tu le veux ! » Comme toujours dans les récits de miracle chez Matthieu, on observe ici la mise en relief de la foi, la foi qui obtient le salut (ainsi 9,2.22.29). Ici se dessine également une nouvelle perspective : par la foi, les barrières entre Israël et Canaan tombent. Par la foi, les païens l'emportent même sur les héritiers du Royaume (8,10 *sq.*).

## La place des païens

On devine sans peine que ce récit, plus développé chez Matthieu que chez Marc, reflète les discussions sur l'admission des païens convertis à la table eucharistique, évoquée peu après lors de la seconde multiplication des pains (15,32-39) : pour partager la même table, les fidèles venus du paganisme doivent-ils être astreints aux rites de pureté juifs qui exprimaient dans la vie quotidienne la mise à part d'Israël ? Sur ce sujet, la discussion fut très vive dans l'Église primitive, et notamment à Antioche, comme on le constate dans l'épître aux Galates 2,11-21. En raison des émissaires se réclamant de Jacques, Pierre avait même cessé un jour de partager le pain eucharistique avec les païens convertis, ce qui avait provoqué l'intervention passionnée de

Paul, au nom du salut obtenu par la foi seule, et non par les œuvres de la Loi de Moïse.

La solution préconisée par Matthieu semble dans la ligne de celle de Pierre, qui ne mettait pas en cause le principe de la justification par la foi, mais cherchait à ne pas couper les ponts avec Israël. En éducateur du peuple chrétien, Matthieu nous fait ainsi assister dans son récit aux diverses phases du débat qui concernait l'élection d'Israël et l'universalisme. Mais une chose est sûre : la résurrection du Christ constitue la pierre de fondation pour le nouveau Temple, formé des membres du peuple nouveau (21,43), recruté parmi toutes les nations (28,19) en vue de produire les fruits du Royaume.



## Mt 16,13-20 : « Tu es Pierre »

> Arrivé dans la région de Césarée de Philippe, Jésus interrogeait ses disciples : « Au dire des hommes, qui est le Fils de l'homme ? » Ils dirent : « Pour les uns, Jean le Baptiste ; pour d'autres, Élie ; pour d'autres encore, Jérémie ou l'un des prophètes. » Il leur dit : « Et vous, qui dites-vous que je suis ? » Prenant la parole, Simon-Pierre répondit : « Tu es le Christ, le Fils de Dieu vivant. » Reprenant la parole, Jésus lui déclara : « Heureux es-tu, Simon fils de Jonas, car ce n'est pas la chair et le sang qui t'ont révélé cela, mais mon Père qui est aux cieux. Et moi, je te le déclare : Tu es Pierre, et sur cette pierre je bâtirai mon Église, et la Puissance de la mort n'aura pas de force contre elle. Je te donnerai les clefs du Royaume des cieux ; tout ce que tu lieras sur la terre sera lié aux cieux, et tout ce que tu délieras sur la terre sera délié aux cieux. » Alors il commanda sévèrement aux disciples de ne dire à personne qu'il était le Christ.

La confession de Pierre à Césarée, qui marque dans l'évangile de Marc (8,27) un tournant décisif, reçoit dans celui de Matthieu un prolongement ecclésial avec la mise en relief de la personne de Pierre (16,13-20). La comparaison des deux évangiles montre à l'évidence que les v. 17 à 19 ont été ajoutés par Matthieu à la trame primitive. D'où viennent-ils ? Et quelle est leur portée ? Alors que les autres évangélistes n'emploient jamais le terme *ekklèsia* pour désigner le groupe rassemblé autour de Jésus, ce terme est ici mis en relief comme il le sera en Mt 18,17. Dans le grand débat qui porte sur le fait de savoir si Jésus a voulu ou non fonder une communauté, ces textes de Matthieu tiennent une place importante. Ils ont provoqué de multiples discussions, dont voici les données essentielles.

Du point de vue de la forme, le substrat sémitique est évident. Ainsi « chair et sang » pour désigner l'homme dans sa faiblesse. Le jeu de mots sur Pétros ne s'explique que par l'araméen *képhâ* (Tu es Képhâ et sur ce képhâ je bâtirai), surnom de Simon attesté par Jean (1,42) et Paul (1 Co 15,5). Mais on ne sait pourquoi Matthieu ne l'a pas conservé tel quel. L'opposition « lier et délier » relève également de la langue rabbinique : lier, c'est déclarer une chose interdite ; délier c'est reconnaître qu'elle est permise.

Du point de vue du fond : le rôle exceptionnel dévolu à Simon Pierre correspond à la place de l'apôtre dans la tradition évangélique en général et plus spécialement chez Matthieu. Lui seul relate, en effet, la marche de Pierre sur les eaux (14,28-31) et le paiement de l'impôt du Temple par Jésus et par Pierre (17,24-27). Matthieu n'en cache pas moins les défaillances de Pierre, spécialement lors de son refus de la Passion aussitôt après notre épisode (16,22), et lors de son triple reniement (26,69-75).

En quelles circonstances situer cette promesse ? Paul a conservé la tradition selon laquelle le Christ est apparu en premier à Céphas (1 Co 15,5), sans autre précision. Jean, de son côté, relate le triple « Pais mes agneaux » lors d'une apparition au bord du lac (Jn 21,15-19). N'est-il pas tentant avec O. Cullmann de penser que le *Tu es Petrus* est une formulation parallèle, anticipée par Matthieu ? Quoi qu'il en soit, conformément à son point de vue didactique, Matthieu veut montrer que la foi au Christ est le fondement de l'Église.

Dans un autre registre, on notera que l'idée de fonder l'Église comme un édifice sur un homme trouve des analogies dans les textes de Qumrân, notamment à partir de l'exégèse de Is 28,15 *sq.*, interprété comme signifiant la fondation d'un nouveau temple. On peut citer ici cette hymne dans laquelle le Maître de Justice évoque sa mission :

> « Tu m'as placé comme une tour robuste, comme un rempart escarpé.
> Et tu as fondé sur le rocher ma bâtisse et des assises éternelles me servent de fondement et tous mes murs sont devenus un rempart éprouvé que rien ne saurait ébranler » (IQH VII,8-9).

La promesse faite à Pierre s'inscrit cependant dans un cadre plus vaste, celui d'un nouveau temple, caractéristique des temps du salut. Tel est également l'arrière-plan de la déclaration de Jésus rapportée en Jn 2,19 (« Détruisez ce temple et, en trois jours, je le relèverai »), qui, déformée, a joué un grand rôle dans le procès juif (Mt 26,61 ; 27,40). Selon Mt 16,17 *sq.*, Pierre tiendra le rôle de fondement dans ce temple-communauté fondé par Jésus de manière qu'il demeure ferme, malgré les assauts de l'Hadès.

À propos de la fonction de lier et de délier, on peut dire qu'elle concerne d'abord les questions doctrinales et disciplinaires. C'est ce qui ressort d'un texte ultérieur, où Pierre demande combien de fois il faut pardonner à son frère (18,21). De son côté, Luc dans les Actes des Apôtres montre comment Pierre a été invité à dépasser les règles anciennes du pur et de l'impur pour se rendre chez Corneille et comment il a dû s'expliquer sur le sujet aux chrétiens de Jérusalem surpris par une telle démarche (Ac 10 – 11). Dans le discours communautaire du chapitre 18, qui traite du pardon des péchés, le rôle de lier et de délier est accordé aux chefs de l'Église (v. 18). C'est aux théologiens que revient la charge d'expliquer comment le ministère de Pierre s'articule avec celui des évêques. Ce fut au concile Vatican II le grand débat sur la collégialité épiscopale.

Dernière remarque, la parole du Christ concerne ici Pierre, sans que soit envisagée directement la suite. L'*ekklèsia* pourtant doit subsister, car les forces de la mort ne pourront rien contre elle. À bon droit, il convient donc de s'interroger sur la « fonction pétrinienne » dans l'Église. Les traditions chrétiennes divergent sur ce point, aussi la TOB prend-elle soin de distinguer les diverses lignes d'interprétation selon les confessions chrétiennes [22].

## Mt 18 : De la rigueur à la miséricorde

### Le Royaume de Dieu

Le discours communautaire de Mt 18 peut être rapproché en son début de celui de Mc 9,33-50, mais l'ensemble est bien différent, notamment avec l'insertion de deux paraboles. C'est un bon exemple de la méthode de composition de Matthieu, qui rassemble des données diverses pour les mettre au service de son enseignement. Une analyse plus précise s'impose ici pour saisir les orientations de l'évangéliste.

Au point de départ, il y a une discussion d'école pour savoir qui est le plus grand dans le Royaume (18,1-5) : il faut devenir comme un enfant. Ce mot sert d'agrafe pour introduire d'autres développements : l'accueil de l'enfant, puis la gravité du scandale causé aux petits (18,6-9). Ce développement sur le scandale constitue un doublet par rapport à 5,29-30.

La mise en garde contre le mépris des petits est ensuite illustrée par la parabole de la brebis égarée. Dans le magnifique chapitre que Luc consacre à la miséricorde, la parabole est racontée par Jésus qui doit se justifier vis-à-vis de ceux qui l'accusent de manger avec les pécheurs (Lc 15,1-2). La conduite du berger courant à la recherche de la brebis égarée symbolise alors la conduite de Dieu, sur laquelle Jésus règle sa propre manière d'agir. Différemment, la même parabole, chez Matthieu, est adressée aux chefs de la communauté, pour les inciter à ne pas prendre leur parti de la perte d'un des petits et les inviter à tout faire pour ramener au bercail les égarés.

La parabole est suivie d'un code pénitentiel relativement court (SMt), qui envisage la conduite à tenir vis-à-vis des frères en état de péché. Le devoir de monition fraternelle s'appuie ici sur une prescription de Lv 19,17, reprise dans les textes de Qumrân. Après un premier échec, la monition se fera en présence de deux personnes. Si elle n'aboutit pas, elle se fera devant l'assemblée locale (*ekklèsia*). En cas de nouvel échec, on procédera à une sorte d'excommunication : « Qu'il soit pour toi comme un païen ou un publicain » (Mt 18,17). La présence du Christ, là ou deux ou trois sont réunis en son nom, garantit la validité de la sentence.

Mais la rigueur aura-t-elle le dernier mot ? C'est ici que Matthieu insère une nouvelle parabole, celle du débiteur impitoyable (18,23-35 SMt). Le contraste entre l'énormité du péché commis contre Dieu (dix mille talents !) et la somme modique que les hommes peuvent se devoir mutuellement (cent pièces d'argent) est là pour rappeler qu'à la miséricorde de Dieu doit correspondre le pardon mutuel. Le tout se termine

---

22. R. E. Brown, K. P. Donfried et J. Reumann, *Saint Pierre dans le Nouveau Testament*, Paris, Éditions du Cerf, « Lectio Divina » n° 79, 1974 ; C. Grappe, *Images de Pierre aux deux premiers siècles*, PUF, 1995 ; P. Debergé, *Saint Pierre*, Paris, Éditions de l'Atelier, 2003.

sur une parole décisive : « C'est ainsi que mon Père céleste vous traitera, si chacun de vous ne pardonne pas à son frère du fond du cœur » (v. 35). Sans nier la nécessité d'une discipline à mettre en œuvre, Matthieu insiste donc ici sur celle de faire prévaloir la miséricorde dans la vie des communautés chrétiennes, comme dans les rapports mutuels entre frères.

## L'évangile de Matthieu : un évangile ecclésial ? Ouverture théologique

### *État des lieux*

De l'avis de la plupart des commentateurs, Matthieu est l'évangile ecclésial par excellence. Cela ne vient pas seulement du fait qu'il est le seul à employer le vocable *ekklèsia* (16,18 ; 18,17) ; cette appréciation découle de la structure d'ensemble et de l'importance donnée aux disciples, au sein de la « fraternité » chrétienne.

Se basant sur les paraboles du Royaume, l'exégèse ancienne avait tendance à assimiler purement et simplement l'Église avec le Royaume. Erreur manifeste, car Matthieu distingue expressément le temps de croissance, caractérisé comme celui du Royaume du Fils, et le temps de l'accomplissement, désigné comme le Royaume du Père (13,41.43). Par une exagération inverse, il ne faudrait pourtant pas distendre les liens entre l'Église de cette terre et la *Basileia* eschatologique. Les paraboles de la croissance illustrent en effet la manière progressive dont le grain de sénevé ou le levain développent leur action jusqu'à l'heure eschatologique. Selon une heureuse formule de J. Radermakers, « le Royaume des cieux est la vocation de l'Église. Déjà présent en elle, il la dépasse cependant toujours, car il est la réalité qui vient des cieux et qui est en marche vers le Père [23] ».

Un autre groupe de paraboles a une portée ecclésiale évidente, les paraboles dites du transfert, à savoir les ouvriers envoyés à la vigne (20,1-16) ; les deux fils (21,18-32) ; les vignerons homicides (21,33-41) ; les invités aux noces (22,1-14). Faut-il dire que l'Église succède à Israël, ou même constitue désormais « le véritable Israël » ? La question a été posée.

### *La nouvelle communauté, une fraternité*

Ce qui est sûr, c'est que Matthieu interprète la ruine de Jérusalem comme l'effet du Jugement divin (23,36). En d'autres temps, Jérémie et Ézéchiel n'en jugeaient pas autrement. Le Jugement très sévère contre le pharisaïsme, guide spirituel du judaïsme, ne signifie pas pourtant nécessairement la fin de l'élection d'Israël ; l'espoir contenu en 23,39 va dans le sens contraire. L'ordre d'annoncer l'Évangile aux nations est sans exclusive ; les Juifs sont appelés, eux aussi, à reconnaître en Jésus le Messie promis par les prophètes. De plus, si

23. *Au fil de l'Évangile selon saint Matthieu*, t. 2, p. 375.

accomplissement d'Israël il y a, c'est en la personne du Christ qu'il faut le trouver.

Un *logion*, propre à Matthieu, exprime bien son point de vue : « Le Royaume de Dieu vous sera enlevé et il sera donné à un peuple (*ethnei*) qui en produira les fruits » (21,43). Le terme relativement vague de *ethnos* désigne la nouvelle communauté, formée de convertis venus du judaïsme et du paganisme. Précisons : pour Matthieu, il n'y a pas continuité entre le peuple d'Israël et l'Église, car entre les deux il y a la Croix. En effet, Jésus était venu pour rassembler les brebis perdues d'Israël (15,24), mais la Passion a provoqué la dispersion complète du troupeau (26,31), et Jésus est mort seul. Ressuscité, il a rétabli l'unité entre ses apôtres dispersés et les a envoyés pour rassembler d'entre toutes les nations (juives et païennes) ce « peuple » qui produira du fruit pour l'éternité. Bref, pour Matthieu, l'édifice nouveau repose sur la pierre d'angle que constitue le Christ ressuscité (Mt 21,42 ; voir 1 P 2,7).

S'agissant maintenant de l'Église, on peut dire qu'elle apparaît, dans l'évangile de Matthieu, à la fois comme une « fraternité » et comme une communauté structurée. Le terme de « frère » revient souvent pour désigner les membres de la communauté dans leurs rapports mutuels (ainsi 5,22 *sq.* ; 7,3-5 ; 18,15.21.35) : n'ont-ils pas tous un même Père dans le ciel et ne doivent-ils pas l'invoquer d'un même cœur ? Avec insistance, le Christ répudie d'ailleurs tout esprit de caste et toute forme de privilège parmi ses disciples : « Pour vous, ne vous faites pas appeler "Maître" : car vous n'avez qu'un seul maître et vous êtes tous frères » (23,8 *sq.*).

L'égalité fondamentale qui existe entre tous les croyants n'empêche cependant pas Matthieu de souligner le rôle des Douze, qui représentent l'Israël idéal. Dès le début, ils apparaissent comme les témoins autorisés de la Parole du Maître (4,18-22). À la différence de Marc, qui rapporte sans ménagement les défaillances des apôtres, Matthieu idéalise même leur attitude et souligne leur compréhension des paraboles (13,11.51). Là où Marc blâme leur absence de foi, Matthieu introduit l'expression mitigée de « peu de foi » (*oligopistos*, un mot caractéristique de Mt 8,26 ; 14,31 ; 16,8 ; 17,20). En récompense de leur détachement des biens de la Terre pour suivre leur Maître, ils reçoivent la promesse de juger les douze tribus lors du renouvellement de toutes choses (19,28). S'agit-il d'une fonction qu'ils exerceront dans l'Israël rénové, comme dans le texte parallèle de Lc 22,30, ou de leur rôle d'assesseurs lors du Jugement général ? Il est difficile de trancher entre les deux possibilités.

### Appel à la miséricorde

Comme cela a déjà été indiqué, Pierre, au sein des Douze, reçoit une place de choix. Matthieu le mentionne dans trois épisodes spéciaux : la marche sur les eaux (14,28-31), le didrachme du Temple (17,24-27) et surtout la promesse de fondation de l'Église (16,18 *sq.*). Ces trois scènes s'éclairent l'une l'autre et mettent en valeur le rôle personnel que tient Pierre dans la fondation et le développement de l'Église. Cependant, si Matthieu s'intéresse aux Douze comme point de départ d'un Israël renouvelé (19,28), il voit aussi en eux les représentants de l'autorité de service qui doit s'exercer dans l'Église (20,25-27). Dans le chapitre 18, qui, comme on vient de le voir, concerne les responsables de la communauté, la parabole de la brebis perdue les exhorte à exercer leur autorité dans l'esprit même du Christ accueillant les pécheurs (comparer Mt 18,14 à Lc 15,1-7). Enfin, comme cela a déjà aussi été indiqué, la règle d'admission ou d'exclusion dans la communauté n'est pas le rigorisme qumrânien, mais la miséricorde de Dieu qu'expriment les deux paraboles du discours communautaire.

L'appel à la miséricorde, si insistant au chapitre 18, ne doit pas être entendu pourtant comme une garantie de sécurité. Propre à Matthieu, la parabole de la robe nuptiale rappelle opportunément qu'il ne suffit pas d'entrer dans l'Église pour être sauvé (22,11-13). On lui comparera les paraboles de l'ivraie et du filet (13,24-30,36-43,47-50). À juste titre, en s'appuyant sur ces paraboles, saint Augustin a présenté l'Église comme un *corpus mixtum*. Reste que le dernier mot d'ordre que Matthieu adresse à l'Église, c'est celui de vigilance (24,42.43 ; 25,13 ; 26,38.40.41), dans l'assurance que le Seigneur est toujours avec elle.

Dernière remarque, dans la communauté où a été rédigé l'évangile de Matthieu, il y a certainement des prophètes et des didascales, comme on le voit en 23,34 : « Voici que moi, j'envoie vers vous des prophètes, des sages et des scribes. » Matthieu se montre réservé à l'égard des prophètes de son temps. Bon didascale, il se méfie également des prodiges charismatiques, car il sait que les derniers temps seront marqués par la venue de faux prophètes qui égareront le peuple (24,11.24). Aussi rappelle-t-il la priorité de l'obéissance à la loi, telle que le Christ l'a proclamée, une loi que Jacques, souvent proche de Matthieu, qualifiera de « loi parfaite, loi de liberté, loi royale » (Jc 1,25 ; 2,8). Une loi qui se résume dans le commandement de l'amour du prochain (Jc 2,8).

## Mt 26,36 – 27,62 : le récit de la Passion [24]

### Introduction générale aux récits de la Passion

L'étude du récit de la Passion dans chacun des évangiles est essentielle. Ces récits, les tout premiers qui prirent corps dans la tradition évangélique, disent le cœur du mystère de la foi : la « mort du Seigneur » qui nous sauve (1 Co 11,26). De surcroît les traits que nous observons dans chacun des évangiles sont significatifs de l'ensemble dans lequel ils s'inscrivent. Ils en donnent la couleur. Ils tracent des traits que l'on retrouve dans l'ensemble du récit évangélique – celui de Mt, de Mc, de Lc, de Jn – où ils prennent place.

Ainsi, Marc rapporte, dans son récit, *les faits* presque brutalement. Mais ce n'est pas sans livrer une réflexion théologique profonde. Il dit à travers son récit la réalisation déconcertante du dessein de Dieu dans l'enchaînement des faits de la Passion et jusqu'à la mort de Jésus.

24. Commentaire de Jacques Nieuviarts.

Luc s'attache, à travers son récit, à montrer *l'attachement du disciple.* C'est la même Passion du Christ qui est dite qu'en Marc, mais vue sous un autre angle, dans une autre lumière.

Le récit de Matthieu est à la fois *ecclésial et doctrinal.* Il semble, plus encore que les autres, « destiné à une assemblée de croyants » (X. Léon-Dufour) [25].

Le récit de Jean a une tournure différente, très caractéristique de son évangile. Il montre en la mort de Jésus *la réalisation de l'« Heure » et l'exaltation de Jésus*. En sa mort, Jésus est élevé de terre et donne l'Esprit. L'ensemble du mystère pascal, de la Passion à la Pentecôte, converge dans ce récit de la mort du Seigneur.



## Le récit de la Passion selon Matthieu : un chemin de révélation

**Structure**

I. L'arrestation de Jésus à Gethsémani
   - Jésus se rend avec ses disciples à Gethsémani, il s'abandonne au Père (26,36-46)
   - Une troupe armée d'épées et de bâtons, guidée par Judas, l'arrête (26,47-56)

II. Le procès juif
   - Jésus comparaît devant le grand prêtre et le sanhédrin : « il a blasphémé, il mérite la mort » (26,57-68)
   - Resté dans la cour, Pierre renie son maître (26,69-75)
   - Jésus est alors conduit devant Pilate (27,1-2)
   - La mort de Judas souligne l'innocence de Jésus (27,3-10)

III. Le procès romain
   - Jésus comparaît devant Pilate (27,11-26)
   - Livré au peuple pour être crucifié, il est à nouveau malmené (27,27-31)

IV. Le calvaire
   - Jésus est mené au Golgotha et crucifié (27,32-44)
   - La mort de Jésus, révélation en plénitude du « Fils de Dieu » (27,45-54)

V. Le silence du tombeau
   - Jésus est enseveli (27,55-61)
   - Le tombeau est placé sous bonne garde, et pourtant... (27,62-66)

### *L'arrestation de Jésus à Gethsémani*

Matthieu éclaire les faits par des paroles : de Jésus à Judas (26,50), en une allusion au Ps 55,13-14 et 21-22, de même au disciple qui a manié l'épée contre le serviteur du grand prêtre (26,52-54). Il parle aussi à la foule. Si l'on veut un guide qui indique le sens théologique de cette scène, c'est à Matthieu qu'il faut recourir. Et cela est essentiel : ce qui est dit ici, au commencement des événements de la Passion, éclaire

25. Voir sur l'ensemble des récits de la Passion un excellent petit livre (hélas ! difficile à trouver aujourd'hui) : A. Vanhoye, C. Duquoc, I. de La Potterie, *La Passion selon les quatre évangiles*, Paris, Éditions du Cerf, « Lire la Bible » n° 55, 1981.

l'ensemble du récit qui s'ouvre. Jésus choisit en pleine connaissance de cause et en toute liberté le chemin d'humiliation, parce qu'il y reconnaît le chemin marqué dans le dessein de Dieu, l'accomplissement ou la plénitude des Écritures (26,54.56). Ainsi, lorsqu'elle regarde la Passion, l'Église primitive la contemple à travers l'Écriture, qui lui en révèle le sens. Et cette attitude s'enracine dans celle de Jésus, dans ses paroles. Mais ce n'est qu'au terme de la Passion, et même après la Résurrection, dans le temps de l'éveil de leur foi sous le souffle de l'Esprit de Pentecôte, que les disciples le découvriront peu à peu, comprenant alors les paroles et les gestes de Jésus. Dans la nuit de Gethsémani, ils l'abandonnent pour prendre la fuite (26,56).

Jésus, au seuil de la Passion, refuse de répondre à la violence par la violence (26,52), comme il refuse une intervention miraculeuse qui le sauverait (26,53 ; voir au début de l'évangile le récit des tentations de Jésus, Mt 4,1-11).

### *Le procès juif*

Les éléments retenus dans cette partie du récit (comme ailleurs) ne visent pas à nous donner les éléments de l'histoire et l'historien doit travailler de près le récit pour dégager avec précaution ce qu'il doit retenir. La composition des évangiles vise à nous dire en quoi la mort de Jésus révèle son identité profonde : la liberté du « fils » de Dieu, qui apparaît dans l'homme du pardon, de la liberté de Dieu plus grande que la Loi et que le Temple. C'est cela qui entraînera le verdict du grand prêtre à son égard, pour blasphème (26,65). Le récit de Matthieu le souligne en rapportant une question solennelle du grand prêtre à Jésus (26,63).

Pierre renie son maître en un crescendo souligné par Mt (26,69-75) comme par Mc. Lc semble en comparaison le disculper, l'amenant déjà au repentir et au pardon. Mt précise alors que Jésus est conduit devant Pilate. Pourtant le récit de sa comparution devant Pilate n'interviendra qu'après la mention d'un autre épisode, propre à Matthieu : le récit de la mort de Judas, serait-on tenté de dire (27,3-10). En fait, plus profondément encore, cette portion du récit conclut l'épisode du procès juif de Jésus et insiste sur son innocence. Il suffit pour s'en apercevoir d'observer la mention répétée du « prix » (le mot sous plusieurs formes y revient 7 fois) du « sang innocent ». Or cette mort accomplit les paroles des prophètes (27,9-10), elle s'inscrit ou trouve place dans le dessein de Dieu.

### *Le procès romain*

On doit noter d'emblée le schématisme de la scène qui s'ouvre ici. Le projet de l'évangéliste, une fois de plus, n'est pas de présenter les minutes du procès mais de tracer l'identité de Jésus, qui se révèle en ce procès. Jésus est ici désigné comme « roi des Juifs ». Son procès, fondamentalement religieux, est ainsi transposé ou reporté sur un plan politique.

Le récit de Matthieu est très proche de celui de Marc. Il y ajoute cependant deux traits, décisifs dans le procès de (révélation de) Jésus :

l'intervention de la femme de Pilate (27,19) et le lavement des mains (27,24-25). Deux camps apparaissent alors : celui du païen, qui plaide l'innocence de Jésus, de l'autre côté celui du peuple des Juifs, poussé par les grands prêtres et les anciens, qui revendique au terme de la scène la responsabilité de la condamnation à mort de Jésus. La terrible phrase de 27,25 est à entendre dans son contexte sémitique, comme une revendication de responsabilité (voir 2 S 1,16 ; 3,29 ; Jr 26,15 ; 51,35 ; Ac 18,6) et non comme une menace pour l'avenir, comme on a pu la lire pendant des siècles, dans une lecture confinant à l'antisémitisme. Néanmoins sont ici opposés deux peuples : celui de l'ancienne alliance, qui cède le pas, dans l'évangile de Matthieu, à celui de la nouvelle alliance, l'Église (voir 26,28 de même que l'ensemble de Mt 21 – 22).

Un dernier trait est important : la mise en regard ou en opposition de Jésus Barabbas et Jésus le Messie. Plusieurs manuscrits n'ont pas retenu la désignation de Barabbas sous le double nom Jésus Barabbas. On peut cependant la conserver. Matthieu oppose en effet deux figures de Jésus « fils du Père » (signification du mot Barabbas) : l'un dans son visage souffrant est véritablement le « Fils », lui « Jésus que l'on appelle Christ » (27,17.22), l'autre en est une triste contre-figure, mais sera pourtant déclaré juste ou du moins relâché.



## *Le calvaire*

Le récit du crucifiement poursuit et conclut le procès romain. Jésus est mené au Golgotha et crucifié comme « roi des Juifs », ce qu'atteste l'écriteau placé au-dessus de lui sur la croix (27,37). Les moqueries des passants et des autorités juives rappellent quant à elles, au pied de la croix, le procès juif : les accusations portées contre Jésus en raison de son attitude à l'égard du Temple, ou relatives à son identité de Christ et Messie, « Fils de Dieu » (27,40.42-43).

À la différence de Marc, dont il est proche, Matthieu relie fortement les événements aux Écritures. Ainsi, Jésus n'est pas abreuvé de « vin mêlé de myrrhe » (Mc), mais de « fiel » (27,34 ; voir Ps 69,22) et de vinaigre (27,48 ; voir Ps 69,22). Les insultes et moqueries adressées à Jésus reprennent de même le Ps 22,9 (et Sg 2,13.18-20), dont Jésus dit les premiers mots au moment de mourir : la mort de Jésus est celle du juste persécuté du psaume. Cependant le Ps 22 se termine dans une action de grâces propre à évoquer la Résurrection et le peuple nouveau qu'elle rassemble. Il pose ainsi une pierre d'attente dans le récit.

L'allusion à Élie (27,47) est un jeu de mots caricatural. Il inviterait à relire l'ensemble du récit de Matthieu et les allusions répétées à Élie (Mt 11,14 ; 16,14 ; 17,3.4.10.11.12). Non, Élie ne viendra pas le sauver (27,49), lui qui selon la tradition avait pouvoir de casser un verdict. Car Élie est déjà venu. Le précurseur du Seigneur en sa venue eschatologique (Ml 3) était à reconnaître dans le Baptiste, mais il l'ont fait mourir (Mt 17,10-13). La moquerie au pied de la croix prend alors un tour ironique très amer. Elle signe la non-reconnaissance du Baptiste en la figure de Jean Baptiste par les autorités juives elles-mêmes, et la non-reconnaissance du Seigneur en celle d'Élie. La rupture est consommée entre le peuple ancien et le peuple nouveau, au moment même où Jésus meurt. La déchirure du voile du Temple et le tremblement de terre (27,51), l'ouverture des tombeaux et la résurrection de nombreux morts (27,52) sont des éléments apocalyptiques, c'est-à-dire qu'ils soulignent le caractère de révélation totale de Dieu en la mort de Jésus. La parole du centurion le confirme : « Vraiment celui-ci était Fils de Dieu » (27,54).

### *Le silence du tombeau*

Les deux épisodes qui suivent le récit de la mort de Jésus opèrent la transition avec les récits de la Résurrection. Ils attestent la réalité de la mort de Jésus, scellée par la pierre du tombeau, et la présence des témoins de cette mort (Marie de Magdala et l'autre Marie, Mt 27,61), qui sont en quelque sorte la garantie du lien entre mort et résurrection, indissociables au regard de la foi. Ils attestent aussi, chez Matthieu, la trace du conflit long qui s'ouvre ici : croire ou ne pas croire en la Résurrection. Matthieu appelle de toute sa voix à le faire (27,62-66).

## Les caractéristiques du récit de Matthieu

*Un récit ecclésial.* Dans le récit de Matthieu, c'est bien dans l'éclairage par la foi de l'Église que les événements deviennent intelligibles. Le récit de Matthieu, plus que les autres, construit « une intelligence chrétienne du mystère par participation à la foi de l'Église » (A. Vanhoye).

*Un récit liturgique.* Le style de Matthieu est un style clair, marqué d'oppositions nettes, un style propre à la liturgie. Et de fait, le récit est véritablement *porté par la prière.* Cela est perceptible en particulier dans la façon dont les Psaumes sont utilisés dans le récit. Dans la façon aussi dont les Heures chrétiennes sont scandées, de la troisième à la neuvième heure. Le déploiement chronologique, que l'on trouve identiquement dans l'ensemble des évangiles, prend chez lui un véritable rythme liturgique.

Très juif dans son écriture, le récit de Matthieu insiste sur la responsabilité ou *l'égarement du peuple d'Israël à la suite de ses chefs.* Matthieu voit naître de la vie et de la mort de Jésus, de sa résurrection, le peuple nouveau, l'Église. Son récit laisse transparaître le moment de cette naissance.

Le récit de Matthieu insiste dès lors fortement sur *l'accomplissement des Écritures* au cœur de la Passion. Nous l'avons évoqué pour l'utilisation des Psaumes. Les références à l'Écriture sont nombreuses, les citations solennelles d'accomplissement, le recours aussi, pour dire le mystère qui se révèle dans la mort de Jésus, au style apocalyptique (tremblement de terre, résurrection de nombreux morts, au moment où entrant au séjour des morts le Christ en bouleverse la nature et le sens).

## Mt 28,16-20 : L'envoi en mission

> Quant aux onze disciples, ils se rendirent en Galilée, à la montagne où Jésus leur avait ordonné de se rendre. Quand ils le virent, ils se

prosternèrent, mais quelques-uns eurent des doutes. Jésus s'approcha d'eux et leur adressa ces paroles : « Tout pouvoir m'a été donné au ciel et sur la terre. Allez donc : de toutes les nations faites des disciples, les baptisant au nom du Père et du Fils et du Saint-Esprit, leur apprenant à garder tout ce que je vous ai prescrit. Et moi, je suis avec vous tous les jours jusqu'à la fin des temps. »

## L'Évangile aux nations

Matthieu conclut son œuvre par une scène majestueuse, où il reprend les données majeures de son récit en l'ouvrant sur le présent d'une Église née de la dynamique de Pâques. Comme dans la finale de la Torah (Dt 34,10-12) abondent ici des formules qui indiquent la totalité : tout pouvoir, toutes les nations, tout ce que je vous ai prescrit, tous les jours, la fin des temps. D'une manière générale, on peut dire que la terre rejoint ici le ciel, sous l'autorité du Fils.

C'est la seule des apparitions dont, selon Matthieu, ont bénéficié les Onze. On y reconnaît à la fois les caractéristiques d'une scène de reconnaissance – malgré les doutes de quelques-uns – et d'une scène d'envoi en mission (à comparer à Lc 24,36-49 et Jn 20,21).

Le lieu n'est pas neutre : c'est la Galilée, présentée en 4,15 comme la Galilée des nations. Quant à la montagne, elle correspond à celle du Sermon inaugural : c'est la montagne de l'alliance.

Alors que d'ordinaire les disciples devaient s'approcher du Maître, ici c'est le Ressuscité qui s'approche d'eux. D'emblée lui qui avait refusé le pouvoir terrestre lors des tentations au désert, se présente comme investi par son Père des pleins pouvoirs au ciel et sur terre. Autant dire que l'intronisation glorieuse du Fils de l'homme, attendue comme signe de l'avènement du Royaume (24,30 ; 26,64), est déjà réalisée : le présent, le déjà-là l'emporte sur le futur, le pas-encore.

De même, alors que lors de la première mission en Galilée les apôtres avaient reçu défense d'aller chez les païens, ils reçoivent ici pour mission d'aller vers toutes les nations (*panta ta ethnè*). Déjà la venue des mages (2,1-12) avait présagé le pèlerinage des nations à Jérusalem (Is 2,2-4 ; Mt 8,11). Mais maintenant le mouvement est inversé. C'est aux Onze de partir annoncer l'Évangile à toutes les nations (*panta ta ethnè*).

Cette ouverture avait été préparée par la finale des paraboles des vignerons homicides (21,43) et des invités aux noces (22,9). L'heure de la proclamation de l'Évangile à toute la terre habitée a donc sonné (24,14). L'emploi de *ethnè* ne doit pas être compris cependant comme excluant les Juifs : c'est à tout homme, quelle que soit son origine, que le Christ lance son appel : « Venez à moi, vous tous qui peinez sous le poids du fardeau, et moi, je vous donnerai le repos » (11,28).

À en croire ce récit, l'action des apôtres comptera trois étapes : la proclamation de l'Évangile du Royaume (voir 10,7), l'administration du baptême et la formation à la vie chrétienne. De façon significative, Matthieu ne reprend pas ici le vocabulaire employé habituellement dans le cadre de la première annonce de l'Évangile, mais, à l'aide du verbe *mathèteuein* (faire des disciples), il souligne le caractère didactique de l'enseignement à donner (13,52).

La formule trinitaire du baptême résume l'enseignement de l'Évangile sur le Père céleste, plein de bonté pour tous les hommes (5,45), le Fils à qui tout a été remis (11,27) et l'Esprit qui, comme il l'a fait avec Jésus dans le désert (4,1), donne au baptisé la force de résister à l'épreuve et inspire ceux qui sont persécutés (10,20). Comme on le voit déjà avec la *Didachè*, cette formule passera dans la liturgie : « Pour ce qui est du baptême, donnez-le de la façon suivante : après avoir enseigné tout ce qui précède, "baptisez au nom du Père et du Fils et du Saint-Esprit" dans de l'eau vive. S'il n'y a pas d'eau vive, qu'on baptise dans une autre eau... » (*Didachè* VII).

L'administration du baptême ne saurait pourtant suffire. Elle doit être suivie d'un enseignement méthodique, exprimé par un participe présent à valeur durative (*didaskontes*). Nous rejoignons ici la dominante didactique de tout l'évangile de Matthieu. De manière toute spéciale, c'est la consécration du Sermon sur la montagne par le Seigneur ressuscité.

Une promesse conclut ces directives : « Je suis avec vous. » L'Emmanuel (1,23) est ainsi présent dans la vie de son Église, spécialement quand deux ou trois seront réunis en son nom (18,20). C'est comme si l'épisode de la tempête apaisée se poursuivait tout au long de la vie de l'Église : « Confiance, c'est moi, n'ayez pas peur » (14,27).

« Jusqu'à la consommation (*sunteleia*) du siècle » : cette formule solennelle, chère à Matthieu (13,39.40.49 ; 24,3), reporte l'espérance eschatologique à un avenir indéterminé, dont le Père seul connaît la date (24,36). Par opposition à tous les faux prophètes qui prédisent la venue imminente du Messie (24,24), Matthieu valorise ainsi le temps présent. D'où les nombreuses consignes de vigilance qui jalonnent son œuvre (voir par exemple la parabole des dix vierges), ainsi que ses invitations à devenir des serviteurs fidèles et efficaces (voir les paraboles du serviteur fidèle et des talents). Enfin, présent à son Église, le Christ ne l'est pas moins au monde, en la personne de tous les malheureux, ses frères (25,31-46).

Comment ne pas être saisi par la plénitude de ces quelques versets qui résument tout l'évangile de Matthieu et fondent sur la présence du Seigneur la tâche missionnaire de l'Église de tous les temps ?

## L'Évangile du Règne [26]
## Ouverture théologique

La première parole du Christ en Galilée donne le ton : « Convertissez-vous : le Règne des cieux s'est approché » (4,17). Le Sermon sur la montagne s'ouvre par la béatitude des pauvres en esprit à qui est promis le Royaume, et le dernier discours s'achève par l'entrée dans le Royaume de tous ceux qui auront secouru le Fils de l'homme en la personne des pauvres. L'expression « Royaume des cieux » au sens de

26. R. Schnackenburg, *Règne et Royaume de Dieu*, Paris, Éditions de l'Orante, 1965 ; M. Quesnel, « Le Règne de Dieu chez Matthieu », in *Cahiers Évangile* n° 84, p. 33-43.

« Royaume de Dieu » (4 fois) provient du monde juif du temps et sera reprise 33 fois. Selon les cas, le terme *basileia* doit se traduire par règne, royauté, royaume. La détermination n'est pas toujours évidente. Dans les sentences où il est question d'entrer (5,20), il faut traduire par royaume. « L'Évangile du Règne », qui d'abord proclamé à Israël doit l'être ensuite à toutes les nations, telle est bien l'expression clef qui résume la doctrine matthéenne (4,23 ; 9,35 ; 24,14). Dans les paraboles, l'expression raccourcie « la *basileia* est semblable à » doit se comprendre ainsi : Dieu établit son règne à la manière dont…

Les paraboles dites de croissance (le grain de sénevé, le levain, en 13,31-33) évoquent la manière progressive, déroutante dont Dieu établit son règne et invitent les fidèles à ne pas se décourager s'il tarde à se manifester dans toute sa gloire.

Les textes sur la *basileia* de Dieu s'inspirent principalement du livre de Daniel. Ils évoquent d'abord le ciel, où Dieu réside entouré de ses anges, comme serviteurs et messagers. Plutôt que de parler du Roi divin (5,35), le Christ emploie sans cesse les formules « Mon Père qui est au ciel » ou « votre Père qui est au ciel ». La bonté pour tous caractérise le Père du ciel, qui fait lever son soleil sur les bons et les méchants (5,45). Le *Notre Père* nous fait demander que le Père du ciel établisse promptement son règne sur terre, comme il l'est déjà au ciel.

L'originalité du message de Jésus consiste à affirmer la proximité du règne, et cela par le recul du pouvoir du diable qui croit régner sur les royaumes de la terre (4,8). Les démons, ses auxiliaires, bénéficient d'un temps de sursis avant la condamnation définitive (8,29 ; 25,41). Leur expulsion a valeur révélatrice : « Si c'est par l'Esprit de Dieu que je chasse les démons, alors le Règne de Dieu vient de vous atteindre » (12,28).

Le Christ lui-même, désigné à plusieurs reprises comme roi des Juifs (2,2 ; 21,5) et condamné comme tel (27,37), reçoit l'investiture divine sur toutes les nations, lors de sa résurrection (28,18). Son règne (13,38.41) s'exerce alors sur l'Église, qu'il a fondée et qui a pour charge de produire les fruits du Royaume (21,43). Au jour du grand Jugement se manifestera dans sa plénitude la royauté du Père (13,43 ; 25,34).

Le bonheur de ceux qui seront admis dans le Royaume, préparé pour eux dès la fondation du monde (25,34), est évoqué par des images traditionnelles : possession de la terre (5,4 d'après le Ps 37,11), consolation des affligés (5,5), participation au banquet eschatologique en compagnie d'Abraham, Isaac et Jacob (8,11), resplendissement comme les anges dans la pleine lumière (13,43 ; 22,30 ; voir Dn 12,3). Le rassemblement est un élément essentiel du salut (24,31).

Pourtant, au-delà de toutes les images – alors que selon l'Ancien Testament nul ne peut voir Dieu sans mourir –, le bonheur, dans l'évangile de Matthieu, consiste à être reconnu comme enfant de Dieu et à être admis à la vision de Dieu (5,8.9).

# OUVERTURE : « ENTENDRE » LA PAROLE DE JÉSUS

L'importance donnée à l'enseignement et à la compréhension du message caractérise l'évangile de Matthieu. C'est ainsi qu'au premier enseignement (*didaskein*) en Galilée (4,23) correspond l'ordre donné aux apôtres de former des disciples (*mathèteuein*) et d'enseigner (*didaskein*) à leur tour (28,19 *sq.*). C'est le signe qu'il ne suffit pas d'entendre, il faut comprendre, comme le montre l'explication de la parabole du Semeur (13,23).

À cela on peut ajouter que Matthieu, selon une belle réflexion de P. Bonnard, se révèle être, tout au long de son œuvre, « l'éducateur du peuple chrétien ». Comme éducateur, il développe le sens de l'attitude filiale envers Dieu, dans le respect, mais surtout dans la confiance. Comme éducateur, il enseigne à suivre le Christ comme le Maître qui ouvre l'accès au Royaume ; un maître exigeant certes, mais disponible à toute détresse, « doux et humble de cœur ». Comme éducateur, il développe le sens d'une communauté fraternelle, où l'autorité doit s'exercer comme un service au profit des petits, et où la discipline nécessaire doit toujours se régler sur la miséricorde divine. Seule ombre à ce tableau, l'âpreté de la polémique contre les scribes et les pharisiens.

Bref, Matthieu est un « enseignant » qui développe une théologie « narrative ». En découle la nécessité de ne jamais isoler les sentences qu'il rapporte ou les récits qu'il élabore du mouvement de son œuvre dans lequel ils sont insérés. À l'oublier, on risque d'aboutir à des impasses et à accuser l'évangéliste d'inconséquences.

La lecture de l'évangile de Matthieu, présentée dans ces pages, voudrait aider à éviter ce piège.

# Bibliographie


**Pour une approche globale du premier évangile**

« Lecture de l'Évangile selon saint Matthieu », *Cahiers Évangile* n° 9 (collectif), et ZUMSTEIN J., « Matthieu le théologien », *Cahiers Évangile* n° 58.

« L'évangile de Matthieu en reconnaissance à Pierre Bonnard », *Foi et Vie. Cahiers bibliques* n° 8, 1979.

TASSIN C., ZUMSTEIN J. et MARGUERAT D., « Matthieu », in *La Bible et sa culture*, Paris, Desclée de Brouwer, 2000, t. II, 2e partie, chap. IV.

BROWN R. E., *Que sait-on du Nouveau Testament ?*, Paris, Bayard, 2000, p. 213-266 (avec une bonne bibliographie).

CUVILLIER E., in MARGUERAT D. (éd.), *Introduction au Nouveau Testament. Son histoire, son écriture, sa théologie*, Genève, Labor et Fides, 2000, p. 63-81.

*Articles de Dictionnaire*

COTHENET É., « Matthieu », in *Catholicisme*, t. VIII, c. 902-930.

RADERMAKERS J., « Matthieu », in *Dictionnaire de spiritualité*, t. X, c. 779-797.

**Commentaires accessibles**

BONNARD P., *L'Évangile selon saint Matthieu*, Genève, Labor et Fides, 4e éd., 2002.

RADERMAKERS J., *Au fil de l'Évangile selon saint Matthieu*, Bruxelles, Institut d'études théologiques, 1972.

TASSIN C., *L'évangile de Matthieu*, Paris, Centurion, 1991.

**Études particulières**

Sur les scènes de l'enfance : PERROT Ch., « Les récits de l'enfance de Jésus », *Cahiers Évangile* n° 18.

Sur le Sermon sur la montagne : DUPONT J., « Le message des Béatitudes », *Cahiers Évangile* n° 24, et DUMAIS M., « Le Sermon sur la montagne », *Ibid.*, n° 94.

Sur le Sermon sur la montagne dans l'évangile de Matthieu, « Et moi, je vous dis », *Lumière et Vie* n° 183, 1987.

Sur les paraboles, GOURGUES M., *Les paraboles de Jésus chez Marc et Matthieu. D'amont en aval*, Montréal-Paris, Médiaspaul, 1999.

Sur les miracles en Matthieu : L'ÉPLATENIER L., « Jésus, Seigneur de sa communauté. Les miracles selon saint Matthieu », *Cahiers Évangile* n° 8, p. 21-26 ; PERROT Ch., SOULETIE J.-L. et THÉVENOT X., *Les miracles...Tout simplement*, Paris, Éditions de l'Atelier, 1995.

Sur la Passion : LÉGASSE S., *Le procès de Jésus. La Passion dans les quatre évangiles*, Paris, Éditions du Cerf, « Lectio Divina » Commentaires n° 3, 1995, p. 161-319.

Sur la Résurrection : LÉON-DUFOUR X., *Résurrection de Jésus et message pascal*, Paris, Éditions du Seuil, 1971, p. 187-198.

Sur Matthieu et le judaïsme : MARGUERAT D., « Le Nouveau Testament est-il antijuif ? », *Cahiers Évangile* n° 108, p. 16-23.

**Études plus spécialisées**

Commission biblique internationale, *Le peuple juif et ses Saintes Écritures dans la Bible chrétienne*, Paris, Éditions du Cerf, 2001.

CUVILLIER E., « Particularisme et universalisme chez Matthieu : quelques hypothèses à l'épreuve du texte », *Biblica* n° 78, 1997, p. 481-502 ; – « Jésus aux prises avec la violence dans l'évangile de Matthieu », *Études théologiques et religieuses* n° 74, 1999, p. 335-349.

DAVIES W. D., *Pour comprendre le Sermon sur la montagne*, Paris, Éditions du Seuil, 1970.

DETTWILER A., « La conception matthéenne de la foi (Mt 14,22-33) », *Études théologiques et religieuses* n° 73, 1998, p. 333-347.

MARGUERAT D., *Le Jugement dans l'évangile de Matthieu*, Genève, Labor et Fides, 1981.

MORA V., *Le refus d'Israël (Matthieu 27,25)*, Paris, Éditions du Cerf, « Lectio Divina » n° 124, 1986 ; – *La symbolique de la création dans l'évangile de Matthieu*, Paris, Éditions du

Cerf, « Lectio Divina » n° 144, 1991 ; – *La symbolique de Matthieu. II Les groupes*, Paris, Éditions du Cerf, « Lectio Divina » n° 187, 2001.

NIEUVIARTS J., *L'entrée de Jésus à Jérusalem (Mt 21,1-17). Messianisme et accomplissement des Écritures en Matthieu*, Paris, Éditions du Cerf, « Lectio Divina » n° 176, 1999.

QUESNEL M., *Jésus Christ selon saint Matthieu. Synthèse théologique*, Paris, Desclée, coll. « Jésus, Jésus Christ » n° 47, 1990.

ZUMSTEIN J., *La condition du croyant dans l'Évangile selon Matthieu*, Göttingen, 1977.

**Lecture patristique**

HAMMAN A.-G., LANDRY B., *L'Évangile selon Matthieu commenté par les Pères*, Desclée de Brouwer, coll. « Les Pères dans la foi », 1985.

4

# *Lire l'évangile de Marc*

## par Bernadette Escaffre[1]

Jusqu'au XIXe siècle, l'évangile de Marc a été très peu commenté. Ce manque d'intérêt s'explique vraisemblablement par le fait que cet évangile, le plus bref des quatre, offre très peu de passages qui n'aient pas été transmis par Matthieu et par Luc. De plus, il ne rapporte aucun discours de Jésus et ne parle pas des récits de l'enfance. Cependant au XXe siècle, on a attaché davantage d'importance à cet évangile, d'abord parce qu'il était, pensait-on, plus proche de l'histoire et révélait un Jésus plus humain. Actuellement, on s'y intéresse beaucoup à cause de

***À quel genre littéraire appartient cet évangile ?***

Facile à lire, l'évangile de Marc décrit la vie de Jésus jusqu'à sa mort sur la croix et la découverte de la tombe vide. Mais est-il une biographie ? Marc ne donne, en effet, aucun détail sur l'aspect physique de Jésus, pas plus qu'il n'offre de renseignements d'ordre purement historique, ni ne donne des précisions sur la psychologie de son personnage. Son évangile met davantage l'accent sur une présentation de Jésus comme accomplissement de la promesse divine. Il montre comment sa vie, sa passion, sa mort sur la croix et sa Résurrection le troisième jour correspondent à la réalisation de la Bonne Nouvelle et à l'établissement du Royaume de Dieu.

Parce qu'il est relativement court, et centré sur les événements qui entourent la passion et la Résurrection de Jésus, certains auteurs ont suggéré que l'évangile de Marc avait été rédigé pour être lu au cours de la célébration pascale. Tandis que les communautés juives lisaient la *haggadah* au cours de la veillée pascale, pour commémorer la sortie d'Égypte et le passage au milieu des eaux de la mer Rouge ; les communautés chrétiennes de Rome auraient donc lu le récit de Marc.

D'autres auteurs ont suggéré que l'évangile de Marc avait un but essentiellement catéchétique et pastoral. Ce serait un manuel pour la formation des catéchumènes venus du monde païen. Avec un objectif : aider les chrétiens à passer de « dehors » à « dedans », ces adverbes n'étant pas à comprendre dans un sens purement spatial, mais dans une dimension relationnelle. Car le disciple n'est pas seulement celui qui se trouve dans une communauté, dans un temple ou dans une église, mais celui qui est en relation avec Jésus. Grâce à cette amitié, il pourra arriver à connaître les réalités du Royaume, et à ne plus voir les choses de l'extérieur, mais à les vivre et à les sentir de l'intérieur.

1. Maître de conférence à la faculté de théologie de l'Institut catholique de Toulouse.

sa « modernité [2] » et parce que « Marc se révèle, au fil des pages, un conteur populaire de talent. Il sait raconter avec art, mettre une vie et un pittoresque étonnants dans ses récits [3]. »

L'auteur du deuxième évangile n'a pas signé son œuvre, ni n'emploie le « je » comme Luc dans son prologue. Le nom de Marc n'a été attaché à cet écrit qu'à partir du IIe siècle. Le témoignage le plus ancien est celui de Papias, évêque de Hiérapolis en Phrygie, au début du IIe siècle [4]. Le plus ancien des quatre évangiles, associé par la tradition à Pierre et Paul, aurait été écrit à Rome, entre les années 65 et 70, pour une communauté composée de citadins éloignés de la culture juive. Menacée par les persécutions, cette communauté se trouvait également affrontée à bien des questions : Comment confesser que Jésus est Messie s'il est mort de la façon la plus ignominieuse qui soit, crucifié et condamné par les autorités civiles et religieuses ? Peut-on dire qu'il est vraiment Fils de Dieu si ceux qui se réclament de lui sont persécutés et s'il ne fait rien pour les protéger ? C'est à ce type de questions que Marc essaie de répondre.

Son style est direct et simple, mais ses récits sont très riches du point de vue narratif et la sobriété de Marc n'exclut pas une réelle profondeur théologique.

---

2. E. Cuvillier, *Biblia*, n° 14, décembre 2002, p. 25.

3. J. Hervieux, *L'évangile de Marc*, Paris-Outremont, Centurion-Novalis, coll. « Commentaire pastoral », 1991, p. 7.

4. Voir P. Debergé, « La constitution du Nouveau Testament. Repères historiques, littéraires et théologiques », p. 13 *sqq*.

## STRUCTURE ET GRANDES LIGNES DE L'ÉVANGILE

Contrairement à Matthieu et à Luc qui évoquent la naissance de Jésus et certains faits de son enfance, Marc commence son évangile par la prédication de Jean, suivie immédiatement après par l'entrée en scène de Jésus adulte au moment où il est baptisé dans le Jourdain (1,1-13). Jésus prêche ensuite dans la Galilée (1,14 – 9,50), puis monte à Jérusalem (10) où il est crucifié (11,1 – 16,8). Après la mort sur la Croix, le premier jour de la semaine, les femmes qui allaient embaumer le cadavre de Jésus rencontrent un jeune homme leur annonçant la Résurrection (16,7).

### UNE LECTURE GÉOGRAPHIQUE DE MARC

Dans l'évangile de Marc, les premiers épisodes situent Jésus près du Jourdain où il est baptisé, puis au désert où il est tenté par Satan. Après cela, Marc présente Jésus en Galilée où il vit et exerce une grande partie de sa vie publique, annonçant la venue du Royaume et guérissant les malades. Bien que peuplée majoritairement de Juifs, la Galilée, qui est ouverte sur le monde païen environnant, subit les influences du paganisme.

S'éloignant de la Galilée, Jésus traverse ensuite le lac de Tibériade (4,35-41) pour aller avec ses disciples de la rive occidentale, bordée de villages juifs, vers la rive orientale qui est païenne. Là, il expulse un esprit impur, dont le nom est « Légion » (5,1-20). Délivré du mal qui l'empêchait de vivre et l'obligeait à errer dans des tombeaux, celui que Jésus a libéré aurait voulu rester avec lui, mais le Nazaréen lui demande d'aller vers les siens témoigner de la miséricorde du Seigneur. Tandis que Jésus remonte dans la barque en direction de la rive juive, l'ancien possédé proclame les œuvres de Dieu en terre païenne.

Sortant à nouveau de Galilée, Jésus va vers les païens, à Tyr et à Sidon (7,24.31) où il guérit la fille d'une Syrophénicienne. Après quoi, il poursuit son ministère en Galilée en passant par la Décapole (région de dix villes hellénisées) où il rend l'ouïe et la faculté de parole à un sourd-muet (7,31-37), puis nourrit une foule de quatre mille personnes (8,1-10). Jésus monte ensuite à Jérusalem, au temps de la Passion et de la Croix. La fin de l'évangile évoque à nouveau la Galilée. L'annonce de la Résurrection par un jeune homme, assis à côté de la tombe ouverte, invite, en effet, les disciples à retrouver le Ressuscité en Galilée. C'est là qu'ils le verront (16,7).

De cette rapide lecture de l'évangile de Marc, il ressort que la Galilée y occupe une place centrale. C'est là que Jésus vit et prêche l'Évangile. Et s'il en sort, c'est pour y revenir peu de temps après et continuer sa mission, jusqu'au moment où il part vers la Judée et monte à Jérusalem où il meurt crucifié. L'évangile de Marc semble donc mettre en contraste ces deux régions : tandis que la Judée est tournée vers la Ville sainte, la Galilée est ouverte sur le monde païen ; tandis que la Galilée a bien accueilli la prédication de Jésus, Jérusalem a rejeté Jésus et l'a condamné à mort.

C'est de cette ville qu'étaient déjà venues, au tout début du ministère public de Jésus, les accusations contre lui : « Les scribes qui étaient descendus de Jérusalem disaient : "Il a Béelzéboul en lui" et "C'est par le chef des démons qu'il chasse les démons" » (3,22).

## PLUSIEURS STRUCTURES POSSIBLES

Plusieurs découpages de l'évangile de Marc sont possibles. En voici d'abord deux qui se basent sur des critères d'ordre géographique ou tiennent compte des relations entre les différentes figures de l'évangile. Suivra une troisième hypothèse, basée sur le développement du drame qui parcourt l'ensemble de cet évangile.

### Découpage de l'évangile d'après les indications géographiques [5]

Mc 1,1-13 : Sur les rives du Jourdain et au désert
Mc 1,14 – 7,23 : En Galilée
Mc 7,24 – 9,29 : Voyages à l'étranger
Mc 9,30 – 10,52 : De la Galilée vers Jérusalem
Mc 11,1 – 16,8 : À Jérusalem

### Découpage de l'évangile en fonction des relations entre les personnes [6]

Mc 1,1-13 : Jésus et Jean Baptiste

A. Jésus et ses disciples, la foule, les adversaires

Mc 1,14 – 3,6 : 1re étape, mise en place du triangle des personnages

Mc 3,7 – 6,6a : 2e étape, rupture avec les adversaires et la parenté de Jésus

B. Incompréhension entre les disciples et Jésus

Mc 6,6b – 8,26 : 3e étape, Jésus et l'incompréhension des disciples sur la mission

Mc 8,27 – 10,52 : 4e étape, Jésus et l'incompréhension des disciples sur le chemin à suivre

C. Jésus et ses disciples affrontent les adversaires à Jérusalem

Mc 11,1 – 13,37 : 5e étape, affrontement de Jésus à Jérusalem

Mc 14,1 – 16,8 : 6e étape, la Passion de Jésus, l'abandon des disciples et l'opposition des adversaires, puis l'annonce de la Résurrection

Quel que soit le découpage, les structures proposées ci-dessus mettent en évidence certains éléments importants de l'évangile :

– La première présente l'Évangile comme un cheminement de Jésus. Son point de départ est l'endroit où se trouvait Jean Baptiste, le précurseur. Mais Jésus se détache très vite de cet endroit pour aller

---

5. Voir E. Cuvillier, *L'évangile de Marc*, Paris-Genève, Bayard-Labor et Fides, « Bible en face », 2002, p. 11-12.

6. Voir J. Delorme, « Lecture de l'Évangile selon saint Marc », *Cahiers Évangile*, nos 1-2, Paris, Service biblique catholique « Évangile et Vie »-Éditions du Cerf, 1972, p. 33.

annoncer l'Évangile en différents lieux de la Galilée et des pays limitrophes, et finalement monter à Jérusalem où il sait que la Croix l'attend.

– La deuxième structure met en relief les relations que Jésus établit avec les personnes et les difficultés qu'il rencontre. Un groupe de disciples se détache de la foule et des opposants. Toutefois, même ce groupe abandonnera Jésus.

## Découpage à partir du drame qui parcourt cet évangile

Si l'on est attentif au développement du drame qui se joue à l'intérieur de cet évangile, une autre structure est possible. Focalisé sur la question de l'identité de Jésus, l'évangile de Marc est, en effet, constitué de deux grandes parties situées autour d'un pivot central.

– Prologue : 1,1-13

– *1re partie :* 1,14 – 8,26. Révélation progressive du mystère de l'identité de Jésus comme Messie

* 1re section : 1,14 – 3,6. Action de Jésus et réponse des pharisiens et des hérodiens
* 2e section : 3,7 – 6,6a. Action de Jésus et réponse du peuple
* 3e section : 6,6b – 8,26. Action de Jésus et réponse des disciples

Chaque section de cette 1re partie commence par un sommaire – c'est-à-dire un résumé de l'activité de Jésus (voir 1,14-15 ; 3,7-12 ; 6,6b) – et se poursuit avec un épisode où interviennent des disciples (1,16-20 ; 3,13-19 ; 6,7-13). Suit un développement constitué de scènes variées (1,21 – 3,5 ; 3,20 – 5,43 ; 6,14 – 8,21). Les trois sections se terminent par une réaction d'incompréhension ou de rejet : 3,6 (rejet de la part des pharisiens et hérodiens) ; 6,1-6a (incrédulité des gens de sa « patrie ») ; 8,14-21 (incompréhension des disciples).

8,27-30 : Confession de foi de Pierre.

Certains commentaires, qui proposent une structure de Marc en deux parties, situent cette confession de Pierre à la fin de la première partie, chaque partie se terminant ainsi par une confession de foi : Pierre reconnaît Jésus comme Messie ; le Centurion proclame qu'il est Fils de Dieu. D'autres commentateurs pensent que la confession de foi de Pierre correspond au début de la deuxième partie, car elle débouche sur la première annonce de la Passion et donc sur le deuxième versant de l'Évangile qui permet de suivre Jésus jusqu'à la Croix.

En fait, on peut considérer ce passage comme appartenant aux deux parties. Il sert en effet de charnière entre celles-ci : il est à la fois l'aboutissement de la première partie et le début de la seconde.

– *2de partie* : 8,31 – 16,8. Mystère du Fils de l'Homme et cheminement vers Jérusalem où Jésus se révèle Messie

* 1re section, 8,31 – 10,52 : « Chemin » du Fils de l'Homme
* 2e section, 11 – 13 : Activité de Jésus à Jérusalem avant la Passion
* 3e section, 14,1 – 16,8 : Accomplissement de la mission de Jésus et dévoilement du mystère du Fils de l'Homme

La première section contient trois annonces de la Passion, ainsi que beaucoup d'incompréhensions et d'instructions ; le mot « chemin » ainsi que les verbes de mouvement y ont une importance particulière. Dans la deuxième, l'activité de Jésus se déroule dans une unité de temps de trois jours et dans le cadre de la Ville sainte ou de ses abords. La troisième section correspond à la Pâque de Jésus pendant laquelle il meurt sur la Croix et est intronisé Roi-Messie.

– Appendice, 16,9-20 : apparitions du Christ et mission des apôtres [7]

Si l'on reprend l'ensemble de cette structure, on constate que la première partie contient un vocabulaire typique : voir, écouter, avoir un cœur aveugle ou dur, cacher et révéler, comprendre le Royaume. Des questions sont posées au sujet de l'identité de Jésus et des ébauches de réponse sont données. Mais aucune n'est satisfaisante, jusqu'à celle de Pierre qui reconnaît en Jésus le Christ. La Bonne Nouvelle ne s'arrête pourtant pas à cette reconnaissance. Il faut aller plus loin. C'est l'objet de la seconde partie.

Dans cette partie, l'accent porte sur l'importance du Royaume et la primauté de l'Évangile pour lequel on peut tout sacrifier – celui qui perd sa vie la gardera – laisser maison, frères et parents pour l'Évangile. Les Douze reçoivent un enseignement particulier pour comprendre le sens réel du titre « Christ » appliqué à Jésus. Des trois annonces de la Passion, ils apprennent que le Royaume vient par la Croix.

## Un évangile qui se termine sur une mauvaise nouvelle ?

« Elles sortirent et s'enfuirent loin du tombeau, car elles étaient toutes tremblantes et ne dirent rien à personne, car elles avaient peur » (16,8). C'est ainsi, semble-t-il, que se terminait l'évangile de Marc. Si tel est le cas, ne parle-t-il pas d'un échec et donc d'une mauvaise nouvelle ? Face à l'absence d'apparition de Jésus vivant, peut-on croire à la Résurrection ?

En fait, si celui qui était mort n'est plus dans le tombeau, il y a deux possibilités : soit il a été enlevé, soit il est vivant. Comment savoir s'il est vivant ? D'après Marc, non pas à partir d'une vision, mais d'une parole. C'est celle que les femmes – qui constatent l'absence du corps – reçoivent : « […] Le crucifié, il est ressuscité. Il n'est pas ici ; voyez l'endroit où on l'avait déposé… » (16,6). Pourquoi une telle insistance ? Parce que l'auteur de cet évangile veut aider sa communauté à découvrir le sens réel de la Résurrection. Comme sur une pellicule photographique, dans le négatif de l'absence, il invite le lecteur de son œuvre à découvrir le positif d'une vie qui est pleinement vie et qui échappe donc à toute mainmise. S'il était mort, il serait là. Les femmes pourraient le toucher, l'embaumer, le « conserver » d'une manière figée

7. Voir plus haut dans la contribution de P. Debergé, « *La constitution du Nouveau Testament* », p. 48 : « La finale de l'évangile de Marc ».

**« Jeune homme »**

Au moment de l'arrestation se déroule un fait étrange, raconté seulement dans l'évangile de Marc. Un jeune homme recouvert d'un drap suit Jésus alors que tous l'ont abandonné. On veut l'arrêter, mais lui, lâchant son drap, s'enfuit nu (14,51-52). Certains pensent qu'il s'agit là d'un fait réel raconté par un témoin oculaire et que ce jeune homme ne serait autre que Marc, l'évangéliste.

Indépendamment de toute identification avec une personne historique concrète, ce qui est à noter, c'est que ce personnage renvoie à un autre passage de l'évangile où il est question d'un « jeune homme ». En effet, Marc n'emploie le mot « jeune homme » que deux fois : en 14,51, dans le jardin de l'arrestation et en 16,5, dans la tombe vide[8]. Dans cet épisode, le matin du premier jour de la semaine, des femmes vont au tombeau pour embaumer Jésus, mais le corps n'y est plus. Un « jeune homme », « enveloppé » de blanc, interprète pour elles l'absence du corps comme le signe de sa Résurrection.

En fait, ces deux passages s'éclairent l'un l'autre, d'autant plus d'ailleurs que d'autres éléments les mettent en relation. Le jeune « enveloppé » dans le « drap » qui suivait Jésus, renvoie au corps du Crucifié qui avait été enroulé dans un « drap » (15,46, même terme en grec) ainsi qu'à son homonyme enveloppé de blanc, signe de vie et de lumière. Le jeune homme de Gethsémani est nu, Jésus l'était aussi puisque dépouillé de ses vêtements sur la croix (15,24) et revêtu seulement du linceul. On veut attraper le jeune, mais il échappe à toute mainmise et, laissant son drap, il s'enfuit. Ainsi, les femmes ne peuvent saisir le corps de Jésus, car il n'est pas au tombeau.

Ces deux passages en résonance montrent que si l'on a pu attraper Jésus pour le crucifier, personne ne peut se saisir de lui une fois ressuscité. Marc donne ainsi des indications à son lecteur pour qu'il comprenne la signification réelle de la Résurrection : le Ressuscité est vivant, il échappe à toute mainmise, comme l'eau vive n'est plus vive quand on l'empêche de couler et s'échappe des mains de celui qui voudrait la garder. Cependant, là où l'on pourrait ne voir qu'une absence : « Voyez l'endroit où on l'avait déposé » (16,6), résonne une parole vivante évoquant une présence qui met en marche et avec qui on peut désormais cheminer : « Il vous précède en Galilée » (16,7).

et, de toute façon, il se dégraderait. Mais il est vivant et on ne peut le toucher. On ne peut même pas le voir.

La foi en la Résurrection ne se base donc pas chez Marc sur des apparitions, mais sur une parole, celle d'un jeune homme, qui renvoie à une autre parole, celle de Jésus : « Comme il vous l'a dit » (16,7). La rencontre avec le Ressuscité est renvoyée à plus tard, en Galilée, mais elle n'est pas racontée. C'est sans doute une manière, pour Marc, de montrer que la foi n'est pas une question de division, mais d'audition. Le deuxième évangile rejoint ainsi celui de Jean, où Jésus dit à Thomas : « Bienheureux ceux qui, sans avoir vu, ont cru » (Jn 20,29) et la révélation biblique avec la prière quotidienne de tout Israélite : « Écoute » (Dt 6,4).

Reste cette expression énigmatique : « Les femmes ne dirent rien à personne » (16,8). Le seul fait que cette affirmation intervienne à la fin de l'évangile qui vient d'être lu est le signe que quelque chose a été dit et transmis. Mais ce n'est pas explicite. L'évangile reste ainsi ouvert comme la tombe vide et laisse la place au lecteur. À lui d'interpréter, d'écouter et donc de recommencer la lecture de l'évangile pour découvrir la présence du Messie ressuscité.

8. Le « jeune homme » *riche* de Matthieu (19,20) ne reçoit pas ce qualificatif chez Marc. C'est chez celui-ci simplement « un homme » (Mc 10,17).

# LECTURE DE QUELQUES PASSAGES DE L'ÉVANGILE DE MARC

**Textes étudiés**

Mc 1,16-20 : L'appel des quatre premiers disciples
Mc 1,21-28 : Le premier miracle de Jésus : un exorcisme
Mc 2,13-17 : L'appel de Lévi et le repas de Jésus avec les pécheurs
Mc 4,26-29 : La semence qui pousse seule
Mc 5,21-43 : La femme qui perdait son sang et la fille de Jaïre
Mc 6,17-29 : La mort de Jean Baptiste. Lectures psychanalytique et féministe
Mc 6,30-44 : La première multiplication des pains. Lecture de type historico-critique
Mc 8,31-33 ; 9,30-32 ; 10,32-34 : Les trois annonces de la Passion et de la Résurrection
Mc 9,14-29 : L'expulsion d'un esprit sourd et muet
Mc 10,35-52 : Du bord du chemin à la Croix : le fils de Timée et les fils de Zébédée
Mc 11,1-7a : L'ânon de l'entrée de Jésus à Jérusalem. Exemple de lecture matérialiste
Mc 14,3-9 : L'onction à Béthanie
Mc 14,1-52 – 15,47 : Le récit de la Passion
Mc 16,1-20 : Le récit de la Résurrection

Devant l'impossibilité de présenter l'ensemble de l'évangile de Marc, un certain nombre de passages ont été sélectionnés, avec un objectif : proposer une méthode de lecture. C'est pour cela que chacun des textes étudiés est abordé avec un accent particulier : sur le contexte et le genre littéraire, les déplacements, la construction du récit ou le développement de l'intrigue.

## MC 1,16-20 : L'APPEL DES QUATRE PREMIERS DISCIPLES

> Comme il passait le long de la mer de Galilée, il vit Simon et André, le frère de Simon, en train de jeter le filet dans la mer : c'étaient des pêcheurs. Jésus leur dit : « Venez à ma suite, et je ferai *de vous des pêcheurs d'hommes*. » Laissant aussitôt leurs filets, ils le suivirent. Avançant un peu, il vit Jacques, fils de Zébédée, et Jean son frère, qui étaient dans leur barque en train d'arranger leurs filets. Aussitôt, il les appela. Et laissant dans la barque leur père Zébédée avec les ouvriers, ils partirent à sa suite.

### Indications spatiales

L'appel a lieu au bord du lac de Galilée. C'est le lieu de vie et de travail des premiers disciples. L'initiative vient de Jésus qui s'approche des personnes et les « voit », puis va leur parler.

**Les « Douze »**

Le deuxième évangile accorde une importance spéciale aux Douze. Marc les cite en effet beaucoup plus que les autres évangélistes. On trouve ce mot onze fois dans le deuxième évangile, contre huit fois chez Matthieu qui est pourtant beaucoup plus long, sept fois chez Luc et quatre fois chez Jean. Matthieu ajoute parfois le terme « apôtres » ou « disciples » au chiffre « douze » (Mt 10,2 ; 11,1), tandis que Marc l'utilise seul : « les Douze ».

Le nombre « 12 » renvoie aux douze tribus de Jacob-Israël et symbolise le peuple au complet. De plus, l'espérance messianique imaginait la réunion de toutes les tribus à la venue du Messie (Si 48,10 ; Is 49,6 ; Ez 45,8). Les douze apôtres sont donc le signe de la présence des temps messianiques. Voir plus bas « L'itinéraire de Jésus avec les Douze », p. 265.

## Qui Jésus appelle-t-il ?

Des pêcheurs au travail : les deux premiers étaient en train de jeter leur filet dans la mer ; les deux autres arrangeaient leurs filets dans leur barque. Ces « appelés » sont présentés par leur nom propre. Ils ne sont donc pas anonymes. Simon est nommé le premier, André, présenté par le narrateur comme son frère, vient après lui. Viennent ensuite Jacques, fils de Zébédée, et Jean son frère. Comparer avec la liste des Douze (3,16-18).

## En quoi consiste l'appel ?

Pour les quatre, Jésus dit : « Venez à ma suite » ; un impératif qui n'est pas une obligation, car il n'y a aucune contrainte matérielle, mais seulement une parole dite. Le contenu de la « suivance » n'est précisé qu'aux deux premiers pêcheurs : « Je ferai de vous des pêcheurs d'hommes » (1,17). Que signifie cette expression qui reprend dans ces termes le métier des personnes appelées tout en lui apportant un changement ? Les disciples l'ont-ils compris ? Et le lecteur, que sait-il à ce stade de la lecture de l'évangile ? Les disciples l'apprendront sur le chemin, et le lecteur au fil de sa lecture.

## Quelle est la réaction des appelés ?

Marc souligne l'immédiateté : « Laissant aussitôt leurs filets, ils le suivirent » et « Laissant dans la barque leur père Zébédée avec les ouvriers, ils partirent à sa suite. » Cela montre la totale disponibilité des pêcheurs et l'autorité de la parole de Jésus. Tout de suite après, à Capharnaüm, les gens s'étonneront, en effet, de l'enseignement de Jésus donné avec autorité, un enseignement différent de celui des scribes (1,22).

## Un appel à la confiance

Jésus n'appelle pas d'abord à « faire des choses », mais à le suivre. C'est l'appel à un cheminement en commun… ou en communion. Jésus n'établit pas non plus de contrat préalable. Ce sera une question de confiance, l'écoute d'une parole dont il faudra expérimenter la vérité. Tout l'évangile s'attachera à montrer que les pêcheurs de Galilée n'ont pas eu tort de faire confiance à celui qui les a appelés. Le disciple qui lit l'évangile est invité à la même confiance.

## Mc 1,21-28 : Le premier miracle de Jésus : un exorcisme

> Ils pénètrent dans Capharnaüm. Et dès le jour du sabbat, entré dans la synagogue, Jésus enseignait. Ils étaient frappés de son enseignement ; car il les enseignait en homme qui a autorité et non pas comme les scribes. Justement il y avait dans leur synagogue un homme possédé d'un esprit impur ; il s'écria : « Que veux-tu, Jésus de Nazareth ? Tu es venu pour nous perdre. Je sais qui tu es : le Saint de Dieu. » Jésus lui commanda sévèrement : « Tais-toi et sors de cet homme. » L'esprit impur le secoua avec violence et il sortit de lui en poussant un grand cri. Ils furent tous tellement saisis qu'ils se demandaient les uns aux autres : « Qu'est-ce que cela ? Voilà un enseignement nouveau, plein d'autorité ! Il commande même aux esprits impurs et ils lui obéissent ! » Et sa renommée se répandit aussitôt partout, dans toute la région de Galilée.

Cet épisode se trouve au tout début du ministère de Jésus, après l'appel des premiers disciples. D'après Marc, c'est le premier exorcisme de Jésus. La lecture de ce passage peut être faite avec une attention sur les points suivants :

**Le cadre spatial** – Où se situe la scène ? La synagogue est le lieu de réunion de la communauté autour de la Torah. Les scribes, spécialistes des Écritures, peuvent y enseigner. Dans ce passage, qui enseigne ? Y a-t-il une différence entre l'enseignement des scribes et celui de Jésus ?

**Le cadre temporel** – Quelles références temporelles trouvons-nous dans la scène ? Le sabbat est un jour de fête, pendant lequel une liturgie est célébrée. Que nous dit Marc du rite célébré ce jour-là ? En ignorant la cérémonie et en centrant l'attention sur Jésus, que met en relief le narrateur ?

**Les personnages** – Quels sont les personnages présents ? Qui est actif ? Les premiers disciples doivent être là, mais ils ne sont pas nommés, ni ne jouent aucun rôle actif dans cet épisode. Les scribes sont mentionnés, mais n'interviennent pas. On ne sait même pas s'ils sont présents, mais ils sont cités, en contraste avec Jésus et à leur désavantage. L'homme « en esprit impur » est totalement passif et anonyme. Les gens dans la synagogue s'interrogent sur l'identité de Jésus tandis que l'esprit impur détient la réponse et la dévoile, mais il est muselé par Jésus. Pourquoi ? Parce que l'identité de Jésus sera révélée plus tard et ailleurs, lors de la confession de Pierre en 8,29, et surtout avec le centurion en 15,39.

**Les mouvements** : Quels contrastes y a-t-il dans les mouvements ? Si on s'en tient aux seuls verbes « entrer » et « sortir », on note qu'ils (Jésus et ses disciples) *pénètrent* dans Capharnaüm, et que (Jésus) *entre* dans la synagogue. L'esprit impur crie que le Nazaréen est *venu* pour les [9] perdre. Jésus demande à l'esprit de *sortir* de l'homme, et l'esprit *sort*. Finalement, la renommée de Jésus *sort* (littéralement) aussitôt partout dans toute la région de la Galilée. Puis ils *sortent* de la synagogue, pour aller dans la maison de Simon et d'André (1,29). L'entrée de Jésus dans la synagogue a permis à l'homme possédé d'être libéré de l'esprit impur qui était en lui. Cependant l'accent n'est pas mis sur cet exorcisme, mais sur l'autorité de Jésus dont la renommée *sort* des limites de la synagogue pour s'étendre à toute la région.

### *Les scribes*

Le mot scribe désigne originellement un secrétaire ou un comptable. À partir de l'exil à Babylone, le scribe devient un spécialiste des Écritures et joue un rôle dans la transmission et l'interprétation de celles-ci.

Marc mentionne les scribes vingt-deux fois dans son évangile et les présente souvent comme étant hostiles à Jésus. Dans la première partie de l'évangile, ils sont présents dans des passages où il est question de l'autorité de Jésus. L'enseignement de Jésus est alors mis en contraste avec celui des scribes (1,22). Ils s'opposent à Jésus en l'accusant de blasphème (2,3-12) et vont même jusqu'à l'accuser d'être un agent de Béelzéboul (3,22-26). Dans la deuxième partie de l'évangile, les scribes ont un rôle actif dans la condamnation de Jésus. Avec les grands prêtres, ils cherchent comment le faire périr (11,18 ; 14,1). Membres du sanhédrin (15,1), ils tiennent conseil pour emprisonner Jésus et le livrer au pouvoir romain ; ils participent même à son arrestation et à sa condamnation (14,43.53).

Aussi bien dans la première partie que dans la deuxième partie de l'évangile, les scribes interviennent dans des discussions au sujet des traditions des anciens (7,1-13) ou sont mentionnés par Jésus et les disciples à propos de leur enseignement (9,11-13 ; 12,35-37). Si Jésus critique les scribes en 12,38-40, il loue le scribe de 12,28-34, qui pose une question sur le premier commandement.

## Mc 2,13-17 : L'appel de Lévi et le repas de Jésus avec les pécheurs

Jésus s'en alla de nouveau au bord de la mer. Toute la foule venait à lui, et il les enseignait. En passant, il vit Lévi, le fils d'Alphée, assis au bureau des taxes. Il lui dit : « Suis-moi. » Il se leva et le suivit. Le voici à table dans sa maison et beaucoup de collecteurs d'impôts et de pécheurs avaient pris place avec Jésus et ses disciples, car ils étaient nombreux et ils le suivaient. Et des scribes pharisiens, voyant qu'il mangeait avec les pécheurs et les collecteurs d'impôts, disaient à ses disciples : « Quoi ? Il mange avec les collecteurs d'impôts et les pécheurs ? » Jésus, qui avait entendu, leur dit : « Ce ne sont pas les bien-portants qui ont besoin de

9. Le passage au pluriel montre que l'esprit impur est divisé, contrairement au Dieu « Un » de la révélation biblique.

médecin, mais les malades ; je suis venu appeler non pas les justes, mais les pécheurs. »

## Travail rédactionnel et formes préexistantes ?

Quel peut être, d'une part, le « cadre rédactionnel » correspondant au travail de l'évangéliste et, d'autre part, les matériaux et les « formes » (ou « genres ») préexistants ? Le v. 13 est rédactionnel. Il s'agit en effet, d'une transition stylistique élaborée par l'évangéliste pour situer cet épisode dans le temps (« de nouveau ») et dans l'espace (« au bord de la mer »). On retrouve le même procédé en 2,1 ; 4,1 et ailleurs. Marc mentionne également la présence de beaucoup de gens qui suivaient Jésus et à qui il donnait un enseignement. Cette transition correspond au genre littéraire du **sommaire**, qui présente sous la forme d'un résumé l'activité de Jésus.

Les récits de la vocation de Lévi (v. 14) et du repas avec les publicains (v. 15-17) existaient avant leur introduction dans l'évangile. Ils sont réunis ici par un simple « et ». Le changement de lieu du « bureau des taxes » à « la maison », où se trouvent beaucoup de publicains et de pécheurs assis à table avec Jésus, n'est pas précisé. On ne sait donc pas dans quelle maison a lieu le repas. S'agit-il de la maison de Lévi ? On pourrait le supposer, si on était sûr que les deux récits forment une seule unité littéraire. Mais si les deux récits sont indépendants et ont été simplement mis l'un après l'autre dans l'évangile, il peut s'agir d'une autre maison.

## À quel genre littéraire correspondent ces deux récits ?

L'appel de Lévi (v. 14) a les traits d'un **paradigme**, c'est-à-dire un récit bref, simple, au style « édifiant », dans lequel la parole de Jésus et son efficacité sont mises en valeur, et la réponse de l'appelé est présentée comme « exemplaire ». Le deuxième récit (v. 15-17) est un **dialogue-controverse**. Dans ce genre de récit, on trouve généralement les étapes suivantes : une présentation de la façon de faire de Jésus ; une question de la part de ceux qui ne sont pas d'accord avec lui ou ne le comprennent pas ; la réponse de Jésus. Le point de départ d'une controverse est un fait concret qui pose problème. La question posée par les adversaires ou les interlocuteurs laisse entrevoir une incompréhension ou même une opposition. Jésus devrait, d'après eux, soit agir différemment, soit justifier sa façon d'agir. C'est ce qu'il fait ici, en utilisant un proverbe que les interlocuteurs peuvent connaître et comprendre.

## Le milieu de vie

Dans quel milieu de vie des premiers chrétiens ces épisodes ont-ils été écrits ? S'agissant de l'appel de Lévi, présenté comme un récit exemplaire, on peut penser que la communauté où ce récit a été élaboré veut donner un exemple aux chrétiens, spécialement aux nouveaux convertis, et leur montrer que la réponse à l'appel de Jésus doit être immédiate, totale et inconditionnelle.

Le « dialogue-controverse » (v. 15-17) a dû être élaboré à une époque où la séparation entre chrétiens et juifs ne s'était pas encore réalisée. L'expression, les « scribes pharisiens », ne caractérise, en effet, qu'une partie des pharisiens ; elle laisse donc la possibilité à certains d'entre eux d'être d'accord avec l'attitude de Jésus, ce qui était vraisemblablement le cas de plusieurs membres de la communauté qui avaient appartenu à ce groupe religieux. À cela on peut ajouter que, dans ce passage, la communauté primitive semble justifier sa façon d'agir (repas avec pécheurs, publicains ou personnes qui n'observaient pas les préceptes mosaïques, etc.) en s'appuyant sur celle de Jésus. C'est sans doute le signe que la rédaction de ce récit est à situer au début de la séparation entre le christianisme et le judaïsme, lorsque les premiers chrétiens commencent à prêcher l'Évangile en milieu païen et que les membres de la communauté ne sont plus tous d'origine juive.

Deux genres littéraires, originellement indépendants, semblent donc avoir été réunis par Marc dans son écrit [10] : un récit exemplaire qui introduit une controverse dont le point final est le *logion* (parole) de Jésus : « Je suis venu appeler non pas les justes, mais les pécheurs » (2,17). De cette construction, il ressort que la réponse immédiate du publicain à l'appel de Jésus manifeste l'intention de sa venue : inviter publicains et pécheurs à la conversion et au partage du banquet messianique. C'est une pratique suivie par la communauté de Marc : chrétiens d'origine juive et chrétiens issus du paganisme sont réunis autour d'une même table.

## Mc 4,26-29 : La semence qui pousse seule

> Il disait : « Il en est du Royaume de Dieu comme d'un homme qui jette la semence en terre : qu'il dorme ou qu'il soit debout, la nuit et le jour, la semence germe et grandit, il ne sait comment. D'elle-même la terre produit d'abord l'herbe, puis l'épi, enfin du blé plein l'épi. Et dès que le blé est mûr, on y met la faucille, car c'est le temps de la moisson. »

Cette parabole, introduite par « Ainsi le Royaume de Dieu est comme... », est l'une des deux seules paraboles propres à l'évangile de Marc. L'autre se trouve en 13,34-37.

### Le contexte littéraire

Dans le chapitre 4 se trouve le premier enseignement explicite de Jésus à ses disciples. Auparavant, Jésus avait enseigné, mais le narrateur n'avait pas informé le lecteur du contenu de cet enseignement (1,21-22.27 ; 2,15). Dans le chapitre 3 qui précède cette parole, Marc présente d'ailleurs diverses réactions de groupes ou de personnes

10. Ils seront repris dans ce même ordre, mais avec des différences, par Matthieu et Luc.

vis-à-vis de Jésus. Avec une tension entre ceux qui ne comprennent pas et s'opposent à Jésus (3,6.21-22) et les foules qui le suivent et s'émerveillent de ce qu'il fait (3,7-8).

C'est dans ce contexte qu'intervient le chapitre 4 de Marc. L'enseignement de Jésus a provoqué d'abord un étonnement : il est différent de celui des autres maîtres. Mais, par la suite, sa prédication et ses actes n'ont pas suscité forcément enthousiasme et adhésion à Jésus. Certains, même parmi ses parents, se sont opposés à lui, pensant qu'il avait perdu la raison. C'est le signe que la prédication du Règne et l'annonce de la venue du Royaume ne vont pas de soi ; elles semblent au contraire rencontrer bien des difficultés.

## La structure

Presque toutes les paraboles de ce chapitre utilisent l'image de la semence ; elles comparent le Royaume à quelque chose qui grandit : un semeur jette le grain en terre (4,1-9.13-20) ; la semence pousse toute seule (4,26-29) ; la graine de moutarde (4,30-32). La sentence parabolique sur la mesure (4,24-25) parle indirectement de grains que l'on pèse pour vendre ou échanger. La parabole immédiatement antérieure – qui évoque une lampe (4,21-23) – semble faire exception. À moins que la mention du boisseau sous lequel on met la lampe ne renvoie indirectement à la récolte de grains, puisque le boisseau est un récipient de mesure pour les céréales.

Si l'on regarde maintenant la structure de la parabole de la semence qui pousse seule, on constate que le schéma proposé par M. Gourgues [11] est particulièrement intéressant. Il met notamment en évidence un parallèle entre l'activité humaine et la croissance végétale.

| | *Activité végétale* | *Étapes* | *Activité humaine* | |
|---|---|---|---|---|
| A. Passif | 1. Semence jetée en terre | Semailles | Il jette la semence | A. Actif |
| B. Actif | 2. Germe<br>3. Pousse<br>4. Herbe<br>5. Épi<br>6. Blé dans l'épi | Croissance | Il dort et se lève | B. Passif (par rapport à la croissance de la plante) |
| C. Passif | 7. Fruit mûr | Moisson | Il envoie la faucille | C. Actif |

Ce tableau montre l'existence de trois étapes (A, B, C), tant par rapport à la semence que par rapport à la personne, des étapes au cours desquelles l'agriculteur et la plante alternent activité et passivité. Car lorsque l'un est actif, l'autre est passif. Le détail des actions qui concernent la semence dans la deuxième étape (B) fait ressortir le contraste existant entre l'inactivité humaine et la croissance : celui qui a jeté la

11. *Les paraboles de Jésus chez Marc et Matthieu. D'amont en aval*, Montréal-Paris, Médiaspaul, coll. « Sciences bibliques », 1999, p. 12.

semence en terre dort et se lève, mais il ne fait rien pour que la semence pousse.

## Les « personnages » de la parabole

### *Le semeur*

Certains commentateurs assimilent celui qui sème à Dieu, en rapprochant cette parabole de l'explication donnée par Jésus à propos de la parabole du semeur : « Le semeur sème la Parole » (4,14). Mais celui qui sème la Parole peut être tout autant Dieu que Jésus ou n'importe quel évangélisateur. De plus, dans la parabole de la semence qui pousse seule, le semeur est présenté comme quelqu'un qui ne comprend pas, ce qui le rend difficilement identifiable à Dieu ! C'est pour cela qu'il faut lire d'abord cette parabole comme une parabole, et non comme une allégorie dans laquelle tous les éléments du récit auraient des équivalences.

En comparant le Royaume à un homme qui a semé et en précisant ensuite que la semence pousse, sans que l'agriculteur n'intervienne ou ne comprenne, la parabole indique que quelque chose, dans le Royaume, échappe à la mainmise ou au contrôle des hommes. Cette incompréhension est d'ailleurs toujours d'actualité, car même si nous connaissons davantage aujourd'hui les processus chimiques et biologiques de germination et de croissance – au point de pouvoir modifier génétiquement les plantes –, nous ne savons pas comment fondamentalement une graine devient un épi ou un arbre. Il y a quelque chose qui nous dépasse. D'ailleurs, à trop vouloir contrôler et savoir, sans respecter la nature, on peut finir par jouer les apprentis sorciers et détruire la planète. L'« ignorance » de l'agriculteur n'est donc pas quelque chose de négatif, mais une réalité naturelle et presque nécessaire. Le semeur n'a pas besoin de tout savoir, ni ne doit tout contrôler pour devenir moissonneur, il doit laisser faire la terre et le temps.

Bien sûr, la pratique agricole nous porte à penser que l'agriculteur de la parabole ne reste pas les bras croisés jusqu'au temps de la récolte ; c'est ce qui est exprimé à travers l'expression « il dort et il se lève », qui indique que sa vie continue par ailleurs. Cependant, en s'abstenant de décrire toute activité par rapport au champ ensemencé, le narrateur souligne le fait que la croissance ne dépend pas de l'agriculteur, mais des lois de la nature, et qu'elle se réalisera au bout d'un certain temps. L'homme a joué son rôle pendant les semailles, mais il n'a pas la maîtrise de la croissance. Il va continuer à vivre pendant que la terre produit. Il interviendra de nouveau quand le fruit le lui permettra, c'est-à-dire quand les temps seront là.

### *La semence*

En général, la semence se caractérise par sa petitesse. Ici, ce n'est pas cet aspect qui est mis en valeur mais le développement de la graine, que le narrateur décrit de manière détaillée. On peut même dire que la parabole est construite autour de ce qui arrive à la semence, mais sans que soient envisagés les périls qui peuvent menacer le développement de la plante. Le narrateur ne s'intéresse en effet qu'à sa croissance. Quoi que fasse le semeur – qu'il dorme ou se lève –, la semence grandit. Il y a un « automatisme [12] », une indépendance de la semence par rapport au semeur et au moissonneur. Dans la parabole du semeur, l'accent était mis sur l'endroit où tombe le grain et la différence dans le résultat obtenu. Ici, l'accent porte sur le fait que la semence pousse « automatiquement ».

Les détails du développement de la plante montrent aussi presque visuellement les étapes du changement opéré depuis l'action humaine qui a semé jusqu'au fruit mûr qui peut être moissonné. Michel Gourgues parle d'une description « à la manière d'un film présentant en rythme accéléré le mouvement de la croissance ». En effet, le narrateur ne passe pas directement de la semence jetée en terre au fruit mûr, il en décrit les étapes. De cette façon, il attire l'attention du lecteur sur l'évolution nécessaire et extraordinaire, la graine devenant peu à peu un épi plein de blé ! Et le lecteur, émerveillé, découvre la beauté de l'évolution de la graine qui a germé jusqu'à devenir un épi prêt pour la moisson. Ce lent changement lui fait découvrir une facette du Royaume : Celui-ci n'arrive pas tout d'un coup, d'une manière spectaculaire, il se développe progressivement et sûrement.

## Que dire du temps et du rythme du récit ?

Dès le début, cette parabole nous entraîne dans un bon *tempo* : avec la nuit et le jour qui rythment la vie quotidienne. C'est une allusion à un renouvellement : après la nuit, le jour, après le jour, à nouveau la nuit, etc., jusqu'au temps de la récolte. Le temps ainsi évoqué est celui qui coule inexorablement, d'une façon égale pour les êtres humains, les animaux et les plantes. Ce temps qui passe pour le semeur passe aussi pour la semence. Il y a une simultanéité avec, d'un côté, la vie humaine quotidienne faite de temps de repos et de réveil, et de l'autre, la croissance de la plante ; avec aussi d'un côté la « non-connaissance » et de l'autre « l'automatisme ». Une nouvelle fois, c'est sans doute le signe qu'il est inutile de faire des calculs et de hâter la production de l'épi. Le temps du Royaume est celui de la lente maturation de la semence. Aucune récolte n'est possible avant la moisson. L'attente, nécessaire pendant la croissance, ne remet pas en question l'espérance de la récolte.

À la suite des précisions données sur la croissance (plusieurs mots pour la décrire depuis la graine semée jusqu'à la maturité) et du flou entourant l'activité de l'agriculteur après les semailles, vient la rapidité de la moisson (« Aussitôt il envoie la faucille… » [4,29]). L'adverbe « aussitôt » (en grec *euthus*) est cher à Marc. Fréquent dans cet évangile, il donne au récit un rythme d'urgence. Dans cette parabole, il accentue le contraste entre, d'une part, la lenteur de la croissance, soulignée par la mention des jours et des nuits donnant une impression de lenteur et

12. En grec, le terme employé, *automatê*, indique une action qui se réalise sans une intervention extérieure.

### *L'enseignement de Jésus est-il élitiste ?*

D'après l'interprétation donnée par Jésus à ses disciples, les paraboles seraient non seulement des récits dont l'interprétation comporte des difficultés, mais un moyen d'exclure des personnes. Il leur dit en effet : « À vous, le mystère du Royaume de Dieu est donné, mais pour ceux du dehors tout devient énigme pour que, tout en regardant, ils ne voient pas et que, tout en entendant, ils ne comprennent pas de peur qu'ils ne se convertissent et qu'il leur soit pardonné » (4,10-12).

Ces paroles de Jésus sont surprenantes, voire révoltantes [13]. Jésus donnerait des explications en particulier aux disciples (voir 4,10-12.34) interdisant à ceux du « dehors » un accès à la compréhension. Mais est-ce vraiment une injustice et le Royaume de Dieu est-il vraiment réservé à une élite ?

Pour répondre à ces questions, il faut remarquer que la situation « dehors » ou « dedans » ne dépend ni de critères économiques, ni de capacités intellectuelles, mais d'une familiarité et d'un cheminement avec le maître : ceux qui sont « dedans », ce sont « ceux qui sont autour de Jésus » (4,10). C'est à ceux qui ont manifesté leur désir d'appartenir au cercle des disciples que Jésus donne donc l'enseignement nécessaire à la compréhension des paraboles. À l'opposé, celui qui est « dehors » n'est pas le pauvre marginalisé, mais celui qui n'a pas voulu entrer. De ce fait, on peut dire que l'enseignement de Jésus se situe d'abord dans un contexte de liberté où personne n'est contraint. Et cela, d'autant plus, que le Royaume, évoqué par les paraboles, n'est pas fait de violence, mais d'amour et de fraternité. Il est dès lors inconcevable sans une totale liberté de chacun.

Cependant, Jésus ajoute que l'enseignement est donné en paraboles « afin qu'ils [ceux du dehors] ne comprennent pas », donnant l'impression d'exclure volontairement certaines personnes. Est-ce vraiment le cas ? D'après Matthieu, Jésus a pris l'image des perles qui ne peuvent être données aux pourceaux (Mt 7,6), car ils ne sauraient les apprécier, les détruiraient et iraient jusqu'à se retourner contre ceux qui les leur ont données. N'y a-t-il pas quelque chose de semblable chez Marc ? Si tel est le cas, il ne s'agit donc pas d'exclusion, mais de défense des valeurs du Royaume, et des « petits » qui sont sans défense.

C'est dans la mesure où l'on accepte de s'ouvrir au mystère du Royaume que les paraboles sont donc compréhensibles. Mais, si on s'y oppose, elles demeurent incompréhensibles. Jésus révèle ainsi une vérité fondamentale : le Royaume n'est pas une réalité à posséder, mais une relation à vivre. Celui qui voudrait l'obtenir avec violence n'est plus dans la relation, mais dans la manipulation ou l'intolérance. Or celui qui n'est pas dans le langage de l'amour ne peut comprendre ce qu'est le Royaume.

Enfin, la différence entre « dehors » et « dedans » n'est ni hermétique ni définitive. Chacun peut se trouver parfois proches de Jésus, et parfois très éloignés de son Royaume. Jésus ne parle donc pas d'exclusion totale et irrévocable qui frapperait certains. De fait, même pour les disciples, la parabole demeure quelquefois une énigme. Être disciple de Jésus ne veut donc pas dire tout connaître immédiatement. Il y a un nécessaire cheminement qui ne se fait pas seulement par l'intellect, mais en relation avec le maître sur la route qui monte de Galilée à Jérusalem, jusqu'à la Croix et au mystère pascal.



13. De fait, la version de Marc offre une concision catégorique qui a dû poser des problèmes à Matthieu et à Luc. Ceux-ci ont atténué la dureté de l'explication de Jésus telle qu'elle est donnée chez Marc (voir Mt 13,10-15 ; Lc 8,9-10.11-12).

d'intemporalité et, d'autre part, la rapidité de la récolte. La parabole passe ainsi d'une attente « éternelle » à une présence soudaine.

Ce changement de rythme marque une rupture dans l'enchaînement des faits. Tout d'un coup, quelque chose, qui reste pourtant dans la continuité, est signe d'une nouveauté : le temps de la moisson est arrivé. Comme si la pointe de la parabole se trouvait précisément dans ce contraste qui fait comprendre au lecteur que, au cœur même de la routine, le Royaume est proche et que la fin peut rejoindre de manière subite le présent. Une chose est certaine : après le temps de la lente maturation arrive le moment où l'agriculteur peut récolter le fruit produit en abondance : « du blé plein l'épi ». C'est sur cette bonne nouvelle que se termine la parabole qui dès lors évoque plus la nourriture et la vie que l'image du jugement qui est parfois en relation avec la moisson dans la Bible. Le Royaume n'est donc pas le lieu où les humains vont être fauchés comme les blés, ou punis pour leurs mauvaises actions, mais celui de la plénitude de la vie.

À la lecture de la parabole on apprend cependant que le Royaume n'est pas qu'au bout de la moisson. En effet, celui-ci n'est pas comparé seulement à l'épi, mais à l'ensemble des semailles, de la croissance et de la récolte. Il est semblable à tout le développement dynamique qui a porté des fruits. Le Royaume est déjà là dans les semailles et dans les jours et les nuits qui passent : dans le quotidien d'une vie, où il ne se passe rien d'extraordinaire, le Royaume est présent.

## Mc 5,21-43 : La femme qui perdait son sang et la fille de Jaïre

Quand Jésus eut regagné en barque l'autre rive, une grande foule s'assembla près de lui. Il était au bord de la mer. Arrive l'un des chefs de la synagogue, nommé Jaïros : voyant Jésus, il tombe à ses pieds et le supplie avec insistance en disant : « Ma petite fille est près de mourir ; viens lui imposer les mains pour qu'elle soit sauvée et qu'elle vive. » Jésus s'en alla avec lui ; une foule nombreuse le suivait et l'écrasait. Une femme, qui souffrait d'hémorragie depuis douze ans, – elle avait beaucoup souffert du fait de nombreux médecins et avait dépensé tout ce qu'elle possédait sans aucune amélioration ; au contraire, son état avait plutôt empiré – cette femme, donc, avait appris ce qu'on disait de Jésus. Elle vint par-derrière dans la foule et toucha son vêtement. Elle se disait : « Si j'arrive à toucher au moins ses vêtements, je serai sauvée. » À l'instant, sa perte de sang s'arrêta et elle ressentit en son corps qu'elle était guérie de son mal. Aussitôt Jésus s'aperçut qu'une force était sortie de lui. Il se retourna au milieu de la foule et il disait : « Qui a touché mes vêtements ? » Ses disciples lui disaient : « Tu vois la foule qui te presse et tu demandes : "Qui m'a touché ?" » Mais il regardait autour de lui pour voir celle qui avait fait cela. Alors la femme, craintive et tremblante, sachant ce qui lui était arrivé, vint se jeter à ses pieds et lui dit toute la vérité. Mais il lui dit : « Ma fille, ta foi t'a sauvée ; va en paix et sois guérie de ton mal. » Il parlait encore quand arrivent, de chez le chef de la synagogue, des gens qui disent : « Ta fille est morte ; pourquoi ennuyer encore le Maître ? » Mais, sans tenir compte de ces paroles, Jésus dit au chef de la synagogue : « Sois sans crainte, crois seulement. » Et il ne laissa personne l'accompagner, sauf Pierre, Jacques et

Jean, le frère de Jacques. Ils arrivent à la maison du chef de la synagogue. Jésus voit de l'agitation, des gens qui pleurent et poussent de grands cris. Il entre et leur dit : « Pourquoi cette agitation et ces pleurs ? L'enfant n'est pas morte, elle dort. » Et ils se moquaient de lui. Mais il met tout le monde dehors et prend avec lui le père et la mère de l'enfant et ceux qui l'avaient accompagné. Il entre là où se trouvait l'enfant, il prend la main de l'enfant et lui dit : « Talitha qoum », ce qui veut dire : « Fillette, je te le dis, réveille-toi ! » Aussitôt la fillette se leva et se mit à marcher – car elle avait douze ans. Sur le coup, ils furent tout bouleversés. Et Jésus leur fit de vives recommandations pour que personne ne le sache, et il leur dit de donner à manger à la fillette.

Ce passage contient le récit de deux miracles : le narrateur commence par évoquer la requête du chef de la synagogue qui demande à Jésus d'imposer les mains sur sa fille très malade. Jésus accepte de se mettre en route vers sa maison pour voir la fillette. Mais, au lieu de raconter tout de suite l'arrivée chez Jaïre, le narrateur passe alors à un autre épisode, celui d'une femme qui s'approche de Jésus pour le toucher et être guérie de sa perte de sang. Et ce n'est qu'après la constatation de sa guérison que reprend le récit sur la fillette dont on apprend qu'elle vient de mourir. Parce que ces deux miracles ne sont pas racontés simplement l'un à la suite de l'autre, mais l'un à l'intérieur de l'autre, on parle d'intrigues enchâssées [14]. Comme on va le voir, ce procédé est un élément essentiel pour la compréhension de ce récit.

**Intrigue englobante** : La fille de Jaïre :
* Situation initiale (5,21-24)

**Un récit dans le récit (insertion d'une seconde intrigue)**
La femme qui perdait le sang (5,25-34)

**Suite de l'intrigue englobante**
* Nœud (5,35)
* Action transformatrice (5,36-41)
* Dénouement (5,42a-b)
* Situation finale (5,42c-43)

## Deux figures féminines en situation de « mort »

Si l'on reprend le schéma présenté ci-dessus, on constate que la fin de la situation initiale de la première intrigue (5,21-24) parle d'une foule qui serre Jésus de toutes parts. Dans la seconde intrigue, le narrateur focalise l'attention du lecteur sur une femme qu'il laisse anonyme, mais dont il révèle la situation intérieure et résume son passé depuis douze ans. On passe donc d'une multitude à une personne. Comme le début de la première intrigue a mentionné une fillette gravement malade et dont le père a demandé de l'aide, il y a une relation entre ces

14. Pour plus de détails sur l'intrigue d'un récit, voir D. Marguerat et Y. Bourquin, *Pour lire les récits bibliques*, Paris-Genève-Montréal, Éditions du Cerf-Labor et Fides-Novalis, 1998, p. 53-74, spécialement p. 68-70.

deux personnages féminins qui se trouvent dans une situation précaire, ainsi qu'entre la femme et le père de la fillette qui attendent quelque chose de Jésus.

En outre, la précision temporelle – « douze ans » – met en relation la femme adulte malade depuis douze ans avec la fillette qui meurt à douze ans. La mort de la fillette éclaire ainsi d'une certaine manière la situation de la femme. Elle est vivante, mais elle ne vit pas. En effet ses pertes de sang la rendent impure et l'empêchent d'avoir toute relation matrimoniale. Le narrateur ne précise pas quand elle a commencé à perdre son sang. Est-ce après avoir déjà eu des enfants ? Est-elle mariée ? Rien ne l'indique. En tout cas, elle n'est présentée ni comme mère ni comme épouse, seulement comme femme. Elle semble donc seule et apparaît telle quelle au milieu de la foule.

### De la première intrigue à la seconde

La femme perd son sang, et donc la vie, car le sang, dans la tradition biblique, est le symbole de la vie. Sa situation est d'autant plus tragique qu'elle a essayé de sortir de cette impasse en s'adressant à des médecins. Mais ceux-ci lui ont pris tout son argent et ne l'ont pas guérie. Son état a même empiré. Considérant que le début de la première intrigue évoquait Jaïre qui demandait à Jésus de guérir sa fille, et que la seconde intrigue, après avoir signalé la faillite du recours aux spécialistes censés apporter la guérison, évoque la guérison de cette femme par un simple contact avec Jésus, on pressent donc que Jaïre a eu raison de demander à Jésus d'imposer les mains à sa fille (5,23).

### De la seconde intrigue à la suite de la première

Quand la seconde intrigue est finie, la première n'en est qu'à ses débuts. Mais voici qu'un rebondissement malheureux a lieu : la fillette vient de mourir. La conclusion de ceux qui viennent apporter la nouvelle est naturelle : « Pourquoi ennuyer encore le Maître ? » (5,35). Autrement dit : Jésus pouvait la guérir, mais pas lui rendre la vie. Ces personnes ne sont pas au courant de ce qui vient de se passer entre temps : la guérison de la femme. Jaïre, oui. Mais il ne s'agit que d'une guérison. Sera-t-il possible à Jésus de ressusciter l'enfant ? En fait, par la combinaison des deux intrigues, le lecteur sait déjà que le cas de la femme se rapproche de celui de la fillette : les deux sont entre la vie et la mort. La femme a retrouvé la vie grâce à Jésus, donc la fillette pourra revivre. Mais Jaïre, arrivera-t-il à cette conclusion ?

### Comment intervient le retour à la vie ?

Jaïre a demandé à Jésus d'« imposer les mains » sur sa fille pour la guérir, et Jésus s'est déjà mis en chemin avec lui (v. 24). À ce stade du récit, on peut penser que Jésus imposera les mains, comme cela lui a été demandé. Toutefois, ce qui arrive à la femme va opérer un déplacement par rapport à la requête initiale. En effet, dans ce récit ce n'est pas Jésus qui impose les mains, pas plus qu'il ne touche la femme, c'est elle qui fait le geste. En d'autres mots, ce n'est pas Jésus qui a donné sa force, mais c'est la femme qui l'a « prise » en touchant le vêtement de Jésus. De cette façon, elle a une attitude de « sujet » qui agit et pas simplement de « complément d'objet » qui reçoit.

De plus, Jésus ne limite pas le miracle à un simple contact, il provoque un dialogue pour que la femme puisse prendre la parole. Dans ces paroles échangées, la femme reconnaît son attitude et la guérison qui en est découlée, puis, comme dans beaucoup de miracles, Jésus s'écrie : « Ta foi t'a sauvée... sois guérie de ton mal » (5,34). En ne disant pas : « C'est moi qui t'ai sauvée et guérie », il montre que la guérison ne vient pas seulement de lui qui agirait comme un magicien et s'attribuerait l'honneur du miracle. Il permet à la personne de se prendre en charge, d'être le sujet de sa propre histoire et de découvrir que la guérison se trouve en elle, dans la relation de confiance et de liberté qu'elle a établie avec celui qui lui ouvre l'accès à la source de vie qui est en Dieu.

D'une manière semblable, lorsque reprend la seconde intrigue, Jésus ne dit pas à Jaïre : « Sois sans crainte, je vais la ressusciter », mais « Sois sans crainte, crois seulement » (5,36). Après la guérison de la femme, le lecteur comprend ainsi que le retour de la fillette à la vie ne dépendra pas d'une simple imposition des mains aux accents paternalistes, mais de la foi du père [15]. De plus, Jésus rendra la vie à la fillette en la prenant par la main et en prononçant une parole. Une nouvelle fois, il situera ses interlocuteurs au niveau du dialogue et de la relation, et non au niveau d'un acte magique. Là où d'autres auraient pu profiter de leur situation pour s'aliéner les personnes, Jésus les laisse donc libres. Mieux, il les aide à trouver en elles, et dans la relation avec lui qui va vaincre la mort pour entrer dans la vie et la donner à tous, la liberté qui leur permettra d'être quelqu'un de vivant et non plus un mort.

Chacun des deux récits de miracles, pris séparément, met ainsi en évidence la capacité de Jésus de rendre la vie. Cependant, combinées ensemble, les deux intrigues montrent avec encore plus de clarté que la guérison ne se réalise pas comme un acte merveilleux venu du ciel, qui laisserait celui ou celle qui en bénéficie dans une attitude d'objet plus ou moins passif et, donc, servile. La vie surgit, au contraire, d'une démarche de liberté et de confiance ainsi que d'une relation établie par la personne avec celui qui peut guérir ses maux, car c'est dans une telle attitude que se trouve la naissance à une vie pleine, ainsi que la guérison de toute blessure et de toute mort.

## Mc 6,17-29 : La mort de Jean Baptiste<br>Lectures psychanalytique et féministe

En effet, Hérode avait fait arrêter Jean et l'avait enchaîné en prison, à cause d'Hérodiade, la femme de son frère Philippe, qu'il avait épousée. Car Jean disait à Hérode : « Il ne t'est pas permis de garder la femme de ton frère. » Aussi, Hérodiade le haïssait et voulait le faire mourir, mais elle ne le

15. La fillette n'étant pas encore adulte, c'est au père, qui en est le responsable et a fait la demande, de passer du statut de simple récepteur à celui de sujet accueillant et dialoguant.

pouvait pas, car Hérode craignait Jean, sachant que c'était un homme juste et saint, et il le protégeait. Quand il l'avait entendu, il restait fort perplexe ; cependant il l'écoutait volontiers. Mais un jour propice arriva lorsque Hérode, pour son anniversaire, donna un banquet à ses dignitaires, à ses officiers et aux notables de Galilée. La fille de cette Hérodiade vint exécuter une danse et elle plut à Hérode et à ses convives. Le roi dit à la jeune fille : « Demande-moi ce que tu veux et je te le donnerai. » Et il lui fit ce serment : « Tout ce que tu me demanderas, je te le donnerai, serait-ce la moitié de mon royaume. » Elle sortit et dit à sa mère : « Que vais-je demander ? » Celle-ci répondit : « La tête de Jean le Baptiste ». En tout hâte, elle rentra auprès du roi et lui demanda : « Je veux que tu me donnes tout de suite sur un plat la tête de Jean le Baptiste. » Le roi devint triste, mais, à cause de son serment et des convives, il ne voulut pas lui refuser. Aussitôt le roi envoya un garde avec l'ordre d'apporter la tête de Jean. Le garde alla le décapiter dans sa prison, il apporta la tête sur un plat, il la donna à la jeune fille, et la jeune fille la donna à sa mère. Quand ils l'eurent appris, les disciples de Jean vinrent prendre son cadavre et le déposèrent dans un tombeau.

## Exemple de lecture psychanalytique

« En quelques mots Marc décrit le drame humain des profondeurs. Il sonde les abîmes de l'âme. Désirs et passions sont mis au jour. Les conflits du cœur humain prennent les traits de l'opposition entre le roi et le prophète. Mauvais roi, dominé par les passions (le Ça), Hérode Antipas représente l'âme humaine. Jean le prophète, lui, est son idéal, ce à quoi il aspire, son Surmoi.

Jean, dans le récit, est prisonnier à cause d'Hérodiade. Celle-ci vit avec Hérode Antipas alors qu'elle est l'épouse de son frère, Philippe [...] Hérodiade, qui n'a guère prisé les reproches de Jean au sujet de la liaison illicite que le roi entretient avec elle, veut faire mourir ce trouble-fête. Mais voilà que le roi est attiré par Jean. Il l'écoute volontiers. Il le tient pour un homme juste et saint. Le drame va se jouer lors d'un banquet. La scène est connue : la fille d'Hérodiade (Salomé selon Josèphe), exécute une danse. Hérode est subjugué. Son désir est tel qu'il est prêt à tout lui sacrifier. De connivence avec sa mère, Salomé demande la tête du Baptiste. Dans l'âme du roi, du Moi, c'est le tiraillement suprême entre la passion et la vertu, entre le Ça et le Surmoi. On tue le prophète. Hérode n'a pas voulu perdre la face devant ses invités. La tête de Jean gît sur un plat.

Le règne d'Hérode contraste avec le Règne de Dieu dont parlent les paraboles. L'image du mauvais roi dominé par ses passions, qui met à mort un des prophètes du Royaume nouveau, enseigne que l'ancien Royaume subsiste encore. La semence de vie a été jetée en terre, mais, à ce jour, le règne de la mort est encore là. Il résiste. En son sein, les jeux de l'enfant tournent au tragique. La danse de la jeune fille inspire des désirs coupables, incestueux. Et les désirs sont pris pour de l'amour [16]. »

---

16. G. Bonneau, « Saint Marc. Nouvelles lectures », *Cahiers Évangile*, n° 117, Paris, Service biblique catholique « Évangile et Vie »-Éditions du Cerf, 2001, p. 37.

## Exemple de lecture féministe

« Une femme méchante qui veut la tête d'un prophète. Une jeune fille qui danse et qui charme le roi. Reflet d'une mentalité patriarcale, ces deux images sont dangereuses et blessantes pour la femme. D'abord, rien ne permet d'affirmer que la petite Salomé ait pris l'initiative d'exécuter une danse pour l'anniversaire du roi. Et pourquoi ne serait-ce pas Hérode lui-même qui ait demandé (exigé) un tel cadeau, histoire de plaire à ses invités, de les amuser un peu. Geste typiquement masculin que celui de s'asseoir entre amis, un verre à la main, et de se perdre dans la contemplation des jolies formes féminines. La chose est encore pire à la cour royale. Le roi est maître absolu, souverain suprême. Un mot et la jeune fille doit obéir. Dans tout le récit, c'est donc Hérode qui est à blâmer. Certainement pas Salomé. Au contraire, elle nous rappelle cette autre danseuse biblique : la prophétesse Miryam, sœur de Moïse et d'Aaron, qui, une fois la mer traversée, prit en main un tambourin et, avec toutes les femmes, dansant et jouant du tambourin, elle entonna cette jolie louange : "Chantez le Seigneur, il a fait un coup d'éclat. Cheval et cavalier, en mer il les jeta !" (Ex 15,21.)

Toutefois le lien textuel est encore plus fort avec le livre d'Esther. À Esther aussi, dans le contexte d'un banquet, et en raison de sa grande beauté, un roi offre tout ce qu'il a, jusqu'à la moitié de son royaume (Est 5,3-7).

Et qu'en est-il d'Hérodiade ? Est-elle également victime d'Hérode ? Le personnage est complexe. Une chose est certaine, elle n'apprécie guère qu'un prophète lui dicte sa conduite, elle, la souveraine. En ce sens, elle est presque la réincarnation de Jézabel, l'épouse du roi Akhab, qui médite le mal contre Élie, le prophète qui a su dénoncer son comportement impie (1 R 19-21). D'ailleurs, Jean est présenté en Marc comme le nouvel Élie. Les deux prophètes, en des époques différentes, n'ont pas craint de se confronter au souverain en place (et à son épouse ou à sa concubine). Hérodiade n'est pas une héroïne, certes. Elle représente avec Hérode le pouvoir établi, illégitime, contre lequel s'élèvent les prophètes ou les prophétesses (pensons à Déborah, ou même à Judith). Mais, encore une fois, le récit de la mort du Baptiste est un récit masculin, écrit par un homme et qui ne présente qu'un seul point de vue, celui d'un autre homme : Hérode. Une femme aurait sans doute raconté la scène bien différemment. D'ailleurs, d'après Flavius Josèphe, Hérodiade n'était pas la femme de Philippe, mais l'épouse d'un demi-frère du roi, appelé aussi Hérode. Quant à Philippe, un autre demi-frère d'Hérode Antipas, il épousa Salomé, la jeune fille qui danse [17]. »

17. G. Bonneau, *op. cit.*, p. 48.

## Mc 6,30-44 : La première multiplication des pains Lecture de type historico-critique [18]

Les apôtres se réunissent auprès de Jésus et ils lui rapportèrent tout ce qu'ils avaient fait et tout ce qu'ils avaient enseigné. Il leur dit : « Vous autres, venez à l'écart dans un lieu désert et reposez-vous un peu. » Car il y avait beaucoup de monde qui venait et repartait, et eux n'avaient pas même le temps de manger. Ils partirent en barque vers un lieu désert, à l'écart. Les gens les virent s'éloigner et beaucoup les reconnurent. Alors, à pied, de toutes les villes, ils coururent à cet endroit et arrivèrent avant eux. En débarquant, Jésus vit une grande foule. Il fut pris de pitié pour eux parce qu'ils étaient comme des brebis qui n'ont pas de berger, et il se mit à leur enseigner beaucoup de choses. Puis, comme il était déjà tard, ses disciples s'approchèrent de lui pour lui dire : « L'endroit est désert et il est déjà tard. Renvoie-les ; qu'ils aillent dans les hameaux et les villages des environs s'acheter de quoi manger. » Mais il leur répondit : « Donnez-leur vous-mêmes à manger. » Ils lui disent : « Nous faut-il aller acheter pour deux cents pièces d'argent de pains et leur donner à manger ? » Il leur dit : « Combien avez-vous de pains ? Allez voir ! » Ayant vérifié, ils disent : « Cinq, et deux poissons. » Et il leur commanda d'installer tout le monde par groupes sur l'herbe verte. Ils s'étendirent par rangées de cent et de cinquante. Jésus prit les cinq pains et les deux poissons, et levant son regard vers le ciel, il prononça la bénédiction, rompit les pains et il les donnait aux disciples pour qu'ils les offrent aux gens. Il partagea aussi les deux poissons entre tous. Ils mangèrent tous et furent rassasiés. Et l'on emporta les morceaux, qui remplissaient douze paniers, et aussi ce qui restait des poissons. Ceux qui avaient mangé les pains étaient cinq mille hommes.

### Comparaison avec d'autres récits bibliques

Les Bibles indiquent souvent en marge ou en notes les références des passages bibliques parallèles ou proches de ceux qui sont présentés. La personne qui lit le récit de la multiplication des pains est ainsi renvoyée à un épisode du cycle d'Élie (2 R 4,42-44). Sans entrer dans les détails, on peut mentionner certaines ressemblances entre ce récit et celui de Marc. Dans les deux cas :

– Le nombre des personnes est bien supérieur à celui des pains ;

– Un ou plusieurs interlocuteurs interviennent pour dire qu'il est impossible de donner à manger aux personnes présentes ;

– L'envoyé de Dieu insiste pour que l'on donne à manger, affirmant explicitement (Élisée) ou faisant comprendre implicitement (Jésus) qu'il y en aura pour tous ;

– Les pains sont distribués à tous et il y a des restes.

Les points communs entre ces deux récits laissent supposer que Marc s'est inspiré de cet épisode du cycle d'Élisée, qu'il devait connaître, pour présenter l'action de Jésus. Mais d'autres passages des évangiles présentent des ressemblances avec ce récit de Marc ou suivent un modèle comparable : outre les récits correspondants chez Matthieu et

18. Voir J.-C. Brau et T. Tilquin, *La Bible : un livre… des lectures…*, Bruxelles, Lumen Vitae, coll. « Sens et Foi », n° 1, 1999, p. 18-27.

Luc (Mt 14,13-21 ; Lc 9,10-17), ou chez Jean (Jn 6,1-15), il faut mentionner ici l'autre récit de multiplication des pains qui se trouve en Mc 8,1-10 (voir Mt 15,32-39) ou le récit de la pêche miraculeuse (Lc 5,1-11 ; Jn 21,1-14). On classe habituellement tous ces récits dans le genre « miracles de générosité » ou « miracles d'abondance » parce que, dans chaque cas, celui qui est à l'origine du miracle donne une quantité inouïe de pain ou de poissons.

## Le travail rédactionnel de Marc

Une étude des différences entre ces récits met en évidence le travail de Marc et la présentation particulière qu'il donne de Jésus. Par rapport au récit d'Élisée, le récit de Marc, plus long et plus élaboré, montre surtout la supériorité de Jésus sur Élisée :

– La différence entre le nombre de pains et celui des personnes est beaucoup plus élevée chez Marc (cinq pains pour cinq mille hommes) que pour Élisée (vingt pains pour cent personnes) ;

– Marc décrit davantage l'action de Jésus, la bénédiction des pains et le partage. De cette façon, il rapproche son récit de celui de la dernière Cène ;

– Le dialogue entre Jésus et ses disciples est également plus développé : c'est l'occasion pour Jésus de leur donner un enseignement et de les inviter à prendre part au partage en tant qu'« acteurs ». Ils entrent dans le dialogue et distribuent les pains qu'ils reçoivent des mains de Jésus ;

– Marc présente Jésus comme un berger qui a pitié de la foule et va la nourrir. Il évoque ainsi la manne donnée par Dieu dans le désert où le Seigneur, tel un berger, guidait son peuple vers la Terre promise.

En comparant son récit avec celui des deux autres Synoptiques, on voit également que Marc a dû modifier le texte de base dont il s'est servi. Il semble en effet avoir ajouté plusieurs éléments qui donnent une orientation théologique précise. Au nombre de ces ajouts figurent le verset 30, qui fait référence au retour des disciples de mission (voir les v. 12-13 avec lesquels il forme une inclusion) ainsi que certains éléments des versets 31-33. L'expression « dans un lieu désert » (v. 32) se retrouve, en effet, ailleurs dans l'évangile, dans des passages rédactionnels propres à Marc comme 1,35.45. C'est une expression que l'évangéliste utilise pour indiquer le désir de Jésus de s'éloigner de la foule sans y parvenir vraiment. Mais on peut mentionner aussi la double évocation de la foule nombreuse (Mc 6,31.33) et celle de la barque qui sépare Jésus des gens qui venaient de partout vers lui. L'évangéliste montre ainsi que Jésus veut s'écarter de la foule pour cacher son identité messianique, mais il n'y arrive pas. Le verset 34 semble aussi être propre à Marc. Il oriente la compréhension du miracle qui va avoir lieu comme une intervention de Jésus en tant que « berger ». Un rapprochement est ainsi opéré avec le Seigneur de l'Exode, berger qui a pitié du peuple et qui lui donne à manger (voir également Ex 18,21.25).

## Les différentes étapes de la rédaction du récit [19]

Du travail comparatif du récit de Marc avec les autres récits évangéliques, on peut imaginer le développement suivant :

– Un récit primitif de la multiplication des pains suivait le schéma d'un récit de miracle en s'inspirant de la multiplication des pains par Élisée (2 R 4,42-44) et des récits de la manne au désert (Ex 16 et Nb 11). Dans ce récit primitif, Jésus est présenté comme celui qui réalise le nouvel Exode des temps messianiques ;

– Avant d'être intégré dans l'évangile de Marc, ce récit de miracle est utilisé dans la catéchèse eucharistique. À ce stade, une formule eucharistique est, semble-t-il, ajoutée au texte : « Jésus prit les cinq pains et les deux poissons, et levant son regard vers le ciel, il prononça la bénédiction, rompit les pains et il les donnait aux disciples pour qu'ils les offrent aux gens » (6,41). Le sens du miracle n'est plus, seulement celui du don du pain qui nourrit, mais celui du don de la vie sur la Croix avec allusion à la dernière Cène (voir 14,22-25). C'est aussi le signe que le don de Jésus en abondance continue de se réaliser dans la liturgie eucharistique ;

– L'interprétation eucharistique met dès lors la multiplication des poissons au deuxième plan. Marc réintroduit cependant le thème des poissons en 6,41.43, de manière à présenter Jésus comme le Messie qui préside le banquet eschatologique ;

– Marc situe cette première multiplication des pains en territoire juif, alors que la deuxième (8,1-10) a lieu en territoire païen. Ce doublet existait sans doute avant que Marc ne l'intègre dans son œuvre et ne donne à chaque passage une orientation différente. En l'intégrant, Marc montre que l'abondance de nourriture est offerte au peuple juif (1re multiplication) et à toutes les nations (2e multiplication). Après le séjour en terre païenne, dans le pays de la Syrophénicienne qui avait demandé de recevoir au moins les miettes de la table (7,28), Jésus nourrit une foule nombreuse dans une région païenne. Les « douze » paniers, qui contenaient les morceaux de pain en surplus en 6,43 et symbolisaient les douze tribus, deviennent sept corbeilles en 8,8, chiffre représentant les nations païennes, qui sont au nombre de soixante-dix (un multiple de sept) dans la tradition juive (d'après Gn 10) ;

– Étape finale, Jésus est présenté comme le berger de son peuple qui donne son enseignement et le pain en abondance. Ce sont deux dimensions d'une même réalité, le pain étant, dans la Bible, en étroite relation avec la parole et la parole avec la nourriture. Mais à l'origine de ce don en abondance, il y a les pains que possédaient les disciples et qui ont été partagés (plutôt que multipliés) comme le fait la famille ou la communauté réunies autour d'une même table. Le geste de Jésus n'est donc pas celui d'un prestidigitateur, mais il révèle quel est le lieu où prend sa source la nourriture offerte à tous.

---

19. Voir les conclusions de J.-M. Van Cangh, *La multiplication des pains et l'eucharistie*, Paris, Éditions du Cerf, « Lectio Divina », n° 86, 1975, p. 129-131.

## Mc 8,31-33 ; 9,30-32 ; 10,32-34 : Les trois annonces de la Passion et de la Résurrection

À trois reprises, au cours de l'évangile, Jésus annonce la Passion qu'il devra souffrir à Jérusalem. Cette triple mention n'indique pas qu'il n'y ait eu que trois annonces de la part de Jésus, mais elle renvoie sans doute, de manière symbolique, à un grand nombre d'annonces qui apparaissent ainsi comme un élément important de l'enseignement du Nazaréen. Chaque annonce est suivie d'un épisode qui montre une résistance ou une incompréhension de la part des disciples : lors de la première, Pierre réagit en s'opposant au cheminement de Jésus (8,32) ; à l'occasion de la deuxième, les disciples ne comprennent pas et n'osent pas poser de question (9,32) ; à la troisième, les fils de Zébédée demandent de siéger dans la gloire à droite et à gauche de Jésus (10,35-41).

### Première annonce (Mc 8,31-33)

> Puis il commença à leur enseigner qu'il fallait que le Fils de l'homme souffre beaucoup, qu'il soit rejeté par les anciens, les grands prêtres et les scribes, qu'il soit mis à mort et que, trois jours après, il ressuscite. Il tenait ouvertement ce langage. Pierre, le tirant à part, se mit à le réprimander. Mais lui, se retournant et voyant ses disciples, réprimanda Pierre ; il lui dit : « Retire-toi ! Derrière moi, Satan, car tes vues ne sont pas celles de Dieu, mais celles des hommes. »

« Il commença à leur enseigner » : Jusqu'alors, Jésus n'avait pas, semble-t-il, évoqué sa Passion, mais, suite à la confession de Pierre : « Tu es le Christ » (8,29), il commence à enseigner ce que sera la destinée du Christ. Nous sommes à un tournant de l'évangile. Jésus montre aux siens le chemin à suivre conformément au projet de Dieu : « Il faut. » Ce verbe, qui revient plusieurs fois dans les évangiles, n'indique pas une obligation morale ou légaliste, mais une adéquation au dessein de Dieu qui ne désire pas la mort de Jésus, mais la vie de l'humanité.

Devant cette annonce de la destinée tragique de Jésus, Pierre réagit en prenant Jésus à part, comme pour lui donner un conseil d'ami. Mais Jésus réagit durement. Il ne suivra pas les conseils de Pierre qu'il traite de Satan. Il en profite aussi pour donner un enseignement. Si Pierre parlait à l'écart, Jésus répond ouvertement, en s'adressant d'abord aux disciples. Puis il réunit toute la foule, pour qu'elle comprenne le sens du chemin qu'il va entreprendre et inviter chacun à le suivre à son tour.

### Deuxième annonce (Mc 9,30-32)

> Partis de là, ils traversaient la Galilée et Jésus ne voulait pas qu'on le sache. Car il enseignait ses disciples et leur disait : « Le Fils de l'homme va être livré aux mains des hommes ; ils le tueront et, lorsqu'il aura été tué, trois jours après il ressuscitera. » Mais ils ne comprenaient pas cette parole et craignaient de l'interroger.

Cette annonce est très brève. Alors qu'il traverse la Galilée et qu'il est sur le point d'arriver à Capharnaüm, Jésus répète qu'il va vers la mort et qu'il ressuscitera. La réaction des disciples ne tarde pas. Non seulement, ils ne comprennent pas ce que leur dit Jésus, mais ils n'osent pas l'interroger. Ont-ils peur de susciter en Jésus une réaction semblable à celle qu'il avait eue avec Pierre ? Le narrateur ne le dit pas.

La suite montre les disciples poursuivant la route avec Jésus, mais leurs préoccupations sont différentes de celles de leur maître : en chemin, ils discutent, en effet, entre eux pour savoir qui est le plus grand (9,33), d'où leur silence gêné devant la question de Jésus « De quoi discutiez-vous en chemin ? » (9,34.) C'est l'occasion que choisit Jésus pour leur enseigner quelles sont les valeurs du Royaume : « le plus grand » est à chercher parmi les plus petits.

### Troisième annonce (Mc 10,32-34)

> Ils étaient en chemin et montaient à Jérusalem. Jésus marchait devant eux. Ils étaient effrayés, et ceux qui suivaient avaient peur. Prenant de nouveau les Douze avec lui, il se mit à leur dire ce qui allait lui arriver : « Voici que nous montons à Jérusalem et le Fils de l'homme sera livré aux grands prêtres et aux scribes ; ils le condamneront à mort et le livreront aux païens, ils se moqueront de lui, ils cracheront sur lui, ils le flagelleront, ils le tueront et, trois jours après, il ressuscitera. »

Cette annonce se situe sur le chemin qui conduit à Jérusalem. Elle s'adresse directement aux Douze. Jésus insiste : il n'y aura pas de résurrection sans passion et crucifixion. Les verbes de mouvement sont nombreux : « être en chemin », « monter » (deux fois), « marcher ». L'enseignement de Jésus n'est pas une discussion d'école philosophique, il a une dimension pratique et tragique, car si Jésus indique le chemin, ce n'est pas en le montrant du doigt, mais en l'empruntant.

## Mc 9,14-29 : L'expulsion d'un esprit sourd et muet

> En venant vers les disciples, ils virent autour d'eux une grande foule et des scribes qui discutaient avec eux. Dès qu'elle vit Jésus, toute la foule fut remuée et l'on accourait pour le saluer. Il leur demanda : « De quoi discutez-vous avec eux ? » Quelqu'un dans la foule lui répondit : « Maître, je t'ai amené mon fils : il a un esprit muet. L'esprit s'empare de lui n'importe où, il le jette à terre et l'enfant écume, grince des dents et devient raide. J'ai dit à tes disciples de le chasser, et ils n'en ont pas eu la force. » Prenant la parole, Jésus leur dit : « Génération incrédule, jusqu'à quand serai-je auprès de vous ? Jusqu'à quand aurai-je à vous supporter ? Amenez-le moi. » Ils le lui amenèrent. Dès qu'il vit Jésus, l'esprit se mit à agiter l'enfant de convulsions ; celui-ci tombant à terre, se roulait en écumant. Jésus demanda au père : « Depuis combien de temps cela lui arrive-t-il ? » Il dit : « Depuis son enfance. Souvent l'esprit l'a jeté dans le feu ou dans l'eau pour le faire périr. Mais si tu peux quelque chose, viens à notre secours, par pitié pour nous. » Jésus lui dit : « Si tu peux ! ... Tout est possible à celui qui croit. » Aussitôt le père de l'enfant s'écria : « Je crois ! Viens au secours de mon manque de foi ! » Jésus, voyant la foule s'attrouper, menaça l'impur :

« Esprit sourd et muet, je te l'ordonne, sors de cet enfant et n'y rentre plus ! » Avec des cris et de violentes convulsions, l'esprit sortit. L'enfant devint comme mort, si bien que tous disaient : « Il est mort. » Mais Jésus, en lui prenant la main, le fit lever et il se mit debout. Quand Jésus fut rentré à la maison, ses disciples lui demandèrent en particulier : « Et nous, pourquoi n'avons-nous pu chasser cet esprit ? » Il leur dit : « Ce genre d'esprit, rien ne peut le faire sortir, que la prière. »

Ce passage manifeste les difficultés des disciples dans leur lutte contre un esprit impur. Il se trouve après le récit de la Transfiguration et le dialogue sur la venue d'Élie. L'expérience de vision « béatifique » de la Transfiguration est une parenthèse qui a confirmé l'identité de Jésus et annoncé un avenir pacifié. Mais le chemin n'est pas terminé, il va jusqu'à Jérusalem. Le combat contre les forces du mal continue et les disciples ne parviennent pas à vaincre l'esprit impur.

## Les déplacements

– Des disciples vers Jésus : Au début de l'épisode (v. 14-15), Jésus et le groupe des trois apôtres qui ont assisté à la Transfiguration reviennent vers les disciples. Ceux-ci sont entourés d'une grande foule et de scribes. À la vue de Jésus, un déplacement s'opère : le centre n'est plus le groupe des disciples mais Jésus.

– De Jésus vers les disciples : Dans son intervention, le père de l'enfant possédé révèle un déplacement de Jésus vers les disciples. Il a en effet amené son fils à Jésus, mais la demande d'exorcisme a été adressée aux disciples qui ont d'ailleurs échoué. Jésus ne donne pas tort au père, mais dénonce, dans une critique violente, le manque de foi de cette « génération ». De ce fait, la parole de Jésus laisse supposer que si la foi avait été réelle, la demande adressée aux disciples aurait été légitime.

– De l'enfant vers le père : La réaction violente de Jésus devant le manque de foi est en contraste avec celle qu'il a devant l'esprit muet qui ne semble pas l'impressionner. Un autre déplacement est alors opéré par Jésus : il ne fait rien directement pour l'enfant agité de convulsions, mais il s'adresse au père pour lui permettre d'exprimer sa demande et reconnaître que quelque chose ne va pas en lui. Le récit dévoile que le problème n'est pas d'abord dans l'enfant, mais dans le père. Une fois le père « guéri » de son manque de foi, le fils qui était « comme mort » (voir aussi « ils disaient qu'il était mort ») pourra retourner à la vie : « Jésus le fit lever et il se mit debout », ces deux verbes étant utilisés pour parler de la Résurrection de Jésus.

### Satan, Béelzéboul, démon

Excepté le mot « diable », Marc utilise un vocabulaire assez ample pour parler des démons : Satan, Béelzéboul, l'esprit impur (ou les esprits impurs), les démons. La plupart apparaissent dans la première partie de l'évangile.

**Satan** est d'abord un nom commun qui désigne l'adversaire (1 R 5,18), plus particulièrement celui qui exerce le rôle d'accusateur dans un tribunal. On peut même l'utiliser avec l'article : « le satan » (Job 1,7). Satan devient ensuite un nom propre ; il désigne l'être qui personnifie toutes les forces du mal. Chez Marc, Satan apparaît dans le désert pour tenter Jésus (1,13) ; c'est aussi le nom que donne Jésus à Pierre quand il tente de l'empêcher d'aller à la Passion (8,33).

**Béelzéboul** : L'origine de ce mot pourrait signifier « Baal le Prince », un dieu cananéen. Ce nom a été ensuite compris comme « prince des démons ». Dans l'évangile de Marc, les scribes venus de Jérusalem accusent Jésus d'être possédé par Béelzéboul (3,22). Le terme « **démon** » vient du grec ; il s'applique à des génies bons ou mauvais. Dans le Nouveau Testament, il désigne l'esprit (ou les esprits) du mal qui agit en s'opposant à Dieu et est synonyme d'**esprit impur**. Dans sa lutte contre le mal, Jésus s'oppose aux démons et autres esprits impurs qui détruisent la vie, et il les chasse pour libérer les personnes de leur emprise (1,21-28 ; 5,1-19).

### Enseignement de Jésus

La conclusion de cet épisode est un enseignement de Jésus aux disciples en particulier (v. 28-29) : le disciple ne possède pas la qualité d'exorciste une fois pour toutes, il tire la possibilité de combattre les esprits impurs de sa relation de foi et de confiance en Jésus. Au-delà du cas concret de cet esprit muet, la mention de la nécessité de la prière pour combattre le démon pourrait renvoyer à l'expérience de Gethsémani où, au début de la Passion, Jésus prie et invite à prier pour ne pas tomber dans la tentation (14,32-41). Si tel est le cas, la mention de l'enfant « mort » et ressuscité pourrait annoncer la Résurrection de Jésus.

## Mc 10,35-52 : Du bord du chemin à la Croix : le fils de Timée et les fils de Zébédée

L'épisode de l'aveugle Bartimée (10,46-52) est très connu. Sans doute pouvons-nous dire : je l'ai lu ou je l'ai entendu plusieurs fois, mais avons-nous déjà noté qu'on pouvait le rapprocher de l'épisode où les fils de Zébédée demandent à Jésus les meilleures places dans le Royaume (10,35-41) ? Y a-t-il des points communs ? Si oui, quelles conséquences cela suppose-t-il pour l'interprétation de deux passages ?

### Du bas-côté au chemin : le fils de Timée (Mc 10,46-52)

Ils arrivent à Jéricho. Comme Jésus sortait de Jéricho avec ses disciples et une assez grande foule, l'aveugle Bartimée, fils de Timée, était assis au bord du chemin en train de mendier. Apprenant que c'était Jésus de Nazareth, il se mit à crier : « Fils de David, Jésus aie pitié de moi ! » Beaucoup le rabrouaient pour qu'il se taise, mais lui criait de plus belle : « Fils de David, aie pitié de moi ! » Jésus s'arrêta et dit : « Appelez-le. » On appelle l'aveugle, on lui dit : « Confiance, lève-toi, il t'appelle. » Rejetant son manteau, il se leva d'un bond et il vint vers Jésus. S'adressant à lui Jésus dit : « Que veux-tu que je fasse pour toi ? » L'aveugle lui répondit : « Rabbouni, que je retrouve la vue ! » Jésus dit : « Va, ta foi t'a sauvé. » Aussitôt il retrouva la vue et il suivait Jésus sur le chemin.

Cet épisode commence par une indication géographique : à la sortie de Jéricho, dernière étape du pèlerinage de Jésus avant la montée à Jérusalem. Bartimée (nom qui signifie « fils de Timée ») est assis au bord du chemin tandis que Jésus, ses disciples et une grande foule partent de la ville. La péricope s'achève sur une information qui a trait à un déplacement : l'aveugle, guéri, suit Jésus sur le chemin. La mention du chemin, au début et à la fin, forme une inclusion :

A Le fils de Timée, Bartimée, un **aveugle** demandant (« quêtant »)
*était assis* AU BORD DE LA ROUTE
A' Et aussitôt, il **recouvra la vue**
et le *suivait* SUR LA ROUTE

Cette double mention du chemin, au début et à la fin, montre qu'un changement s'est opéré : l'**aveugle** a non seulement **recouvré la vue**, mais il est passé d'une position statique (*il était assis*) à une dynamique (*il suivait*, terme technique qui évoque l'action du disciple). Si le chemin ne représentait initialement pour Bartimée que l'endroit où Jésus, les disciples et la foule passaient, il a maintenant pris un sens pour lui. Il n'avait droit, au début, qu'au « **bord de la route** » ; après la rencontre avec Jésus, il est en chemin, « **sur** » la route à la suite de Jésus. Il est devenu disciple.

### Du chemin au trône : les fils de Zébédée (Mc 10,35-45)

Jacques et Jean, les fils de Zébédée, s'approchent de Jésus et lui disent : « Maître, nous voudrions que tu fasses pour nous ce que nous allons te demander. » Il leur dit : « Que voulez-vous que je fasse pour vous ? » Ils lui dirent : « Accorde-nous de siéger dans ta gloire l'un à ta droite et l'autre à ta gauche. » Jésus leur dit : « Vous ne savez pas ce que vous demandez. Pouvez-vous boire la coupe que je vais boire, ou être baptisés du baptême dont je vais être baptisé ? » Ils lui dirent : « Nous le pouvons. » Jésus leur dit : « La coupe que je vais boire, vous la boirez, et du baptême dont je vais être baptisé, vous serez baptisés. Quant à siéger à ma droite ou à ma gauche, il ne m'appartient pas de l'accorder : ce sera donné à ceux pour qui cela est préparé. » Les dix autres, qui avaient entendu, se mirent à s'indigner contre Jacques et Jean. Jésus les appela et leur dit : « Vous le savez, ceux qu'on regarde comme les chefs des nations les tiennent sous leur pouvoir et les grands sous leur domination. Il n'en est pas ainsi parmi vous. Au contraire, si quelqu'un veut être grand parmi vous, qu'il soit votre serviteur. Et si quelqu'un veut être le premier parmi vous, qu'il soit l'esclave de tous. Car le Fils de l'homme est venu non pour être servi, mais pour servir et donner sa vie en rançon pour la multitude. »

Aussitôt après la troisième annonce de la Passion-Résurrection, Jacques et Jean adressent une requête qui va à l'opposé de la parole de

Jésus. Tandis que Jésus évoquait la nécessité de se mettre en chemin vers la Passion et la Croix avant la Résurrection, Jacques et Jean ne mentionnent que le fait d'être « assis dans la gloire ». Devant leur exigence : « nous voulons », Jésus renvoie à la Passion, celle dont il a déjà parlé, et il y associe les disciples : « Pouvez-vous boire... ? » Sûrs d'eux-mêmes, les fils de Zébédée répondent : « Nous le pouvons. » Ils n'auront cependant pas l'assurance des premières places, mais celle de la coupe et du baptême, car ils « veulent » et croient « pouvoir », mais ils ne « savent pas », leur dit Jésus.

Les disciples devront comprendre que la gloire passe par la Croix, mais il leur faudra du temps pour cela. Dans les faits, ce sont deux voleurs qui se trouveront à droite et à gauche de Jésus au moment de son intronisation sur la Croix (15,27). Jacques et Jean qui avaient demandé cet honneur seront absents. Les dix autres disciples qui étaient outrés de la pétition des fils de Zébédée (v. 41) ne seront pas davantage présents, preuve s'il en est que leur indignation était provoquée plus par la jalousie que par l'incompréhension de l'enseignement de Jésus manifestée par les deux frères.

## Du trône à la Croix ou du Fils de David au Fils de l'homme (Mc 10,35-52)

Après cette rapide présentation de la requête des fils de Zébédée et de la guérison de l'aveugle, il faut noter que les versets 35-52 du chapitre 10 de Marc forment un ensemble, dont le début est le récit des fils de Zébédée et la fin celui de Bartimée. Preuve en est le fait que les personnages de ces deux épisodes sont présentés par rapport à leurs liens familiaux : « Fils de Zébédée », « Fils de Timée ». Preuve en est aussi le fait que si Jacques et Jean veulent que Jésus fasse ce qu'ils « demandent », l'aveugle, lui aussi, « demande » (« mendie ») au bord du chemin et que dans les deux passages, une question semblable est posée par Jésus : « Que voulez-vous que je fasse pour vous ? » ; « Que veux-tu que je fasse pour toi ? »

À cela, il faut ajouter que, dans ces récits, on assiste à deux développements opposés. Assis au bord du chemin, Bartimée est invité à se lever et se met à marcher vers Jésus, puis se met à le suivre. Au contraire, les fils de Zébédée font partie du groupe qui suit Jésus sur le chemin, mais ils rêvent d'être « assis » dans la gloire. De ce constat, il ressort que le narrateur a voulu mettre en opposition, d'un côté, la mise en route à la suite de Jésus de celui qui auparavant était statique au bord du chemin, de l'autre, l'erreur des disciples qui suivent matériellement Jésus mais sont encore loin d'entrer dans son cheminement. Cela est confirmé par la structure de cet ensemble (10,35-52) qui forme un chiasme [20].

20. Pour plus détails, voir R. Meynet, *Initiation à la rhétorique biblique. Qui donc est le plus grand ?*, Paris, Éditions du Cerf, coll. « Initiations », 1982, p. 71-83 et planches 6-8.

**Grille pour une étude de texte de l'évangile de Marc**

A Mc 10,35-41
Fils de Zébédée : « **Maître**, nous voulons que tu fasses pour nous ce que nous allons te *demander.* »
Jésus : « *Que voulez-vous que je fasse pour vous ?* »
« Donne-nous que à ta droite et à ta gauche nous soyons **assis** dans ta gloire. »
**B** Mc 10,42-45
Jésus leur dit :
v. 42 : attitude des chefs des nations (dominent)
v. 43-44 : Mais celui qui *veut* devenir grand parmi vous sera votre serviteur
Et celui qui *veut* devenir parmi vous premier sera de tous l'esclave
v. 45 : attitude du Fils de l'homme (venu pour servir et donner la vie)
A' Mc 10,46-52
Fils de Timée, un aveugle *demandant* [mendiant] était **assis** au bord du chemin
Jésus : « *Que veux-tu que je fasse pour toi ?* »
« **Rabbouni**, que je retrouve la vue ! »



Comme le montre ce schéma, ces deux récits entourent un discours central (10,42-46a) qui les éclaire. Jacques et Jean y apprennent, en effet, qu'être disciple de Jésus ne signifie pas se préparer un trône où l'on va pouvoir s'asseoir pour régner (ou corégner avec Jésus), car « celui qui veut devenir grand parmi vous sera votre serviteur... et le Fils de l'homme n'est pas venu pour être servi mais pour servir » (10,45). L'attitude de Jésus est différente de celle des grands de ce monde, ceux qui veulent être ses disciples doivent donc suivre le chemin de Jésus, non la façon d'agir des chefs des nations. Sachant qu'en utilisant le titre de « Fils de l'homme », Jésus renvoie à la Passion et à la Croix (voir les annonces de la Passion), on peut comprendre que les fils de Zébédée sont invités à suivre le chemin jusqu'au bout sans se réserver un trône, mais en se préparant à boire la coupe de la Croix.

En revanche Bartimée a d'abord appelé Jésus « Fils de David » (deux fois), un titre messianique qui situe Jésus comme Messie dans la lignée de David. Ensuite, il lui dit « Rabbouni », c'est-à-dire « Maître », montrant ainsi qu'il est prêt à recevoir de lui un enseignement. De fait, immédiatement après, il se mettra à la suite du maître comme un véritable disciple qui a compris que le titre de « Fils de David » doit être corrigé par celui de « Fils de l'homme ». Jésus ne sera pas, en effet, un Messie triomphant et immortel, mais celui qui va mourir sur la Croix.

**La coupe**

Marc emploie six fois le terme « coupe ». Trois fois au sens littéral, pour parler de la tradition des pharisiens sur le lavage des coupes (7,4), d'une coupe d'eau (9,41) et de la coupe prise par Jésus au cours de la dernière Cène (14,23). Les autres trois occurrences sont employées dans un sens symbolique : Jésus évoque la nécessité de « boire la coupe » (deux fois) dans sa réponse aux fils de Zébédée et il demande au Père d'éloigner la « coupe » dans sa prière à Gethsémani (14,36).

L'évangéliste se base ici sur une tradition antérieure. Le mot « coupe » est surtout employé dans les textes prophétiques et les Psaumes. La « coupe » désigne alors la destinée que Dieu réserve à une personne ou à un peuple. Celle-ci est parfois prospère (voir Ps 16,5 ; 23,5), mais le plus souvent, elle est accompagnée de souffrances et de tribulations. Ainsi « boire la coupe » signifie presque toujours subir les effets de la justice divine qui châtie le coupable (voir Is 51,17 ; Jr 25,28).

Jésus n'est coupable d'aucun crime et ne mérite pas de coupe de souffrance et de mort. Cependant, il recourt à cette expression pour parler de sa Passion, et de la Croix qui l'attend à Jérusalem conformément à la volonté de Dieu. Ainsi, à l'image du serviteur souffrant dont parle Isaïe (voir Is 53,3-10), il va subir le sort du juste condamné, portant sur lui les conséquences des injustices des autres, pour les sauver.

## Mc 11,1-7a : L'ânon de l'entrée de Jésus à Jérusalem Exemple de lecture matérialiste

Lorsqu'ils approchent de Jérusalem, près de Bethphagé et de Béthanie, vers le mont des Oliviers, Jésus envoie deux de ses disciples et leur dit : « Allez au village qui est devant vous : dès que vous y entrerez, vous trouverez un ânon attaché que personne n'a encore monté. Détachez-le et amenez-le. Et si quelqu'un vous dit : "Pourquoi faites-vous cela ?" répondez : "Le Seigneur en a besoin et il le renvoie ici tout de suite." » Ils sont partis et ont trouvé un ânon attaché dehors près d'une porte, dans la rue. Ils le détachent. Quelques-uns de ceux qui se trouvaient là leur dirent : « Qu'avez-vous à détacher cet ânon ? » Eux leur répondirent comme Jésus l'avait dit et on les laissa faire. Ils amenèrent l'ânon à Jésus.

« L'énoncé narratif reprend le discursif de Jésus, ce qui souligne le caractère de code stratégique de la séquence. Son but est l'*ânon* qui, dans la sémantique des transports, s'oppose à *cheval*, transport du guerrier et à *char*, transport des rois.
La stratégie de Jésus n'est donc pas celle d'un guerrier ni d'un roi ; subversion du code zélotiste ; l'ânon "que nul homme n'a encore monté" semblant pousser à l'extrême ce contraste puisqu'il n'est même pas entraîné aux transports. Le contraste joue d'ailleurs en ceci que Mc 11,7b-10 aura un scénario d'entrée d'un roi victorieux à Jérusalem (voir Za 9,9). C'est-à-dire que la stratégie de Jésus est délibérément messianique, mais en déplaçant la sémantique zélote courante [21]. »

21. F. Belo, *Lecture matérialiste de l'Évangile de Marc. Récit – Pratique – Idéologie*, Paris, Éditions du Cerf, 1976, p. 243.

## Mc 14,3-9 : L'onction à Béthanie [22]

> Jésus était à Béthanie dans la maison de Simon le lépreux et, pendant qu'il était à table, une femme vint, avec un flacon d'albâtre contenant un parfum de nard, pur et très coûteux. Elle brisa le flacon d'albâtre et lui versa le parfum sur la tête. Quelques-uns se disaient entre eux avec indignation : « À quoi bon perdre ainsi ce parfum ? On aurait bien pu vendre ce parfum-là plus de trois cents pièces d'argent et les donner aux pauvres ! » Et ils s'irritaient contre elle. Mais Jésus dit : « Laissez-la, pourquoi la tracasser ? C'est une bonne œuvre qu'elle vient d'accomplir à mon égard. Des pauvres, en effet, vous en avez toujours avec vous, et quand vous voulez, vous pouvez leur faire du bien. Mais moi, vous ne m'avez pas pour toujours. Ce qu'elle pouvait faire, elle l'a fait : d'avance elle a parfumé mon corps pour l'ensevelissement. En vérité je vous le déclare, partout où sera proclamé l'Évangile dans le monde entier, on racontera aussi, en souvenir d'elle, ce qu'elle a fait. »

Juste avant la fête de Pâque, alors que les grands prêtres et les scribes cherchent le moyen de tuer Jésus (14,1), celui-ci se trouve à Béthanie, dans les environs de Jérusalem, pour un repas. Ce n'est pas le dernier repas de Jésus avec ses disciples pendant lequel il donnera son « corps » et son sang ; celui-ci aura lieu peu après (14,17-25). Toutefois, à Béthanie, dans la maison de Simon le lépreux, il va être aussi question du « corps » de Jésus.

On peut aborder ce passage sous plusieurs angles, j'en propose ici quelques-uns : l'interprétation du geste de la femme, l'attention aux données spatiales et aux données temporelles et les caractéristiques du personnage féminin.



### Conflit d'interprétations : Gaspillage ou proclamation de l'Évangile ?

Un même geste, deux façons de le voir : pour les uns c'est un gaspillage, pour Jésus c'est une bonne œuvre qui dépasse le simple fait de verser du parfum et concerne la proclamation universelle de la Bonne Nouvelle. Une chose est certaine : tandis que le narrateur met l'accent sur le flacon (deux fois mentionné, dont le fait qu'il soit brisé [23]), ceux qui critiquent le geste de la femme s'attardent plutôt sur le parfum qui est versé et perdu. Ils en indiquent même l'équivalence monétaire, soulignant le fait qu'il aurait pu être vendu pour trois cents pièces d'argent et donné aux pauvres. Les « quelques-uns » qui arrivent à cette conclusion ne sont pas poussés par des intérêts personnels. Ils pensent aux pauvres, ce qui s'explique aussi par le fait que la fête de Pâque était proche. Car si donner aux pauvres est une bonne œuvre, le faire pour qu'ils puissent célébrer la Pâque est encore plus estimable.

---

22. Voir C. Focant, *Biblia*, n° 15, p. 10-11.

23. Le flacon est brisé pour que le parfum de grand prix puisse être versé. Faut-il voir dans cette information une allusion à la mort de Jésus où le corps livré permettra à la Bonne Nouvelle de se répandre ?

Or Jésus voit les choses d'une autre façon : « Laissez-la... » La femme a donc raison. Elle n'a pas gaspillé et empêché une bonne œuvre envers les pauvres, elle a fait une bonne œuvre envers lui. La bonne œuvre qu'elle a faite, dépasse, en effet, le cadre d'un don matériel qui devra être souvent renouvelé, car il y aura toujours des pauvres et les trois cents pièces ne suffiront pas à mettre un point final à la pauvreté. Pourtant en disant « ce qu'elle pouvait faire, elle l'a fait », Jésus semble affirmer qu'elle a fait ce qui était nécessaire pour que, non seulement les pauvres, mais tous puissent célébrer la Pâque de Jésus.

Les disciples sont « absents » au niveau textuel (ils n'agissent pas et ne sont même pas mentionnés, même s'ils sont peut-être inclus dans le groupe qui proteste). Leur absence contraste avec la présence agissante de la femme. Cela n'est pas sans préfigurer la mort de Jésus et son ensevelissement où ils seront totalement absents, alors que des femmes regarderont Jésus sur la Croix, participeront à son ensevelissement et se rendront au tombeau (15,40.47 ; 16,1-2).

### Cadre spatial : De la maison de Simon le Lépreux au monde entier

Cet épisode se déroule à Béthanie, proche de Jérusalem, mais c'est surtout la maison de Simon le lépreux qui est importante. Or être lépreux, c'est être condamné à une « mort » sociale et religieuse. Pourtant, Jésus est allé chez lui partager un repas. Et c'est dans sa maison que se déroule cette étrange scène qui débouche sur une « proclamation » de l'Évangile, comme cela avait été le cas lors de la guérison du seul autre lépreux, mentionné chez Marc (1,40-45).

Concernant la maison, il faut noter que, dans la première partie de l'évangile de Marc, la « maison » est présentée en opposition avec la synagogue, et, dans la seconde partie, avec le temple. Elle est le lieu où Jésus et ses disciples se réunissent, celui de l'enseignement et de la prière. L'onction réalisée par une femme sur la tête de Jésus (comme l'onction royale) n'a donc pas lieu à Jérusalem dans le Temple, mais à Béthanie dans une maison de lépreux. Or ce geste dépasse les murs de cette demeure pour atteindre l'universel, puisque c'est dans le monde entier que l'on fera mémoire de ce qu'elle a réalisé.

### Cadre temporel : De l'éphémère à l'éternel

Dans son intervention, Jésus marque une opposition entre le « toujours » et le « pas toujours ». Tandis qu'il y aura toujours des pauvres, Jésus ne sera pas toujours là. Il y a également une opposition entre le nombre des pauvres qui ne cessera d'augmenter et le caractère unique du moment vécu avec Jésus : pour l'instant, il est là. L'affirmation : « je ne serai pas toujours là » renvoie à la mort de Jésus : il va être crucifié et enseveli, il ne sera donc plus là. Mais elle renvoie aussi à la Résurrection : la tombe sera vide, on ne pourra pas mettre la main sur le corps de Jésus. Il sera vivant. Ce « pas toujours » qui parle d'un terme et d'une fin ouvre ainsi les portes à un avenir insoupçonné.

Mais Jésus continue son interprétation du geste de la femme en parlant de l'Évangile qui sera proclamé. Ce verbe au futur dévoile le sens du geste. Celui-ci n'est pas limité à un repas d'un jour, à un parfum versé et gâché qu'on oublierait dans la mesure où l'odeur se dissiperait. Il conduit vers une Bonne Nouvelle qui sera proclamée « partout » et « dans le monde entier ».

## La femme : Entre anonymat et mémoire

Tandis que le flacon de parfum est décrit en détail, la femme reste dans l'anonymat : son nom est inconnu. Elle est indéterminée : « une ». Aucun qualificatif ne donne d'informations sur son origine, sa fonction, ses dons ou ses défauts. Le lecteur est davantage informé sur la valeur de ce qu'elle apporte : « Un flacon d'albâtre contenant un nard pur, de grand prix. » L'opinion des gens présents se focalisera également sur la valeur du parfum. La femme disparaît donc devant le flacon brisé et le parfum versé.

Autre constat : La femme est arrivée en silence. Elle ne prend pas la parole et personne ne la lui donne pour lui offrir la possibilité d'expliquer son geste. Celui-ci sera interprété par d'autres, négativement d'abord, positivement ensuite. On découvre alors que son geste est parlant et qu'il déborde l'espace et le temps de son exécution. Elle n'a rien dit, mais elle fait parler d'elle. Telle est l'ironie et le caractère paradoxal de ces versets : On ne sait rien d'elle, mais on va faire mémoire d'elle partout. Non pas d'elle en particulier, quelqu'un de concret avec nom, prénom et coordonnées, mais d'elle par rapport au geste qu'elle a fait.

Quant à la mention de la « mémoire », elle renvoie vraisemblablement au « tombeau » (en grec, le mot est de la même racine, on pourrait dire « mémorial » en français). Il y a donc un déplacement opéré du tombeau/mémorial de Jésus où sa mort sur la Croix le conduira, à la « mémoire d'elle », c'est-à-dire à la proclamation de la Bonne Nouvelle. Si cette femme disparaît ainsi de la scène, elle ne disparaît donc pas de l'évangile : elle s'efface pour laisser la place à la proclamation de la Bonne Nouvelle.

C'est le signe que cette femme est un personnage miroir, dans lequel le lecteur peut se reconnaître. Son adhésion gratuite à Jésus, sa reconnaissance de ce qu'il est, sa compréhension de la Pâque de Jésus comme une Bonne Nouvelle, sa confiance dans la victoire de Jésus sur la mort et la dimension universelle de son geste tracent pour le lecteur un chemin de disciple et d'évangélisateur.

## Où la fin est anticipée car il n'y a pas de point final

Avant la mort sur la Croix, une femme dit l'Évangile avec ses gestes... après l'annonce de la Résurrection, des femmes tairont la Bonne Nouvelle (16,8). Elle a oint le corps vivant de Jésus, les femmes arriveront trop tard pour oindre le cadavre. L'onction de Jésus ne peut être faite sur le cadavre : bonne nouvelle ! Elle doit être faite avant : quand il est vivant, car le Crucifié est ressuscité.

Ce passage est finalement une anticipation de la fin de l'évangile qui n'est pas racontée, puisque les femmes ne diront pas ce qu'elles devaient annoncer (16,8) et que la rencontre avec le Ressuscité aura lieu en dehors du cadre du récit. La fin de l'évangile qui laisse le lecteur sur une impression d'échec ou d'inachevé est ainsi corrigée par l'interprétation de Jésus : l'Évangile sera annoncé dans le monde entier. Or, cette proclamation n'est pas racontée à la fin de l'évangile, mais avant la Passion, pour que le lecteur n'attende pas de récits de résurrection merveilleux et apprenne à découvrir dans la mort de Jésus, la réalisation de la Bonne Nouvelle et l'intronisation du Royaume.

Ce geste de la femme, interprété par Jésus, fait donc sortir le lecteur de la maison de Simon, et même du récit, pour l'envoyer dans le monde entier annoncer l'Évangile. Au même moment pourtant, il l'y ramène : car l'Évangile, c'est aussi l'écrit de Marc (1,1), à écouter encore et à relire.

## Mc 14,1-52 – 15,47 : Le récit de la Passion

En écrivant le récit de la Passion, Marc s'est donné un objectif : montrer que la Passion est la conséquence de la fidélité de Jésus à la parole de Dieu. Elle n'est pas un accident. Mieux, dans ce qui pourrait apparaître comme un échec, le lecteur est invité à découvrir la proclamation de l'Évangile. Devant le cri de Jésus, mourant abandonné sur la Croix, il est appelé à reconnaître, avec le centurion, l'intronisation du « Fils de Dieu », « Roi-Messie ».

D'après R. Meynet [24], le récit de la Passion, qui commence au chapitre 14, peut être divisé en trois parties, dont je reprendrai les titres :

– Mc 14,1-52 : L'alliance du Maître pour la multitude des disciples

– Mc 14,53 – 15,20 : Les Juifs, les païens et les disciples bafouent le Christ

– Mc 15,21-47 : L'avènement du maître de la terre

### L'alliance du Maître pour la multitude des disciples (Mc 14,1-52)

Cette première partie commence par la mention de la décision de tuer Jésus et l'onction à Béthanie (14,1-9, voir l'épisode analysé ci-dessus). Judas décide alors de livrer son maître et cherche une occasion pour réaliser son projet (14,10-11). Suivent les préparatifs pour la Pâque et sa célébration (14,12-31). À l'occasion du repas pascal qu'il célèbre ensuite avec les Douze, Jésus partage le pain et le vin en disant « Ceci est mon corps… ceci est mon sang. »

Ce geste, traditionnellement appelé « institution de l'eucharistie », est reporté dans les trois Synoptiques avec quelques légères variantes. Tandis que, d'après Marc, la coupe est versée « pour beaucoup », Matthieu ajoutera « en rémission des péchés » (Mt 26,28), interprétant

24. *Passion de notre Seigneur Jésus Christ*, Paris, Éditions du Cerf, « Lire la Bible », n° 99, 1993.

le rôle de Jésus à la lumière de celui du Serviteur souffrant (Is 53,4-12). Contrairement au récit de Luc où Jésus, en distribuant le pain, demande de faire mémoire de lui, Marc met sur les lèvres de Jésus la promesse de ne plus boire du fruit de la vigne avant que ne vienne le Royaume. C'est une manière de montrer que la mort de Jésus sur la croix coïncidera avec l'irruption du Royaume [25].

Après le repas, c'est au mont des Oliviers que Jésus annonce la défaillance de tous les disciples et le reniement de Pierre (14,26-31). Ce dernier s'oppose à la parole de Jésus en promettant d'être fidèle jusqu'à la mort, et ses compagnons font de même. Arrivé à Gethsémani, Jésus se sépare de ses autres disciples et prend avec lui Pierre, Jacques et Jean. Pierre, qui venait de promettre une fidélité sans faille, s'endort (14,37). Davantage que Matthieu, Marc insiste sur le fait que Jésus continue d'être le maître attentif à ses disciples. Cela ne rend que plus tragique ce qui suit, à savoir l'abandon des disciples (14,50). Jésus, lui, ne recule pas devant la mort (14,42).

Contrairement au quatrième évangile, où Judas ne joue qu'un rôle de figurant dans l'arrestation de Jésus, Marc montre que le traître dirige les opérations et signale Jésus par un baiser à ceux qui vont lui mettre la main dessus (14,43-45). Marc est également le seul évangile à faire mention d'un jeune homme que les soldats veulent attraper mais qui s'enfuit nu [26].



## Les Juifs, les païens et les disciples bafouent le Christ (Mc 14,53 – 15,20)

Dans cette deuxième partie du récit de la Passion, Jésus est conduit devant le sanhédrin où, pour la première fois, il reconnaît qu'il est bien le Messie (14,62). Marc situe les reniements de Pierre entre les deux interrogatoires auxquels Jésus est soumis.

L'épisode du procès de Jésus devant le sanhédrin se situe à l'intérieur de celui des reniements de Pierre. On a la construction suivante :

– 14,53-54 : Entrée en scène des personnages. Jésus est amené chez le grand prêtre. Pierre suit de loin et va s'asseoir avec les serviteurs à l'intérieur du palais du grand prêtre.

– 14,55-65 : Procès de Jésus devant le sanhédrin. Jésus est interrogé par le grand prêtre sur son identité.

– 14,66-72 : Devant les serviteurs du grand prêtre, Pierre est questionné sur son identité.

Par ce procédé, le narrateur veut comparer l'attitude de Jésus avec celle de Pierre. En répétant certaines informations (v. 53-54 et v. 55 ; v. 53-54 et 66-67), il indique également une simultanéité entre les deux événements que sont le procès de Jésus et le reniement de Pierre et met en évidence le contraste qui existe entre Pierre et Jésus. De ce fait, l'étude des caractéristiques de Pierre et Jésus dans cette séquence est une bonne porte d'entrée pour une compréhension de ce passage :

25. Voir plus bas (p. 267) le paragraphe « Le secret messianique ».
26. Voir plus haut (p. 223) l'encadré « Jeune homme ».

| *Jésus* | *Pierre* |
|---|---|
| Procès officiel : « les grands prêtres et tout le sanhédrin » (v. 55) | Questions informelles par des servantes ou des serviteurs |
| Reste silencieux devant les fausses accusations portées contre lui<br>Parle pour confesser son identité | Parle et jure pour nier l'évidence<br>Silence au sujet de son identité |
| Sujet d'aucun verbe de mouvement<br>Reste stable et ferme<br>Ne cherche pas à s'échapper pour éviter la mort | Sujet de verbes de mouvement : Il suit Jésus, s'est assis, va dehors, sort précipitamment<br>Ne trouve pas sa place ! Il est instable et déstabilisé |

Pendant son procès, Jésus manifeste la force qui l'anime : il ne recule pas devant la mort. En revanche, Pierre, qui n'est pas en danger de mort, montre, devant des subalternes du grand prêtre, la faiblesse qui l'habite. L'attitude de Jésus est présentée comme un modèle à imiter et celle de Pierre sous un jour négatif. Mais le négatif signifiera-t-il une condamnation définitive de Pierre ? (Voir 16,7.)

Pierre suit son maître « de loin » (14,54). À l'intérieur du palais du grand prêtre, il se joint au groupe des serviteurs qui se chauffaient. Après l'accusation de blasphème portée contre Jésus et la mention des insultes et des coups qu'il reçoit, Pierre, qui est « en bas, dans la cour », est interrogé par une servante, et nie connaître Jésus. Le coq chante une première fois, mais le disciple de Jésus continue à nier (14,68-71). Il devra attendre un autre chant du coq pour se rendre compte de ce qu'il vient de faire et éclater en sanglots (14,72).

Le narrateur joue sur l'ironie de l'attitude de Pierre et de ses déclarations : il « suit » Jésus. Ce verbe est le terme technique pour évoquer l'attitude du disciple, mais Pierre suit « de loin » (v. 54). On lui demande s'il est « avec Jésus » (v. 67), il répond qu'il ne sait pas, qu'il ne comprend pas. C'était la première raison d'être des Douze, appelés par Jésus pour « **être avec** lui » (3,14). Or, Pierre nie « **être avec** Jésus », ce en quoi il ne ment pas car, ironie de l'histoire, il **n'est pas**, en effet, **avec** Jésus. Tandis que Jésus est en procès et affronte la mort, il essaie de s'échapper. En affirmant qu'il ne sait pas et qu'il ne comprend pas, il révèle la situation dans laquelle il se trouve. En niant, devant la servante, être disciple de Jésus, il dévoile son incompréhension radicale. De fait le coq devra chanter une deuxième fois après ses trois reniements pour qu'il se rappelle enfin ce que Jésus lui avait dit et qu'il sorte pleurer.

Devant Pilate, Jésus ne fait pas de grande déclaration, il renvoie le chef romain à ses propres paroles, l'invitant à prendre ses responsabilités par un « Tu le dis » (15,2). Il oppose ensuite un silence aux accusations portées contre lui. Tandis que Pilate propose de gracier le prisonnier à l'occasion de la Pâque (15,9), la foule excitée lui préfère l'émeutier Barabbas (15,7-11). Prisonnier des « sondages » (15,15), Pilate fait alors flageller Jésus et le « livre pour être crucifié [27] ». Les

27. Dans ces deux premières parties, plusieurs personnes « livrent » Jésus : Judas livre Jésus

soldats le prennent pour le maltraiter et le ridiculiser en le traitant ironiquement de roi, puis ils l'amènent pour le crucifier (15,16-20).

### L'avènement du maître de la terre (Mc 15,21-47)

Dans la troisième partie du récit de la Passion, Simon de Cyrène est réquisitionné pour porter la croix de Jésus qui va être crucifié au Golgotha (15,21-22). Jésus ne prend pas le vin qu'on lui offre avant le supplice, observant sa promesse de ne pas prendre du produit de la vigne avant de le boire de nouveau dans le Royaume (14,25). À la troisième heure, il est cloué sur la croix au motif de « Roi des Juifs ».

Les passants et les « grands prêtres » l'insultent et se moquent de lui en lui demandant de descendre de la croix pour montrer qu'il est Messie. De la sixième heure à la neuvième heure, l'obscurité se répand « sur la terre entière » (15,33). Au cœur du récit se trouve le cri déchirant de Jésus, emprunté au Psaume 22 : « Mon Dieu, Mon Dieu, pourquoi m'as-tu abandonné ? » (Mc 15,34 ; Ps 22,2). Dès lors, quelqu'un intervient apportant du vinaigre et se demandant si Élie va intervenir, mais Jésus meurt sans qu'aucune intervention du ciel ne vienne le délivrer ni contredire la condamnation dont il a été l'objet (15,35-37).

Toutefois c'est là, dans cette mort atroce et solitaire, au moment où les ténèbres qui couvraient la terre prennent fin (15,33) que la lumière se fait pour le centurion. Contrairement à Matthieu, aucun événement extraordinaire ne se produit : aucun tremblement de terre, pas de rochers qui se brisent ou de tombeaux qui s'ouvrent, pas de résurrections de morts (Mt 27,51-53). Rien. Et c'est, dans cette absence de signe, en voyant mourir Jésus ainsi, que le centurion reconnaît l'identité véritable de Jésus : « Vraiment cet homme était Fils de Dieu ! » (15,39.)

Jésus ayant expiré, Joseph d'Arimathie, membre du sanhédrin, qui attendait le Royaume de Dieu, va demander à Pilate le corps pour l'ensevelissement. Il l'enveloppe dans un linceul et le dépose dans une tombe taillée dans le roc et fermée par une pierre (15,42-47). Jésus est ainsi enterré avant la célébration du sabbat.

## Mc 16,1-20 : Le récit de la Résurrection

> Quand le sabbat fut passé, Marie de Magdala, Marie, mère de Jacques, et Salomé achetèrent des aromates pour aller l'embaumer. Et de grand matin, le premier jour de la semaine, elles vont à la tombe, le soleil étant levé. Elles se disaient entre elles : « Qui nous roulera la pierre de l'entrée du tombeau ? » Et levant les yeux, elles voient que la pierre est roulée ; or, elle était très grande. Entrées dans le tombeau, elles virent, assis à droite, un jeune homme, vêtu d'une robe blanche, et elles furent saisies de frayeur. Mais il leur dit : « Ne vous effrayez pas. Vous cherchez Jésus de Nazareth, le crucifié : il est ressuscité, il n'est pas ici ; voyez l'endroit où on l'avait déposé. Mais allez dire à ses disciples et à Pierre : "Il vous précède

---

aux grands prêtres (14,10.42.44). Ceux-ci le livrent à Pilate (15,1.10). Pilate le livre pour être flagellé et crucifié (15,15).

en Galilée ; c'est là que vous le verrez, comme il vous l'a dit." » Elles sortirent et s'enfuirent loin du tombeau, car elles étaient toutes tremblantes et bouleversées ; et elles ne dirent rien à personne, car elles avaient peur...

*Apparitions de Jésus ressuscité*

Ressuscité le matin du premier jour de la semaine, Jésus apparut d'abord à Marie de Magdala dont il avait chassé sept démons. Celle-ci partit l'annoncer à ceux qui avaient été avec lui et qui étaient dans le deuil et les pleurs. Mais, entendant dire qu'il vivait et qu'elle l'avait vu, ceux-ci ne la crurent pas. Après cela, il se manifesta sous un autre aspect à deux d'entre eux qui faisaient route pour se rendre à la campagne. Et ceux-ci revinrent l'annoncer aux autres ; eux non plus, on ne les crut pas. Ensuite, il se manifesta aux Onze, alors qu'ils étaient à table, et il leur reprocha leur incrédulité et la dureté de leur cœur, parce qu'ils n'avaient pas cru ceux qui l'avaient vu ressuscité. Et il leur dit : « Allez par le monde entier, proclamez l'Évangile à toutes les créatures. Celui qui croira et sera baptisé sera sauvé, celui qui ne croira pas sera condamné. Et voici les signes qui accompagneront ceux qui auront cru : en mon nom, ils chasseront les démons, ils parleront des langues nouvelles, ils prendront dans leurs mains des serpents, et s'ils boivent quelque poison mortel, cela ne leur fera aucun mal ; ils imposeront les mains à des malades, et ceux-ci seront guéris. » Donc le Seigneur Jésus, après leur avoir parlé, fut enlevé au ciel et s'assit à la droite de Dieu. Quant à eux, ils partirent prêcher partout : le Seigneur agissait avec eux et confirmait la Parole par les signes qui l'accompagnaient.

## Une troublante annonce

Marie de Magdala, Marie, mère de Jacques, et Salomé, qui avaient suivi Jésus depuis la Galilée, étaient présentes aux derniers moments de la vie de Jésus ; les deux premières avaient aussi assisté à son ensevelissement (15,47). Ayant acheté des aromates pour embaumer le corps de Jésus, elles vont au tombeau, de très bonne heure, le premier jour de la semaine (16,1). Alors qu'elles se demandent comment elles pourront enlever la pierre qui fermait l'entrée de la tombe, elles trouvent celle-ci déjà ouverte et vide (voir, ci-après, le paragraphe « Qui roulera la pierre ? »).

Un jeune homme leur transmet une nouvelle inouïe qu'elles seront chargées de transmettre à leur tour : le Crucifié n'est pas dans le lieu de la mort, il précède les disciples en Galilée. C'est là qu'ils le verront (16,3-7). Comme nous l'avons déjà souligné, la mention de la Galilée, ici, renvoie au début de l'évangile et au travail de relecture offert à celui qui veut réellement se mettre à la suite de Jésus. Tremblantes et peureuses, les femmes s'enfuient du sépulcre, mais restent muettes sur ce qu'elles viennent de vivre [28]. Les versets 9-20 du chapitre 16 reprennent des épisodes des autres évangiles en les résumant : la mention de l'apparition à Marie de Magdala (voir Jn 20) et celle aux deux disciples « qui faisaient route pour se rendre à la campagne » (voir Lc 24,13-35).

---

28. Mc 16,8 ; voir plus haut « Un évangile qui se termine sur une mauvaise nouvelle ? », et « La finale de Marc », dans la contribution de Pierre Debergé « La constitution du Nouveau Testament » (p. 48).

La mission universelle donnée par Jésus aux siens se trouve à la fin de l'évangile de Matthieu. L'Ascension de Jésus est narrée par Luc à la fin de son évangile et au début des Actes des Apôtres.

### Mc 16,3 : « Qui roulera la pierre ? » Approche à partir des traditions juives [29]

En dehors des passages de l'évangile qui font référence à la Résurrection, l'expression « rouler la pierre » ne se retrouve dans la Bible qu'en Gn 29,3.8.10 [30]. Dans ce récit, la première rencontre de Jacob avec Rachel a lieu au bord d'un puits bouché par une « grande » pierre (Gn 29,2), que l'on enlevait dès que tous les troupeaux étaient réunis. Or, quand Jacob voit arriver Rachel, il roule seul la pierre pour abreuver les moutons qu'elle gardait. La tradition orale ajoute que le patriarche manifesta une force extraordinaire, car normalement il fallait attendre la présence de quarante hommes pour déplacer la pierre. Rachi commente : « Tous les bergers se tenaient là en s'émerveillant de sa force et de sa puissance. Ils questionnaient : "D'où lui vient cette force ?" Et l'on répondait : "Quand Jacob partit de Beersheba pour aller à Haran et fuir son frère, une rosée de résurrection descendit des cieux sur lui et le fit puissant en vaillance et énergique en force. Par cette puissance, il lutta par la suite contre l'Ange. Par cette puissance, il roula la pierre de dessus la bouche du puits et les eaux montèrent des profondeurs, débordèrent et inondèrent. Les bergers se tenaient debout et stupéfaits car on n'avait plus besoin de seaux pour puiser." »

En employant le même qualificatif pour la pierre qui bouchait le tombeau de Jésus – elle était grande (Mc 16,4) – Marc semble évoquer ce passage de la Genèse. Dès lors, la question des femmes à propos de la pierre qu'elles ne pouvaient pas rouler elles-mêmes renvoie à l'expérience de Rachel et Jacob. Or, quand elles arrivent sur le lieu de l'ensevelissement, la pierre est déjà roulée et le tombeau est ouvert comme le puits l'avait été par Jacob. Quant à leur étonnement (Mc 16,5), il rejoint celui des bergers devant la force du patriarche. L'absence du corps de Jésus dans la tombe peut désormais être comprise à la lumière de la rosée de résurrection qui recouvrait Jacob. La tombe ne se ferme plus sur la mort, elle est ouverte à la vie comme le puits d'où jaillissait la source.

Quant à l'invitation à se rendre en Galilée, elle n'est pas indépendante de la pierre « roulée », terme hébreu de la racine *galal*, identique à celle du nom de « Galilée ». Comprise dans ce contexte, cette pierre n'est pas une simple information pratique sur la configuration du tombeau de Jésus et sur les difficultés rencontrées par les femmes, mais une image qui donne un sens à l'absence du corps de Jésus et invite les chrétiens à partir à la rencontre du Ressuscité, non plus seulement sur les rives du lac de « Galilée », mais dans les paroles de l'Écriture.

---

29. Voir M. Vidal, *Un juif nommé Jésus. Une lecture de l'Évangile à la lumière de la Torah*, Paris, Albin Michel, 1996, p. 77-82.

30. Un seul autre passage du Premier Testament contient cette expression : « Qui creuse une fosse y tombera ; qui roule une pierre, elle lui retombera dessus » (Pr 26,27).

# OUVERTURE THÉOLOGIQUE : IDENTITÉ DE JÉSUS, ITINÉRAIRE DES DOUZE ET SECRET MESSIANIQUE

De la théologie de Marc sur laquelle il y aurait beaucoup à dire, on ne retiendra ici que quelques aspects, utiles pour une première lecture de cet évangile.

*Mc 1 – 8,29*

| *Mc* | *Quel titre est donné ?* | *Qui donne le titre ?* |
|---|---|---|
| 1,1 | Jésus, Christ, Fils de Dieu | Le narrateur |
| 1,11 | Mon Fils bien-aimé | Voix du ciel |
| 1,24 | Jésus de Nazareth, Saint de Dieu | Esprit impur |
| 2,10.28 | Fils de l'homme | Jésus |
| 3,11 | Fils de Dieu | Esprit impur |
| 4,38 | Maître | Disciples |
| 5,7 | Fils du Très-Haut | Esprit impur |
| 5,35 | Maître | Gens de la maison du chef de la synagogue |
| 6,3 | Fils de Marie, frère de… | Foule |
| 6,14 | Jean le Baptiste | « Les uns » |
| 6,15 | Élie, un prophète | « D'autres » |
| 6,16 | Jean Baptiste ressuscité | Hérode |
| 7,28 | Seigneur | Une femme païenne |
| 8,28 | Jean le Baptiste, Élie, un des prophètes | « Les uns » et « d'autres » |
| 8,29 | Christ | Pierre |

*Mc 8,31 – 16,6*

| *Mc* | *Quel titre est donné ?* | *Qui donne le titre ?* |
|---|---|---|
| 8,31.38 | Fils de l'homme | Jésus |
| 9,5 | Rabbi | Pierre |
| 9,7 | Fils bien-aimé | Voix de la nuée |
| 9,9.12 | Fils de l'homme | Jésus |
| 9,17 | Maître | Quelqu'un dans la foule |
| 9,31 | Fils de l'homme | Jésus |
| 9,38 | Maître | Jean |
| 10,17.20 | Maître (+ bon, 1re fois) | Homme riche |
| 10,33.45 | Fils de l'homme | Jésus |
| 10,35 | Maître | Jacques et Jean |
| 10,47.48 | Fils de David | L'aveugle Bartimée |
| 10,51 | Rabbouni | L'aveugle Bartimée |
| 11,3 | Seigneur | Jésus |
| 11,21 | Rabbi | Pierre |
| 12,14 | Maître | Pharisiens et hérodiens |
| 12,19 | | Sadducéens |
| 12,32 | | Scribes |
| 13,1 | | Un de ses disciples |
| 13,26 ; 14,21 (2 fois) | Fils de l'homme | Jésus |
| 13,32 | Fils | Jésus |
| 14,14 | Le maître | Jésus |
| 14,45 | Rabbi | Judas |
| 14,61 | Messie, Fils du Béni ? | Grand prêtre |
| 14,41.62 | Fils de l'homme | Jésus |
| 15,2.9.12 | Roi des juifs | Pilate |
| 15,18 | Roi des juifs ! | Soldats |
| 15,32 | Christ, roi d'Israël | Grand prêtre, scribes |
| 15,39 | Fils de Dieu | Centurion |
| 16,6 | Jésus de Nazareth, le Crucifié | Jeune homme, vêtu de blanc |

## Les titres donnés à Jésus

### Mc 1 – 8,29

Un des buts de l'évangile de Marc étant d'aider son lecteur à découvrir l'identité de Jésus, il est important de noter ce qu'il en est dit au cours de l'évangile. Dans la première partie, qui débouche sur la confession de Pierre, quels sont donc les titres donnés à Jésus et par qui le sont-ils ?

À partir du tableau de la page précédente, nous voyons que, dès le début de son œuvre, l'évangéliste en indique la tonalité : « Évangile de Jésus, Christ, Fils de Dieu [31]. » Cette information oriente la compréhension du lecteur qui, dès le premier verset, en sait plus que tous les personnages du récit. Après ce verset, qui est comme le titre de l'œuvre, Marc rapporte la prédication de Jean Baptiste, le précurseur. Celui-ci présente le Christ comme supérieur à lui, bien qu'étant chronologiquement postérieur. En relation avec la figure de Jean, Marc évoque aussitôt après le baptême de Jésus, au cours duquel une « voix sortie du Ciel » s'adresse à Jésus pour lui dire : « Tu es mon Fils bien-aimé, il m'a plu de te choisir » (1,11). Dès cet épisode inaugural de sa vie publique, le Père reconnaît donc en Jésus son Fils.

Parmi ceux qui donnent ensuite un titre à Jésus, on remarque avec étonnement, les esprits impurs. Ceux-ci reconnaissent Jésus comme : « Saint de Dieu », « Fils de Dieu », ou encore « Fils du Très-Haut ». Leur opinion coïncide avec la voix venue des cieux au baptême, mais Jésus les fait taire. Vient aussi le titre de « Maître », qui est mis dans la bouche des disciples et des personnes de la maison de Jaïre, le responsable d'une synagogue. C'est un titre qui pouvait être donné à toute personne cultivée ou sage, chez qui on reconnaissait une certaine autorité par rapport à la transmission et à l'interprétation de la Torah. Jésus ne sera pas cependant un simple « maître ». Preuve en est le fait que beaucoup s'étonnent de son enseignement (1,22 ; voir aussi 1,27).

Dans sa patrie, Jésus est identifié par ses liens familiaux ; il est « fils de Marie [32] et frère de Jacques, de Joset, de Jude et de Simon » (6,3). Les compatriotes du Nazaréen ne lui donnent donc aucun titre, mais ils le désignent à partir de sa famille qu'ils connaissent bien, ce qui leur rend incompréhensibles l'autorité et la sagesse dont il fait preuve dans son enseignement. Bref, l'identité de Jésus demeure pour eux un point d'interrogation.

La suite du récit met le lecteur devant d'autres désignations de Jésus : « Jean le Baptiste », « Élie », « un prophète » ou « un des prophètes ». Excepté celui d'Hérode, aucun nom propre n'est fourni par le narrateur. L'accent porte plus sur l'opinion donnée que sur les personnes qui la donnent. L'identification de Jésus avec Élie revient à

31. Le titre « Fils de Dieu » ne se trouve pas dans tous les manuscrits.

32. Normalement, outre son prénom, un homme recevait le nom de son père, par exemple : « Jean, fils de Zébédée. » Étrangement, ici nous avons le nom de la mère. Contrairement à Matthieu et Luc, Marc n'a pas les récits de l'enfance qui racontent l'origine de Jésus. Voudrait-il donc évoquer ici le fait que Jésus était né de Marie, sans l'intervention de Joseph ?

### « Fils bien-aimé »

Ce titre donné à Jésus est une des clefs d'interprétation de ce que sera sa vie. En effet, en disant « Fils bien-aimé », la voix du ciel ne manifeste pas seulement une relation d'affection, mais elle annonce quelle sera la destinée de Jésus. C'est ce que confirme le fait que l'adjectif « bien-aimé » (en grec *agapètos*) est utilisé, dans le Premier Testament, à l'occasion de la mort d'un fils ou d'une fille unique. C'est tout particulièrement le cas à propos d'Isaac, appelé par Dieu : « ton fils, ton unique, Isaac, ton *bien-aimé* », quand il demande à Abraham de l'offrir en holocauste sur le mont Moriyya (Gn 22,2).

En désignant Jésus, dès le début de sa vie publique, comme le « bien-aimé », la voix du ciel présente donc Jésus comme celui qui va être offert en sacrifice. S'il y a donc ici une allusion à la Croix, elle est d'autant plus chargée de sens que la tradition avait situé le mont Moriyya, dont la localisation exacte n'est pas connue, sur le mont du Temple à Jérusalem (2 Ch 3,1). Or c'est à Jérusalem qu'aura lieu le sacrifice du Christ. Mais, à la différence d'Abraham et d'Isaac sur le mont Moriyya, Dieu n'interviendra pas pour empêcher la mort du « fils bien-aimé ».

Considérant qu'à travers le don d'Isaac par Abraham s'est réalisée la promesse faite par Dieu au patriarche de bénir sa descendance – celle d'Isaac et, par elle, toutes les familles de la terre – on peut dire que la mort de Jésus sur la Croix n'est pas le signe de l'absence de bénédiction divine, mais celui de son accomplissement.

dire que les temps messianiques sont arrivés avec Jésus. Mais l'évangéliste prépare son lecteur à un autre rapprochement : celui du Baptiste avec Élie. La description qu'il donne en effet du vêtement de Jean est une reprise presque mot à mot de celle d'Élie dans le livre des Rois (voir Mc 1,6 et 2 R 1,8). Quant à l'identification de Jésus avec le Baptiste, c'est l'opinion de certaines personnes, dont en particulier Hérode, qui avait emprisonné puis fait décapiter le précurseur (6,17-29). Là aussi, Marc prépare son lecteur à reconnaître en Jésus, non la réincarnation du Baptiste, mais quelqu'un qui lui est bien supérieur (1,7-8). Enfin, l'identification de Jésus avec un prophète est incomplète. Comme le révélera la confession de Pierre, Jésus est le Christ (8,27-30).

D'une manière générale, on constate donc que, dans la première partie de son évangile, Marc décrit ce que fait Jésus pour révéler qui il est. Les réponses ou les opinions sont diverses, mais, avant celle de Pierre, personne n'arrive à cerner correctement le mystère qui entoure la personne de Jésus. Étrangement, dans cette première partie de l'évangile, les seuls à deviner et à confesser ouvertement qui est Jésus sont les esprits impurs. Le lecteur de l'évangile a déjà été informé par le narrateur (1,1 et 1,11), avant de l'être par les esprits impurs. En fait, l'attitude de ceux-ci montre bien qu'il ne suffit pas de savoir qui est Jésus, ni même de le proclamer, il faut le suivre.

Un des enjeux essentiels de la première partie de l'évangile de Marc, qui culmine avec la confession de Pierre, était de découvrir l'identité de Jésus. Mais il ne suffit pas de savoir que Jésus est le Christ, c'est-à-dire le Roi-Messie ou le Fils de Dieu, il faut encore comprendre comment il va vivre cette identité et de quelle manière il va être couronné Messie. D'où l'effort de Jésus auprès de ses disciples pour leur expliquer que le Christ doit souffrir sa Passion. C'est l'objet de la deuxième partie de l'évangile où d'autres titres apparaissent, notamment ceux de « Fils de l'homme » ou de « Fils de David ».

## Mc 8,31 – 16,6

Employé quatorze fois dans l'évangile [33], le titre de « Fils de l'homme » est toujours sur les lèvres de Jésus lorsqu'il parle de lui-même. En hébreu, l'expression « Fils de l'homme » désigne l'être humain considéré dans sa condition de créature mortelle [34]. Ce titre renvoie aussi à une vision de Daniel dans laquelle le prophète voit « comme un fils d'homme » venant des nuées (Dn 7,13). Celui-ci reçoit souveraineté, gloire et royauté éternelle (Dn 7,14), c'est-à-dire les attributs du Messie, mais sa venue a lieu dans un contexte de persécutions. Il y a donc dans ce titre plusieurs dimensions : une « commune », qui définit la personne comme un simple membre de l'humanité ; une « glorieuse », qui donne à la personne qui le porte le rôle de Messie et de juge triomphant de l'adversité ; une « divine » : il n'est pas Dieu lui-même, mais il vient « avec les nuées du ciel » (Dn 7,13) ; une « souffrante » enfin puisque la venue du Fils de l'homme se déroule au milieu des persécutions.

Marc emploie cette figure dans trois contextes différents :

– Dans le cadre de l'action du Fils de l'homme sur la terre, notamment lorsqu'il pardonne les péchés (2,10) ;

– En relation avec la Passion de Jésus à Jérusalem (8,31 ; 9,12 ; 9,31 ; 10,33) ;

– À propos de la venue eschatologique du Christ dans la gloire (13,26 ; 14,62).

En reprenant ce titre, Jésus se présente donc à la fois comme un « être humain » parmi tant d'autres, comme celui dont les souffrances, avant la venue du Royaume qu'il est chargé d'instaurer, sont nécessaires, enfin comme celui qui est revêtu de l'autorité divine, et qui peut, de ce fait, pardonner les péchés.

Outre le titre « Fils de l'homme », Jésus, sur le chemin qui le conduit à Jérusalem et lors de son entrée dans la cité sainte, reçoit celui de « Fils de David », c'est-à-dire « Messie ». À la sortie de Jéricho, dernière étape importante avant la montée vers Jérusalem, Bartimée appelle également Jésus avec insistance en lui donnant le titre de « Fils de David » (10,47.48). Peu après, Jésus sera accueilli triomphalement à son arrivée à Jérusalem, une entrée saluée comme la venue même du royaume de David : « Béni soit le règne qui vient, le règne de David notre père ! » (11,10.)

Cette désignation par une filiation davidique rapproche le Royaume instauré par Jésus de celui de David, qui avait été oint par Dieu comme un berger pour prendre soin de son peuple, mais avait été maintes fois un guerrier. Jésus, lui, ne va pas instaurer le Royaume de Dieu par la violence et la guerre. C'est sans doute pour cela qu'il choisit

33. Comparativement le terme de « Fils de Dieu » est utilisé sept fois.

34. Voir par exemple : « Qu'est donc l'homme pour que tu penses à lui, le Fils de l'homme pour que tu t'en soucies ? » (Ps 8,5.)

un ânon, et non un pas un cheval – un animal utilisé dans les combats –, pour entrer à Jérusalem (11,4). Dans ses discussions avec les scribes, il cherche également à leur montrer que le Messie attendu n'est pas simplement « Fils de David », comme les autres descendants depuis Salomon, mais il lui est supérieur, car le fils de Jessé l'appelle « Seigneur » (12,35-37). Jésus est donc bien le Messie. S'il est Fils de David, c'est différemment de lui, puisque c'est sur la Croix qu'il sera roi.

Cette réalité est confirmée par l'épisode de Béthanie et le déroulement de la Passion. Plusieurs éléments, en effet, font allusion au Royaume, en même temps que Jésus y reçoit le titre et les attributs de roi. Ainsi :

– En versant un parfum de très grande valeur sur la tête de Jésus, la femme de Béthanie accomplit une onction royale que Jésus met en relation avec sa mort (14,3 et 8) ;

– La question du grand prêtre à Jésus au cours du procès devant le sanhédrin – « Es-tu le Messie, le Fils du Dieu béni ? » (14,61) – montre qu'il s'agit bien de savoir si Jésus est le Roi-Messie ;

– La réponse de Jésus à la question de Pilate « Es-tu le roi des Juifs ? [...] C'est toi qui le dis » (15,2) renvoie au procurateur romain la responsabilité du titre donné sans le démentir ;

– La présentation de Jésus faite par Pilate devant la foule : « Voulez-vous que je vous relâche le roi des Juifs ? » (15,9) et « Que ferai-je donc de celui que vous appelez le roi des Juifs ? » (15,12). La réponse de la foule étant « Crucifie-le » et pas « Il n'est pas roi », le titre de roi reste attribué à Jésus et c'est en tant que tel qu'il mourra : « L'inscription portant le motif de sa condamnation était ainsi libellée : "Le roi des Juifs" » (15,26) ;

– La couronne et le manteau de couleur royale dont Jésus est affublé par les soldats : « Ils le revêtent de pourpre et ils lui mettent sur la tête une couronne d'épines qu'ils ont tressée » (15,17) ;

– Les révérences ironiques de la soldatesque : « Et ils se mirent à l'acclamer : "Salut, Roi des Juifs !" » (15,18) et « [...] se mettant à genoux, ils se prosternaient devant lui » (15,19) ;

– Les railleries des grands prêtres et des scribes : « Le Messie, le roi d'Israël, qu'il descende maintenant de la croix, pour que nous voyions et que nous croyions ! » (15,32) ;

– Le cri articulé de Jésus reprenant le début du Psaume 22 : « Mon Dieu, mon Dieu, pourquoi m'as-tu abandonné ? » (15,34) qui présente la mort sur la Croix comme irruption du Royaume, voir Ps 22,28-32 ;

– Il est reconnu comme « Fils de Dieu » par le centurion romain (15,39) ;

– Joseph d'Arimathie, qui vient chercher le corps de Jésus pour l'ensevelir, est présenté comme « un membre éminent du conseil » qui « attendait lui aussi le Règne de Dieu » (15,43).

Même si la plupart de ces éléments sont négatifs et satiriques, ils proclament la venue du Royaume et présentent la Croix comme le lieu de l'intronisation du Roi-Messie. Reste ce dernier point : Quand Jésus est sur la croix, Dieu, comme au baptême ou à la Transfiguration, aurait pu intervenir par une voix du ciel, mais c'est le silence qui répond au cri de Jésus. En l'absence de voix du ciel, Dieu aurait pu sans doute aussi envoyer un messager, tel Élie qui aurait fait descendre Jésus de la croix, lui évitant ainsi une fin ignominieuse et le présentant vainqueur à ceux qui le raillaient. Mais le prophète est absent et Jésus meurt dans la solitude la plus totale. Celui que l'on croyait être le Messie attendu semble être en fait un simple condamné que Dieu n'a pas jugé bon de sauver.

Mais Marc, à travers les annonces de la Passion, a préparé le lecteur de son évangile. La mort n'est pas le signe d'une condamnation, mais celui d'un accomplissement. Celui qui était présenté comme le « Fils bien-aimé » au baptême et que la voix divine avait demandé d'écouter à la Transfiguration, confirmant sa supériorité sur Moïse et Élie, n'est pas descendu de la croix. Car c'est dans cette mort, qu'il faut reconnaître son couronnement comme Roi-Messie : « Vraiment, cet homme était Fils de Dieu » (15,39). Pour Marc, la mort de Jésus sur la croix est bien le point culminant de sa révélation comme Messie et son dernier soupir est bien le signe de la venue du Royaume.



## L'itinéraire de Jésus avec les Douze

Un des éléments importants de l'évangile de Marc est l'évolution du groupe des « Douze ». Quelles sont les étapes de leur cheminement ? Voyons-en rapidement les points principaux.

### L'appel des Douze (Mc 3,13-19)

Jésus en « établit douze pour être avec lui et les envoyer prêcher ». La première finalité de l'appel n'est pas d'adhérer à des idées, mais d'être avec Jésus. La compréhension de l'Évangile, qui n'est pas une idéologie, ne peut se faire que sur cette base. Il y a donc une dimension de communion de vie du Maître avec les Douze. De fait, la demande d'une des servantes à Pierre reprendra cet élément : « Toi aussi, tu **étais avec** le Nazaréen, avec Jésus ! » (14,67.) Elle touche un point fondamental de l'identité du disciple, mais Pierre répondra qu'il ne sait pas de quoi elle parle, mettant en évidence son égarement total.

Le verbe grec traduit par « prêcher » est de la même racine que le mot « kérygme » et veut dire « proclamer à haute voix », comme le fait le héraut. Dans l'évangile, ce verbe est utilisé pour parler de la prédication de Jean Baptiste (1,4.7), de celle de Jésus (1,14.38.39), de celle des Douze (3,14 ; 6,12), de celle des personnes guéries (1,45 ; 5,20) ou des témoins d'une guérison (7,36). Il est ensuite employé au passif pour parler de l'Évangile qui sera proclamé à toutes les nations (13,10) ou dans le monde entier (14,9). Le futur renvoie à l'évangélisation des premiers chrétiens et à celle de l'Église dans les époques postérieures. La proclamation passe ainsi de Jean Baptiste à Jésus, puis aux Douze et aux chrétiens. Elle acquiert ainsi une dimension universelle.

## La mission des Douze (Mc 6,7-13)

Dans la première partie de ce passage, Jésus est sujet. Il appelle les Douze et les envoie en mission deux par deux en leur donnant des recommandations (v. 7-11) ; dans la deuxième (v. 12-13), ce sont les Douze qui agissent : ils mettent en pratique la mission reçue. Les recommandations de Jésus aux Douze montrent que ceux-ci doivent être totalement libres pour vivre leur mission. Tout ce qui pourrait entraver leur liberté doit être enlevé. En revanche, ils prendront ce qui est nécessaire au chemin : un bâton et des sandales aux pieds. C'est peut-être aussi une allusion à l'Exode (voir Ex 12,11), comme si la Bonne Nouvelle proclamée passait nécessairement par une « sortie de l'esclavage ».

## Le retour de la mission (Mc 6,30-34)

Les Douze, appelés ici « apôtres » (6,30), c'est-à-dire « envoyés », reviennent vers Jésus et racontent tout ce qu'ils ont fait et enseigné. Ce dernier verbe est normalement appliqué à Jésus chez Marc (15 fois, contre une fois pour les disciples). Jésus est donc le maître par excellence, mais les Douze peuvent enseigner dans la mesure où ils sont envoyés par leur maître.

## L'incompréhension des disciples

Marc ne passe pas sous silence le fait que les Douze et les disciples ont eu de la difficulté à comprendre l'enseignement de Jésus. On les voit, en effet, poser des questions sur l'interprétation des paraboles (4,10-12) et, loin de la foule, demander des explications à leur maître (7,17 ; 10,10). De son côté, Jésus s'étonne de leur manque d'intelligence (4,13) et de leur peu de foi (4,40). Il les invite à être attentifs (4,24), leur propose un enseignement personnalisé (4,34), et leur montre le chemin. Mais eux ne saisissent pas le sens des paroles et gestes de Jésus (6,52 ; 8,17-18 ; 9,32). Ailleurs, Jésus reproche aux disciples d'avoir des yeux et de ne pas voir (8,18), même si l'expérience de l'aveugle de Bethsaïde leur redonne espérance, car Jésus peut guérir toute cécité (8,22-26).

Sur le chemin, Jésus interrogera les Douze sur son identité (8,28). La réponse de Pierre – « Tu es le Messie » (8,29) – aurait pu signifier la fin de l'aveuglement des disciples. En fait, à l'image de l'aveugle de Bethsaïde qui ne voit d'abord qu'imparfaitement, la compréhension des disciples demandera à être davantage éclairée. Le manque d'intelligence des Douze ne prendra pas fin, en effet, avec la confession de Pierre, le même qui se verra immédiatement après traité de Satan par Jésus (8,33). Plus loin dans le récit, ils ne réussiront pas à chasser un démon (9,14-29), puis sembleront suivre Jésus à contrecœur (10,32) et, en la personne de Jacques et Jean, ils montreront qu'ils ne partagent pas encore les valeurs de Jésus (voir ci-dessus l'étude de Mc 10,35-52).

Enfin, Marc insistera sur le fait que le traître est un des Douze qui a partagé avec Jésus le même pain (14,10.20.43). Après l'annonce de la trahison et sa mise à exécution (14,43), le groupe des Douze ne sera plus mentionné. Pierre en sera le dernier représentant pendant la Passion, mais il suivra Jésus de loin (14,54 ; voir 14,50). L'absence des Douze au moment de la crucifixion montre bien qu'ils n'ont toujours pas compris la nature du chemin de Jésus.

À l'opposé de l'incompréhension des Douze et des proches de Jésus, Marc présente des hommes et des femmes qui semblent avoir compris qui était Jésus : Bartimée, qui se met à la suite de Jésus pour monter à Jérusalem (10,52) ; la femme de Béthanie, qui découvre que la mort de Jésus est orientée vers la vie (14,3-9) ; Simon de Cyrène, qui prend [35] la Croix (15,21) ; le centurion, qui, au moment de la mort de Jésus, confesse son identité de Fils de Dieu (15,39) ; Joseph d'Arimathie, qui ose demander à Pilate le corps de Jésus pour l'ensevelir (15,43). Mais alors que les disciples de Jean Baptiste étaient venus réclamer le corps de leur maître (6,29), aucun des Douze ne participera à l'inhumation de leur Maître.

Une telle description – négative – des Douze ne signifie pas cependant qu'ils doivent être bannis. En effet, le message donné dans la tombe vide oriente Pierre et les disciples vers une tout autre perspective : « Il vous précède en Galilée ; c'est là que vous le verrez » (16,7). Les Douze vont donc pouvoir rencontrer le Seigneur là même où avait commencé leur expérience commune. La fin de l'évangile renvoie au début, comme pour inviter les lecteurs à accompagner les Douze avec Jésus jusqu'à la croix et la tombe vide, puis à recommencer la lecture de l'Évangile pour découvrir chaque fois davantage ce qu'il est : une « Bonne Nouvelle ».



## Le secret messianique

Dans la première partie de l'évangile de Marc, le silence imposé par Jésus à ceux qui découvrent qui il est est frappant. C'est le cas en 1,25 : « Tais-toi », dit-il d'une façon autoritaire à l'esprit impur. En 3,12, l'ordre de Jésus de ne pas le faire connaître est particulièrement sévère. Après la confession de Pierre, Jésus obligera également les disciples « de ne parler de lui à personne » (8,30). Enfin, il demande aussi le silence aux bénéficiaires des miracles, une consigne qui est d'ailleurs rarement respectée : le lépreux guéri devra se montrer au prêtre pour accomplir le rite de purification, mais il ne doit rien dire à personne (1,44) ; les témoins de la résurrection de la fillette de Jaïre reçoivent des recommandations pour que personne ne sache ce qui vient de se passer (5,43) ; après la guérison d'un sourd-muet, Jésus recommande à nouveau de ne rien dire (7,36).

Curieux fait que cet ordre de Jésus, plusieurs fois répété ! Au lieu de se faire connaître au grand jour, il défend de dire ouvertement qui il est ! Pour expliquer cette particularité de l'évangile de Marc [36], les

35. Il s'agit du même verbe que celui employé par Jésus en 8,34 pour inviter les disciples à prendre la Croix.

36. On retrouve aussi certains de ces éléments dans l'évangile de Matthieu, mais ils sont moins marqués.

commentateurs ont parlé de « secret messianique ». Ils y ont reconnu le souci de Marc de faire en sorte que l'identité de Jésus ne soit pas dévoilée avant le moment opportun : la mort sur la Croix. Ils y ont également vu le souci de Marc de montrer que toute reconnaissance de la véritable identité de Jésus passe par la nécessité de marcher à sa suite, pour comprendre ses valeurs. De fait, Pierre reconnaîtra officiellement que Jésus est Messie, mais il lui faudra découvrir comment Jésus inaugure son Royaume messianique. Or Jésus n'est pas un Messie triomphant, mais souffrant. Quand il meurt sur la Croix, il se dévoile comme Roi-Messie

Comment comprendre une telle présentation de Marc ? En se rappelant que Marc a écrit pour une communauté vivant une époque de persécutions, où l'on se demandait vraisemblablement si Jésus était bien le Roi-Messie, lui qui était mort, sur la Croix, d'une manière honteuse [37]. À cela devaient s'ajouter d'autres interrogations : si Jésus a instauré le Royaume de Dieu, comment expliquer que l'on vive des situations de persécutions, d'injustices, de violences et de manques de liberté tellement éloignées du Royaume annoncé ? Marc répond à ces interrogations en montrant que si Jésus est allé jusqu'au Golgotha, c'est bien parce que la venue du Royaume se manifeste dans la mort sur la Croix et non dans le triomphe des acclamations de la foule.

37. Après vingt siècles de christianisme, la Croix ne suscite plus le même scandale qu'elle provoquait au début de notre ère. Le cruel supplice de la croix était réservé aux pires des criminels. Considérant que Dieu n'était pas intervenu pour sauver Jésus, condamné par les autorités civiles et religieuses, il y avait tout lieu de se demander si Dieu n'était pas d'accord avec la condamnation dont il avait été l'objet.

# Bibliographie

**Revues**

*Biblia*, n° 14, décembre 2002, « Une si bonne nouvelle ».
n° 15, janvier 2003, « Mon Dieu, pourquoi m'as-tu abandonné ? ».
*Les dossiers de la Bible* n° 19, septembre 1987 : « Saint Marc »

**Ouvrages**

ANSALDI J. et CUVILLIER E., *Il fut transfiguré devant eux. Une oasis rafraîchissante sur le chemin de la foi*, Poliez-le-Grand (Suisse), Éditions du Moulin, 2002.
BABUT J.-M., *Actualité de Marc*, Paris, Éditions du Cerf, « Lire la Bible », n° 126, 2002.
BONNEAU G., *Le récit de Marc. Commencement de l'évangile de Jésus-Christ*, Bruxelles, Lumen Vitae, Connaître la Bible, n° 18, 2000 ; – « Saint Marc. Nouvelles lectures », *Cahiers Évangile*, n° 117, Paris, Service biblique catholique « Évangile et Vie »-Éditions du Cerf, 2001.
BOURQUIN Y., *La confession du centurion. Le Fils de Dieu en croix selon l'Évangile de Marc*, Poliez-le-Grand (Suisse), Éditions du Moulin, 1995.
CUVILLIER E., *L'évangile de Marc*, Paris-Genève, Bayard-Labor et Fides, « Bible en face », 2002.
DELORME J., « Lecture de l'Évangile selon saint Marc », *Cahiers Évangile*, n^os^ 1-2, Paris, Service biblique catholique « Évangile et Vie »-Éditions du Cerf, 1972.
FOCANT C., *L'évangile selon Marc*, Paris, Éditions du Cerf, coll. « Commentaires bibliques : Nouveau Testament », n° 2, 2004.
HERVIEUX J., *L'évangile de Marc*, Paris-Outremont, Centurion-Novalis, coll. « Commentaire pastoral », 1991.
LÉGASSE S., *L'évangile de Marc*, Paris, Éditions du Cerf, « Lectio Divina », Commentaires, n° 5, 2 tomes, 1997.
MARTINI C. M., *Être avec Jésus. L'itinéraire spirituel des Douze selon saint Marc*, Paris, 1982.
QUESNEL M., *Comment lire un évangile. Saint Marc*, Paris, Éditions du Seuil, 1984.
RUNACHER C., *Saint Marc*, Paris, Éditions de l'Atelier, « La Bible tout simplement », 2001.
STANDAERT B., *L'Évangile selon Marc. Commentaire*, Paris, Éditions du Cerf, « Lire la Bible », n° 61 *bis*, 1997 (2e édition).
VALETTE J., *L'évangile de Marc. Parole de puissance, message de vie. Commentaires.* (2 tomes), Paris, Les Bergers et les Mages, 1986.

5

# *Lire l'œuvre de Luc*

par Odile Flichy[1]

## STRUCTURE : ÉVANGILE – ACTES DES APÔTRES, UNE SEULE ŒUVRE EN DEUX VOLUMES

L'unité littéraire du troisième évangile et des Actes des Apôtres à laquelle renvoie, de manière commode, la formulation abrégée Lc-Ac, fait aujourd'hui l'objet d'un consensus parmi les spécialistes. Cette unité se repère tout d'abord dans l'architecture d'ensemble des deux volumes :

– Chacun d'eux est précédé d'une préface, celle des Actes (Ac 1,1-3) venant faire écho à celle qui ouvre le récit évangélique à l'adresse de l'« excellent » Théophile (Lc 1,1-4) : « J'ai consacré mon premier livre, Théophile, à tout ce que Jésus a fait et enseigné depuis le premier jour où, après avoir donné, dans l'Esprit, ses instructions aux apôtres qu'il avait choisis, il fut enlevé. »

– La fin de l'évangile et le début des Actes s'enchaînent sur un savant effet de tuilage, articulant, comme en un diptyque, les deux volumes autour du récit de l'Ascension : le récit du départ de Jésus au ciel a la double fonction de clore le premier (le Ressuscité n'est plus présent parmi ses disciples) et d'ouvrir le second (les apôtres reçoivent de lui leur mission).

L'unité littéraire se donne également à voir dans les nombreux liens que, par sa manière d'écrire, le narrateur tisse entre les deux volumes. De nombreux effets d'échos et d'annonces contribuent, en effet, à souligner la cohérence de l'ensemble. La ligne de continuité ainsi tracée entre le ministère de Jésus et celui de ses apôtres constitue, pour le lecteur, une précieuse clé de compréhension, attestant que le plan de salut divin annoncé par l'Écriture et accompli par Jésus continue de se dérouler dans l'activité missionnaire des apôtres et, au-delà, de ses disciples (dont le lecteur fait partie[2]).

1. Professeur associée au Centre Sèvres.

2. Sur le problème de l'auteur et des destinataires de l'œuvre de Luc, voir P. Debergé, « La constitution du Nouveau Testament. Repères historiques, littéraires et théologiques », p. 13 *sqq*.

**L'œuvre de Luc : schéma d'ensemble**

| | |
|---|---|
| Lc 1,1-4 | *Préface de* Lc-Ac. |
| Lc 1,5 – 4,13 | *Prologue de* Lc-Ac : la venue des temps messianiques (Jean Baptiste, le précurseur/Jésus, le Messie). |
| Lc 4,14-44 | *Le programme de la mission de Jésus* dans l'évangile : accomplir la prophétie d'Isaïe (Is 31,1-2 ; 58,6). |
| Lc 5,1 – 9,50 | *Le ministère de Jésus en Galilée.* |
| 5,1 – 6,11 | Signes et controverses. |
| 6,12-49 | Enseignement aux disciples. |
| 7,1-50 | Reconnaître Jésus comme prophète. |
| 8,1-56 | Entendre et comprendre la Bonne Nouvelle du Royaume. |
| 9,1-50 | Révélation de l'identité de Jésus (Transfiguration et annonce de la Passion ; incompréhension des disciples). |
| Lc 9,51 – 19,44 | *La montée à Jérusalem.* |
| 9,51 – 13,21 | Exigences pour être disciple : confiance et vigilance. |
| 13,22 – 17,10 | L'économie nouvelle du Royaume. |
| 17,11 – 19,44 | À l'approche de Jérusalem : répondre à l'invitation du Royaume. |
| Lc 19,45 – 21,38 | *Le ministère de Jésus à Jérusalem.* |
| Lc 22,1 – 23,56 | *La Passion et la mort de Jésus.* |
| Lc 24,1-53 | *Le temps pascal.* |
| 24,1-12 | Les femmes au tombeau. |
| 24,13-35 | Apparition sur le chemin d'Emmaüs. |
| Lc 24,36-53 | *Les apparitions aux Onze et l'Ascension.* |
| Ac 1,1-3 | *Préface des Actes des Apôtres.* |
| 1,4 – 2,47 | *De l'Ascension à la Pentecôte* : le Christ établit ses témoins. |
| 3,1 – 8,1a | *Les apôtres annoncent la Bonne Nouvelle à Jérusalem.* |
| 3,1-26 | Pierre guérit un infirme. |
| 4,1-22 | Pierre et Jean comparaissent devant le sanhédrin. |
| 4,23 – 5,11 | La communauté des croyants témoigne de la puissance de l'Esprit. |
| 5,12-42 | Les apôtres comparaissent devant le sanhédrin. |
| 6,1 – 8,1a | Étienne comparaît devant le sanhédrin puis est mis à mort. |
| 8,1b-14,28 | *La proclamation de la Bonne Nouvelle s'étend en dehors de Jérusalem.* |
| 81b-40 | Philippe évangélise la Samarie : Simon le Mage et l'eunuque de la reine d'Éthiopie deviennent croyants. |
| 9,1-31 | Le Christ vient à la rencontre de Paul sur le chemin de Damas : le persécuteur des chrétiens devient témoin du Christ. |
| 9,32 – 11,18 | Pierre accomplit deux miracles et se rend chez le centurion romain Corneille. |

| | |
|---|---|
| 11,19 – 12,24 | Une communauté chrétienne est fondée à Antioche ; Hérode persécute les apôtres à Jérusalem. |
| 13 – 14 | D'Antioche à Antioche : Paul et Barnabé accomplissent un premier voyage missionnaire.<br>– 13,1-12 : à Chypre, le proconsul Sergius Paulus devient croyant.<br>– 13,13-52 : Paul prêche dans la synagogue d'Antioche de Pisidie.<br>– 14,1-28 : Paul prêche à Iconium et guérit un infirme à Lystre. |
| 15,1-35 | *L'assemblée de Jérusalem décide de la place des païens dans l'Église.* |
| 15,36 – 19,20 | *Paul effectue un deuxième voyage missionnaire.* |
| 15,36 – 16,10 | Paul circoncit Timothée et entend l'appel d'un Macédonien. |
| 16,11-40 | Paul est à Philippes. |
| 17,1-15 | Paul prêche à Thessalonique et à Bérée. |
| 17,16-34 | Paul prêche devant l'Aréopage d'Athènes. |
| 18,1-17 | Paul séjourne à Corinthe. |
| 18,18 – 19,20 | Paul séjourne à Éphèse. |
| 19,21 – 26,32 | *Paul est mis en accusation.* |
| 19,21 – 21,16 | Contre l'avis de tous, Paul monte à Jérusalem. |
| 21,17 – 23,11 | Arrêté, il prononce un discours de défense. |
| 23,12 – 26,32 | Son procès se poursuit à Césarée. Il prononce un discours de défense devant le roi Agrippa. |
| 27 – 28 | *Paul est transféré à Rome.* |
| 27,1-44 | Une tempête se déchaîne au cours de la traversée. |
| 28,1-10 | Paul rencontre les habitants de Malte. |
| 28,11-15 | Paul arrive à Rome. |
| 28,16-31 | Paul rencontre à deux reprises les notables juifs de Rome. |

## CARACTÉRISTIQUES LITTÉRAIRES

Pour avoir rapporté non seulement la vie de Jésus, comme les autres évangélistes, mais aussi l'histoire des origines de l'Église, Luc peut, à juste titre, être désigné comme le « premier historien du christianisme [3] ». Sa méthode de travail (présentée dans la préface de l'évangile) est celle d'un historien soucieux de mener des investigations complètes et sérieuses (1,3 : « après m'être informé soigneusement de tout à partir des origines ») s'inspirant du travail de ses prédécesseurs, lui-même enraciné dans ce qui fut rapporté par des témoins oculaires (1,2).

D'un côté, par la construction soignée de son récit – comme le montre le schéma de l'organisation d'ensemble de Lc-Ac –, par la vivacité et la variété de son style, par l'insertion de nombreux discours dans son récit – par exemple, Lc 6,20-48 ; Ac 2,14-36 ; 3,12-26 ; 13,16-47 ; 17,22-31 –, par la manière dont il retravaille ses sources, rendant quasi impossible leur identification, Luc se rattache clairement à la tradition historiographique gréco-romaine [4].

D'un autre côté, lorsqu'il choisit de raconter les débuts modestes d'une petite communauté de croyants (un sujet qui n'aurait pas eu la noblesse requise pour les historiens de l'Antiquité), et qu'il témoigne, par son récit, de sa foi en un Dieu qui intervient dans l'histoire des hommes pour les sauver, Luc se rattache plutôt à la tradition biblique et à sa lecture croyante de l'histoire. Il se situe donc, comme historien, à la croisée de ces deux traditions historiographiques de l'Antiquité : telle est son originalité.

Écrivain de talent, Luc prouve sa maîtrise du grec en faisant jouer différents registres de cette langue dans son récit. Ainsi, la préface qui précède le début de son récit (1,1-4), composée d'une seule longue période soigneusement construite, au rythme harmonieux et équilibré, répond-elle tout à fait aux exigences de la rhétorique gréco-romaine. Ce style soutenu, pouvant soutenir la comparaison avec la langue de Démosthène, se déploie à nouveau en Ac 17, quand Paul s'adresse à la prestigieuse assemblée de l'Aréopage d'Athènes. Le discours qu'il prononce constitue un brillant exemple de la culture « classique » de Luc.

En revanche, c'est avec un grec rempli d'hébraïsmes et de tournures empruntées à la langue de la Septante (LXX) qu'il raconte comment l'ange Gabriel est venu annoncer la naissance d'un enfant à Zacharie, représentant exemplaire, avec sa femme Élisabeth, de la foi d'Israël (Lc 1,5-25). Les nombreuses citations et allusions scripturaires qui émaillent tant cet épisode que le reste de son œuvre révèlent un homme dont la culture biblique est également très étendue.

Historien et écrivain, Luc est également théologien. S'il écrit son double ouvrage, avec ses exigences de vérité historique et de composition littéraire, c'est bien dans le but de conforter la foi de Théophile

3. Voir l'article de D. Marguerat, dans « Saint Luc évangéliste et historien », in *Dossiers d'archéologie*, n° 279, déc. 2002-janv. 2003, p. 12-21.

4. Voir plus bas l'encadré sur les règles de l'historiographie antique gréco-romaine.

### *Douze règles de l'historiographie antique* [5]

– Le sujet choisi doit être noble, digne de figurer dans la mémoire d'un peuple.

– Le sujet doit être utile pour les destinataires, et viser le « bien commun ».

– L'auteur doit faire preuve d'indépendance d'esprit et se montrer impartial.

– « Telles sont les qualités que je demande à un historien : qu'il soit sans crainte, libre, ami de la franchise et de la vérité, et, comme dit le poète comique, qu'il appelle figue une figue, barque une barque, qu'il ne donne rien à la haine ni à l'amitié, qu'il n'épargne personne par pitié, par respect ou par honte. [...] Qu'il n'ait nul souci de ce que sera tel ou tel, mais raconte ce qui s'est fait » (Lucien de Samosate, *Comment il faut écrire l'histoire*, § 41).

– Le récit doit être bien construit (le début et la fin en particulier).

– Le matériau préparatoire doit être rassemblé de manière adéquate.

– « Les faits eux-mêmes ne doivent pas être assemblés au hasard mais soumis à plusieurs reprises à un examen laborieux et pénible. Il faut surtout que l'auteur en ait été témoin et les ait observés ; sinon, qu'il écoute ceux qui les rapportent avec la fidélité la plus incorruptible et qu'on ne saurait soupçonner d'y rien retrancher ou ajouter par haine et par faveur. Et c'est ici qu'il faudra être habile à discerner et à conclure ce qui est le plus probable.

Quand il les aura rassemblés tous ou du moins la plus grande partie, qu'il en compose d'abord un mémoire et en fasse un corps d'abord informe et sans articulations, puis, après y avoir mis de l'ordre, qu'il y ajoute la beauté, qu'il donne de la couleur à la diction, qu'il y sème les figures et les soumette au rythme » (Lucien de Samosate, *Comment il faut écrire l'histoire*, § 47-48).

– Les informations doivent être choisies et variées.

– Le récit doit être correctement disposé et ordonné.

– La vivacité est requise dans la narration.

– Ainsi que la modération dans les détails topographiques.

– L'auteur doit composer des discours adéquats en fonction de l'orateur et de la situation rhétorique.

(1,5 : « afin que tu puisses constater la solidité des enseignements reçus ») en lui montrant (ainsi qu'à tous ceux qu'il représente) que l'histoire des hommes, traversée et dirigée par l'histoire du salut divin, est porteuse de sens : rien moins que l'accomplissement des promesses de Dieu peut se lire dans le récit « des événements qui se sont accomplis parmi nous ».

5. D'après W. C. Van Unnik, « Luke's Second Book and the Rules of Hellenistic Bibliography », in J. Kremer (éd.), *Les Actes des Apôtres. Traditions, rédaction, théologie*, Louvain, Gembloux, Duculot, Leuven University Press, BETL, n° 48, 1979, p. 37-60.

# LE TROISIÈME ÉVANGILE. PRÉSENTATION DE QUELQUES TEXTES ESSENTIELS [6]

**Textes étudiés**



## Lc 1,5-25 : L'annonce de l'ange à Zacharie Étude

Il y avait au temps d'Hérode, roi de Judée, un prêtre nommé Zacharie, de la classe d'Abia ; sa femme appartenait à la descendance d'Aaron et s'appelait Élisabeth. Tous deux étaient justes devant Dieu et ils suivaient tous les commandements et observances du Seigneur d'une manière irréprochable. Mais ils n'avaient pas d'enfant parce qu'Élisabeth était stérile et ils étaient tous deux avancés en âge. Vint pour Zacharie le temps d'officier devant Dieu selon le tour de sa classe ; suivant la coutume du sacerdoce, il fut désigné par le sort pour offrir l'encens à l'intérieur du sanctuaire du Seigneur. Toute la multitude du peuple était en prière au-dehors à l'heure de l'offrande de l'encens. Alors lui apparut un ange du Seigneur, debout à droite de l'autel de l'encens. À sa vue, Zacharie fut troublé et la crainte s'abattit sur lui. Mais l'ange lui dit : « Sois sans crainte, Zacharie, car ta prière a été exaucée. Ta femme Élisabeth t'enfantera un fils et tu lui donneras le nom de Jean. Tu en auras joie et allégresse et beaucoup se réjouiront de sa naissance. Car il sera grand devant le Seigneur ; il ne boira ni vin ni boisson fermentée et il sera rempli de l'Esprit saint dès le sein de sa mère. Il ramènera beaucoup de fils d'Israël au Seigneur leur Dieu ; et il marchera par devant sous le regard de Dieu, avec l'esprit et la puissance d'Élie, pour *ramener le cœur des pères vers leurs enfants* et conduire les rebelles à penser comme les justes, afin de former pour le Seigneur un peuple *préparé.* » Zacharie dit à l'ange : « À quoi le saurai-je ? Car je suis un vieillard et ma femme est avancée en âge. » L'ange lui répondit : « Je suis Gabriel

6. D'une manière générale les principaux textes de l'œuvre de Luc seront présentés sous deux rubriques différentes : *Étude* et *Quelques clefs de lecture*. Le tout sera accompagné d'encadrés portant sur des points essentiels pour une juste compréhension de la théologie de Luc.

qui me tiens devant Dieu. J'ai été envoyé pour te parler et pour t'annoncer cette bonne nouvelle. Eh bien, tu vas être réduit au silence et tu ne pourras plus parler jusqu'au jour où cela se réalisera, parce que tu n'as pas cru à mes paroles qui s'accompliront en leur temps. » Le peuple attendait Zacharie et s'étonnait qu'il s'attardât dans le sanctuaire. Quand il sortit, il ne pouvait leur parler et ils comprirent qu'il avait eu une vision dans le sanctuaire ; il leur faisait des signes et demeurait muet. Quand prit fin son temps de service, il repartit chez lui. Après quoi Élisabeth, sa femme, devint enceinte ; cinq mois durant elle s'en cacha ; elle se disait : « Voilà ce qu'a fait pour moi le Seigneur au temps où il a jeté les yeux sur moi pour mettre fin à ce qui faisait ma honte devant les hommes. »

Le narrateur ouvre son récit en nous présentant deux personnages selon leur ascendance familiale et dans leur fonction sociale : Zacharie est un prêtre de la classe d'Abia et Élisabeth, sa femme, est une descendante d'Aaron le grand prêtre, le frère de Moïse. Il nous en fait également le portrait moral (ce sont deux « justes devant le Seigneur ») avant de désigner l'état qui les caractérise en tant que couple (ils n'ont pas d'enfant parce qu'Élisabeth est stérile et qu'ils sont tous les deux âgés).

Le narrateur s'efface ensuite de son récit en nous faisant assister à la scène qui se déroule dans le Temple (c'est un narrateur « omniscient » !). Nous entendons l'annonce de l'ange (v. 13-17) en même temps que Zacharie et, après la courte réponse de ce dernier (v. 18), nous sommes témoins de la sentence de l'ange à son encontre (v. 19-20) : parce qu'il n'a pas cru aux paroles de l'ange, Zacharie restera muet « jusqu'au jour où cela se réalisera ».

Nous assistons ensuite à une autre scène, celle de la sortie de Zacharie alors que le peuple (le terme grec employé – *laos* – désigne le peuple de Dieu, Israël) l'attend devant le Temple. Le narrateur nous informe que le peuple interprète le mutisme de Zacharie comme le signe d'une manifestation de Dieu (dans une vision).

Enfin, accélérant le rythme de sa narration, Luc nous mène au dénouement de l'épisode : Élisabeth, enceinte, se cache pendant cinq mois et reconnaît l'œuvre de Dieu dans cette future naissance.

### *L'ange du Seigneur*

L'ange du Seigneur intervient dès le premier épisode du récit et se fait connaître à Zacharie « Je suis Gabriel qui me tiens devant Dieu » (1,19). Dans l'Ancien Testament (voir Dn 8,16-17 et 9,21-27), Gabriel est l'ange annonciateur des temps messianiques. Le fait même de son apparition à Zacharie dans le Temple pour lui annoncer la naissance de Jean Baptiste signifie l'ouverture de cette ère nouvelle, attendue et espérée par Israël. On le retrouve à plusieurs reprises dans le récit des Actes des Apôtres (5,19 ; 8,26 ; 12,11.23). Luc souligne par là que Dieu lui-même intervient dans l'histoire des hommes et qu'ainsi, l'histoire du salut se donne à lire à travers les événements de l'histoire humaine.

L'ange du ciel qui vient soutenir Jésus à Gethsémani (22,43) et les deux hommes en vêtements éblouissants qui annoncent la résurrection de Jésus aux femmes venues au tombeau sont également des figures de ces messagers porteurs de la révélation divine.

## La mise en récit : la construction du passage

En prenant comme critères les répétitions de mot et la présence des acteurs dans le récit, on peut remarquer la structure concentrique de l'épisode. Le centre C constitue la « pointe » du récit.

A v. 5-7 Élisabeth est stérile.
Aux v. 6 et 25 : le Seigneur.
Au v. 7 : avancés en âge = *littér.* « avancés dans leurs *jours* ».

B v. 8-10 Toute la foule du peuple ;
Zacharie entre dans le Temple.

C v. 11-20
La scène dans le Temple.
(voir ci-dessous)

B' v. 21-23 Le peuple ;
Zacharie sort du Temple.

A' v. 24-25 Élisabeth est enceinte.
Au v. 25 : au temps où = *littér.* « dans les *jours* où ».

## La scène dans le Temple (v. 11-20)

Les v. 11-13a constituent une introduction qui met en présence les deux personnages et donne la parole à l'un d'eux. L'attention du lecteur est ainsi attirée sur les propos qu'ils échangent, rapportés au style direct.

Les v. 13b-17 rapportent le discours de l'ange : 13b-14 : annonce de la naissance de l'enfant et de la joie qui en résultera ; 15-17 : l'annonce de ce que sera cet enfant : grand devant le Seigneur, il s'abstiendra d'alcool (il sera nazir, en signe d'ascétisme), il sera rempli de l'Esprit saint. Les verbes des v. 16 et 17 définissent l'action future de l'enfant : il « fera retourner » beaucoup de fils d'Israël vers Dieu ; il marchera par-devant sous le regard de Dieu ; il préparera le peuple pour le Seigneur.

Le v. 18 rapporte la réponse, sous forme de question, de Zacharie. Les v. 19-20 contiennent le deuxième discours de l'ange : il révèle son identité et le pourquoi de son premier discours. Il authentifie la source de ses paroles et leur donne tout leur poids de révélation divine. Tout le discours de l'ange est organisé pour que nous retenions que Jean Baptiste convertira le peuple et que ce qui n'est encore qu'une parole prophétique se réalisera. L'importance du v. 16, où l'ange annonce ce que sera la mission de l'enfant qui va naître, est soulignée par l'organisation concentrique du passage (repérable aux reprises ou correspondances lexicales). Ainsi :

A v. 11 l'ange du Seigneur
se tenant debout

B v. 13 l'ange lui *dit*
Zacharie
*ta femme* Élisabeth

C v. 14 *beaucoup* se réjouiront
v. 15 il sera grand *devant le Seigneur*
il sera rempli d'*Esprit* saint

D v. 16 il ramènera de nombreux fils d'Israël
Au Seigneur leur Dieu

C' *un peuple* ... pour le Seigneur
il marchera *devant lui*
avec l'*esprit* et la puissance d'Élie

B' v. 18 Zacharie
*dit* à *l'ange*
*ma femme*

A' v. 19 Je suis Gabriel
qui *me tiens debout* devant Dieu

## L'appel à la mémoire biblique du lecteur pour faire comprendre le sens de cet épisode

Bon nombre de mots de ce passage font signe, à la manière de « clignotants », au lecteur doté d'une mémoire biblique. Les allusions à l'Écriture y sont en effet très nombreuses et elles ne peuvent échapper à celui qui est familier de ses différents livres. À la lumière de ces renvois à des épisodes connus, les événements relatés prennent une autre dimension. Certes, la Bonne Nouvelle annoncée peut être, aujourd'hui encore, entendue de tous, sans exclusive. Luc s'adresse néanmoins à un lecteur susceptible de percevoir les références implicites aux Écritures juives (qu'il cite toujours dans la traduction grecque de la Septante). Prendre en compte ces allusions scripturaires permet de voir comment le narrateur du troisième évangile invite à lire dans le plan de salut de Dieu le sens des faits qu'il raconte. Luc offre par là une clé de compréhension tout à fait essentielle à son lecteur.

Cela apparaît tout particulièrement au v. 6 où, pour qualifier Zacharie et Élisabeth, le narrateur reprend des termes employés, dans l'histoire d'Abraham, au livre de la Genèse :

– comme Abraham et Isaac (Gn 22,6), Zacharie et Élisabeth suivent les commandements de Dieu ;

– comme Abraham, selon l'appel de Dieu (Gn 17,1), Zacharie et Élisabeth sont « irréprochables » ;

– comme Sarah (Gn 11,30), comme Rébecca (Gn 25,21), comme Rachel (Gn 29,31), comme la mère de Samson (Jg 13,2-3), comme Anne, la mère du prophète Samuel (1 S 1,5), Élisabeth est stérile ;

– comme Abraham et Sarah (Gn 18,11), Zacharie et Élisabeth sont « tous les deux avancés en âge » ;

– comme Abraham, Zacharie reçoit l'annonce de la naissance d'un fils dont l'ange lui indique le nom (Gn 17,19) ;

– comme Abraham, Zacharie pose une question, et, qui plus est, la même question : « à quoi le saurai-je ? ».

De manière similaire, la scène de l'apparition de l'ange à Zacharie dans le Temple suit le schéma des scènes de théophanie de l'Ancien Testament :

– apparition de l'ange du Seigneur (Gn 12,7 ; 18,1 ; Jg 6,12 ; 13,3)

– la personne qui a la vision est « troublée » (Gn 19,16 ; Jg 13,22)

– l'ange répond « Ne crains pas » (Jg 6,23 ; Dn 10,12).

Enfin, la mission qui sera celle de Jean Baptiste (investi de l'esprit et de la puissance d'Élie) correspond à la prophétie du prophète Malachie (qui avait également annoncé le retour d'Élie) : « Voici que je vais vous envoyer Élie le prophète… Il ramènera le cœur des pères vers leurs fils et le cœur des fils vers leurs pères » (Ml 3,23-24a). Ainsi, comme on le voit, l'accumulation de ces renvois au passé biblique (essentiellement l'histoire des patriarches) vise à inscrire le récit qui s'ouvre dans la continuité de l'histoire d'Israël et de la fidélité de Dieu envers son peuple.

## Le sens de ces allusions

Étant donné la série des histoires de naissance miraculeuses au terme de laquelle le couple Zacharie-Élisabeth est situé d'emblée, et leur situation paradoxale de couple stérile alors qu'ils sont « justes et irréprochables devant le Seigneur », il est clair que le récit qui va suivre sera celui d'une naissance miraculeuse, conformément à la promesse de Dieu.

Le lecteur sait que Dieu tient toujours sa promesse : Sarah et les autres femmes stériles de la Bible ont donné le jour à un fils. Zacharie le sait lui aussi : il le prouve en reprenant les mots mêmes d'Abraham. Mais le fait même qu'il pose la question prouve en même temps qu'il ne croit pas que cette promesse s'accomplira. Abraham était le premier (sa question était légitime), lui est le dernier (sa question trahit son manque de confiance et/ou son manque de mémoire !).

Ainsi, ce qui était l'attente des ancêtres d'Israël fait irruption dans le présent du récit pour ouvrir un nouvel avenir. Le temps de l'accomplissement des promesses de Dieu à son peuple est venu : tel est le message par lequel Luc ouvre son évangile, invitant son lecteur à entendre le récit de cet événement inouï.

## Lc 1,26-38 : Le récit de l'annonciation
## Quelques clefs de lecture

**La joie/se réjouir**

Le vocabulaire de la joie est très présent dans l'évangile de Luc.

– Le verbe « se réjouir, être dans l'allégresse » (*agalliazô*) et le nom signifiant « la joie, la jubilation », formé sur la même racine (*agalliasis*) :

• « Mon esprit est rempli d'allégresse [7] », s'écrie Marie dans le *Magnificat* (1,47) tandis que Jésus dit à ses disciples : « Réjouissez-vous de ce que vos noms sont inscrits dans les cieux. »

• « Voici que l'enfant a tressailli d'allégresse [8] en mon sein », dit Élisabeth à Marie en réponse à sa salutation (1,44).

– Le verbe « se réjouir » (*chairô*) et le substantif de la même famille (*chara*, la joie) ont de nombreuses occurrences (1,14 ; 2,10 ; 8,13 ; 10,7 ; 15,7.10 ; 24,41.52).

Les deux registres de ce vocabulaire sont associés en 1,14, lors de l'annonce de la naissance de Jean à Zacharie par l'ange Gabriel : « Il y aura pour toi joie (*chara*) et allégresse (*agalliasis*) et beaucoup se réjouiront (*chairô*) de sa naissance. »

On voit à la lumière de ces quelques exemples que la joie qui s'exprime dans le récit de Luc est liée à la venue du salut. Associée aux temps messianiques, et prophétisée par l'Écriture [9], elle a une dimension « eschatologique » qui va bien au-delà de l'expression d'un simple sentiment. C'est donc une portée non pas psychologique mais théologique que Luc donne à ces termes.

Après avoir annoncé la naissance de Jean Baptiste à Zacharie, l'ange Gabriel s'adresse à Marie. En établissant, par l'organisation même de son récit, un parallèle entre ces deux épisodes, Luc met en lumière, à l'intention de son lecteur, le sens de ce deuxième récit d'annonciation.

1/ La figure de Marie est construite en opposition à celle de Zacharie : à l'homme âgé dont la femme est stérile et qui ne croit pas à la bonne nouvelle de la naissance d'un enfant succède la jeune fille non encore mariée qui accueille la parole divine avec confiance. Zacharie et Marie ont cependant en commun leur foi juive : ils représentent l'espérance d'Israël dans le messie-sauveur promis par Dieu. C'est dans le cadre de ce qui les rapproche que s'évalue ce qui les sépare.

2/ Les deux épisodes sont construits selon un strict parallélisme. Cela se remarque dans la présentation des lieux, des personnages, dans le dialogue avec l'ange qui comporte une annonce, une question et une réponse de l'ange (repérer pourquoi la question de Zacharie est considérée comme la preuve de la non-foi de Zacharie et pourquoi celle de Marie témoigne au contraire de sa foi), dans la réaction finale à l'annonce.

3/ Le contenu de l'annonce faite à Marie concernant l'enfant à naître donne au lecteur des informations essentielles concernant l'identité de Jésus : « Il sera grand et sera appelé Fils du Très-Haut.

7. « Je jubile » selon *La Bible, nouvelle traduction*, Bayard, 2001.

8. « L'enfant a bondi d'exaltation » selon la traduction de Bayard, 2001.

9. Voir Ha 3,18 : « Moi, je serai dans l'allégresse à cause du Seigneur, j'exulterai à cause du Dieu qui me sauve. »

Le Seigneur lui donnera le trône de David son père. Il régnera pour toujours sur la famille de Jacob. » Le lecteur sait donc à l'avance ce que les personnages du récit auront à découvrir : Jésus est le messie royal, le descendant promis par Dieu au roi David par la voix du prophète Nathan (2 S 7). Il attend en revanche de savoir comment se fera cette reconnaissance.

## Lc 4,15-44 : La prédication de Jésus à Nazareth
## Quelques clefs de lecture

Deux sommaires encadrent le récit de la venue de Jésus à Nazareth et à Capharnaüm :

– 4,15 Jésus enseigne avec la puissance de l'Esprit.

– 4,42-44 Jésus annonce la Bonne Nouvelle du Royaume et prêche (*littér.* proclame) dans les synagogues de Judée [10].

La structure de l'épisode de Nazareth souligne l'importance de la citation d'Isaïe (v. 18-19) et de la parole de Jésus sur l'accomplissement « aujourd'hui » de la prophétie (v. 21). À la lumière de la rencontre de Jésus et des envoyés de Jean Baptiste au chapitre 7, le lecteur comprend que la citation d'Isaïe constitue le « programme » du ministère de Jésus et que le récit du ministère de Jésus en Galilée en montre le déroulement.

Le verbe grec *thaumazô* (traduit généralement par « s'étonner ») s'emploie tantôt avec une connotation négative (s'étonner, au sens de s'indigner) tantôt avec une connotation positive (s'étonner, au sens d'admirer). C'est ce dernier sens qui doit ici être retenu : les habitants de Nazareth ont d'abord une réaction d'admiration devant l'enfant du pays. Leur sentiment de fierté se change en hostilité quand ils comprennent que le salut apporté par Jésus ne leur est pas réservé et doit être offert à tous. Jésus devine leurs pensées, et, tel un prophète, annonce ce qui se réalise peu après : il est rejeté par les gens de sa propre patrie.

Les esprits impurs et les démons, au titre de leur pouvoir « surnaturel » connaissent l'identité de Jésus. Celui-ci les fait taire, car son identité n'est pas une question de « savoir ». Elle doit être reconnue et crue à partir des signes qu'il opère, investi de la puissance de l'Esprit.

## Lc 6,17-49 : L'enseignement de Jésus : le Sermon dans la plaine
## Quelques clefs de lecture

Jusqu'ici, les disciples n'ont pas joué un grand rôle dans le récit de Luc, centré davantage sur Jésus et l'exercice de son ministère. Le lecteur sait simplement qu'ils ont tout laissé pour le suivre. Dans les versets qui précèdent immédiatement ce passage, Jésus a nommé des apôtres sans leur donner de consignes précises. Il va maintenant s'adresser

10. La Judée est à entendre ici au sens large de « pays des juifs ».

## Accomplir

« Aujourd'hui, cette écriture est accomplie pour vous qui l'entendez », dit Jésus aux habitants de Nazareth rassemblés dans la synagogue (Lc 4,21). Le programme de la mission qu'il a reçue de son père lors de son baptême s'énonce dans les termes de la prophétie d'Isaïe :

Tout au long de son ministère en Galilée, Jésus « annoncera la Bonne Nouvelle aux pauvres » en libérant de leurs chaînes les captifs de la maladie et des démons et en rendant la vue aux aveugles.

L'accomplissement de l'Écriture ne fait pas référence à un déterminisme quelconque pesant sur les événements, comme si le sort de Jésus avait été inscrit d'avance dans le plan divin. L'évangile de Luc met, au contraire, particulièrement en lumière la dimension prophétique de Jésus qui va au bout de sa mission librement et en pleine conscience de ce qui l'attend.

De fait, les événements qui surviennent, et, en particulier, l'événement inouï de la venue du Messie attendu par Israël prennent pleinement sens (le verbe grec *plèroun* exprime l'idée d'achèvement, de plénitude) pour celui qui les relit à la lumière du plan de Dieu. Parce qu'elle témoigne de la fidélité de Dieu à sa promesse de salut, l'annonce de l'accomplissement de l'Écriture ouvre un avenir nouveau à celui qui l'accueille.

Quand il disait à ses disciples : « Il faut que s'accomplisse tout ce qui a été écrit de moi dans la Loi de Moïse, les Prophètes et les Psaumes » (Lc 24,44), Jésus leur enseignait la cohérence du plan de salut de Dieu, plan auquel il avait librement adhéré.

## *Les apôtres, les disciples, les Douze*

Luc est le seul évangéliste qui établit une distinction entre ces termes, comme le montre le verset suivant : « Jésus appela ses disciples et en choisit douze auxquels il donna le nom d'apôtres » (Lc 6,13).

Le mot « disciples » apparaît pour la première fois dans le récit en 5,30 : les pharisiens et les scribes murmurent en voyant Jésus avec les collecteurs d'impôts et les pécheurs chez Lévi qui a « suivi » Jésus, conformément à l'invitation de ce dernier (5,27). Ils s'adressent alors aux « disciples » de Jésus. Pour le lecteur, le terme désigne ceux que Jésus a appelés et qui, « laissant tout » l'ont suivi, à savoir Simon, Jacques et Jean (5,1-11.27).

Au chapitre 6, le groupe des disciples est manifestement devenu plus nombreux. Il comprend tous ceux qui font route avec Jésus, distincts de la foule qui les accompagne (voir 7,11). Les Douze que Jésus choisit en sont issus. Leur titre d'apôtres est lié à leur mission : Jésus donne puissance et autorité aux Douze pour guérir les maladies, chasser les démons et les envoie proclamer le Règne de Dieu (9,1). À leur retour, les « apôtres » rendent compte de leur mission (9,10). Le récit met ici les deux termes en relation d'équivalence. Les Douze sont également les destinataires de la dernière annonce de la Passion (18,31).

Chez Luc, ce sont les disciples qui acclament Jésus lors de son entrée à Jérusalem. Jésus s'adresse à eux dans le Temple devant tout le peuple (20,45). Mais si c'est avec les « apôtres » (les Douze) qu'il prend le repas de la Pâque (22,14), ce sont ses disciples qui le suivent au mont des Oliviers et s'endorment (22,39.45) et les apôtres qui entendent des femmes la nouvelle de la résurrection de Jésus (24,10).

à eux pour un enseignement sur la vie du disciple, tandis que la foule se presse pour l'écouter. Les controverses de la section précédente sont finies. Jésus peut enseigner sans être contesté ou interrompu.

Le contenu de l'enseignement de Jésus à ses disciples comporte plusieurs parties : des antithèses (bénédictions et mises en garde) et des remarques sur le fait d'être disciple. Au sujet des antithèses (6,20-26), on notera les échos avec le *Magnificat* (1,45.48.53) et avec l'annonce de la Bonne Nouvelle aux pauvres (4,18-20). Le salut célébré par Marie est réaffirmé ici. Les paroles de Jésus sont porteuses d'espérance et de réconfort pour tous les exclus et tous les pauvres à qui il est venu apporter la délivrance. Il leur propose un nouveau monde fondé sur d'autres valeurs. Les lamentations (« Malheureux êtes-vous... ») s'inscrivent dans la tradition prophétique. Elles visent à mettre en garde ceux qui fondent leur vie sur de fausses valeurs. Le jugement divin risque d'avoir des conséquences désastreuses pour eux.

Jésus définit ensuite les nouvelles conditions d'existence de la communauté de ses disciples :

v. 27-31 : le comportement de ceux qui ont pleinement compris son message ;

v. 31-38 : le fondement de ce comportement : la règle d'or (v. 31), elle-même enracinée dans la miséricorde de Dieu (v. 36).

Jésus appelle ensuite à écouter ses paroles et à les mettre en pratique : c'est la manière d'agir qui révèle ce qu'il y a dans le cœur. C'est en cela qu'on reconnaît un disciple (6,39-49).

## Lc 7,2-10 : La guérison du serviteur du centurion Quelques clefs de lecture

### Le contexte

La question de l'identité de Jésus a été posée dès le début du récit. Seuls le lecteur et les démons, placés du côté des puissances surnaturelles, savent que Jésus est le Messie. Les autres acteurs de l'histoire s'interrogent et ne comprennent pas. Ainsi, les pharisiens (5,21 ; 6,1.11). Les guérisons miraculeuses opérées par Jésus ont pour fonction de révéler son identité de Messie-Fils de Dieu.

### Le personnage du centurion

Il est construit comme la figure antithétique des pharisiens. Ces derniers, qui sont juifs, refusent de voir en Jésus le Messie dont l'autorité vient de Dieu. Lui, l'officier romain, a foi en cette autorité. Son raisonnement par analogie le montre : si lui a autorité sur ses soldats, à plus forte raison Jésus a-t-il autorité pour guérir son esclave. Sa foi est une reconnaissance de l'identité véritable de Jésus (la foule l'exprimera explicitement un peu plus loin, en 7,16 : « un grand prophète s'est levé... Dieu a visité son peuple »).

## La pointe de ce passage

C'est la foi en la parole de Jésus qui apporte le salut. Dans ce récit, Jésus et le centurion ne se rencontrent jamais.

> ***Le ministère de Jésus accomplit la prophétie d'Isaïe***
>
> Quand les envoyés de Jean Baptiste viennent lui demander s'il est bien le Messie qu'ils attendaient (Lc 7,20), Jésus leur répond en citant le prophète Isaïe, les prenant à témoin que les miracles qu'il opère sont le signe de l'accomplissement des paroles du prophète.
>
> De fait, tout au long de son ministère en Galilée, Jésus :
>
> proclame la Bonne Nouvelle du Royaume aux pauvres (les exclus et les malades) : 4,44 ; 8,1
>
> chasse les démons : 4,41 ; 8,2.26-38 ; 9,37-43 ; 9,37-43
>
> guérit les malades : 5,12-16.17-26 ; 6,6-11 ; 7,1-10.11-17 ; 8,43-54.
>
> Il accomplit ainsi la prophétie d'Isaïe (61,1-2 ; 58,6) :
>
> « L'Esprit du Seigneur est sur moi parce qu'il m'a conféré l'onction
> pour annoncer la Bonne Nouvelle aux pauvres.
> Il m'a envoyé proclamer aux captifs la libération,
> Et aux aveugles le retour à la vue,
> Renvoyer les opprimés en liberté,
> Proclamer une année d'accueil pour le Seigneur. »

## Lc 7,36-50 : Le repas chez Simon et la femme pécheresse Étude

Un pharisien l'invita à manger avec lui ; il entra dans la maison du pharisien et se mit à table. Survint une femme de la ville qui était pécheresse ; elle avait appris qu'il était à table dans la maison du pharisien. Apportant un flacon de parfum en albâtre et se plaçant par derrière, tout en pleurs, aux pieds de Jésus, elle se mit à baigner ses pieds de larmes ; elle les essuyait avec ses cheveux, les couvrait de baisers et répandait sur eux du parfum.

Voyant cela, le pharisien qui l'avait invité se dit en lui-même : « Si cet homme était un prophète, il saurait qui est cette femme qui le touche, et ce qu'elle est : une pécheresse. » Jésus prit la parole et lui dit : « Simon, j'ai quelque chose à te dire. — Parle, Maître, dit-il. — Un créancier avait deux débiteurs ; l'un lui devait cinq cents pièces d'argent, l'autre cinquante. Comme ils n'avaient pas de quoi rembourser, il fit grâce de leur dette à tous les deux. Lequel des deux l'aimera le plus ? » Simon répondit : « Je pense que c'est celui auquel il a fait grâce de la plus grande dette. » Jésus lui dit : « Tu as bien jugé. »

Et se tournant vers la femme, il dit à Simon : « Tu vois cette femme ? Je suis entré dans ta maison : tu ne m'as pas versé d'eau sur les pieds, mais elle, elle a baigné mes pieds de ses larmes et les a essuyés avec ses cheveux. Tu ne m'as pas donné de baiser, mais elle, depuis qu'elle est entrée, elle n'a pas cessé de me couvrir les pieds de baisers. Tu n'as pas répandu d'huile odorante sur ma tête, mais elle, elle a répandu du parfum sur mes pieds. Si je te déclare que ses péchés si nombreux ont été pardonnés, c'est parce qu'elle a montré beaucoup d'amour. Mais celui à qui on pardonne peu montre peu d'amour. » Il dit à la femme : « Tes péchés ont été pardonnés. »

Les convives se mirent à dire en eux-mêmes : « Qui est cet homme qui va jusqu'à pardonner les péchés ? » Jésus dit à la femme : « Ta foi t'a sauvée. Va en paix. »

Cet épisode conclut le chapitre 7 qui situe le ministère de Jésus à Capharnaüm (7,1 : « Jésus entra à Capharnaüm » ; 8,1 : « Or, par la suite, Jésus faisait route... »). L'ensemble de ce chapitre vise à faire apparaître que le ministère de Jésus en Galilée est bien l'accomplissement de la prophétie d'Isaïe : comme Messie-prophète, Jésus a reçu l'Esprit du Seigneur pour proclamer la Bonne Nouvelle aux pauvres et apporter aux malheureux la liberté et la lumière. La guérison de l'esclave du centurion (7,2-10) fait écho au miracle du prophète Élisée en 2 R 5 : il guérit, en le purifiant de sa lèpre, le serviteur du roi, Naamân le Syrien. La compassion de Jésus pour la veuve de Naïn et la résurrection de son fils rappellent au lecteur la résurrection du fils de la veuve de Sarepta par le prophète Élie.

On note également que les diverses réactions provoquées par la mission de Jésus sont mises en lumière dans ce chapitre. Il y a la foi du centurion (7,9), ceux qui sont saisis de crainte et rendent gloire à Dieu (7,16), l'interrogation des disciples de Jean Baptiste (7,19), la reconnaissance par le peuple (y compris les collecteurs d'impôts) de « la justice de Dieu », c'est-à-dire de l'offre de réconciliation transmise par Jean Baptiste (7,29) et le refus des pharisiens et des légistes (7,30). La question de l'identité de Jésus, posée dès le début de son ministère (5,21), est ici relancée par les disciples de Jean Baptiste.

## L'organisation du récit

v. 36-37ab : situation initiale. Un pharisien a invité Jésus à manger avec lui. Celui-ci est à table. Une femme qui, dans la ville, est considérée comme une pécheresse a entendu dire que Jésus est à table dans la maison du pharisien.

v. 37c-39 : l'intrigue se noue. Le comportement de la femme suscite l'étonnement du pharisien : comment Jésus peut-il être un prophète et accepter d'être touché par une pécheresse ?

v. 40-43 : l'action transformatrice fait basculer le récit vers son dénouement. En racontant une parabole à Simon le pharisien, Jésus lui offre la possibilité de voir ce qu'il ne voyait pas et d'avoir un autre regard sur le comportement de la femme.

v. 44-48 : le dénouement (la résolution de l'intrigue). Jésus aide Simon à reconnaître que son jugement concernant les débiteurs apporte une réponse à la question qu'il se posait à propos des gestes de la femme.

v. 49-50 : la situation finale. Les convives s'interrogent sur l'identité de Jésus tandis que Jésus confirme que la femme a été sauvée par sa foi.

## Au fil du récit : proposition de lecture

v. 36-37ab : L'hôte de Jésus est un pharisien. Cette indication du narrateur évoque pour le lecteur la figure des pharisiens précédemment apparus dans le récit : ils se caractérisent par leur obéissance envers la Loi de Moïse et se tiennent, de ce fait, à distance des pécheurs.

L'ordre des mots grecs dans la présentation de la femme est important : « une femme qui était dans la ville une pécheresse ». La phrase nous livre l'opinion de la ville concernant cette femme. Il n'est pas du tout certain que le narrateur veuille caractériser la femme comme telle. En revanche, pour Simon le pharisien, cela ne fait pas de doute.

v. 37c-39 : Les gestes d'hospitalité de la femme (dont rien ne permet de dire qu'il s'agit d'une prostituée) sont décrits avec précision. Le contraste avec l'attitude du pharisien à l'égard de son invité n'en sera que plus fort (v. 44-46). Le texte met en présence un homme qui se considère comme pur et une femme que la ville considère comme une pécheresse. Celle-ci se met aux pieds de Jésus. La description de l'accueil de Simon est absente du récit pour le moment.

La réflexion du pharisien révèle ce qui est au centre du récit : ce n'est pas la pécheresse ni ses actes (aux yeux du pharisien, ce que fait la femme confirme sa réputation de pécheresse) mais bien plutôt l'identité de Jésus qui est mise en question. Si Jésus était un prophète, il connaîtrait la véritable identité de la femme. Il n'est donc pas prophète, conclut-il. Le lecteur sait qu'il se trompe.

v. 40-43 : Jésus va aider ce pharisien à reconnaître cette femme telle qu'elle est. Il l'appelle par son nom, Simon, comme pour préciser qu'il ne porte pas de jugement *a priori* sur lui. Le narrateur invite par là son lecteur à s'intéresser à « l'homme Simon », au-delà de son appartenance au groupe des pharisiens.

La parabole que Jésus lui raconte vise à transformer son regard. Elle est simple mais pas du tout innocente, renvoyant à la situation concrète dans laquelle se trouve Simon : celle d'un homme aisé qui peut recevoir des hôtes à sa table, privilège dont ses invités lui sont redevables. Il est donc dans la position du créancier de la parabole. L'annulation de la « dette » des débiteurs que représentent les convives irait à l'encontre des valeurs sociales établies : quel hôte, honoré d'avoir été reçu chez un notable de la ville, ne rendrait pas l'invitation, de manière que la marque d'honneur soit réciproque ? Par un tournant imprévu, la parabole sort du domaine familier et lui offre une autre perspective : paradoxalement, le créancier ne demande rien à ses débiteurs. Sa générosité ne s'explique pas, elle est de l'ordre d'un fait. La reconnaissance de ces invités-là ne sera-t-elle pas infiniment plus grande ?

Jésus interprète la réponse de Simon comme un jugement : « Tu as bien jugé. » Appliqué à une situation fictive à la faveur de la parabole, ce jugement (le troisième pour Simon dans le récit : pour lui, cette femme est une pécheresse et il est arrivé à la conclusion que Jésus n'est pas prophète) va l'aider à modifier le premier concernant la femme – et, peut-être, le second concernant Jésus ?

v. 44-48 : La question de Jésus : « Tu vois cette femme ? » introduit Simon à un autre regard sur la femme et à une autre interprétation des gestes qu'elle a posés à l'égard de Jésus. Avec ironie, le narrateur fait apparaître que celui qui avait jugé la femme au nom des valeurs sociales et morales établies est celui qui a oublié de s'y conformer pour accueillir dignement son invité. Ce que la parabole a laissé dans l'ombre se révèle alors : les dettes se transforment en péché et la remise des dettes devient le pardon.

Le v. 47 est un verset clé qui doit être bien compris : Jésus déclare que l'amour de la femme est le signe (et non la cause) du pardon de ses péchés (c'est-à-dire de sa réconciliation avec Dieu). Cette femme est venue signifier par ses gestes sa gratitude envers celui par qui lui est venu le pardon de Dieu. À Simon de reconnaître, à son tour, celui qui pardonne ! Pour le moment, n'est-il pas encore celui qui, parce qu'il n'a pas accueilli ce pardon, « aime peu », à l'abri des conventions sociales qui déterminent son cercle de relations ?

v. 49-50 : La réaction des convives est déclenchée par la phrase de Jésus : « Tes péchés ont été pardonnés. » On peut penser que c'est à leur intention que Jésus réaffirme ce que la femme sait déjà : « Ta foi t'a sauvée. » La femme pourra ainsi cesser d'être rejetée par la communauté : elle n'est plus une « pécheresse ». À Simon et à ses invités, Jésus proclame le salut offert et reçu par la femme. Les ouvrant ainsi à la perspective de Dieu, il leur révèle également sa nature de prophète.

Comment réagissent-ils ? Ont-ils compris quel était le sens véritable des gestes de la femme ? Reconnaîtront-ils que Jésus est vraiment un prophète ? Accueilleront-ils à leur tour le pardon de Dieu et deviendront-ils capables d'aimer beaucoup ? Quel sera le sort de la femme ? Autant de questions que l'histoire laisse sans réponse ! Cependant, en racontant le lien qui existe entre le salut de la femme et l'identité de Jésus sauveur, le récit a créé les conditions pour que le lecteur les reçoive et se les pose à son tour.

## Lc 9,22-23 ; 9,44-45 ; 12,50 ; 13,32-33 ; 17,20.25 ; 18,31-34 :

### Les annonces de la Passion
### Quelques clefs de lecture

Luc a introduit dans son récit trois annonces de plus que Marc (8,27-31 ; 9,30-32 ; 10,32-34) et Matthieu (16,13-21 ; 17,22-23 ; 20,17-19). Il souligne par là le caractère éminemment dramatique de la montée à Jérusalem – dont le récit occupe dix chapitres sur les vingt-quatre de l'Évangile (de 9,51 à 19,44).

*En Galilée,* à Césarée, Pierre reconnaît en Jésus le « Christ de Dieu » (9,20). Il pense probablement à la figure du messie royal, descendant de David, attendu par Israël. La première annonce que fait Jésus de ce qui l'attend à Jérusalem vise à l'orienter dans une autre direction, celle du Serviteur souffrant (voir Is 52 – 53) : « *Il faut*[11] *que le Fils de l'homme souffre beaucoup, qu'il soit rejeté par les anciens, les grands prêtres*

11. Voir plus bas encadré : « Il faut », p. 302.

*et les scribes, qu'il soit mis à mort et que, le troisième jour, il ressuscite* » (9,22).

Cette première annonce permet également à Jésus de situer dans la même perspective la mission du disciple. En effet, immédiatement après, il dit « à tous » : « Si quelqu'un veut venir à ma suite, *qu'il renonce à lui-même*... » (9,23.)

Un peu plus loin dans le récit, une nouvelle annonce souligne l'incompréhension des disciples : « Le Fils de l'homme va être *livré aux mains des hommes*. Mais ils ne comprenaient pas cette parole ; elle leur restait voilée pour qu'ils n'en saisissent pas le sens ; et ils craignaient de l'interroger sur ce point » (9,44-45).

On note ici l'emploi d'un terme plus englobant (« *les hommes* » au lieu des autorités religieuses) pour désigner ceux par qui Jésus souffrira sa Passion.

*Sur la route de Jérusalem*, au cours du discours qu'il adresse à la foule assemblée par milliers, Jésus annonce sa Passion sous forme métaphorique : « C'est un baptême que j'ai à recevoir... » (12,50.) Si cette parole garde un caractère mystérieux pour la foule (Jésus ne donne pas d'explication), elle évoque pour le lecteur chrétien, au-delà du rite de purification et de la démarche de conversion qu'il signifie, la mort et la résurrection de Jésus.

Lorsque des pharisiens viennent de prévenir Jésus qu'Hérode veut le faire mourir, Jésus prononce pour la première fois le nom de Jérusalem en référence au sort qui l'attend : « Allez dire à ce renard : Voici, je chasse des démons et j'accomplis des guérisons aujourd'hui et demain, et le troisième jour, c'est fini. *Mais il me faut poursuivre ma route aujourd'hui et le jour suivant, car il n'est pas possible qu'un prophète périsse hors de Jérusalem* » (13,32-33). L'hostilité de ses adversaires elle-même est présentée par Jésus comme un des éléments du drame qui va s'y jouer : « *Il faut qu'il [le Fils de l'homme] souffre beaucoup et qu'il soit rejeté par cette génération* » avant que ne vienne le Règne de Dieu (17,20.25).

*Enfin, juste avant d'entrer à Jérusalem, prenant les Douze avec lui, Jésus leur dit* : « Voici que nous montons à Jérusalem et que va s'accomplir tout ce que les prophètes ont écrit au sujet du Fils de l'homme. Car il sera livré aux païens, soumis aux moqueries, aux outrages, aux crachats ; après l'avoir flagellé, ils le tueront et, le troisième jour, il ressuscitera » (18,31-33). Outre l'annonce directe des événements qui vont avoir lieu, Luc souligne encore l'incompréhension des disciples : « Mais eux n'y comprirent rien. Cette parole leur demeurait voilée et ils ne savaient pas ce que Jésus voulait dire » (18,34). L'inclusion de cette mention avec celle de 9,45 donne à ce thème un relief particulier. La tension dramatique du récit est ainsi portée à son comble.

## Lc 9,26-38 : Le récit de la Transfiguration
## Quelques clefs de lecture

### La place de cet épisode dans le récit

Cet épisode est important par rapport à la question de l'identité de Jésus posée à plusieurs reprises par différents acteurs du récit : « Qui est cet homme qui va jusqu'à pardonner les péchés ? » se demandent les convives de Simon le pharisien (7,49) ; « Quel est celui-ci dont j'entends dire de telles choses ? » s'interroge Hérode, qui, dans sa perplexité, cherche à voir Jésus (9,9) ; « Qui suis-je, au dire des foules ? [...] et vous, qui dites-vous que je suis ? », demande Jésus à ses disciples (9,18.20).

Pierre donne une première réponse : « le Christ de Dieu » ; Jésus annonce alors pour la première fois sa Passion et sa Résurrection : « Il faut que le Fils de l'homme souffre beaucoup... et que, le troisième jour, il ressuscite » (9,21).

La voix céleste vient confirmer cette annonce de Jésus : les disciples doivent comprendre que le Messie qu'ils attendent et que Pierre reconnaît en Jésus sera un Messie crucifié.

### Le cadre de la scène

L'indication temporelle – « environ huit jours après ces paroles » – rattache la scène aux v. 23-27 où Jésus explicite la première annonce de la Passion. La formule « et il arriva que... », traduite par « or », indique qu'il se passe quelque chose d'important. La tension du récit est maintenue par rapport à l'épisode précédent.

Le lieu est « la montagne » où Jésus emmène Pierre, Jacques et Jean pour prier. Déjà en 6,12, Jésus s'était retiré sur la montagne pour prier avant de choisir les Douze. Chez Luc, l'endroit est associé à la rencontre avec Dieu et à la prière (voir aussi 22,39).

### L'événement raconté : sa nature et sa portée

La « Transfiguration » de Jésus porte tous les signes d'une théophanie : la transformation de son visage et l'éclat de son manteau, la vision de la gloire de Dieu et la nuée qui vient envelopper le groupe en sont autant d'indices, empruntés à la littérature apocalyptique (voir Dn 10,5-6 ; Ez 1,4-7). Ils rappellent également l'événement du Sinaï : Moïse descend de la montagne « le visage rayonnant » d'avoir parlé avec le Seigneur (Ex 24 ; 34,29-35).

Le récit insiste sur la soudaineté de la vision qui se produit pendant que Jésus prie (« et voici que... ») et sur son caractère surnaturel : Moïse et Élie (le premier et le dernier prophètes et connaissant, à ce titre, le dessein de Dieu) « sont vus en gloire » comme l'ange Gabriel avait « été vu » de Zacharie dans le Temple.

On notera la polysémie du mot « exode » en 9,31 : « Moïse et Élie parlaient de son *exode* qui allait s'accomplir à Jérusalem. » Le terme fait

**Et il arriva que… (*Kai egeneto*)**

Très fréquemment (une cinquantaine de fois dans l'évangile [12]), Luc marque par cette formule une étape importante de son récit et en souligne ainsi la progression. Elle est souvent traduite par « or » ou « et voici que ». Plus qu'une simple marque stylistique caractérisant l'écriture de Luc, elle attire l'attention du lecteur sur la portée des événements racontés. Le projet théologique de Luc est en effet de montrer comment Dieu agit au cœur de l'histoire des hommes. En ponctuant son récit de « et il arriva que… », l'évangéliste pointe discrètement vers cette direction divine des « événements accomplis parmi nous » (Lc 1,1).

référence à l'exode d'Égypte tout en fonctionnant comme une annonce de la mort de Jésus (le départ est une métaphore de la mort). Tout en restant mystérieux, il vient également donner un contenu aux paroles de Jésus concernant le destin du Fils de l'homme en 9,22. Une information supplémentaire est donnée au lecteur quant au lieu, Jérusalem, où va s'accomplir le destin de Jésus.

Comme lors de la scène du baptême de Jésus, Dieu lui-même se manifeste pour révéler ce que va représenter pour Jésus la route jusqu'à Jérusalem. Présenté aux côtés des prophètes de Dieu, Jésus connaîtra leur sort : rejeté, il sera mis à mort.

Pierre se trompe dans l'interprétation qu'il fait de la scène à laquelle il vient d'assister. Il y avait en Israël une espérance de « tentes éternelles ». Pierre se voit déjà installé dans ces tentes des temps derniers ! Il a déjà oublié (ou n'a pas compris) l'annonce que Jésus a faite de sa Passion. Le commentaire du narrateur le souligne au v. 33 : « Il ne savait pas ce qu'il disait. »

La conclusion met en valeur la solitude de Jésus : unique élu de Dieu, il est seul pour affronter sa mission.



## Lc 14,1-24 : Repas chez un chef des pharisiens
## Étude

> Or Jésus était entré dans la maison d'un chef des pharisiens un jour de sabbat pour y prendre un repas ; ils l'observaient, et justement un hydropique se trouvait devant lui. Jésus prit la parole et dit aux légistes et aux Pharisiens : « Est-il permis ou non de guérir un malade le jour de sabbat ? » Mais ils gardèrent le silence. Alors Jésus, prenant le malade, le guérit et le renvoya. Puis il leur dit : « Lequel d'entre vous, si son fils ou son bœuf tombe dans un puits, ne le hissera pas aussitôt, en plein jour de sabbat ? » Et ils ne purent rien répondre à cela.

### *Choisir la dernière place*

Jésus dit aux invités une parabole, parce qu'il remarquait qu'ils choisissaient les premières places ; il leur dit : « Quand tu es invité à des noces, ne va pas te mettre à la première place, de peur qu'on ait invité

---

12. Voir 1,23.41.59.65 ; 2,13.15.42.46 ; 3,2 ; 4,25.36 ; 5,12.17 ; 6,13.16.49 ; 7,11 ; 8,1.24 ; 9,18.29.33.35 ; 10,21 ; 11,1.14.30 ; 13,19 ; 14,1 ; 15,14 ; 16,22 ; 17,11.14.26 ; 19,9.15.29 ; 20,1 ; 22,14.44.66 ; 23,44 ; 24,4.15.30.51.

quelqu'un de plus important que toi, et que celui qui vous a invités, toi et lui, ne vienne te dire : "Cède-lui la place" ; alors tu irais tout confus prendre la dernière place. Au contraire, quand tu es invité, va te mettre à la dernière place, afin qu'à son arrivée celui qui t'a invité te dise : "Mon ami, avance plus haut." Alors ce sera pour toi un honneur devant tous ceux qui seront à table avec toi. Car tout homme qui s'élève sera abaissé et celui qui s'abaisse sera élevé. »

*Inviter les pauvres*

Il dit aussi à celui qui l'avait invité : « Quand tu donnes un déjeuner ou un dîner, n'invite pas tes amis, ni tes frères, ni tes parents, ni de riches voisins, sinon eux aussi t'inviteront en retour, et cela te sera rendu. Au contraire, quand tu donnes un festin, invite des pauvres, des estropiés, des boiteux, des aveugles, et tu seras heureux parce qu'ils n'ont pas de quoi te rendre : en effet, cela te sera rendu à la résurrection des justes. »

*Parabole des invités remplacés par les pauvres* (Mt 22,1-10)

En entendant ces mots, un des convives dit à Jésus : « Heureux qui prendra part au repas dans le Royaume de Dieu ! » Il lui dit : « Un homme allait donner un grand dîner, et il invita beaucoup de monde. À l'heure du dîner, il envoya son serviteur dire aux invités : "Venez, maintenant c'est prêt." »

« Alors ils se mirent à s'excuser tous de la même façon. Le premier lui dit : "Je viens d'acheter un champ et il faut que j'aille le voir ; je t'en prie, excuse-moi." Un autre dit : "Je viens d'acheter cinq paires de bœufs et je pars pour les essayer ; je t'en prie, excuse-moi." Un autre dit : "Je viens de me marier, et c'est pour cela que je ne puis venir." À son retour, le serviteur rapporta ces réponses à son maître. Alors, pris de colère, le maître de maison dit à son serviteur : "Va-t'en vite par les places et les rues de la ville, et amène ici les pauvres, les estropiés, les aveugles et les boiteux." Puis le serviteur vint dire : Maître, on a fait ce que tu as ordonné, et il y a encore de la place." Le maître dit alors au serviteur : "Va-t'en par les routes et les jardins, et force les gens à entrer, afin que ma maison soit remplie. Car, je vous le dis, aucun de ceux qui avaient été invités ne goûtera de mon dîner." »

Jésus est en route vers Jérusalem. Tous les épisodes rapportés depuis 9,51 sont situés dans le cadre de ce voyage. Le narrateur le rappelle régulièrement à son lecteur :

– 10,38 : comme ils étaient en route ;

– 13,22 : il passait par villes et villages, enseignant et faisant route vers Jérusalem.

Tout au long du chemin, Jésus enseigne à l'aide de nombreuses paraboles (voir chap. 12 et 13). Il annonce le Royaume de Dieu et invite ses disciples à se préparer à la venue du Fils de l'homme qui l'instaurera définitivement sur la terre. Le lien entre l'annonce du Royaume et la montée vers Jérusalem apparaît ainsi de plus en plus clairement dans ces chapitres.

Le thème du festin messianique annoncé par Isaïe (Is 25,6) est également introduit dans le récit : « Alors il en viendra du levant et du couchant, du nord et du midi, pour prendre place au festin dans le

Royaume de Dieu. » Ce rapprochement entre le repas et le Royaume sera à nouveau évoqué par Jésus la veille de sa Passion, lors du dernier repas qu'il prend avec ses disciples (22,30).

L'épisode du repas chez un chef des pharisiens se trouve donc inséré dans une séquence narrative qui associe la montée de Jésus vers Jérusalem et vers sa Passion à l'entrée dans le Royaume et à la participation au festin messianique. Il est ainsi signifié au lecteur que l'épisode concerne les invités à ce festin.

## L'organisation du récit

v. 1 : Le cadre de l'épisode est donné ;
Jésus se trouve chez un chef des pharisiens, un jour de sabbat ;
Les pharisiens l'observent.

v. 2-6 : Jésus guérit un hydropique qui se trouvait là et justifie son geste par rapport à la Loi ;
Les pharisiens ne trouvent rien à répondre.

v. 7-14 : Jésus s'adresse aux invités (7-11) :
choisir la dernière place et non la première ;
et à son hôte (12-14) :
inviter des pauvres et pas seulement les parents et amis qui pourront rendre l'invitation.

v. 15-24 : la parabole du festin.

– Dans la littérature antique, les récits de banquet sont l'occasion de discussions philosophiques (voir par exemple, *Le banquet* de Platon) entre des personnages appartenant à la même classe sociale, l'hôte étant connu pour sa richesse ou sa sagesse, et un invité d'honneur, réputé pour sa sagesse. Ces récits ont une structure commune : après la présentation des convives, un événement se produit et déclenche la discussion, mettant en valeur les paroles ou le discours de l'invité de marque.

Luc utilise cette tradition pour mettre en lumière la nouveauté du message et des pratiques de Jésus. En venant chez un pharisien, il saisit l'occasion de donner les conditions pour que ce rassemblement de l'élite sociale devienne une anticipation du banquet du Royaume, où tous pourront participer.

– On note que la réaction des auditeurs à cette parabole n'est pas racontée. Le lecteur reste dans l'attente : vont-ils comprendre la radicalité du renversement de valeurs que Jésus les invite à opérer ? Ce silence du narrateur ne vise-t-il pas à interpeller le lecteur lui-même ?

## Au fil du texte

v. 1 : Ce n'est pas la première fois que Jésus prend un repas chez un pharisien. Déjà, en 11,37, un pharisien l'avait invité à déjeuner chez lui et ce repas avait été pour Jésus l'occasion de dénoncer le système de valeurs des pharisiens et des légistes. Ainsi leur reproche-t-il de verser la dîme en laissant de côté la justice et l'amour du prochain, d'aimer les premières places, de se décharger sur autrui du poids des exigences de la loi.

Si l'hostilité des pharisiens à l'égard de Jésus est connue du lecteur (6,11), elle n'est pas présentée pour autant comme totale et définitive. Les invitations faites à Jésus, la mise en garde contre le danger que représente pour lui Hérode (13,31) sont autant d'indices d'une attitude encore relativement ouverte. Le fait qu'ils soient là à « observer » Jésus le confirme (ce verbe souligne leur attente réservée plus que leur hostilité, qui ne s'expliquerait pas dans la circonstance présente). Les paroles que Jésus va leur adresser dans le cadre de ce repas pourraient-elles être entendues ? L'hypothèse n'est pas interdite au lecteur.

v. 2-6 : Il y a peu de récits de guérison dans cette section consacrée à l'enseignement de Jésus. Celui-ci attire donc particulièrement l'attention. Juste avant, Jésus a guéri, également un jour de sabbat, une femme infirme, au grand dam du chef de la synagogue (13,14). En la « déliant » de son infirmité, il lui apporte la « libération » prophétisée par Isaïe (4,18-20), c'est-à-dire le salut (le terme grec *aphèsis* signifiant à la fois la libération et la remise des péchés). Le lien entre guérir un jour de sabbat et salut a d'ailleurs été explicitement établi lors des précédentes controverses avec les pharisiens : « Est-il permis de sauver une vie… ? » (6,9.) Ici, le salut que Jésus signifie à cet homme en le guérissant vient interpeller une communauté rassemblée autour de la même table, lui donnant à voir et à comprendre qu'elle est invitée à être une communauté de salut, une figure annonciatrice de la table du Royaume.

v. 7-14 :
Les v. 7-11 et 12-14 sont construits sur un parallélisme :

| | |
|---|---|
| v. 7 et v. 12 | Et il dit |
| v. 8 et v. 12b | « Quand tu… |
| | ne va pas… » |
| v. 10 et v. 13 | « Au contraire quand tu… |
| v. 10 | Alors ce sera pour toi un honneur |
| v. 14 | et tu seras heureux. » |

Jésus invite ses auditeurs à un renversement des valeurs du système social. Ils vivent dans un monde fondé sur l'estime sociale et une « éthique de réciprocité », où l'on convoite les places d'honneur et où les riches n'invitent pas les pauvres mais seulement ceux qui peuvent rendre l'invitation. Jésus leur propose de se mettre à la dernière place et d'inviter, au contraire, tous ceux qui ne pourront pas rendre l'invitation. Ainsi en est-il de l'économie nouvelle du Royaume et du fonctionnement de la justice de Dieu !

v. 15-24 : Provoquée par l'intervention d'un des « invités », la parabole des invités au festin est étroitement liée à ce qui précède (voir la répétition de l'expression « prendre un repas » – *littér.* « manger du pain » – en 14,1 et 14,15 et la reprise de l'expression « Tu seras heureux/Heureux qui… » aux v. 14 et 15). Bienheureux (dans le Royaume) seront ceux qui adopteront une règle inverse à l'étiquette habituelle des dîners, celle que

Jésus propose, à l'instar de l'homme de la parabole qui abandonne peu à peu les règles sociales pour inviter les pauvres et le tout-venant.

Les v. 16-17 décrivent le déroulement « selon les normes » de l'invitation. Ces premiers invités ne participent pas au festin du Royaume. Aux v. 18-20, les invités sont ceux qui sont encore liés par leurs biens et leurs relations. Eux non plus n'ont pas choisi les valeurs du Royaume. Enfin, aux v. 21-23, tous ceux qui se trouvent à l'extrême opposé des premiers sur l'échelle sociale se voient appelés à venir au festin (voir Is 25,6-10 : « un festin pour tous les peuples »).

### *Les pharisiens dans l'évangile de Luc*

Les pharisiens entrent en scène dans l'évangile en 5,17. Jésus enseigne devant un parterre de pharisiens et de docteurs de la loi venus de tous les villages de Galilée, de Judée et de Jérusalem. Ces derniers, entendant Jésus déclarer au paralytique qu'on lui a amené : « Tes péchés te sont pardonnés » se mettent à « raisonner » pour essayer de comprendre qui est cet homme qui, à leurs yeux, blasphème. À la fin de l'épisode (5,26), rien ne dit qu'ils ne font pas partie des « tous » qui rendent gloire à Dieu. Avec leurs scribes, ils « murmurent » en voyant que Jésus et ses disciples mangent et boivent avec les collecteurs d'impôts et les pécheurs (5,30) ; ils remarquent qu'ils ne jeûnent pas (5,33) et qu'ils font ce qui n'est pas permis le jour du sabbat (6,2).

Très vite apparaît ensuite leur hostilité – ils observent Jésus pour trouver le moyen de l'accuser (6,7) – ou leur incrédulité. Pour Simon, le pharisien qui a pourtant invité Jésus à prendre un repas chez lui, ce dernier ne peut être, en effet, un prophète (7,39). Jésus les présente d'ailleurs comme ceux qui ont refusé de suivre la volonté de Dieu en recevant le baptême de Jean Baptiste (7,30).

À deux reprises, durant la montée à Jérusalem, Jésus est invité pour un repas chez un pharisien (11,37 ; 14,1). Il lui est reproché de ne pas respecter les rites de pureté (11,38), ce qui provoque de vives critiques de la part de Jésus, concernant la manière dont les pharisiens détournent ces pratiques de leur véritable sens (11,39-52). De même, en 12,1, Jésus met la foule en garde contre la « fausseté » de ceux qui ne trouvent rien à répondre quand ils s'entendent rappeler que le sabbat est au service de la vie et non de la mort (14,6). Auparavant, on voit cependant les pharisiens s'acharner contre Jésus, lui posant des questions sur quantité de sujets et lui tendant des pièges (11,53). Ils murmurent même en voyant Jésus manger avec des pécheurs (15,2) et le narrateur souligne qu'ils sont attachés à l'argent (16,4), c'est-à-dire qu'ils ont l'attitude inverse de celle qui est requise pour entrer dans le Royaume. Un peu plus loin dans le récit, la figure du pharisien, centré sur lui-même et rempli de bonne conscience s'oppose à celle du publicain qui s'en remet à Dieu (18,10-14). Enfin, on voit les pharisiens interroger ensuite Jésus pour savoir quand viendra le Royaume (17,20), et, lors de l'entrée à Jérusalem, ils demandent à Jésus de faire taire les acclamations des disciples (19,39).

Reste que certains pharisiens viennent en aide à Jésus, comme ceux qui viennent prévenir Jésus qu'Hérode cherche à le mettre à mort (13,31). Comme si Luc construisait la figure des pharisiens de façon nuancée. Car, s'ils sont certes connotés négativement, il faut relever qu'ils ne sont plus présents dans le récit après l'entrée de Jésus à Jérusalem. Absents du récit de la Passion, ils reviendront au-devant de la scène dans les Actes des Apôtres.

Le v. 25 peut surprendre : pourquoi ces derniers invités seraient-ils forcés de venir ? la colère et les paroles de jugement ont ici pour fonction de dire l'ardent désir de cet hôte de voir « sa maison remplie » et, également, sa déception devant le refus des premiers invités, à qui était d'abord destiné son festin. On le voit, Jésus n'a pas renoncé à persuader les pharisiens. Ce qui ressemble à une menace n'est en fait qu'un vibrant appel à entendre son message. Tel est bien ce que Luc entend faire comprendre à son lecteur.

## Lc 15,1-32 : Les paraboles de la miséricorde Quelques clefs de lecture

### Le cadre et les personnages

Après le repas chez un chef des pharisiens, et l'invitation à renoncer à un système de valeurs fondé sur l'honneur et la richesse, Jésus reprend la route vers Jérusalem, accompagné de foules nombreuses (14,25). Il poursuit son enseignement sur le Royaume. Les collecteurs d'impôts et les pécheurs s'approchent de lui pour l'écouter tandis que les scribes et les pharisiens « murmurent » devant l'accueil réservé par Jésus aux pécheurs (15,1-2).

Les deux groupes en présence sont connus du lecteur : les premiers ont répondu favorablement à l'appel de Jean Baptiste et de Jésus (3,10-14 ; 5,27-32) ; les seconds n'ont pas écouté et l'ont rejeté. Jésus s'adresse à tous, « exclus » de la société, autorités religieuses et... lecteur.

### L'enseignement de Jésus : trois paraboles

Un long discours de Jésus en deux parties : deux petits récits parallèles, les paraboles de la brebis et de la drachme perdues (v. 3-10) et une troisième parabole, celle du « fils prodigue » (v. 11-32).

Dans les deux premières paraboles, le personnage mis en scène (un homme/une femme) a perdu quelque chose et invite ses amis à partager sa joie d'avoir retrouvé l'objet perdu (une brebis/une drachme). Dans les deux cas, Jésus conclut son récit en en donnant le sens symbolique (v. 7 et 10) : la brebis et la drachme figurent la conversion du pécheur que Dieu est venu chercher, la joie du berger et de la femme étant l'image de la joie de Dieu dans le ciel.

La troisième parabole a comme personnage central « un homme qui avait deux fils ». La compassion et la joie qu'il éprouve au retour de son plus jeune fils associent étroitement cette histoire aux deux précédentes.

Le fils cadet a également un rôle central : son retour (et non sa confession) suscite la joie de son père et la fête organisée en son honneur provoque la colère de son frère aîné. L'opposition « perdu/retrouvé » des deux premières paraboles se retrouve sous la forme « mort/vivant » au v. 32.

L'enjeu de ce récit concerne l'accueil du pécheur repenti. Les pharisiens vont-ils se décider à se réjouir, avec Dieu, du retour « dans la famille » de leurs frères perdus ? Reconnaîtront-ils qu'ils ont eu leur part d'héritage et que la miséricorde de Dieu envers ceux qui sont revenus de loin ne leur porte pas préjudice ?

## Lc 19,1-10 : Jésus se rend chez Zachée Quelques clefs de lecture

### La place de cet épisode dans le récit

Jésus entre dans Jéricho, à l'approche de Jérusalem. L'homme qui veut à tout prix le voir, Zachée, appartient, en tant que collecteur d'impôts, à la catégorie des pécheurs/exclus, particulièrement présents au chapitre 18 : la veuve « importune » (18,1-8), le publicain (18,9-14), les enfants (19,15-17), le mendiant aveugle (18,35-42).

Comme le riche notable de 18,18-23, Zachée est, lui aussi, un « chef » (le même terme grec, *archôn* les désigne) et un homme riche. Le premier reçoit le conseil de vendre tous ses biens et de les donner aux pauvres. Zachée vend la moitié de ses richesses dans ce but.

À la question posée en 18,26 – « qui peut être sauvé ? » – répond la déclaration de Jésus en 19,9 : « Aujourd'hui le salut est venu en cette maison. »

### Ce que le récit met en lumière

Le retournement du dénouement : Zachée cherchait à voir Jésus mais en réalité c'est Jésus qui le cherchait, pour lui apporter le salut.

La juxtaposition des contrastes dans le personnage même de Zachée : il est chef, collecteur d'impôts et riche. Jusqu'ici, les riches et les notables ont été affectés d'une valeur négative tandis que les pécheurs et les collecteurs d'impôts ont bénéficié d'une évaluation positive. Zachée est *a priori* inclassable ! Le lecteur est invité à ne pas tomber dans les classements simplistes !

Dans le comportement et les paroles de Zachée, on retrouve les gestes de ceux qui accueillent le Royaume : il descend vers Jésus, l'accueille avec joie et lui dit qu'il fait don de la moitié de ses biens aux pauvres, rendant au quadruple ce qu'il aurait pris à tort. Sa « conversion » n'est pas racontée mais sa déclaration prouve sa décision de s'engager délibérément dans une mise en œuvre des valeurs du Royaume.

En déclarant Zachée, fils d'Abraham, Jésus le désigne comme membre du peuple élu de Dieu, apte à entrer, avec toute sa maison, dans le Royaume. Il est une de ces brebis perdues de la maison d'Israël que le Seigneur fait paître sous la conduite de son messie, en Ez 34.

## Lc 19,28-40 : L'entrée de Jésus à Jérusalem Quelques clefs de lecture

Ce passage fait un lien entre la longue section consacrée à la formation des disciples concernant le Royaume, sur la route de Jérusalem et celle de son ministère dans cette ville, son enseignement au Temple (20,1 – 21,38) puis sa Passion (22-23) et sa Résurrection (24,1-53). L'entrée à Jérusalem accomplit le changement radical des valeurs sociales auquel Jésus a appelé dans les chapitres précédents : la manière dont se manifeste sa royauté va à l'encontre des représentations habituelles de la puissance royale.

1. Il donne un double éclairage sur **l'identité de Jésus comme figure royale**...

– Luc ajoute le titre de « roi » à la citation du Ps 118,26.

– La prophétie messianique de Za 9,9 est à l'arrière-plan de son récit : *« Voici que ton roi s'avance vers toi : il est juste et victorieux, humble, monté sur un âne, un ânon tout jeune... »*

2. ... et sur **la division que provoque son arrivée à Jérusalem**

C'est « la foule des disciples » qui acclame Jésus (Marc note simplement que « beaucoup » étendent leurs vêtements sur la route [11,8] et Matthieu précise d'abord « la plus grande partie de la foule » [21,8] et parle ensuite « des foules » [21,9]). Cette acclamation des disciples accomplit la parole de Jésus en 13,35 : « Vous ne me verrez plus jusqu'à ce que vienne le temps où vous direz... »

« Certains pharisiens » (19,39) demandent à Jésus de faire taire (*littér.* « réprimander ») ses disciples. Ils signifient par là leur désapprobation concernant les acclamations qui reconnaissent en Jésus le messie royal attendu par Israël. On notera que Luc prend soin de ne pas généraliser en faisant de leur réaction celle de tous les pharisiens. Cette mention est d'ailleurs la dernière qu'il fait à leur sujet. Les pharisiens ne réapparaîtront plus dans la suite du récit.

## Lc 20,9-19 : La parabole des vignerons homicides Quelques clefs de lecture

### Le contexte

Jésus enseigne dans le Temple dont la fonction est, à ses yeux, d'être un lieu de révélation et de prière. Le refus opposé à sa prédication par les autorités religieuses de Jérusalem entraîne une violente hostilité de leur part : « Ils cherchaient à le faire périr. » Le peuple, lui, écoute Jésus « suspendu à ses lèvres » (19,48). C'est donc la relation à Dieu qui est en jeu dans la parabole qui vient s'inscrire dans le cadre de cet enseignement.

## L'histoire racontée

| | |
|---|---|
| v. 9 | Situation initiale |
| v. 10-12 | Trois péripéties nouent l'intrigue autour de « s'approprier l'héritage » |
| v. 13 | L'envoi du fils constitue le tournant du récit |
| v. 14-15a | Dénouement |
| v. 15b | La question qui interrompt le récit met la réponse (= situation) finale en valeur : la vigne sera confiée à d'autres vignerons. |

## Sa fonction dans le récit

A/ Raconter l'histoire de la relation entre Dieu et son peuple, Israël (voir la métaphore de la vigne en Is 5,1-7). Dieu est le propriétaire de la vigne, les serviteurs sont ses envoyés, les vignerons sont les autorités religieuses de Jérusalem, le fruit de la vigne représente tout ce qui fait qu'Israël donne « de bons fruits » (l'obéissance à Dieu et la fidélité à sa volonté). Le problème n'est pas la vigne (comme chez Isaïe) mais les vignerons.

B/ Annoncer la suite du récit : la mort de Jésus, le jugement et l'établissement définitif de l'autorité de Jésus et de ses apôtres. Le peuple manifeste qu'il a compris la gravité de la situation. Seul le lecteur comprend la prolepse (l'annonce de la suite).

# Lc 22,14 – 23,56 : Le récit de la Passion Quelques clefs de lecture

**L'organisation de la séquence**

| | |
|---|---|
| *22,14-38* | *sous le signe de l'annonce : la célébration de la Pâque* |
| 22,14-20 | institution de l'Eucharistie |
| 22,21-23 | annonce de la trahison |
| 22,24-30 | enseignement sur le service et annonce de la place réservée aux disciples dans le Royaume |
| 22,31-34 | annonce du reniement de Pierre |
| 22,35-38 | annonce de l'imminence de l'épreuve |
| *22,39-46* | *la prière de Jésus au mont des Oliviers* |
| *22,47-71* | *les annonces se réalisent* |
| 22,47-53 | arrestation de Jésus, trahi par Judas |
| 22,54-65 | reniement de Pierre |
| 22,66-71 | comparution devant le sanhédrin |
| *23,1-25* | *le procès* |
| 23,1-7 | devant Pilate |
| 23,8-12 | devant Hérode |
| 23,13-25 | devant Pilate et condamnation |
| *23,26-32* | *sur le chemin du calvaire, prédiction sur Jérusalem* |
| *23,33-56* | *mort et ensevelissement de Jésus* |
| 23,33-43 | crucifixion |
| 23,44-49 | mort |
| 23,50-56 | ensevelissement |

## Les acteurs du récit

### *Des personnages « plats »*
### *(un seul trait de caractère les définit)...*

Les grands prêtres, les scribes et les chefs des gardes : ils cherchent la manière de supprimer Jésus tout en se protégeant des réactions du peuple (qu'ils craignent).

Satan : il entre en Judas, l'un des Douze (ainsi présenté comme la proie de Satan dont le combat avec l'envoyé de Dieu a commencé depuis le chap. 4). Il est l'occasion que cherchaient les adversaires de Jésus.

Les apôtres : ils sont écrasés de tristesse (22,45). La fragilité de Pierre par rapport à la mission qui lui revient est soulignée (22,31-33).

Hérode : sa cruauté est démasquée.

Le peuple : il suit (parmi la foule, des femmes se lamentent) et regarde (23,27.35).

Simon de Cyrène : il est chargé de porter la croix.

Joseph d'Arimathie : un homme bon et juste qui attendait le Règne de Dieu.

### *... qui mettent en valeur la supériorité et la solitude de Jésus*

Jésus est celui dont la parole prophétique s'accomplit. Il apparaît d'un bout à l'autre du récit comme celui qui dirige les événements. On notera la mise en valeur de la reconnaissance de l'innocence de Jésus : Pilate la reconnaît (23,4 ; 23,14), puis le second larron (23,40-41), le centurion (23,47) et enfin les foules qui « se frappent la poitrine » (23,48).

## Le sens des événements

Le complot contre Jésus se met en place à l'approche de la Pâque. Pour le narrateur, la célébration de cette fête (celle de la délivrance du peuple) trouve son accomplissement dans l'événement de la mort de Jésus, qui prend sens à la lumière de l'Écriture (ce que le Ressuscité confirmera aux deux disciples sur le chemin d'Emmaüs, en Lc 24,26.44).

La mise en place de ce complot n'empêche pas le déroulement du plan de Dieu. Jésus le révèle à ses apôtres en célébrant le repas pascal avec eux. Les interventions respectives de Satan (22,3) et de l'ange (22,43), la citation d'accomplissement prononcée par Jésus (22,37), les allusions au Ps 22,19 (23,34), au Ps 31,6 (23,46) sont autant d'indices supplémentaires pour le lecteur de la direction divine des événements.

La prophétie d'Isaïe (Is 53,12, cité en Lc 22,37) permet au narrateur de lire le sens des événements. L'événement de la Croix puise sa signification dans la figure du juste persécuté, du serviteur souffrant : en mourant, Jésus accomplit la prophétie et apporte le salut aux hommes.

### *Jésus Messie et/ou Prophète*

Dans les quatre premiers chapitres de l'évangile, les informations concernant l'identité de Jésus sont nombreuses. L'ange Gabriel, l'Esprit saint (qui fait parler Élisabeth, Zacharie et Syméon), la voix céleste au baptême de Jésus, et aussi le diable, les démons et l'esprit impur, tous ces personnages « surnaturels » savent et disent qui est Jésus. Grâce à eux, le lecteur en est informé de façon indubitable. Ainsi, Jésus est-il annoncé et proclamé comme le fils bien-aimé de Dieu, le Messie sauveur, le descendant royal promis par Dieu à David selon la prophétie de Nathan (2 S 7).

Pour les acteurs « humains » de l'histoire qui n'ont pas reçu ces informations (Zacharie est frappé de mutisme, Marie « garde tout en son cœur » et Jésus fait taire les démons), Jésus est « le fils de Joseph ». Jésus, lui, se dit indirectement « fils de Dieu » en parlant des « affaires de son père » et, à Nazareth, dans sa patrie, se désigne lui-même comme prophète (voir le dicton qu'il cite à son propos en Lc 4,24). Il annonce ainsi d'une part la perception que les hommes vont avoir de lui, au cours de son ministère, et, d'autre part, ce que sera son destin, le destin des prophètes de Dieu, rejetés et persécutés, dont témoigne l'Écriture.

Luc souligne dans son récit qu'en Jésus s'accomplit la figure du prophète de l'Ancien Testament. Par sa naissance, tout d'abord, Jésus est présenté comme un nouveau Samuel, ce premier prophète de la Bible qui vient au monde à la suite d'une intervention divine (1 S 1), celui que Dieu a choisi pour oindre le premier Messie-Roi (Jésus est à la fois prophète et Messie-Roi descendant de David). Puis, la mission qu'il reçoit est proclamée comme l'accomplissement de la prophétie d'Isaïe (Lc 4,18-20), tandis que son ministère rappelle celui du prophète Élie, dont le retour, après son enlèvement au ciel (2 R 11-15), était attendu comme le signe annonciateur des Temps nouveaux et de la venue du Messie.

Les deux visages de Jésus Messie et Prophète se rejoignent dans la figure du Crucifié. En décrivant le ministère de Jésus comme l'itinéraire d'un prophète, puissant en actes et en paroles mais rejeté et mis à mort, Luc permet à son lecteur de comprendre en quel sens Jésus est Messie : non pas un messie temporel triomphant, un roi victorieux mais un Messie souffrant, ayant mené jusqu'au bout sa mission, conformément au plan de salut de Dieu révélé par l'Écriture : « Ne fallait-il pas que le Christ souffrît cela pour entrer dans sa gloire ? » (Lc 24,26.)



## Lc 24,13-35 : Sur le chemin d'Emmaüs
## Quelques clefs de lecture

### Situation initiale

« Ce même jour » (c'est-à-dire au matin de Pâques), deux disciples marchent vers Emmaüs, en tournant le dos à Jérusalem. Ils discutent de « ces événements » (le procès et la mort de Jésus).

## L'histoire se noue

Jésus les rejoint sur la route et marche avec eux. Ils ne le reconnaissent pas. Un dialogue s'instaure entre eux. Les disciples disent leur désarroi ; Jésus leur révèle le sens de ce qui s'est passé.

On peut s'étonner que le narrateur fasse répéter aux disciples ce que le lecteur sait déjà. En réalité, si ce dernier sait que Jésus est vivant, ressuscité, il ignore cependant tout des sentiments et des attentes des disciples. À la faveur de la question que leur pose Jésus, ils révèlent ce qu'ils ont dans le cœur et, en particulier, leur immense déception. On peut s'étonner aussi que Jésus ne se fasse pas reconnaître tout de suite et prenne le temps d'un long détour par les Écritures. De fait, le rappel des prophéties va aider les disciples à comprendre la cohérence de l'itinéraire de Jésus.

## Le tournant du récit

À l'arrivée au village, les disciples pressent Jésus de demeurer avec eux. Ils reconnaissent Jésus à la fraction du pain et, aussitôt, celui-ci devient invisible à leurs yeux. Ils font le lien avec la scène précédente et ce qu'ils ressentaient en entendant Jésus leur parler de l'Écriture.

Après la leçon d'exégèse, intervenue alors qu'ils voient Jésus mais ne peuvent le reconnaître, vient le moment où leurs yeux s'ouvrent. Le geste de la fraction du pain, un geste qui renvoie au récit du dernier repas (22,9-20) mais aussi à celui de la multiplication des pains (9,10-18). Les deux références à la lecture de l'Écriture qui encadrent la scène de la reconnaissance soulignent que les disciples ont compris que, même invisible à leurs yeux, le Ressuscité restera présent.

**Il faut**

Employée pour la première fois en Lc 2,49, lorsque, dans le Temple, Jésus âgé de douze ans dit à ses parents : « Il me faut être chez mon père », cette expression revient à dix-huit reprises dans le récit pour souligner non pas ce qui serait de l'ordre d'une nécessité ou d'un devoir, encore moins d'une fatalité. Elle est plutôt l'équivalent de « Il est dans le plan de Dieu ». C'est en ce sens que Jésus déclare aux foules et /ou à ses disciples : « Aux autres villes aussi, il faut que j'annonce la Bonne Nouvelle du règne de Dieu » (4,43), « il faut que le Fils de l'homme souffre beaucoup » (9,22) et leur révèle, sur le chemin d'Emmaüs, qu'il « fallait que s'accomplisse tout ce qui est écrit dans la Loi de Moïse » (24,44). Jésus ne veut pas dire par là que les événements qui ont conduit à sa Passion et à sa mort étaient décidés à l'avance, comme frappés d'un déterminisme quelconque mais que, relus à la lumière du plan de Dieu prophétisé dans l'Écriture, ils prennent sens, devenant partie intégrante du plan de salut divin.

# LES ACTES DES APÔTRES. PRÉSENTATION DE QUELQUES TEXTES ESSENTIELS

**Textes étudiés**

Ac 2,1-47 : La venue de l'Esprit à la Pentecôte
Ac 3,1-26 : Le miracle de Pierre à la Belle Porte du Temple (Étude)
Ac 5,1-11 : Ananie et Saphire
Ac 9,1-30 : Le Christ à la rencontre de Paul sur le chemin de Damas (Étude)
Ac 10,1 – 11,18 : Pierre et Corneille
Ac 15,1-35 : L'Assemblée de Jérusalem
Ac 13,13-52 : La prédication de Paul à la synagogue d'Antioche de Pisidie
Ac 14,8-20 ; 17,16-34 : La prédication de Paul aux païens : Lystres et Athènes
Ac 27,1 – 28,31 : De Césarée à Rome

## Ac 2,1-47 : La venue de l'Esprit à la Pentecôte
## Quelques clefs de lecture

### L'organisation du passage

| | |
|---|---|
| 2,1-4 | la venue de l'Esprit sur les apôtres |
| 2,5-13 | réaction des habitants de Jérusalem à l'événement : stupéfaction et perplexité |
| 2,14-36 | discours de Pierre |
| 2,37-41 | réaction des habitants de Jérusalem au discours de Pierre : bouleversement et nombreuses conversions |
| 2,42-47 | sommaire : la vie de la première communauté |

Noter l'encadrement du récit : la vie « idéale » de la première communauté, décrite à la fin de l'épisode, est présentée comme le fruit de la venue de l'Esprit. Noter également l'articulation entre récit et discours : c'est la parole de Pierre qui interprète l'événement pour ceux qui en ont été les témoins.

### Au fil du texte

– Le narrateur décrit l'événement comme une théophanie : le vent et le feu sont les signes de la manifestation de Dieu. Puis il en dévoile la nature à son lecteur : il s'agit de la venue de l'Esprit sur chacun des apôtres, conformément à la promesse qui leur a été faite par Jésus en Ac 1,8.

– La foule de Jérusalem, juifs de Judée et juifs de la diaspora, est témoin de l'événement, mais n'a accès à son sens que grâce au discours de Pierre.

– Ce sens, Pierre le puise dans l'Écriture : une prophétie de Joël en est la clé. Celui-ci avait en effet annoncé que lors de la venue du salut de Dieu, son Esprit rendrait son peuple prophète et lui permettrait de témoigner de l'événement. En ressuscitant Jésus, Dieu a accompli sa promesse de donner un sauveur à son peuple. Pierre en témoigne au nom des apôtres de Jésus.

La Bonne Nouvelle, adressée à Israël, a d'emblée une dimension universelle : elle concerne également « tous ceux qui sont au loin » (2,45).

***Les sommaires dans les Actes des Apôtres***

L'art du récit exige de varier le rythme de la narration pour soutenir l'attention du lecteur. En rapportant les faits racontés sous forme de scènes (où alternent récit et dialogue), le narrateur lui donne l'impression d'assister à l'événement. En ralentissant, voire en arrêtant (dans les pauses descriptives) la cadence de sa narration, il pique sa curiosité ou lui donne des éléments d'information nécessaires à la compréhension de ce qui va suivre. Il peut aussi accélérer le rythme de son récit pour l'entraîner plus rapidement vers un moment essentiel de l'intrigue.

Les sommaires, très fréquents dans les Actes, remplissent cette fonction. Ils permettent au narrateur de résumer en quelques phrases récapitulatives des faits intervenus pendant un temps relativement long. L'emploi de l'imparfait (à valeur de répétition et/ou de durée) les caractérise.

On notera que les sommaires introduisent et parfois encadrent des scènes, celles-ci venant illustrer de manière concrète et vivante ce qui a été présenté sous le mode de la généralisation.

*Les principaux exemples de sommaires des Actes*

Ac 2,42-47 : La vie de la première communauté
Ac 4,32-35 : Le partage des biens dans la première communauté
Ac 5,12-16 : Les miracles accomplis par les apôtres
Ac 5,42 : L'enseignement et la prédication des apôtres
Ac 6,7-8 : La croissance de la communauté
Ac 9,31 : L'Église s'accroît dans la paix
Ac 12,24 : La croissance et l'expansion de la Parole de Dieu
Ac 19,20 : La croissance et la force grandissante de la Parole de Dieu
Ac 28,30-31 : Le ministère de prédication de Paul à Rome

## Ac 3,1-26 : Le miracle de Pierre à la Belle Porte du Temple Étude

Pierre et Jean montaient au temple pour la prière de trois heures de l'après-midi. On y portait un homme qui était infirme depuis sa naissance – chaque jour on l'installait à la porte du temple dite « La Belle Porte » pour demander l'aumône à ceux qui pénétraient dans le temple. Quand il vit Pierre et Jean qui allaient entrer dans le temple, il les sollicita pour obtenir une aumône. Pierre alors, ainsi que Jean, le fixa et lui dit : « Regarde-nous ! » L'homme les observait, car il s'attendait à obtenir d'eux quelque chose. Pierre lui dit : « De l'or ou de l'argent, je n'en ai pas ; mais ce que j'ai, je te le donne : au nom de Jésus Christ, le Nazôréen, marche ! »

Et, le prenant par la main droite, il le fit lever. À l'instant même les pieds et les chevilles de l'homme s'affermirent ; d'un bond il fut debout et marchait ; il entra avec eux dans le Temple, marchant, bondissant et louant Dieu. Et tout le peuple le vit marcher et louer Dieu. On le reconnaissait : c'était bien lui qui se tenait, pour mendier, à la Belle Porte du Temple. Et les gens se trouvèrent complètement stupéfaits et désorientés par ce qui lui était arrivé.

*Discours de Pierre*

L'homme ne lâchait plus Pierre et Jean ; tout le peuple accourut autour d'eux, stupéfait, au portique appelé « Portique de Salomon ». À cette vue, Pierre s'adressa au peuple : « Israélites, pourquoi vous étonner de ce qui arrive ? ou pourquoi nous fixer, nous, comme si c'était par notre puissance ou notre piété personnelles que nous avions fait marcher cet homme ?

« Le Dieu d'Abraham, d'Isaac et de Jacob, le Dieu de nos pères, a glorifié son Serviteur Jésus que vous, vous aviez livré et que vous aviez refusé en présence de Pilate décidé, quant à lui, à le relâcher. Vous avez refusé le Saint et le Juste et vous avez réclamé pour la grâce d'un meurtrier. Le Prince de la vie que vous aviez fait mourir, Dieu l'a ressuscité des morts – nous en sommes les témoins. Grâce à la foi au nom de Jésus, ce Nom vient d'affermir cet homme que vous regardez et que vous connaissez ; et la foi qui vient de Jésus a rendu à cet homme toute sa santé en votre présence à tous.

« Cela dit, frères, c'est dans l'ignorance, je le sais, que vous avez agi, tout comme vos chefs. Dieu, lui, avait d'avance annoncé par la bouche de tous les prophètes que son Messie souffrirait et c'est ce qu'il a accompli. Convertissez-vous donc et revenez à Dieu, afin que vos péchés soient effacés : ainsi viendront les moments de fraîcheur accordés par le Seigneur, quand il enverra le Christ qui vous est destiné, Jésus, que le ciel doit accueillir jusqu'aux temps où sera restauré tout ce dont Dieu a parlé par la bouche de ses saints prophètes d'autrefois. Moïse d'abord a dit : *Le Seigneur Dieu suscitera pour vous, d'entre vos frères, un prophète tel que moi ; vous l'écouterez en tout ce qu'il vous dira. Et toute personne qui n'écoutera pas ce prophète sera donc retranchée du peuple.* Et tous les prophètes depuis Samuel et ses successeurs ont, à leur tour, parlé pour annoncer les jours que nous vivons. C'est vous qui êtes les fils des prophètes et de l'alliance que Dieu a conclue avec vos pères, lorsqu'il a dit à Abraham : *En ta descendance, toutes les familles de la terre seront bénies.* C'est pour vous que Dieu a d'abord suscité puis envoyé son Serviteur pour vous bénir en détournant chacun de vous de ses méfaits. »

## Le contexte

L'événement de la Pentecôte (raconté au chap. 2) a fondé la première communauté chrétienne. Le sommaire qui clôt le récit de ce moment fondateur (2,42-47) a présenté de manière générale le mode de vie de ces premiers croyants. Le chapitre 3, consacré au récit d'un événement particulier, inaugure une série d'épisodes illustrant le ministère des apôtres à Jérusalem. Le narrateur en avertit son lecteur en établissant un certain nombre de liens avec les chapitres précédents.

En Ac 2,46, il est mentionné, à propos des membres de la communauté, que « chaque jour, ils se rendaient assidûment au Temple ».

L'épisode qui va être raconté s'inscrit dans ce cadre : Pierre et Jean montent au Temple pour la prière. D'autre part, dans le même sommaire, quelques versets plus haut, il est fait état des « nombreux signes et prodiges » qui « s'accomplissaient par les apôtres ». Le récit de miracle qui occupe les dix premiers versets vient développer de manière concrète ce propos général.

**L'organisation du passage**

3,1-10 Pierre guérit un infirme à la Belle Porte du Temple
3,11-26 Pierre s'adresse au peuple de Jérusalem pour dire le sens de ce miracle
3,11 Stupéfait de cette guérison miraculeuse, le peuple accourt au Portique de Salomon
3,12 Introduction (exorde) du discours de Pierre : « Pourquoi vous étonner ? »
3,13-14 « *Dieu* a ressuscité celui que *vous* avez rejeté »
3,15-16 « C'est au nom du Ressuscité que l'homme a été guéri »
3,17-18 « *Vous* avez agi dans l'ignorance de ce que *Dieu* avait annoncé par les prophètes »
3,19-26 Péroraison : « Convertissez-vous ; la Résurrection du Christ concerne d'abord Israël. »

## Au fil du texte

### *Le récit du premier miracle au nom de Jésus*

v. 1-2 : Ces deux versets campent le cadre de la rencontre. D'un côté, Pierre et Jean se dirigent vers le Temple ; de l'autre, l'homme, un mendiant infirme, est porté vers l'entrée par laquelle ils vont passer. L'aumône est un des gestes de la piété juive ; elle est attendue de tous ceux qui pénètrent dans le Temple. La piété de la nouvelle communauté est connue du lecteur. Celui-ci s'attend donc à ce que cet infirme ne laisse pas indifférents Pierre et Jean dont l'assiduité au Temple a été soulignée. Mais, étant donné qu'ils s'agit de deux apôtres du Christ, il attend aussi de voir comment leur comportement sera à la fois semblable et différent du geste d'aumône habituel.

v. 3 : La demande d'aumône est l'aboutissement logique des deux versets précédents. L'attente de nouveau se creuse.

v. 4 : La réponse de Pierre (à laquelle Jean est associé) est d'abord un regard. Il « fixe » celui qui le regarde. Le verbe grec employé ici (*atenizo*) est celui qui décrivait les apôtres « fixant » le ciel au moment de l'ascension de Jésus, ou encore les habitants de Nazareth « fixant » Jésus du regard dans la synagogue au moment où il roule le livre du prophète Isaïe et s'apprête à dire que la prophétie s'accomplit « aujourd'hui » dans son ministère (Lc 4,20). C'est aussi ce verbe qui est employé en Lc 22,56 : la servante « fixe » Pierre qui va alors renier Jésus. Dans tous ces cas, l'emploi de ce verbe laisse présager un événement important.

La réponse de Pierre est donc d'abord une demande d'entrer en relation par l'entremise d'un échange de regards.

v. 5 : La demande de Pierre est satisfaite ; l'homme les « observe avec attention », s'attendant à recevoir quelque chose. L'effet de surprise de la suite est ainsi habilement ménagé.

v. 6 : En déclarant qu'il n'a ni or ni argent, Pierre confirme la pratique du partage des biens en usage dans la communauté (2,45). De fait, il ne possède que « le nom de Jésus Christ le Nazôréen », dont il est le témoin. Le lecteur se souvient de la citation du prophète Joël invoquée par Pierre dans son premier discours (2,38) : la venue de l'Esprit fait que « quiconque invoquera le nom du Seigneur sera sauvé ». Tel est bien le sens de ce qui s'accomplit ici.

L'ordre que donne Pierre à l'infirme fait écho aux paroles de Jésus en Lc 5,26 : « Lève-toi et marche. » Comme Jésus, Pierre inaugure son ministère en guérissant un paralytique. La continuité entre le ministère des apôtres et celui de leur maître qui se dessine à la faveur de ce parallèle constitue une clef d'interprétation importante pour la suite du récit : l'autorité des apôtres n'a pas d'autre fondement que celle du Christ et leur mission n'est que le prolongement de ce que fut son ministère.

v. 7 : Ce verset souligne l'efficacité de la parole de Pierre (et surtout de l'invocation du nom de Jésus).

v. 8-10 : L'infirme se met debout « d'un bond » et entre « en bondissant » dans le Temple. L'image évoque la prophétie messianique d'Isaïe (35,6) : « Alors, le boiteux bondira comme un cerf. » Il se met à louer Dieu, reconnaissant son œuvre de salut dans cette guérison. En louant Dieu avec lui, tout le peuple rejoint la communauté des disciples dans son action de grâces (2,47). La mention de la stupéfaction qu'il éprouve souligne l'inouï de l'événement (voir également Lc 4,36 ; 5,9.26).

v. 11 : C'est la stupéfaction du peuple qui motive le discours de Pierre. Comme précédemment, lors de la Pentecôte, la manifestation de la puissance divine demande à être interprétée.

### *Le discours de Pierre*

v. 12 : Habilement, Pierre pique la curiosité de son auditoire : ce qui vient d'arriver n'est-il pas encore plus étonnant si ce n'est pas par la puissance ou la piété des apôtres que cet homme a été guéri ?

v. 13-14 : Dieu a accompli sa promesse d'envoyer son Messie pour sauver son peuple : voilà l'explication du miracle. Pourtant les juifs ont rejeté ce Messie (le Serviteur, le Saint, le Juste), lui préférant un meurtrier. L'opposition entre l'agir de Dieu et l'agir de son peuple est ici fortement soulignée.

v. 15-16 : Pierre parle en tant que témoin de la Résurrection. Le cœur de son message tient dans ce « kérygme » : « le Prince de la vie que vous aviez fait mourir, Dieu l'a ressuscité ». C'est la foi en la vie du

Ressuscité qui a permis que l'homme soit guéri. Cette foi provient de Jésus lui-même : c'est la foi qu'il a eue en Dieu et qu'il a communiquée à ses apôtres.

v. 17-18 : Ces versets reprennent, en les inversant, les v. 13-14 : si les juifs ont condamné Jésus, c'est par ignorance. Sa mort s'inscrit dans le plan de Dieu, non parce qu'elle aurait été programmée mais parce que l'acceptation par Jésus de sa mission jusqu'à la mort prend sens à la lumière des prophéties du Serviteur de Dieu (Is 53).

v. 19-26 : Fondant son discours dans l'Écriture (il cite Dt 18,15 et Lv 23,11), Pierre lance alors un appel à la conversion dans l'attente du retour du Christ au dernier jour. Sa conclusion met en valeur le « pour vous » de la venue du Messie, venue qui concerne, en premier lieu, Israël (ce qui laisse entendre que d'autres, aussi, participeront à ce salut).

## Ac 5,1-11 : Ananie et Saphire<br>Quelques clefs de lecture

### Les faits rapportés par le narrateur

Alors que Barnabé, conformément à la règle du partage des biens en vigueur dans la communauté, apporte aux pieds des apôtres le montant recueilli de la vente de son champ, Ananie, d'accord avec sa femme, Saphire, ne remet qu'une partie de la somme obtenue. Pierre lui reproche ce « détournement ». En l'écoutant, Ananie tombe mort. Pierre fait le même reproche à Saphire et lui prédit sa mort prochaine. Elle meurt aussitôt. Une grande crainte saisit « toute l'Église ».

### La « faute » d'Ananie aux yeux de Pierre

« Tu as menti à l'Esprit saint et tu as retenu une partie du terrain » (5,3) ; « ce n'est pas aux hommes que tu as menti, c'est à Dieu » (5,4). Noter également que ce n'est pas le fait d'avoir vendu le terrain qui est reproché à Ananie. Il n'était même pas obligé de donner l'argent de la vente (5,4). Mais, s'il décidait de le donner, alors il devait tout donner.

### La portée théologique de cet épisode

Satan le diviseur est entré dans le cœur d'Ananie (5,3), s'attaquant ainsi à la communauté animée de l'Esprit de Dieu. Le salut de toute la communauté (et non pas seulement celui d'Ananie et de Saphire) est en jeu.

Comme dans le récit de Gn 3, cet épisode met en scène la complicité d'un homme et d'une femme dans un geste qui rompt l'harmonie originelle décrite en 4,32-35. Satan (tel le serpent) leur suggère une tromperie. Ayant ainsi menti à Dieu, ils sont expulsés de leur « paradis ». La faute d'Ananie et de Saphire est semblable à celle d'Adam et Ève.

## Le sens « symbolique » de l'épisode

Mentir à Dieu fait mourir (noter que c'est le fait d'entendre la parole de vérité de Pierre qui fait mourir Ananie et la « prophétie » de la mort de Saphire qui fait tomber celle-ci). Par l'intermédiaire de Pierre, Dieu vient à l'aide de son « Église » menacée par une division interne. Le sommaire qui suit cet épisode (5,12-16) souligne la croissance et le prestige de la communauté une fois la crise surmontée.

En surmontant la « tentation » de ne plus être « d'un seul cœur » et de faire ainsi le jeu du « diviseur » qu'est Satan, la « multitude des croyants » (4,32) devient « Église », c'est-à-dire l'assemblée du peuple de Dieu animée par l'Esprit de la Pentecôte.

## Ac 9,1-30 : Le Christ à la rencontre de Paul sur le chemin de Damas Étude

Saul, ne respirant toujours que menaces et meurtres contre les disciples du Seigneur, alla demander au grand prêtre des lettres pour les synagogues de Damas. S'il trouvait là des adeptes de la Voie, hommes ou femmes, il les amènerait enchaînés, à Jérusalem.

Poursuivant sa route, il approchait de Damas quand, soudain, une lumière venue du ciel l'enveloppa de son éclat. Tombant à terre il entendit une voix qui lui disait : « Saoul, Saoul, pourquoi me persécuter ? — Qui es-tu, Seigneur ? demanda-t-il. — Je suis Jésus, c'est moi que tu persécutes. Mais relève-toi, entre dans la ville, et on te dira ce que tu dois faire. » Ses compagnons de voyage s'étaient arrêtés, muets de stupeur : ils entendaient la voix, mais ne voyaient personne. Saul se releva de terre, mais bien qu'il eût les yeux ouverts, il n'y voyait plus rien et c'est en le conduisant par la main que ses compagnons le firent entrer dans Damas où il demeura privé de la vue pendant trois jours, sans rien manger ni boire.

Il y avait à Damas un disciple nommé Ananias ; le Seigneur l'appela dans une vision : « Ananias ! — Me voici, Seigneur, répondit-il ! » Le Seigneur reprit : « Tu vas te rendre dans la rue appelée rue Droite et demander, dans la maison de Judas, un nommé Saul de Tarse ; il est là en prière et vient de voir un homme nommé Ananias entrer et lui imposer les mains pour lui rendre la vue. » Ananias répondit : « Seigneur, j'ai entendu bien des gens parler de cet homme et dire tout le mal qu'il a fait à tes saints à Jérusalem. Et ici il dispose des pleins pouvoirs reçus des grands prêtres pour enchaîner tous ceux qui invoquent ton nom. » Mais le Seigneur lui dit : « Va, car cet homme est un instrument que je me suis choisi pour répondre de mon nom devant les nations païennes, les rois et les Israélites. Je lui montrerai moi-même en effet tout ce qu'il lui faudra souffrir pour mon nom. » Ananias partit, entra dans la maison, lui imposa les mains et dit : « Saoul, mon frère, c'est le Seigneur qui m'envoie – ce Jésus, qui t'est apparu sur la route que tu suivais –, afin que tu retrouves la vue et que tu sois rempli d'Esprit saint. » Des sortes de membranes lui tombèrent aussitôt des yeux ; il retrouva la vue et reçut alors le baptême ; puis, quand il se fut alimenté, il reprit des forces.

*Prédication de Saul à Damas*

Il passa quelques jours avec les disciples de Damas, et, sans attendre, il proclamait dans les synagogues que Jésus est le Fils de Dieu. Tous ceux qui l'entendaient en restaient stupéfaits et ils disaient : « N'est-ce pas lui qui, à Jérusalem, s'acharnait contre ceux qui invoquent ce nom ? Et n'était-il pas venu tout exprès pour les conduire, enchaînés, aux grands prêtres ? » Mais Saul s'affirmait d'autant plus et il confondait les habitants juifs de Damas en prouvant que Jésus était bien le Messie.

Un temps assez long s'était écoulé, quand ces juifs se concertèrent pour le faire périr. Saul eut alors connaissance de leur complot. Ils allaient jusqu'à garder les portes de la ville, jour et nuit, pour pouvoir le tuer. Mais, une nuit, ses disciples le prirent et le descendirent le long de la muraille dans une corbeille.

*Saul à Jérusalem*

Arrivé à Jérusalem, Saul essayait de s'agréger aux disciples ; mais tous avaient peur de lui, n'arrivant pas à le croire vraiment disciple. Barnabas le prit alors avec lui, l'introduisit auprès des apôtres et leur raconta comment, sur la route, il avait vu le Seigneur qui lui avait parlé, et comment, à Damas, il s'était exprimé avec assurance au nom de Jésus. Dès lors Saul allait et venait avec eux dans Jérusalem, s'exprimant avec assurance au nom du Seigneur. Il s'entretenait avec les hellénistes et discutait avec eux ; mais eux cherchaient à le faire périr. Les frères, l'ayant appris, le conduisirent à Césarée et de là le firent partir sur Tarse.

## Le contexte

Après avoir raconté comment la parole de Dieu est arrivée en Samarie, entraînant un grand nombre de conversions, le narrateur revient à ce jeune homme appelé Saul qui gardait les vêtements des meurtriers d'Étienne et qui était « de ceux qui approuvaient ce meurtre » (voir 7,59 ; 8,1). Le personnage est toujours le même : il ne respire que « menaces et meurtres envers les disciples du Seigneur » (9,1).

**L'organisation du passage**

L'ensemble des versets 1 à 31 constitue une seule séquence littéraire :

v. 1-2 : À Jérusalem, Saul, hostile aux chrétiens, les poursuit et les menace de mort. Il fait le projet de ramener prisonniers à Jérusalem des chrétiens de Damas.

v. 3-8 : *Près de Damas, une théophanie se produit : lumière et voix venues du ciel. Le Ressuscité vient à la rencontre de Saul.*

v. 9 : À Damas, Saul aveugle et impuissant ne peut plus nuire aux chrétiens. Son projet ainsi que sa capacité d'agir sont anéantis. Il est comme mort.

v. 10-18 : *À Damas, le Seigneur intervient auprès d'Ananie qui va trouver Saul et lui rend la vue en lui imposant les mains.*

v. 19a : À Damas, Saul voit et a repris des forces. Il reprend vie.

| | | |
|---|---|---|
| v. 19b | : | Saul avec les disciples à Damas. Il a un nouveau projet : rendre témoignage au Christ. |
| v. 20-22 | : | À Damas, malgré l'étonnement de tous, Saul proclame Jésus Fils de Dieu et Messie. |
| v. 23-25 | : | Saul est menacé de mort ; il doit fuir Damas. |
| v. 26 | : | À Jérusalem, Saul cherche à s'agréger aux disciples pour rendre témoignage au Christ mais rencontre crainte et incrédulité. |
| v. 27 | : | À Jérusalem, Barnabé intervient en faveur de Saul auprès des apôtres. |
| v. 28-29 | : | À Jérusalem, Saul est avec les apôtres, il parle avec assurance au nom du Seigneur ; il est menacé de mort. |
| v. 30-31 | : | Sommaire : l'Église vit en paix et s'accroît grâce à l'appui du Saint-Esprit. |

### L'histoire du « retournement de Saul »

Le tableau suivant met en lumière la transformation que cette rencontre a provoquée chez Saul.

| *au début du récit (v. 1-2)* | *à la fin du récit (v. 28-29)* |
|---|---|
| Saul respire la menace et le meurtre | Saul s'exprime avec assurance au nom du Seigneur. |
| contre les disciples du Seigneur | Il est avec les disciples et les apôtres. |
| Il va chez le grand prêtre (dans un but hostile). | Il va et vient dans Jérusalem (sans intention hostile). |
| Il demande des lettres pour les synagogues. | Il discute avec les hellénistes (pour les convaincre). |
| Il projette de ramener des chrétiens prisonniers (pour les faire mourir). | Il est lui-même menacé de mort. |

### L'histoire de la médiation de l'Église

Si le récit fait valoir que c'est grâce à une double intervention du Christ auprès de Saul et d'Ananie que Saul est devenu un prédicateur chrétien à Damas, il souligne également le rôle des médiations ecclésiales : l'accueil d'Ananie d'abord, le témoignage de Barnabé ensuite. Ce rôle est d'autant plus remarquable que, paradoxalement, c'est du côté des chrétiens que s'élève une résistance : alors qu'on aurait pu l'attendre de Saul, ce sont Ananie et la communauté de Jérusalem qui doivent vaincre leur appréhension avant de pouvoir l'accepter comme un frère.

### *Les Hébreux et les hellénistes*

Les Hébreux et les hellénistes entrent en scène en Ac 6,1 : « En ces jours-là, le nombre des disciples augmentait et les hellénistes se mirent à récriminer contre les Hébreux parce que leurs veuves étaient oubliées dans le service quotidien. »

La distinction concerne la langue parlée respectivement par ces deux groupes. Les hellénistes sont des judéo-chrétiens qui parlent grec (depuis les conquêtes d'Alexandre le Grand au IVe siècle av. J.C., le grec est la langue commune à l'ensemble du bassin méditerranéen). Ce sont des juifs venus de la diaspora et leurs descendants ainsi que des juifs ayant vécu dans les villes hellénistiques de Palestine. Le terme « Hébreux » peut désigner tous les juifs sans distinction (Paul se dit « Hébreu, fils d'Hébreux » en Ph 3,5). Il s'applique ici à des judéo-chrétiens parlant araméen.

Selon la langue qu'ils parlaient les juifs fréquentaient des synagogues différentes. Ainsi, en Ac 6,9, le récit nous montre Étienne aux prises avec « des gens de la synagogue dite des Affranchis » ainsi que d'autres juifs originaires de la diaspora (des Cyrénéens, des Alexandrins et des gens de Cilicie et d'Asie).

## Ac 10,1 – 11,18 : Pierre et Corneille
## Quelques clefs de lecture

Cet épisode, dit de la « conversion de Corneille » se situe au terme d'une série de conversions précédemment racontées : celle de Simon le Mage et de l'eunuque éthiopien par Philippe, en Samarie, celle de Saul sur la route de Damas. Le Christ a fait de Saul son témoin mais, pour que la mission païenne puisse avoir lieu, un obstacle majeur qui sépare juifs et non-juifs doit encore être levé, celui des règles de pureté alimentaires qui interdisent à un juif de prendre un repas chez un païen. Ces règles relèvent de la Loi donnée par Dieu. Dieu lui-même intervient donc pour révéler sa volonté à Pierre et l'amener ainsi à « convertir » son regard concernant les païens. Au-delà de la conversion de Corneille, c'est surtout la conversion de Pierre et de la communauté de Jérusalem que cet épisode met en lumière.

Ac 10,1-8 : À Césarée, Corneille, un centurion romain très proche du judaïsme dont il a adopté les règles de piété avec toute sa maison, a une vision : un ange lui annonce que Dieu a entendu ses prières (le lecteur ignore de quoi il s'agit). Corneille doit envoyer des hommes chercher Simon Pierre à Joppé.

Ac 10,9-16 : À Joppé, Pierre a une vision : une toile descend du ciel avec des animaux impurs qu'une voix lui ordonne de manger. Pierre a un mouvement de recul mais la vision revient trois fois et l'ordre de manger est également répété.

Ac 10,17-23a : Alors que Pierre ne comprend rien à cette vision, les envoyés de Corneille se présentent à sa porte. Suivant les instructions de l'Esprit, il les accueille chez lui. Le lecteur entend pour la deuxième fois le récit de la vision de Corneille : il apprend, avec Pierre, que Corneille le fait venir pour l'entendre parler (mais le contenu des paroles qu'il doit prononcer n'est pas précisé).

## Les craignant-Dieu et les prosélytes

Dans le récit des Actes, l'expression « craignant-Dieu » (*phoboumenoi ton théon*) ou son synonyme « adorateurs de Dieu » (*sebomenoi ton théon*) qualifie des personnages non juifs, sympathisants du judaïsme qui fréquentent la synagogue et pratiquent les gestes de piété recommandés par la loi juive : l'aumône, le jeûne et la prière. Ainsi en est-il du centurion Corneille, un homme « pieux » qui pratique « en tout temps », avec toute sa maison, l'aumône et la prière (Ac 10,1-2). D'autres « craignant-Dieu » sont présents dans la synagogue d'Antioche de Pisidie. Paul s'adresse explicitement à eux en les distinguant des « Israélites, fils de la race d'Abraham » également destinataires de son discours (13,16.28).

Par la suite, le narrateur mentionne à plusieurs reprises le rôle de ces païens dans l'accueil de la prédication de Paul dans les synagogues : des femmes de haut rang à Antioche de Pisidie (13,50), Lydie, la marchande de pourpre originaire de Thyatire (16,14), des Grecs de Thessalonique (17,4), Titius Justus à Corinthe (18,7).

Le terme de « prosélytes » a trois occurrences dans le récit des Actes :

– En 2,11, Juifs et prosélytes sont rassemblés à Jérusalem pour la Pentecôte.

– En 6,5, Nicolas, prosélyte d'Antioche figure dans la liste des sept hommes choisis pour s'occuper du service des veuves.

– En 13,43, « des prosélytes pieux » accompagnent, avec bon nombre de juifs, Paul et Barnabé à la sortie de la synagogue d'Antioche de Pisidie.

On entend généralement par « prosélytes » des païens intégrés au judaïsme et considérés (du fait de leur circoncision) comme des membres à part entière de la communauté juive. Les historiens discutent de l'existence d'un tel groupe au Ier siècle. La distinction entre « craignant-Dieu » et « prosélytes » ne fonctionne pas clairement dans le récit des voyages missionnaires de Paul. Manifestement, les « prosélytes » d'Antioche de Pisidie ne forment pas un groupe différent des « craignant-Dieu » auxquels Paul vient de s'adresser. L'explication en est peut-être que Luc ne se soucie pas tant de qualifier le degré d'intégration au judaïsme que de souligner la piété envers le Dieu d'Israël de tous les non-juifs présents dans les synagogues qui, avec les « Fils d'Abraham », entendent la prédication chrétienne de la bouche de Paul.



Ac 10,23b-48 : Le lendemain, Pierre se met en route pour Césarée où il arrive le surlendemain. Corneille l'accueille. Pierre a maintenant compris le sens des paroles de l'ange avant son départ : « Dieu vient de me faire comprendre qu'il ne faut déclarer immonde ou impur aucun homme » (10,28). Il ne sait toujours pas, cependant, pourquoi il est venu. Corneille lui fait part de la vision qu'il a eue, lui disant son attente et celle de toute sa maison d'écouter « tout ce que le Seigneur a chargé [Pierre] de leur dire » (10,33). Le lecteur, qui en entend le récit pour la troisième fois, apprend ici qu'il s'agit d'un message de la part du Seigneur. Pierre peut maintenant interpréter les événements et dire le sens de ce qui lui arrive : « Je me rends compte en vérité que Dieu n'est pas partial et qu'en toute nation, quiconque le craint et pratique la justice trouve accueil auprès de lui » (10,34-35). Tandis qu'il leur annonce la Bonne Nouvelle de la Résurrection et du pardon des péchés, l'Esprit saint tombe sur l'assistance. L'événement de la Pentecôte continue de se produire, cette fois chez les païens. Pierre donne alors l'ordre que tous soient baptisés au nom de Jésus Christ.

Ac 11,1-18 : À Jérusalem, Pierre affronte les reproches de sa communauté et doit justifier sa visite chez un païen. Racontant à nouveau la vision qu'il a eue, il en éclaire le sens, témoignant de sa conviction que Dieu, en ces circonstances, a fait don du salut également aux païens. Tous rendent gloire à Dieu.

Loin d'être d'inutiles redondances, les quatre récits de la vision de Corneille permettent de suivre le cheminement de Pierre qui déchiffre peu à peu la volonté de Dieu et accepte de s'y soumettre. On notera que le nom de Corneille n'est plus prononcé dans le récit que fait Pierre à Jérusalem. La portée du texte va, en effet, bien au-delà du personnage de ce centurion (si important soit-il, comme les autres centurions, modèles de piété en Lc-Ac). C'est bien toute son Église que Dieu est venu convertir en envoyant Pierre chez Corneille. La mission de Paul se trouve ainsi d'avance légitimée : par son universalité même, elle exprime l'offre de salut de Dieu.

## Ac 15,1-35 : L'Assemblée de Jérusalem Quelques clefs de lecture

La mission païenne a commencé. Devant la communauté chrétienne d'Antioche, Paul et Barnabé ont témoigné, au retour de leur premier voyage missionnaire, de « tout ce que Dieu avait réalisé avec eux et surtout comment il avait ouvert aux païens la porte de la foi » (14,27).

L'entrée des païens dans la communauté soulève un grave problème de fond : que Dieu leur ait ouvert la porte de la foi les dispense-t-il de se soumettre aux exigences de la Loi de Moïse ? Certains chrétiens venus de Jérusalem pensent que non et viennent lancer le débat à Antioche. Paul, Barnabé sont de l'avis contraire. Il est décidé d'en référer aux apôtres, à Jérusalem, par l'intermédiaire de Paul, de Barnabé et de quelques autres.

L'assemblée qui se réunit à Jérusalem est également divisée et, là aussi, la discussion est vive, car le problème est sérieux et l'enjeu de la décision important pour l'avenir.

Trois orateurs se succèdent. Pierre, le premier, évoquant implicitement l'épisode de sa venue chez Corneille, rappelle qu'en allant annoncer l'Évangile aux païens, il a accompli la volonté de Dieu, et que la venue de l'Esprit sur eux en a été le témoignage. Affirmant que « c'est par la grâce du Seigneur Jésus que nous avons été sauvés, exactement comme eux » (15,11), il juge inutile d'imposer aux païens le joug de la loi, déjà trop lourd pour Israël.

Sans rapporter leurs propos, le narrateur indique que Paul et Barnabé, profitant du calme rétabli par les propos de Pierre, parlent à leur tour. La figure de Jacques (qui entre pour la première fois sur la scène du récit) est ainsi placée en vis-à-vis de celle de Pierre (qui, lui, apparaît pour la dernière fois dans le récit). Jacques est manifestement le chef de la communauté. C'est son avis qui sera retenu. Enracinant son avis dans l'Écriture, il propose un *modus vivendi* entre les deux groupes qui s'opposent : non, les païens ne seront pas obligés de se faire circoncire pour entrer dans la communauté comme le souhaitent certains chrétiens issus du pharisaïsme, mais, en revanche, ils respecteront les prescriptions inscrites dans la loi à leur sujet, celles concernant l'alimentation en particulier (15,20).

Il est alors décidé, à l'unanimité, d'envoyer une délégation à Antioche, avec Paul et Barnabé, pour communiquer les directives retenues. Invoquée en une formule vigoureuse (« l'Esprit saint et nous avons décidé »), l'autorité de l'Esprit saint vient donner tout son poids à la décision prise, une décision qui confirme la vocation universelle de l'Église et l'engage définitivement sur la voie de l'ouverture.

## Ac 13,13-52 : La prédication de Paul à la synagogue d'Antioche de Pisidie Quelques clefs de lecture

Cet épisode constitue le centre des chapitres 13 et 14, consacrés au premier voyage missionnaire de Paul et Barnabé. Paradoxalement, c'est à la prédication de Paul devant la communauté juive d'Antioche de Pisidie que Luc accorde la plus grande place alors que le compte-rendu que font les deux missionnaires à leur retour laisse entendre, au contraire, que l'apport essentiel concernait les païens (voir 14,27). L'importance de ce passage est ainsi signalée au lecteur, lui suggérant d'emblée un lien étroit entre ces deux pôles de la mission paulinienne.

Paul distingue deux groupes dans son auditoire, des juifs et des non-juifs sympathisants du judaïsme : « Israélites et vous qui craignez Dieu » (13,16) ; « fils de la race d'Abraham et craignant Dieu » (13,26). L'insistance sur cette distinction vise à mettre en lumière la présence de non-juifs dans la synagogue. Tous entendent, ensemble, Paul proclamer la Bonne Nouvelle de la Résurrection de Jésus en accomplissement des promesses de Dieu à son peuple (13,32-33). Le salut qu'il leur annonce (le pardon des péchés et la réconciliation avec Dieu qu'il permet) les concerne également tous : « en lui [le Ressuscité], tout homme qui croit est justifié » (13,39).

L'accueil que Paul reçoit est d'abord tout à fait favorable : on le prie instamment de reparler du même sujet le sabbat suivant et bon nombre de juifs et de non-juifs (les « prosélytes pieux ») s'attachent aux deux missionnaires (13,42-43). Les choses se gâtent la semaine suivante quand « presque toute la ville » se rassemble pour écouter Paul. Les juifs sont pris de « fureur » (le terme grec désigne le « zèle, la ferveur religieuse »), vraisemblablement à la vue des nombreux païens présents. Les conséquences de l'offre de salut à tous les effraient probablement : le rôle majeur de la Loi n'est-il pas ainsi remis en cause ?

Devant la violence de leur réaction, Paul et Barnabé déclarent se tourner désormais vers les païens (13,46), non pas parce qu'ils renoncent à la prédication auprès des juifs (la suite du récit le confirmera) mais parce que la Parole de Dieu doit être apportée à tous, c'est-à-dire y compris aux païens qui ne connaissent pas le Dieu d'Israël. Telle est en effet la vocation même d'Israël, prophétisée en Is 49,6 : « Je t'ai destiné à être la lumière des nations afin que mon salut soit présent jusqu'à l'extrémité de la terre. » À la suite de Jésus, Paul assume cette vocation, en dépit du refus d'une partie d'Israël.

**Les voyages de Paul**

**Premier voyage : départ d'Antioche (13,4) et retour à Antioche (14,26-28)**

13,4-12 : Annonce de la parole de Dieu dans les synagogues des Juifs à Salamine (Chypre) ; rencontre avec le magicien Elymas et le proconsul romain Sergius Paulus à Paphos.

13,14-52 : Discours de Paul à des Juifs et des craignant-Dieu dans la synagogue d'Antioche de Pisidie.

14,1-7 : Prédication à Iconium dans la synagogue des Juifs, touchant des Juifs et des Grecs.

14,8-20 : Annonce de la Bonne Nouvelle à des païens lycaoniens, à Lystre.

**Deuxième voyage**

*Visite des villes où a été précédemment annoncée la parole du Seigneur* et prédication en Grèce (15,36 – 16,10)

16,1-8 : En Cilicie et en Syrie, à Derbé et à Lystre, Paul prend comme collaborateur Timothée, fils d'une mère juive et d'un père grec.

16,9-10 : À Troas, Paul reçoit, dans une vision, l'appel à aller en Grèce annoncer la Bonne Nouvelle aux Macédoniens.

*Évangélisation de la Macédoine et de la Grèce* (16,11 – 18,18)

16,11-40 : À Philippes, rencontre de Lydie, adoratrice de Dieu ; conversion du gardien de la prison.

17,1-15 : À Thessalonique et Bérée, prédication dans la synagogue à des Juifs et à des Grecs adorateurs de Dieu.

17,16-34 : À Athènes, discours devant l'Aréopage.

18,1-18 : À Corinthe, prédication dans la synagogue aux Juifs et aux Grecs, puis dans la maison de Titius Justus, adorateur de Dieu.

*Séjour à Éphèse et retour à Jérusalem via la Grèce*, la Macédoine, Troas, Milet (18,19 – 21,16)

18,19-23a : Premier passage à Éphèse : Paul s'adresse aux Juifs dans la synagogue, avant de revenir à Antioche et de parcourir la région galate, la Phrygie. La césure marquée par les versets 22-23 n'a pas la portée de la délimitation apportée au précédent voyage par le départ et le retour à Antioche. Il est donc légitime de considérer que ces versets introduisent simplement une nouvelle étape de ce deuxième voyage.

18,23b – 19,20 : Pendant trois mois, Paul parle du règne de Dieu à la synagogue d'Éphèse puis chaque jour s'adresse aux disciples dans l'école de Tyrannos. Pendant deux ans, Juifs et Grecs d'Asie entendent la parole du Seigneur.

19,21 – 20,14 : Paul décide de se rendre à Jérusalem. Séjour de trois mois en Grèce et retour à Troas, en passant par la Macédoine.

20,15-38 : À Milet, discours de Paul aux anciens d'Éphèse.

21,1-16 : De Milet à Jérusalem : rencontre de disciples avant le retour à Jérusalem et l'arrestation au Temple.

## Ac 14,8-20 ; 17,16-34 : La prédication de Paul aux païens : Lystre et Athènes Quelques clefs de lecture

Les Lycaoniens de la ville de Lystre et les Athéniens représentent, dans le récit des voyages missionnaires de Paul, les païens totalement étrangers au judaïsme : leurs dieux sont ceux du panthéon gréco-romain. Ainsi les habitants de Lystre prennent-ils respectivement Paul et Barnabé pour Hermès et Zeus et s'apprêtent-ils à offrir un sacrifice en leur honneur (14,11-13) tandis qu'à Athènes, Paul est traversé d'un sentiment d'exaspération en voyant cette ville « foisonnante d'idoles » (17,16).

La Bonne Nouvelle de la prédication chrétienne (c'est-à-dire l'annonce de la Résurrection) n'est donc pas comprise. À Lystre, la piété populaire s'accommode aisément du syncrétisme religieux ; à Athènes, sur l'agora, les philosophes écoutent Paul avec curiosité mais sans entendre pour autant ce qu'il dit : pour les uns, il tient un discours incompréhensible (« Que veut donc dire cette jacasse ? »), pour les autres, il prêche des divinités étrangères (deux en l'occurrence, Jésus *et* la Résurrection).

Paul s'efforce donc de les amener à une juste compréhension de son message. Pour cela, il dénonce vigoureusement toute compromission avec le système à ses yeux idolâtrique de la religion gréco-romaine. La nouveauté du Dieu qu'il annonce est radicale. Pourtant, ce Dieu est accessible à tous : il est le créateur de l'univers et de tout ce qui s'y trouve. Le temps de l'ignorance étant terminé, tous les hommes sont appelés à le reconnaître comme l'unique maître du monde. En ressuscitant Jésus, Dieu leur a donné le gage de sa venue parmi eux pour instaurer sa justice.

Pour se faire comprendre de son auditoire païen, Paul utilise un langage que celui-ci peut comprendre : les termes qu'il choisit s'entendent à un double niveau, celui des catégories de la philosophie grecque pour les auditeurs de l'Aréopage, celui des catégories bibliques pour le lecteur. Tel est Paul pour Luc : le missionnaire capable de témoigner du Christ devant tous, en traversant la diversité des cultures sans jamais trahir le cœur du message de salut qu'il a pour vocation de proclamer « jusqu'à l'extrémité de la terre ».

**Les étapes du procès de Paul**
**Actes 21 – 26**

21,1-16 : Annonces de la « passion » : Paul accepte la volonté de Dieu alors que son arrestation approche.

21,17 – 22,29 : Paul est arrêté et chassé du Temple. Le tribun de la cohorte romaine l'autorise à prononcer un discours pour se défendre devant les juifs qui l'accusent de trahison envers le judaïsme et de profanation du Temple.

22,30 – 23,11 : Paul comparaît devant le sanhédrin. Il affirme être mis en jugement à cause de l'espérance des juifs en la résurrection des morts. Il déclenche une dispute entre les sadducéens et les pharisiens.

23,12-35 : Paul échappe à un complot des juifs pour le tuer en étant transféré à Césarée sur ordre du tribun.

24,1-27 : Paul comparaît devant le gouverneur romain Félix à Césarée et répond au réquisitoire mensonger de l'avocat Tertullus, soudoyé par ses adversaires. Il affirme à nouveau être emprisonné à cause de son espérance en la résurrection des morts. Félix ajourne sa décision et traite Paul avec égard, attendant de lui qu'il achète sa libération. Il ne le relâche pas, cependant, pour être agréable aux juifs.

25,1-12 : Deux ans après, Paul comparaît devant le nouveau gouverneur, Festus. Il se défend à nouveau avec succès, car ses adversaires sont incapables de justifier leurs accusations. Néanmoins, pour leur faire plaisir, Festus propose à Paul d'être jugé à Jérusalem. Ce dernier refuse et, au titre de sa citoyenneté romaine, en appelle à la justice de l'empereur. Festus décide de son transfert à Rome.

25,13 – 26,32 : Paul prononce un dernier discours de défense devant le roi Agrippa, la reine Bérénice, sa sœur, en présence de Festus et de nombreux notables de la ville. Il témoigne de sa rencontre avec le Ressuscité. Proclamant une nouvelle fois qu'il est emprisonné à cause de ce témoignage, il interpelle à ce sujet en Agrippa le représentant du judaïsme : « Pourquoi juge-t-on incroyable parmi vous que Dieu ressuscite les morts ? » (26,8.) Presque convaincu, Agrippa reconnaît, en tout cas, son innocence : « Cet homme pouvait être relâché s'il n'en avait pas appelé à l'empereur » (26,32).

## Ac 27,1 – 28,31 : De Césarée à Rome
### Le déroulement des événements

*Ac 27,1-12 :* Paul est remis avec d'autres prisonniers (dont Aristarque, un Macédonien de Thessalonique) au centurion romain Julius. Celui-ci traite Paul avec humanité. Plusieurs bateaux successifs amènent le convoi jusqu'au sud de la Crète. Là, la saison de navigation étant passée, Paul est d'avis de ne pas continuer : il prédit une navigation mouvementée et des pertes notables, tant pour le bateau que pour les personnes. Mais la majorité des personnes compétentes consultées décide de reprendre la mer.

*Ac 27,13-44 :* Une terrible tempête se déchaîne. Au bout de plusieurs jours, alors que les passagers ont perdu tout espoir d'être sauvés, Paul les exhorte à ne pas perdre courage. Dans une vision nocturne, un ange du Dieu qu'il sert lui a prédit une heureuse issue pour tous.

Cette nouvelle péripétie fonctionne à un double niveau pour le lecteur qui saisit, au-delà du récit d'une traversée mouvementée, un autre niveau de lecture, celui où être sauvé de la tempête devient la métaphore de l'offre de salut de Dieu.

Pressentant l'approche d'une terre, les marins essaient de s'enfuir en mettant un canot à la mer. Paul prévient le centurion : sans ces hommes, il n'y aura pas de salut. Autrement dit, le salut promis par Dieu vaut pour tous et non pour quelques-uns.

En attendant le jour, Paul invite ses compagnons à reprendre force en mangeant. Les gestes qu'il accomplit rappellent la multiplication des pains et le dernier repas de Jésus avec ses disciples : les passagers païens du bateau font ainsi sans le savoir l'expérience du salut de Dieu.

Ac 28,1-10 : Tous débarquent sains et saufs sur l'île de Malte où ils reçoivent un bon accueil. Ayant échappé quasi miraculeusement à une morsure de vipère, Paul est considéré comme un dieu par les habitants de cette île. À son tour, il guérit miraculeusement le père du premier magistrat de l'île.

Ac 28,11-15 : Trois mois plus tard, les prisonniers arrivent à Rome. Des frères chrétiens sont venus au devant d'eux et les accueillent pendant une semaine.

Ac 28,16-22 : Trois jours après son arrivée, Paul convoque chez lui les notables juifs de Rome. Il entend justifier à leurs yeux sa situation de prisonnier et les convaincre de son innocence. Mais ses auditeurs n'ont pas entendu parler de lui (ils n'ont donc pas les préjugés des précédents adversaires de Paul). Ils lui demandent de leur exposer l'affaire. Une nouvelle chance s'offre à Paul de convaincre ses frères juifs d'accueillir son témoignage.

Ac 28,23-31 : Une deuxième rencontre a lieu. En dépit des efforts déployés par Paul pour les convaincre, les représentants de la communauté juive restent divisés. Relisant alors une prophétie d'Isaïe à la lumière de la Résurrection (le texte d'Isaïe devient ainsi parole de l'Esprit saint, l'Esprit du Ressuscité), et assumant la fonction du prophète, Paul énonce à son tour un oracle de jugement : la division présente d'Israël se situe dans la continuité de l'endurcissement dénoncé par le prophète. La menace qui accompagne cet oracle est précise : « Les païens, eux, écouteront. » Il ne faut pas oublier, néanmoins, l'appel à la conversion qui motive la formulation vigoureuse de l'oracle de jugement : Israël reste invité à accueillir l'offre de salut manifestée dans l'événement de la Résurrection.

# TROIS ASPECTS THÉOLOGIQUES DE L'ŒUVRE DE LUC

## DIEU MAÎTRE DE L'HISTOIRE

Dans la préface de son évangile (1,1-4), Luc définit l'objet de son récit. Ce sont « les événements accomplis parmi nous » qu'il se propose de raconter à Théophile, suggérant, par l'emploi du verbe à la voix passive, que Dieu lui-même a conduit ces événements jusqu'à leur aboutissement dans sa propre communauté. L'histoire des hommes et l'histoire du salut sont indissociables car Dieu est le maître de l'histoire : tel est le postulat sur lequel se fonde l'œuvre de Luc. Et, de fait, dans son organisation même, le récit tout entier est mis au service de ce projet théologique.

### De nombreuses théophanies manifestent la direction divine des événements

Les procédés littéraires visant à désigner l'intervention de Dieu dans le cours de l'action sont variés :

– messages transmis par des anges (1,10 ; 5,19 ; 8,26 ; 9,3-8 ; 10,3-6.10-16.22-32 ; 11,5-10.18 ; 16,9) ;

– visions de Jésus : 1,3-11 ; 7,5-6 ; 18,9 ; 22,17-21 ;

– actions de l'Esprit saint : 2,1-11 ; 8,29.39 ; 10,19.44-46 ; 11,15 ; 13,2 ; 16,6 ;

– prodiges, délivrances miraculeuses : 5,19 ; 12,6-10 ; 16,26 ; 27,9-44.

### Les personnages de l'histoire témoignent de l'intervention de Dieu dans leur histoire et dans l'histoire des hommes

L'action de Dieu n'est pas présentée comme immédiatement perceptible pour ceux qui en sont les bénéficiaires. Si le lecteur est, d'emblée, informé du caractère « surnaturel » des faits racontés, il n'en va pas de même pour les acteurs de l'histoire. Ce n'est qu'en relisant (pour le raconter à d'autres) ce qui leur est arrivé que Pierre d'abord, Paul ensuite, reconnaissent la marque de l'intervention divine.

Ainsi, après la vision venue du ciel et l'ordre de manger des animaux « impurs », le narrateur précise que « Pierre essayait en vain de s'expliquer à lui-même ce que pouvait bien signifier la vision qu'il venait d'avoir » (10,17). Ce n'est qu'après, chez Corneille et, plus tard, à Jérusalem que Pierre pourra raconter ce qui lui est arrivé et expliquer le sens de cette vision :

« Je me rends compte en vérité que Dieu n'est pas partial... » (10,34) ; « [...] étais-je quelqu'un, moi, qui pouvait empêcher Dieu d'agir ? » (11,17.)

Paul, pour sa part, racontera à deux reprises la rencontre du Christ sur la route de Damas. Devant la foule déchaînée contre lui, à Jérusalem, il l'interprète comme le moment où Dieu l'a appelé à être son prophète et à porter sa parole aux nations païennes (22,1-21). Devant le roi Agrippa et le gouverneur romain Festus (Ac 26,2-23), il la redit à nouveau, y voyant l'événement fondateur de sa vie missionnaire, celui qui a fait de lui un témoin du Ressuscité.

### Le regard « ironique » du narrateur révèle l'action discrète de Dieu même là où il est le plus violemment rejeté

Tous les efforts du sanhédrin pour étouffer la proclamation de la parole de Dieu aboutissent au contraire du but recherché : la mort d'Étienne et la persécution déclenchée contre les chrétiens ont pour conséquence le déploiement de la prédication chrétienne hors de Jérusalem et l'accomplissement de la parole de Jésus en Ac 1,8 : « Vous serez mes témoins en Judée, en Samarie et jusqu'à l'extrémité de la terre. »

## Le rôle de l'Esprit dans les Actes des Apôtres

Conformément à la promesse faite par Jésus à ses apôtres de recevoir « la puissance du saint Esprit » pour être ses « témoins jusqu'aux extrémités de la terre » (1,8), l'Esprit qui tombe sur les apôtres à la Pentecôte leur donne de faire entendre les « merveilles de Dieu » à tous les pèlerins rassemblés à Jérusalem pour la fête. Pierre leur révèle alors qu'il s'agit de la venue de l'Esprit de prophétie, celui qu'avait annoncé le prophète Joël (2,17-21) et qui, désormais, est sur eux, en tant que pouvoir de témoigner de Jésus.

Tout au long du récit, cet esprit de prophétie continue d'animer la prédication des apôtres et de pousser ceux-ci en avant, pour porter toujours plus loin la Parole de Dieu. C'est lui qui permet à Pierre d'accueillir chez lui les envoyés du païen Corneille et de les suivre sans se faire de scrupule (10,19). L'événement de la Pentecôte continuera ainsi de se produire : l'Esprit tombe en effet sur Corneille et toute sa maison, leur donnant de « parler en langues » et de « célébrer la grandeur de Dieu » (10,46). C'est lui, également, qui « remplit » Paul au moment où celui-ci affronte Bar-Jésus, le magicien de Chypre qui s'érige en obstacle de sa mission (13,9) et qui, après le geste de l'imposition des mains effectué par Paul, vient sur les habitants d'Éphèse en leur donnant de parler en langues et de prophétiser (19,6).

D'une manière générale, l'Esprit conduit Paul dans ses voyages missionnaires. Le premier voyage missionnaire effectué par Paul et Barnabé est présenté comme le résultat d'une initiative de l'Esprit saint qui dit à la communauté d'Antioche : « Réservez-moi donc Barnabé et Saul pour l'œuvre à laquelle je les ai appelés » (13,2). Ces derniers sont alors déclarés « envoyés en mission par l'Esprit saint » (13,4).

En 16,6, l'Esprit s'oppose à l'itinéraire que les deux missionnaires souhaitaient prendre : « Ils tentèrent de gagner la Bithynie, mais l'Esprit ne les laissa pas faire. » Renforcée par la vision du Macédonien qui appelle Paul au secours, la légitimité de la mission en Europe se trouve ici assurée pour le lecteur.

L'Esprit révèle également, à Paul d'abord (20,23) puis à ses compagnons, par l'intermédiaire du prophète Agabus, les souffrances qu'il devra subir à Jérusalem (21,11). Le choix libre que fait Paul de poursuivre, malgré tout, son voyage, est mis en valeur par le fait que c'est ce même Esprit qui pousse les chrétiens de Tyr à s'opposer au départ de Paul pour Jérusalem (21,4). Comment mieux signifier que la présence de l'Esprit saint n'annihile pas la liberté du missionnaire !

C'est enfin à l'Esprit saint lui-même que Paul donne la parole lors de la scène finale du récit des Actes au moment où il puise dans la prophétie d'Isaïe 6,9-10 le sens de la réaction divisée des juifs de Rome à l'égard de sa prédication : « Comme elle est juste, cette parole de l'Esprit saint qui a déclaré à vos pères par le prophète Isaïe... » (28,25.) L'Esprit saint rejoint ici l'Esprit du Ressuscité, celui qui « ouvre le sens des Écritures ».

## L'accomplissement des promesses de Dieu à Israël

« Nous vous annonçons cette Bonne Nouvelle : la promesse faite aux pères, Dieu l'a pleinement accomplie à l'égard de nous, leurs enfants, quand il a ressuscité Jésus... » : soudainement lancés par Paul, ces mots retentissent dans la synagogue d'Antioche de Pisidie (Ac 13,32-33). Ils disent le cœur de la « parole de salut » que l'apôtre est venu adresser à ses frères juifs, de la part du Dieu de leurs pères.

Dans la vigueur et la concision de sa formulation, ce message est porteur d'un aspect majeur de la théologie lucanienne. Ce qui s'exprime en effet dans cette phrase mise dans la bouche de Paul n'est rien de moins que la manière dont Luc conçoit l'articulation entre la foi chrétienne et la foi envers le Dieu d'Israël, à savoir que la nouveauté même du Christ, dans sa radicalité, se dit en termes de continuité avec le judaïsme.

La magistrale synthèse de l'histoire du salut d'Israël qu'opère Paul dans les versets qui précèdent une telle affirmation en constitue le fondement : relue à la lumière de l'événement de la résurrection de Jésus – le sauveur donné par Dieu à son peuple au terme d'une longue lignée de sauveurs, le messie descendant de David promis à ce dernier – cette histoire, ressaisie à partir de ses origines patriarcales, devient celle de l'accomplissement de la promesse de Dieu. Le salut promis et attendu depuis l'origine a été définitivement donné en Jésus.

Si l'on se souvient que Paul adresse son discours aux juifs et aux non-juifs « craignant Dieu » qui se trouvent rassemblés dans la synagogue, on ne peut sous-estimer la portée universelle de son annonce. Le salut de toute l'humanité s'anticipait dans l'histoire passée du peuple choisi par Dieu et, désormais, l'histoire de ce salut est devenue une histoire qui s'écrit au présent.

# Bibliographie


ALETTI J.-N., *L'art de raconter Jésus-Christ*, Paris, Éditions du Seuil, 1978 ; – *Quand Luc raconte*, Paris, Éditions du Cerf, « Lire la Bible » n° 115, 1998.

BOSSUYT P. et RADERMAKERS J., *Jésus Parole de la grâce selon saint Luc*, Bruxelles, Institut d'études théologiques, 1981, 2 vol. (réédition 1999).

COUSIN H., *L'évangile de Luc*, Paris, Centurion, coll. « Commentaire pastoral », 1993.

DUPONT-ROC R., *Saint Luc*, Paris, Éditions de l'Atelier, « La Bible tout simplement », 2003.

L'ÉPLATTENIER C., *Lecture de l'évangile de Luc*, Paris, Desclée, 1982 ; – *Les Actes des Apôtres*, Genève, Labor et Fides, 1987.

FLICHY O., « L'œuvre de Luc », *Cahiers Évangile* n° 114, Paris, Éditions du Cerf, décembre 2000.

GOURGUES M., *Les deux livres de Luc : clés de lecture du troisième évangile et des Actes*, Bruxelles, Lumen Vitae, « Connaître la Bible » n^os^ 7-8, 1998.

MARGUERAT D., *Introduction au Nouveau Testament. Son histoire, son écriture, sa théologie*, Genève, Labor et Fides, 2000 ; – *La première histoire du christianisme : les Actes des Apôtres*, Paris-Genève, Éditions du Cerf-Labor et Fides, « Lectio Divina » n° 180, 1999.

VESCO J.-L., *Jérusalem et son prophète : une lecture de l'Évangile selon saint Luc*, Paris, Éditions du Cerf, 1988.

6

# *Lire l'œuvre de Jean*

par Alain Marchadour[1]

L'évangile de Jean se présente comme un livre à lire, sans doute l'un des premiers à avoir reçu, dès la fin du IIe siècle, la forme du *codex*, c'est-à-dire du livre moderne avec des pages que l'on peut tourner, en avant et en arrière. Son origine reste compliquée et, malgré toutes les recherches des spécialistes, il mérite encore son titre d'évangile énigmatique. Sur son histoire, sur l'identité de l'auteur, des questions subsistent, sans que rien ne laisse pressentir des solutions prochaines[2]. Mais qu'importe ! Ce déficit de connaissance autour de la production du livre est l'envers d'une belle conquête, commencée dès le Ier siècle : l'aventure de la lecture de l'évangile, toujours recommencée.

La grandeur d'un livre comme l'évangile de Jean, c'est qu'il s'adresse à toutes sortes de lecteurs : ignorants et simples, étudiants et enseignants, petits et grands, croyants et non-croyants. Voici, dans une proposition subjective et sélective, des choix de lecture, autour de six textes de l'évangile de Jean et de la première lettre de Jean. Chaque fois, Jésus en est le héros principal. Mais cette centralité se manifeste de façons diverses, selon les personnes rencontrées et les circonstances de la vie de Jésus. On pourra ainsi trouver des scènes peuplées de nombreux personnages, comme le miracle de Cana (Jn 2,1-12), la multiplication des pains et le discours de Capharnaüm (Jn 6), la résurrection de Lazare (Jn 11) et la Passion de Jésus. Différemment, deux récits mettent en scène deux interlocuteurs particuliers : Nicodème (Jn 3,1-21) et Marie de Magdala (Jn 20).

Quelques textes ont été retenus parce qu'ils permettent de mettre en scène des personnages sur plusieurs séquences : c'est le cas pour la mère de Jésus, pour Nicodème, et pour Marie de Magdala. Comme mélange réussi de récit et de discours, le chapitre 6 sur la multiplication des pains constitue un modèle du genre : nous lui avons accordé une large place. Le récit de Lazare (Jn 11) nous a aussi intéressé, à la fois comme un lieu exemplaire de confrontation des méthodes et comme un espace signifiant exemplaire. La Passion de Jésus, commune aux quatre évangiles, permet aussi de mettre en valeur, sur un fond commun, l'originalité du récit de Jean.

Pour ce qui est des méthodes, nous avons eu le souci de ne pas nous enfermer dans une seule approche. Ici et là nous avons ouvert sur



1. Assomptionniste, doyen honoraire de la faculté de théologie de l'Institut catholique de Toulouse.

2. Voir P. Debergé, « La constitution du Nouveau Testament. Repères historiques, littéraires et théologiques », p. 13 *sqq*.

les prolongements donnés aux personnages par les lecteurs doués d'imagination, dans une liberté et une fantaisie parfois déconcertantes. On aura compris qu'il s'agit de proposer à chacun, seul ou en groupe, de se laisser emporter par la lecture de l'évangile, en s'efforçant de se tenir à égale distance entre contrainte de la lettre et liberté du lecteur.

# STRUCTURE ET GRANDES LIGNES NARRATIVES DE L'ÉVANGILE

Préface 1,1-18

**I. LE LIVRE DES SIGNES (la foi proposée)**

1. *Les commencements de la révélation* 1,19-51

Témoignage de Jean Baptiste sur son rôle 1,19-28
Témoignage de Jean Baptiste sur Jésus 1,29-34
Des disciples de Jean Baptiste viennent à Jésus 1,35-42
Philippe, Nathanaël viennent à Jésus 1,43-51

2. *De Cana à Cana* 2,1 – 4,54

Le premier signe à Cana 2,1-12
La purification du Temple 2,13-22
Réactions sur Jésus à Jérusalem 2,23-25
Nicodème à Jérusalem 3,1-21
Ultime témoignage de Jean 3,22-30
Discours conclusif 3,31-36
Jésus quitte la Judée 4,1-3
La Samaritaine 4,4-42
Entrée en Galilée 4,43-45
Le second signe de Cana 4,46-54

3. *Jésus et les principales fêtes des Juifs* 5,1 – 10,42

Jésus et le sabbat
  Guérison de Béthesda 5,1-15
  Discours sur son travail un jour de sabbat 5,16-30
  Discours sur le témoignage de son Père 5,31-47
Jésus à Pâque
  Multiplication des pains 6,1-15
  Marche sur les eaux 6,16-21
  Discours du pain de vie 6,25-71
Jésus à la fête des tabernacles 7,1 – 8,59
  Introduction 7,1-13
  Scène I 7,14-36
  Scène II 7,37-52
    La femme adultère 7,53 – 8,1-11
  Scène III 8,12-59
  Conséquence des tabernacles :
    L'aveugle-né 9,1-41
    Jésus, porte et berger 10,1-21

Jésus à la fête de la dédicace : Messie et Fils de Dieu 10,22-39
Première conclusion du ministère public 10,40-42

4. *Jésus marche vers l'Heure et la Gloire* 11,1 – 12,50

Jésus donne la vie : Lazare 11,1-44
Les hommes condamnent Jésus à mort 11,45-57
Scènes préparatoires de la Passion
  L'onction 12,1-8
  L'entrée à Jérusalem 12,9-19

L'heure 12,20-36
Conclusion :
Évaluation 12,37-42
Dernier discours 12,44-50

**II. LE LIVRE DE LA GLOIRE (l'amour et la gloire manifestée) 13 - 21**

1. *Le dernier repas* 13,1-30
   Le lavement des pieds 1-20
   Annonce de la trahison 21-30
2. *Les derniers discours* 13,31 - 17,26
3. *Les récits de Passion* 18,1 - 19,42
4. *Jésus ressuscité* 20,1-29

Projet de l'auteur 20,30-31

Épilogue 21

Selon le regard et la sensibilité du critique (et du lecteur), l'évangile de Jean sera reçu tantôt comme un livre fait de pièces et de morceaux hétérogènes soit comme une œuvre littéraire, narrative et théologique, composée par un authentique écrivain ayant en vue des lecteurs précis pour les informer, les convaincre et les transformer.

## Un regard diachronique

### Des différences de style

Différemment de l'ensemble de l'évangile, qui est en prose, le prologue se présente comme un poème. Il emploie aussi des mots qui ne se rencontrent pas ailleurs, comme *logos* (employé au sens absolu), « grâce », « plèrôme ». De même, le chapitre 21 contient un nombre encore plus impressionnant d'« hapax » (le mot désigne un terme employé une seule fois dans un livre). À la différence des chapitres précédents, centrés sur Jésus, ce chapitre constitue ce qu'on a appelé « une mise en Église de l'Évangile » (Jean Zumstein [3]).

En partant du constat que les discours de l'Évangile avaient une tonalité différente des récits, on a imaginé l'existence d'une source constituée de paroles de Jésus, peut-être de tradition gnostique, qui auraient été, selon des critères qui le plus souvent nous échappent, insérés dans les récits de l'évangile.

### Un désordre

Les chapitres 4 et 6 se déroulent en Galilée, tandis que 5 et 7 se passent en Judée. Certains critiques imaginent un déplacement

3. Voir P. Debergé, « La constitution du Nouveau Testament. Repères historiques, littéraires et théologiques », p. 13 *sqq.*

accidentel (!) et n'hésitent pas à reconstituer l'ordre véritable (selon leurs propres critères ?).

### Des incohérences ou contradictions

Après avoir dit : « levez-vous : partons d'ici » (14,31), Jésus continue à s'entretenir durant trois chapitres (15-17) avec les disciples.

Jean 3,22 précise que Jésus baptisait tandis que Jean 4,2 le conteste. Alors qu'en 13,36 et 14,5 les disciples demandent à Jésus où il va, Jésus en 16,5 s'étonne que personne ne le lui demande.

### Des répétitions ou même des doublets

Outre les exemples que constituent 3,13-21 et 3,31-36 ; 14,1-31 et 16,4-33, on a le sentiment que l'ouvrage comporte plusieurs *conclusions*. Ainsi Jn 10,40-42 fait inclusion avec Jn 1,28. Jn 20,30-31 définit le projet de l'auteur, tandis que Jn 21,25 referme le livre sous la forme d'une seconde conclusion.

De ces constats, certains ont conclu que l'évangile de Jean était une compilation à partir de plusieurs sources et qu'il s'était écrit en plusieurs étapes. Ils en déduisaient que l'auteur supposé de l'évangile, loin d'être un écrivain authentique, était un compilateur, qui s'était contenté de réunir parfois avec maladresse des pièces préexistantes.

Tout autre est cependant la perception de celui qui porte une **regard synchronique** sur cette œuvre. En effet, si certaines des remarques précédentes sont justes et indiscutables, ce qui l'est moins, ce sont les conséquences que les critiques ont cru pouvoir en tirer. Car s'il est certain que la *production* du texte s'est faite à travers des étapes à la fois orales et écrites (ce qui se voit dans le texte final), ces constats ne dispensent pas de rechercher des indices d'unité et de cohérence dans l'évangile, et cela d'autant plus que ce qui existe aujourd'hui, c'est *un produit* dans lequel l'auteur final a mis en œuvre quelques principes d'organisation. On ajoutera à cela que ce livre n'a de sens qu'en fonction des lecteurs, présents, depuis la première ligne, dans le projet de l'auteur : on peut alors parler de *productivité*. Par ce terme, on évoque les effets produits par le livre dans l'histoire de sa lecture.

## Un vrai livre

Depuis l'Antiquité et en particulier dans le monde biblique, le terme « livre » (*sefer* en hébreu) désigne un document écrit (avec des supports variés : pierre, tablette d'argile, bois, papyrus, cuivre), de longueur très variable, revêtu d'une autorité particulière et destiné à la lecture pour un groupe humain déterminé. Le livre de Jean peut être considéré comme un des premiers livres au sens moderne, puisque nous disposons de deux papyri de Jean ($P^{66}$ et $P^{75}$), des années 200, ayant la forme de *codex* (avec des feuilles reliées). Le passage du rouleau au codex marque pour beaucoup la naissance du livre moderne, que l'on peut ouvrir, relire, page après page, ce que le rouleau ne permet pas.

## Un projet d'auteur

Jean a expliqué pourquoi il a écrit et ce qu'il attendait de ses lecteurs : « Ces signes ont été écrits pour que vous croyez que Jésus est le Christ, le Fils de Dieu, et que, croyant vous ayez la vie en son nom » (Jn 20,30-31). Voilà le pacte de lecture entre l'auteur et ses lecteurs. Cet objectif, l'auteur l'a mis en valeur tout au long de son ouvrage, pour faire apparaître la véritable identité de Jésus en vue de conforter la foi des croyants et de leur accorder la vie.

## Des lecteurs

Ce sont les lecteurs qui donnent sa véritable identité au livre en s'appropriant les clefs de lecture que l'auteur a disposées pour eux. Il y a en effet un lecteur idéal de l'évangile que l'on peut déduire des stratégies mises en œuvre par l'auteur dans son ouvrage. Ce lecteur visé par l'auteur est un disciple qui a fait un premier choix de suivre Jésus, qui a besoin d'être confirmé. Il s'agit pour lui de ne pas se tromper sur la vraie personnalité de Jésus, comme l'ont fait la plupart des contemporains de Jésus, y compris les disciples. Pour cela l'auteur offre à son lecteur trois lumières complémentaires. *La première* est constituée de l'arrière-pays biblique (Ancien Testament). Là se donne à voir la révélation en devenir, avec l'annonce d'un personnage royal aux titres multiples : Messie, Fils de Dieu, Fils de l'homme, roi d'Israël. Dans l'évangile, ces titres reçoivent leur contenu précis à travers *deux* éclairages supplémentaires. *L'un* est formé par la trame narrative de l'évangile, l'histoire de Jésus avec ses choix successifs et la mise à jour progressive, par le récit, de son identité véritable. *L'autre* est à chercher dans l'événement ultime du parcours de Jésus : sa Résurrection. L'auteur qui écrit après Pâque renvoie régulièrement ses lecteurs à ce temps à travers lequel le parcours de Jésus prend sa véritable signification (2,22 ; 12,16).

## Quel plan ?

Il est difficile de reconstituer la logique du plan voulu par l'auteur. La diversité des plans proposés par les critiques incite à la prudence. Un accord se dégage pour repérer deux grands ensembles dans l'évangile.

Après une **préface** (1,1-18), qui résume l'intrigue – qui est Jésus, comment les hommes le reçoivent –, une **première partie** (1,19 – 12,50) décrit Jésus face au monde. On parle aussi du livre des *Signes* ou encore du livre de la Foi : Vie *manifestée* (1,19 – 6,71), Lumière *refusée* (7,1 – 12,50). Une **seconde partie** (13,1 – 21,25) concerne non plus le monde dans son ambivalence, mais la communauté des croyants. On parle alors du livre de la *Gloire*. La foi s'épanouit ici dans l'amour, le vocabulaire de la foi diminuant (20 fois contre 70 pour la première partie), au profit de celui de l'amour (30 fois contre 7 fois dans la première partie). Après *le testament* aux disciples (13 – 17), c'est la *Passion glorieuse* (18 – 21). Le chapitre 21 constitue l'épilogue, le prolongement ecclésiologique de la révélation centrée sur Jésus : en d'autres termes l'Église ou Jésus continués.

Des propositions de plan plus détaillées sont souvent insatisfaisantes. Qu'elles s'appuient sur la géographie, sur les fêtes juives, ou sur d'hypothétiques figures rhétoriques, elles ressemblent souvent à un corps trop contraignant. Nous avons proposé un plan, ci-dessus, à manier avec beaucoup de souplesse.

# CARACTÉRISTIQUES LITTÉRAIRES : STYLE, RÉDACTION

L'évangile de Jean est un livre à lire. Pour que cette lecture produise des fruits, quelques conditions sont très précieuses.

## L'INTENTION DE L'AUTEUR

Cette expression n'a pas bonne presse aujourd'hui, à juste titre s'il s'agit de rechercher une volonté qui serait dépendante de l'auteur historique. C'est dans le récit lui-même qu'il faut chercher l'auteur. Dans son récit, celui-ci (on parle alors de l'*auteur impliqué*) livre des orientations de lecture, il propose un contrat à ses lecteurs. Dans l'évangile de Jean, ce contrat est affirmé explicitement : Jn 20,30-31. Le lecteur idéal est celui qui entre pleinement dans ce projet de façon intellectuelle, mais aussi pragmatique.

## LE POINT DE VUE DE L'AUTEUR

Ce fil conducteur est présent de bout en bout dans le récit. Il se donne à voir dans le parcours historique de Jésus tel qu'un croyant, éclairé par l'expérience pascale, peut le raconter. C'est l'horizon d'attente commun à l'auteur et aux lecteurs : l'expérience, à communiquer et à vivre, une foi en quelqu'un qui est à la fois homme et Dieu.

## JÉSUS, FIGURE CENTRALE

Plus que dans les autres évangiles, Jésus est ici le personnage central, celui dont le parcours est raconté à travers des signes, des discours et la Passion/Résurrection, lieu du dévoilement ultime de l'identité de Jésus. L'auteur s'adresse à des croyants qui ont déjà manifesté un premier attachement à Jésus. Il s'agit pour lui de donner des racines à cette foi en leur présentant Jésus, comme le seul maître de vie puisqu'il est l'irruption de Dieu dans le monde.

## RÉCITS ET DISCOURS

Pour cela, l'évangéliste accorde une grande importance aux signes et aux paroles de Jésus. Plus que dans les autres évangiles, Jean associe également à la plupart des signes un enseignement qui permet de mieux entrer dans le mystère de Jésus. Cet enseignement est fait de discours plus ou moins développés. Certains peuvent être brefs (Jn 2,3-4 ou 9,4-5), ou bien répartis entre plusieurs dialogues adressés à plusieurs personnages (Jn 11,1-44) ; d'autres prolongent un signe (6,28-69). Les discours d'adieu (Jn 13-17) sont de longs développements discursifs dans lesquels la narration s'immobilise dans l'attente des événements tragiques qui vont de l'arrestation de Jésus jusqu'à sa mort. Dans une lecture de type historique et diachronique, les exégètes ont souvent souligné l'hétérogénéité des discours par rapport aux récits, comme s'il y avait deux sources différentes. Pour celui qui lit l'évangile comme un livre, le lien entre discours et récit saute aux yeux : pour une bonne intelligence de l'évangile, il est nécessaire de tenir compte de la complémentarité entre récits et discours, les seconds ayant souvent pour fonction de prolonger et d'approfondir, mais aussi de corriger une mauvaise compréhension des signes.

## Des personnages variés

Jean, plus que les autres évangiles, donne une épaisseur certaine aux personnages qui croisent le chemin de Jésus. Parfois ils sont anonymes, comme la Samaritaine ou l'aveugle-né. D'autres fois, ils sont identifiés soit par leur fonction – comme sa mère –, soit par leur nom propre comme Nicodème, Marthe et Marie, Lazare, Simon Pierre ou Marie de Magdala. Ces face-à-face entre Jésus et un personnage donnent lieu à un échange qui a pour double effet de révéler quelque chose de l'identité de Jésus et d'entraîner l'interlocuteur à faire un choix (positif, ou négatif) face à lui.

## Des récits inachevés

Les personnages de Jean ont en commun de laisser le lecteur sur une impression d'inachevé. Ils disparaissent dans le silence, sans que nous sachions, avant que les légendes s'emparent d'eux, ce qu'ils sont devenus. Il y a là une dimension frustrante, surtout pour les lecteurs modernes, qui ont tendance à s'écarter du pacte de lecture. Celui-ci en effet est totalement centré sur Jésus. Tous les autres personnages sont à son service.

## Des figures exemplaires et symboliques

Cette impression d'inachevé remplit un autre rôle dans le récit, surtout si l'on constate que Jean est le seul évangéliste à présenter plusieurs personnages engagés dans un face-à-face avec Jésus. Leur rencontre revêt pour eux des enjeux existentiels : croire ou ne pas croire en Jésus, avec le retentissement que cela entraîne dans leur choix de vie. Le choix de ces personnages confrontés à Jésus facilite, en fait, l'exemplarité de telles scènes. Chaque lecteur peut s'y retrouver comme dans un miroir.

## Les intermédiaires

Plus que les autres évangiles, Jean accorde une grande place aux médiateurs, au point que certains y ont vu un trait majeur de cet évangile. Jean Baptiste conduit ses disciples à Jésus (Jn 1,29-34) ; André fait connaître le Messie à Simon Pierre (Jn 1,41) ; Philippe va chercher Nathanaël (1,45) ; la mère de Jésus introduit les serviteurs à Jésus (Jn 2,5). La Samaritaine fait connaître Jésus aux habitants de Samarie qui, grâce à elle, peuvent confesser Jésus, sauveur du monde (4,49). Les Grecs passent par Philippe qui va trouver André, et tous deux vont trouver Jésus (12,20-22). À partir du chapitre 13, Simon Pierre a besoin, à plusieurs reprises, du *disciple que Jésus aimait.*

Cette fonction médiatrice se poursuit dans la vie du livre écrit par le « disciple bien-aimé » : il permet aux lecteurs d'entrer à leur tour en dialogue avec le Révélateur. Comme le soulignent les habitants de Samarie, cette médiation n'est qu'une étape : « Ils disaient à la femme : "Ce n'est plus sur tes dires que nous croyons ; nous l'avons nous-mêmes entendu et nous savons que c'est vraiment lui le sauveur du monde" » (4,42).

**Grille pour une étude de texte de l'évangile de Jean**

Tout acte de lecture suppose une méthode, c'est-à-dire le choix d'un chemin (dans méthode, il y a *odos,* « chemin » en grec) pour tenter de combler la distance entre l'univers du texte à lire et celui du lecteur. Voici quelques propositions à considérer avec souplesse :

1. Il peut être utile, pour qui ne connaît pas le grec, de confronter plusieurs traductions en privilégiant une traduction plus littérale (celle de sœur Jeanne d'Arc par exemple, la Bible de Jérusalem ou la TOB). La Bible Bayard offre une approche plus littéraire qui tient compte de l'évolution de la langue française. On peut aussi écrire ou photocopier la traduction, ce qui permet de travailler plus librement, en soulignant ou en coloriant.
2. Faire une première lecture en étant attentif aux mots, aux images, aux figures de style.
3. Rechercher l'unité et la cohérence du texte choisi : en tenant compte des lieux, des personnages, de l'intrigue, des indices de commencement et de fin.
4. Situer le texte dans l'ensemble de l'évangile et faire apparaître sa signification à cet endroit : comment ce qui précède le prépare, comment ce qui suit le prolonge.
5. Étudier le texte.

– Commencer par des remarques plus générales qui abordent le texte par sa forme : est-ce un récit, un discours, un mélange de récit et de discours ? Quelles sont les caractéristiques littéraires de cet ensemble : répétitions, expressions dominantes, images utilisées, etc. ? Quelles sont les techniques littéraires mises en œuvre par l'auteur : énonciation, reprise, humour, double langage ?

– Peut-on pressentir, à la lecture de ce texte, quelle est la situation de l'auteur (l'époque où il écrit) et des lecteurs ?

– Proposer un découpage du texte en tenant compte de la logique, des personnages, des lieux.

– Étudier les textes, unité par unité, en soulignant :
- la façon dont la scène se met en place
- le rôle des divers personnages
- la place centrale de Jésus
- le déroulement de l'intrigue
- qui fait quoi ?
- qui s'oppose, qui aide, qui est transformé ? comment ? par des mots ? des signes ?

– resituer ce récit dans la littérature biblique (y a-t-il d'autres récits semblables – dans l'Ancien Testament, le Nouveau Testament, dans la littérature profane ? Y a-t-il des termes fortement connotés (amour, vérité, grâce, etc.) ?

6. Reprendre dans une synthèse tout ce qui a été découvert en se demandant en quoi ce récit ou ce discours est révélateur de la pédagogie de Jésus ? Quelle christologie s'en dégage ? L'auteur a-t-il une stratégie pour faire apparaître cette christologie ? Ce récit ouvre-t-il sur l'Église et les conditions du croire ? Est-il ouvert sur les lecteurs que nous sommes ?

# PROPOSITIONS DE LECTURE POUR QUELQUES TEXTES ESSENTIELS

**Textes étudiés**

La figure de Jean le Baptiste : Jn 1,6-8.15 ; 1,19-28 ; 1,29-34 ; 3,30 ; 5,31-36 ; 7,10.40-42
Jn 2,1-12 : La mère face à son fils Jésus
Jn 3,1-21 ; 7,43-52 ; 19,38-42 : La figure de Nicodème
Jn 6 : L'épaisseur du texte comme grille de lecture d'un discours
Jn 11,1-46 : Le récit de Lazare. Différentes méthodes de lecture
Jn 18 – 19 : La Passion dans l'évangile de Jean
Jn 19,25-27 ; 20,1-2.11-18 : Marie de Magdala face au Crucifié et au Ressuscité
1 Jn 4,7 – 5,12 : Quelques clefs de lecture

## La figure de Jean (le Baptiste)

Jean Baptiste, présent dans les quatre évangiles, est, dans l'évangile de Jean, l'objet d'un traitement particulier. Il est difficile de faire la différence entre la figure historique et la figure littéraire et théologique. Toujours appelé Jean dans cet évangile – et non Jean Baptiste – il ne rencontre jamais directement Jésus, même pas lors de son baptême. Aucune précision [4] n'y est en effet donnée sur l'identité de celui qui baptise Jésus.

### Scène 1 : 1,6-8.15

Il y eut un homme envoyé par Dieu
nommé Jean.
En tant que témoin il est venu
témoigner de la lumière
afin que tous, par son intermédiaire, aient foi.
Il n'était pas la lumière
mais il s'en portait témoin.

Jean témoigne, il s'écrie : C'est lui
dont je disais : Lui qui vient après moi
est plus grand que moi car il était avant.

Les commentateurs soulignent, tous, l'hétérogénéité qu'il y a entre la solennité exceptionnelle de l'hymne consacrée au *logos* et les deux passages concernant Jean qui y sont insérés. Dans une perspective de logique moderne, il est, pour les critiques, tentant d'y voir une interpolation. Mais, quelles que soient les explications possibles, cette présence de Jean dans la préface fait partie du texte voulu par l'auteur.

4. Comme c'est le cas dans les évangiles de Matthieu et de Marc, avec, chez Matthieu, un dialogue entre Jésus et le Baptiste (Mt 3,14-15).

C'est un choix qui colore fortement le portrait de Jean et son rôle par rapport à Jésus. Il lui donne une signification absente des autres évangiles, et cela d'autant plus que, dans la construction de l'hymne, les deux développements sur Jean se correspondent parfaitement.

– Jean est *envoyé* par Dieu... Cette qualité d'envoyé du Père est le privilège de Jésus, souvent présenté comme « celui que le Père a envoyé ». Jean est le seul parmi les acteurs de l'évangile à partager ce qualificatif et à être associé aussi étroitement à la mission du Fils.

– Il a aussi le privilège d'être le *témoin* de Jésus (8 fois le verbe s'applique à lui). Il partage ce rôle quasi juridique avec les œuvres (5,36), la communauté (3,11), l'auteur de l'évangile (21,24), les Écritures (5,39), mais surtout avec le Père (5,32.36), Jésus lui-même (8,13-14.18) et l'Esprit saint (15,26).

– Sa mission est de témoigner « pour que *tous croient* dans le Verbe » (1,7). Or la foi est précisément le pacte de lecture que l'auteur propose à ses lecteurs à la fin du chapitre 20 : les signes rapportés par l'auteur l'ont été « pour que vous croyiez que Jésus est le Christ, le Fils de Dieu, et pour que, en croyant, vous ayez la vie en son nom » (Jn 20,31). Jean est donc au plus près de l'auteur de l'évangile puisqu'il est venu pour réaliser ce pourquoi l'auteur a écrit son livre.

– Son témoignage au verset 15 se présente sous la forme d'une prolepse, qui proclame par anticipation la préexistence de Jésus : « Avant moi il était. » Là aussi, le témoignage de Jean est à la hauteur de l'hymne. « Il crie », verbe utilisé seulement pour lui et pour Jésus (7,28.37 ; 12,44). D'une certaine manière, il fait écho à la voix de l'auteur, et proclame la présence du *logos* à la fois pour le temps historique de Jésus et pour l'éternité puisque à l'adresse de tous les lecteurs à venir.

## Scène 2 : 1,19-28

> Voici le témoignage de Jean, quand les juifs de Jérusalem envoient des prêtres et des lévites l'interroger : « Toi, tu es qui ? » Il reconnaît, il ne nie pas, il reconnaît : « Je ne suis pas le christ. »
>
> « Alors quoi, tu es Élie ? » disent-ils.
>
> Il répond : « Non plus. » « Tu es le prophète ? » Il répond : « Non. »
>
> « Qui es-tu donc, que nous apportions une réponse à ceux qui nous envoient ? Que dis-tu de toi ? »
>
> « Moi ? Je suis une voix criant dans le désert : "Déblayez le chemin du Seigneur", comme a dit le prophète Isaïe. »
>
> Certains envoyés étaient des pharisiens. « Pourquoi pratiques-tu l'immersion, demandent-ils, si tu n'es ni le christ, ni Élie, ni le prophète ? »
>
> « Moi je baptise par l'eau, répond Jean. Lui est au milieu de vous et vous ne le connaissez pas. Celui qui vient après moi, je ne suis pas digne de dénouer les lacets de sa sandale. »
>
> Ces choses se passaient à Béthanie, au-delà du Jourdain où Jean baptisait.

« Je ne suis pas [...] voix qui crie [...]. » Aux envoyés, Jean se présente à travers trois négations et une formule d'opposition (baptême d'eau *versus* baptême en Esprit). Son retrait est amplifié par la citation d'Isaïe, derrière laquelle il s'efface pour transmettre ce qu'il a à dire. La voix vient du passé. Au temps de l'exil, elle avait d'abord été une voix vive, puis elle était devenue écriture en attente d'un accomplissement. Jean, lecteur fervent et unique des Écritures, annonce cet accomplissement. Du coup, ce qui était devenu lettre redevient Parole, grâce à l'acte de lecture du prophète Jean qui se définit par les mots d'un autre prophète. Il faut noter que dans les Synoptiques, ce n'est pas, comme ici, Jean qui prend en charge la citation, mais l'auteur de l'évangile.

Jean revendique ainsi un double rôle par rapport à celui qui vient : il est d'abord la voix qui ouvre la route à « celui qu'ils ne connaissent pas », référence à Isaïe 40,3 qui annonçait la venue d'un ange pour préparer le chemin du retour aux exilés de Babylone. Il est ensuite celui qui, en vue du baptême dans l'Esprit, donne le baptême d'initiation. Pour Jean, Jésus doit être accueilli comme le don mystérieux de Dieu dont personne ne connaît l'origine. Lui-même n'est pas « digne de défaire la courroie de sa sandale », un service qui ne pouvait être rendu que par les esclaves. C'est dire la distance qu'il reconnaît exister entre Jésus et lui-même. Ce premier témoignage est le commencement de la mission de Jean. Le narrateur lui donne une certaine solennité en précisant qu'il a eu lieu « à Béthanie, au-delà du Jourdain où Jean baptisait » (1,28).

## Scènes 3 et 4 : 1,29-34

> Le jour suivant, il voit Jésus venir vers lui et dit : « Voici l'agneau de Dieu qui retire la faute du monde. Voici celui dont je disais : "Lui qui vient après moi est plus grand que moi car il était avant." Je ne le connaissais pas mais c'est pour le montrer à Israël que je baptise par l'eau. » Jean témoigne : « J'ai vu le Souffle divin descendre du ciel comme une colombe et se poser sur lui. Je ne le connaissais pas mais celui qui m'envoie baptiser par l'eau m'a dit : "L'homme sur qui tu verras le Souffle descendre et se poser, c'est lui qui baptise par le Souffle saint." J'ai vu, je suis témoin, il est le fils de Dieu. »

Ces deux séquences, qui se déroulent sur deux jours, sont celles où, associée à une proximité spirituelle et religieuse exceptionnelle, apparaît la plus grande proximité géographique entre Jésus et Jean. Leurs relations ne sont pourtant jamais directes, chacun parlant de l'autre à la troisième personne : Jean, de Jésus ici et en 5,27-30 ; Jésus, de Jean en 5,33-36.

Par deux fois, Jean attribue à Jésus le titre « d'agneau de Dieu ». Le lecteur qui n'a pas de connaissance biblique s'étonne devant une telle métaphore associant le divin à un animal souvent perçu comme doux et non violent. À l'opposé, pour le lecteur familier de Bible, ce qui était certainement le cas des premiers lecteurs de cet évangile, viennent à l'esprit le Serviteur souffrant – présenté sous les traits d'un agneau par Isaïe 53,7 –, l'agneau immolé et dressé de l'Apocalypse, fort contre le péché (Ap 14,10 ; 17,14), ou encore l'agneau pascal. On se souvient que chez Jean, Jésus est condamné à l'heure où les prêtres commencent à sacrifier les agneaux pour la fête de Pâque (19,14).

Jamais, nous l'avons dit, Jean et Jésus n'entrent en relation directe ; et, pourtant leur proximité est grande. C'est ce que révèle la scène du baptême de Jésus, où, dans le quatrième évangile, la vision est réservée au seul Jean. Jamais autant qu'ici, il n'est qualifié comme étant le témoin qui expose ce qu'il a vu : « J'ai vu l'Esprit descendre, tel une colombe venant du ciel, et demeurer sur lui. » Son autorité comme témoin lui vient de Celui dont il est l'envoyé : « Et moi, je ne le connaissais pas, mais celui qui m'a envoyé baptiser dans l'eau, celui-là m'avait dit : "Celui sur qui tu verras l'Esprit descendre et demeurer, c'est lui qui baptise dans l'Esprit saint" » (33). Le contenu de son témoignage reste donc à la hauteur de ce que Jean disait déjà, dans la préface, au sujet du Verbe : « Et moi, j'ai vu et je témoigne que celui-ci est le Fils de Dieu. »

## Scène 5 : 3,30

Il faut qu'il grandisse et que je diminue.

Dans ce passage, plusieurs traits éclairent les relations entre Jésus et Jean

– Seul l'évangile de Jean nous apprend l'activité baptiste de Jésus. C'est un point d'attache historique fondamental qui indique que le « mouvement de Jésus » est parti des bords du Jourdain. Mais quelle était alors la nature des relations entre Jean et Jésus ? De maître à disciple ? De baptiseurs concurrents ? Jean ne nous permet pas de répondre à ces questions. Il insiste seulement sur deux points fondamentaux : la parenté spirituelle entre les deux maîtres et la fidélité sans faille de Jean à Jésus.

– L'opposition n'est pas entre Jean et Jésus mais entre les disciples de Jean et Jésus. Jean, ici encore, se définit en lien étroit avec Jésus. Il consacre même son retrait : « Il faut que je décroisse et que lui grandisse », se reconnaissant dans un rôle transitoire d'ami de l'époux. Le lecteur, qui lit ce passage après l'épisode de Cana, peut faire le lien avec, au moment du signe de l'eau changée en vin, l'entrée dans l'heure eschatologique et l'installation de Jésus, par sa mère, dans le rôle de l'époux.

La séquence s'achève à la fois par l'annonce de l'effacement de Jean et la proclamation de la plénitude qu'il a connue. Cet effacement vient confirmer ce que disait la préface : « Celui-là n'était pas la lumière, mais il devait témoigner au sujet de la lumière. » Témoin et gardien d'une vérité qui n'était pas la sienne – et qui, depuis le commencement, échappe au discours –, il lui revenait à la fois d'être là et de disparaître devant elle. Baptisant, mais n'étant ni Élie, ni le prophète, seulement la voix, « il a ouvert un autre chantier, labouré un autre champ » (J. Calloud).

## Scènes 6 et 7 : 5,31-36 et 7,10.40-42

« Si je témoignais pour moi-même, ce ne serait pas un vrai témoignage. Un autre témoigne pour moi et je sais que son témoignage est vrai. Jean, auprès de vos envoyés, a témoigné de la vérité. Mais ce n'est pas un homme qui peut témoigner pour moi, je vous parle ainsi pour que vous soyez sauvés. Celui-là était la lampe allumée qui brille, vous avez voulu vous réjouir une heure à sa lumière. J'ai pour moi un témoignage plus important que celui de Jean : les tâches que le Père m'a données à accomplir. Ces tâches que je remplis témoignent que le Père m'a envoyé. »

Pourtant, une fois ses frères partis à la fête, il s'y est rendu aussi, non pas au grand jour mais comme en cachette.

Certains disaient en entendant ses paroles : « Il est vraiment le prophète. » Et d'autres : « C'est le Christ. » Mais d'autres encore : « le Christ peut-il venir de Galilée ? » « De la race de David et du village de David, de Bethléem, le christ viendra », dit l'Écriture.

Les deux dernières séquences consacrent Jean dans son rôle auprès de Jésus. En 5,33, il est d'abord reconnu par Jésus lui-même, comme ayant réalisé son programme. L'usage du parfait en grec – « il a témoigné à la vérité » – signifie que ce témoignage, qui dure dans le temps, concerne la Vérité, c'est-à-dire Jésus lui-même qui est la Vérité définitive, et donc la révélation. C'est ensuite l'ensemble des croyants qui reconnaît la justesse du parcours de Jean dans sa révélation de Jésus. On note dans cette conclusion provisoire du parcours de Jésus le renvoi au baptême de Jean. Elle forme une inclusion : « Tout ce que Jean a dit à son sujet était vrai. »

Si les commentateurs ont souvent souligné une certaine dévalorisation de Jean dans le quatrième évangile, ce rapide parcours montre qu'il ne faut pas durcir ce trait, car la mise en perspective des différentes séquences consacrées à Jean fait apparaître de nombreux parallélismes qui disent l'identité de Jean sous la forme d'oppositions, une formule restrictive étant corrigée par une affirmation positive :

– « Il n'était pas la lumière, (*en négatif*)
  mais il devait rendre témoignage à la lumière » (*en positif*) [1,8].
– « Je ne suis pas le Christ » (1,20).
  « Es-tu Élie ? » Il répondit : « Je ne le suis pas » (*en négatif*).
  « Es-tu le Prophète ? » Il répondit : « Non » (*en négatif*).
  Il affirma : « Je suis la voix de celui qui crie dans le désert : (*en positif*)
  Aplanissez le chemin du Seigneur, comme l'a dit le prophète Isaïe » (1,23).
– « Moi, je baptise dans l'eau (*en négatif*) [1,26].
  Au milieu de vous se tient celui que vous ne connaissez pas » (*en positif*).
– « Moi-même, je ne le connaissais pas, (*en négatif*)
  mais c'est en vue de sa manifestation à Israël que je suis venu baptiser dans l'eau » (*en positif*) [1,31].
– « Moi, je ne suis pas le Christ, (*en négatif*)
  mais je suis celui qui a été envoyé devant lui » (*en positif*) [3,28].

– « Celui qui a l'épouse est l'époux (*en négatif*)
quant à l'ami de l'époux, il se tient là, il l'écoute et la voix de l'époux le comble de joie » (*en positif*) [3,29].
« Il faut qu'il grandisse, (*en positif*) et que moi, je diminue » (*en négatif*) [3,30].
– « Pour moi, ce n'est pas que j'aie à recevoir le témoignage d'un homme, (*en négatif*)
mais je parle ainsi afin que vous soyez sauvés » (*en positif*) [5,34].
– « Jean fut la lampe qu'on allume et qui brille (*en positif*).
et vous avez bien voulu vous réjouir pour un moment à sa lumière » (*en négatif*) [5,35].
– « Il a rendu témoignage à la vérité » (*en positif*) [5,32]. « Or je possède un témoignage qui est plus grand que celui de Jean : ce sont les œuvres que le Père m'a données à accomplir » (*en négatif*) [5,36].
– « Jean, certes, n'a opéré aucun signe, (*en négatif*) [10,41], mais tout ce qu'il a dit de cet homme était vrai. » (*en positif*).

De tout cela, on retiendra que, plus encore que dans les Synoptiques, la figure de Jean Baptiste, dans l'évangile de Jean, est étroitement liée à celle de Jésus. On retiendra également que, à la différence des Synoptiques, on ne trouve pas dans cet évangile l'invitation de Jean à la pénitence. Il se situe d'emblée dans une perspective christologique plus qu'éthique ou morale. Il n'est pas non plus (comme dans les Synoptiques) le précurseur mais le vis-à-vis, celui qui met Jésus en valeur.

Du côté de l'agir, l'auteur a, autant qu'il le pouvait, effacé les souvenirs d'un Jean Baptiste engagé contre les puissants. La seule référence à son emprisonnement se trouve en Jn 5,24. Jean apparaît donc uniquement au commencement de la vie publique de Jésus, dans un rôle qui se situe exclusivement dans le registre de la Parole. Près du Verbe, il est appelé à parler, à crier, à témoigner, à argumenter avec ses disciples. Les deux témoignages qui résument son activité appartiennent au registre de la parole : « Il a rendu témoignage à la vérité », dit Jésus de lui. Les croyants qui accompagnent Jésus peuvent, dans une sorte de conclusion provisoire, dire à leur tour : Il n'a fait aucun signe, mais tout ce qu'il a dit de cet homme « était vrai ».

**Questions pour la lecture**

1. Voir comment, dans le quatrième évangile, Jean n'est pas touché par le doute, comme c'est le cas dans les Synoptiques (Mt 11,12-13).
2. Comparer les éloges de Jean par Jésus dans les Synoptiques (Mt 11,7-11) et dans Jean 5,32.
3. Peut-on dire que, dans le quatrième évangile, Jean est du côté de la Révélation (du Révélateur), tandis que les Synoptiques souligneraient davantage la dimension éthique de son action, notamment dans sa prédication au bord du Jourdain (Mt 3,1-12) et dans ses relations avec Hérode (Mt 14,1-11) ?

## Jn 2,1-12 : La mère face à son fils Jésus

Le troisième jour, une noce avait lieu à Cana de Galilée, la mère de Jésus y était. Jésus aussi était invité à la noce avec ses disciples. Le vin a manqué, la mère de Jésus lui a dit : « Ils n'ont plus de vin. »

« Femme, ne te mêle pas », dit Jésus. « Mon heure n'est pas encore venue. »

Et sa mère aux serveurs : « Quoi qu'il vous dise, faites-le. »

Il y avait là, pour les purifications des juifs, six jarres de pierre chacune pouvait contenir une centaine de litres. « Remplissez d'eau ces jarres », dit Jésus. Ils les ont remplies jusqu'à ras bord. « Maintenant puisez, dit-il, et portez-en au maître de cérémonie. » C'est ce qu'ils font. Le maître de cérémonie goûte l'eau devenue vin – il n'en sait pas la provenance alors que les serveurs qui ont puisé l'eau savent – et il appelle le marié. « D'habitude on sert le bon vin en premier, lui dit-il, et quand ils sont ivres le moins bon. Toi, tu gardes le bon pour la fin. »

Voici le commencement des signes de Jésus, à Cana de Galilée, il s'est montré dans tout son éclat et ses disciples lui ont fait confiance.

Après quoi, il va à Capharnaüm, lui, sa mère, ses frères et ses disciples. Ils n'y restent que quelques jours.

### Lire comme si c'était la première fois

Le repérage de quelques données textuelles permet de se sensibiliser à la nature et même à l'intrigue du récit que l'auteur veut offrir au lecteur.

*Le troisième jour :* par rapport à quel calendrier ? Par rapport à ce qui précède ? (Certains exégètes ont voulu, sans vraiment convaincre, y voir une semaine inaugurale depuis l'intervention de Jean en 1,19.) Par rapport à la symbolique de la Résurrection, commune à l'auteur et à ses premiers lecteurs ?

*La mère de Jésus :* dans l'évangile, ce sera la seule désignation de Marie. C'est un trait d'énonciation dans lequel l'auteur veut produire un effet sur ses lecteurs. On peut y lire son souci de mettre en valeur la dimension christologique de ce récit en réservant au seul Jésus le privilège d'être désigné par son nom.

*Ses disciples :* l'auteur ne précise pas la relation chronologique entre la fin du chapitre 1 et le début du chapitre 2. La noce se déroule à Cana, lieu d'origine de Nathanaël (Jn 21,2), interlocuteur de Jésus dans la séquence précédente. C'est la première fois que l'évangéliste emploie le terme « disciple ». Ils sont là, plus en témoins qu'en acteurs. Pourtant la scène est déterminante pour eux, puisque au vu du signe « ses disciples crurent en lui ». La même attention doit être accordée au verbe « croire [5] », familier à Jean.

*Femme, ne te mêle pas* (littér. : « qu'y a-t-il pour toi et pour moi ? ») : ces versets ont fait couler autant d'encre que les 800 litres d'eau changés en vin. Est-ce un reproche de Jésus à sa mère pour sa « vaine gloire » (Jean Chrysostome), ce qui lui valut ce mot de saint Thomas : « *Hic Chrysostomus exagerat* – Chrysostome exagère ». Faut-il, avec un autre exégète, compléter le texte par un sourire et un ton amical ? Pour

5. Voir plus bas les remarques finales dans « Ouverture christologique », p. 387.

éviter une trop grande subjectivité, mieux vaut rechercher dans la langue hébraïque la première source explicative. Il devient clair alors que la réponse exprime une mise à distance, signifiant soit : ce n'est pas mon affaire, soit : ne te mêle pas de cela.

*Six jarres pour la purification des Juifs :* pourquoi utiliser ces objets destinés à un usage rituel ? Pourquoi 6 et non 7 ? Pourquoi tant de vin : « Ont-ils tout bu ? » demandait un Père de l'Église, et la réponse fait chaud au lecteur d'aujourd'hui : « Non, nous en buvons encore. »

*Les serviteurs :* sont-ils des simples figurants ? Pourtant ils sont présents dans trois scènes décisives et sont destinataires de la parole fameuse de la mère de Jésus : « Tout ce qu'il vous dira, faites-le. » À la différence du maître, eux savent *d'où* vient le vin.

*Le chef du repas :* La réaction du maître du repas devant le signe surprend : il se contente de constater que, d'habitude, ce n'est pas ainsi que l'on agit ! Notons le caractère surprenant d'une noce où la mariée est totalement absente et le marié présenté d'une façon peu flatteuse, puisqu'il se montre incapable de prévenir, puis de gérer la pénurie de vin. Serait-ce que les rôles ont été subvertis par la mère de Jésus, la seule femme présente dans ce récit de noces ?

## Lire dans le contexte

Plusieurs traits « enracinent » ce récit dans l'ensemble de l'évangile : *en amont*, le chapitre 1 a rapporté les premières rencontres de Jésus avec ceux qui sont appelés à devenir ses disciples. Jean s'est effacé devant celui qui a été reconnu successivement comme l'agneau de Dieu (1,35), le Fils de Dieu (1,34), le Christ (1,41), celui dont Moïse avait parlé dans la Loi ainsi que les prophètes (1,45), le Fils de l'homme (1,51). Et juste avant le signe, Jésus a annoncé à Nathanaël : « Parce que je t'ai dit que je t'avais vu sous le figuier, tu crois. Tu verras des choses bien plus grandes » (1,50). La suite, élargie à un auditoire plus vaste – donc aussi aux lecteurs d'aujourd'hui –, annonce : « En vérité, en vérité, je vous le dis, vous verrez le ciel ouvert et les anges de Dieu monter et descendre au-dessus du Fils de l'homme » (1,51). Cana marque-t-il le commencement de réalisation de cette annonce ?

*En aval*, le récit qui suit raconte l'intervention de Jésus dans le Temple (Jn 2,14-22). Avec des différences évidentes (un *manque* de vin d'un côté et un *trop-plein* dans le Temple de l'autre), les deux récits ont des résonances communes. Dans les deux cas, il s'agit de scènes de *substitution* : à un vin ordinaire et insuffisant succède un vin surabondant et merveilleux. À un Temple encombré (animaux, commerçants, changeurs) succède un sanctuaire rendu à sa pureté primitive. Le vide des jarres débouche sur un trop-plein quantitatif et qualitatif, le Temple vidé ouvre l'espace aux vrais adorateurs du Père. Il annonce le Temple qu'est le corps de Jésus. Cette transformation est liée, dans les deux récits, au mystère de Pâque, le troisième jour évoquant le jour de la Résurrection. De fait, après la Résurrection de Jésus, les disciples se souviendront de la scène du Temple et croiront aux Écritures et à Jésus (2,21-22). Cette double scène témoigne ainsi d'une rupture déjà largement engagée entre les disciples de Jésus et le judaïsme officiel.

**L'heure de Jésus**

« Il n'est pas étonnant que le mot "heure" revienne à plusieurs reprises dans un récit, encore que les anciens n'aient pas comme nous le souci de minuter le déroulement d'une action. Le quatrième évangile mentionne les douze heures du jour (11,9) et comporte un certain nombre de notations précises : les sixièmes heures de la rencontre avec la Samaritaine (4,6) et du procès devant Pilate (19,14) ; la septième heure de la guérison du fils du fonctionnaire royal de Capharnaüm (4,52-53) ; la dixième heure de l'appel des premiers disciples (1,39). Ces précisions horaires n'ont pas forcément de valeur symbolique. Notons cependant la similitude entre les deux "sixièmes heures" qui constituent deux temps forts, où Jésus révèle son identité.

Lorsqu'elle est directement liée à la personne de Jésus – "son heure" (7,30 ; 8,20 ; 13,1) ou "cette heure" (12,27 ; 19,27) – l'heure évoque précisément la Passion, depuis l'arrestation (7,30 ; 8,20) jusqu'à la mort en croix (19,27). Cette heure éminemment tragique comporte aussi des effets bénéfiques. Qu'elle soit considérée comme imminente – "l'heure vient" – ou déjà présente – "l'heure est venue, et c'est maintenant" –, l'heure annoncée par Jésus verra : l'instauration d'un culte universel (4,21.23) ; le déploiement du jugement et la résurrection des morts (5,25.28) ; la pleine manifestation du Père (16,25), à travers la glorification du Fils (12,23 ; 17,1) ; Mais ce sera aussi l'heure des persécutions (16,4.32), pour des disciples conscients de vivre les derniers temps (1 Jn 2,18).

L'image de la femme qui enfante exprime bien l'ambiguïté du motif de l'heure (16,21) : certes, "elle a de la tristesse, car son heure est venue ; mais, lorsqu'elle a accouché de son enfant, elle ne se rappelle plus sa souffrance, à cause de la joie qu'un homme ait été mis au monde". En ce sens, le solennel prologue à la Passion, que constitue le lavement des pieds, s'ouvre sur la mention d'une heure de Jésus, qui est celle de son passage à son Père (13,1) » (Y.-M. Blanchard, *Saint Jean*, Éditions de l'Atelier, 1998, p. 48-49).

*Le premier des signes :* « Tel fut, à Cana de Galilée, le commencement des signes de Jésus. Il manifesta sa gloire, et ses disciples crurent en lui » (2,11). La scène de Cana joue un rôle important dans le parcours de Jésus, puisqu'elle inaugure la série des signes par lesquels le Révélateur veut se faire reconnaître. Par une inclusion – qui reprend plusieurs termes du verset 11 –, elle est aussi mise en parallèle avec le second signe où l'on voit Jésus revenir à Cana de Galilée (4,46.54).

*L'heure commencée et réalisée :* faut-il imaginer, avec certains exégètes, un point d'interrogation à la fin de la phrase : « Mon heure n'est-elle pas venue ? » Grammaticalement, c'est possible. Mais cette interprétation est peu vraisemblable d'un point de vue narratif, dans la mesure où la scène de Cana s'éclaire par celle de la Croix, où intervient, pour la seconde fois, la mère de Jésus. Là aussi elle est appelée par son fils « femme » ; elle est associée au *disciple que Jésus aimait* (Jn 19,25-27). Tandis que l'heure, seulement inaugurée à Cana, s'accomplit, Jésus transmet donc son héritage à ses vrais héritiers : sa mère et le « disciple que Jésus aimait », ainsi que les femmes qui sont là. Grâce à la médiation de la mère de Jésus, l'un et l'autre figurent l'Israël fidèle. Par le fait même, la communauté inaugurée à Cana reçoit la mission, sur la Croix, de prolonger la présence et l'action de Jésus après son départ.

À Cana, la mère de Jésus est devenue le premier des disciples. Celle que Jésus avait alors désignée comme « femme » – en prenant une certaine distance avec les liens charnels – retrouve, au pied de la croix, ses caractéristiques maternelles. Mais Cana a montré que Marie jouait un rôle d'intermédiaire, entre Jésus et les disciples, en tant que mère mais aussi en tant que figure d'Israël. Parce qu'elle s'est mise à l'écoute de ce fils qu'elle a institué comme celui « qu'il faut écouter ». La parole de la mère de Jésus aux serviteurs atteste qu'elle a franchi le seuil auquel l'invitait Jésus : « Tout ce qu'il vous dira, faites-le » ; « Quoi qu'il vous dise, faites-le. » La mère charnelle devient ainsi la première des disciples. Sa parole résonne comme le témoignage de la fidélité.

## Lire dans le grand livre de la Bible

Pour éclairer les énigmes de ce récit, il faut se souvenir qu'il suppose un arrière-pays biblique. Deux exemples le montrent :

*Femme, ne te mêle pas :* entre les commentateurs qui tempèrent la dureté de ces mots par un ton supposé affectueux de Jésus, voire un regard de tendresse, et ceux qui lisent dans cet échange une réprimande adressée à Marie, il y a certainement un juste milieu que la langue hébraïque permet de reconstituer. Il faut pour cela se rappeler que la réponse de Jésus (littér. : « qu'y a-t-il entre toi et moi ? ») est une formule hébraïque souvent attestée dans l'Ancien Testament où elle est toujours la marque d'un malentendu : quelqu'un, sollicité d'intervenir dans les affaires d'un autre, s'y refuse, ou, voulant s'immiscer dans les affaires d'un autre, se fait éconduire. La réponse de Jésus est donc clairement une mise à distance, respectueuse mais nécessaire : sa mère est invitée à dépasser sa seule maternité charnelle pour naître comme disciple.

*Tout ce qu'il vous dira, faites-le :* l'auteur met dans la bouche de Marie des formules empruntées à l'Ancien Testament. Lorsque le pays d'Égypte souffre de la faim et que les gens viennent réclamer à manger, Pharaon répond en effet : « Allez à Joseph et faites ce qu'il vous dira » (Gn 41,55). Jésus apparaît ainsi comme le nouveau Joseph qui nourrit le peuple qui est dans le besoin, et lui permet de passer de la pénurie à la surabondance. L'autre correspondance est encore plus parlante ; elle renvoie au moment de l'alliance où le peuple d'Israël répond à Moïse : « Tout ce qu'a dit Yahvé, nous le ferons » (Ex 19,8). La mère de Jésus est donc mise ici en relation avec l'Israël des commencements. Comme le peuple au Sinaï, elle se fait obéissante et elle entraîne la nouvelle communauté à l'imiter dans la suivance de Jésus. Reste que, dans ce passage, nous trouvons les deux seules paroles de la mère de Jésus : l'une est une demande respectueuse faite à son fils, l'autre est un ordre donné aux serviteurs.

Celui qui est son fils devient en fait à la fois son maître et celui de ceux à qui elle s'adresse. La mère de Jésus lui permet d'apparaître dans son identité glorieuse de Messie : « Il manifesta sa gloire et ses disciples crurent en lui. »

**Questions pour la lecture**

En s'inspirant du questionnaire plus haut, relire le texte comme une métaphore de l'incarnation de Jésus et de l'accueil qui lui est offert, en étant attentif aux différents aspects qui suivent :

– Jésus parmi les siens comme l'époux capable d'apporter la joie à ceux qui veulent l'accueillir.

– La fermeture des autorités juives par rapport à la nouveauté.

– Le rôle de Marie dans l'histoire du salut, comme celle qui donne Jésus au monde et permet à la noce de rebondir.

– Marie comme médiatrice entre Jésus et les serviteurs.

Mettre en parallèle le récit avec Jn 19,25-27.

## La figure de Nicodème

### Jn 3,1-21 : Jésus le révélateur et Nicodème le chef juif

Dans le parti des pharisiens, il y avait un juif important nommé Nicodème. De nuit, il est allé lui dire : « Rabbi, nous savons que tu viens nous instruire de la part de Dieu, personne ne fait de pareils signes si Dieu n'est avec lui.

— Eh bien oui, répond Jésus, je dis qu'il faut être né là-haut pour voir le royaume de Dieu. »

Et Nicodème : « Comment un vieil homme peut-il naître ? Peut-il revenir dans le ventre de sa mère et naître une seconde fois ?

— Eh bien oui, répond Jésus, je te dis qu'il faut naître de l'eau et du souffle pour entrer dans le royaume de Dieu. Car ce qui naît de la chair est chair et ce qui naît du Souffle est esprit. Ne sois pas surpris que je te dise : "Il faut être né là-haut." Le vent souffle où il veut, tu entends sa voix sans savoir d'où il vient ni où il va. Ainsi va tout homme né du Souffle. »

Et Nicodème : « Comment faire ?

— Tu l'ignores, toi qui instruis Israël ? répond Jésus.

— Eh bien oui, je te dis que nous savons ce que nous affirmons, nous avons vu ce dont nous témoignons, mais vous ne voulez pas de notre témoignage. Si vous ne me croyez pas quand je vous parle des choses d'ici, comment me croirez-vous quand je parlerai de là-haut ? Personne n'est monté au ciel à l'exception du Fils de l'homme, qui en vient. De même que Moïse a hissé le serpent au milieu du désert, il faut que le Fils de l'homme soit suspendu, pour que tous ceux qui lui font confiance vivent la vie sans fin. Dieu a tant aimé le monde qu'il lui a donné son fils unique, afin que tous ceux qui s'en remettent à lui ne meurent pas et vivent la vie sans fin. Dieu n'a pas envoyé son fils dans le monde pour condamner le monde mais pour que le monde soit sauvé par lui. Qui s'en remet à lui n'est pas condamné, qui ne s'en remet pas à lui est déjà condamné puisqu'il ne croit pas au nom du fils unique de Dieu. Et l'enjeu, le voici : la lumière est venue dans le monde, mais les hommes ont préféré la nuit à cause de leurs sombres actions. Quiconque agit mal hait la lumière et l'évite pour que ses actions ne se voient pas, mais celui qui soutient la vérité tend vers la lumière, et ses actions se voient, car Dieu en est le maître d'œuvre. »

Nicodème est inconnu des évangiles synoptiques. Certains l'ont comparé au jeune homme riche (Mt 19,16-22), attachant et généreux comme Nicodème, et comme lui incapable de faire le saut décisif de la foi en Jésus. Le thème de la renaissance nécessaire pour entrer dans le Royaume évoque, dans les Synoptiques, l'appel de Jésus à devenir comme des enfants : « En vérité, je vous le déclare, si vous ne changez et ne devenez comme les enfants, non, vous n'entrerez pas dans le Royaume des cieux » (Mt 18,2-3). Mais ces comparaisons possibles entre les Synoptiques et l'évangile de Jean contribuent à souligner l'originalité de Jean. Lui seul connaît Nicodème, et l'invitation à renaître adressée à ce dernier est plus radicale et plus existentielle que l'invitation morale à redevenir comme des enfants.

### *Les marques johanniques du récit*

**Des personnages singuliers** : dans la progression de l'intrigue, mise à part la brève scène entre Jésus et sa mère, la rencontre avec Nicodème est la première confrontation entre Jésus et un personnage particulier. Nous rencontrons ici un mode de fonctionnement familier à l'auteur de cet évangile : mettre en présence non des foules ou des personnages anonymes, mais des individus reconnaissables par leur identité et leur fonction. Jésus et Nicodème : voilà deux personnages mis en présence, le second étant investi d'une autorité pour délivrer à Jésus un certificat attestant qu'il est bien un envoyé de Dieu authentifié par les signes qu'il accomplit.

**Techniques d'écriture** : le pacte de lecture de l'auteur (20,31) inspire directement la construction de ce récit. Aussi sympathique que soit Nicodème le Juif, le récit est, en effet, d'abord centré sur Jésus et sur la nouveauté radicale qu'il vient révéler. Le lecteur s'en rend compte en notant les réponses parfois étrangement naïves de Nicodème qui se demande comment « il pourrait entrer une seconde fois dans le sein de sa mère et naître ». Cela crée un décalage dans le dialogue, un décalage qui permet à Jésus de jouer sur le malentendu et de déstabiliser son interlocuteur.

Personnage historique, Nicodème est présenté comme une autorité juive, ce qui contribue à donner au débat sur l'identité de Jésus une dimension qui dépasse le seul cas de Nicodème. Du côté de Jésus apparaissent des traits qui, tout en l'insérant dans l'histoire de la révélation, nécessitent un dépassement. Cela peut expliquer les réticences de Nicodème, aussi bien personnelles que, comme représentant du peuple juif, collectives.

**Récit et discours** : dans les deux premiers versets (1-2a), le narrateur a accumulé les éléments informatifs : l'identité du personnage, sa qualification comme pharisien et notable juif, les circonstances de sa venue (de nuit), l'objet de sa visite (reconnaître Jésus comme envoyé de Dieu). Puis, à partir du verset 2b, les notations anecdotiques disparaissent, au profit d'un dialogue bref et dense entre Jésus et Nicodème, puis d'un monologue solennel (3,11-21). Une telle juxtaposition de narration et de discours surprend le lecteur moderne qui ne sait pas toujours que l'alternance « récit/discours » est une caractéristique de nombreux récits bibliques. Il faut donc être prudent avant d'y voir des niveaux différents d'écriture, même si l'intrigue nous laisse sur notre faim en ce qui concerne le devenir et la transformation éventuelle de Nicodème.

**Une logique déroutante** : devant un texte comme celui-là, le lecteur moderne peut se poser quantité de questions, tant les règles de la narrativité qui lui sont familières sont maltraitées, du moins selon ses critères : manque de logique, rupture narrative, parcours inachevé des personnages et même disparition inexpliquée de Nicodème, effacement des éléments narratifs au profit de longs discours. Certains en ont conclu que l'Évangile avait été transmis, depuis l'origine, dans un certain désordre qu'il fallait tenter de réparer. Beaucoup, aujourd'hui, contestent le bien-fondé de telles interprétations. Qui peut décrire la logique qui a conduit l'auteur dernier (l'éditeur) de l'évangile à suivre l'ordre qui apparaît aujourd'hui ? Tout en tenant compte des indices textuels qui suivent, il faut prendre le texte comme il s'offre à nous, y compris dans ses étrangetés.

**Des indices textuels** : petit rappel : avant d'être mis par écrit, les évangiles ont d'abord été transmis oralement. Cela a laissé des traces en particulier dans les indices sonores à destination des auditeurs. Ce sont là des indicateurs de sens qui ont besoin d'être confirmés par d'autres indices plus sémantiques. Mais il ne faut pas négliger ces marques sonores qui renvoient à une pratique de la lecture publique : le texte a été rédigé pour être entendu ; les indices en question sont destinés à guider l'acte de lecture des auditeurs.

D'une manière plus générale, la rencontre entre Jésus et Nicodème se situe dans une série de trois rencontres avec le Révélateur : Nicodème, le chef juif (3,1-21), la Samaritaine, l'hérétique (4,1-42) et le fonctionnaire royal, le païen (4,46-54). Concernant notre récit, il faut noter qu'il est « clôturé » par une inclusion d'opposition : nuit/clarté :

Nicodème vient de nuit (2)
celui qui fait la vérité vient à la lumière (21).

Ce récit est aussi clairement découpé en deux parties : l'une, sous forme dialogale, avec Nicodème (1-11), l'autre, sans lui, sous la forme d'un monologue (12-21). Une inclusion confirme le découpage :

nous savons
  que tu es un maître (2)
    tu es un maître en Israël et
tu ne connais pas ces choses (10).

On ajoutera à cela que la première partie utilise les pronoms singuliers : Je-tu ; et la seconde, le pluriel : Nous-vous, comme si les interlocuteurs changeaient. Les deux parties du texte sont très différentes dans leur contenu : d'un côté, un dialogue entre deux maîtres, avec questions, réponses, objections, malentendu, de l'autre un monologue à la troisième personne où c'est la communauté qui parle du Fils de l'homme dans un discours qui semble avoir perdu tout lien avec Nicodème et la situation initiale du récit.

À l'intérieur du récit, le narrateur a placé des signaux qui indiquent une progression dans la pensée, notamment avec cette formule qui revient trois fois : « En vérité, en vérité, je te le dis » (v. 3.5.11). Les linguistes y reconnaissent un élément purement « phatique », qui ne contient pas d'information nouvelle, mais qui appelle l'attention de l'interlocuteur et du lecteur sur l'importance de la communication qui suit.

### *Le tissu narratif*

Peut-on, à partir du seul contexte, en conclure que la démarche de Nicodème fut une réussite ou un échec ? Une chose est certaine : Nicodème est incapable de se hisser au niveau de Jésus. À la manière des dialogues rabbiniques, il oppose même deux objections à Jésus : « Comment naître quand on est vieux ? », puis : « Peut-on revenir dans le sein maternel ? » C'est un moyen, pour Jean, de faire durer le malentendu [6] en donnant à Jésus la possibilité de clarifier sa révélation.

Au « comment » de Nicodème, Jésus répond, en effet, de façon précise et solennelle (reprise de *Amen, Amen*). Il dépasse l'ambiguïté de l'adverbe *anôthen*, en insistant sur le fait que c'est de Dieu seul que l'homme peut recevoir cette capacité à renaître. Il faut « naître d'eau et d'esprit ».

Renaître par l'Esprit : tout au long de la Bible, Dieu offre à son peuple de « recevoir un cœur nouveau » (Ez 11,19 [7]). C'est ce que pouvait comprendre Nicodème, et à travers lui, l'ensemble de la communauté juive. Par contre, la plus grande partie du peuple juif, symbolisée ici par Nicodème, se montre incapable d'accepter cette re-création à laquelle Jésus l'invite.

La seconde partie du dialogue met l'accent sur l'acteur et les conséquences de cette transformation. L'acteur unique, c'est Dieu, à l'œuvre dans son Esprit [8]. L'univers de Dieu (inaccessible dans sa source : « Tu ne sais ni d'où il vient ni où il va ») est opposé à celui de l'homme : « la chair », c'est-à-dire l'existence fragile, terrestre. Les conséquences seules sont visibles : de même que le souffle du vent s'entend, de même les œuvres des hommes recréés par l'Esprit (l'Église de Jean) se voient : « Ainsi en est-il de quiconque est né de l'Esprit. »

Jésus, qui conduit avec autorité l'échange, semble donner son congé au maître en Israël. La première partie du chapitre se clôt même par le constat désabusé de Jésus : « Tu es maître en Israël et tu ne sais pas ces choses » (3,10). De bout en bout, Nicodème reste sympathisant de Jésus, et sans doute aussi du groupe chrétien. Mais, face à Jésus, il

6. On peut comparer avec 4,15 ; 6,34.52 ; 8,57 ; 14,8.
7. Voir aussi Ez 36,26-27 ; Is 44,3 ; Jr 31,33.
8. Le mot grec *pneuma* (« Esprit », mais aussi « vent ») est répété quatre fois dans les versets 5-8.

comprend au premier degré, incapable d'accéder au langage symbolique de Jésus.

La réponse de Jésus déplace, déstabilise le savant Nicodème. Nicodème parlait de connaître ; Jésus l'invite à renaître. Les deux mots ont la même étymologie, mais le second suppose un abandon, un départ. « Eh bien oui, répond Jésus, je dis qu'il faut être né là-haut pour voir le royaume de Dieu. » Échec provisoire ou échec définitif pour Nicodème ? La suite ne précise pas quelle a été l'évolution du personnage Nicodème. Jean centre son récit sur l'identité de Jésus et sur l'incapacité, semble-t-il pourtant, de Nicodème à aller au bout de la reconnaissance de Jésus. L'auteur ne s'intéresse pas à ce qui pourrait paraître anecdotique ; il laisse donc inachevé le parcours de Nicodème.

Le passage du singulier au pluriel peut s'interpréter comme un relais pris par la communauté chrétienne, donc comme une adresse aux lecteurs chrétiens d'hier et d'aujourd'hui. Sensible à la symbolique, saint Augustin commente : « Nicodème vient vers le Seigneur, mais il vient de nuit. Il vient vers la lumière, et il vient dans les ténèbres. Dans les ténèbres, il cherche le jour… mais c'est encore à partir des ténèbres de sa chair qu'il parle… Il ne comprend pas ce qu'il entend du Seigneur, il ne comprend pas ce qu'il entend de la Lumière [9]. » Nicodème est devenu ici une figure. À travers lui, la confrontation nocturne et vraie entre le judaïsme et Jésus s'achève sur un malentendu : celui-là même qui continue de séparer chrétiens et juifs. Il porte sur l'identité de Jésus. Pour les uns (Nicodème et de nombreux juifs de son temps), c'est un prophète envoyé par Dieu. Pour les autres (les chrétiens), il est un être que ne peuvent voir que ceux qui renaissent d'eau et d'esprit.

### *La révélation en l'absence de Nicodème*

« Dieu, en effet, a tant aimé le monde qu'il a donné son Fils, son unique, pour que tout homme qui croit en lui ne périsse pas mais ait la vie éternelle » (3,16). Ce verset, comme l'ensemble de la séquence, se présente comme un monologue. Qui parle ? L'usage de la troisième personne suppose un interlocuteur anonyme, qui n'est ni Nicodème ni Jésus, mais quelqu'un qui s'efface derrière son discours (l'Église primitive).

Les deux verbes « aimer, donner » sont employés en grec à l'aoriste, un temps qui désigne un moment ponctuel du passé, ici l'acte de l'Incarnation qui intègre le parcours historique de Jésus et culmine sur la croix. C'est grâce à ce don de Dieu que Jean peut parler d'amour. C'est un amour manifesté (1 Jn 4,10). L'Incarnation est cette manifestation d'amour qui culmine sur la croix. Même si Nicodème a étrangement disparu, le thème de la vie donne une unité aux deux parties du récit. Nicodème se montre sceptique sur la possibilité de renaître quand on est vieux (3,4). Le discours qui suit révèle que c'est sur la croix, que Dieu et son fils Jésus proposent aux hommes la vie éternelle (3,16).

Absent au moment de la révélation suprême, Nicodème est au pied de la croix pour recueillir le corps de Jésus. Comment l'interpréter ?

9. Saint Augustin, *Tractatus in Johannem*, XI.

*La rupture entre juifs et chrétiens*

Le monologue qui prolonge l'entretien de Jésus avec Nicodème constitue un des sommets christologiques de l'évangile de Jean. La communauté, face au judaïsme, est amenée à préciser l'identité de Jésus et à se séparer de courants juifs, pourtant proches d'elle (comme l'était Nicodème) parce qu'ils ne sont pas prêts à confesser en Jésus le Révélateur de Dieu, le Fils par qui Dieu a dit son dernier mot aux hommes. On peut penser à des juifs proches de Jésus, mais qui se heurtent aux exigences christologiques, à des crypto-chrétiens qui n'ont pu faire le pas, comme ceux dont parle Jean : « Toutefois, il est vrai, même parmi les notables, un bon nombre crurent en lui, mais à cause des pharisiens ils ne se déclaraient pas, de peur d'être exclus de la synagogue, car ils aimaient la gloire des hommes plus que la gloire de Dieu » (12,42-43).

## Jn 7,43-52 : Le devenir de Nicodème

La foule se divisait à cause de lui. Certains voulaient l'arrêter mais personne n'a porté la main sur lui.

Les gardes sont revenus devant les grands prêtres et les pharisiens qui ont demandé : « Pourquoi ne l'amenez-vous pas ? — Personne n'a jamais parlé comme ça », disent les gardes. Et les pharisiens : « Alors vous aussi il vous égare ? Un seul chef lui a-t-il fait confiance ? Un seul pharisien ? Seule cette foule, qui ne connaît pas la Loi, quelle racaille ! » Nicodème, l'un d'entre eux, le même qui était venu précédemment le trouver, dit alors : « Notre Loi juge-t-elle un homme avant de l'entendre et sans savoir ce qu'il a fait ? » Eux répondent : « Serais-tu, toi aussi, de Galilée ? Scrute les textes, tu verras qu'aucun prophète ne vient de Galilée. »

Cette intervention de Nicodème se situe dans le climat de division provoqué par les prétentions messianiques de Jésus.

De l'intervention de Nicodème, on peut retenir les points suivants :

Dans une analepse (figure de style consistant à parler d'un événement antérieur), l'auteur fait référence à la scène principale dans laquelle Nicodème est venu trouver Jésus. C'est un trait d'énonciation, destiné à faciliter la lecture. En quel sens ?

– Pour donner une profondeur narrative à la lecture en établissant un lien avec ce qui précède ?

– Pour souligner l'importance de Nicodème dans la communauté pharisienne ?

– Pour donner un prolongement (et une conclusion provisoire à la scène inachevée du chapitre 3. (Celui qui avait disparu au chapitre 3 réapparaît au chapitre 7.)

– Pour amorcer une interprétation positive du parcours de Nicodème que le seul chapitre 3 ne permettait pas ?

Le récit lui-même permet de préciser l'évolution éventuelle de Nicodème :

– Son intérêt pour Jésus manifesté en Jn 3, lors de l'entretien nocturne, demeure puisqu'il poursuit le débat qu'il avait amorcé avec Jésus lui-même.

– Il ne semble pas avoir évolué dans sa découverte de Jésus : il reste pharisien [10].

– La comparaison avec Jn 3 semble confirmer qu'il reste sur les mêmes positions. Comme ici, en 7,51, il est disposé à reconnaître les signes que faisait Jésus.

– L'interrogation des pharisiens en 7,8 est purement rhétorique : cela signifie qu'aucun notable n'a cru en lui et donc pas plus Nicodème que les autres.

– L'interrogation des pharisiens ouvre un espace dans lequel le narrateur refuse d'entrer, laissant une indétermination qui pourrait faciliter l'acte de lecture.

## Jn 19,38-42 : Nicodème et le corps de Jésus

> Après ces événements, Joseph d'Arimathie, qui était disciple de Jésus mais en secret par crainte des juifs, demanda à Pilate d'enlever le corps de Jésus. Pilate l'autorisa. Ils vinrent donc et enlevèrent le corps. Vint aussi Nicodème, celui qui était allé le trouver de nuit, portant un mélange de myrrhe et d'aloès d'environ cent livres. Ils prirent donc le corps de Jésus qu'ils enroulèrent dans des linges, avec les aromates, comme font les juifs pour ensevelir. Proche du lieu où il avait été crucifié, il y avait un jardin, et dans ce jardin un tombeau neuf dans lequel personne encore n'avait été mis. C'est là, étant donné le jour – la Préparation des juifs – et la proximité du tombeau, qu'ils déposèrent Jésus.

Ici le parallélisme avec Joseph d'Arimathie est éclairant. Les deux personnages sont qualifiés : pour Joseph d'Arimathie, selon le verset 38, « il était disciple de Jésus, mais en secret par crainte des Juifs », tandis que Nicodème est simplement renvoyé à la première rencontre : « Lui qui naguère était allé trouver Jésus au cours de la nuit. » À la différence de Joseph d'Arimathie, on peut en déduire qu'il n'était pas disciple. On peut aussi noter une correspondance entre l'absence de Nicodème dans la révélation centrale de Jn 3,12-21 (qui évoque l'élévation et le temps de l'amour de Jésus) et sa présence, pourtant, au moment où Jésus, dans sa mort en croix, accomplit la Révélation. Mais Nicodème n'est pas là quand se constitue la « famille de Dieu », avec la mère de Jésus, Jean, Marie de Magdala et quelques femmes.

De plus, le seul rappel de la venue de nuit (analepse) pourrait signifier que la relation de Nicodème à Jésus n'a pas changé depuis cette fameuse nuit. Ce qui est sûr, c'est que la rencontre avec Jésus, interrompue et inachevée sur le plan de la foi, pourrait ici recevoir un prolongement, mais ce n'est pas le Ressuscité, c'est un corps défunt que rencontre Nicodème, un corps avec qui rien ne peut se produire.

Au minimum, la présence de Nicodème manifeste un attachement durable et un grand respect pour Jésus. Mais la suspension du jugement du narrateur sur son évolution invite les lecteurs à prolonger le récit,

10. « Nicodème, l'un d'entre eux » : sa référence demeure la Loi : « Notre Loi. » Rien ne le dissocie des Juifs réticents à accueillir Jésus. Il est dans leur camp. Sa réaction rejoint celle de celui qui était venu trouver Jésus précédemment (voir v. 51-52).

dans la direction qui leur semble la meilleure. Bref, Nicodème est à la fois un personnage réel, avec un nom précis, et une figure symbolique.

**Questions pour la lecture**

1. « *Nicodème vient de nuit* » : selon quels critères donner une valeur positive, neutre ou négative à cette précision ? Voir les données culturelles, textuelles, narratives, symboliques.
2. En quoi Nicodème est-il un personnage au parcours inachevé ? Et comment cela peut-il inspirer la ou les lectures ?
3. En mettant en rapport les trois moments de l'intervention de Nicodème, chercher comment ils révèlent la progression ou l'immobilisme d'un homme face à Jésus, la relation entre juifs et chrétiens à la fin du Ier siècle, un moment important de l'autorévélation de Jésus.

## Jn 6 : L'épaisseur du texte comme grille de lecture d'un discours

Après quoi, Jésus est parti sur l'autre rive de la mer de Galilée, appelée aussi Tibériade. Une foule de gens le suivait à cause des signes qu'ils l'avaient vu opérer sur des malades. Jésus est monté dans la montagne, il s'est assis là-haut avec ses disciples. La fête de la Pâque juive approchait.

Soudain, levant les yeux, Jésus a aperçu la foule qui venait vers lui. « Où peut-on acheter du pain pour nourrir tant de gens ? » demande-t-il à Philippe. Il disait ça pour le mettre en face des choses, il savait bien, lui, ce qu'il allait faire. Philippe répond : « Deux cents journées de salaire ne suffiraient pas à ce que chacun ait un morceau de pain. » André, un des disciples, le frère de Simon-Pierre, dit : « Il y a là un petit garçon qui a cinq pains d'orge et deux poissons, mais qu'est-ce que c'est pour tant de monde ? — Qu'ils s'installent », dit Jésus. L'endroit était plein d'herbe et les gens se sont étendus dessus, environ cinq mille personnes.

Jésus a pris les pains, il a remercié en priant, et il les a distribués à ses invités ainsi que les poissons, à satiété. Quand tous ont été repus, il a demandé à ses disciples : « Ramassez ce qui reste afin que rien ne soit perdu. » Ils ont ramassé ce qui restait des cinq pains d'orge dont tous avaient été nourris, ils en ont rempli douze paniers.

Devant le signe qu'il leur avait adressé, les gens ont dit : C'est vraiment lui le prophète qui arrive dans le monde. Jésus a senti alors qu'ils voulaient l'enlever pour le faire roi et il s'est enfoncé dans la montagne, seul.

À la tombée du jour ses disciples sont redescendus vers la mer, et ils ont pris une barque pour traverser la mer jusqu'à Capharnaüm. Déjà il faisait nuit noire, Jésus ne les avait pas rejoints et un grand vent soufflait, soulevant la mer. Après avoir ramé environ vingt-cinq ou trente stades, ils ont vu Jésus marcher sur la mer et arriver près de leur barque, ils ont eu peur. Mais il leur a dit : « C'est moi, je suis, n'ayez pas peur. » Ils ont voulu le prendre dans la barque, mais la barque est aussitôt arrivée à terre, là où ils se rendaient.

Pour tous ceux qui étaient restés sur l'autre rive, seuls les disciples étaient partis – la foule n'ayant vu qu'une seule barque, et Jésus n'étant pas monté dedans. C'était le lendemain. D'autres barques en provenance de Tibériade ont accosté à l'endroit où l'on avait mangé, lorsque le

Seigneur avait remercié en priant. Constatant que pas plus Jésus que ses disciples n'étaient là, les gens embarquent pour aller le chercher à Capharnaüm. Ils le retrouvent de l'autre côté de la mer. « Rabbi, demandent-ils, quand es-tu arrivé ici ?

— Eh bien oui, répond Jésus, je dis que vous me cherchez parce que vous avez mangé et que vous avez été repus, non parce que vous avez vu là un signe. Ne vous occupez donc pas de la nourriture périssable mais de celle qui donne la vie à jamais, celle que vous donnera le Fils de l'homme qui porte l'empreinte de son Père, Dieu.

— Que faire, demandent-ils, pour faire les travaux de Dieu ?

— Croire en celui qu'il a envoyé, répond Jésus, voilà comment faire le travail de Dieu.

— Quel signe peux-tu donner, demandent-ils, tel qu'en le voyant nous puissions croire en toi ? Toi, quel est ton travail ? Nos pères ont mangé la manne dans le désert selon ce qui est écrit : "Il leur a donné à manger un pain venu du ciel."

— Eh bien oui, répond Jésus, je vous dis que le pain du ciel, Moïse ne vous l'a pas donné, le vrai pain venu du ciel, c'est mon père qui le donne. Celui qui vient du ciel donner la vie au monde, voilà le pain de Dieu.

— Donne-nous toujours de ce pain-là, seigneur, disent-ils alors.

— Je suis le pain qui fait vivre, dit Jésus. Qui me rejoint n'aura plus faim, qui s'en remet à moi n'aura plus soif, jamais. Je vous l'ai dit et je suis là devant vous mais vous ne faites pas confiance. Tout ce qui vient à moi m'a été donné par le Père, je ne repousserai pas un de ceux qui me rejoignent, car je ne suis pas venu du ciel pour faire ce que je veux mais ce que veut celui qui m'envoie. Or la volonté de celui qui m'envoie est que de tout ce qu'il me donne je ne perde rien, ni personne, et qu'au dernier jour je le relève. Voilà ce que veut mon Père, que quiconque voit son Fils et croit en lui vive pour toujours. Au dernier jour je le relève. »

Des juifs ont mumuré contre lui parce qu'il avait dit : « Je suis le pain venu du ciel. » Ils disaient : « Ce Jésus est bien le fils de Joseph, nous connaissons son père et sa mère, pourquoi dit-il maintenant qu'il vient du ciel ?

— Ne murmurez pas ainsi, dit Jésus. Pas un ne me rejoint si le Père qui m'a envoyé ne l'a poussé vers moi, et moi, au dernier jour, je le relève. Il est écrit dans les Prophètes : "Tous recevront l'enseignement de Dieu." Quiconque écoute le Père et son enseignement me rejoint. Le Père, personne ne l'a vu, sauf celui qui vient de Dieu, celui-là a vu le Père.

Eh bien oui, je vous dis que me faire confiance c'est vivre sans fin. Je suis le pain qui fait vivre. Vos parents ont mangé la manne dans le désert et ils sont morts. Voici le pain venu du ciel pour que celui qui en mange ne meure pas. Je suis le pain vivant, celui qui vient du ciel. Si quelqu'un mange de ce pain, il reste en vie. Et le pain que je donnerai pour que vive le monde, c'est ma chair. »

Les juifs en débattent : « Comment peut-il nous donner sa chair à manger, celui-là ? disent-ils.

— Eh bien oui, répond Jésus, je dis que si vous ne mangez pas la chair, si vous ne buvez pas le sang du Fils de l'homme, vous resterez sans vie. Celui qui absorbe ma chair et boit mon sang reste en vie, le dernier jour je le relève. Car ma chair est une vraie nourriture, mon sang une vraie boisson. Qui absorbe ma chair et mon sang habite en moi et moi en lui. De même que je vis par le Père vivant qui m'a envoyé, de même celui qui se repaît de moi vivra par moi. Voici le pain venu du ciel. Il n'est pas comme celui qu'ont mangé vos parents, eux sont morts, tandis que manger de ce pain-là fait vivre toujours. »

Il parlait ainsi dans une synagogue où il enseignait, à Capharnaüm.

Beaucoup de ses propres disciples, qui écoutaient, disent alors : « Que ce langage est raide ! Qui peut entendre ça ? » Sachant qu'ils le critiquent, Jésus leur dit : « Vous perdez pied ? Eh bien, lorsque vous verrez le Fils de l'homme remonter là d'où il vient !... Le souffle seul fait vivre, la chair ne sert à rien, les paroles que je vous dis sont souffle et vie. Mais certains parmi vous se méfient [Jésus sait depuis le début quels sont ceux qui se méfient et quel est celui qui va le trahir]. Voilà pourquoi je dis que personne ne peut me rejoindre s'il n'y est poussé par le Père. »

Beaucoup de ses disciples reculent alors, ils ne marchent plus avec lui. « Et vous, demande Jésus aux Douze, vous voulez aussi me quitter ?

— Vers qui irions-nous, Seigneur ? répond Simon-Pierre. Il y a dans tes paroles la vie pour toujours, et nous, nous te faisons confiance, nous savons que tu es imprégné de Dieu.

— Vous les Douze, dit Jésus, n'est-ce pas moi qui vous ai choisis ? Or un diviseur est parmi nous. » Il parlait de Judas, fils de Simon Iscariote. C'est lui, en effet, qui allait le trahir, lui, un des Douze.

Si l'évangéliste Jean a parfois été symbolisé par un calice, il le doit largement au chapitre 6 [11]. Depuis toujours, ce chapitre a été l'objet d'interprétations contradictoires, liées à des présupposés de lecture et à une certaine conception de la vérité du texte. On trouvera ici quelques outils pour dépasser les résistances du récit et en découvrir les grandes articulations.

## Aperçus sur le conflit des interprétations

Déjà, les premiers lecteurs du chapitre 6 – les Pères de l'Église – se partageaient entre partisans d'une interprétation littérale et tenants d'une interprétation allégorique. L'École d'Alexandrie (en particulier Origène et Clément d'Alexandrie) privilégiait l'interprétation allégorique : « Le logos est désigné allégoriquement de bien des manières : nourriture, chair, aliment, pain, sang, lait [12]. » Pourtant, la grande majorité des Pères de l'Église a accordé une signification immédiatement eucharistique aux versets 52-58. L'École d'Antioche, représentée par Cyrille de Jérusalem, Jean Chrysostome et Théodore de Mopsueste, soulignait en particulier la portée sacramentelle des versets 52-58 : « À ceux qui le désirent, Jésus ne se donne pas seulement à voir, mais aussi à toucher, à manger, à mordre [littér. : enfoncer les dents dans sa chair] [13]. » À l'époque de Luther, ce chapitre provoquera les mêmes divergences d'interprétation, les protestants étant largement favorables à l'interprétation spirituelle. Calvin parle de « manducation permanente de la foi » ; Luther affirme que « ce chapitre ne parle pas des sacrements, mais de la manducation spirituelle [14] ». Les catholiques,

11. Je reprends ici des éléments de mon article : « L'eucharistie dans l'évangile de Jean », in *Cahiers Évangile* n° 37, 1981, p. 50-60.

12. Clément d'Alexandrie, *Le pédagogue*, l. 6, p. 47.

13. Jean Chrysostome, *Hom.* 46,3, P.G. 59, p. 260.

14. Luther, *Werke* 33. 182. 13-30. Extrait dans T. Suess, *La communion au corps du Christ*, Delachaux et Niestlé, 1968, p. 15.

d'une manière moins unanime, ont tendance à privilégier l'interprétation réaliste et sacramentelle.

### Quelques déplacements de la lecture

Jusqu'à l'avènement de la critique, adversaires et partisans d'une interprétation eucharistique de ce texte avaient en commun d'aborder le texte évangélique avec un regard très réaliste. Ils étaient convaincus de se trouver en présence d'un exposé exact, jusqu'au moindre détail, des faits et des paroles de Jésus. Ce présupposé non critique peut expliquer un certain étonnement devant le fait que Jésus, avant la dernière Cène, ait pu exiger de ses contemporains une intelligence pleine du mystère eucharistique. D'autres, comme le père Lagrange, contournaient l'obstacle en imaginant que la partie proprement eucharistique (52-58) s'était sans doute déroulée dans un cadre plus intime, peut-être pour le seul usage des disciples !

Aujourd'hui l'immense majorité des exégètes s'accorde à voir dans les écrits évangéliques, et tout particulièrement dans le discours de Capharnaüm, la marque des communautés croyantes, de leur foi, et de leurs pratiques. En d'autres termes, le réel du texte, ce n'est pas seulement le temps de Jésus, ses paroles, ses actions ; c'est aussi le temps de l'Église. Ce déplacement fait disparaître bien des difficultés devenues sans objet !

### Quelques éclairages pour la lecture

Pour plusieurs raisons, la logique de ce chapitre pose de nombreux problèmes au lecteur moderne. Face à un tel texte, il peut avoir notamment une impression de répétitions, de progression sinueuse et parfois redondante. Quelle que soit la préhistoire du texte, il faut pourtant faire confiance au dernier rédacteur, et donc traiter l'ensemble du chapitre 6 comme une unité narrative homogène et cohérente. Il faut aussi se demander quel est le fil conducteur qui unifie les diverses scènes qui constituent ce récit. Une chose est sûre : le discours de Capharnaüm prolonge naturellement le récit de la multiplication, comme une tentative de faire réussir par la parole ce qui a échoué par le signe.

Pour faciliter la lecture de ce chapitre, j'indiquerai ici à la fois ce qui fait l'intrigue du récit, mais aussi l'arrière-fond biblique qui le tisse, ainsi que la situation de l'Église qui le colore.

#### *Un contexte d'exode*

L'auteur a parsemé son récit de quelques citations, mais surtout d'allusions qui évoquent la situation des Hébreux au temps de l'Exode, avec, d'une manière plus particulière, l'épisode de la manne. Certains commentateurs pensent même que le discours sur le pain de vie était peut-être à l'origine un midrash (commentaire) construit autour du motif de la manne, et plus encore autour de la citation du psaume

Ps 78,24 : « Pour les nourrir, il fit pleuvoir la manne, il leur donna le blé des cieux. »

Indices de *circonstance :* « La fête de la Pâque juive approchait » (6,4). À l'époque de Jésus, la fête de Pesah résumait à elle seule toutes les significations liées à la sortie d'Égypte. Le targum des quatre nuits fondatrices de toute l'histoire d'Israël est construit autour de Ex 12,42 : « La troisième nuit, quand Yahvé apparut aux Égyptiens, au milieu de la nuit [15]. »

Indice du *lieu* : Comme Moïse avant lui avait rencontré Yahvé sur la montagne du Sinaï, « Jésus gravit la montagne » (6,3).

Indices *intertextuels* : Les adversaires de Jésus invoquent les Écritures, parfois avec une certaine liberté. Ainsi la référence explicite aux Écritures en Jn 6,31 : « il leur sera donné à manger un pain qui vient du ciel » est un amalgame de plusieurs textes : Ex 16,15 « Les fils d'Israël regardèrent et se dirent l'un à l'autre : "*Mân hou ?*" [Qu'est-ce que c'est ?], car ils ne savaient pas ce que c'était. Moïse leur dit : "C'est le pain que le Seigneur vous donne à manger" », mais surtout le Ps 78,24 : « Pour les nourrir, il fit pleuvoir la manne, il leur donna le blé des cieux. »

Indices des *figures* : Les pains d'orge (Jn 6,9) évoquent Élisée multipliant les pains d'orge, avec distribution et mention des restes (2 R 4,42-44). Mais c'est surtout Moïse qui est en arrière-fond, lui à qui Dieu avait promis : « C'est un prophète comme toi que je leur susciterai du milieu de leurs frères ; je mettrai mes paroles dans sa bouche, et il leur dira tout ce que je lui ordonnerai » (Dt 18,18). C'est d'ailleurs ainsi que la foule interprète le signe : « Celui-ci est vraiment le prophète, celui qui doit venir dans le monde » (6,14). Dans la suite du récit, le parallélisme entre Jésus et Moïse se rompt en faveur de Jésus : Moïse ne vous a pas donné le pain du ciel, c'est mon père qui vous donne le véritable pain du ciel (6,32).

En fait, Jésus occupe ici plusieurs rôles : il est celui qui, comme Moïse, donne la manne, mais il est aussi la manne nouvelle supérieure à la première. Enfin, le miracle de la marche sur les eaux suggère, même brièvement, une identification de Jésus à Yahvé, surtout à travers la mystérieuse formule *ego eimi* (« c'est moi ») du verset 20, qui évoque le titre divin « Yahvé ».

Indice des *signe*s : Le signe de la multiplication des pains évoque le nouvel Exode attendu pour la fin des temps, et qui, dans les rêves des croyants, devait dépasser en ampleur le premier exode. Cette thématique est développée à la fois dans le signe (non plus ce qu'il faut pour chaque jour comme pour la manne, mais de quoi remplir douze paniers après que tous ont été rassasiés) et dans le discours.

Indice de la *foi* : « Les Juifs se mirent à murmurer à son sujet » (6,41) ; « Sur quoi, les Juifs se mirent à discuter violemment entre eux » (6,52). Ces réactions rappelaient aux lecteurs familiers des Écritures les murmures des pères dans le désert à Mara (Ex 15,24) et surtout au

15. R. Le Déaut, *Targum du Pentateuque*, vol. II, *Exode*, Sources chrétiennes, n° 256, 1979, p. 96.

moment du signe de la manne (Ex 16,2.7.12 [16]). La deuxième formule (« discuter entre eux », v. 52) apparaît aussi en contexte d'Exode, à l'occasion du procès (*rib*) du peuple avec Moïse (Ex 17,2 ; Nb 20,3), et du peuple avec Dieu.

Ces contacts, invisibles à la plupart des lecteurs modernes, étaient évidents pour les premiers lecteurs de Jean 6. La réitération du signe de la manne au temps de Pâque, la stature exceptionnelle de Jésus – donateur de la nouvelle manne et pain lui-même descendu du ciel –, révélateur du Père et, de manière fugitive mais réelle, assimilé au Père au moment où il rejoint les disciples sur le lac (6,20 « c'est moi ! ») : tous ces traits confirment que l'enjeu de ce récit, au temps de Jésus comme au temps de l'Exode, c'est la foi ou l'incroyance dans ce Dieu qui fait signe par ses dons dans les temps fondateurs, comme par le don extrême qu'est son fils [17].

### Un texte eucharistique

Le langage utilisé pour raconter la multiplication des pains chez Jean (6,1-15) a des résonances eucharistiques d'autant plus parlantes que Jean écrit pour une communauté familière, depuis une quarantaine d'années, de la pratique de la « fraction du pain ». À la différence des versions synoptiques, c'est Jésus qui prend l'initiative. Il le fait à la façon johannique, en provoquant Philippe (6,5). Le narrateur souligne également la prescience de Jésus (6,6). De plus, il escamote le rôle médiateur des disciples, souligné dans les Synoptiques à travers leur demande. Enfin, comme au cours du dernier repas, c'est Jésus lui-même qui assure la distribution. La formulation : « Jésus prit les pains, il rendit grâce et les distribua aux convives » (6,11) reproduit d'ailleurs un formulaire eucharistique que l'on retrouve chez Justin, Ignace d'Antioche et dans la *Didachè*. Le verset 23 confirme que la caractéristique de ce repas est bien d'être « eucharistique » : d'autres barques étaient arrivées près de l'endroit où ils avaient « mangé après que le Seigneur eut rendu grâce ».

Le respect avec lequel on traite les restes (« Rassemblez les morceaux qui restent de sorte que rien ne soit perdu ») souligne également la qualité mystérieuse de ce pain. Enfin la surabondance évoque le temps de l'Église : les douze paniers pleins symbolisent la plénitude. Il y en a suffisamment pour que l'Église puisse, jusqu'à la fin des temps, participer au repas du Seigneur.

Le commencement du récit (la multiplication des pains) et la fin (la section proprement eucharistique 51c-58) constituent ainsi une vaste inclusion qui enveloppe le discours de Jésus et lui donne, sans conteste, une coloration eucharistique.

16. Voir encore en Ex 17,3 ; Nb 11,1 ; 14,2.27. Le mot grec *gogguzein* donné ici est le même que celui de la Bible grecque.

17. Voir l'interprétation par les Hébreux du signe de la manne dans Dt 8,2-3.

## La foi au centre de l'Exode, du temps de Jésus et de l'Église

La cohérence de l'écriture apparaît quand on considère comment l'auteur, à partir de l'arrière-pays exodal, raconte Jésus, en tenant compte de l'environnement ecclésial de ses lecteurs.

### *L'Exode ou le passé lointain*

La communauté de Jean rapporte l'histoire de Jésus avec, en toile de fond, les événements fondateurs de l'Exode. Jésus apparaît comme le nouveau Moïse, mais il est plus que cela, il est une figure mystérieuse vers laquelle convergent des rôles multiples : nouveau Moïse distribuant une autre manne plus abondante que la première (6,13), impérissable (6,27), s'identifiant lui-même à cette nouvelle nourriture (6,35), médiateur entre Dieu et le peuple mais dans une intimité (relation Père/fils) qui dépasse la proximité de Yahvé avec Moïse, lui pourtant que « Yahvé connaissait face à face » (Dt 34,10). Bien plus, parfois l'homme Jésus s'approprie le mystérieux titre de « Fils de l'Homme », celui qui donnera la nourriture « qui demeure en vie éternelle » (6,27). Les deux signes de la multiplication des pains et de la marche sur les eaux le désignent même comme une figure divine qui transgresse les lois de la nature et suscite une crainte révérencielle (6,19). Enfin, une de ses caractéristiques, c'est qu'il réunit les contraires : l'eau (où l'on s'enfonce) devient terre ferme et chemin qui réunit (6,16-22) ; la pénurie (cinq pains et deux poissons) se transforme en surabondance et même en excès (6,12-13) ; le nouveau « désert » est couvert de végétation (voir « il y avait beaucoup d'herbe à cet endroit » [6,10]). Enfin, Jésus lui-même s'approprie un titre réservé à Yahvé : « C'est moi » (*ego eimi* [6,20 ; cf. Ex 3,14]).

Au centre de toutes ces références à l'Exode, il y a le signe de la manne où se vérifie la foi ou l'infidélité du peuple de Dieu. En quittant la montagne de Dieu avec son peuple, Moïse demandait à Dieu s'il les accompagnerait : « Si tu ne viens pas toi-même, ne nous fais pas monter d'ici » (Ex 33,15) ; et Dieu avait promis sa présence. Pourtant la tentation permanente d'Israël sera de mettre en doute cette présence. C'est déjà le cas avec l'épisode de la manne provoqué par les murmures d'incrédulité du peuple. Malgré le péché d'Israël, le don de la manne avait été alors la réaffirmation de la présence de Dieu : « Ce soir, vous saurez que c'est Yahvé qui vous a fait sortir du pays d'Égypte, et au matin vous verrez la gloire de Dieu » (Ex 16,6-7).

C'est donc comme un signe qu'Israël a toujours compris la manne ainsi qu'en témoigne le Deutéronome : « Il t'a fait manger la manne [...] pour te montrer que l'homme [...] vit de tout ce qui sort de la bouche de Yahvé » (Dt 8,1-4). Bref, la manne renvoie à l'obéissance et à l'écoute de ce Dieu à la présence insaisissable et pourtant réelle.

### *Jésus, le fil du récit*

Tandis que les événements fondateurs de l'Exode constituent l'arrière-fond de ce récit, l'expérience historique de la rencontre du peuple juif avec Jésus en est la trame narrative. Comme la manne, le miracle de la multiplication des pains est d'abord un signe. Le péché de la foule est de ne pas l'avoir compris : « En vérité, en vérité, je vous le dis, ce n'est pas parce que vous avez vu des signes que vous me cherchez, mais parce que vous avez mangé des pains à satiété » (6,26). Comme la manne du désert était la figure de la parole de Dieu, le pain donné par Jésus désigne ici l'envoyé du Père qui revendique d'être le pain/parole de Dieu.

De fait, c'est autour de la recherche de Jésus que se noue l'intrigue du chapitre 6 : la foule le suit « parce que les gens avaient vu les signes qu'il opérait sur les malades » (v. 2). À cet instant, le but de la quête reste donc imprécis. Mais lorsque le signe pour les autres devient un signe qui leur est destiné, alors l'ambiguïté surgit : ils le reconnaissent comme un prophète et ils veulent l'enlever (v. 14-15). C'est ce qui provoque l'échec de leur « jonction » avec Jésus qui se retire devant cette quête possessive et terrestre (« selon la chair », v. 63).

La quête de la foule reprend cependant, puisque les Juifs partent à la recherche de Jésus à Capharnaüm. Ils le trouvent physiquement, mais pour la plupart d'entre eux, y compris pour certains des disciples de Jésus, ces retrouvailles débouchent sur un échec. Face à la prétention de Jésus d'être reconnu comme le pain de vie, ils dévoilent leur incroyance, en s'enfermant dans leur propre passé : « Au désert nos pères ont mangé la manne » (v. 31), ce qui les empêche d'accueillir Jésus, l'envoyé du Père. Comme leurs pères, « ils murmurent à son sujet » (v. 41). Parce que leurs regards s'arrêtent aux réalités humaines, ils réagissent selon la chair : « N'est-ce pas Jésus le fils de Joseph ? » (v. 42). Et ils « discutent violemment entre eux : comment celui-là peut-il nous donner sa chair à manger ? » (v. 52).

La quête physique de Jésus apparaît ainsi comme la figure d'une autre quête, plus fondamentale. La rencontre physique de Jésus et la participation à la nouvelle manne, à l'occasion de la multiplication des pains, ne sont efficaces que si elles conduisent à reconnaître en Jésus le véritable pain du ciel qui donne la vie au monde.

L'échec du judaïsme face à Jésus explique sans doute que la figure de Moïse soit ici présentée négativement : « En vérité, Moïse ne vous a pas donné le pain du ciel, mais c'est mon Père qui vous donne le véritable pain du ciel » (v. 32). Ce qui est en cause, c'est moins Moïse comme tel, que son utilisation par ses auditeurs ; une utilisation qui les entraîne à reproduire, cette fois face à Jésus, la même incrédulité que leurs pères, et donc à faire la même expérience de mort qu'eux.

### *L'eucharistie ou le temps de l'Église*

L'horizon de ce récit est à chercher dans les préoccupations de la communauté johannique qui fait l'expérience de l'éloignement physique de Jésus et veut maintenir vives les exigences de sa Parole. Familière de la pratique eucharistique, elle pouvait, en effet, difficilement entendre les versets 51c-58 (chap. 6) autrement que comme des références explicites à l'eucharistie. On peut alors penser que l'opposition entre la lecture eucharistique et la métaphore de la foi doit être atténuée.

## *Jean et l'eucharistie*

Les artistes du Moyen Âge, en représentant Pierre avec des clés et Jean avec un calice, traduisaient la conviction traditionnelle que le quatrième évangile accorde une place importante à l'eucharistie. Comment concilier cette tradition avec le fait que Jean ne raconte pas l'institution eucharistique ?

Ce silence est d'autant plus surprenant que Jean consacre une large place à la dernière rencontre de Jésus avec ses disciples (pas moins de cinq chapitres en tout). Il faut renoncer à expliquer ce silence par la loi de « l'arcane » qui aurait conduit les premiers chrétiens à faire silence volontairement sur leurs rites les plus sacrés. En d'autres passages de l'évangile, Jean n'a pas peur de parler de l'eucharistie de façon très réaliste, comme en 6,56. Certains se sont même demandé s'il n'y avait pas en 6,51 (« le pain que je donnerai, c'est ma chair pour la vie du monde ») une référence directe à l'institution eucharistique. Le silence de Jean est un fait qu'il faut interpréter prudemment. Jean manifestement connaît le récit de l'institution : il en reproduit les termes dans la multiplication des pains au chapitre 6.

Pour expliquer ce silence, une hypothèse séduisante a été proposée : Jean aurait volontairement rapporté, à la place de ce rite, le lavement des pieds, qui lui semblait exprimer parfaitement la signification de l'eucharistie. En effet, entre les deux récits existent des correspondances frappantes. Ils se déroulent au cours du dernier repas de Jésus, en présence du groupe restreint des disciples. L'un et l'autre sont formés à partir d'un rite (geste sur le pain et le vin, lavement des pieds) accompagné de paroles interprétatives. Dans les deux cas, il y a l'invitation à répéter le rite (Lc 22,19 ; Jn 13,15). Si l'on fait la comparaison entre Luc et Jean, on constate en plus que, dans les deux récits, la trahison de Judas occupe la même position : après l'institution eucharistique (Lc 22,21-23) et après le lavement des pieds (Jn 13,22-30). L'avertissement donné à Pierre en Lc 22,31 n'est pas très éloigné de la résistance de Pierre au lavement des pieds. Enfin, aussi bien dans Luc que dans Jean, le thème du service est très présent (Lc 22,24-27 ; Jn 13,13-16).

On peut dès lors essayer d'interpréter le choix de Jean : celui-ci connaît le récit de l'institution eucharistique, qu'il voit pratiquer depuis de longues années dans sa communauté. Mais il voudrait faire comprendre à ses lecteurs le sens profond du rite. C'est pour cela qu'il raconte le lavement des pieds comme un mime prophétique de la mort prochaine de Jésus : « Ayant aimé les siens, Jésus les aima jusqu'au bout » (Jn 13,1). Le lavement des pieds est un geste symbolique, dans lequel Jésus assume à l'avance son passage par la mort comme une marque d'amour pour les hommes, en fidélité à son Père. C'est de cela qu'il faut faire mémoire et les croyants, en répétant le rite eucharistique, se rendent solidaires du Maître, se compromettant avec lui dans son amour total au service des hommes. (A. Marchadour, *L'évangile de Jean*, p. 184.)

La foi était la question fondamentale des Hébreux dans le désert, au temps de l'Exode, comme elle l'était aussi au moment de la venue historique de Jésus, et qu'elle l'est encore pour l'Église qui prolonge le message et la révélation de Jésus. Mais le contexte de cet engagement dans la foi a changé : au temps de l'Exode, la décision de la foi devait être prise face à la Loi (parole de Dieu) ; au temps de la présence de Jésus, c'est face à lui. Mais, quand s'ouvrira le temps de l'Église, c'est le signe sacramentel de l'eucharistie qui constituera le lieu de ce choix.

La célébration de l'eucharistie – avec son réalisme sacramentel – est, en effet, le signe et la marque de la véritable humanité de Jésus. Mais l'enjeu reste le même qu'au temps de Jésus : « c'est la foi en Celui dont le corps a été livré pour que le monde ait la vie » (6,51).

**Questions pour la lecture**

1. Rechercher dans le chapitre 6 (en se servant des notes de la Bible) l'arrière-fond vétéro-testamentaire et les connotations eucharistiques.
2. Regrouper tout ce qui concerne l'univers de sens lié à « chercher/trouver ».
3. Mettre en relation, dans le déroulement du récit, la montée de la révélation christologique et la baisse du nombre des disciples.
4. Montrer comment la foi unifie ce chapitre, dans ses allusions à l'Exode, dans l'intrigue évangélique et les connotations eucharistiques liées à l'Église.

## Jn 11,1-46 : Le récit de Lazare. Différentes méthodes de lecture

Lazare de Béthanie – le village de Marie et de sa sœur Marthe – était malade. Cette Marie est celle qui a arrosé de parfum le Seigneur et lui a essuyé les pieds avec sa chevelure. Lazare, le malade, était son frère. Les sœurs ont fait parvenir la nouvelle : Seigneur, ton ami est malade. En l'apprenant, Jésus a dit : « Cette maladie ne mène pas à la mort mais au rayonnement de Dieu et du fils de Dieu. »

Jésus aimait Marthe et sa sœur et Lazare. Ayant appris que ce dernier était malade, il est resté encore deux jours là où il était puis il a dit à ses disciples : « On retourne en Judée.

— Rabbi, disent les disciples, là-bas les juifs cherchent à te lapider et tu y retournes ?

— Le jour n'a-t-il pas douze heures ? dit Jésus. Quand on marche de jour, on ne trébuche pas car on voit la lumière du monde, mais quand on marche de nuit, on trébuche car la lumière n'est pas en soi. » Et il a ajouté : « Notre ami Lazare s'est endormi, je vais le réveiller. — Seigneur, s'il dort, il est sauvé », disent les disciples. Mais Jésus parlait de sa mort et eux pensaient au repos du sommeil. Alors Jésus leur a parlé clairement : « Lazare est mort, et je me réjouis de ne pas avoir été là, pour vous, pour votre foi en moi. Maintenant allons le retrouver. »

Thomas, également appelé le Jumeau, a dit à ses compagnons : « Allons-y aussi et mourons avec lui ! »

Quand Jésus est arrivé, Lazare se trouvait depuis quatre jours déjà dans le tombeau. Béthanie étant proche de Jérusalem, à quinze stades environ, beaucoup de juifs étaient venus chez Marthe et Marie les consoler pour leur frère. Aussitôt qu'elle apprend l'arrivée de Jésus, Marthe va au-devant de lui. Marie était assise dans la maison. « Seigneur, dit Marthe à Jésus, si tu avais été ici, mon frère ne serait pas mort. Mais quoi que tu demandes à Dieu, même maintenant, je sais qu'il te le donnera.

— Ton frère se relèvera, dit Jésus.

— Je sais qu'il se relèvera le dernier jour, dit Marthe, à la résurrection.

— C'est moi la résurrection et la vie, dit Jésus. Qui s'en remet à moi vivra, même s'il meurt, tout être vivant qui s'en remet à moi ne meurt plus, le crois-tu ?

— Oui, Seigneur, dit-elle, je crois que tu es Christ, fils de Dieu, envoyé dans le monde. »

Là-dessus, elle part appeler sa sœur Marie et lui dit en secret : « Le Maître est là, il t'appelle. » Vite, à ces mots, l'autre se lève pour aller le rejoindre. Jésus n'était pas encore au village mais toujours à l'endroit où Marthe l'avait trouvé. Les juifs qui étaient dans la maison en train de consoler Marie, la voyant se lever vite et sortir, la suivent en pensant qu'elle va au tombeau pour pleurer. Quand elle arrive là où est Jésus, qu'elle le voit, Marie tombe à ses pieds et lui dit : « Seigneur, si tu avais été ici, mon frère ne serait pas mort ! »

De la voir en pleurs, en pleurs aussi ceux qui l'accompagnent, Jésus a la gorge serrée, il est bouleversé. Il demande : « Où l'avez-vous mis ? — Viens voir, Seigneur », disent-ils. Jésus verse des larmes. Des juifs disent : « Voyez comme il l'aimait ! » Et d'autres : « Ne pouvait-il empêcher qu'il meure, lui qui a ouvert les yeux d'un aveugle ? » Jésus se dirige vers le tombeau, de nouveau sa gorge se serre. C'est un caveau, une pierre est placée dessus. « Ôtez la pierre ! » dit Jésus. Et Marthe, la sœur du mort : « Seigneur, quatre jours ont passé déjà, il sent.

— Si tu fais confiance, reprend Jésus, je te l'ai dit, tu verras Dieu dans tout son éclat. »

On ôte la pierre. Jésus lève les yeux. « Père, dit-il, je te remercie de m'avoir écouté. Tu m'écoutes toujours, je sais, mais j'ai parlé ainsi pour que tous ces gens qui m'entourent sachent que c'est toi qui m'as envoyé. » Après quoi, il crie d'une voix forte : « Lazare, viens dehors ! » Pieds et mains liés par des bandelettes, le visage recouvert d'un suaire, le mort est sorti. « Déliez-le et qu'il aille », dit Jésus.

Ayant vu Jésus faire, nombre de juifs qui accompagnaient Marie eurent foi en lui. Mais d'autres allèrent dire aux pharisiens ce que Jésus avait fait.

## Quelques clefs pour lire ce récit

Le récit de Lazare constitue un texte idéal pour vérifier la diversité et l'intérêt des différentes méthodes de lecture. Toute méthode est un chemin construit par le lecteur pour tenter de combler la distance entre le texte et lui-même.

Depuis l'avènement de l'ère critique dans les études littéraires, les exégètes ont volontiers eu recours aux procédés de lecture utilisés pour les textes profanes. Le récit de Lazare étant apparu très vite comme un récit de miracle atypique, de nombreux historiens du texte ont cru possible de reconstituer la genèse de ce récit en allant du plus complexe vers le plus simple. Ils ont ainsi pensé que de nombreux personnages avaient fait leur apparition dans un récit au départ plus simple. C'est notamment le cas des juifs, des disciples, de Marthe et peut-être même de Marie, qui, d'après eux, ne faisaient pas partie du récit primitif. De plus, l'ampleur des discours étonne en comparaison avec les autres récits de miracles beaucoup plus courts. D'où l'hypothèse d'un récit primitif plus dépouillé, au style et à la longueur comparables aux récits de miracles des évangiles synoptiques. C'est le « degré zéro », l'écrit de base à partir duquel le récit a commencé son aventure.

L'évangile de Jean, tant dans sa totalité que dans ses fragments, a été un terrain privilégié pour la recherche critique. Le récit de Lazare en particulier se présente comme un terrain idéal pour l'approche génétique qui a conduit à penser qu'avait existé au commencement un récit primitif proche des miracles synoptiques, avec une intrigue plus concise, voisin des schémas des récits de miracles, et constitué d'un nombre restreint de personnages, ainsi que de discours brefs, sans christologie explicite. Il faut donc tailler largement dans un récit foisonnant (46 versets) pour tenter de retrouver un récit primitif qui soit satisfaisant, du moins selon des critères finalement assez subjectifs et orientés. Disparaissent ainsi, parce que considérés comme le fruit de relectures postérieures, les discours de Jésus, jugés trop théologiques, ainsi que plusieurs personnages : les disciples, les Juifs, Marthe. Il ne subsiste qu'un septième du récit actuel, avec Jésus et Lazare, et peut-être Marie, la sœur la plus attestée : soit une dizaine de versets. Voici à titre d'exemple la reconstitution proposée par Marie-Émile Boismard [18] :

> [2] Or il y avait une certaine Marie de Béthanie, dont le frère Lazare
> était malade. [3] Elle envoya dire à Jésus : « Seigneur, voici que celui que tu
> aimes est malade. » [4] Or, ayant entendu, Jésus [6] resta deux jours à l'endroit
> où il était. [7] Puis, après cela, il dit : [11] « Lazare est endormi ; mais je pars
> vers lui. » [17] Étant venu il le trouva déjà au tombeau.
>
> [29] Marie, quand elle eut entendu que Jésus venait, se leva vite et vint
> vers lui et [32] lui dit : « Seigneur, si tu avais été là, mon frère ne serait pas
> mort. » [33] Jésus la rudoya [34] et dit : « Où l'avez-vous mis ? » Ils lui disent :
> « Seigneur, viens et vois. » [38] Il vient donc au tombeau. Or c'était une
> grotte et une pierre était placée dessus. [39] Jésus dit : « Enlevez la pierre. »
> [41] Ils enlevèrent donc la pierre. Jésus [43] cria d'une voix forte : « Lazare, viens
> dehors ! » [44] Et le mort sortit.

**Questions pour la lecture**

Que penser d'une telle reconstitution ?
Est-elle plausible ?
Est-elle source d'intelligence pour le texte actuel ?
Quelle autorité accorder à un texte dit primitif ?
L'absence de texte(s) intermédiaire(s) (comme les brouillons et notes d'auteurs) est-elle un handicap insurmontable ?

## Le texte comme il est : Jésus, Lazare et les autres

Aujourd'hui, sous l'influence des études narratives, les commentateurs et les lecteurs sont devenus méfiants devant de telles reconstitutions, discutables à la fois par leurs présupposés et par la méconnaissance surtout de la narrativité. Ils préfèrent une autre démarche : non plus se focaliser sur la production du texte et sa genèse, mais accepter d'entrer dans une œuvre pour en percevoir la logique, la dynamique et la fonction.

18. Détails dans M.-É. Boismard, A. Lamouille, *L'évangile de Jean, Synopse*, t. 3, Paris, Éditions du Cerf, 1977.

## *Un chapitre dans un livre*

Il est indispensable de replacer ce chapitre dans l'ensemble de l'évangile de Jean. Même si l'histoire fait sens par elle-même, il est essentiel de se rappeler qu'elle n'est qu'une étape dans une intrigue qui la précède et se poursuit après elle. Dans l'histoire de Jésus, la résurrection de Lazare marque, en effet, un moment clé, à la fois dans la révélation de son être divin et humain et dans la réception de cette révélation, positive chez les uns, négative chez les autres, au point d'être la cause directe de sa mise à mort : « Grands prêtres et pharisiens, dès ce jour-là donc, résolurent de le tuer » (11,53). Faire comme si ce chapitre se suffisait à lui-même, et oublier qu'il prend sens par rapport à la révélation progressive de Jésus, c'est rompre avec le pacte de lecture de l'évangéliste et faire violence au sens du texte.

**Questions pour la lecture**

En s'inspirant du plan général de l'évangile, le lecteur peut, avec profit, questionner les diverses hypothèses des spécialistes sur la place de ce chapitre dans le dispositif général du livre. Est-il le *centre du livre*, à la fois conclusion de la première partie et ouverture de la seconde ? Faut-il le considérer, comme le pensent la plupart des exégètes, comme la *fin de la première partie*, communément désignée comme *l'évangile des signes* ? Ou bien, avec des exégètes moins nombreux, cet épisode constitue-t-il *le commencement de la seconde partie*, la première étape du dévoilement définitif de la Gloire de Dieu, qui culminera dans la Passion, la mort et la Résurrection ?

Le lecteur peut aussi consulter l'un ou l'autre commentaire, en se rappelant le danger des dogmatismes face à la souplesse de la logique sémitique. Une chose est certaine cependant : l'évangile de Jean connaît ici un tournant, aussi bien dans la mise à nu du mystère de Jésus que dans l'accueil que lui font les hommes. Parmi les textes de l'évangile, celui-ci se distingue pourtant par le nombre des personnages, l'ampleur du récit et l'intensité dramatique. Enfin, parce qu'il y est question de la mort, le récit de Lazare porte en lui une dimension symbolique forte, car chaque croyant et même chaque être humain peut s'y projeter comme dans un miroir, dans son expérience de la vie et de la mort.

## *Jésus, au centre*

L'évangile en son entier raconte le dévoilement progressif de Jésus face aux hommes. L'histoire de Lazare arrive au terme de ce processus, septième et dernier signe du Révélateur cherchant à se faire reconnaître. On comprend que tout le récit soit centré sur Jésus. Il est successivement l'interlocuteur de tous les personnages : les disciples, Marthe et Marie et les Juifs. Sa présence, son agir et sa parole obligent chacun de ces personnages à se situer face à lui, en présence de Lazare entré dans le silence de la mort.

On peut suivre la révélation de Jésus à travers les titres qui lui sont donnés. Il est « Seigneur » sous la plume du narrateur (v. 2) ainsi que dans le discours des deux femmes (v. 3), de Marthe (v. 21), de Marie (v. 32), des témoins (v. 34). Il est « Rabbi », Maître, dans la bouche des disciples (v. 8), et « Christ, Fils de Dieu » dans le dialogue avec Marthe (v. 27). De la lecture continue du récit, le lecteur retire deux impressions complémentaires. D'abord, il perçoit la présence écrasante de Jésus, qui par son savoir et son interprétation de l'événement dédramatise en grande partie l'intrigue pourtant pleine de suspense, interprète les événements à venir (v. 4), les prévoit avant même qu'ils ne surviennent (v. 11) et les finalise avant leur déroulement (v. 15). C'est Jésus qui décide aussi du moment opportun pour son départ vers Béthanie – départ jugé trop hâtif par ses disciples (11,8) et trop tardif par les deux sœurs (11,21.32) –, en même temps qu'il est aussi celui qui, au milieu des menaces des Juifs, des interrogations des disciples et des doutes des deux femmes, agit avec autorité et assurance. Il dispose donc du savoir, du vouloir et du pouvoir. Il sait que Lazare malade va mourir puis revenir à la vie (v. 12-13). Enfin il a le pouvoir – et il en donne la démonstration – de rendre la vie à celui qui était mort depuis quatre jours.

Pourtant cette seigneurie de Jésus maîtrisant l'histoire disparaît aux versets 28-38. Jésus qui jusque-là était apparu sans faille, y dévoile, en effet, une fragilité inattendue : il frémit dans son esprit (v. 33), se trouble (v. 33), verse des larmes (v. 35). Ainsi, à l'intérieur de la révélation éclatante de l'envoyé du Père, une brèche se donne à voir. Celui qui « se réjouissait de n'avoir pas été là » (v. 15) laisse apparaître sa douleur et ses pleurs. Lui qui parlait avec tranquillité se trouble devant la mort. Cette étrange coexistence de puissance et de faiblesse a intrigué plus d'un commentateur et certains, pour sauver la majesté inébranlable du Fils de Dieu, sont allés jusqu'à voir dans ces marques d'humanité un « faire-semblant ». Il n'en est rien. On pressent que ces deux faces, l'une lumineuse, et l'autre sombre, sont essentielles au récit. Elles expriment la vérité de l'Incarnation : « Nous avons vu la *Gloire* du fils dans le Verbe fait *chair* » (1,14).

L'évangile raconte Jésus : c'est une christologie narrative. On peut relire ce chapitre en y voyant une métaphore de l'Incarnation. Par amour pour l'homme malade, Jésus, envoyé par son Père, à l'heure fixée par lui, s'aventure au risque de sa propre mort. Pour que Lazare vive, Jésus doit mourir. Mais l'accès de Lazare à Jésus passe par la médiation des deux sœurs. Cela n'est pas sans évoquer la fonction ministérielle de l'Église dans l'accueil des nouveaux baptisés et dans leur accompagnement vers Dieu, au moment de leur mort. Jésus apparaît en Gloire face à Marthe et Lazare, et en détresse face à Marie et aux Juifs. C'est en récit l'illustration du mystère de l'Incarnation : Jésus, vrai Dieu et vrai homme.

### *Les hommes face au Révélateur*

Autour de Jésus évoluent divers personnages en qui peuvent se lire, comme dans un miroir, diverses façons de croire en lui.

Souvent témoins silencieux de la révélation de Jésus, **les disciples** (11,7-16), dans ce passage, manifestent une foi encore hésitante. Ils montrent en actes ce que veut dire être disciple, se laisser enseigner par le maître et marcher à sa suite : « Allons, nous aussi, et nous mourrons avec lui » (11,16). Cette formule exprime la crainte qui, au second degré, habite les disciples, en même temps qu'elle définit le vrai chemin du disciple. La « suivance » de Jésus consiste à emprunter le chemin de la croix, pour avoir part à la gloire de la Résurrection.

Ce n'est qu'à l'arrivée de Jésus à Béthanie que les deux sœurs se séparent, physiquement et symboliquement. **Marthe** (11,17-27) se détache alors du groupe du deuil pour aller accueillir Jésus. Elle se comporte d'entrée comme la croyante parfaite. Lorsque Jésus lui rappelle l'espérance juive : « Ton frère ressuscitera » (11,23), elle dit son adhésion : « Je sais qu'il ressuscitera au dernier jour » (11,25). À l'instant où Jésus se dévoile à elle comme le Révélateur suprême, maître de la vie et de la mort : « Je suis la Résurrection et la Vie », elle l'accompagne à cette hauteur : « Oui, Seigneur, répondit-elle, je crois que tu es le Christ, le Fils de Dieu, Celui qui vient dans le monde » (11,27).

En situant, au même endroit et en des termes identiques, les rencontres des deux sœurs avec Jésus, le narrateur facilite l'interprétation symbolique des deux figures. **Marie** (11,28-37), de bout en bout, est présentée par une série de traits liés au deuil et à la mort. Ainsi elle se différencie de Marthe. Peut-on dire que l'une et l'autre pèchent par excès et par défaut : trop de foi et pas assez de deuil chez Marthe, et l'inverse chez Marie ? C'est au lecteur d'en décider. L'attitude de Marie prostrée aux pieds de Jésus (v. 32), son dialogue avec lui – amputé de la confession de foi qui prolonge et modifie la demande de sa sœur –, le fait qu'elle soit entourée de pleurs (les siens, ceux des Juifs et ceux de Jésus) : tout cela maintient la séquence dans un climat d'autant plus sombre qu'elle vient juste après la séquence lumineuse entre Marthe et Jésus. Mais la figure de Marie conserve quelques marques positives comme l'onction mentionnée au verset 2, son agenouillement aux pieds de Jésus (v. 32), son empressement (v. 31) à se précipiter à sa rencontre. Marie met ainsi en valeur la dimension humaine de Jésus, alors que Marthe privilégiait son identité divine.

La figure de **Lazare** est sans conteste la plus difficile à cerner. Il est celui qui, par son manque (« Ton ami Lazare est malade » 11,3) permet au récit de démarrer. Silencieux du début à la fin, il agit comme un révélateur – au sens chimique –, qui donne à chaque personnage la possibilité de se situer face au Révélateur et face à sa destinée d'homme mortel. Il faut attendre le verset 43 : « Jésus cria d'une voix forte : "Lazare, viens dehors" » pour que Lazare devienne le destinataire d'une parole de Jésus. En cet unique instant, Lazare a cessé d'être un objet-miroir. Il devient sujet, destinataire d'une parole qui le fait surgir du tombeau et de la mort et le restitue au mouvement, à la vie et à la parole [19]. De son destin personnel, nous ne saurons rien, si ce n'est que sa résurrection entraînera la mort de Jésus et qu'il sera l'un des convives du repas au cours duquel Marie oindra les pieds de Jésus (12,3). Origène se contentera de ce dénouement, considérant comme suffisant que Lazare, revenu à la vie, partage, comme un disciple, la table du Seigneur : « Il a fait un long chemin, il est passé du tombeau à la table du Seigneur. »

---

19. On peut l'imaginer même si Lazare reste obstinément silencieux dans notre récit et dans tout l'évangile de Jean.

### Questions pour la lecture

En relisant le chapitre, être attentif au rapport au temps en soulignant les *ellipses* (le temps narratif plus court que le temps chronologique) et les *expansions* (le temps narratif plus long que le temps chronologique).

Suivre *le rôle et la place des Juifs* dans ce chapitre. Y a-t-il cohérence ? Contradiction ? Pourquoi désigner ce groupe comme « les Juifs », alors que Jésus, les disciples, Marthe, Marie et Lazare sont aussi des Juifs ? (S'aider de l'encadré ci-après sur les Juifs.)

### Les Juifs dans l'évangile de Jean

Dans l'évangile de Jean, le personnage collectif, appelé « les Juifs », nommé 71 fois, joue un rôle important et complexe. Pour s'en rendre compte, il suffit de mentionner deux passages aux sens opposés. En Jn 8,44 Jésus dit aux Juifs : « Vous avez pour père le diable », formule dont on a pu dire qu'elle est « la formule la plus antijuive de tout le Nouveau Testament ». Mais, en Jn 4,22, Jésus fait le plus bel l'éloge des Juifs en présence de la Samaritaine : « Le salut vient de Juifs. »

Cela s'explique par la distance et l'éloignement entre les chrétiens et les Juifs au moment de la mise par écrit des traditions évangéliques. En effet, puisque presque tous les personnages du récit évangélique sont Juifs (Jésus et ses disciples en particulier), la mise à part d'un tel groupe ne peut dater du temps de Jésus. Elle reflète une époque où les chrétiens, même d'origine juive, ne se reconnaissaient plus dans cette appellation, devenue plus religieuse qu'ethnique. Reste qu'un regard plus attentif sur les textes montre que les sens de cette expression (« les Juifs ») sont variés. Avec R. Schnackenburg, on peut les résumer ainsi :

a) un sens ethnique : « Juif(s) » en opposition à « non-Juif(s) » 4,9 ; 18,33.35.39 ; 19,3.19.21.

b) un sens historique : Jn 3,25 ; 4,22 ; 11,19.31.33.36 ; 18,20 ; 19,20.

c) le même sens, mais avec une distance perceptible : 2,6.13 ; 3,1 ; 5,1 ; 6,4 ; 7,2 ; 11,55 ; 19,21.40.42.

d) le même sens fondamental, mais avec une accentuation sur l'incroyance perceptible dans l'indécision et le doute : 6,41.52 ; 7,11.15.35 ; 8,22.31 ; 10,19 ; 11,45.54 ; 12,9.11 ; 13,33.

e) le cercle des Juifs responsables (prêtres et pharisiens) en opposition organisée contre Jésus : 5,10.15.16.18 ; 7,1.13 ; 8,48.52.57 ; 9,18.22 ; 10,24.31.33 ; 11,8 ; 18,12.14.31.36.38 ; 19,7.12.14.31.38 ; 20,19.

Deux types d'explication sont ici en concurrence. La première, historico-critique, voit dans ces diverses significations, la trace de l'évolution des relations entre les Juifs et les chrétiens au cours du Ier siècle. Une seconde explication préfère donner la priorité au récit de Jean et à l'évolution narrative du personnage « les Juifs » dans son œuvre : plus la Passion approche, plus « les Juifs » s'opposent violemment à Jésus.

De toute façon, lire une série de textes comme ceux-là, c'est d'abord chercher à les comprendre et c'est surtout prendre ses distances avec toutes les dérives antisémites qui ont cherché leurs justifications dans l'évangile de Jean.

## L'après-texte

Que devient un texte quand il est écrit ? Commence alors l'aventure à la fois programmée par l'auteur avec les indices de lecture qu'il livre dans son œuvre, et imprévisible, tant la lecture comporte une part incontrôlable de liberté. Car un texte fait sens à la fois dans son organisation interne et dans l'histoire de sa lecture. Nous proposons ici une sélection de lectures offertes au lecteur pour qu'il les ajoute au texte premier qui grossit au fil du temps, lourd de toutes les lectures qui l'orientent, le colorent, et même parfois le détournent. On distinguera des lectures traditionnelles et des lectures plus surprenantes qui évoquent un Lazare dépressif ou qui vont dans des sens opposés.

### *Lectures traditionnelles*

« Il faut savoir qu'il existe encore maintenant des "Lazare" qui, après avoir reçu l'amitié de Jésus, sont tombés malades, puis sont morts et sont restés dans les tombeaux et la région des morts, morts parmi les morts. Après cela ils sont redevenus vivants par la prière de Jésus et sont sortis du tombeau par la voix puissante de Jésus. » La Résurrection est obtenue « par la conversion et la voix de Jésus. Et Lazare fait un tel chemin qu'il réussit lui aussi à faire partie de ceux qui mangeaient avec Jésus » (**Origène**).

« Nous comprenons que ces trois morts qui ressuscitent dans leur corps signifient quelque chose et sont la figure de la résurrection des âmes qui se fait par la foi : il a guéri la fille du chef de la synagogue, alors qu'elle était encore couchée dans sa maison ; il a guéri le jeune fils de la veuve tandis qu'il était porté hors de la ville ; il a ressuscité Lazare enseveli depuis quatre jours. Que chacun examine son âme ; s'il pèche, il meurt car le péché est la mort de l'âme. Mais quelquefois il s'agit d'un péché en pensée. Ce qui est mal a procuré de la délectation : tu as consenti, tu as péché. C'est ce consentement qui te donne la mort. Mais il s'agit d'une mort intérieure parce que le mal en pensée n'est pas encore devenu acte. Pour signifier qu'il ressuscite de telles âmes, le Seigneur ressuscite cette jeune fille qui n'est pas encore conduite au-dehors, mais gît, morte, dans sa maison, comme un péché caché. Mais si tu as fait plus que consentir au plaisir du mal et que tu l'as commis, tu es conduit, comme un mort, en dehors des portes. Tu es déjà dehors et tu es conduit, mort. Pourtant le Seigneur t'a ressuscité, toi aussi, et t'a rendu à ta mère veuve. Si tu as péché, repens-toi et le Seigneur te ressuscitera et te rendra à l'Église ta mère. Le troisième, c'est Lazare. C'est un genre de mort terrible qu'on appelle la mauvaise habitude. Pécher, c'est une chose, le faire par habitude, c'est autre chose. Celui qui pèche et se corrige dans l'instant ressuscite vite. Parce qu'il n'est pas encore engagé dans l'habitude, il n'est pas enseveli. Mais celui qui pèche par habitude est déjà enseveli et c'est avec raison que l'on dit qu'il sent mauvais. Il commence à avoir une réputation affreuse comme une odeur fétide » (**saint Augustin**).

Dans *Crime et châtiment*, **Dostoïevski** raconte l'aventure d'un criminel, qui rencontre l'évangile de Lazare par l'intermédiaire de Sonia. Le roman se termine avec une évocation discrète de l'épisode de Lazare, si décisif dans la conversion de Raskolnikov : « Sous son oreiller, il y avait un évangile. Il le prit machinalement. Ce livre appartenait à Sonia. C'était celui dans lequel elle lui avait lu la résurrection de Lazare... Mais ici commence une nouvelle histoire, l'histoire de la rénovation progressive d'un homme, l'histoire de sa régénération progressive, de son passage progressif d'un monde à un autre monde, de son initiation à une réalité nouvelle, jusqu'alors entièrement inconnue de lui. Cela pourrait constituer le sujet d'un nouveau récit, mais notre récit présent est terminé » (II, 415-418).

### *Lectures surprenantes*

« À mon avis, il s'agit d'une dépression aiguë. Lazare n'est pas mort d'un accomplissement de son désir : il est mort du manque, d'une frustration qu'il avait pour Jésus, d'un manque de nourriture théologique et spirituelle : il en avait encore besoin, car il n'était pas capable d'autonomie. Lazare tombe malade. Il redevient à un stade végétatif, parce que le Christ est absent. Il ne peut plus pomper la vie dans Jésus. Il lui manque de quoi subsister sans Jésus, sans la présence de Jésus. Il est ainsi comme un arbre coupé de ses racines, comme un fœtus qui n'est plus alimenté par le cordon ombilical d'un placenta vivant. Ne pompant plus de sève dans la personne humaine du Christ, le végétatif en lui n'a plus de quoi vivre. Le processus de mort, qui soumet toute créature à la désorganisation organique, réduit le corps de Lazare à retourner aux éléments telluriques » (**F. Dolto**).

« Quand Lazare sortit du tombeau où il avait passé trois jours et trois nuits sous l'emprise mystérieuse de la mort, et qu'il retourna vivant dans sa demeure, on resta longtemps sans remarquer en lui les bizarreries sinistres qui, par la suite, rendirent redoutable jusqu'à son nom. Transportés d'une joie rayonnante par son retour à la vie, les amis et les proches le couvraient de caresses sans fin et s'affairaient pour lui procurer la nourriture, la boisson et de nouveaux habits, car ils trouvaient là de quoi rassasier leur sollicitude inquiète.

Ce qu'il y avait de nouveau sur le visage de Lazare et dans ses mouvements, on l'attribuait à des causes naturelles, on y voyait les traces laissées par sa grave maladie et par les souffrances qu'il avait endurées. Le pouvoir miraculeux n'avait visiblement fait qu'arrêter l'œuvre destructrice de la mort sur le cadavre, sans la supprimer tout à fait ; et ce que la mort avait déjà eu le temps de faire au visage et au corps de Lazare était comme le dessin inachevé d'un artiste sous une mince plaque de verre (**L. Andreev**) [20]. »

20. Leonid Andreev, « Lazare », nouvelle publiée pour la première fois en 1906, trad. fr. *Le gouverneur et autres nouvelles*, Paris, Julliard, 1973 ou *Judas Iscariote et autres récits*, trad. fr. S. Benech, Paris, José Corti, 2000, p. 29-50.

**Questions pour la lecture**

– Remarquer combien le silence de Lazare fonctionne comme un ressort de lecture.

– Noter parmi les lectures retenues :

a) celles qui vous semblent fidèles au pacte de lecture de l'auteur ;

b) celles qui ne sélectionnent que quelques éléments ;

c) celles qui brisent le pacte de lecture ;

d) dans la lecture, quelle est la part de contrainte, de liberté ?

e) la Bible et les lectures traditionnelles. Lire, c'est toujours pour une large part, quitter le texte tout en le respectant, s'aligner et s'éloigner. Et aujourd'hui ?

## JN 18 – 19 : LA PASSION DANS L'ÉVANGILE DE JEAN

Nous proposons ici une lecture de surface des deux chapitres de la Passion selon Jean. Le lecteur aura pour cela besoin d'une synopse pour repérer, sur fond de trame commune, les caractéristiques proprement johanniques. Il est vraisemblable que les évangélistes, sans se copier les uns les autres, suivaient un récit primitif commun.

### Des traits propres à Jean

***Jn 18,1-11*** : Jean précise que le traître connaissait le lieu (18,2), que les soldats romains participent à l'arrestation (18,3). Sont propres également à Jean la connaissance par Jésus de ce qui arrivera (18,4), l'expression sur le calice à boire (18,11), et la formule « Je suis », reprise trois fois et ponctuée par la chute de ceux qui viennent arrêter Jésus. En revanche, Jean n'a pas conservé l'agonie de Jésus (qu'il connaît et a rapportée dans d'autres séquences [Jn 11,33.38 ; 13,21]). Il ignore aussi la mise à part de trois apôtres à Gethsémani ainsi que le baiser de Judas et le discours de Jésus à l'adresse de ceux qui l'arrêtent, discours suivi de la fuite des disciples (Mc 14,48-50).

***Jn 18,12-27*** : Les Synoptiques ignorent le déplacement et l'interrogatoire de Jésus chez Anne (Jn 18,12). La gifle donnée par le valet est aussi propre à Jn 18,22. Rien chez lui sur l'interrogatoire par Caïphe. Jean est le seul à intercaler entre la première trahison de Simon Pierre et les deux suivantes l'interrogatoire de Jésus par Anne et l'appel à ses disciples à témoigner en sa faveur. Quand on rapproche les versets 17 et 25, on prend conscience du travail rédactionnel de Jean. Mais on mesure aussi que ce changement aggrave la trahison de Simon Pierre. Manquent chez Jean la convocation nocturne du sanhédrin et les faux témoignages (Mc 14,55-58). Il n'y a pas non plus de seconde convocation du sanhédrin (Mc 15,1) ni d'interrogatoire de Jésus par rapport à sa dignité messianique ; pas d'insultes ni humiliations par les serviteurs (Mc 14,65).

***Jn 18,28 – 19,16*** : Cette scène est la plus travaillée par l'évangéliste (voir notre présentation plus loin).

***Jn 19,17-37*** : On remarque l'absence de l'épisode de Simon de Cyrène, tout comme le fait que Jean donne beaucoup d'ampleur à l'inscription : « Celui ci est le roi des Juifs », attestée par les quatre évangiles. Seul, il en souligne la dimension universelle (écrit en hébreu, en latin et en grec). Lui seul rapporte également la réaction des chefs et de Pilate devant l'écriteau : « Ce qui est écrit est écrit. » Il est le seul enfin à évoquer le vêtement sans couture tiré au sort, ainsi que la scène entre Jésus et sa mère et le *disciple que Jésus aimait*.

Manquent aussi chez Jean les insultes contre Jésus (Mc 15,27-32), le cri de Jésus en croix : « Mon Dieu, mon Dieu... » (Mc 15,34-36.) À sa place, on trouve un paisible : « Tout est consommé. » Les ténèbres, mentionnées par les trois Synoptiques (Mt 27,45 ; Mc 15,33 ; Lc 23,44) sont absentes de l'évangile de Jean. Enfin, Jean efface les traits qui pourraient conforter une image dégradée du condamné : en ne parlant plus de brigands, mais « de deux autres », un de chaque côté et, au milieu, Jésus (Jn 19,18). Il ne dit rien des insultes et moqueries contre Jésus en croix.

L'ensemble de ce récit, qui recouvre les deux chapitres 18 et 19, est articulé autour de cinq scènes avec une inclusion autour d'un jardin au commencement et à la fin :

« Ayant dit cela, Jésus s'en alla avec ses disciples de l'autre côté du torrent du Cédron. *Il y avait là un jardin* dans lequel il entra, ainsi que ses disciples » (18,1).

« Or il y avait un jardin au lieu où il avait été crucifié, et, *dans ce jardin*, un tombeau neuf, dans lequel personne n'avait encore été mis » (19,41).

Le plan d'ensemble permet de distribuer les cinq scènes sous la forme d'un grand chiasme :

a) le jardin
    b) chez Anne
        c) le prétoire
    b') le Golgotha
a') le jardin du tombeau

Comme c'est souvent le cas dans ce genre de construction, la partie isolée est au centre du dispositif. C'est la séquence la plus travaillée par l'auteur ; cela se reconnaît tant par son ampleur que par la qualité dramatique de la scène.

## Les citations des Écritures dans le récit de la Passion

Les citations des Écritures dans les Synoptiques visent à inscrire des événements scandaleux dans un plan voulu par Dieu : « Christ est mort selon les Écritures. » Pour les Synoptiques, la quasi-totalité des citations concerne le scandale de la mort, rendu plus supportable par les prédictions des Écritures. Pour Jean, c'est moins pour rendre acceptables des faits scandaleux que pour mettre en valeur le salut réalisé dans la Passion de Jésus. On trouve chez lui quatre citations explicites dont trois lui sont propres :

***Jn 19,28*** (« j'ai soif ») veut peut-être souligner l'humanité de Jésus (contre les docètes), mais aussi mettre Jésus en rapport avec le père : « Mon âme a soif de toi » (Ps 63,2). Mais la référence aux Écritures est aussi présente : « Pour ma soif ils m'ont fait boire du vinaigre. » À noter que c'est uniquement chez Jean que Jésus crie sa soif et accepte l'offre qui lui est faite.

***Jn 19,36*** fait vraisemblablement référence au Ps 34,21 : « Yahvé garde tous ses os, pas un ne sera brisé » et à Ex 12,46 : « On la mangera dans une seule maison et vous ne ferez sortir de cette maison aucun morceau de viande. Vous n'en briserez aucun os. »

***Jn 19,37*** est une citation vraisemblable de Za 12,10 : « Ce jour-là, je m'appliquerai à exterminer tous les peuples venus attaquer Jérusalem. Et je répandrai sur la maison de David et sur l'habitant de Jérusalem un esprit de bonne volonté et de supplication. Alors ils regarderont vers moi, celui qu'ils ont transpercé. Ils célébreront le deuil pour lui, comme pour le fils unique. Ils le pleureront amèrement comme on pleure un premier-né. »

La quatrième citation du Psaume 22,19 sur les vêtements tirés au sort, commune avec les Synoptiques, est davantage développée dans Jean (Jn 19,24).

La place exceptionnelle de Jésus dans le plan de Dieu est soulignée chez Jean qui précise trois fois que ce sont les paroles de Jésus lui-même (et non plus celles des Écritures) qui s'accomplissent. Il en est ainsi du reniement de Simon Pierre, annoncé en 13,38, de la protection des disciples, annoncée en 17,12 et réalisée en 18,9, enfin de l'élévation en croix, annoncée en 18,32 et réalisée en 19,18.

## Jn 18,28 – 19,16[21] : Jésus, Pilate, les Juifs ; la royauté de Jésus

Par son ampleur et surtout par son originalité, la comparution de Jésus devant Pilate représente dans le récit de Jean un sommet christologique. Cette longue section johannique est à la fois l'aboutissement de la révélation messianique de Jésus, commencée dès le premier chapitre, et le sommet de toute la Passion. C'est le moment où le contenu des divers titres de Jésus – Fils de Dieu, Messie, et surtout roi –, qui étaient ouverts à interprétations diverses, devient explicite, d'abord, pour les premiers lecteurs, ensuite, pour tous les autres lecteurs qui se sont succédé dans l'histoire, donc pour nous-mêmes aujourd'hui.

### *La royauté annoncée en Jn 1,44-51*

Nathanaël reprit : « Rabbi, tu es le Fils de Dieu, tu es le roi d'Israël » (1,49). Nathanaël, « Israélite sans détour » (1,47), reconnaît en Jésus le Fils de Dieu et le roi d'Israël (1,49). Jésus ne confirme ni n'infirme la

21. Je renvoie aux développements que je propose dans *Les personnages et Jésus dans l'évangile de Jean*, Paris, Éditions du Cerf, « Lire la Bible », 2004.

confession de Nathanaël. Le récit évangélique va progressivement conduire à la Passion, avec deux moments importants : la royauté refusée au moment de la multiplication des pains (Jn 6) et acceptée au moment de l'entrée à Jérusalem (Jn 12).

### *La royauté refusée en Jn 6,14-15*

« Alors Jésus, sachant qu'ils allaient venir s'emparer de lui pour le faire roi, s'enfuit à nouveau dans la montagne, tout seul. » Jean est le seul des évangélistes à rapporter la réaction des Juifs reconnaissant en Jésus le prophète annoncé par Moïse en Dt 18,18 : « C'est un prophète comme toi que je leur susciterai. » Ici le titre donné à Jésus est associé non à « Fils de Dieu », comme en 1,47, mais à « prophète qui doit venir ». La foule qui recherchait Jésus, croyait avoir reconnu en lui le descendant de David, le futur pasteur du peuple que les Écritures lui promettaient. Jésus, anticipant la réaction de la foule, s'éloigne. Pourquoi ce refus, après l'adhésion silencieuse à la confession de foi de Nathanaël ? Ici apparaît clairement l'ambiguïté du titre « roi » qui convient à Jésus, mais qu'il ne peut adopter, avant d'avoir manifesté, par sa vie et ses choix, la forme paradoxale de cette royauté.

On peut relire l'ensemble du chapitre 6 pour discerner combien la royauté de Jésus reste ambiguë. Les foules (mais aussi les disciples) cherchent quelqu'un qui puisse incarner leurs attentes d'un roi-sauveur. L'éloignement progressif de plusieurs d'entre eux tout au long du discours explicatif de Jésus laisse déjà entendre que la royauté de Jésus est d'une nature différente des royautés de la terre. Un suspense s'ouvre, qui ne s'élucidera qu'en présence de Pilate aux chapitres 18 et 19.

### *La royauté proclamée en Jn 12,13-19*

« Ils prirent les rameaux des palmiers et sortirent à sa rencontre et ils criaient : "Hosanna ! Béni soit celui qui vient au nom du *Seigneur et le roi d'Israël !*" Jésus, trouvant un petit âne, s'assit dessus selon qu'il est écrit : "Sois sans crainte, fille de Sion : voici *que ton roi* vient, monté sur un petit d'ânesse" » (12,13-14).

La royauté ici proclamée s'inscrit dans la tradition biblique : ce roi est déjà annoncé dans les psaumes, et les cris des assistants sont des citations du psaume 118,26, un psaume d'intronisation royale, cultuelle, de Yahvé Roi dans le Temple. L'acclamation de Jésus comme roi à son entrée à Jérusalem forme comme une inclusion par rapport à la scène d'ouverture avec Nathanaël, le « véritable Israélite ». Ici, c'est l'Israël populaire qui prend le relais. Malgré l'ambiguïté de cette reconnaissance, Jésus ne la refuse pas, comme il l'avait fait précédemment. Est-ce parce que l'entrée messianique à Jérusalem est un passage obligé pour le Messie ? Pour l'instant, Jésus s'y soumet, se réservant, dans la longue séquence des chapitres 13 à 19, de clarifier de façon plus précise la nature de sa royauté, par son comportement (voir le lavement des pieds au chap. 13), ses discours et finalement son dialogue avec Pilate.

Pour comprendre ce qui se passe, il faut jeter un double regard : le premier, en arrière, vers les *Écritures* qui disent ce que sera le Messie, et le second, en avant sur la *Résurrection*. Les Écritures, relues à la lumière de la Résurrection, sont les deux clés qui ouvrent, pour les disciples et les lecteurs, sur le vrai sens de la royauté de Jésus. À leur lumière, on découvre que Jésus est le Messie attendu, et qu'il est même plus que cela : il est Fils de Dieu (1,49 ; 11,27 ; 20,31).

### *La royauté révélée en Jn 18,28 – 19,16*

Ce récit occupe une place centrale dans l'évangile de Jean. Sa construction souligne le travail littéraire et théologique de celui qui lui a donné sa forme ultime :

a) (*extérieur*) Pilate et les Juifs, premier entretien 18,28-32
b) (*intérieur*) Pilate et Jésus : royauté de Jésus 18,33-38
c) (extérieur) Pilate et les Juifs : Barabbas 18,38-40
d) (*intérieur*) La flagellation et le couronnement 19,1-3
c') (*extérieur*) Pilate et les Juifs : « *Ecce Homo* » 19,4-7
b') (*intérieur*) Pilate et Jésus : Puissance de Pilate 19,8-12
a') (*extérieur*) Pilate et les Juifs : « Voici votre roi » 19,13-16

*Scène a :* Pilate et les Juifs, premier entretien 18,28-32 [22]

La première scène réunit les deux responsables de l'arrestation de Jésus dans le jardin (la cohorte romaine de 600 hommes et les gardes du Temple Jn 18,3) et donc du procès qui doit suivre. Étrangement, sous une accusation vague (« avoir fait le mal »), l'intransigeance est du côté des responsables juifs et l'indulgence du côté du Romain, Pilate. Cette vision, qui tend à noircir les Juifs et à blanchir les Romains est marquée par la relecture de l'évangéliste et l'univers de ses lecteurs.

La conclusion de la séquence renvoie, par-delà les péripéties humaines, au sens profond des événements prédits par Jésus. Ce ne sont pas seulement les Écritures qui permettent de comprendre le mystère de la Passion, mais les paroles de Jésus annonçant le genre de mort qu'il connaîtra, donc aussi l'élévation glorieuse qui lui est inhérente : « Comme Moïse éleva le serpent dans le désert, ainsi faut-il que soit élevé le Fils de l'homme » (Jn 3,14). Pour les lecteurs chrétiens, premiers destinataires de ce récit, l'abîme qui existait entre leur vision de Jésus, maître des événements et Seigneur de l'histoire – vrai roi dans un sens qu'ils ont découvert progressivement –, et la présentation de Jésus par les Juifs comme un malfaiteur ou confronté à l'ironie de Pilate n'en est que plus évident. On notera que le mot « livrer » traduit ici une certaine équivalence entre l'acte de Judas et celui des « Juifs ».

*Scène b :* Pilate et Jésus : royauté de Jésus 18,33-38

« Je suis né et je suis venu dans le monde pour rendre témoignage à la vérité. Quiconque est de la vérité écoute ma voix. » Deux rois sont ici en présence : le roi de Rome, représenté par Pilate, et Jésus ; deux rois que Jean est le seul à présenter dans le cadre d'un dialogue d'autant

22. Voir Mt 27,1-2.11-14 ; Mc 15,1-5 ; Lc 23,1-5.

plus décisif qu'il porte sur la royauté de Jésus. Si la question de Pilate à Jésus sur sa royauté est commune aux quatre évangiles, seul Jean explicite, dans un langage métaphorique, le contenu et les exigences de sa royauté [23].

Même si le dialogue entre Pilate et Jésus se déroule sans témoins, l'auteur se place dans la conscience de tous les acteurs. C'est lui qui met en valeur, à l'adresse de ses lecteurs croyants, ce qui va dans le sens de sa vision de Jésus et du messianisme qu'il incarne. Il construit sa séquence en fonction de ses lecteurs, donc de nous. Depuis le commencement de l'évangile, le motif de la royauté était présent, mais ici sa véritable signification est enfin donnée.

Provoqué par Pilate à se reconnaître comme roi, Jésus maintient une réponse ambiguë, qui peut s'entendre de diverses façons : soit « tu l'as dit, je suis roi » soit « c'est toi qui le dis ». Au même moment, il prend ses distances, comme si, sans pour autant refuser le titre lui-même, il voulait montrer ses réserves par rapport à l'image de la royauté terrestre. Ce titre « roi des Juifs » étant celui des rois asmonéens, les derniers rois d'Israël avant l'occupation romaine, on comprend la méfiance de Jésus devant les connotations politiques attachées alors à l'expression « roi des Juifs ».

Pour dire ce qu'est sa royauté, Jésus emploie des mots et des images peu compatibles à première vue, avec l'univers de la royauté : c'est une réalité qui *n'est pas de ce monde*... Jésus est né et est venu dans le monde pour *rendre témoignage à la vérité*... « Quiconque est de la vérité *écoute ma voix.* » On peut remarquer que le qualificatif « des Juifs » a disparu, puisque Jésus répond seulement : « Je suis roi », ce qui donne au titre de roi une dimension plus universelle. Sa royauté vient d'ailleurs, de ce pays où Jésus « est né », d'où il « est venu », lui le « préexistant ». Elle s'établit non par la force, mais par la puissance d'une Parole de révélation. Nous nous éloignons ici des Synoptiques où le roi est compris comme « Fils de David ». La royauté de Jésus rejoint en fait celle de Yahvé dans l'Ancien Testament. Ceux qui l'accueillent sont « ceux qui appartiennent à la vérité », c'est-à-dire ceux qui se mettent à l'écoute de la Parole. Pour cela, selon l'invitation de Jésus à Nicodème, ils doivent accepter de renaître : « En vérité, en vérité, je te le dis : à moins de naître de nouveau, nul ne peut voir le Royaume de Dieu... En vérité, en vérité, je te le dis : nul, s'il ne naît d'eau et d'Esprit, ne peut entrer dans le Royaume de Dieu » (Jn 3,3-5).

*Scène c :* Pilate et les Juifs : Barabbas 18,38-40

« Pas celui-là, mais Barabbas !... Or ce Barabbas était un brigand. » Au-delà des questions difficiles d'histoire sur l'amnistie, à certaines occasions, de certains prisonniers, cette séquence confirme la nature de la véritable royauté de Jésus. Barabbas représente un aspect du messianisme guerrier, dans lequel la plupart des Juifs, y compris Simon Pierre et les disciples, se reconnaissaient, mais que Jésus répudie. Le choix de Barabbas contre Jésus dévoile le véritable choix messianique des Juifs.

23. Le mot « roi » ou « royauté » apparaît six fois dans ces versets.

Le révolutionnaire est libéré ; le Messie, envoyé par le Père, à la fois Messie, roi, et Fils de Dieu, est condamné. Roi, mais pas de ce monde, avec des critères d'appartenance différents, qui s'enracinent dans une adhésion à une révélation... C'est une avancée significative dans la définition de la messianité de Jésus, laissée ouverte lors de la confession de Nathanaël.

*Scène d :* La flagellation et le couronnement 19,1-3

« Les soldats s'approchaient de lui et disaient : "Salut, le roi des Juifs !" et ils se mirent à lui donner des coups. » Chez Jean, cette scène vise plutôt à identifier Jésus au serviteur souffrant qui « livrait son dos à ceux qui le frappaient » (Is 50,6). La scène du couronnement est pour les soldats une parodie, mais, pour les lecteurs croyants, elle exprime la vérité sur Jésus, roi sanglant et dérisoire. Elle se situe entre la proposition d'amnistie, et la présentation de Jésus devant les Juifs. Elle constitue également une préparation à la confrontation du roi ainsi défiguré avec le peuple juif.

*Scène c' :* Pilate et les Juifs : « *Ecce Homo* » 19,4-7

« Pilate leur dit : "Voici l'homme !" » (*Ecce Homo.*) Jésus est encore revêtu des insignes royaux (couronne et manteau de pourpre). « Voici l'homme » : l'expression concise et générale est ouverte à plusieurs interprétations possibles. Pour Pilate et les Juifs, elle est marquée du signe de la dérision. Différemment, le lecteur chrétien sait que cette proclamation est vraie, d'une vérité accessible aux seuls croyants, vérité qui échappe aux Juifs et à Pilate. La longue attente messianique arrive donc à son terme. L'homme – « Fils de l'homme » – est là, roi dérisoire et pourtant accomplissant dans son parcours infamant le chemin glorieux qui conduit à sa révélation plénière.

Apparaît ici entre Juifs et chrétiens un abîme christologique infranchissable. Ce qui, pour les Juifs et la Synagogue, est une prétention sacrilège : « Il doit mourir parce qu'il s'est fait Fils de Dieu », pour les chrétiens, exprime la foi véritable en Jésus, Fils de Dieu.

*Scène b' :* Pilate et Jésus : puissance de Pilate 19,8-12

« Si tu le relâchais, tu ne te conduirais pas comme l'ami de César ! Car quiconque se fait roi se déclare contre César. » Pilate, représentant du pouvoir romain, est « effrayé ». Sa question : « d'où es-tu ? » reprend le motif johannique de l'origine mystérieuse de Jésus. Le silence de Jésus marque le fossé qu'il y a entre lui et Pilate, incapable d'accueillir le mystère de Dieu en Jésus. Le pouvoir de Pilate (de libérer ou de crucifier) n'est qu'apparence. En réalité, Jésus « dont le royaume n'est pas de ce monde » vient « d'en-haut », ce lieu mystérieux et divin. Pilate est certes moins responsable que d'autres, mais devant Jésus la neutralité est impossible, et Pilate est aussi condamné parce qu'il a préféré le monde à l'accueil de la révélation en Jésus. Le lecteur chrétien accueille cette parole avec toute sa profondeur.

*Scène a' :* Pilate et les Juifs : « Voici votre roi » 19,13-16

« Pilate dit aux Juifs : "Voici votre roi !" Mais ils se mirent à crier : "À mort ! À mort ! Crucifie-le !" Pilate reprit : "Me faut-il crucifier votre roi ?" Les grands prêtres répondirent : "Nous n'avons pas d'autre roi que César." C'est alors qu'il le leur livra pour être crucifié. »

Deux traductions sont possibles : « Pilate fit asseoir Jésus » ou « Pilate s'assit ». À cause de sa valeur symbolique, la première a la préférence de nombreux lecteurs, mais il est plus vraisemblable que ce soit Pilate qui siège et non Jésus. « Si tu le relâches, tu n'es pas l'ami de l'empereur » : la formule surprend, car les Romains refusent de supplicier un « roi des Juifs » innocent à leurs yeux, tandis que les Juifs renient leur roi au profit d'un pouvoir étranger : « Nous n'avons d'autre roi que l'empereur » ! Comment comprendre que des croyants juifs puissent ainsi définitivement renoncer à l'attente d'un messie et se lier au pouvoir romain ennemi ? Il faut voir dans la présentation de Jean une relecture chrétienne, interprétant le rejet de Jésus par les Juifs comme un renoncement définitif au messie juif.

## *La royauté accomplie en 19,15-22*

Pilate avait rédigé un écriteau qu'il fit placer sur la croix : il portait cette inscription : « Jésus le Nazôréen, le roi des Juifs. » La crucifixion est racontée de façon originale par Jean. Il omet beaucoup de détails présents dans les Synoptiques, comme la tentative de faire boire Jésus avant sa crucifixion (Mc 15,23), ou les paroles blasphématoires contre Jésus (Mc 15,29-32) qui, pour des lecteurs chrétiens, risquaient d'assombrir la royauté de Jésus. Il ne dit rien non plus des détails des Synoptiques par rapport à l'obscurcissement du soleil et au voile du Temple qui se déchire (Mt 27,51-54). Il ne précise pas enfin l'identité des deux crucifiés, peut-être pour ne pas détourner le lecteur, par des allusions historiques trop précises aux zélotes [24], du personnage central : Jésus. Une chose est certaine : le supplice de la croix, que les Anciens considéraient comme « le châtiment le plus cruel et le plus terrible » qui soit (Cicéron), devient, pour le croyant, la scène royale où Jésus se fait reconnaître par ses sujets.

Les quatre évangiles signalent (chacun avec une formule originale) l'inscription du *titulus*, indiquant, selon la coutume romaine, le motif de la condamnation. Mais Jean lui donne une ampleur exceptionnelle, en rendant Pilate lui-même responsable de ce qui est écrit dans trois langues : l'hébreu (araméen ?), qui était le langage courant des Juifs ; le latin, la langue des occupants, et le grec, la langue de l'Empire. Cela fait d'ailleurs l'objet d'une discussion entre Pilate et les Juifs. Or, Pilate, qui avait capitulé devant les Juifs et devant Jésus, s'obstine ici et clôt le débat par une affirmation qui est ouverte : « Ce qui est écrit est écrit. »

24. Le mot « brigand » était, dans la langue des historiens et des évangiles, un terme technique pour désigner les zélotes.

### *Pilate entre histoire, légende et littérature*

Le nom de Pilate est évoqué dans le Credo qui dit de Jésus qu'il a « *souffert sous Ponce Pilate* ». Voici trois relectures de l'évolution spirituelle du procurateur romain dans les évangiles, la tradition chrétienne et la littérature.

1. *Légende*

Saint Justin évoque la rédaction, par Pilate, d'un mémoire sur la mort de Jésus. Dans son *Apologie adressée à des Romains*, il renvoie à des *Actes de Pilate*, sans doute un écrit non chrétien. Tertullien, vers 197, dit de Pilate « qu'il était lui-même déjà chrétien dans son cœur ». Dans la tradition copte, il est reconnu comme martyr et fêté le 19 juin.

2. *Histoire*

Les Juifs, comme Flavius Josèphe et Philon, parlent de Pilate comme d'un homme inflexible et sans pitié. L'histoire moderne, après une longue indulgence pour Pilate, le décrit comme un personnage cruel et cynique, traitant les Juifs avec dureté et mépris, déposé, à cause de sa brutalité, par Vitellius, légat de Syrie. « Il est le maître en Judée et veut le faire sentir. L'homme n'a peut-être pas un grand sens politique, mais il est rusé, prudent et prévoyant. Ses répressions ne sont jamais menées à la légère [25]. »

3. *Lectures romancées d'aujourd'hui*

Quelques romanciers modernes, reprenant des traditions anciennes, ont fait de Pilate un converti. Le roman d'Anne Bernet, *Mémoires de Ponce Pilate*, Plon, 1998, est une reconstruction romancée du parcours de Pilate, depuis les guerres que, dans sa jeunesse, il avait menées avec les troupes de Germanicus. Elle imagine sa conversion progressive, sous l'influence de sa femme et du centurion qui commandait les soldats sur le Golgotha. Suivant certaines traditions légendaires évoquées plus haut, elle le fait mourir victime de la persécution de Néron.

La première partie du livre d'Éric-Emmanuel Schmitt, *L'évangile selon Pilate* (Paris, Albin Michel, 2000), se présente sous la forme d'une confession de Jésus qui, avant de mourir, revient sur son parcours d'homme. La seconde partie est une correspondance de Pilate avec un nommé Titus. Elle tourne autour du procès et de la Passion de Jésus, avec l'énigme de la Résurrection que Pilate voudrait bien expliquer. Aucune de ses hypothèses, comme le vol du corps par les chefs des Juifs, ou l'enlèvement par Nicodème, ne résiste à la réalité. Finalement, sa femme Claudia, qui joue un rôle important dans le récit, lui ayant annoncé qu'elle partait sur la route de Nazareth, lui aussi se met en route incognito. Sur ce chemin, toutes les questions existentielles surgissent alors dans sa vie. Au terme du voyage, en compagnie d'une immense foule, il retrouve Claudia, illuminée par la rencontre de Jésus en Galilée. À la fin, il revient à Césarée avec elle et se prépare à rentrer à Rome.

Cette inscription proclame à jamais l'avènement de la royauté messianique de Jésus, ici entouré de ses premiers sujets, spécialement sa mère et *le disciple que Jésus aimait*.

25. J.-P. Lémonon, *Pilate et le gouvernement de Judée. Textes et monuments*, Gabalda, « Études bibliques », 1981, p. 273. (À consulter pour un complément d'informations.)

Cette insistance sur cet écriteau peut être interprétée comme une ouverture vers les lecteurs présents et futurs de l'évangile. L'évangile est écrit pour des lecteurs, et chaque lecteur doit accompagner le maître en ce lieu qui dit le sens profond de la croix comme lieu suprême de la révélation de Jésus.

**Questions pour la lecture**

1. De manière à découvrir, dans le détail, le travail d'écriture de l'évangéliste Jean, comparer, à l'aide d'une synopse, les évangiles synoptiques et Jean.
2. Relire le Psaume 2, consacré à l'intronisation royale, pour mieux saisir les racines bibliques des titres de Jésus (fils, roi, messie) et voir comment Jésus subvertit ces titres pour leur donner une nouvelle signification.
3. La figure de Pilate : un politique, un naïf, un innocent, un saint ? (Voir encadré.)

## Jn 19,25-27 ; 20,1-2.11-18 : Marie de Magdala face au Crucifié et au Ressuscité

L'évangéliste Jean aime raconter des rencontres entre Jésus et des figures humaines concrètes. Parfois, il le fait dans une unique scène, comme pour la Samaritaine, d'autres fois, il donne à ses personnages une certaine épaisseur narrative en les disposant sur plusieurs séquences qui gagnent alors à être mises en perspective. C'est le cas pour Marie de Magdala, qu'il met en présence de Jésus dans deux épisodes particulièrement significatifs. La comparaison avec les évangiles synoptiques fait apparaître l'originalité de la présentation du quatrième évangile.

### Jn 19,25-27

> Près de la croix de Jésus se tenaient sa mère, la sœur de sa mère, Marie femme de Clopas et Marie la Magdaléenne. Jésus voyant sa mère et, près d'elle, le disciple qu'il aimait, dit à sa mère : « Femme, voici ton fils. » Et à son disciple : « Voici ta mère. » Dès lors le disciple la prit chez lui.

À première vue, la présence de Marie de Magdala au Golgotha n'est pas plus marquante chez Jean que dans les Synoptiques : elle est là, avec d'autres femmes, silencieuse. Quelques traits cependant donnent à sa présence un relief particulier, surtout si l'on se souvient que, pour l'évangéliste Jean, la croix n'est pas seulement le lieu de la mise à mort de Jésus, mais le sommet de la Révélation, l'Heure vers laquelle il a marché depuis le commencement (Jn 3,14 ; 8,28 ; 12,32-33).

Marie de Magdala est « près de la croix » au moment où Jésus, « ayant aimé les siens, les aime jusqu'au bout » (Jn 13,1). Elle est également témoin (et aussi partie prenante) de la scène entre Jésus et sa mère et *le disciple que Jésus aimait*. À l'instant où Jésus, dans sa liberté suprême, transmet son héritage aux siens et donne naissance à sa nouvelle famille : « Femme voici ton fils ; voici ta mère » (Jn 19,26-27), elle est donc là. Mais cette scène, déjà significative par elle-même, prend tout son sens lors de la rencontre qui suit entre le Ressuscité et Marie de Magdala.

## Jn 20,1-2.11-18

> Très tôt, le premier jour de la semaine, il fait encore nuit, Marie la Magdaléenne va au tombeau et voit que la pierre a été enlevée. Elle court prévenir Simon-Pierre et l'autre disciple, celui que Jésus aimait. Ils ont enlevé le Seigneur du tombeau, leur dit-elle, nous ne savons pas où ils l'ont mis.
>
> Marie, en larmes, reste dehors près du tombeau. Elle se baisse en pleurant pour regarder dans le tombeau et voit deux anges assis vêtus de blanc, l'un à la tête et l'autre au pied de l'endroit où avait été couché le corps de Jésus. « Femme, pourquoi pleures-tu ? » demandent-ils. « On a enlevé mon seigneur, répond-elle, et je ne sais pas où on l'a mis. »
>
> Sur ce, elle se tourne et voit derrière elle Jésus debout. Elle ne sait pas que c'est Jésus.
>
> « Femme, pourquoi pleures-tu ? dit Jésus. Qui cherches-tu ? »
>
> Le prenant pour le jardinier, elle répond : « Si c'est toi qui l'as enlevé, seigneur, dis-moi où tu l'as mis et j'irai le chercher.
>
> — Marie ! » dit Jésus.
>
> Elle ne fait qu'un tour sur elle-même. « Rabbouni ! » dit-elle (c'est-à-dire Maître en hébreu).
>
> « Ne me touche pas, dit Jésus, car je n'ai pas encore rejoint mon père. Va dire à mes frères que je monte vers mon Père, votre Père, et mon Dieu, votre Dieu. »
>
> Marie la Magdaléenne va l'annoncer aux disciples : « J'ai vu le Seigneur et il m'a dit ces choses. »

Silencieuse auprès de la croix, Marie de Magdala joue un rôle tout à fait exceptionnel dans cette scène où Jean recourt à une technique narrative qui lui est familière : focaliser son intérêt sur un seul personnage mis en présence de Jésus. Par les autres évangélistes, nous savons que Marie de Magdala n'était pas seule à s'être rendue au tombeau au matin du troisième jour. Selon Matthieu, elles étaient deux : Marie de Magdala et l'autre Marie (Mt 28,1) ; pour Marc, elles étaient trois : Marie de Magdala, Marie (mère) de Jacques et Salomé. Différemment, Jean n'a retenu dans son récit que Marie de Magdala, la première nommée (mais pas la seule !) dans les autres évangiles, et cela de manière à construire une véritable intrigue entre Jésus et elle. Mais il a laissé dans son texte une trace du texte reçu de la tradition : c'est le pluriel : « Nous ne savons pas où on l'a mis » (Jn 20,2).

À la différence des évangiles synoptiques qui assignent aux femmes la tâche de « porter les aromates qu'elles avaient préparées » pour parfaire l'ensevelissement de Jésus (Lc 24,1), Marie de Magdala, dans le quatrième évangile, vient sans objectif affirmé. Il faut dire que, Nicodème, en apportant « un mélange de myrrhe et d'aloès, d'environ cent livres », a déjà accompli le rite réservé aux morts (Jn 19,39-40). La disparition de la motivation attestée par les autres évangiles donne ainsi au déplacement de Marie de Magdala un sens totalement gratuit. Seule, poussée par un désir intérieur, elle vient pour l'ultime rencontre avec celui qu'elle a aimé et qu'elle croit mort. Ainsi pourra-t-elle conduire son deuil jusqu'à son terme. Isolée par Jean, et portée par sa passion envers son maître, Marie de Magdala est disponible pour vivre la première des rencontres avec le Ressuscité.

En suivant les mouvements spatiaux et intérieurs de Marie de Magdala, on est frappé par le contraste entre l'agitation autour du tombeau et la lenteur de Marie à comprendre le mystère qui se joue sous ses yeux (et les nôtres). Obsédée par sa quête du corps de Jésus, conduite par l'amour, elle parle pourtant de Jésus comme de « mon Seigneur ». Ce mot résonne aux oreilles du lecteur comme le titre du Ressuscité et anticipe pour lui l'annonce de la Résurrection. Mais, aveuglée par sa douleur et son amour, Marie se heurte aux êtres qui croisent sa route. Au lieu de la guider, ils font obstacle entre elle et celui qu'elle cherche. Ses pleurs soulignent la tristesse de la perte et la souffrance de ne pouvoir vivre pleinement le deuil, avant la disparition définitive du corps de Jésus. Elle passe sans succès d'intermédiaire en intermédiaire : les deux disciples qu'elle est allée informer, mais qui ne lui ont pas été d'un grand secours ; la vue des anges [26] qui la laisse indifférente ; l'apparition de Jésus lui-même qui ne suffit pas à lui ouvrir les yeux, puisqu'elle croit voir un jardinier.

Le récit est en fait habilement construit dans un suspense qui met en valeur la transformation que la Résurrection a entraînée dans l'être de Jésus et la nouvelle façon, pour Marie et pour les lecteurs, de s'attacher à lui. La vision de Jésus selon la chair est en train de disparaître ; une nouvelle relation à lui s'instaure, basée sur l'écoute de la parole [27]. Ici, c'est l'appel de Marie par son nom qui provoque la reconnaissance car « les brebis écoutent la voix du pasteur, il les appelle chacune par son nom » (Jn 10,3). Appelée par son nom, Marie peut dans sa langue araméenne répondre à celui qu'elle identifie à sa voix comme étant « son maître ! ». Puis l'ordre donné par Jésus vient annoncer la fin de la rencontre physique : « Cesse de me toucher », c'est-à-dire : « Détache tes bras qui voudraient encore me retenir. » Désormais Jésus, selon la chair, n'est plus accessible comme il l'était de son vivant. Davantage encore, à partir de la Résurrection, les yeux de la chair sont impuissants à le voir et à le reconnaître.

Marie figure ainsi la croyante appelée à croire en se mettant à l'écoute du maître qui appelle chacun par son nom pour qu'il le suive. Sa recherche passionnée évoque la quête de la bien-aimée du Cantique des cantiques qui « cherche celui qu'elle aime sans le trouver » (Ct 3,1). L'amour ne disparaît pas : il se vit autrement. Enfin, Jésus donne à Marie la mission d'aller vers « mes frères », c'est-à-dire vers ses disciples devenus ses frères parce que fils d'un même père. C'est ici que

26. En qui pourtant Marc et les Synoptiques, selon la grande tradition biblique, reconnaissent les messagers de Dieu dans le monde des hommes.

27. Avec des mots différents, la même thématique réapparaîtra avec Thomas où le « croire » se substitue au « voir ».

## L'amour dans Jean

Entre le verbe « aimer » (en grec *agapaô*) et le substantif (*agapè*), l'évangile et les lettres de Jean totalisent 96 emplois. Mais la quantité n'est pas l'essentiel. Jean a donné à ce terme une valeur particulière, absente des autres évangiles. Au risque de durcir les nuances de l'évangile, on a pu dire que la première partie de l'évangile était centrée sur la foi (76 emplois du verbe « croire », contre 22 seulement dans la seconde partie), tandis que la seconde concernait l'amour (8 fois pour le radical « aimer » dans la première partie et 36 dans la seconde partie). Dans la 1re lettre, on peut vérifier l'unité profonde qui existe entre la foi et l'amour, présentés comme un seul commandement : « Or voici *son commandement : croire* au nom de son Fils Jésus Christ et *nous aimer* les uns les autres comme il nous en a donné le commandement » (1 Jn 3,23).

La première fois qu'apparaît le verbe « aimer », il contient une dimension universelle : « Dieu a tant aimé le monde qu'il a donné son fils unique » (3,16). Pourtant, dans la plupart des cas, Jean réserve l'amour aux membres de la communauté, aux frères dans la foi : « Ayant aimé *les siens*, Jésus les aima jusqu'au bout » (13,1). Le commandement nouveau de Jésus consiste de même « à vous *aimer les uns les autres* » (13,34 ; voir 15,12). Les lettres de Jean vont dans la même direction. L'ensemble de la 1re lettre reprend d'ailleurs cette exigence de l'amour fraternel : « Tel est le message que vous avez entendu dès le commencement : "que nous nous *aimions les uns les autres*" » (1 Jn 3,11). Le signe auquel les croyants reconnaissent qu'ils sont passés de la mort à la vie, c'est « que nous aimons nos frères » (1 Jn 3,14). « Personne n'a plus grand amour que celui qui donne sa vie *pour ses amis* » (15,13).

Cet amour constitutif de la communauté est autre chose que la philanthropie ou la générosité envers ceux qui sont loin. C'est l'amour théologal, celui-là même qui s'enracine dans l'amour du Père pour son Fils. « Comme je vous ai aimés » (13,34) : ce « comme » n'est pas d'abord une marque comparative ni un qualificatif d'intensité, c'est un enracinement, un fondement. La communauté des croyants est appelée à vivre l'amour théologal qui est inséparablement foi et amour (1 Jn 3,23), même si cet amour théologal a besoin de s'ouvrir à la dimension universelle de l'amour qui caractérise les Synoptiques. Si tel n'était pas le cas, il deviendrait, en effet, retrait frileux et sectaire de la communauté fermée sur elle-même. Inversement, l'amour, tel que l'incarnent le Samaritain (Lc 10,25-37) et le disciple de Matthieu (25,31-46) [« J'ai eu faim et vous m'avez donné à manger… »], doit se ressourcer dans l'amour théologal qui fait l'identité de la communauté croyante et inspire son action.

la tradition de Marie l'Enseignante prend sa source. Marie est bien « l'apôtresse » qui, la première, reçoit mission d'annoncer, aux apôtres eux-mêmes, le kérygme qui donne naissance à l'Église.



## 1 Jn 4,7 – 5,12 : Quelques clefs de lecture

Bien-aimés, ayons de l'amour les uns pour les autres car l'amour est de Dieu, celui qui aime est né de Dieu, et il connaît Dieu. Celui qui n'aime pas ne connaît pas Dieu puisque Dieu est amour. Dieu a montré l'amour qu'il nous porte en envoyant son fils unique dans le monde afin que par lui nous vivions. Tel est l'amour : ce n'est pas nous qui avons aimé Dieu, c'est lui qui nous a aimés, et il a envoyé son fils expier nos fautes, en victime.

Bien-aimés, puisque Dieu nous a tant aimés, nous devons aussi nous aimer. Dieu, personne ne l'a jamais contemplé. Si nous nous aimons, Dieu habite en nous et son amour se réalise en nous. Nous savons que nous sommes en lui et qu'il est en nous grâce au Souffle qu'il nous a donné. Nous qui l'avons vu, nous témoignons que le Père a envoyé le Fils sauver le monde. Celui qui proclame Jésus fils de Dieu, Dieu est en lui et lui en Dieu. Nous avons connu, nous avons cru l'amour que Dieu nous porte. Dieu est amour et celui que l'amour habite habite Dieu et Dieu en lui. Si l'amour s'est réalisé en nous, nous serons pleins d'assurance le jour du Jugement : comme il est, nous serons en ce monde-là. Il n'y a pas de crainte en amour, au contraire, le grand amour chasse la crainte, la crainte suppose le châtiment, celui qui craint n'a pas grandement aimé. Nous, nous aimons parce qu'il nous a aimés le premier. Celui qui dit « J'aime Dieu » et déteste son frère ment. S'il n'aime pas son frère qu'il voit, il ne peut aimer Dieu qu'il ne voit pas, et le commandement que nous avons reçu dit bien : Celui qui aime Dieu, qu'il aime aussi son frère.

Croire que Jésus est le Christ, c'est être né de Dieu. Aimer celui qui a engendré, c'est aimer le frère qu'il vous donne.

Nous sommes sûrs d'aimer les enfants de Dieu quand nous aimons Dieu et suivons ses commandements.

Aimer Dieu, en effet, c'est suivre ses commandements.

Ses commandements ne sont pas pénibles puisque tout ce qui naît de Dieu triomphe du monde. La victoire qui a vaincu le monde est notre foi.

Qui est victorieux du monde sinon celui qui croit que Jésus est fils de Dieu ?

Jésus Christ : celui qui est venu par eau et par sang, non par eau seule mais par eau et par sang. Et le Souffle en témoigne car le Souffle dit vrai.

Trois sont ceux qui témoignent :

Souffle, eau et sang, ces trois font un.

On reçoit le témoignage des hommes, le témoignage de Dieu est plus grand. Or Dieu a témoigné, de son Fils il s'est porté témoin.

Celui qui croit au fils de Dieu porte en lui ce témoignage. Celui qui n'y croit pas fait de Dieu un menteur, puisqu'il ne croit pas au témoignage porté par Dieu sur son Fils.

Ce témoignage est le suivant : Dieu nous a donné la vie sans fin et cette vie est dans son Fils.

Qui a le Fils a la vie, qui n'a pas le fils de Dieu n'a pas la vie.

Il est admis que les trois lettres de Jean sont du même auteur. Les parentés de pensée, de style et de vocabulaire le confirment. La 1re lettre, qui ressemble davantage à un exposé systématique qu'à une correspondance privée, a tellement de points communs avec l'évangile de Jean qu'on doit attribuer ces deux œuvres à un même auteur, à condition de prendre ce terme dans un sens large. Ce qui est sûr, c'est que la 1re lettre conjugue la mystique la plus haute : « Dieu est Amour » (1 Jn 4,8) avec le réalisme le plus concret : on ne peut aimer Dieu qu'on ne voit pas si l'on n'aime pas le frère que l'on voit (1 Jn 4,20). L'affinité étroite entre Dieu et l'amour y est abordée avec une profondeur qui fait de cette lettre un des sommets de la théologie du Nouveau Testament [28].

28. Pour une présentation générale des trois lettres voir P. Debergé « La constitution du Nouveau Testament. Repères historiques, littéraires et théologiques », p. 13 *sqq*.

## Le plan de la 1re lettre de Jean [29]

| | |
|---|---|
| 1,1-4 | Prologue |
| 1,5 – 3,10 | Première partie : Dieu est Lumière et nous devons marcher dans la lumière |
| 3,11 – 5,12 | Seconde partie : Marchez comme des enfants de Dieu qui nous a aimés en Christ |
| 5,13-21 | Conclusion |

## Commentaire de la section 4,7 – 5,12

La section 4,7 – 5,12 reprend beaucoup de thèmes déjà abordés dans la lettre et elle introduit de nouveaux motifs. À partir du vocabulaire, on peut la diviser en deux séquences : l'une, centrée sur l'amour (4,7-21), l'autre, sur le croire (5,1-12). Pour ce qui concerne le thème de l'amour (déjà abordé dans d'autres passages antérieurs de la lettre (2,10.15 ; 3,10.11.14.18.23), il s'inscrit dans le cadre d'une série de questions qui caractérisent cette lettre : « D'où vient l'amour ? Comment se manifeste-t-il ? Quel est le lien entre l'amour de Dieu et l'amour des frères ? Pouvons-nous aimer Dieu et comment, puisqu'il est invisible [30] ? »

Le verset 7 donne le mode d'emploi de toute la séquence : « Bien-aimés, aimons-nous les uns les autres, puisque l'amour est de Dieu et que quiconque aime est né de Dieu et connaît Dieu. » Il est suivi par ce constat radical : « Celui qui n'aime pas n'a pas connu Dieu, car Dieu est Amour » (v. 8). Apparaît clairement le fait que Dieu a aimé le premier, que son identité profonde se manifeste pleinement dans son fils. L'amour des frères est lié directement à cet amour fondateur. Il reçoit de ce fait un contenu théologal. Le verset 21 [31] « que celui qui aime Dieu aime aussi son frère » forme une inclusion avec le verset 7. Il a un caractère exhortatif.

*La foi* (5,1-12) réintroduit la figure de Jésus, contesté par quelques-uns dans la communauté comme le médiateur du salut. Dieu est amour parce qu'il envoie son fils, manifestation de cet amour. L'insistance sur la vérité de l'Incarnation reprend un thème central de l'évangile : « Le Verbe s'est fait chair. » On trouve ici le reflet de débats christologiques nés dans la communauté de Jean.

**Questions pour la lecture**

À partir de ce passage, s'attacher à ce qui se rapporte à l'amour, à la foi, au monde
a) dans la lettre complète
b) en confrontant ces thèmes aux références de l'évangile de Jean

29. Repris de R. Brown, *Que sait-on du Nouveau Testament ?*, Paris, Bayard, 2000, p. 428.
30. M. Morgen, *Cahiers Évangile* n° 62, p. 51.
31. 1 J 4.

**Aimer** : Jn 3,16.19.35 ; 8,42 ; 10,17 ; 11,5 ; 12,43 ; 13,1.23.34 ; 14,21.23.24.28.31 ; 15,9.12.17 ; 17,23.24.26 ; 21,7.15.16.20
1 Jn 2,10.15 ; 3,10.11.14.18.21 ; 4,7.8.10.11.12.17.20.21 ; 5,1.2

**Amour** : Jn 5,42 ; 13,35 ; 15,10.13 ; 17,22
1 Jn 2,5.15 ; 3,1.16.17 ; 4,7.8.9.12.16.17.18 ; 5,3

**Croire** : Jn 1,7.12.50 ; 2,12.22.23.24 ; 3,12.15.16.18.36 ; 4,21.39.41.42.48.50.53 ; 5,24.38.44.46.47 ; 6,29.30.35.40.47.64.69 ; 7,5.31.38.39.48 ; 8,24.30.31.45.46 ; 9,18.35.36.38 ; 10,25.26.37.38.42 ; 11,25.26.27.40.42.47.48 ; 12,11.36.37.38.39.42.44.46 ; 13,19 ; 14,10.11.12.29 ; 16,30.31 ; 17,8.20.21 ; 19,35 ; 20,8.25.29.31
1 Jn 3,23 ; 4,1.16 ; 5,1.5.10.13

**Monde** : Jn 1,9.10.29 ; 3,16.17.19 ; 4,42 ; 6,33.51 ; 7,1.7 ; 8,12.23.26 ; 9,5.39 ; 10,36 ; 11,9.27 ; 12,19.25.31.46 ; 12,47 ; 13,1 ; 14,17.19.22.27.30.31 ; 15,18.19 ; 16,8.11.20.21.28.33 ; 17,5.6.7.11.13.14.15.16.18.21.23.24.25 ; 18,20.36.37 ; 21,25
1 Jn 2,2.15.16.17 ; 3,1.13.17 ; 4,1.3.4.5.9.14.17 ; 5,4.5.19

## OUVERTURE CHRISTOLOGIQUE

Même s'il nous conduit sur des hauteurs parfois vertigineuses, l'évangile de Jean, à la différence des lettres de Paul, est fondamentalement narratif : il raconte l'histoire de Jésus en choisissant des moments particulièrement importants comme la rencontre avec Jean Baptiste au commencement du ministère public de Jésus (Jn 1), ou le tournant que représentent la multiplication des pains et le discours à la synagogue de Capharnaüm qui la prolonge (Jn 6). Jean met, en effet, en valeur quelques moments de la vie de Jésus, quelques rencontres avec leur retentissement : conversions soudaines ou progressives, mais aussi échecs. On suit ainsi, pas à pas, Jésus qui dévoile son identité par ses gestes, ses enseignements et des signes. À travers ces différents exemples, on comprend que la christologie qui se déploie dans le quatrième évangile naît de la rencontre entre une figure charismatique, appelée Christ (Messie), et des croyants qui choisissent de s'attacher à elle. On constate aussi que la christologie de Jean se développe avec toujours comme arrière-fond le monde biblique et ses représentations ou ses attentes du Messie, du Christ, du Roi. Pour Jésus, chaque rencontre est l'occasion d'affiner, parfois de rectifier et même de rejeter, les images dans lesquelles ses interlocuteurs veulent l'enfermer.

Pour illustrer la dimension narrative et existentielle de la christologie de Jean, il faut également évoquer la richesse et la complexité de ce que signifie, dans cet évangile, « *croire* ». Peu attesté dans les autres évangiles (11 fois chez Matthieu, 14 chez Marc et 9 chez Luc), ce verbe apparaît une centaine de fois chez Jean, 107 exactement si l'on compte la 1re lettre de Jean. Cela n'a rien d'étonnant puisque, comme on l'a vu, c'est dans le but de transmettre la foi à ses lecteurs, ou de la renforcer, que Jean a écrit son évangile (20,31). Mais, comme l'ont très justement remarqué de nombreux spécialistes, il est difficile de traduire en français toutes les nuances que comporte en grec ce verbe lorsqu'il est combiné avec des prépositions comme : en, à travers, par, à... ou utilisé avec des temps dont nous n'avons pas l'équivalent. C'est ainsi que le français « croire *en* » peut traduire deux conceptions très différentes en grec, selon que ce « en » a un sens statique ou dynamique.

Tout cela a, dans la tradition chrétienne, été rendu par le seul verbe : « croire » (*credere* en latin), une expression consacrée depuis des siècles, mais, par certains côtés, affaiblie pour ne pas dire fossilisée. Mais comment ouvrir le lecteur moderne, étranger au langage évangélique, à quelques-unes des nuances de ce terme, qui dit à la fois la fascination des hommes pour Jésus dans son être de fils et de messie, mais aussi leur attachement à sa personne, leur adhésion à son message, la reconnaissance de ce qu'il est vraiment – l'irruption du divin dans le monde – et surtout leur confiance totale en lui [32] ?

Pour cela, une des façons d'entrer dans la christologie de Jean consiste à s'intéresser de près aux personnages évoqués tout au long de

32. On trouvera des analyses plus détaillées dans *Les personnages de l'évangile de Jean*, Paris, Éditions du Cerf, « Lire la Bible », 2004.

cet évangile. Ils sont comme un miroir dans lequel on peut lire à la fois l'éblouissement provoqué par le passage de Jésus, mais aussi les malentendus, les incompréhensions et même les rejets qu'il entraîne. On note alors que dans la *sequela Christi*, l'adhésion à Jésus, c'est-à-dire la reconnaissance de sa véritable identité de Messie, de Fils de Dieu et de Fils de l'homme, se fait par paliers successifs : depuis les plus erronés, ou les plus réducteurs, jusqu'à l'expression parfaite du disciple. N'est-ce pas le chemin auquel est invité tout lecteur de l'Évangile ?

# Bibliographie

BLANCHARD Y.-M., *Des signes pour croire ? Une lecture de l'évangile de Jean*, Éditions du Cerf, « Lire la Bible », n° 106, 1995 ; *Saint Jean*, Paris, Éditions de l'Atelier, « La Bible tout simplement », 1998.

JAUBERT A., *Approches de l'évangile de Jean*, Paris, Éditions du Seuil, 1976 ; « Lectures de l'Évangile selon saint Jean », *Cahiers Évangile*, n° 17, 1976.

LÉON-DUFOUR X., *Lecture de l'Évangile selon Jean*, Paris, Éditions du Seuil, t. I, 1988 ; II, 1990 ; III, 1993 ; IV, 1997.

MARCHADOUR A., *L'évangile de Jean*, Paris, Centurion, 1992 ; *Les personnages dans l'évangile de Jean*, Paris, Éditions du Cerf, « Lire la Bible », n° 139, 2004.

Comme guide de lecture on pourra utiliser :

MARGUERAT D., BOURQUIN I., *Pour lire les récits bibliques*, Paris-Genève-Montréal, Éditions du Cerf-Labor et Fides-Novalis, 1998.

Pour une bibliographie sélectionnée et mise à jour, on consultera « 1 000 livres sur la Bible », *Cahiers Évangile*, n° 124, 2003.

7

# *Lire les lettres de Paul*

par Elian Cuvillier [1]

Sur les 27 livres qui composent le Nouveau Testament, 13 sont des lettres – ou épîtres [2] – qui se présentent comme écrites par l'apôtre Paul. Aujourd'hui pourtant, peu d'exégètes considèrent l'ensemble des lettres de Paul comme étant de sa main. Les lettres aux Éphésiens et aux Colossiens, la seconde aux Thessaloniciens et les lettres dites Pastorales (1 et 2 Timothée et Tite) sont souvent attribuées à une *tradition* paulinienne. Cela signifie que leur authenticité est contestée ; on les appelle alors des pseudépigraphes [3]. Un consensus existe sur l'authenticité de 7 des 13 lettres de Paul (Romains, Galates, 1 et 2 Corinthiens, Philippiens, 1 Thessaloniciens et Philémon [4]) : c'est généralement à partir d'elles que l'on tente de dégager la pensée de l'apôtre.

Le nombre de lettres attribuées à Paul présentes dans le Nouveau Testament souligne l'importance du personnage et de son œuvre dans le christianisme naissant et au-delà. Un passage comme 2 P 3,15-16 atteste de la place centrale que l'apôtre et ses écrits occupent dès le début de l'ère chrétienne, et qu'ils ne cesseront de tenir par la suite. D'autres passages comme Jc 2,14-26 (et peut-être aussi Mt 5,17-20 ; 7,21-27 [5]) montrent que, dès la fin du Iᵉʳ siècle, des débats cruciaux ont vu le jour autour de l'interprétation de la théologie de Paul.

Que l'on considère la lettre de Jacques, l'Évangile de Matthieu ou Marcion [6], c'est toujours autour des questions, de l'articulation foi-œuvres (Jacques), de la place de la loi (Matthieu), de l'opposition loi-Évangile (Marcion) que se noue le débat sur le paulinisme. Nous sommes ainsi au cœur de ce qui ne cessera de marquer d'une empreinte

1. Enseigne le Nouveau Testament à la faculté de théologie protestante de Montpellier.

2. Voir plus bas la discussion autour de ces deux termes.

3. Nous aborderons plus loin la question de la pseudépigraphie néotestamentaire et la notion de *tradition* paulinienne. Voir également : « La constitution du Nouveau Testament. Repères historiques, littéraires et théologiques », p. 13 *sqq*.

4. Se pose cependant parfois la question de l'authenticité de tel ou tel passage considéré comme insertion secondaire à l'intérieur d'une épître authentique (exemples : Rm 16 ; 1 Co 14,34-35 ; 2 Co 7,5-16). Pour trois des lettres authentiques (Ph, 1 et 2 Co) se pose également la question de leur intégrité ; c'est-à-dire le fait de savoir si elles ont toujours circulé sous la forme canonique où nous les connaissons, ou si elles sont constituées du rassemblement de plusieurs lettres autrefois distinctes (voir introduction à chacun de ces trois écrits).

5. Parfois interprétés comme polémiques contre des antinomistes issus des communautés pauliniennes.

6. Vers les années 150 de notre ère, Marcion est le premier à établir un canon des Écritures constitué, suite au rejet pur et simple de l'Ancien Testament, des épîtres de Paul (Pastorales exclues) et de l'évangile de Luc purifié de ses éléments judaïsants. Pour Marcion, Paul a seul compris le message de Jésus et les autres apôtres sont tous retombés dans le judaïsme. L'antagonisme loi/Évangile est ici poussé à l'extrême.

indélébile les débats théologiques de l'Église chrétienne au cours des siècles. Le recul de l'histoire permet d'identifier quelques noms qui, dans ce débat, ressortent avec un relief tout particulier : saint Augustin au IVe, Thomas d'Aquin au XIIIe, Martin Luther au XVIe, Ferdinand Christian Baur au XIXe, Karl Barth et Rudolf Bultmannn dans la première moitié du XXe siècle. Durant la seconde moitié du XXe siècle, les études pauliniennes ont connu un développement jamais égalé. Si ce phénomène est essentiellement le fait de l'exégèse académique, il est à noter que, depuis quelques années, les philosophes s'intéressent à Paul, parfois en dehors de toute référence à la foi chrétienne [7].

Une présentation de l'ensemble des écrits pauliniens devrait permettre de nous familiariser, au fil de notre lecture, avec quelques-unes des questions que soulève la réflexion théologique de l'apôtre depuis bientôt deux mille ans.

7. S. Breton, *Saint Paul*, Paris, PUF, 1988 ; A. Badiou, *Saint Paul. La fondation de l'universalisme*, Paris, PUF, 1997 ; J. Taubes, *La théologie politique de Paul*, Paris, Éditions du Seuil, 1999 ; G. Agamben, *Le temps qui reste*, Paris, Payot & Rivages, 2000 ; B. Sichère, *Le jour est proche. La révolution selon Paul*, Paris, Desclée de Brouwer, 2003 ; M. Fœssel, « Saint Paul, la fondation du christianisme et ses échos philosophiques », in *Esprit* n° 292, 2003, p. 79-84 ; P. Ricœur, « Paul apôtre. Proclamation et argumentation », *Esprit* n° 292, 2003, p. 85-112.

# PAUL ET L'ART ÉPISTOLAIRE : UNE QUESTION DIFFICILE [8]

## Lettre ou épître ?

Paul écrit des lettres : ce constat en apparence simple ouvre en fait un vaste débat, non seulement sur la pratique épistolaire au Ier siècle mais encore sur la nature même des écrits apostoliques et sur l'éventualité d'une utilisation, par Paul, des règles de la rhétorique antique (art oratoire et non épistolaire) dans l'écriture même de ses lettres.

L'Antiquité connaît en effet différentes sortes de lettres [9] : lettres familières entre parents et amis [10] ; lettres d'affaires qui traitent de questions commerciales ou légales sous forme épistolaire ; pétitions ou requêtes adressées à des personnes occupant des fonctions particulières ; lettres officielles traitant de questions administratives. Quant à la forme [11], la lettre comporte une formule d'ouverture (*præscriptio*) ; une *formula valetudinis* (ou vœux adressés au destinataire) ; l'action de grâces aux dieux ; le corps même de la lettre contenant le ou les sujets qui motivent l'écriture ; la formule de conclusion.

S'agissant de la pratique paulinienne de la lettre, la question qui se pose est la suivante : Paul écrit-il de simples lettres, destinées à une lecture privée, ou songe-t-il à faire de ses lettres des exposés plus systématiques et ordonnés, conscient d'une possible diffusion de celles-ci ? Pour le dire avec d'autres termes, Paul écrit-il de simples *lettres* ou des « *épîtres* » ? La réponse à cette question est évidemment nuancée. Contentons-nous ici de quelques remarques qui ne prétendent nullement clore le débat :

– De l'avis de certains, une lettre serait une « moitié » de conversation privée et donc, par nature, quelque chose d'individuel et de personnel. Elle ne témoignerait d'aucun souci de la forme littéraire et du style ; elle serait sans art et sans calcul. Une « épître » au contraire serait une « œuvre littéraire délibérée, destinée à intéresser un public aussi vaste que possible, dès maintenant et aussi dans l'avenir [12] ». Il va sans dire que cette distinction est arbitraire puisqu'une lettre personnelle n'est jamais aussi « spontanée » que ne le laisse croire une lecture rapide et non critique : celui qui écrit une lettre interprète la réalité dont il rend compte. Cherchant à convaincre son ou ses destinataires, il hiérarchise ses informations, « met en scène » ses sentiments, utilise

8. Sur cette question, voir J. Murphy-O'Connor, *Paul et l'art épistolaire*, Paris, Éditions du Cerf, 1994 ; C. Salles, « La lettre, expression de la pensée dans le monde gréco-romain », in « Trajectoires pauliniennes », *Cahier biblique* n° 34 et *Foi et Vie* n° 94, 1995, p. 3-14 ; C. Salles, « L'épistolographie hellénistique et romaine », in J. Schlosser (éd.), *Paul de Tarse. Congrès de l'ACFEB, Strasbourg 1995*, Paris, Éditions du Cerf, 1996, p. 79-97 ; R. Burnet, *Épîtres et lettres. Ier-IIe siècle. De Paul de Tarse à Polycarpe de Smyrne*, Paris, Éditions du Cerf, 2003. Également, T. Dorandi, *Le stylet et la tablette. Dans le secret des auteurs antiques*, Paris, Les Belles Lettres, 2000.

9. R. Burnet, *op. cit.*, p. 47.

10. Ainsi ce mot d'un certain Terentianus à sa sœur Tasoucharion : « Je t'envoie du papyrus pour que tu puisses m'écrire des nouvelles de ta santé », *Papyrus Michigan*, VIII 481.

11. R. Burnet, *op. cit.*, p. 57-61.

12. J. Murphy-O'Connor, *op. cit.*, p. 72, faisant référence aux travaux de A. Deissmann.

les liens affectifs qu'il entretient avec ses auditeurs... Bref, il joue sur plusieurs registres et sa communication écrite ne ressemble pas forcément à la communication orale qu'il aurait en présence de son ou ses destinataires. Paul fait lui-même l'expérience de cet écart entre « présence écrite » et « présence physique ». Dans sa correspondance avec les Corinthiens, il lui est en effet reproché de n'être pas le même quand il est présent que lorsqu'il écrit (2 Co 10,1-2.9-11). Il n'est d'ailleurs pas exclu que l'apôtre joue de cet écart pour parvenir à ses fins avec les Corinthiens.

– Il faut aussi souligner que les lettres de Paul sont très différentes les unes des autres. Ainsi, entre le billet à Philémon (à rapprocher des lettres personnelles, voir pourtant v. 2) et la lettre aux Romains (texte structuré et théologiquement profilé), il y a une grande différence formelle. En outre, il faut tenir compte du fait que tous les écrits de Paul sont adressés à des communautés et qu'ils visent des situations précises (en ce sens il ne s'agit pas, même avec la lettre aux Romains, de traités théoriques). Les lettres de Paul ne sont donc assimilables ni à des messages banals que l'on trouve sur les papyrus, ni à des traités ou à des essais théoriques.

On peut donc dire que les lettres de Paul occupent une place intermédiaire, difficile à définir, entre lettre privée et épître officielle répondant aux canons de l'art rhétorique. Substitut d'une présence, la lettre est peut-être aussi ce qui permet à Paul de prendre une certaine distance entre lui-même et ce qu'il écrit (2 Co 10,1-2.9-11). Elle ne remplace pas la personne, elle la reconstruit différemment : par son « je », Paul l'écrivain n'est pas tout à fait Paul, présent avec ses auditeurs. « Par sa présence, sa personne et son Évangile sont indissolublement liés. Par son écrit, le *je* et la compréhension de l'existence qu'il transmet ou, respectivement, le *je* à partir duquel il analyse la condition humaine ou la condition du croyant, ces *je* peuvent être distingués de sa personne, de sorte que le regard n'est plus dirigé sur la personne, mais sur une vérité, rendue paradoxalement universelle par l'emploi de ce *je*, qu'il explique et dont il témoigne. Grâce au truchement de la lettre, le *je* ne représente pas l'intériorité de l'auteur lui-même, mais, sans confusion possible, l'existence telle qu'elle apparaît à la lumière de l'Évangile, et telle que le lecteur, quel qu'il soit, pourrait se l'approprier. En somme [...] la lettre est le mode de communication par excellence par lequel l'apôtre devient apôtre [13]. »

**Paul et ses lettres : une chronologie possible**

Dater les écrits de Paul n'est pas chose facile. Il faut pour cela établir une chronologie de l'activité de Paul lui-même. Une entreprise forcément hypothétique compte tenu des informations en notre possession, parcellaires et souvent très imprécises. Il s'agit en fait de trouver un point d'ancrage dans l'histoire (chronologie absolue) permettant de dater l'ensemble des informations contenues dans les lettres de Paul et dans les Actes (chronologie relative) en les

13. F. Vouga, *Ce Dieu qui m'a trouvé. Vingt lettres inédites sur l'épître de Paul aux Romains*, Aubonne (Suisse), Éditions du Moulin, 1990, p. 68-69.

organisant autour de ce point fixe. Fort heureusement, deux épisodes (l'un dans les Actes, l'autre mentionné par Paul lui-même) fournissent des points d'ancrage pour l'établissement d'une chronologie solide :

– En 2 Co 11,32, Paul, qui fait allusion à la période suivant sa conversion, indique : « À Damas l'ethnarque du roi Arétas faisait garder la ville pour m'arrêter » (Ac 9,24-25). Sachant qu'Arétas IV, roi nabatéen, régna de 9 av. J. C. à 39 ap. J. C., on peut dater la fuite de Damas d'avant 39.

– L'auteur du livre des Actes précise, quant à lui, que le premier séjour de Paul à Corinthe, lorsqu'il fonda la communauté, se déroula « sous le proconsulat de Gallion en Achaïe » (Ac 18,12). Or, la période de ce proconsulat a été identifiée par l'inscription dite de Delphes (du lieu où elle a été découverte par les archéologues) aux années 51-52 : « Tibère Claude César Auguste Germanicus pontife en la douzième année de son tribunat, acclamé empereur pour la 26e fois (c'est-à-dire pour des succès militaires) salue la ville de Delphes [...] mon ami Lucius Julien Gallion m'informe... » Connaissant par ailleurs précisément les dates de règne des empereurs romains, on peut assez précisément dater l'inscription. Sachant d'autre part que Gallion fut proconsul pendant un an et demi, c'est autour de cette période que se situe le premier séjour de Paul à Corinthe. D'où la proposition de chronologie, relativement classique :

**32-34** : conversion-vocation de Paul (Ga 1,15 ; Ac 9)

**32-35/34-37** : voyage en Arabie et à Damas (Ga 1,17 ; 2 Co 11,32-33) ; rencontre avec Pierre à Jérusalem (Ga 1,18-19 ; Ac 9,26-30) ; départ pour la Syrie et la Cilicie (Ga 1,21 ; Ac 9,20) ; installation à Antioche (Ac 11,25)

**av. 48** : premier voyage missionnaire (Ac 13-14)

**48/49** : assemblée de Jérusalem (Ga 2,1-10 ; Ac 15)

**49** : incident d'Antioche (Ga 2,11-20)

**49-50** : deuxième voyage missionnaire (Ac 16-18) : passage à Philippes et à Thessalonique : fondation de communautés dans ces villes

**50-52** : séjour à Corinthe ; fondation de l'église ; rédaction de *1 Thessaloniciens*

**53-56** : troisième voyage missionnaire (Ac 19-20) : séjour à Éphèse et en Asie ; emprisonnement ; retour en Macédoine

**57/58** : d'Éphèse à Jérusalem (Rm 15,25 ; Ac 21-23) ; entre 54 et 58, rédaction de *Philippiens* et *Philémon*, de la *correspondance corinthienne*, de *Galates* et *Romains*

**58-60** : troisième séjour à Jérusalem : arrestation (Ac 21-23) ; captivité à Césarée (Ac 24-26) ; transfert à Rome (Ac 27)

**61-62** : captivité à Rome (Ac 28)

**65/66 (?)** : sans doute mort martyr (2 Tm 4,6-8) sous Néron

## La rhétorique antique

Outre la question de savoir si les lettres de Paul doivent être lues comme des lettres ou des épîtres, on s'interroge aussi sur l'opportunité d'interpréter ces lettres – ou non – à partir des modèles de la rhétorique antique. L'enseignement rhétorique des anciens constitue, en effet, un véritable code culturel qui marque immanquablement de son empreinte tout le système de communication verbale dans la société contemporaine. Selon Aristote, Cicéron et Quintilien, les maîtres du genre, on distingue trois genres de discours :

– Le genre judiciaire dont la fin est d'accuser ou de défendre devant un tribunal. Critère : le juste ; visée du temps : le passé.

– Le genre délibératif dont la fin est de conseiller les membres d'une assemblée. Critère : l'utile à l'assemblée ; visée du temps : l'avenir.

– Le genre épidictique dont la finalité est l'éloge devant le grand public. Critère : le beau ; visée du temps : le présent.

Sur la base de la triple fonction de plaire, instruire et émouvoir, la disposition du discours est aménagée méthodiquement :

a. L'exorde (*exordium*) a pour but de rendre l'auditoire « attentif, bienveillant et docile » ; s'il doit annoncer le sujet, sa fonction principale est de plaire.

b. La narration (*narratio*) est l'exposé des faits ; elle doit être claire, concise, c'est-à-dire sans rien d'inutile. Sa fonction première est d'instruire. C'est dans ce cadre que se développe la thèse principale de l'auteur.

b'. La digression (*digressio*) : partie facultative consistant à sortir du sujet, mais pour mieux disposer l'auditoire.

c. La *propositio* est le moment où l'auteur expose sa thèse.

d. La confirmation (*confirmatio* ou *argumentatio*) est le moment de la preuve et/ou de la réfutation des thèses adverses (*probatio* et *refutatio*).

Narration et confirmation ont pour rôle principal d'instruire.

e. La péroraison (*peroratio*) résume le discours et le termine par un appel. Fonction principale : émouvoir. La péroraison est souvent précédée par l'exhortation.

Aujourd'hui, pour beaucoup d'exégètes, il semble légitime et fructueux de relire les écrits de Paul à partir des principes oratoires de l'époque, d'autant que ses lettres sont destinées à la lecture publique. Il convient cependant d'être prudent en ce domaine, tout particulièrement parce que la rhétorique est avant tout un art oratoire alors que le travail de Paul est un travail d'écriture. Or, beaucoup de travaux récents s'évertuent à déceler, pour chaque lettre de Paul, non seulement le genre précis auquel elle appartient, mais encore une structure répondant, au détail près, aux canons des manuels de rhétorique antique. Ces travaux font malheureusement montre d'une ardeur missionnaire bien naïve : les précis de rhétorique sont des ouvrages théoriques ou des manuels utilisés dans des écoles de rhéteurs ; ils ne correspondent donc jamais à la réalité d'une pratique et surtout d'une écriture vivante et créatrice. Significatif sur ce point est le fait que, pour une même lettre de Paul, les avis des exégètes sont radicalement différents quant au genre du discours. De même, les structures rhétoriques mises au jour divergent sensiblement d'un exégète à l'autre [14] !

Les lectures proposées de textes suivent l'ordre chronologique de la rédaction de ceux-ci, parfois modifiée par un croisement thématique.

---

14. Sur ce point, voir les remarques critiques de J. Murphy-O'Connor, *op. cit.*, p. 100 *sqq.* et R. Burnet, *op. cit.*, p. 178-191. Voir plus bas, p. 413, la discussion sur l'utilisation de la rhétorique antique pour l'interprétation de l'épître aux Galates.

# LES LETTRES AUTHENTIQUES [15] LECTURE DE QUELQUES TEXTES

**Textes étudiés**

1 Thessaloniciens 4,13-18 : ... ou la crise de l'espérance
1 Co 15,51-53
Philippiens 3,4-11 : D'une justice à l'autre
Rm 7,7-25
Le billet à Philémon
1 Co 7,20-24
Galates 3,6-14 : La malédiction de la loi
L'héritage paulinien en débat : Éphésiens et Jacques
1 Co 1,18-25 : Le Dieu qui conteste le monde
2 Co 12,1-10 : L'indicible de l'expérience religieuse
Romains 6,1-14 : Baptisés dans la mort du Christ
Col 2,12

## 1 Th 4,13-18 :
### ... OU LA CRISE DE L'ESPÉRANCE

La première lettre aux Thessaloniciens est considérée comme le premier écrit de Paul. Datée des années 50-51, elle est ainsi le plus ancien document du Nouveau Testament. Sont mentionnés comme coauteurs de la lettre, avec Paul, Silvain [16] et Timothée (1 Th 1,1 ; voir aussi 2 Co 1,19), deux de ses collaborateurs qui ont fondé avec lui la communauté. Mais, au cœur d'une écriture en « nous », le « je » paulinien (3,1.5 ; 5,27) indique bien que l'apôtre est le véritable auteur de la lettre.

La pensée théologique de Paul n'a pas encore atteint le développement que nous lui connaissons à travers les lettres aux Galates et aux Romains. Il ne faut donc pas lire 1 Th à partir d'une compréhension de la théologie de Paul telle qu'on peut la reconstituer à partir des grandes lettres. Il faut interpréter 1 Th pour elle-même, comme le témoignage d'un premier stade de la pensée paulinienne. Paul y développe surtout une théologie de l'élection (1 Th 1,4 [17]).



15. On trouvera une brève présentation de chaque lettre (circonstances et lieu de rédaction, grandes lignes théologiques) dans le 1er chapitre : « La constitution du Nouveau Testament. Repères historiques, littéraires et théologiques ».

16. Dans le livre des Actes, Sylvain est toujours nommé Silas ; voir 15,22 ; 16,4 ; 17,4 ; 18,5.

17. « L'Église est l'humanité rassemblée immédiatement avant la fin, qui doit échapper à la colère et qui après la parousie imminente sera pour toujours avec le Seigneur [...] Dans le court laps de temps qui va jusqu'à la fin, la vie de l'Église est sous la garde sanctifiante de Dieu qui est fidèle à l'appel adressé (5,23 *sq.*) ; chacun de ses membres est appelé à correspondre à sa vocation en vivant dans la sainteté (4,7) » in J. Becker, *Paul l'apôtre des nations*, Paris-Montréal, Éditions du Cerf-Fides, 1995, p. 159.

**Plan de la lettre**

Première épître aux Thessaloniciens
1,1 : Prescript épistolaire
1,2-10 : Exorde : action de grâces pour la foi des Thessaloniciens
2,1 – 3,13 : Les relations de Paul avec les Thessaloniciens
– Rappel de l'activité missionnaire de Paul auprès des Thessaloniciens (2,1-12)
– Éloge de la foi des Thessaloniciens (2,13-16)
– Timothée intermédiaire entre Paul et les Thessaloniciens (2,17 – 3,10)
– Intercession finale (3,11-13)
4,1 – 5,22 : Section parénétique
– Exhortation à la sainteté (4,1-12)
– **Le sort de ceux qui sont morts dans le Seigneur (4,13-18)**
– À propos de la parousie (5,1-11)
– Exhortation à la vie communautaire (5,12-22)
5,23-28 : Exhortations finales

1 Th 4,13-18 appartient à un ensemble consacré à la parousie [18] (4,13 – 5,1-11). Il ne s'agit pas d'un chapitre particulier de l'eschatologie paulinienne, mais d'une consolation adressée à une toute jeune communauté confrontée à la mort des frères. Paul traite de la résurrection des morts et de la venue du Seigneur comme une partie de l'exhortation. Ce point est important pour l'interprétation du passage : ce qui est primordial n'est pas l'aspect didactique du discours paulinien (c'est-à-dire les représentations matérielles et les modalités pratiques du jugement final) mais son aspect d'exhortation (le langage apocalyptique est mis au service de la tâche pastorale).

> [13] Nous ne voulons pas, frères, vous laisser dans l'ignorance au sujet des morts, afin que vous ne soyez pas dans la tristesse comme les autres, qui n'ont pas d'espérance. [14] Si en effet nous croyons que Jésus est mort et qu'il est ressuscité, de même aussi, ceux qui sont morts, Dieu, à cause de ce Jésus, à Jésus les réunira. [15] Voici ce que nous vous disons, d'après une parole du Seigneur : nous, les vivants, qui serons restés jusqu'à la venue du Seigneur, nous ne devancerons pas du tout ceux qui sont morts. [16] Car lui-même, le Seigneur, au signal donné, à la voix de l'archange et au son de la trompette de Dieu, descendra du ciel : alors les morts en Christ ressusciteront d'abord ; [17] ensuite nous, les vivants, qui serons restés, nous serons enlevés avec eux sur les nuées, à la rencontre du Seigneur, dans les airs, et ainsi nous serons toujours avec le Seigneur. [18] Réconfortez-vous donc les uns les autres par cet enseignement.

## Commentaire du texte

v. 13 : « Que deviendront les morts à la parousie ? Seront-ils "de la fête" ou manqueront-ils cette conclusion triomphale de l'œuvre du

18. D'un terme grec, *parousia*, qui signifie « manifestation », « présence » ; il désigne, dans le Nouveau Testament, la manifestation glorieuse du Christ à la fin des temps.

Christ en même temps que le salut définitif qu'elle introduit [19] ? » Telle est, en substance, l'interrogation des chrétiens de Thessalonique qui voient mourir certains frères avant que le Seigneur ne soit revenu dans sa gloire. La réponse de Paul est claire : il y a, pour le croyant qui espère en la parousie du Seigneur, une espérance malgré la tristesse que cause la mort.

v. 14 : C'est la prédication pascale qui fonde cette espérance. Et cela concerne en tout premier lieu les croyants morts, dont Christ est le premier-né : la possibilité d'une résurrection n'est pas discutée. Celle-ci est confessée comme découlant directement et uniquement de la foi dans le Christ comme ressuscité. Elle n'est d'ailleurs pas présentée autrement que comme un « être avec le Christ ».

v. 15-17 : La réponse de Paul au sujet des frères décédés ouvre à un second temps de la discussion : comment cela se passera-t-il concrètement ? La réponse, fondée sur une « parole du Seigneur », est l'occasion d'un scénario dans le plus pur style apocalyptique. Quelle est donc cette « parole du Seigneur » dont Paul se réclame ? Une parole de la tradition évangélique ? une parole perdue de Jésus ? l'enseignement eschatologique de Jésus ? un oracle apocryphe ? une parole prophétique communautaire ? une révélation personnelle faite à Paul ? Difficile de trancher. Ce qui importe ici c'est le fondement christologique de ce qui va être dit. Du scénario proposé par Paul, on doit retenir les points suivants : imminence (« nous les vivants ») ; priorité aux morts ; événement solennel ; rencontre qui aboutit à un « être avec le Christ ». Paul décrit de façon très imagée et très matérielle la venue du haut des cieux du Fils de l'homme apocalyptique (qualifié ici comme Seigneur) et les élus qui viennent à sa rencontre tel le roi que l'on accueille en triomphateur ou tel le Seigneur vers lequel le peuple sort au Sinaï (Ex 19,17). « La suite des événements reste dans l'ombre. Nulle trace d'un jugement, pas davantage d'un règne intermédiaire du Christ sur terre avant la fin de l'ère présente : la résurrection des morts aura eu lieu et les croyants n'auront rien à attendre qu'ils ne possèdent déjà à jamais. Peu soucieux d'exposer une eschatologie complète, Paul [en vient à l'essentiel,] "être avec le Seigneur", c'est-à-dire avec le Christ [20]. »

Cette expression résume l'espérance chrétienne : non pas tant voir Dieu « face à face » que vivre enfin pleinement et « pour toujours » la présence du Christ. Cette concentration christologique de l'espérance eschatologique indique bien que, pour Paul, en Jésus, tout ce qu'on espère est déjà réalisé.

## Interpréter le texte

Dans les v. 13-18 Paul utilise la forme apocalyptique pour décrire l'événement par lequel, selon lui, le salut eschatologique doit se manifester en puissance : signal donné, voix de l'archange, son de la trompette, descente du ciel, résurrection des morts, rencontre dans l'air. La cosmologie supposée en arrière-plan est courante à l'époque : ciel, terre,

19. S. Légasse, *Les épîtres de Paul aux Thessaloniciens*, Paris, Éditions du Cerf, 1999, p. 246.
20. *Ibid.*, p. 267.

shéol (où résident les morts) et « air », région intermédiaire. Les protagonistes de l'action peuvent être disposés dans ces différents lieux : Dieu et l'archange au ciel ; le « nous » paulinien, les Thessaloniciens et les « autres » sur terre, Jésus dans le lieu intermédiaire que constitue l'air. Paul reste cependant dans une relative imprécision : pas de localisation géographique des morts et requalification de « l'air » habituellement infesté de démons mais ici lieu de la rencontre entre le Christ et les élus. Quant à la résurrection, Paul ne répond pas à la question de savoir si tout le monde ressuscitera ou seulement les croyants (il y a débat dans les textes de l'époque). Preuve que l'intérêt de Paul ne réside ni là ni dans le jugement des incroyants, non envisagé ici.

Nous avons ici affaire à un recours au langage apocalyptique de manière non spéculative. C'est la dimension consolatrice qui domine. La description est d'ailleurs incomplète : ce qui compte, c'est l'être avec Christ du croyant. Paul dispose d'un langage qui est celui de son milieu d'origine (pharisien) et qu'il a en commun avec ses auditeurs. C'est la représentation du monde avec laquelle il vit. Mais cette représentation en tant que telle ne l'intéresse guère : la dimension exhortative est première. Seule la solidité de l'espérance reçue compte.

Ce n'est donc pas le cadre formel apocalyptique qui constitue l'ossature des convictions pauliniennes (et est à même de fonder l'exhortation), mais la conviction de la communion avec le Christ dans la foi. Cette foi se dit dans un langage apocalyptique : l'événement Christ est à la charnière des ères. La période est provisoire (Paul croit alors la parousie imminente). À cause cependant du système de convictions fondé non sur la forme apocalyptique mais sur la christologie qui commande la compréhension apocalyptique de la réalité, Paul pourra plus tard rebondir en dehors du cadre formel de l'apocalyptique.

On peut ne plus partager la compréhension du monde qui fut celle de l'apôtre et de ses contemporains. Il ne faut cependant pas la juger : ce serait commettre un anachronisme. L'Évangile paulinien ne réside pas dans « l'enlèvement dans les airs », mais dans la certitude de « l'être avec Christ » qui assure le croyant dans le monde et contre la puissance de la mort. Sur ce point, on peut trouver une continuité entre notre passage et Rm 8,31-39 : rien ne peut séparer le croyant de l'amour de Dieu manifesté en Jésus Christ (v. 39). On notera que, en Rm 8,31-39, le cadre apocalyptique est réduit à sa plus simple expression, preuve qu'il fonctionne comme langage et que, en tant que tel, le langage peut se modifier.

Les représentations proposées dans ce passage doivent être réinterprétées dans des catégories qui nous sont aujourd'hui audibles. Ainsi, dans le cas qui nous occupe, il peut sembler important de souligner les points suivants :

– Le souci du sort des décédés rappelle que le croyant est en communauté de destin avec ses frères. Il ne vit pas tout seul.

– L'attente imminente de la fin développe une compréhension de soi dans le monde sous le sceau du provisoire.

– L'existence chrétienne est entièrement ordonnée à la prédication pascale. Cette prédication est, bien plus qu'un contenu théorique et dogmatique, une expérience, un vécu qui trouvera son plein achèvement dans la rencontre ultime et dans la plénitude de « l'être avec Christ ».

D'une manière générale, l'espérance chrétienne est liée à ce système de convictions. Elle vacille quand l'un des éléments est ébranlé : la mort du frère (en tant que rappel de la puissance ennemie), l'installation dans ce monde (concéder que l'ordre de ce monde est le but ultime de l'existence), le refus de la prédication (comme les « autres » sans espérance), la spéculation sur les modalités pratiques de la Résurrection (les spéculations millénaristes).

### Une tradition parallèle : 1 Co 15,51-53

> « Je vais vous faire connaître un mystère. Nous ne mourrons pas tous, mais tous, nous serons transformés, en un instant, en un clin d'œil, au son de la trompette finale. Car la trompette sonnera, les morts ressusciteront incorruptibles et nous, nous serons transformés. Il faut en effet que cet être corruptible revête l'incorruptibilité, et que cet être mortel revête l'immortalité. »

Sur le fond, Paul procède ici de la même manière que dans la première lettre aux Thessaloniciens. Mais alors qu'il s'agissait là de rassurer ses destinataires sur le sort des membres de leur communauté décédés avant la parousie, il s'agit ici d'affirmer que la Résurrection est essentielle à la foi. Certains Corinthiens, semble-t-il, rejetaient l'idée même de Résurrection. Tout le chapitre 15 est ainsi une argumentation contre la position de ces chrétiens. Dans ce contexte, le passage mentionné est une adaptation des textes apocalyptiques déjà utilisés dans la première lettre aux Thessaloniciens.

Dans ces deux lettres, Paul pense que plusieurs de ses lecteurs, et sans doute lui-même, connaîtront la parousie de leur vivant : « nous ne mourrons pas tous », écrit-il (1 Co 15,51). Et il précise aussitôt, comme aux Thessaloniciens, qu'il n'en découlera aucun privilège des vivants sur les morts : « les morts ressusciteront, et nous serons transformés » (v. 52). Cependant, alors que dans la première lettre aux Thessaloniciens les défunts, dont le sort était au centre des préoccupations, devaient rejoindre les vivants en ressuscitant « d'abord » (1 Th 4,16), dans la première lettre aux Corinthiens la perspective polémique évacue complètement ce scénario en deux temps (1 Co 15,51 *sq.*). Ce qui prime ici, c'est l'affirmation centrale et indépassable : « ils ressusciteront incorruptibles » (v. 52).

## Ph 3,4-11 : D'une justice à l'autre

Si l'authenticité paulinienne de Philippiens n'a jamais été mise en doute, son intégrité a souvent posé problème[21]. Certains supposent en effet que la lettre est constituée d'un rassemblement de deux ou trois billets différents. Ce regroupement serait l'œuvre de la tradition

21. Sur le sujet, voir E. Cuvillier, « L'intégrité de l'épître aux Philippiens. État de la question », in J. Schlosser (éd.), *Paul de Tarse*, Paris, Éditions du Cerf, 1996, p. 65-77.

paulinienne qui n'aurait pas seulement poursuivi l'œuvre de l'apôtre mais qui aurait édité sa correspondance pour la lecture ecclésiale.

L'hypothèse d'une multiplicité de lettres reste cependant impossible à démontrer. Les arguments en faveur de l'intégrité semblent aujourd'hui l'emporter. Il est d'abord souligné qu'aucun manuscrit ancien n'atteste une autre version du texte de Philippiens que celle transmise par le canon. En outre, aucun exemple n'existe, dans la littérature antique, d'un procédé consistant à réunir plusieurs lettres d'un même auteur en un seul écrit [22]. Mais surtout, le changement de ton supposé entre Ph 2 et 3 n'est pas un indice décisif en faveur de l'hypothèse de la compilation. Outre qu'il s'agit de se demander si le changement est aussi radical qu'on le dit parfois, il peut s'expliquer par le déploiement même de l'argumentation paulinienne. Il est donc possible de comprendre la lettre comme un tout cohérent, ce que font aujourd'hui la plupart des commentateurs.

La lettre aux Philippiens représente en fait un stade important de la réflexion théologique de l'apôtre. On est plus éloigné des préoccupations de la première lettre aux Thessaloniciens (Paul entrevoit sa mort comme possible avant la parousie, voir Ph 2,20 *sq.*). En fait se profile déjà toute la réflexion fondamentale de Ga et de Rm. L'utilisation de l'hymne christologique de 2,5-11 laisse entrevoir sur quel fondement Paul bâtira sa christologie du Dieu crucifié, et déjà le credo fondamental de l'apôtre fondé sur son expérience personnelle est donné en 3,4-9.

**Plan de la lettre aux Philippiens**

1,1-2 : Prescript épistolaire
1,3-11 : Exorde : action de grâces pour la foi des Philippiens
1,12 – 2,30 : Première partie : joie commune à Paul et aux Philippiens
1,12-26 : Nouvelles de Paul
1,27 – 2,18 : Exhortations à vivre en conformité à l'Évangile
2,19-30 : Recommandations de Timothée et d'Épaphrodite
3,1 – 4,20 : Seconde partie : la compréhension paulinienne de l'existence
3,1-4 : Mise en garde contre les mauvais exemples
**3,5-16 : L'expérience existentielle de Paul**
3,17 – 4,1 : Appel à imiter Paul
4,2-9 : Exhortations
4,10-20 : Remerciements aux Philippiens pour leur aide
4,21-23 : Salutations finales

La lettre aux Philippiens est un écrit assez paisible. Paul semble entretenir avec ses auditeurs des relations particulières de confiance (les Philippiens sont les seuls desquels Paul a accepté de l'argent alors qu'il évite soigneusement une telle dépendance vis-à-vis des Corinthiens). Certes le chapitre 3 commence par une mise en garde sévère contre des adversaires (voir 3,2-4) ; on peut cependant s'interroger : s'agit-il d'adversaires réels (c'est-à-dire agissant à Philippes) ou d'une

22. Par contre, la pratique consistant à éditer des recueils de lettres est, elle, bien connue.

construction rhétorique (d'adversaires « potentiels ») ? Suit ce développement de Paul :

> [4] Pourtant, j'ai des raisons d'avoir aussi confiance en moi-même. Si un autre croit pouvoir se confier en lui-même, je le peux davantage, moi, [5] circoncis le huitième jour, de la race d'Israël, de la tribu de Benjamin, Hébreu fils d'Hébreux ; pour la loi, pharisien ; [6] pour le zèle, persécuteur de l'Église ; pour la justice qu'on trouve dans la loi, devenu irréprochable. [7] Or toutes ces choses qui étaient pour moi des gains, je les ai considérées comme une perte à cause du Christ. [8] Mais oui, je considère que tout est perte en regard de ce bien suprême qu'est la connaissance de Jésus Christ mon Seigneur. À cause de lui j'ai tout perdu et je considère tout cela comme ordures afin de gagner Christ, [9] et d'être trouvé en lui, non plus avec une justice à moi, qui vient de la loi, mais avec celle qui vient par la foi de/au Christ, la justice qui vient de Dieu et s'appuie sur la foi. [10] Il s'agit de le connaître, lui, et la puissance de sa résurrection, et la communion à ses souffrances, de devenir semblable à lui dans sa mort, [11] afin de parvenir, s'il est possible, à la résurrection d'entre les morts.

## Commentaire du texte

### *Hébreu, pharisien et persécuteur de l'Église*

v. 4-6 : Dans ce passage autobiographique, Paul se présente comme « circoncis, israélite, de la tribu de Benjamin, Hébreu, pharisien, zélé jusqu'à être persécuteur de l'Église, irréprochable quant à la justice de la loi ». Il y a dans son propos une gradation qui nous renseigne sur l'image que Paul garde de son existence pharisienne au moment où il écrit ce texte. Une image qui n'est pas négative, puisqu'il affirme être « devenu irréprochable » en ce qui concerne la loi. Paul ne se mortifie pas ici sur son passé, accablé par son péché, mais confesse être arrivé jusqu'au bout de la pratique de la justice [23] qu'exige la loi [24]. L'ancien pharisien était donc parvenu à un haut degré de performance qui, dans la compréhension qu'il avait de lui-même, le rendait supérieur à beaucoup et aurait dû le satisfaire.

Dans la description que Paul fait de son passé, un terme indique en filigrane l'impasse tragique où l'a conduit la confiance dans ses « titres de noblesse » (ce qu'il appelle « se glorifier dans la chair ») : ce pharisien, juif de souche véritable, croyant zélé et performant, parfait quant à la pratique de la loi, ce pharisien était un *persécuteur* de l'Église. Le paradoxe réside évidemment dans l'utilisation positive de ce terme (voir par contraste 1 Co 15,9 ; également Ga 1,13.23) : il en fait ici un titre de gloire. Voilà l'impasse dans laquelle Paul dit s'être trouvé : mettre au compte du service divin ce qui est le mal par excellence, à savoir le combat contre Dieu lui-même sous la forme du combat contre les disciples de Jésus.

23. Voir encadré « Justifier, juste, justice », p. 406.
24. Voir encadré « Loi, œuvre », p. 415.

**Circoncision**

Ordonnée par Dieu dans l'Ancien Testament, la circoncision est l'acte rituel consistant à sectionner le prépuce. Elle est un signe essentiel de l'identité juive. Elle est synonyme d'appartenance au peuple de Dieu (Gn 17,14). Parce qu'il a obéi à ce commandement, Abraham est, pour le judaïsme, le premier des croyants (Gn 17,4-14).

Sur la question de la circoncision, Paul, apôtre des incirconcis (Ga 2,7.9), se sépare radicalement du judaïsme de son temps : « Pour celui qui est en Jésus Christ, ni la circoncision ni l'incirconcision ne sont efficaces, mais la foi agissant par l'amour » (Ga 5,6 ; voir aussi 1 Co 7,18-19 ; Col 3,11). Dans la mesure où, par la foi, juifs et païens ont désormais un même accès auprès de Dieu, la circoncision est devenue inutile. Alors que l'apôtre pourrait se réclamer de ses racines juives (« circoncis le huitième jour », Ph 3,5), il insiste au contraire sur le fait que la vraie circoncision est celle du cœur, et qu'elle consiste à placer sa confiance en Christ (Ph 3,2-3). Il en va pour lui de l'authenticité de la foi chrétienne de ne pas céder à la tentation de se faire circoncire : au lieu d'apporter un plus (comme semblent l'affirmer les missionnaires judaïsants à l'œuvre dans certaines communautés pauliniennes), cela revient à se remettre sous l'esclavage de la loi (Ga 5,1-12 ; voir v. 3-4).

L'épître aux Romains confirme cette conviction : la vraie circoncision est celle du cœur (Rm 2,25-29 ; voir v. 29 ; voir aussi Col 2,11). La foi justifie circoncis et incirconcis de la même manière (Rm 3,30) : Abraham en est le meilleur exemple qui crut avant d'être circoncis (Rm 4,9-12).

Pourquoi Paul persécutait-il les chrétiens ? Sans doute considérait-il comme une atteinte profonde à l'image qu'il avait de Dieu (du Dieu qu'il s'était construit à son image) le fait que dans les communautés chrétiennes d'origine païenne la loi n'était plus centrale. Ainsi se précise le tragique paradoxe : dans l'après-coup Paul comprend que pour défendre l'honneur de Dieu il persécute ses disciples. Or, loin de le rapprocher de Dieu, sa performance religieuse l'en a éloigné ; pire même, elle l'a opposé à Dieu.

## La foi du Christ

v. 7-9 : Le renversement décrit par Paul constitue le second aspect important du texte. Cette perfection religieuse dans laquelle Paul excellait, il a été amené à l'abandonner à cause du Christ. Et non seulement à l'abandonner mais à la déconsidérer : « Je considère tout cela comme ordures » (v. 8). Il s'agit véritablement du passage d'un régime à un autre : régime de *sa* justice, celle de la loi, où il excellait, où il était parfait, accompli, au régime de la justice de Dieu qu'il rencontre en Jésus Christ et qu'il reconnaît en abandonnant tout ce qu'il possédait jusqu'alors. Régime de l'assurance de celui qui était « devenu irréprochable » (v. 6), et qui cède le pas au régime de l'espérance de celui qui est mis en marche (v. 9 : « afin que je sois trouvé »).

La clé de ce renversement réside dans l'acceptation d'une justice extérieure à lui-même : « afin que je sois trouvé en lui, n'ayant pas une justice à moi, celle qui vient de la loi, mais la justice par la *foi au/du*

*Christ*, la justice qui vient de Dieu, et qui s'appuie sur la foi [25] » (v. 9). L'expression centrale est ici celle de *pistis christou*, traduite la plupart du temps dans nos Bibles comme un objet : la foi « au » (ou « en ») Christ. On peut aussi la traduire *foi du Christ*. Cela signifie alors que Paul désire être trouvé avec une justice qui lui vient par *la foi du Christ*, une justice, ajoute-t-il, qui s'appuie sur la *foi* (ici, sans doute, sa foi à lui, Paul). Nous aurions ici un double mouvement : d'un côté la *foi du Christ*, de l'autre la *foi de l'homme* [26].

Quelle est donc cette *foi de Christ* ? Sans doute faut-il d'abord la comprendre comme la fidélité de Jésus à Dieu, son obéissance à la volonté de Dieu (telle qu'elle est définie, par exemple, dans l'hymne aux Philippiens du chapitre 2). Car c'est bien par l'obéissance du Christ que Paul est justifié : la foi n'est donc pas ici une œuvre qui, chez Paul, remplacerait l'obéissance de la loi du juif. Mais peut-être cela va-t-il plus loin encore chez lui. L'idée-force est ici peut-être que la foi est un *mouvement*, un mouvement qui va de Dieu vers l'homme en Christ (la *fides Christi*) et de l'homme vers Dieu (la *fides hominis*). La foi vue du côté de l'homme n'est pas, chez Paul, une attitude intellectuelle (adhésion à une doctrine ou à une idée philosophique) mais elle est accueil de la Parole qui vient à la rencontre de l'homme dans le Crucifié.

La *pistis christou* semble donc contenir ce double mouvement entre la *foi de Jésus* et la *foi de l'homme en Jésus*. À travers cette expression, Paul essaie de transcrire son expérience fondamentale, d'où découle une conviction : la foi est une rencontre existentielle entre Christ et l'individu. On pourrait même dire que, pour Paul, la foi, c'est la « confiance en la confiance qui est en Jésus Christ ».

### Une nouvelle définition de l'existence

v. 10-11 : Paul, le pharisien, tentait, dans une quête religieuse excessive, d'atteindre un Dieu idole qui n'était que la projection de son désir de perfection et de performance, le conduisant à détruire ceux qu'il considérait comme infidèles et impies. Il est rencontré (*saisi*, emploi du passif au v. 12) par un Dieu qui s'abaisse vers lui en Christ : c'est un renversement total, une nouvelle définition de Dieu de lui-même et donc de l'existence qui se propose, qui s'impose à lui. De statique qu'il était (les termes des v. 4-6 traduisent un tel état), il est mis en mouvement : « parvenir si possible à la résurrection ». C'est le désir, donc la vie, qui l'emporte sur la mort, présentée, non sans ironie, sous la forme d'un état de « performance » religieuse.



25. Voir encadré « Croire, foi, fidélité », p. 433.

26. L'expression de ce double mouvement (avec toujours l'ambiguïté du génitif) se retrouve plusieurs fois chez Paul (Rm 3,22) : « La justice de Dieu [a été manifestée] par *la foi de/en Jésus* pour *ceux qui croient* » ; Ga 2,16 : « *Nous avons cru* en Jésus Christ afin d'être justifiés par *la foi de/en Christ* » ; Ga 3,22 : « Afin que par *la foi de/en Jésus Christ*, la promesse fût accomplie *pour ceux qui croient.* »

**Justifier, juste, justice**

*Dikaiosunê*, justice, *dikaios* (adv. *dikaiôs*), juste, *dikaioun*, justifier, *dikaiôsis*, *dikaiôma*, justification : des termes importants chez Paul (Ga et Rm) en relation avec la problématique de la loi et de la foi. Ces termes sont aussi essentiels dans le judaïsme qui insiste sur la justice de Dieu et réfléchit à la façon pour l'homme d'être trouvé juste devant Lui. Pour le judaïsme, la justice se trouve dans l'obéissance à la Torah. Elle est cependant le fruit de la grâce de Dieu qui choisit son peuple, lui donne la loi et lui accorde de la vivre. Paul va questionner cette compréhension de la justice de Dieu et celle, conjointe, de la justice de l'homme.

En dehors de Ga et de Rm, le thème de la justice de Dieu est peu présent chez Paul. Cependant, se profile déjà ce qui sera développé plus tard : Christ est devenu pour nous justice (1 Co 1,30 ; voir aussi 4,4 et 6,11) ; en Christ nous devenons justice de Dieu (2 Co 5,21 ; voir aussi 3,9) et surtout Ph 3,6-9, où Paul oppose pour la première fois « justice qui vient de la loi » à « justice qui vient de la foi de Jésus Christ ».

Chez Paul, le concept de justice est lié à la question de l'existence humaine devant Dieu. Il s'agit d'un concept sotériologique plutôt qu'éthique : non pas la justice que Dieu veut, mais la justice qu'il accorde à l'homme. Les deux textes majeurs de l'épître aux Galates sur la justification sont Ga 2,16-21 et Ga 3,6-29 dont la substance est entièrement reprise en Rm. La première apparition du concept de justice en Rm confirme que lorsque Paul parle de la justice de Dieu, c'est de l'homme en quête de justification qu'il parle : « Car je n'ai point honte de l'Évangile qui est puissance de Dieu pour le salut de tous ceux qui croient, juifs premièrement et païens. Car la justice de Dieu a été manifestée en lui de la foi vers la foi, comme il est écrit : "le juste par la foi vivra" » (Rm 1,16-17).

Avant de reprendre cette thèse fondamentale, Paul rappelle le diagnostic : Dieu, qui est un Dieu de justice, rendra à chacun selon ses œuvres (Rm 2,5) : seuls ceux qui mettent en pratique la loi seront justifiés (Rm 2,13). Or « il n'y a pas de juste, pas même un seul » (3,10) ; « voilà pourquoi personne ne sera justifié devant Lui par les œuvres de la loi » (Rm 3,20).

La thèse de Rm 1,17-18 est reprise en Rm 3,21-31 : seule la foi de Jésus Christ justifie les hommes, juifs et païens indistinctement. Abraham est père des croyants, non pas à cause de sa justice (celle des œuvres, de l'obéissance à la loi, ou de la circoncision), mais à cause de la justice qu'il reçoit de Dieu dans la foi (Rm 4,1-25 ; voir encore 5,1-21 ; 10,1-11).

Dieu fait du pécheur (païen ou juif) un juste ; il déclare juste quelqu'un qui ne l'est pas en lui-même. Justifié, le chrétien l'est par une décision gracieuse de Dieu. L'identité de l'homme comme enfant de Dieu est reçue d'une parole de Dieu qui se manifeste en Christ. C'est à même la foi que, uni au Christ, l'homme reçoit la justification (Rm 5,1) et vit comme une nouvelle créature (2 Co 5,17). Paul radicalise ainsi la compréhension de la grâce de Dieu : le salut ne se trouve plus dans l'appartenance au peuple élu (la circoncision ou le privilège d'avoir reçu la loi et de lui obéir), ou au terme d'une vie de sainteté. Il se trouve dans une parole extérieure à l'homme, une décision souveraine et gracieuse de Dieu que l'homme reçoit dans la foi.

La tradition paulinienne connaît l'Évangile de la justification sans les œuvres (Tt 3,5.7) mais insiste plus sur la dimension éthique de la justice (Ep 4,24 ; 5,9 ; 6,1.14 ; Col 4,1 ; 1 Tm 6,11 ; 2 Tm 2, 22 ; 3,16 ; Tt 1,8 ; 2,12).

## Éclairage paulinien : Rm 7,7-25

Mais qu'en est-il alors de la conversion du pécheur accablé par ses fautes dont la piété chrétienne et particulièrement protestante est nourrie ? On est loin ici de l'image de Paul se mortifiant (tel Luther) sur ses péchés. Chez Paul, cette image est absente des passages autobiographiques (voir également Ga 1,11-24). C'est la tradition paulinienne qui accréditera cette image en faisant de Paul le « premier » des pécheurs (voir 1 Tm 1,12-16). Il existe cependant un texte de Paul qui aborde cette question du sentiment de péché :

> [7] Qu'est-ce à dire ? La loi serait-elle péché ? Certes non ! Mais je n'ai connu le péché que par la loi. Ainsi je n'aurais pas connu la convoitise si la loi n'avait dit : « Tu ne convoiteras pas. » [8] Saisissant l'occasion, le péché a produit en moi toutes sortes de convoitises par le moyen du commandement. Car, sans loi, le péché est chose morte. [9] Jadis, en l'absence de loi, je vivais. Mais le commandement est venu, le péché a pris vie, [10] et moi je suis mort : le commandement qui doit mener à la vie s'est trouvé pour moi mener à la mort. [11] Car le péché, saisissant l'occasion, m'a séduit par le moyen du commandement et, par lui, m'a donné la mort. [12] Ainsi donc, la loi est sainte et le commandement saint, juste et bon. [13] Alors, ce qui est bon est-il devenu cause de mort pour moi ? Certes non ! Mais c'est le péché : en se servant de ce qui est bon, il m'a donné la mort, afin qu'il fût manifesté comme péché et qu'il apparût dans toute sa virulence de péché, par le moyen du commandement. [14] Nous savons, certes, que la loi est spirituelle ; mais moi, je suis charnel, vendu comme esclave au péché. [15] Effectivement, je ne comprends rien à ce que je fais : ce que je veux, je ne le fais pas, mais ce que je hais, je le fais. [16] Or, si ce que je ne veux pas, je le fais, je suis d'accord avec la loi et reconnais qu'elle est bonne ; [17] ce n'est donc pas moi qui agis ainsi, mais le péché qui habite en moi. [18] Car je sais qu'en moi – je veux dire dans ma chair – le bien n'habite pas : vouloir le bien est à ma portée, mais non pas l'accomplir, [19] puisque le bien que je veux, je ne le fais pas et le mal que je ne veux pas, je le fais. [20] Or, si ce que je ne veux pas, je le fais, ce n'est pas moi qui agis, mais le péché qui habite en moi. [21] Moi qui veux faire le bien, je constate donc cette loi : c'est le mal qui est à ma portée. [22] Car je prends plaisir à la loi de Dieu, en tant qu'homme intérieur, [23] mais, dans mes membres, je découvre une autre loi qui combat contre la loi que ratifie mon intelligence ; elle fait de moi le prisonnier de la loi du péché qui est dans mes membres. [24] Malheureux homme que je suis ! Qui me délivrera de ce corps qui appartient à la mort ? [25] Grâce soit rendue à Dieu par Jésus Christ, notre Seigneur ! Me voilà donc à la fois assujetti par l'intelligence à la loi de Dieu et par la chair à la loi du péché.

Dans ce passage, Paul déploie toute une réflexion sur la convoitise que produit le péché [27] en l'homme. On croit retrouver ici un cadre plus traditionnel des récits de conversion, sauf qu'il ne s'agit pas ici d'un texte autobiographique, mais de la mise en scène d'un « je » rhétorique où Paul décrit l'individu confronté au sentiment d'être emprisonné par ce que l'apôtre nomme le péché et qui n'est pas, chez lui, faute morale mais puissance asservissante.

Pour bien comprendre Rm 7,7-25, il faut refaire rapidement le parcours de l'argumentation. Dans les versets qui précèdent le passage qui nous occupe (v. 1-6), Paul affirme en substance : nous (les chrétiens de Rome, Juifs et païens) ne sommes plus sous le régime de la loi mais sous le régime de l'Esprit (v. 6). Mais alors (v. 7) la loi ne serait-elle pas péché

27. Voir encadré « Pécher, péché, pécheur », p. 431.

puisqu'elle n'appartient pas au temps de l'Esprit ? Paul se défend énergiquement de cette accusation : la loi est bonne, sainte, juste. Simplement elle sert à faire apparaître le péché comme péché. La loi est le révélateur de la puissance du péché.

C'est ce que raconte Paul dans les v. 7-25 : il relit son passé de Juif à partir de son expérience chrétienne (ce qui explique la différence avec Ph 3). Il montre comment son existence était celle d'un homme tiraillé : souhaitant accomplir la loi dans son ensemble et se découvrant prisonnier du péché. Cependant, en faisant la relecture de son passé juif, Paul – et c'est là sa force – implique aussi ses auditeurs païens à qui il demande de faire le même travail de relecture de leur vie. De ce fait, le terme grec *nomos* que l'on traduit par « loi » désigne ici plus que la Torah de Moïse. Car chacun a une « loi », une instance devant laquelle il comparaît. Ainsi tout homme, Juif ou païen, peut se retrouver dans ce parcours, dès lors que, à la lumière de l'événement Christ, il est conduit à opérer une relecture de son passé.

Il n'en reste pas moins vrai que, comme chrétien, Paul est passé d'un régime (la loi) à un autre (l'Esprit). Il y est passé par une déclaration de libération qui vient de Christ (v. 25). Il n'a donc pas intrinsèquement changé, mais il a été déclaré juste devant Dieu. Ainsi s'explique le fait que, lorsqu'il relit son passé d'homme divisé, ce combat intérieur résonne encore en lui. Comment pourrait-il d'ailleurs le comprendre vraiment s'il ne le vivait pas encore ? On se trouve dès lors devant le paradoxe suivant :

– Du point de vue de la logique argumentative de Paul, Rm 7 ne concerne pas le croyant : c'est l'homme juif, et, à un second niveau, tout homme sans Christ qui est concerné par ce que dit Paul.

– Dans le même temps le chrétien sait que ce combat le concerne encore, car il est encore, d'une certaine manière, divisé. Et cependant, l'ancien monde qui reste tapi à sa porte n'a plus d'effet sur lui, car « rien ne peut le séparer de l'amour de Dieu manifesté en Christ » (Rm 8,39).

Existe-t-il alors un lien entre cette image d'un homme esclave du péché, libéré par le Christ, et celle d'un Paul, pharisien performant, soudainement missionnaire du Christ ? Ce lien existe si l'on garde à l'esprit que le péché chez Paul n'est pas la faute morale mais une puissance d'aveuglement qui conduit à aller à l'opposé de la direction dans laquelle on souhaite se rendre. On peut alors dire que, dans sa quête de « perfection religieuse », Paul est un « pécheur » puisque cette quête le mène à l'inverse du lieu où il veut aller : loin de l'approcher de Dieu elle l'en éloigne.

Ainsi, l'expérience de Paul, sa conversion/vocation, lui fait-elle expérimenter au plus profond de lui-même ce qui sera l'un de ces paradoxes théologiques dont il a le secret, à savoir qu'il y a, dans le domaine du religieux, deux façons identiques d'être séparé de Dieu : en désobéissant à sa loi d'un côté, en prétendant lui obéir de l'autre ; dit autrement : en s'éloignant de lui par une vie d'impiété d'un côté, en souhaitant s'approcher de lui par une vie de sainteté de l'autre. En retour, Paul découvre qu'il y a une seule et unique manière d'être en communion avec Dieu : en étant dépouillé de ses prétentions à exister par soi-même et en se laissant rencontrer par le Christ au cœur même de cette prétention.

**Paul et la chair**

En elle-même, la chair n'est pas négative chez Paul puisqu'elle désigne la condition humaine : la réalité physique, sociale, intellectuelle de l'individu. Nous sommes tous « dans la chair » (Ga 2,20), c'est-à-dire nous sommes tous des hommes et des femmes « en chair et en os », mais aussi des hommes et des femmes en société, en histoire : nous sommes dans un monde avec ce que nous sommes par notre passé, nos origines, mais aussi dans l'histoire d'un monde et d'une société qui nous déterminent.

Mais la chair est aliénante de deux manières : en ce sens qu'elle est ce qui nous détermine mais aussi parce qu'elle est ce par quoi nous nous illusionnons sur notre liberté et notre autonomie : alors même que nous sommes esclaves de la chair, nous croyons qu'elle nous libère ! Par elle, nous essayons de nous faire un nom en ne voyant pas qu'elle nous a déjà donné un nom : esclave. Être aliéné à la chair c'est vivre *selon* la chair, c'est-à-dire prétendre à l'autonomie, prétendre devenir à soi-même sa propre référence, se laisser guider par soi-même.

## Le billet à Philémon

### La liberté chrétienne

Plutôt que d'une véritable lettre, il convient plutôt de parler, à propos de « l'épître de Paul à Philémon », d'un simple billet [28]. Sa brièveté ne doit cependant pas nous tromper sur l'importance théologique qu'il revêt. Il s'agit d'un véritable condensé de la notion paulinienne de liberté chrétienne.

**Plan du billet à Philémon**

v. 1-3 : Prescript
v. 4-7 : Action de grâces
v. 8-21 : Demande de Paul au sujet d'Onésime
v. 22-25 : Salutations

Il ne faut surtout pas lire ce billet à travers le prisme de concepts humanistes modernes tels que ceux de droits de l'homme ou d'abolition de l'esclavage : le contexte est celui de l'Empire romain, au début du Ier siècle de notre ère. Comme tel d'ailleurs, le billet ne s'adresse pas à l'empire mais à un individu et, au-delà, à l'Église qui se réunit chez lui.

28. Nous nous inspirons ici de F. Vouga, « L'épître à Philémon », in D. Marguerat (éd.), *Introduction au Nouveau Testament*, Genève, Labor et Fides, 2002, p. 255-261.

## Orgueil, s'enorgueillir

*Kaukhêma*, sujet de gloire, *kaukhêsis*, action de se glorifier, *kaukhaomai*, se glorifier, mettre sa confiance en. Ces termes très souvent employés par Paul expriment chez lui l'attitude de l'homme qui cherche ce qui pourrait donner sens à sa vie, ce sur quoi il pourrait construire son existence : il s'agit d'une quête anthropologique dont la dimension morale n'est que seconde.

Les juifs mettent leur gloire en Dieu et dans la loi mais déshonorent le premier au moyen de la seconde (Rm 2,17.23) ; les œuvres de la loi n'offrent ainsi aucun motif de fierté (Rm 3,27 ; 4,1 ; Ep 2,9). Les païens se confient en leur sagesse qui n'est qu'illusion (1 Co 1,18-31 ; voir 3,18-21, spécialement v. 21). En fait, le seul motif de gloire véritable se trouve en Dieu (Rm 5,2.11) et en Christ (Rm 15,17 ; Ga 6,13-14 ; Ph 1,26 ; 3,3). À une confiance mise en la chair (la loi, les œuvres, la sagesse...) produisant l'éloignement de Dieu (1 Co 5,6 ; 13,3) s'oppose une confiance dans le Seigneur qui fait vivre. Et si les chrétiens que Paul a enfantés dans la foi sont pour lui un « sujet de gloire », ils le sont dans le Seigneur (1 Th 2,19 ; Ga 6,4 ; 1 Co 15,31 ; 2 Co 1,14 ; 7,4.14 ; 8,24 ; 9,2-3).

En 2 Co 10-13 Paul développe largement ce thème de la *kaukhesis* : après avoir souligné tous les motifs de gloire qu'il peut tirer de son ministère (2 Co 10,8.13.15-18), il conclut cependant : « S'il faut s'enorgueillir, je mettrai mon orgueil dans ma faiblesse » (11,30 ; voir Rm 5,3). La fragilité de l'apôtre est une image de la faiblesse folle de Dieu à la Croix (1 Co 1,18-25), « faiblesse plus forte que la force des hommes » (v. 25) dans laquelle Paul trouve les bases d'une existence nouvelle, son véritable et unique motif de gloire.

Les raisons de la présence d'Onésime auprès de Paul sont, elles, plus difficiles à discerner. On interprète souvent le v. 18 comme la preuve qu'Onésime aurait pris la fuite après avoir volé Philémon, mettant ainsi son existence en péril. La situation est peut-être moins tragique. On peut en effet imaginer qu'après une dispute avec son maître, Onésime, craignant la colère de Philémon, soit allé chercher refuge auprès d'un ami de celui-ci. La pratique était légale au Ier siècle : dans un tel cas, l'esclave n'était pas considéré comme fugitif.

L'argumentation de Paul met en tension trois façons différentes d'envisager le problème :

– Du point de vue du monde (l'ordre romain), Onésime est débiteur de Philémon (v. 18), ainsi que Paul (pour avoir gardé l'esclave chez lui). Paul est prêt à payer pour les deux.

– Du point de vue de l'Église, Paul, comme apôtre, a un statut particulier. En outre, il est à l'origine de la foi d'Onésime (v. 10), et de Philémon (v. 19b). Sur ce plan, il a donc autorité sur le maître (v. 8) comme sur l'esclave, qui sont ses enfants (v. 9) : il peut donc exiger.

– Du point de vue du Christ, tant Paul et Philémon (v. 17 et 20) que Paul et Onésime et Philémon et Onésime (v. 16) sont frères : il n'y a aucune différence entre les trois.

C'est à partir de ce dernier point de vue que Paul choisit d'argumenter : il se présente comme le frère de Philémon et, renonçant à son autorité apostolique (v. 8-9a), le prie de recevoir Onésime comme un frère, et non plus comme un esclave (v. 16-17) dans la mesure où celui-ci est désormais chrétien. Ce faisant, il oppose à l'ordre du monde l'ordre du Royaume et, au nom de ce dernier, il renonce même à son autorité d'apôtre (dit autrement : il relativise l'ordre ecclésiastique !). Au nom de la foi au Christ qui unit désormais les trois acteurs principaux de cette histoire, Philémon est donc appelé à recevoir Onésime comme un frère bien-aimé et, dans le même mouvement, à le libérer. Cela suppose l'invitation du verset 16 à recevoir Philémon comme un frère, ainsi que le « et selon la chair et selon le Seigneur » qu'on pourrait aussi traduire : « et en tant qu'homme et en tant que croyant ».

La demande de Paul est cohérente avec Ga 3,18 : en Christ, il n'y a ni Juif, ni Grec, ni esclave, ni homme libre, ni homme et femme. La communauté chrétienne se distingue ainsi du monde par le fait que les différences y sont constatées et nommées, mais que chacun y est reconnu et aimé comme personne indépendamment de son statut et de ses qualités.

## Un autre texte sur l'esclavage : 1 Co 7,20-24

> 17 Par ailleurs, que chacun vive selon la condition que le Seigneur lui a donnée en partage, et dans laquelle il se trouvait quand Dieu l'a appelé. C'est ce que je prescris dans toutes les Églises. 18 L'un était-il circoncis lorsqu'il a été appelé ? Qu'il ne dissimule pas sa circoncision. L'autre était-il incirconcis ? Qu'il ne se fasse pas circoncire. 19 La circoncision n'est rien, et l'incirconcision n'est rien : le tout c'est d'observer les commandements de Dieu. 20 Que chacun demeure dans la condition où il se trouvait quand il a été appelé. 21 Étais-tu esclave quand tu as été appelé ? Ne t'en soucie pas ; au contraire, alors même que tu pourrais te libérer, mets plutôt à profit ta condition d'esclave [29]. 22 Car l'esclave qui a été appelé dans le Seigneur est un affranchi du Seigneur. De même, celui qui a été appelé étant libre est un esclave du Christ. 23 Quelqu'un a payé le prix de votre rachat : ne devenez pas esclaves des hommes. 24 Que chacun, frères, demeure devant Dieu dans la condition où il se trouvait quand il a été appelé.

À la lecture de ce passage, on constate que la communauté de Corinthe était composée d'esclaves et d'hommes libres (au sens juridique et romain du terme). Certains des Corinthiens, au nom de l'Évangile, voulaient, semble-t-il, nier cette réalité fondamentale de la société romaine du Ier siècle. Aussi Paul, apôtre de la liberté chrétienne, peut-il dire ici : que chacun vive dans la condition que le Seigneur lui a donnée en partage, et dans laquelle il se trouvait quand Dieu l'a appelé (v. 17.21.22 : demeurer dans l'état). Le débat est lié à l'enthousiasme qui sévissait dans la communauté de Corinthe, un enthousiasme qui aurait pu faire croire aux chrétiens qu'ils étaient libérés des contingences de la société à laquelle ils appartenaient et qu'ils n'étaient donc plus conditionnés par leur statut social.

29. On peut aussi traduire à l'inverse : « Mais si tu peux devenir libre, profites-en plutôt. » Cette traduction ne cadre cependant pas bien avec le contexte du passage (voir v. 18).

En fait la logique paulinienne se développe en trois arguments :

– Paul s'en tient à la réalité : il s'agit de vivre l'appel là où il a été adressé, dans le concret de l'existence (v. 17-21.24).

– La liberté, la vraie, se définit *dans le Seigneur* ; et c'est le Christ qui libère et le maître et l'esclave (v. 22-23).

– La liberté chrétienne authentique empêche que l'esclave comprenne son existence comme esclave (v. 23) : « Ne devenez pas esclaves des hommes. »

Il n'y a donc aucun conservatisme social, mais l'idée que la communauté chrétienne constitue, à l'intérieur de la société romaine appelée à disparaître, la communauté eschatologique au sein de laquelle, à cause du Christ, de nouvelles relations sont possibles. Pour Paul, nier la réalité du monde au sein de laquelle doit se vivre la liberté, c'est nier l'historicité même de la foi chrétienne. Car c'est au cœur de l'histoire des hommes que Christ vient à notre rencontre. La logique qui conduit à l'affranchissement d'Onésime est donc la même que celle qui appelle les esclaves chrétiens à vivre leur liberté chrétienne dans leur condition d'esclaves. À Corinthe, en effet, il n'est pas question de relations entre chrétiens à l'intérieur de la communauté (comme dans Philémon), mais de l'attitude que les esclaves chrétiens ont à adopter dans le monde païen.

Tous ceux qui confessent Jésus Christ comme Seigneur sont, en fait, les « esclaves de Christ ». Seule la foi conduit les chrétiens à vivre de nouveaux comportements dans l'espace de liberté constitué par la communauté chrétienne. Elle ne leur permet pas de transformer le monde au pouvoir des puissances.

## Ga 3,6-14 : La malédiction de la loi

### Structure

Personne ne met en doute l'authenticité ni l'intégrité de la lettre aux Galates. Les débats portent davantage sur la structure de cette lettre, notamment à partir des travaux de Betz [30]. Selon cet auteur, la lettre aux Galates relèverait, en effet, du genre judiciaire de l'apologie. Paul y défendrait son Évangile contre des accusateurs judaïsants voulant entraîner les Galates vers un retour à un judéo-christianisme qui tentait de concilier les pratiques juives et la foi chrétienne. Betz met en lumière un schéma extrêmement précis qu'il élabore à partir des modèles de la rhétorique antique :

30. H. D. Betz, *Galatians : A Commentary on Paul's Letter to the Churches in Galatia*, Hermeneia (Philadelphie), Fortress Press, 1979. Voir son travail initial, « The Literary Composition and Function of Paul's Letter to the Galatians », in *NTS* n° 21, 1975, p. 353-379.

**Proposition de structure d'inspiration rhétorique**

1,1-5 : Prescript épistolaire
1,6-11 : *Exordium*
1,12 – 2,14 : *Narratio*
  a) L'histoire de l'apôtre (1,12-24)
  b) La rencontre de Jérusalem (2,1-10)
  c) L'incident d'Antioche (2,11-14)
2,15-21 : *Propositio* (justification par la foi)
3,1 – 4,31 : *Probatio*
  a) L'argument par l'histoire spirituelle des Galates (3,1-5)
  b) L'argument par l'exemple d'Abraham (3,6-14)
  c) L'argument par la promesse (3,15-18)
  d) L'argument par la question de la loi (3,19-29)
  e) L'argument par l'exemple de l'héritier (4,1-8)
  f) L'argument par l'attitude passée des Galates (4,9-20)
  g) L'argument par l'exemple d'Agar et de Sarah (4,21-31)
5,1 – 6,10 : *Exhortatio*
  a) La liberté par rapport à la loi (5,1-12)
  b) La liberté par rapport à la chair (5,13-24)
  c) Illustrations pratiques (6,1-10)
6,11-18 : Postscript épistolaire (avec *Peroratio*)

Cette reconstruction est discutable essentiellement à cause de son caractère trop systématique. Des critiques qui lui ont été adressées [31], on retiendra surtout qu'aucun manuel antique ne recommande un tel schéma ou modèle pour une lettre et que si Betz définit la lettre aux Galates comme relevant du genre judiciaire de l'apologie, il ne tire pas cette conviction de son observation des détails de la lettre mais de ce que, dès le début, il intègre Galates dans cette catégorie de lettres, allant même jusqu'à y voir une application parfaite des règles concernant ce type de lettres. Or, si certaines formulations de la lettre aux Galates sont proches des discours apologétiques, Betz passe sous silence d'autres aspects importants de cette lettre. Il oublie même qu'il s'agit d'une lettre, et que les lettres ne parlent pas toujours d'un seul thème ou ne sont pas liées dans leur structure à un schéma fixe. Également oublié, le fait qu'à la fin de cette lettre – ses destinataires n'étant pas des juges – il n'y a pas de jugement.

Finalement Betz ne prend pas en compte le fait que Paul veut visiblement traiter dans cette lettre plusieurs thèmes, qu'il aborde de façons très diverses en même temps qu'il les met en ordre et les relie les uns aux autres à travers certains outils linguistiques. Au nombre de ces thèmes figurent : le ministère d'apôtre qui lui a été donné par Christ, l'Évangile de la justification par la foi qui, à travers lui, est annoncé par Christ, et la façon de vivre qui en découle, à laquelle Paul – avec tous les moyens dont il dispose – exhorte les chrétiens de Galatie à se conformer.

31. C. J. Classen « Paulus und die antike Rhetorik », *ZNW* n° 82, 1991, p. 1-33 (trad. anglaise « St Paul's Epistles and Ancient Greek and Roman Rhetoric », in S. E. Porter, T. H. Olbricht (éd.), *Rhetoric and the New Testament. Essays from the 1992 Heidelberg Conference*, Sheffield, Academic Press, 1993, p. 265-291).

La structure plus classique de la lettre aux Galates distingue trois parties : une première partie autobiographique et historique (Ga 1,13 – 2,21), une deuxième théologique et doctrinale (Ga 3,1 – 5,12) et une troisième, éthique (Ga 5,13 – 6,10) :

**Plan de la lettre aux Galates**

1,1-5 : Prescript épistolaire
1,6-9 : L'objet de la lettre : la distinction entre l'Évangile et ce qui ne l'est pas
1,10-12 : La thèse de la lettre : l'Évangile paulinien est Évangile de Dieu
*1,13 – 2,21 : Paul, apôtre de l'Évangile de Dieu pour les nations*
1,13-14 : La vie passée de Paul dans le judaïsme
1,15-17 : La vocation de l'apôtre des païens
1,18-20 : La première visite à Jérusalem
1,21-24 : Joie des églises de Judée devant le succès de Paul
2,1-10 : La seconde visite à Jérusalem
2,11-21 : Conflit d'Antioche : conséquences et vérité de l'Évangile
*3,1 – 5,12 : L'appel de la liberté : mourir et vivre avec Jésus Christ*
3,1-5 : Rappel de l'expérience que les Galates ont faite de l'Esprit
3,6-29 : Explications exégétiques et théologiques de l'Évangile
**3,6-9 : Première redéfinition : être enfants d'Abraham et bénis par la foi**
3,10-14 : Deuxième redéfinition : de la loi à la foi
3,15-18 : Troisième redéfinition : passer de la loi à la promesse
3,19-22 : Quatrième redéfinition : subordination de la loi
3,23-29 : Cinquième redéfinition : le rôle de la loi dans le passé
4,1-20 : Mise en garde des Galates contre un retour dans le temps ancien
4,1-7 : Les Galates ne sont plus esclaves, mais fils et héritiers
4,8-10 : Première recommandation : les Galates doivent imiter l'apôtre
4,21 – 5,1 : La raison : la liberté eschatologique
5,2-12 : Seconde recommandation : rester dans la liberté
*5,13 – 6,10 : L'existence dans l'Esprit dans le temps nouveau*
5,13-15 : Transition : liberté et amour mutuel
5,16-24 : Les chrétiens doivent vivre dans l'Esprit
5,25 – 6,6 : Les chrétiens, qui vivent dans l'Esprit, doivent s'aimer
6,7-10 : L'horizon eschatologique de la décision des Galates
6,11-18 : Post-scriptum autographe : la création nouvelle [32]

32. Emprunté à F. Vouga, « L'épître aux Galates », in D. Marguerat (éd.), *Introduction au Nouveau Testament*, Genève, Labor et Fides, 2002, p. 213-227, voir p. 216.

## Loi, œuvre

**Dans l'Ancien Testament**, la Torah atteste de l'alliance entre Dieu et son peuple, suite à un acte de libération (Ex 20,2) ; c'est dans l'obéissance aux commandements qu'Israël trouve la vie (Dt 30,15-20) et qu'il se maintient dans l'alliance. La loi distingue ainsi Israël de l'ensemble des nations, procurant aux juifs une compréhension d'eux-mêmes comme peuple élu. Paul, l'apôtre des païens, questionne cette compréhension de la loi et le particularisme auquel elle conduit.

**En dehors de Ga et Rm**, le thème de la loi (en grec *nomos*) n'est présent chez Paul qu'en 1 Co et Ph. En 1 Co 9,8 et 14,21 la « loi » désigne au sens large les Écritures juives comme parole d'autorité (voir aussi 14,34). En 1 Co 9,20-21 Paul indique que, pour la cause de l'Évangile, il peut vivre comme s'il était « sous la loi » juive bien qu'il soit désormais sous la « loi de Christ » qui est une loi de liberté (1 Co 9,21). Enfin, 1 Co 15,56 témoigne d'un aspect de la compréhension paulinienne de la loi qui sera développé en Ga et Rm. Dans l'épître aux Philippiens (voir 3,5-9), la réflexion de Paul se précise : parvenu, comme pharisien, à un haut degré de qualité d'obéissance à la loi (3,6), il indique qu'il a dû abandonner cette justice qui venait de la loi (3,9a) au profit d'une justice donnée par la foi de Christ (3,9b). Paul oppose ici la loi et la foi. Ce thème va être développé en Rm et Ga.

**En Galates**, la thèse est donnée en 2,16 : « Nous savons cependant que l'homme n'est pas justifié par les *œuvres de la loi* (*ergôn nomou*, du grec *ergon*, œuvre, travail, action, voir 2,16 ; 3,2.5.10 ; Rm 2,15 ; 3,20.27), mais seulement par la foi de Jésus Christ. » La thèse est ensuite confirmée en deux temps :

– Ga 3,6-14 : Les Écritures attestent qu'Abraham a été justifié par la foi et non par les œuvres (3,6). Ceux qui pratiquent la loi sont sous la malédiction, parce qu'ils sont obligés de l'accomplir dans son ensemble (3,10), et parce qu'elle les enferme dans le faire (3,12). Pour celui qui croit, Christ a pris sur lui la malédiction de la loi (3,13) afin que, sans exclusive aucune, « la bénédiction d'Abraham parvienne aux païens » (3,14).

– Ga 3,15 – 4,7 : Dans l'économie du salut, la loi sert de pédagogue (3,23) manifestant la révolte de l'homme contre Dieu (3,19). La venue de Christ rend inopérantes la loi et ses prescriptions pour le croyant (3,24-26). Le chrétien est donc libéré du joug de la loi (4,1-7 ; voir 5,1-6).

La liberté chrétienne se concrétise dans le commandement d'amour, condensé de la loi (5,13-18). Le paradoxe est que seul celui qui est libéré de la loi (qui n'est plus « sous la loi » Ga 3,23 ; 4,5 ; 5,18) peut en accomplir l'exigence (l'amour du frère) : la loi ne désigne alors plus la Torah mais la « loi de Christ » (6,2).

**En Romains**, Paul établit le diagnostic de la condamnation de tous les hommes (3,9) : les païens (1,18-31) qui, n'ayant pas la loi sont jugés sans elle (ils ont cependant une loi qui fonctionne en eux : Paul élargit ici le concept de loi ; voir 2,12-15), et les juifs (2,17-29), jugés par leur loi (2,23 ; 9,31). Comme en Galates, la loi (« sainte, juste et bonne » ; Rm 7,12) produit la connaissance du péché (Rm 3,19 ; voir 5,13.20-21) mais ne conduit pas à la justice (Rm 3,20 ; et par. Ga 2,16). Devant Dieu, la loi n'offre ainsi aucun privilège aux juifs par rapport aux païens.

Paul pose ensuite sa thèse : « Maintenant, indépendamment de la loi, la justice de Dieu a été manifestée… justice de Dieu par la foi de Jésus Christ pour tous ceux qui croient » (3,21-22 voir v. 21-31 ; voir également 4,13.16 ; 6,14).

La réflexion de Paul s'élargit en Rm 7,1-26 et avec elle le concept de loi qui ne désigne plus uniquement la Torah (7,21.23.25 ; Rm 2,14). L'homme libéré de la loi (7,1-6) reste cependant marqué par l'ambiguïté qu'elle démasque en lui (7,13-25). En Jésus Christ l'homme est libéré (8,1-2) même s'il est encore, dans le concret de l'existence, confronté à la loi du péché (7,25).

Enfin, comme en Galates, si « Christ est la fin de la loi » (Rm 10,4 ; Ga 3,24-25), le chrétien est appelé à en vivre librement l'exigence dans l'amour du prochain (Rm 13,8-10).

Cette compréhension paulinienne de la loi est confirmée dans les épîtres plus tardives où le rappel de l'évangile paulinien est articulé à une réflexion sur l'agir chrétien. Ainsi Ep 2,9-10 : si l'homme n'est pas sauvé par les œuvres mais par la grâce de Dieu (voir aussi Ep 2,15) il doit cependant marcher dans les « œuvres bonnes » que Dieu a préparées d'avance (Ep 2,10 par opposition à 5,11 ; voir aussi Col 1,10 ; 3,17 par opposition à 1,21 ; également 2 Th 1,11 ; 2,17).

Dans les Pastorales, le rappel de l'évangile paulinien (1 Tm 1,8-11 ; 2 Tm 1,9 ; Tt 3,5) est articulé à une réflexion sur la conduite chrétienne caractérisée par les « œuvres bonnes » (1 Tm 2,10 ; 5,10 ; 2 Tm 2,14.21 ; 3,1.17) ou « belles » (1 Tm 3,1 ; 5,10.25 ; 6,18 ; Tt 2,7 ; 3,8.14) par opposition aux œuvres mauvaises (2 Tm 4,14.18 ; Tt 1,16). L'héritage paulinien reprend ici une compréhension de l'agir chrétien comme participation à l'œuvre de Dieu présente en 1 Th ,3 ; 5,13 ; 1 Co 9,1 ; 15,58 ; 16,10 ; 2 Co 9,8 ; un agir sur lequel ne se joue pas le salut du chrétien (1 Co 3,13-15).

*Ga 3,10-14* est sans doute l'un des passages les plus difficiles et aussi le plus sujet à controverses. À tel point que certains exégètes ont renoncé à trouver une cohérence dans la pensée de Paul ; à partir du v. 10, en effet, Paul semble se contredire presque à chaque verset :

> [6] Puisque Abraham eut foi en Dieu et que cela lui fut compté comme justice, [7] comprenez-le donc : ce sont les croyants qui sont fils d'Abraham. [8] D'ailleurs l'Écriture, prévoyant que Dieu justifierait les païens par la foi, a annoncé d'avance à Abraham cette bonne nouvelle : Toutes les nations seront bénies en toi. [9] Ainsi donc, ceux qui sont croyants sont bénis avec Abraham, le croyant. [10] Car les pratiquants de la loi sont tous sous le coup de la malédiction, puisqu'il est écrit : Maudit soit quiconque ne persévère pas dans l'accomplissement de tout ce qui est écrit dans le livre de la loi. [11] Il est d'ailleurs évident que, par la loi, nul n'est justifié devant Dieu, puisque celui qui est juste par la foi vivra. [12] Or le régime de la loi ne procède pas de la foi ; pour elle, celui qui accomplira les prescriptions de cette loi en vivra. [13] Christ a payé pour nous libérer de la malédiction de la loi, en devenant lui-même malédiction pour nous, puisqu'il est écrit : Maudit quiconque est pendu au bois. [14] Cela pour que la bénédiction d'Abraham parvienne aux païens en Jésus Christ, et qu'ainsi nous recevions, par la foi, l'Esprit, objet de la promesse.

## Quelques remarques sur la foi et la loi

– en 10a, Paul affirme que ceux qui obéissent à la loi sont sous la malédiction, alors qu'en 10b il affirme exactement le contraire : ce sont ceux qui ne pratiquent pas toute la loi qui sont sous la malédiction ;

– au v. 11, Paul semble passer à un autre niveau que celui initié au v. 10 : peu importe qui obéit ou n'obéit pas à la loi puisqu'elle ne justifie personne, selon la citation du prophète Habaquq ;

– au v. 12 Paul oppose loi et foi et conclut que vivra l'homme qui pratiquera les préceptes de la loi… ce qui contredit les v. 10a et 11 mais semble conforme au v. 10b ;

– jusque-là, et depuis les v. 6-9, Paul a opposé (de manière pas très cohérente semble-t-il) pratique de la loi et foi en Dieu (Abraham étant l'exemple de la foi). À partir du v. 13, il fait intervenir Christ qui libère de la malédiction de la loi (pourtant ceux qui croient en Dieu ne devraient pas la subir) et nous assure de la bénédiction d'Abraham (v. 14). Paul semble ajouter ici une condition supplémentaire à la justification : la foi en Dieu semblable à celle d'Abraham et la foi en Christ.

## Analyse du passage

### *La foi est première*

v. 6-9 : La bénédiction d'Abraham le croyant. Après avoir affirmé massivement sa thèse de la justification par la foi seule (2,15-21), et après avoir interpellé ses auditeurs en mettant devant eux l'enjeu existentiel – leur salut vient-il de la pratique de la loi ou de l'écoute de la foi ? –, Paul va maintenant, à l'encontre de ses adversaires, fonder sa thèse dans le témoignage de l'Ancien Testament. L'Écriture est convoquée sous la forme d'une citation qui fait preuve. Gn 15,6 est en effet un texte fondamental dans le judaïsme de l'époque pour souligner la fidélité d'Abraham aux commandements de Dieu (circoncision et ligature d'Isaac). Paul en fait cependant une preuve de la justification par la foi seule (v. 6). Il s'ensuit fort logiquement que (littéralement) *ceux qui sont de la foi* (c'est-à-dire qui se confient en la confiance qui est en Christ) sont fils d'Abraham (v. 7). Cette conséquence (c'est-à-dire Dieu justifie les païens par la foi), même l'Écriture l'avait aussi prévue puisqu'elle avait annoncé à Abraham qu'il serait Père d'une multitude (v. 8), par quoi Paul peut conclure que ceux qui croient sont bénis avec Abraham. Cette première partie constitue l'aspect positif de l'argumentation : la foi est première.

v. 10-12 : Il faut maintenant à Paul, une fois affirmée massivement la thèse, rendre caduque la thèse adverse. L'argumentation se met en mouvement : *ceux qui sont des œuvres de la loi* (c'est-à-dire ceux qui en appellent à l'observance de la loi mosaïque) sont sous la malédiction parce que l'Écriture affirme que sera maudit quiconque n'observe pas toute la loi (sous-entendu : c'est impossible). Une autre preuve est ensuite tirée de l'Écriture (v. 11) : celle-ci affirme de toute manière que le juste vivra par la foi. Paul en arrive ici à un moment important de sa réflexion théologique : loi et foi procèdent de deux logiques opposées pour solutionner le seul et unique problème de l'homme, celui de la justice. Pour la loi, être juste c'est « faire ». De cette affirmation il faut conclure non seulement que la malédiction de la loi, c'est la nécessité (impossible) de l'accomplir toute mais également le « faire » dans lequel elle introduit celui qui la pratique :

### *Abraham*

La figure d'Abraham se trouve au centre du message de Paul sur la justification de l'homme devant Dieu (Ga 3,6-29 ; 4,22 ; Rm 4,1-25 ; 9,7 ; 11,1 ; seule autre allusion à Abraham dans les épîtres de Paul : 2 Co 11,22).

L'interprétation de l'histoire d'Abraham (Gn 12 – 25) dans la littérature juive d'après l'Exil insiste sur deux points :

– Abraham appartient aux justes à cause de sa fidélité dans les épreuves auxquelles il fut soumis tout au long de son existence (1 M 2,52 ; Si 44,21).

– Abraham a été fidèle à la loi de Dieu (Si 44,20 ; voir aussi Jub 23,10) en acceptant la circoncision (Si 44,21), signe de son appartenance au peuple élu (Gn 17,4-14) : c'est dans le cadre de l'alliance que la foi d'Abraham est reconnue (Gn 15,6).

Pour le judaïsme, foi en Dieu et observance de la loi sont inséparables. En acceptant la circoncision, Abraham anticipe le don de la loi : les descendants d'Abraham sont ceux qui marchent dans ses voies.

Paul, au contraire du judaïsme, insiste unilatéralement sur le fait qu'Abraham a été déclaré juste indépendamment de tout effort pour observer la loi : seule la foi le justifie (Ga 3,6) alors qu'il n'est pas encore circoncis (Rm 4,10). Cette confiance dans les promesses de Dieu lui a été comptée comme justice (Rm 4,3.9.22). Abraham est le type du croyant en ce qu'il a eu foi en Dieu (Rm 4,3) et son attitude préfigure l'être chrétien (Rm 4,24) : est justifié non pas celui qui accomplit les œuvres de la loi (Ga 2,16 ; 3,10-12), mais celui qui, dans la foi, s'en remet à la grâce de Dieu, ayant reçu de Lui la parole de bénédiction qui fait vivre (Ga 3,9). Les païens sont de la descendance d'Abraham (Ga 3,6-9) si, dans la foi, ils se tiennent *devant Dieu* comme il le fit (Rm 4,17), attendant tout de sa Parole.

la vie humaine se construit non plus sur une relation de confiance qui permet de se tenir devant Dieu quoi qu'il arrive (c'est-à-dire Abraham), mais dans un « faire » (« Celui qui fera ces choses vivra en elles »). Le péché n'est plus seulement l'échec dans la pratique, mais la pratique elle-même en ce qu'elle constitue une façon de comprendre son existence qui n'est pas celle d'Abraham.

### *Christ et la malédiction de la loi*

v. 13-14 : Christ est celui qui nous libère de la malédiction de la loi en devenant lui-même malédiction, ce que l'Écriture confirme en affirmant que quiconque est pendu au bois est maudit. Cette expression est ici à comprendre dans un double sens :

Traditionnellement, cela signifie que Christ a pris sur lui la malédiction qui pesait sur les hommes incapables d'accomplir la loi (interprétation sacrificielle classique que Paul reçoit de la communauté chrétienne). Dans cette logique-là, c'est Dieu qui a fait de Jésus une malédiction pour nous (l'homme est en situation d'échec, il échappe à la malédiction par le Christ qui la subit à notre place).

Mais dans la logique argumentative de Paul cela veut dire : nous étions enfermés (ou nous courons toujours le risque d'être enfermés) dans une logique du faire (voir l'insistance sur le « faire » qu'exige la loi dans les v. 10 et 12). Or Christ nous a libérés de cette malédiction-là en étant crucifié (v. 13). Ici c'est la loi elle-même qui est la cause de la malédiction qui s'abat sur Jésus. C'est la loi elle-même qui met à mort celui qui en dénonce la logique perverse (l'enfermement dans le « faire »). En d'autres mots, c'est parce que Christ a remis en cause le caractère faussement salutaire de la loi (voir les débats de Jésus avec les pharisiens de son temps) que la loi elle-même s'est chargée de le supprimer manifestant ainsi son caractère perverti.

À l'appui de cette lecture, on notera que Paul supprime de la citation de Dt 21,23 l'origine de la malédiction (« par Dieu »), de telle manière qu'on est amené à poser la question : qui est à l'origine de la malédiction ? La conséquence de ce qui précède c'est que désormais, en Christ, la promesse d'Abraham parvient aux païens.

## L'héritage paulinien en débat : Éphésiens et Jacques

> 8 C'est par la grâce, en effet, que vous êtes sauvés, par le moyen de la foi ; vous n'y êtes pour rien, c'est le don de Dieu. 9 Cela ne vient pas des œuvres, afin que nul n'en tire orgueil. 10 Car c'est lui qui nous a faits ; nous avons été créés en Jésus Christ pour les œuvres bonnes que Dieu a préparées d'avance afin que nous nous y engagions (*Ep 2,8-10*).

> 14 Quel profit, mes frères, si quelqu'un dit avoir foi mais n'a pas d'œuvres ? Sa foi ne peut-elle le sauver ? 15 Si un frère ou une sœur se trouvent nus et manquant de la nourriture quotidienne 16 et que quelqu'un de vous leur disent : « Allez en paix, chauffez-vous et rassasiez-vous » sans leur donner les choses nécessaires du corps, quel profit ? 17 Ainsi aussi, la foi : si elle n'a pas d'œuvres, elle est morte en elle-même. 18 Mais si quelqu'un dit : « toi tu as la foi, moi aussi j'ai les œuvres. Montre-moi ta foi sans les œuvres et moi je te

montrerai hors de mes œuvres, la foi. [19] Tu crois qu'il y a un seul Dieu, tu fais bien. Et les démons le croient et ils tremblent. [20] Tu veux connaître, ô homme vain, que la foi sans les œuvres est inutile ?

[21] Abraham notre Père, n'est-ce pas des œuvres qu'il fut justifié ayant offert son fils Isaac sur l'autel ? [22] Tu vois que la foi agissait par ses œuvres et par les œuvres la foi fut accomplie. [23] Et l'Écriture fut accomplie qui dit : Abraham crut à Dieu et cela lui fut compté comme justice et il fut appelé ami de Dieu. [24] Vous voyez que l'homme est justifié par les œuvres et non par la foi seulement. [25] De même aussi Rahab la prostituée n'a-t-elle pas été justifiée par les œuvres accueillant les envoyés et les chassant par un autre chemin ? [26] De même que le corps sans l'esprit est mort, de même aussi la foi sans les œuvres est morte. » (*Jc 2,14-26*).

Chacun de ces deux textes, de manière différente, prolonge la réflexion de Paul en Ga 3,6-14. Le premier, celui d'Éphésiens, en essayant de traduire l'intuition de Paul pour des chrétiens pauliniens de la seconde génération. Le second en dialogue critique avec des chrétiens qui se réclament de Paul et trahissent sa pensée. Reprenons rapidement ces deux points :

Le texte d'Éphésiens tente d'actualiser la théologie de Paul pour des croyants qui ne sont plus en débat avec le judaïsme. Le meilleur indice est que le texte ne parle plus d'« œuvres de la loi » comme en Galates mais tout simplement d'« œuvres ». Mais pourquoi alors préciser ce que tout le monde savait déjà dans les communautés pauliniennes, à savoir que seule la grâce de Dieu « sauve » le croyant par la foi ? Et pourquoi ajouter que cela ne vient pas des œuvres mais que celles-ci ont été « préparées d'avance » par Dieu pour que nous y « marchions » ? Peut-être parce que, une génération après Paul, une version édulcorée du paulinisme consistait à faire du « salut par la foi » un slogan facile, une « grâce à bon marché ».

Il est à remarquer qu'il ne s'agit plus ici de la *fides christi* (foi de/en Christ) mais de la foi comme un « moyen » pour recevoir la grâce du salut : ce n'est plus tant la foi *qui* croit dont il est question (la *fides qua creditur*) mais la foi *qu'on* croit (*fides quae creditur*), c'est-à-dire la foi comme contenu doctrinal.

C'est sans doute le même risque que combat la lettre de Jacques, mais d'un point de vue judéo-chrétien, c'est-à-dire externe aux communautés pauliniennes. Le ton est donc plus polémique. Non pas contre Paul (la lettre de Jacques est écrite vraisemblablement à la fin du Ier siècle [33]), mais contre des « pauliniens » qui caricaturent la pensée de l'apôtre et font de sa théologie un héritage religieux sans prise authentique dans le concret (une « tradition » religieuse au mauvais sens du terme, un slogan identitaire). L'auteur de la lettre de Jacques, comme celui d'Éphésiens, n'oppose pas « foi » et « œuvres de la loi ». Plus exactement, à une foi qui se proclamerait « sans les œuvres », il oppose des « œuvres » qui attestent de la foi. D'une certaine manière, on pourrait dire que les « œuvres de la loi » de la lettre aux Galates correspondent à la « foi sans les œuvres » de Jacques. Dans l'un et l'autre cas, il s'agit des marques identitaires, d'un slogan, d'une tradition religieuse, d'un contenu doctrinal ou d'un certain nombre de

33. Voir plus haut la présentation générale de cette lettre in « La constitution du Nouveau Testament. Repères historiques, littéraires et théologiques », p. 13 *sqq*.

pratiques grâce auxquelles on pense acquérir une identité devant Dieu et devant les hommes.

À l'inverse, ce que Paul désigne comme « foi » – c'est-à-dire une rencontre avec le Christ qui bouleverse l'existence –, est désigné par l'auteur de la lettre de Jacques comme une « foi qui agit par les œuvres » (Jc 2,21), c'est-à-dire la mise en mouvement du croyant par la parole de Dieu entendue et reçue, qu'il nomme « loi de liberté » (Jc 1,23-25).

## 1 Co 1,18-25 : Le Dieu qui conteste le monde

La question de l'intégrité de la première lettre aux Corinthiens a longtemps fait l'objet d'un débat controversé. De nombreux arguments plaident d'ailleurs en faveur de l'hypothèse d'une compilation de plusieurs lettres, avec des variantes plus ou moins importantes [34]. Cette façon de comprendre le caractère composite de cette lettre souffre cependant des mêmes faiblesses que pour la lettre aux Philippiens : aucune attestation manuscrite d'une autre version du texte que celle proposée par le canon ; aucun exemple dans la littérature épistolaire de l'époque d'une telle pratique. Il semble donc préférable, comme la plupart des exégètes le font aujourd'hui, de rendre compte de la cohérence de la première lettre aux Corinthiens sans passer par l'hypothèse de la compilation.

**Plan de la 1re lettre aux Corinthiens**

1,1-3 : Prescript épistolaire
1,4-9 : Exorde
1,10 – 4,21 : Première partie : l'Évangile de la Croix
- 1,10-17 : Les divisions à Corinthe
- **1,18-25 : La parole de la Croix**
- 1,26 – 4,21 : Illustrations de l'Évangile de la Croix
  - a) Par l'exemple des Corinthiens (1,26-31)
  - b) Par l'exemple de Paul (2,1-5)
  - c) Par la sagesse de Dieu (2,6-16)
  - d) Par l'exemple des apôtres (3,1 – 4,21)

5,1 – 11,1 : Deuxième partie : questions éthiques
- a) Les cas d'inconduite (5,1 – 6,20)
- b) Mariage et célibat (7,1-40)

34. Ainsi, pour nous en tenir à un seul exemple pris dans la recherche française, dans son commentaire, Christophe Senft identifie quatre lettres selon lui à l'origine de l'écrit que nous connaissons comme « première lettre aux Corinthiens ». Voir C. Senft, *La première épître de saint Paul aux Corinthiens*, Genève, Labor et Fides, 1989, p. 19 : lettre A : 6,1-11 ; 15,1-58 ; 16,13-24 (voir 6,12-20 et 11,2-34 à moins que ces deux sections n'appartiennent à la lettre B) ; lettre B : 5,1-13 ; 9,24 – 10,22 (voir éventuellement 6,12-20 et 11,2-34) ; lettre C : 7,1-40 ; 8,1-13 (9,1-18) ; 9,19-23 ; 10,23 – 11,1 ; 12,1 – 14,40 ; 16,1-12 ; lettre D : 1,1 – 4,21.

Différemment, M. de Boer, « The Composition of 1 Corinthians », in *NTS* n° 40, 1994, p. 229-245, propose l'hypothèse suivante : 1 Corinthiens est composée de deux lettres (1 – 4 écrite en premier, 5 – 16 rédigée ensuite). Cette composition *est l'œuvre de Paul lui-même*. Le scénario proposé est le suivant : après avoir écrit 1 Co 1 – 4 (en réaction aux nouvelles apportées par les gens de Chloé, 1 Co 1,11), et avant qu'il n'ait envoyé la lettre, Paul reçoit la visite de Stéphanas Fortunatus et Achaïcus. L'écoute des nouvelles par eux apportées le conduit à rédiger une seconde lettre (chapitres 5 – 16) et à la joindre à la première.

c) Les viandes sacrifiées aux idoles (8,1 – 11,1)
11,2 – 14,40 : Troisième partie : la vie cultuelle
a) Place des femmes et repas du Seigneur (11,2-34)
b) Les dons spirituels (12-14)
15,1-58 : Quatrième partie : la résurrection des morts (15,1-58)
16,1-24 : Recommandations et salutations

La communauté de Corinthe était confrontée à de multiples problèmes : outre la question des « partis » (1,10-17), certains membres avaient des mœurs contestables (chap. 5) tandis que d'autres réglaient leurs querelles devant des tribunaux païens (6,1-11). Des tensions existaient également entre les « forts » et les « faibles », au sujet des viandes sacrifiées aux idoles (chap. 8 – 10), au sujet des charismes (chap. 12 – 14), de la place des femmes dans les assemblées ou du déroulement du repas du Seigneur (chap. 11). Mais ce qui par-dessus tout semblait inquiéter l'apôtre, c'était l'existence à Corinthe d'une spiritualité à tendance spéculative (8,1.7). Bref, à Corinthe, on confondait l'Évangile avec un savoir théologique élevant ceux qui le possèdent au-dessus du commun et les libérant des servitudes de la matière ou de l'emprise des puissances cosmiques.

Pour Paul, cette prétendue « sagesse » des Corinthiens était une profonde méconnaissance de l'Évangile. C'est ce que Paul développe dans cette lettre où la notion de justice, centrale dans les lettres aux Romains et aux Galates, n'apparaît que très marginale, même si la substance théologique, transformée et transposée, y est partout présente. Paul, notamment en 1,18-25, y développe surtout sa compréhension d'un Dieu renversant les prétentions humaines et invitant l'homme à recevoir comme un don la vie et la justification.

> 18 En effet, la parole de la croix est une folie pour ceux qui périssent ; mais pour nous qui sommes sauvés, elle est puissance de Dieu. 19 Car il est écrit : « Je détruirai la sagesse des sages et j'anéantirai l'intelligence des intelligents. » 20 Où est le sage ? Où est le théologien ? Où est le raisonneur de ce siècle ? Dieu n'a-t-il pas rendu folle la sagesse du monde ? 21 Car puisque le monde, par la sagesse, n'a pas connu Dieu dans la sagesse de Dieu, il a plu à Dieu de sauver les croyants par la folie de la prédication. 22 Les juifs demandent des signes et les Grecs cherchent la sagesse, 23 nous, nous prêchons Christ crucifié, scandale pour les juifs, folie pour les païens, 24 mais pour ceux qui sont appelés, tant juifs que Grecs, Christ, puissance de Dieu et sagesse de Dieu. 25 Parce que la folie de Dieu est plus sage que la sagesse des hommes et la faiblesse de Dieu est plus forte que la force des hommes.

## Commentaire

Dans la première lettre aux Corinthiens, Paul est confronté aux tensions identitaires qui se font jour au sein de l'Église de Corinthe (1 Co 1,11 : « Il y a des discordes parmi vous »). Chaque groupe en présence se réfère, en effet, à une figure fondatrice qui donne une orientation particulière à l'expression de la foi : Paul, Apollos, Pierre et Christ (1 Co 1,12). On distingue parfois, derrière ces noms, quatre tendances dont on essaie de reconstituer les convictions par une analyse serrée de la correspondance corinthienne. Mais tout cela reste très hypothétique.

En fait, Paul choisit de se situer en dehors de tout débat idéologique partisan. Il prend même de la distance par rapport à son propre langage (celui de la justification par la foi tel qu'on le trouve en Galates, Philippiens ou Romains). Pour ce faire, il crée un langage nouveau, hors de toute capture identitaire, relativisant ainsi les appartenances « confessionnelles ». Pour Paul, l'unité de la communauté ne peut trouver son fondement sur une identité confessionnelle ou sur un rite d'appartenance, fût-il administré par un responsable éminent (1 Co 1,13-16). Sur quoi se fonde alors l'unité de la communauté qui puisse transcender les appartenances identitaires ? La suite du passage (v. 18-25) nous offre la réponse.

La croix du Christ est le contenu de l'Évangile ; dit autrement : l'Évangile est la parole de la Croix. Cette parole est une « folie ». Le terme de folie n'est pas à comprendre ici comme délire mental mais comme non-sens ; c'est-à-dire provocation, puisque la Croix proclame en effet la puissance de Dieu là où la sagesse humaine ne peut percevoir que l'impuissance et l'échec. Mais « non-sens » ne veut pas dire incohérence, car c'est un « non-sens » délibéré, voulu par Dieu. En effet, ceux qui sont sauvés par la Croix reconnaissent que c'est par cette « folie » qu'ils sont sauvés. La parole de la Croix est folie parce qu'elle annonce que Dieu se rend présent aux hommes pour les sauver là où ils sont incapables de le percevoir : la parole de la Croix proclame, sur Dieu, le contraire de ce que l'homme conçoit et comprend de lui !

La Croix s'élève donc contre la sagesse humaine (v. 19), à comprendre comme tout mouvement philosophique ou religieux par lequel l'homme tente d'accéder à Dieu, et par là de se sauver lui-même, de se poser comme son propre fondement. Paul reprend ici une citation de Es 29,14 (« Je détruirai la sagesse des sages, j'anéantirai l'intelligence des intelligents ») qui proclamait, à l'origine, la condamnation contre les savants d'Israël. Pourquoi ? Parce que, loin de mener à Dieu, la sagesse des hommes porte atteinte à sa souveraineté. Elle fait de Dieu la figure des aspirations humaines et c'est pourquoi elle est disqualifiée (v. 20).

Autre constat : bien qu'il aient tout pour connaître Dieu, les êtres humains ont manifesté leur rébellion en s'affirmant devant Dieu et en l'ignorant : ils n'ont pas connu Dieu (v. 21). Or la Croix met à mal les prétentions humaines et dévoile l'impasse de la connaissance : scandale du salut par la folie de la prédication, la Croix dévoile à l'homme, qui s'appuie sur sa propre sagesse, son incapacité à reconnaître véritablement Dieu ; elle brise les édifices philosophiques et religieux. Or, cette parole de la Croix a été rejetée par les juifs qui veulent des preuves de la puissance de Dieu et par les Grecs qui enferment Dieu dans un système (v. 22). La quête de salut des uns et des autres les a donc condamnés. Tous les hommes sont ainsi unis dans la rébellion : juifs et Grecs sont associés dans leur attitude vis-à-vis de Dieu.

Il s'ensuit que la prédication du Crucifié est le moyen que Dieu a choisi pour renverser le rempart que juifs et Grecs avaient dressé, chacun à leur façon, contre Dieu : et cela ne peut être qu'un scandale et une folie pour tous (v. 23). Dans le même temps, cette prédication « appelle » les juifs et les Grecs à reconnaître le caractère salutaire de l'attaque lancée par la parole de la Croix (v. 24). Et Paul de conclure (v. 25) : Dans sa « folie »,

Dieu est plus sage que les hommes et dans sa faiblesse, il est plus fort qu'eux. C'est la chance des hommes !

## Paul et l'interprétation de la mort de Jésus

Aux réflexes identitaires des communautés chrétiennes primitives, Paul oppose ici un événement scandaleux qui n'offre (à cette époque du moins) aucune possibilité de référence identitaire : la Croix. Notons-le, Paul ne propose pas, comme l'ont fait, avant et après lui, les premiers chrétiens, un langage religieux interprétant de façon acceptable la mort de Jésus (mort sacrificielle, mort du juste, intronisation paradoxale). Il choisit un langage non religieux qui s'en tient au seul signifiant de l'objet même du supplice [35]. Car il s'agit de fonder l'unité des croyants sur un objet de malédiction.

À tous les signes identitaires, Paul oppose donc une « non-marque », un « non-événement » : la Croix. Il affirme que la « parole de la Croix » disqualifie radicalement les appartenances identitaires en les faisant apparaître pour ce qu'elles sont : une illusion doublée d'une impasse. La croix du Christ révèle un Dieu différent. Un Dieu « tout autre ». Elle affirme que Dieu se donne à connaître dans tout ce qui est le contraire de ce que l'on met habituellement derrière le mot « dieu » : la mort d'un crucifié. L'échec le plus total. Pas même la mort du héros sur le champ de bataille (qui pourrait au moins être une source d'identité respectable). Bien au contraire : la mort du malpropre, du criminel, de celui dont la vie est ratée. Une véritable folie et un scandale du point de vue des hommes.

Chez Paul, cette conviction ne relève pas d'une construction intellectuelle, d'un « dogme » ou d'une « théorie religieuse ». La Croix a « parlé » dans son existence. Dieu s'est révélé à lui sous la figure d'un Crucifié, c'est-à-dire d'un Dieu proche du plus intime de son existence : non sa fierté de pharisien ou ses certitudes de spécialiste de la loi (Ph 3,4-6), mais son manque, sa peur et son besoin d'être reconnu et aimé. Le Dieu de Jésus Christ a rencontré Paul au cœur de sa course effrénée pour devenir enfin quelqu'un de respectable et de respecté. Et le Dieu de la Croix n'a pas colmaté les brèches. Il lui a donné de vivre avec elles, boiteux mais béni comme Jacob après sa lutte avec l'ange au gué de Yabboq (Gn 32,25-33) : boiteux de la hanche mais accompagné sa vie durant d'une bénédiction.

Ce que Paul appelle le « salut » est ainsi, et dans le même temps, une révélation de l'existence humaine pour ce qu'elle est, toujours construite sur des illusions et des combats perdus d'avance, et la Bonne Nouvelle que cette même existence est reconnue et aimée par le Dieu de Jésus. Or, c'est précisément pour cela que la parole de la Croix est tout le contraire d'une parole de mort ; elle est une parole de résurrection : au cœur de ce qui tue, de ce qui fait mourir le besoin d'exister par des appartenances confessionnelles, philosophiques, politiques ou même familiales, elle vient inscrire une parole de vie et d'espérance, celle que Dieu a rendue possible en relevant le Crucifié d'entre les morts. Et l'apôtre découvre, dans la vie même de la communauté de Corinthe, une illustration de ce paradoxe, de cette folie

35. Pour risquer un anachronisme osé, c'est un peu comme si, aujourd'hui, Paul renvoyait les croyants de toutes confessions à une chaise électrique !

de la prédication chrétienne : parce que l'Église de Corinthe est ce rassemblement d'hommes et de femmes vils, faibles, méprisables mais choisis, élus et aimés par Dieu (1,26-31), elle manifeste aux yeux du monde la grâce qui appelle et sauve l'être humain malgré ce qu'il est et ce qu'il fait. Elle manifeste ce Dieu qui aime l'homme sans condition et sans tenir compte de ses identités mondaines.

### La « théologie de la Croix [36] »

Pour désigner la compréhension particulière de Dieu que Paul développe dans son œuvre, on parle, depuis Luther, de « théologie de la Croix ». Cette expression rend compte d'une triple réalité :

– La Croix atteste la divinité et l'altérité paradoxales de Dieu. Dans la mort de Jésus sur la croix, Dieu se donne à connaître totalement différent de ce que l'on attendait de lui. Il se révèle là où personne ne l'attendait, sous la forme même de son contraire (*sub contraria specie*). On l'attendait puissant et glorieux, on se trouve devant un crucifié. Il se révèle totalement autre et totalement libre. Il brise toutes les rêveries humaines.

– La mort de Jésus est, dans le même temps, comprise comme la révélation de l'endurcissement et de la perdition des hommes. Par elle, le monde est jugé. Le Crucifié dévoile la perdition des hommes : ils ont refusé de reconnaître Dieu dans la personne du Christ.

– Mais la Croix, comme parole de jugement, est aussi parole de salut. Là où l'homme expérimente dans la mort de Jésus à la fois le lieu véritable de la révélation et la parole de jugement prononcée sur sa révolte contre Dieu, il est introduit dans une création nouvelle, dans un rapport d'absolue dépendance à l'égard de la grâce de Dieu. Là l'homme expérimente le salut de Dieu.

Au final, la Croix ouvre la voie à une nouvelle compréhension de l'existence humaine : en reconnaissant que Dieu se rencontre dans la communication paradoxale de l'Évangile du Crucifié, l'être humain, en effet, est introduit dans une création nouvelle où la foi même est reconnaissance de son incrédulité. La Croix est bien, pour Paul, l'événement central de la foi chrétienne : à partir d'elle, le monde et l'existence sont réinterprétés.

## 2 Co 12,1-10 : L'indicible de l'expérience religieuse

### Structure

Comme celle de la première, l'unité de la seconde lettre aux Corinthiens pose problème. Outre les chap. 8 – 9 dont la majorité des exégètes pense qu'il s'agit d'un (8 – 9) ou de deux (8 et 9) billets séparés sur la question de la collecte, certains supposent que 1 – 7 d'une part et 10 – 13 d'autre part forment deux lettres séparées. Il s'agit, en effet, de deux apologies de l'apostolat de Paul qui semblent, dans le cadre d'une même lettre,

36. Sur ce thème, voir J. Zumstein, « Paul et la théologie de la Croix », in *Études théologiques et religieuses* n° 76, 2001, p. 481-496.

faire double emploi. Si l'hypothèse de la partition de 1 Corinthiens semble aujourd'hui abandonnée, en ce qui concerne 2 Corinthiens, la majorité des exégètes penche donc encore pour l'hypothèse d'une compilation [37]. Si les mêmes réserves que pour l'hypothèse d'une partition de Philippiens et de 1 Corinthiens peuvent être émises, l'unité de cette lettre pose, en effet, de nombreux problèmes. Le texte que nous avons choisi de présenter constitue la seconde partie d'une section de l'épître (1 Co 11,16 – 12,1-10) où l'apôtre présente de façon paradoxale la « gloire apostolique » :

> 1 Il faut s'enorgueillir ! C'est bien inutile ! Pourtant j'en viendrai aux visions et révélations du Seigneur. 2 Je connais un homme en Christ qui, voici quatorze ans – était-ce dans son corps ? je ne sais, était-ce hors de son corps ? je ne sais, Dieu le sait – cet homme-là fut enlevé jusqu'au troisième ciel. 3 Et je sais que cet homme – était-ce dans son corps ? était-ce sans son corps ? je ne sais, Dieu le sait –, 4 cet homme fut enlevé jusqu'au paradis et entendit des paroles inexprimables qu'il n'est pas permis à l'homme de redire. 5 Pour cet homme-là, je m'enorgueillirai, mais pour moi, je ne mettrai mon orgueil que dans mes faiblesses. 6 Ah ! si je voulais m'enorgueillir, je ne serais pas fou, je ne dirais que la vérité ; mais je m'abstiens, pour qu'on n'ait pas sur mon compte une opinion supérieure à ce qu'on voit de moi, ou à ce qu'on m'entend dire. 7 Et parce que ces révélations étaient extraordinaires, pour m'éviter tout orgueil, il a été mis une écharde dans ma chair, un ange de Satan chargé de me frapper, pour m'éviter tout orgueil. 8 À ce sujet, par trois fois, j'ai prié le Seigneur de l'écarter de moi. 9 Mais il m'a déclaré : « Ma grâce te suffit ; ma puissance donne toute sa mesure dans la faiblesse. » Aussi mettrai-je mon orgueil bien plutôt dans mes faiblesses, afin que repose sur moi la puissance du Christ. 10 Donc je me complais dans les faiblesses, les insultes, les contraintes, les persécutions, et les angoisses pour Christ ! Car lorsque je suis faible, c'est alors que je suis fort (2 Co 12,1-10).

**Plan de la 2e lettre aux Corinthiens**

1,1-2 : Prescript épistolaire
1,3-11 : Actions de grâce
1,12 – 2,13 : Paul et les Corinthiens
2,14 – 7,4 : Apologie de l'apostolat
- a) La grandeur de l'apostolat (2,14 – 4,6)
- b) La misère de l'apostolat (4,7 – 6,10)
- c) Conclusion et digressions (6,11 – 7,16)

8,1 – 9,15 : La collecte
- a) Paul encourage les Corinthiens (chap. 8)
- b) Cités en exemple, ils doivent rattraper leur retard (chap. 9)

10,1 – 13,10 : Apologie de l'apostolat
- a) Réfutation des accusations (10,1 – 11,15)
- **b) La gloire paradoxale de l'apôtre (11,16 – 12,10)**
- c) Conclusion de la controverse (12,11-18)
- d) Annonce de la prochaine visite de Paul (12,19 – 13,10)

13,11-13 : Recommandations et salutations

37. Ainsi, dans un article récent, un exégète propose de considérer 2 Corinthiens comme le regroupement de trois lettres autrefois distinctes : 1 Co 1 – 8 ; 2 Co 9 ; 2 Co 10 – 13. M. Quesnel, « Circonstances de composition de la seconde épître aux Corinthiens », *NTS* n° 43, 1997, p. 256-267.

## La faiblesse christique

Il semble bien que tous les efforts de Paul vis-à-vis des Corinthiens n'avaient pas rencontré le succès espéré. C'est son autorité qu'ils remettaient même en question ; et cela tant au niveau pratique de son apostolat qu'en ce qui concerne son fondement christologique. Or, Paul répond en puisant les éléments de sa réponse dans sa théologie née de sa rencontre sur le chemin de Damas avec le Christ crucifié. Face à ces adversaires, friands d'expériences spirituelles hors du commun, experts en phénomènes d'inspiration, et courtisans d'apôtres à l'éloquence facile – auxquels il attribue le titre ironique de « super-apôtres » (11,4 ; 12,11) –, Paul s'engage une fois de plus tout entier avec pour argument central sa christologie de l'abaissement et de l'humilité, et, de manière plus particulière encore, sa propre vie comme figure et proclamation de l'abaissement du Christ dans sa réalité historique. Loin d'être un objet dévalorisant, la faiblesse apostolique devient ainsi un élément essentiel de la prédication et du comportement légitime de l'apôtre. Plus Paul est faible, plus l'Évangile transparaît… et plus les Corinthiens qui le reçoivent deviennent forts. Bref, la faiblesse apostolique, plus que tout, laisse agir la véritable puissance du Christ (voir en particulier 12,1-12). Nous sommes bien dans le même type d'argumentation théologique que 1 Co 1,18 – 2,5.

## Le discours fou

Le chapitre 12 est l'aboutissement de ce qu'on appelle habituellement le « discours fou ». Accusé de ne pas être à la hauteur de sa tâche, après avoir répondu de façon « raisonnable » (2 Co 10), Paul use de l'ironie et du sarcasme pour retourner les arguments de ses adversaires contre eux-mêmes (2 Co 11) : puisqu'ils se « glorifient » de leur expérience, Paul va le faire aussi. Pourtant, au chapitre 12, à l'instant décisif qui pourrait bien porter l'estocade finale aux prétentions des « super-apôtres », Paul prend le risque de perdre toute la partie. D'un seul coup, en effet, il se dépouille de ses habits somptueux pour revêtir les vêtements repoussants de l'apôtre du Crucifié. Ce faisant, Paul livre alors le contrepoint de l'expérience précédente. Le passage qui s'ouvre à ce moment du discours est donc très important. Au plan rhétorique, nous sommes au sommet de l'argumentation : vocabulaire de la glorification et couple force-faiblesse s'y concentrent comme jamais.

L'événement relaté aux v. 2-4 est un enlèvement au ciel, phénomène accompagnateur des visions dans la tradition apocalyptique, devenu caractéristique de la mystique juive après Johanan ben Zakkaï. La dimension de l'extase mystique est induite par le doute affectant les modalités : était-ce dans mon corps ou hors de mon corps… Mais le plus frappant est l'effet de distanciation, qui fait parler Paul de lui-même en disant : cet homme-là. La raison n'est évidemment pas à chercher dans un dédoublement schizophrénique de la conscience, mais dans un refus que le moi tire avantage de cette émotion spirituelle. Paul rejette l'idée que cet événement – dont il n'y a pas à douter qu'il ait été signifiant dans sa vie croyante –, fonde une qualité ou une autorité apostoliques. La mention de l'interdit de parler souligne d'ailleurs que l'expérience religieuse est hors langage et hors image.

Aussi Paul propose-t-il un nouveau récit aux v. 7-9a qui se présente comme le modèle inversé du précédent. La révélation n'a pas lieu au troisième ciel, mais sur la terre. Non hors du corps, mais dans le corps. Elle n'arrive pas à « cet homme », mais au « je ». Elle ne s'achève pas en paroles verrouillées, mais en un langage clair. Bref, il s'agit d'une « contre-expérience » de Dieu dont l'aboutissement n'est pas l'intimité céleste du croyant avec son Seigneur mais l'infinie distance qui sépare Paul de la puissance du Christ. Distance qui se concrétise dans la tare qui affecte l'apôtre et demeure malgré ses prières : c'est la fameuse « écharde dans la chair [38] ».

Plus de 150 hypothèses ont été émises sur l'écharde paulinienne ! Il est impossible de savoir à quoi l'apôtre fait allusion. Soulignons simplement que le terme grec *skolops* peut signifier écharde, pieu, poteau, supplice et même la croix ! C'est, d'une certaine manière, la « croix » qu'il porte : comme à Gethsémani où Jésus a prié trois fois, la coupe n'a pas été éloignée de Paul. Et la réponse que Paul reçoit ne fait pas partie de l'expérience extatique puisque Paul la communique [39]. La réponse de Dieu est introduite par : « Il m'a dit » (v. 9), ce qui peut renvoyer à une parole reçue dans la prière, mais aussi à une méditation des Écritures par lesquelles Dieu parle : « Ma grâce te suffit, car la puissance s'accomplit dans la faiblesse. » S'il y a bien refus d'exaucer la prière, ce non-exaucement n'a pas été passivement subi ; il a été expliqué et justifié. Cela a permis à Paul de le comprendre et de le surmonter.

## Relever le faible

Dans son rôle d'apôtre, Paul a été ainsi appelé à expérimenter la grâce comme une force ; celle de Dieu, pas la sienne. En lui accordant la guérison par un don qui laissait pourtant le désir insatisfait, la puissance paradoxale du Christ a inscrit la faiblesse et la croix du Christ dans celles de Paul. Guérison, car l'écharde paulinienne n'a pas seulement été acceptée mais également interprétée, à la lumière de la théologie de la Croix, comme le lieu paradoxal où s'énonce l'amour et où agit la puissance du Christ pour son disciple. Le paradoxe s'énonce ainsi : le don de la faiblesse, du dépouillement, de la mort du Christ fortifie, guérit, relève, sauve celui qui en est l'objet.

Les faits avérés sont les suivants : Philémon, converti au christianisme par la prédication de Paul (v. 19), accueille une Église dans sa maison (v. 2). L'apôtre, lui, se trouve en prison (v. 1, 10 et 13) où il a reçu la visite d'Onésime, l'esclave de Philémon (v. 11 et 15). Pendant son séjour auprès de Paul, Onésime s'est converti (v. 10). Paul souhaite garder Onésime auprès de lui (v. 13), mais ne veut rien faire sans l'accord de Philémon (v. 14). Il renvoie donc Onésime à Philémon, muni d'une lettre de recommandation : le billet connu aujourd'hui comme « épître à Philémon ».

---

38. P.-H. Menoud, « L'écharde et l'ange satanique (2 Co 12.7) », in *Jésus Christ et la Foi. Recherches néotestamentaires*, Neuchâtel, 1975, p. 23-30.

39. Le temps utilisé en grec au v. 9 souligne la validité permanent de la réponse : la grâce de Dieu est pour Paul le seul appui sur lequel il puisse construire son identité d'apôtre au cœur même de l'épreuve.

## Rm 6,1-14 : Baptisés dans la mort du Christ

### Introduction

La lettre aux Romains constitue vraisemblablement la dernière, et sans doute la plus achevée, des lettres de l'apôtre. Son authenticité est incontestée. Seule l'intégrité du chapitre 16 fait l'objet d'une discussion [40]. Elle occupe une place privilégiée dans les études pauliniennes. Pour la plupart des exégètes, et par-delà les idées fort divergentes qu'ils s'en font, elle exprime l'essence même de la théologie paulinienne.

Du Moyen Âge jusqu'au XIXe siècle, la lettre aux Romains a été interprétée comme un exposé doctrinal. Karl Barth est le dernier auteur moderne à lire la lettre exclusivement comme un exposé théologique. Une telle perspective de lecture s'intéresse peu, voire pas du tout, à l'enracinement historique de la lettre. En ce sens, elle ne peut satisfaire entièrement l'exégète moderne. Trois particularités de la lettre aux Romains incitent cependant à ne pas l'abandonner trop rapidement : tout d'abord le fait qu'elle se situe à un tournant de la vie de Paul, à un moment où sa réflexion théologique a atteint une certaine maturité (près de 25 ans après sa conversion) ; ensuite le fait qu'elle n'apparaît pas aussi directement liée que les autres écrits pauliniens à des problématiques communautaires précises (éthiques ou théologiques). Enfin, le fait incontestable que l'ensemble des chapitres 1-11 apparaît comme un exposé théologique cohérent et systématique comme il n'en existe pas dans les autres lettres.

Mais l'exégète ne peut se contenter d'une simple lecture théologique de Romains : celle-ci, pour être confirmée, doit être articulée avec une mise à jour du contexte dans lequel elle a été rédigée. Sa connaissance ne peut, en effet, que favoriser l'intelligence de la théologie mise en œuvre dans la lettre [41].

---

40. Voir discussion chez F.-J. Leenhardt, *L'épître de saint Paul aux Romains*, Genève, 1981, p. 16-18 ; voir p. 17 : « On a pensé depuis longtemps que ce chapitre 16 pourrait appartenir à une correspondance, aujourd'hui perdue, de l'apôtre avec l'Église d'Éphèse. Paul avait séjourné longuement à Éphèse et il y connaissait beaucoup de monde. L'allusion au secours reçu d'Aquilas et Prisca évoquerait l'un des moments difficiles que l'apôtre a connus en Asie. Il en va de même de la mention qu'Andronicus et Junias furent des compagnons de captivité pour l'apôtre. L'avertissement sévère contre ceux qui causent des divisions et des scandales s'accorderait avec les dangers particuliers dont nous savons que la menace pesait sur l'Église d'Éphèse (Ac 20,29 *sq.*), tandis qu'il s'accorde bien mal avec la teneur sereine du corps de l'épître ; même les chapitres 14 et 15 ignorent ce ton véhément. »

41. Voir en introduction de l'ouvrage « La constitution du Nouveau Testament. Repères historiques, littéraires et théologiques », p. 13 *sqq.*

**Plan de la lettre aux Romains**

1,1-7 : Prescript épistolaire
1,8-15 : Exorde
1,16-17 : Thèse : la justice de Dieu, puissance de salut pour le croyant
A. Rm 1,18 – 4 : De la justification de l'homme
  1,18 – 3,20 : Tous sont sous la condamnation
    1,18-32 : Les païens
    2,1-38 : Israël
    3,1-20 : Tous les hommes
  3,21 – 4,25 : Justification par la foi
    3,21-31 : Reprise et développement de la proposition initiale
    4,1-25 : L'exemple d'Abraham
B. Rm 5 – 8 : De la vie dans la justification
  5,1-11 : Exorde
  5,12-21 : Exposé des faits + proposition (20-21)
  **6,1 – 8,30 : Réponse aux objections (6,1-14 ; 6,15 – 7,6 ; 7,7-25 ; 8,1-30)**
  8,31-39 : Hymne de louange
C. Rm 9-11 : La question d'Israël
D. Rm 12-15 : Section parénétique
  12,1-2 : Exorde
  12,3 – 13,8a : Exhortations diverses
  13,8b-12 : Fondement théologique
  14,1 – 15,13 : Illustration pratique : les forts et les faibles
  15,14-33 : Conclusions, salutations et exhortations finales
  16,1-23 : Salutations personnelles
  16,25-27 : Salutations finales

Concernant le passage que nous allons présenter, on notera qu'il s'inscrit dans un contexte où Paul cherche à falsifier une objection possible contre son Évangile : puisque là où le péché abonde, la grâce surabonde (5,20), faut-il demeurer dans le péché (6,1) ? Pour tenter de répondre à cette objection, Paul utilise ici l'image traditionnelle du baptême à partir de laquelle il opère un certain nombre de déplacements.

> [1] Qu'est-ce à dire ? Nous faut-il demeurer dans le péché afin que la grâce abonde ? [2] Certes non ! Puisque nous sommes morts au péché, comment vivre encore dans le péché ? [3] Ou bien ignorez-vous que nous tous, baptisés en Jésus Christ, c'est en sa mort que nous avons été baptisés ? [4] Par le baptême, en sa mort, nous avons donc été ensevelis avec lui, afin que, comme Christ est ressuscité des morts par la gloire du Père, nous menions nous aussi une vie nouvelle. [5] Car si nous avons été totalement unis, assimilés à sa mort, nous le serons aussi à sa résurrection. [6] Comprenons bien ceci : notre vieil homme a été crucifié avec lui pour que soit détruit ce corps de péché et qu'ainsi nous ne soyons plus esclaves du péché. [7] Car celui qui est mort est libéré (lit. « justifié ») du péché. [8] Mais si nous sommes morts avec Christ, nous croyons que nous vivrons aussi avec lui. [9] Nous le savons en effet : ressuscité des morts, Christ ne meurt plus ; la mort sur lui n'a plus d'empire. [10] Car en mourant, c'est au péché qu'il est mort une fois pour toutes ; vivant, c'est pour Dieu qu'il vit. [11] De même vous aussi : considérez que vous êtes morts au péché et vivants pour Dieu en Jésus Christ. [12] Que le péché ne règne donc plus dans votre corps mortel pour vous faire obéir à ses convoitises. [13] Ne mettez plus vos membres au service du

péché comme armes de l'injustice, mais, comme des vivants revenus d'entre les morts, avec vos membres comme armes de la justice, mettez-vous au service de Dieu. 14 Car le péché n'aura plus d'empire sur vous, puisque vous n'êtes plus sous la loi mais sous la grâce.

## La tradition baptismale prépaulinienne

Elle se compose sans doute des éléments suivants, dans ce passage :

– L'expression « baptisés en Jésus Christ » (*eis Christon Iesoun*) au v. 3 est certainement une abréviation de la formule traditionnelle « baptême au nom de Jésus Christ ». Cette dernière expression signifiait, dans les traditions du christianisme primitif, qu'une personne baptisée se trouvait sous la protection et la seigneurie du Christ.

– L'idée d'un baptême « dans la mort » (*eis ton thanaton*) du Christ au v. 4 est également traditionnelle. Le thème est implicitement contenu dans une tradition comme celle de Mc 10,38. On peut supposer une relation très ancienne entre baptême et lecture sacrificielle de la mort de Jésus, en relation avec le pardon des péchés.

– Le lien entre baptême et péché s'enracine dans le mouvement de Jean Baptiste qui prêchait un baptême de repentance en vue du pardon des péchés (Mc 1,4 ; Lc 24,47 ; Ac 2,38 ; 22,16). Mis en relation avec la mort de Jésus, le baptême manifestait pour les chrétiens l'expiation des péchés. Cette connexion traditionnelle explique sans doute que Paul ait utilisé ici l'exemple du baptême dans un passage où la question du péché est pour lui déterminante.

– Le baptême était aussi conçu comme une rupture avec la vie passée marquée par le péché (idée de repentance du baptême de Jean, Mt 3,2.8 ; Mc 1,4 ; Lc 3,3.8 ; Ac 13,24 ; 19,4 ; repris par l'Église primitive, Ac 2,38) et le commencement d'une vie nouvelle fondée dans la résurrection de Jésus.

## Réinterprétation de la théologie baptismale par Paul

– En accord avec la tradition baptismale, c'est dans la mort du Christ que les chrétiens ont été baptisés (v. 3, 4 et 5). Pourtant, au verset 6, Paul emploie une expression qui lui est spécifique et que l'on trouve en Ga 2,19, en dehors de tout contexte baptismal : être baptisé en Jésus Christ, c'est être crucifié avec lui (*sunestaurôthê*). Certes, c'est une autre manière de parler du baptême en sa mort. Mais on se gardera d'oublier que lorsque Paul parle du Christ comme du Crucifié, c'est le cœur de sa réflexion théologique qui est en jeu. Christ crucifié est pour lui le scandale fondateur du christianisme (1 Co 1,18-25). En Rm 6 cette allusion explicite à la crucifixion oriente la lecture sacrificielle, au centre de la théologie baptismale traditionnelle, sur un terrain plus spécifiquement paulinien : la compréhension de la Croix comme folie en 1 Co 1,18-25 préfigure l'idée de justification par la foi telle qu'elle sera développée en Galates et en Romains.

– De fait, par la relecture de la tradition baptismale à partir du langage paulinien de la Croix, le lien baptême/purification du péché reçoit une nouvelle orientation : en tant qu'il est « baptême en Christ Jésus » (v. 3), le baptême atteste non pas d'abord le pardon des péchés (thème absent de la réflexion paulinienne en Romains à la notable

## Pécher, péché, pécheur

*Hamartêma, hamartia* : erreur, faute. *Hamartanein :* manquer le but, se tromper, commettre une faute et par extension, pécher. Le pécheur (*hamartôlos*) est coupable devant Dieu à cause de ses fautes.

Il arrive que Paul parle des « péchés » (1 Co 6,18 ; 7,28.36 ; 8,2 ; 15,34 ; 2 Co 11,7 ; Rm 14,23), et sa conviction est alors que la mort du Christ en libère le croyant, le réconciliant avec Dieu (1 Co 15,3, à comparer avec 15,17 ; 2 Co 5,21 ; Ga 1,4 ; Rm 3,25 ; 5,8). Mais là n'est pas l'essentiel de la réflexion de Paul, le thème du « pardon des péchés » étant pratiquement absent de sa réflexion (seule exception, Rm 4,7-8 citation du Ps 32,1-2 ; voir aussi Rm 11,27).

L'originalité de Paul réside dans sa réflexion sur « le » péché (au singulier) comme puissance qui asservit l'humanité (Rm 1 – 8) :

– Les hommes sont sous l'emprise du péché (Rm 3,7.9.23 ; voir 2,12) qui n'est pas ici la faute morale mais l'absence de foi, l'incrédulité qui les pousse à se poser comme leur propre référence (Rm 1,18-31). C'est la loi qui fait apparaître l'attitude des païens comme péché (1 Co 15,56 ; Rm 3,20 ; Ga 3,22) en montrant l'impasse de leur quête. Mais, pour les juifs, la loi elle-même est l'occasion du péché (Rm 7,10), devenant sujet d'adoration et de glorification au lieu de les conduire à Dieu (Rm 2,12-15.17-29).

– Adam est le type de tous les hommes qui reproduisent, après lui, la révolte de l'humanité contre Dieu (Rm 5,12-21). La mort, salaire du péché, est ici rupture de la communion avec Dieu (5,12-14.16). Seule l'obéissance du Christ (« qui n'a pas considéré comme une proie à saisir d'être l'égal de Dieu » [Ph 2,6], c'est-à-dire qui n'a pas commis *le* péché) permet la justification du croyant (Rm 5,19-21).

– Libéré du péché (c'est-à-dire rétabli dans la communion avec Dieu), le chrétien ne doit plus être soumis au péché (Rm 6,1-2.6-7.10-18.20.22-23). L'indicatif « nous sommes morts au péchés » (Rm 6,1) conduit à l'impératif : « Que le péché ne règne plus dans vos cœurs » (6,12). Après avoir une nouvelle fois souligné la puissance du péché en chaque homme (Rm 7,5.7-9.11.13-14.17.20.23.25), Paul conclut pourtant : « Il n'y a aucune condamnation pour ceux qui sont en Jésus Christ, car la loi de l'Esprit qui donne la vie en Jésus Christ m'a libéré de la loi du péché et de la mort » (Rm 8,2-3.10).

La tradition paulinienne privilégiera la compréhension traditionnelle : les « péchés » y sont compris au pluriel (Ep 4,26 ; 1 Tm 1,9.10 ; 5,20.22.24 ; 2 Tm 3,6 ; Tt 3,11), et le salut réside dans leur pardon en Christ (Col 1,14 ; Ep 2,1 ; 1 Tm 1,15).

exception de Rm 4,7-8, citation de l'Ancien Testament), mais la libération du péché compris comme puissance asservissante. Le baptême sert ici d'argumentation à une réflexion sur l'être nouveau en Christ comme libéré de la puissance du péché : « Notre vieil homme a été crucifié avec lui pour que soit détruit ce corps de péché et qu'ainsi nous ne soyons plus esclaves du péché. »

– Le baptême dans la mort du Christ est également possibilité d'une existence nouvelle (v. 4 : « marcher en nouveauté de vie »). Paul continue d'exploiter un donné traditionnel, ce que confirme le verset 5 qui est sans doute une expression baptismale traditionnelle : « Car si nous sommes devenus d'une même nature en conformité à sa mort, nous le serons à sa résurrection. » On notera ici cependant la dimension résolument future de la Résurrection qui se répétera au verset 8 (voir par contraste Col 2,12). On découvre ainsi chez Paul une tension constante qui traverse l'ensemble du passage : le chrétien marche *dès maintenant* dans une vie nouvelle et il *sera* ressuscité avec le Christ. À cette tension s'en ajoute une autre exprimée dans les versets suivants : le chrétien est *dès maintenant* libéré du péché (v. 7), mais il est invité sur le mode impératif à ne plus se soumettre au péché (v. 12-13) qui ne *régnera plus* sur lui ! Dégagé de la seigneurie du péché, le chrétien l'est non pas par son baptême mais par le Christ qui, à la Croix, a crucifié le vieil homme (ce que le baptême symbolise).

Libéré de la seigneurie du péché, le chrétien n'est pas pourtant en dehors des réalités de ce monde : cette libération est une réalité à vivre dans des corps mortels, c'est-à-dire encore marqués par les conséquences du péché. Chez Paul, la dialectique est maintenue entre un déjà-là marqué par la réalité de la « justification du péché » (Rm 6,7) et un pas-encore marqué par la dimension future de la Résurrection (emploi de temps futurs aux versets 5 et 8). Cette tension se vit dans la dynamique de *l'être en Christ* du baptisé, une existence eschatologique où le chrétien est appelé à demeurer en Christ.

## Conclusion

Lorsque Paul fait allusion au baptême, il s'inscrit dans une pratique qui le précède, sans se soucier, à aucun moment, de la fonder ou de la justifier. Paul reçoit et assume la théologie baptismale de la communauté primitive et l'interprète à partir de sa compréhension de l'Évangile. Le baptême tel qu'il est pratiqué dans les communautés primitives peut ainsi être au service de la sotériologie (Rm 6 : il atteste de la libération que Dieu accorde en Christ) ou de l'ecclésiologie (1 Corinthiens : il atteste de l'appartenance au corps de Christ qu'est l'Église) pauliniennes.

Le salut se manifeste pour Paul dans la révélation du Dieu crucifié (1 Co 1,18-25) dans la rencontre duquel l'homme trouve la justification (Rm 3,21-31). Ce cœur de l'Évangile paulinien est développé en dehors de toute référence au baptême. Celui-ci pourtant peut en être l'image (ainsi Rm 6) : le croyant atteste par le baptême reçu qu'il est « crucifié avec le Christ », c'est-à-dire qu'a été prononcée sur lui la parole de jugement sur son vieil homme qui est, en même temps, parole de justification le faisant renaître à la vie nouvelle. Signe de la grâce première et décisive de Dieu, le baptême atteste ainsi *l'être en Christ* du baptisé.

En ce sens, il atteste de ce qui advient à l'homme dans la foi (libéré de la puissance du péché, en marche vers une vie nouvelle). Comme attestation de l'être en Christ du croyant, le baptême est donc lié à la foi. Il convient cependant de préciser que, pour Paul, la foi n'est pas une « réponse » de l'homme, une « opinion », une « adhésion » ou un « instrument [42] ». Elle est rencontre, advenue du Christ à l'homme et advenue de l'homme au Christ (voir l'expression paulinienne selon laquelle l'homme est justifié par la foi *de* Jésus ou *de* Christ en Ph 3,9 ; Rm 3,22 ; Ga 2,16 ; 2,20 ; 3,22). Dans cette rencontre entre le Christ et l'homme, ce dernier reçoit son identité de fils, il reçoit la justification. Le baptême est signe de cette adoption.

Le baptême tel qu'on peut le comprendre chez Paul n'est ainsi pas d'abord lié à une décision de l'homme. Plus précisément, le baptême n'appartient pas à la sphère de la volonté humaine : il ne se demande pas, mais se reçoit comme le don de la justification dont il est le signe.

---

42. Comme cela le deviendra dans la tradition paulinienne et chez Luc ; voir Ep 2,8 : la foi comme « moyen » de salut.

## Croire, foi, fidélité

Les auditeurs de Paul sont des « croyants » (*tois pisteuousin* 1 Th 1,7 ; 2,10.13 ; Ep 1,19), par opposition aux « incroyants » (*apistos* 1 Co 6,6 ; 7,12-15 ; 10,27 ; 14,22-24 ; 2 Co 4,4 ; 6,14-15 ; 2 Th 2,12 ; 3,2). Paul constate et se réjouit de leur foi (1 Th 1,3.8 ; 3,2.5.6.7.10 ; Ph 1,25 ; 2,17 ; 2 Co 1,24 ; 8,7 ; 10,15 ; Phm 5.6 ; Rm 1,8.12 ; Ep 1,15 ; Col 1,4 ; 2,5 ; 2 Th 1,3.4.11), il les exhorte à approfondir où à vivre dans la foi (1 Th 5,8 ; 1 Co 16,13 ; 2 Co 5,7 ; 13,5 ; Ga 5,6.22 ; Ep 6,16), à veiller à la foi des plus faibles (Rm 14,1-2.22-23 ; Ga 6,10).

L'objet de la foi est la mort et la résurrection du Christ (1 Th 4,14 ; 1 Co 15,2.11.14.17), folie pour l'incroyant, sagesse de Dieu pour le croyant (1 Co 1,21 ; 2,5). Cette foi se transmet par la parole (2 Co 4,13 ; Ga 3,2.5 ; Rm 10,17) : les apôtres sont ainsi des serviteurs par lesquels les croyants ont été amenés à la foi (1 Co 3,5). La foi est don de l'Esprit (1 Co 12,9), fruit de la grâce (Ph 1,29) et de la fidélité de Dieu (1 Th 5,24 ; 1 Co 1,9 ; 10,13 ; 2 Th 3,3).

C'est en Ga et en Rm que la notion de foi prend un contenu plus spécifiquement paulinien :

– Ga 2,16a : « L'homme n'est pas justifié par les œuvres de la loi mais seulement par la foi *de* Jésus Christ. » Ceux qui croient sont descendants d'Abraham, le premier des croyants (Ga 3,6-14 ; voir v. 6). En Ga 3,22, Paul reprend 2,16 : le croyant est justifié par la foi *de* Christ (voir déjà Ga 2,20 ; Ph 3,9). Cette expression propre à Paul définit la foi comme un mouvement qui va de Dieu vers l'homme en Christ (c'est par la foi de Christ – à comprendre comme fidélité et obéissance à la volonté de Dieu, voir Ph 2,8 – que le croyant est justifié) et de l'homme vers Dieu en Christ (la foi comme rencontre de l'homme avec la grâce de Dieu manifestée dans le Christ). Ainsi comprise la foi est, dans l'acte même de la rencontre, union avec le Christ. Ce double mouvement qui va de Dieu vers l'homme et de l'homme vers Dieu en Christ est perceptible dans ces formulations caractéristiques de Paul : « Justifiés par la *foi de Jésus, nous avons cru* » ; 3,22 : « par la *foi de Jésus*, la promesse fut accomplie pour les *croyants* », et déjà Ph 3,9 : « justice par la *foi de Christ*... qui s'appuie sur *la foi* », voir aussi Rm 3,22). On peut parler ici de la foi comme d'une rencontre.

– En Rm, cette rencontre de la foi se dit avec le vocabulaire de l'obéissance (1,5 ; 16,26). Le terme exprime chez Paul l'attitude de l'homme qui découvre, dans la Bonne Nouvelle de Jésus Christ, la manifestation de la justice de Dieu (Rm 1,16-17). Cette justice a été manifestée « par la foi *de Jésus Christ*, pour *tous ceux qui croient* » (Rm 3,22 ; Rm 5,1-2). Circoncis et incirconcis sont justifiés par la foi (Rm 3,30) : la loi et la circoncision n'établissent plus le privilège du juif sur le païen (voir l'exemple d'Abraham : Rm 4,1-21, spécialement v. 10-12).

Considérant l'héritage paulinien, on note qu'en Ep 2,8 la foi (en Christ, Ep 3,12) est le moyen (Ep 3,17 ; Col 1,23) du salut, don de la grâce (on passe ici de l'idée de rencontre à celle de réponse). Différemment, les Pastorales mettent l'accent sur la foi comme contenu doctrinal, dépôt, auquel il faut adhérer (1 Tm 1,5.10 ; 2 Tm 2,2.15 *sqq.* ; 4,3). Le contenu de la foi s'apprend et se transmet (2 Tm 2,2), conduit aux belles œuvres (Tt 3,8), aboutit au salut (2 Tm 3,15) et à la vie éternelle (1 Tm 1,16). Le contenu de la foi s'oppose aux fausses doctrines (1 Tm 1,19 ; 4,1.6 ; 6,21 ; 2 Tm 2,18 ; 3,8 ; Tt 1,13 *sq.*). Vue du côté du croyant, la foi devient une des vertus chrétiennes (1 Tm 1,5.14.19 ; 2,15 ; 4,12 ; 6,11 ; 2 Tm 1,13 ; 2,22 ; 3,10 *sq.* ; Tt 2,2).

Le baptême s'impose au croyant, il est signe que Dieu, en Christ, est intervenu pour justifier le pécheur. Jamais Paul ne dit : « Vous avez demandé le baptême », mais toujours : « Vous avez été baptisés. » C'est pourquoi aussi, dans tous les passages de la première lettre aux Corinthiens où Paul parle du baptême, la dimension communautaire est fondamentale : le baptême est signe, pour l'homme, de son intégration au corps du Christ qu'est l'Église.

### Texte en écho : Col 2,12

La tradition baptismale que Paul utilise se retrouve en grande partie en Col 2,12 : « Ensevelis avec lui dans le baptême, avec lui encore vous avez été ressuscités puisque vous avez cru en la force de Dieu qui l'a ressuscité des morts. »

En Rm 6,5, Paul insistait sur la dimension future. Col 2,12 reprend Rm mais la perspective est différente : le baptisé est uni au Christ et il participe dès maintenant à la résurrection. Rm 6,3-5 met également l'accent non pas sur la dimension actuelle de la résurrection mais sur la dimension pratique de cette communion à la résurrection du Christ : marcher en nouveauté de vie. D'une certaine manière, Paul en Rm 6,4 brise la logique de l'argumentation traditionnelle ; on attendrait en effet : « Nous avons donc été ensevelis avec lui par le baptême en sa mort, afin que comme le Christ a été ressuscité des morts par la gloire du Père, nous aussi nous participions à sa résurrection. » Cela viendra au verset suivant, mais au futur : « Si nous sommes devenus d'une même nature, en conformité à sa mort, *nous le serons* en conformité à sa résurrection. »

Enfin, au verset 4, la dimension actuelle de la résurrection du Christ pour le chrétien est exprimée en termes de *vie nouvelle dans ce monde*, mais l'emploi du verbe « marcher » se rapporte explicitement au comportement éthique. La résurrection en tant que participation du chrétien au monde à venir est annoncée comme un événement futur (v. 5). La perspective est différente dans la lettre aux Colossiens où il y a, à proprement parler, une eschatologie réalisée, perspective totalement absente chez Paul.

# LA TRADITION PAULINIENNE : LES LETTRES CONTESTÉES

L'expression « tradition paulinienne » ou encore « école paulinienne » désigne les six lettres dont l'authenticité est contestée : 2 Th ; Ep ; Col ; 1 et 2 Tm ; Tt. Il faut la comprendre à l'intérieur d'un phénomène qui caractérise certains écrits du Nouveau Testament : la pseudépigraphie [43]. Ce phénomène était déjà présent dans certaines traditions prophétiques, sapientiales et apocalyptiques de l'Ancien Testament et du judaïsme ancien.

***Pseudépigraphie et canonicité***

Au plan théologique, la question est la suivante : « L'origine pseudépigraphique d'un écrit est-elle conciliable avec son appartenance au canon ? Une œuvre composée dans l'intention d'abuser ses lecteurs sur sa véritable origine peut-elle prétendre être un véhicule de la parole de Dieu ? Cette question de la légitimité théologique ne peut être totalement dissociée des résultats de l'étude historique ; elle a tendance à influencer, plus ou moins fortement, les interprétations que l'on donne au phénomène littéraire »

J.-D. Kaestli, *op. cit.*, p. 46

Ce qui caractérise la pseudépigraphie, c'est la reconnaissance d'une tradition révélée qui fait autorité et qu'il s'agit d'actualiser. C'est cette actualisation « à la manière biblique » qui confère leur spécificité aux pseudépigraphes juifs et à ceux du Nouveau Testament. C'est elle aussi qui les distingue de ceux de l'époque patristique visant à faire passer des idées hétérodoxes.

D'une manière générale, la pseudépigraphie témoigne d'un tournant dans la compréhension que l'Église de la fin du Iᵉʳ siècle a d'elle-même. La communauté chrétienne prend alors conscience :

- de la distance qui l'éloigne de ses origines ;
- de sa propre existence comme grandeur historique ;
- du retard de la parousie et de la nécessité d'affronter la durée.

## 2 TH 2,1-12 : LA CRISE ENTHOUSIASTE

### Le thème de l'eschatologie

L'auteur de la seconde aux Thessaloniciens est sans doute le responsable d'une communauté paulinienne à la fin du Iᵉʳ siècle [44]. Le corps de la lettre est constitué principalement par deux séries d'exhortations : une concerne la parousie qui, contrairement à ce qu'auraient pu laisser croire certains (arguant même d'une lettre de Paul), n'est pas encore à « l'ordre du jour ». L'autre série d'exhortations est une invitation à la persévérance et à l'action.

43. J.-D. Kaestli, « Mémoire et pseudépigraphie dans le christianisme de l'âge post-apostolique », in *RTP* nº 125, 1993, p. 41-63, spécialement p. 41-46.

44. Pour ce qui est de l'auteur – qui n'est pas Paul –, voir « La constitution du Nouveau Testament. Repères historiques, littéraires et théologiques », p. 13 *sqq.*.

**Plan de la 2e lettre aux Thessaloniciens**

1,1-2 : Prescript épistolaire
1,3-12 : Action de grâces
**2,1-12 : Les signes de la venue du Seigneur**
2,13 – 3,15 : Exhortations
3,16-18 : Salutations finales

On peut dire que la seconde lettre aux Thessaloniciens tourne autour d'une unique question : celle du retard de la parousie que l'auteur tente d'expliquer. Il s'agit vraisemblablement de calmer les esprits sans doute échauffés par l'enthousiasme apocalyptique. Le passage central est constitué par le chapitre 2.

> 1 Au sujet de la venue de notre Seigneur Jésus Christ et de notre rassemblement auprès de lui, nous vous le demandons, frères : 2 n'allez pas trop vite perdre la tête ni vous effrayer à cause d'une révélation prophétique, d'un propos ou d'une lettre présentés comme venant de nous, et qui vous feraient croire que le jour du Seigneur est arrivé.
>
> 3 Que personne ne vous séduise d'aucune manière. Il faut que vienne d'abord l'apostasie et que se révèle l'Homme de l'impiété, le Fils de la perdition, 4 celui qui se dresse et s'élève contre tout ce qu'on appelle dieu ou qu'on adore, au point de s'asseoir en personne dans le temple de Dieu et de proclamer qu'il est Dieu. 5 Ne vous rappelez-vous pas que je vous parlais de cela quand j'étais encore près de vous ? 6 Et maintenant, vous savez ce qui le retient, pour qu'il ne soit révélé qu'en son temps. 7 Car le mystère de l'impiété est déjà à l'œuvre ; il suffit que soit écarté celui qui le retient à présent.
>
> 8 Alors se révélera l'Impie, que le Seigneur Jésus détruira du souffle de sa bouche et anéantira par l'éclat de sa venue. 9 Quant à la venue de l'Impie, marquée par l'activité de Satan, elle se manifestera par toutes sortes d'œuvres puissantes, de miracles, de prodiges trompeurs 10 et par toutes les séductions de l'injustice pour ceux qui se perdent, faute d'avoir accueilli l'amour de la vérité qui les aurait sauvés.
>
> 11 C'est pourquoi Dieu leur envoie une puissance d'égarement qui les fait croire au mensonge, 12 afin que soient jugés tous ceux qui n'ont pas cru à la vérité mais ont pris plaisir à l'injustice.

Ce texte reprend le thème de l'eschatologie développé dans la première lettre. À Thessalonique, certains passages de la première lettre de Paul sur le retour du Christ ont sans doute été mal compris. Quelques prédicateurs illuminés sont de plus (2 Th 2,1 *sq.*) en train de causer une grande effervescence. Conséquence de cela, certains chrétiens ont déjà abandonné toute activité et attendent passivement la parousie (2 Th 3,6 *sqq.*).

L'intérêt de 2 Th 2 réside dans le « calendrier eschatologique » qu'il met en place. L'auteur commence par avertir ses auditeurs : ils ne doivent pas se laisser influencer par des révélations ou une lettre dont on prétendrait qu'elle viendrait de Paul (v. 2). Il faut ici supposer que les destinataires historiques de la seconde lettre aux Thessaloniciens sont influencés par des enseignants qui, prenant pour prétexte l'enseignement paulinien (peut-être même 1 Th), développent un enthousiasme apocalyptique (le Paul de

1 Th n'attend-il pas la parousie pour très bientôt ?) qui conduit à des troubles graves, comme l'arrêt des activités quotidiennes.

Pour parvenir au but qu'il s'est fixé (calmer les esprits), l'auteur propose donc un scénario en forme de « retard de mise à feu » : on n'est pas encore à la fin, on est en marche vers la fin. Ce scénario, qui est très différent de celui de la première lettre, se déploie en quatre étapes :

– Ce n'est pas encore la parousie car l'homme d'impiété n'a pas encore été manifesté.

– La raison en est que quelqu'un ou quelque chose le retient.

– Quand il se manifestera, alors le Christ le terrassera.

– Et alors ce sera le jugement sur tous les impies.

Tout cela, « Paul » l'a déjà dit à ses auditeurs, ce n'est qu'un rappel de quelque chose de connu (2,5) !

**L'eschatologie de 1 et 2 Th : tableau comparatif**

| | 1 Th | 2 Th |
|---|---|---|
| thème : | les frères morts | proximité de la parousie |
| parousie : | imminente | pour plus tard |
| description : | sobriété | scénario détaillé |
| apocalyptique : | consolation | spéculation |
| finalité : | être avec le Christ | punir les incroyants |

## L'homme d'impiété

La figure de « l'homme de l'impiété » est ici directement empruntée au livre de Daniel où elle désigne la profanation du Temple par Antiochus Épiphane en 167 (1 M 1,54) av. J. C. Pour les chrétiens, cette figure devient celle de l'Antichrist. Dans la littérature apocalyptique, le thème est fréquent : quelque chose ou quelqu'un (Dieu, un ange...) retient encore l'ennemi (une puissance mauvaise, un roi...). Dès que cette puissance sera libérée, le mal atteindra son paroxysme et alors viendra le combat final, la défaite du mal et la fin.

La question que l'on pose habituellement est la suivante : qui est donc celui qui retient l'homme de l'impiété, l'Antichrist ? Rome, Dieu, l'évangélisation des païens (c'est-à-dire Paul), Sénèque précurseur de Néron... ? Toutes les tentatives (et elles sont nombreuses) ont été, depuis dix-neuf siècles, vouées à l'échec. Mais est-il légitime de chercher une réponse à une telle question ? Oui, répondront certains, si l'on défend l'hypothèse de l'authenticité de la lettre, notamment à cause du verset 5. Non si on postule l'inauthenticité.

En effet, dans cette hypothèse, il est vraisemblable que l'auteur mette en place une stratégie rhétorique originale et osée. Pour bien la comprendre, il faut garder à l'esprit que Paul et les Thessaloniciens mis en scène sont des personnages fictifs : le texte est rédigé en effet plusieurs dizaines d'années après la période au sein de laquelle il est supposé avoir été écrit. Paul et ses destinataires sont donc censés posséder un savoir sur le scénario de la fin, savoir cependant inconnu des destinataires historiques de la lettre (qui ne sont pas des Thessaloniciens et n'ont jamais connu ni entendu Paul). De telle manière que le scénario mis en place leur est aussi étranger qu'à nous.

D'où l'hypothèse d'une stratégie rhétorique en « trompe-l'œil » qui consiste à développer un scénario d'autant plus compliqué qu'il est fictif (comme la lettre), donc invérifiable et infalsifiable. Le but étant de contrer un enthousiasme considéré comme dangereux, l'auteur met en place un délai d'autant plus long que personne n'est à même d'en définir précisément les modalités. Il ne reste plus qu'à vaquer à ses occupations, à combattre dans le quotidien en attendant la récompense.

On a donc affaire ici à un cadre apocalyptique (faussement) spéculatif au service d'une volonté d'apaiser les enthousiasmes et les dérives apocalyptiques. D'où ce rappel à l'essentiel : tenir ferme dans la foi et surtout vaquer à ses occupations. Par rapport à 1 Th, le contexte historique et ecclésiologique n'est plus le même. La persécution semble plus forte et vécue de façon plus tragique ; le regard sur le monde est également plus radicalement négatif[45]. Plus forte aussi est la recherche de pureté communautaire – il faut se séparer d'avec l'extérieur – et le souci primordial est bien la question de la parousie, alors que dans la première lettre c'était celle de la destinée des défunts. De même, alors que dans la première lettre, on avait affaire à une communauté naissante qui n'était pas en rupture avec le monde, mais qu'il fallait encourager face à l'inquiétude suscitée par la mort des frères, avec la seconde lettre on se trouve devant une communauté qui court le risque d'une dérive de type « sectaire » (surenchère élitiste et séparation d'avec le monde en raison de la conscience d'être un reste pur dans un monde impur), et à laquelle l'auteur demande de demeurer dans ce monde.

## Conclusion

L'existence de la seconde lettre aux Thessaloniciens atteste d'une évolution de la question eschatologique dans les communautés primitives. Contre l'hypothèse classique qui voudrait que l'enthousiasme apocalyptique s'apaise avec le temps, la seconde lettre aux Thessaloniciens atteste du contraire : les chrétiens de la fin du Ier siècle, du moins dans certaines communautés, pouvaient avoir plus de ferveur apocalyptique que ceux des années 50.

La seconde lettre aux Thessaloniciens peut aussi nous renseigner sur le sens de la pratique de la pseudépigraphie : il s'agit, pour l'auteur de 2 Th, d'opposer « sa » compréhension de Paul à celle de ses auditeurs (ou des enseignants qui influençaient ses auditeurs). On se trouve donc face à un conflit d'interprétation. Paul est-il le prétexte à l'enthousiasme apocalyptique ou en est-il le pourfendeur ?

La stratégie rhétorique mise en œuvre par l'auteur de 2 Th est très fine. Pour jouer « son » Paul contre celui de ses adversaires, il utilise leurs propres armes. Ainsi Paul est-il présenté sous les traits d'un parfait apocalypticien, bénéficiaire de révélations spéciales sur le scénario de la fin. Mais la complexité du scénario et la méconnaissance devant laquelle se trouvent les auditeurs historiques de 2 Th conduisent au résultat inverse de celui escompté par la communauté : seul le retard de la parousie apparaît comme une donnée sûre. Un retour à une activité normale apparaît comme la seule issue possible.

45. En 1 Th, la communauté était ouverte sur les autres et sur le monde (voir 1 Th 4,12).

## La lettre aux Colossiens

Cette lettre revêt une importance théologique certaine par sa perspective de christologie « cosmique » : elle met en effet en rapport l'œuvre salutaire de Christ avec la création tout entière (1,13-23). L'auteur développe une christologie cosmique où Christ a partie liée avec les puissances (dans le sens où il les domine) et où les croyants sont unis à lui dans sa victoire.

**Plan de la lettre aux Colossiens**

1,1-2 : Prescript épistolaire
1,3-12 : Exorde
1,13 – 2,5 : Christ et l'apôtre
  a) 1,13-23 : Hymne christologique
  b) 1,24 – 2,5 : La place de l'apôtre dans l'œuvre du Christ
2,6 – 4,6 : Exhortations
  a) Mise en garde contre les fausses doctrines 2,6 – 3,4
  b) Vieil homme et homme nouveau 3,5-17
  c) Codes de devoirs 3,18 – 4,6
4,7-18 : Messages et salutations

La lettre aux Colossiens se présente également comme une mise en garde contre des déviations doctrinales (2,16 *sqq.*). Il est même question d'une hérésie que l'auteur nomme « philosophie » (2,8), mais dont il est très difficile de déterminer avec précision les contours. Elle insiste, semble-t-il, sur l'importance et la médiation d'un certain nombre d'êtres célestes intermédiaires (2,17). Elle conduit à des pratiques (ascétiques et rituelles 2,16.18.21) qui ont pour but d'entrer en communion avec ces êtres et de participer, avec eux, au culte rendu au Christ et à Dieu.

Ce voyage vers le ciel est, semble-t-il, considéré comme les prémices du salut préfigurant la glorification finale. D'où l'accentuation mise par l'auteur de cette lettre sur l'être-avec-Christ de tout baptisé dès maintenant (cf. présentation de Col 2,12, p. 434).

## La lettre aux Éphésiens

La lettre aux Éphésiens a ceci de particulier que la mention des destinataires est textuellement incertaine. On se demande même si ce n'était pas une circulaire où figurait, à la place des destinataires, un « blanc » que l'on pouvait remplir en fonction des communautés qui la recevaient. Le plus ancien manuscrit connu ($p^{46}$) s'adresse ainsi à ses destinataires : « Aux saints et fidèles en Jésus Christ ».

À l'exception de quelques sections (2,6-9 ; 4,5-13 ; 5,29-33), cette lettre reprend l'ensemble de la matière de la lettre aux Colossiens. On en conclut que l'auteur (qu'il s'agisse de Paul ou non) a écrit la lettre aux Éphésiens à partir de celle aux Colossiens.

**Plan de la lettre aux Éphésiens**

1,1-2 : Prescript épistolaire
1,3-14 : Hymne christologique
1,15-23 : Remerciements et prière pour les destinataires
2,1 – 3,21 : Section doctrinale
- a) La grandeur du salut chrétien (2,1-22)
  - Salut personnel (1-10)
  - Salut communautaire (11-22)
- b) La grandeur du ministère de l'Église (3,1-21)
  - Exemple de Paul (1-9)
  - Vocation de l'Église (10-12)
  - Prière de Paul pour l'Église (13-21)

4,1 – 6,17 : Section pratique
- a) Exhortation à l'unité (4,1-6)
- b) Diversité des dons (4,7-13)
- c) Maintenir l'unité (4,14-16)
- d) Le vieil homme et l'homme nouveau (4,17-32)
- e) Contre les œuvres des ténèbres (5,1-14)
- f) Utiliser sagement le temps (5,15-21)
- g) Codes de devoirs (5,22 – 6,9)
- h) L'armure du chrétien (6,10-17)

6,18-24 : Salutations finales

Du point de vue théologique, la perspective est ecclésiologique. L'Église n'est pas d'abord la communauté locale, mais l'Église universelle, corps dont le Christ est la tête et qui unit juifs et païens. La perspective, comme pour la lettre aux Colossiens, est également cosmique (cf. présentation de Ep 2,8-10, p. 418-419).

## Les Pastorales

La théologie de ces lettres est particulièrement mince, et la comparaison avec les lettres majeures de Paul (Rm, Ga) est à cet égard significative. Par ailleurs elles sont si proches les unes des autres qu'il est possible d'en présenter le contenu comme un tout.

**Plan de la première lettre à Timothée**

1,1-2 : Prescript épistolaire
1,3-20 : La lutte contre les hérétiques
2,1 – 3,16 : L'organisation de l'Église
- a) La prière pour tous les hommes (2,1-7)
- b) Tenue des hommes et des femmes (2,8-15)
- c) Les responsables de l'Église (3,1-16)

4,1 – 6,19 : Recommandations diverses liées à la situation
- a) À Timothée, modèle du responsable (4,1-16)
- b) À différentes composantes de la communauté (5,1 – 6,2 ; 6,17-19)
- c) Attention aux fausses doctrines (6,2-10)
- d) À l'adresse de Timothée (6,11-16)
- e) À l'adresse des riches (6,17-19)

6,20-21 : Salutations finales

**Plan de la seconde lettre à Timothée**

1,1-2 : Prescript épistolaire
1,3-18 : Paroles d'encouragement pour Timothée
2,1 – 4,8 : Exhortations pratiques
- a) Le service désintéressé du Christ (2,1-13)
- b) Fuir les hérétiques (2,14-26)
- c) Les difficultés des derniers temps (3,1-9)
- d) La mission de Timothée (3,10-17)
- e) Proclamer la Parole (4,1-8)

4,9-18 : Recommandations personnelles diverses
4,19-22 : Salutations finales

**Plan de la lettre à Tite**

1,1-4 : Prescript épistolaire
1,5 – 3,11 : Recommandations diverses
- a) À l'adresse des anciens (1,5-9)
- b) Contre les hérétiques (1,10-16)
- c) À l'adresse des vieillards, femmes âgées, jeunes gens, esclaves (2,1-15)
- d) Le chrétien dans la société (3,1-11)

3,12-15 : Exhortations finales

## Le front polémique : la résistance aux hérésies

De manière insistante, chacune des trois lettres met en garde ses lecteurs contre les « hérétiques ». Qui sont-ils ? Sans doute des gnostiques (1 Tm 4,1-5 ; 6,20) plus ou moins judéo-chrétiens (1 Tm 1,7). L'essentiel pour l'auteur des ces lettres est qu'ils mettent la foi en danger, car leurs idées opèrent une certaine séduction (1 Tm 4,1-5 ; 2 Tm 2,17-18). L'argumentation théologique qui leur est opposée est pauvre (1 Tm 1,5 ; 4,4-5 ; à comparer avec 1 Co 1 – 4 !). Le moyen de lutte le plus fréquent reste l'argument d'autorité : injonctions aux hérétiques ou à Timothée. Les Pastorales écartent la discussion pour éviter des disputes et dénigrent assez systématiquement les hérétiques (1 Tm 3,6 ; 4,2 ; 6,4…). Le souci est de garder le bon dépôt (1 Tm 6,20 ; 2 Tm 1,12 ; 2,14). La vérité est un tout qui n'est pas mis en question par la communauté et ne peut être opposé à ceux qui s'en écartent.

D'une manière plus particulière, on doit noter que l'auteur des Pastorales défend – contre les hérésies – un certain nombre de thèmes pauliniens, notamment le salut de l'homme par la libre grâce de Dieu sans mérite spécial (1 Tm 1,13-16 ; 2 Tm 1,9 ; Tt 3,4 *sq.*), la signification de la foi en l'Évangile-parole de Dieu, qui doit avoir un effet dans la vie sous l'angle de la charité (1 Tm 1,15-16 ; 6,12 ; 2 Tm 1,8.12 ; 2,1.8 ; 3,4 *sq.* ; Tt 2,12.14). Font également partie des caractéristiques de ces lettres le combat de la foi (1 Tm 6,12-14), le refus des prescriptions alimentaires et rituelles comme ayant un sens religieux (1 Tm 4,3 *sq.*), l'exemple de Paul comme modèle de la prédication chrétienne (1 Tm 1,16 ; 2 Tm 1,8.13).

## Les structures et la conception de l'Église

Des fonctions ecclésiales (anciens, diacres, épiscopes) semblent exister et structurer les communautés amorçant la distinction ministres/laïcs absente ailleurs chez Paul. Apparaît une certaine forme de clergé avec ses cadres juridiques (1 Tm 4,14 ; 5,22 ; Tt 1,6).

L'Église est d'abord le lieu où l'on connaît et où l'on défend la vérité (1 Tm 2,4 ; 4,3 ; 2 Tm 2,25 ; 3,7 ; Tt 1,1). Les croyants sont ceux qui connaissent la vérité (1 Tm 6,5 ; 2 Tm 4,4 ; Tt 1,14) dont l'Église est la gardienne (1 Tm 3,15 ; 2 Tm 2,19). D'où les constantes références à l'apostolicité : il s'agit de sauvegarder la tradition. On voit du même coup poindre l'idée de canon (2 Tm 3,15 : les Saintes Écritures). L'unité de l'Église se caractérise par la fidélité à la saine doctrine. Les sacrements ne jouent guère de rôle ; on trouve une mention du baptême en Tite 3,3-7 : c'est le sacrement de la naissance individuelle. Les ministres sont les gardiens de la saine doctrine ; ils doivent être des modèles (1 Tm 4,12) et sont chargés d'assurer la continuité. La discipline – surtout doctrinale et morale – prend une importance considérable. Ce durcissement aurait pu s'accompagner de replis.

En fait, ce n'est pas le cas, car Dieu veut que tous les hommes soient sauvés (1 Tm 2,4 ; 4,10 ; Tt 2,11 ; 3,4) et la tension eschatologique que l'on trouve, par exemple, chez Matthieu (Mt 24-25) ne joue ici aucun rôle. En pensant à ses structures, son style de vie ou une morale à mettre en œuvre, l'Église se préoccupe, en effet, d'exister dans la société. Elle se préoccupe des moyens à mettre en œuvre pour durer. Ainsi s'explique de nombreux thèmes qui traversent ces lettres : l'universalité du salut promis à tous les hommes, la mission de l'Église, le témoignage rendu par le comportement inattaquable de ceux qui en font partie, l'exemple donné. À ces différents thèmes, il faut ajouter la soumission pacifique aux magistrats et la prière pour les rois et ceux qui maintiennent l'autorité, « afin que nous menions une vie calme et paisible en toute piété et dignité » (1 Tm 2,2).

Le « conservatisme social » dont font preuve les Pastorales s'explique aisément dans le contexte de la fin du Ier siècle de notre ère : dans les années passées, l'Église avait eu à souffrir de l'opposition juive et surtout des persécutions de l'empire. De plus le caractère attractif du message évangélique auprès des esclaves, et autres marginaux de la société, n'était pas sans inquiéter les « bien-pensants » de la société romaine. En une période de paix relative – car tout pouvait alors arriver –, il s'agissait de ne pas donner prise aux accusations de troubler l'ordre public pour des raisons sociales ou de mœurs. Témoins de Jésus Christ, les chrétiens devaient donc être de bons citoyens ; il devaient lutter contre tout ce qui pouvait mettre en danger leur témoignage dans la cité. Dans tous les domaines où ils le pouvaient (question des esclaves, des femmes, mœurs sexuelles...), ils devaient être des citoyens exemplaires afin que le « nom du Seigneur et la doctrine ne soient pas blasphémés » (1 Tm 6,1 ; voir aussi Tt 2,5).

Faut-il, sur la base de ce constat, comme on a pu le faire dans le passé, dénigrer ces lettres ? À travers ce qui peut apparaître comme un affaiblissement voire un gauchissement de la pensée de Paul, il faut

### *Pseudépigraphie et souvenirs personnels*

Les Pastorales s'efforcent à plusieurs reprises d'accréditer leur authenticité paulinienne. Cela se manifeste en particulier par quelques détails relatifs à la vie quotidienne de Paul et de Timothée. Pour les défenseurs de l'authenticité ces allusions à des situations, des personnes ou des objets concrets – telle l'invitation faite par Paul à Timothée de « boire un peu de vin pour son estomac » (1 Tm 5,23) ou encore la demande qu'il lui rapporte le manteau et les livres oubliés chez Karpos à Troas (2 Tm 4,13) – ne s'inventent pas et prouvent l'authenticité des écrits dans lesquels on les trouve.

Pourtant, « des études récentes ont montré que ces notices personnelles et ces détails concrets font partie des procédés courants de la lettre pseudépigraphique dans l'Antiquité. On en trouve des parallèles étroits dans les lettres attribuées à des philosophes cyniques, ou à Socrate et aux socratiques. Leur fonction n'est pas seulement de donner l'impression de communication fictive. Elles servent aussi à illustrer un style de vie, à proposer un modèle éthique à imiter » (J.-D. Kaestli, *op. cit.*, p. 54).

Reste pourtant à expliquer pourquoi l'auteur des Pastorales s'est si fortement identifié à Paul et à Timothée. Deux caractéristiques des lettres nous offrent des éléments de réponse :

1. D'une part, l'insistance sur la tradition qu'il faut maintenir dans toute sa pureté. Confronté à un enseignement considéré comme déviant, l'auteur cherche à défendre l'enseignement authentique, le « bon dépôt » (1 Tm 6,20-21 ; 2 Tm 1,14).

2. D'autre part, les Pastorales se singularisent par « la place unique qu'elles donnent à Paul et à son apostolat. Il y est présenté comme l'apôtre par excellence, et aucune mention n'est faite des autres apôtres. De cet "exclusivisme" paulinien, on peut conclure que les lettres sont adressées à des communautés qui définissent leur identité à partir de la figure de Paul. Paul n'est pas seulement la source de la véritable tradition : il fait partie intégrante de cette tradition » (*ibid.*, p. 55).

Il s'ensuit que, dans les Pastorales, la pseudépigraphie possède un caractère spécifique. Pour pallier l'absence de l'apôtre, l'auteur se sert, en effet, de deux moyens que Paul lui-même avait mis en œuvre de son vivant : la lettre apostolique et la délégation confiée à un collaborateur :

– « La lettre d'abord. Au moyen de ses lettres, le Paul historique poursuit son action auprès des communautés dont il est momentanément séparé et il leur annonce sa visite, qu'il souhaite aussi proche que possible. L'auteur des Pastorales reprend ce thème de la lettre comme substitut de la présence de l'apôtre [...] (1 Tm 3,14-15). Ici la venue annoncée sera indéfiniment différée mais la lettre qui contient les instructions de l'apôtre assure la permanence de son autorité dans l'Église » (*ibid.*, p. 55).

– Paul, de son vivant, avait utilisé un second moyen pour pallier son absence : l'envoi de collaborateurs qui le représentaient (1 Co 4,16-17). Cela permet de comprendre « pourquoi les Pastorales sont adressées à des collaborateurs de Paul, et non à une Église particulière ou à un groupe d'Églises. C'est par l'intermédiaire de Timothée et de Tite, qualifiés d'"enfants légitimes" ou d'"enfants bien-aimés" (voir l'en-tête des trois lettres) que l'on peut désormais accéder à l'authentique enseignement paulinien. C'est à travers eux, et à travers les ministres responsables de l'Église post-paulinienne dont ils sont la figure, que Paul demeure présent. On relèvera ensuite que Paul, en 1 Co 4,17, définit la fonction de Timothée en termes d'anamnèse : il doit "rappeler" aux Corinthiens les principes éthiques que l'apôtre enseigne en tout lieu, dans toutes les églises. Les Pastorales se présentent comme une vaste mise en œuvre de ce programme » (*ibid.*, p. 55-56).

plutôt considérer qu'elles représentent une tentative de stabilisation et d'inscription des communautés pauliniennes dans la durée. Face à ce qui apparaissait alors comme étant des déviances, et qui semblait gagner du terrain – et même si les arguments théologiques opposés sont faibles –, les Pastorales rappellent que l'Église doit s'inscrire dans le concret de l'existence humaine et que la foi chrétienne se vit en relation avec une histoire et dans une société donnée avec ses contraintes et ses influences. En d'autres mots, la foi est tout le contraire d'une fuite hors du monde et de ses réalités. À leur manière, les Pastorales témoignent de cette prise de conscience de l'Église à la fin du Ier siècle. Cette Église était en passe de solutionner les troubles causés par le retard de la parousie, la disparition des apôtres, les persécutions passées, et la confrontation présente avec les hérésies naissantes.

# OUVERTURE : PAUL, CHANTRE DE LA LIBERTÉ

Pour Paul, l'homme n'est pas un être libre par nature que la société aurait aliéné. De telle manière qu'avant de parler de l'homme en termes de liberté, il faut, chez Paul, en parler en termes d'asservissement, d'esclavage. Asservis à quoi ? Au péché (Rm 6,17). Comme nous l'avons vu, le péché, utilisé au singulier, désigne le désir d'autonomie de l'être humain, le désir d'être libre, de nous faire un nom par ses propres moyens, de se poser soi-même comme sa propre référence, de « devenir comme un dieu ». Chez Paul, cela apparaît également sous ce qu'il appelle l'aliénation de la chair [46] (7,5.18.25).

Or, en Jésus Christ, nous sommes morts au péché qui nous tenait prisonniers de nous-mêmes (Rm 6,1-14). Nous avons été libérés de l'esclavage du péché, donc du besoin de nous autojustifier. Mais la liberté reçue du Christ n'est pas de l'ordre de l'autonomie, puisque l'autonomie (ou l'illusion de celle-ci) a pour conséquence de nous inciter à nous préoccuper de nous-mêmes, à tout mettre en œuvre pour nous faire un nom. Libérés de l'esclavage du péché, nous sommes désormais esclaves de la justice (Rm 6,18). Devenus enfants de Dieu (Ga 5,21-28), nous avons été libérés de nous-mêmes pour vivre de la grâce de Dieu. Pourtant, si nous avons été déclarés *libres* du péché, nous restons tributaires de la condition humaine.

Chez Paul, la *liberté chrétienne* est, en effet, en tension dialectique entre un indicatif (« Vous avez été libérés du péché », Rm 6,18) et un impératif (« C'est à la liberté que vous avez été appelés », Ga 5,13). Libérés nous le sommes donc, mais c'est pour vivre en hommes libres, c'est-à-dire en demeurant en Christ qui fait de nous des êtres libres en nous déclarant libres du péché. En d'autres mots, nous sommes appelés à advenir à ce que le Christ à fait de nous par la foi, donc à nous ouvrir à l'œuvre de l'Esprit de Dieu. Car c'est lui qui nous fait vivre libres : « Là où est l'Esprit du Seigneur, là est la liberté » (2 Co 8,17).

Dans ce contexte, il faut ajouter que Paul ne fait de la liberté chrétienne ni un droit ni un sujet d'orgueil, ni une loi pour les autres. Car la liberté chrétienne est celle de l'amour du frère, capable de se limiter librement quand l'intérêt des autres et de l'Évangile l'exigent. C'est ce qui apparaît notamment dans les chapitres 8 et 10 de la première lettre aux Corinthiens où l'on voit Paul inviter les « forts » de la communauté à renoncer à leur liberté. Pourquoi ? Pour ne pas être une occasion de chute pour les « faibles » qui ne comprendraient pas qu'ils mangent des viandes sacrifiées aux idoles. À cela, il faut ajouter que la liberté chrétienne reçue du Christ s'adresse à chacun, de manière personnelle. Il s'ensuit que deux chrétiens, libérés et appelés à vivre de cette liberté, ne vivront pas de la même manière cette libération et sa pratique quotidienne. Là encore, la réalité de chaque existence et les contingences de l'existence doivent être prises en compte.

Bref, la liberté reçue du Christ ne se situe pas en dehors de l'histoire. Car si on a été libérés, c'est dans le cadre de son existence personnelle, avec

46. Voir plus haut encadré « Paul et la chair », p. 409.

tout ce qui la compose. Aussi la libération est-elle une longue marche dont le propre est de n'avoir aucun modèle particulier applicable à tous (le contraire de la liberté). Il s'agit bien de *devenir* libre et non pas d'obliger tout le monde à vivre la liberté de la même manière ! Même si, c'est vrai, le chrétien court toujours le danger de retomber sous l'esclavage du péché, compris comme désir d'autonomie, et parfois même en revenant à des pratiques et à des lois dans lesquelles il ne recherche que lui. Il n'est plus alors au service du Dieu de Jésus Christ, mais au service d'une loi par laquelle il emprisonne Dieu, en imaginant le séduire. Ce faisant, il se prive de sa grâce (Ga 5,1.3), et il se détourne de la seule loi qui compte : la loi du Christ qui se résume dans l'amour du frère, vécu à l'intérieur de la communauté chrétienne : « Vous, frères, c'est à la liberté que vous avez été appelés. Seulement que cette liberté ne donne aucune prise à la chair ! Mais par l'amour mettez-vous au service les uns des autres, car la loi tout entière trouve son accomplissement dans cette parole : "Tu aimeras ton prochain comme toi-même." » (Ga 5,13).

Non plus la loi pour se justifier et s'autoproclamer autonome, ou la loi qui rend capable de se suffire à soi-même ; mais la loi revisitée par l'Esprit du Seigneur, et qui se vit dans la liberté et dans la communion fraternelle : tel est le renversement que propose Paul. Seuls peuvent remplir les exigences de cette loi ceux qui ne sont plus sous la loi (Rm 6,14 ; Ga 5,18). Parce qu'ils ne sont plus préoccupés d'eux-mêmes et de leur salut, ils sont, en effet, *libres* en Christ, donc capables de vivre en Église le sens profond de la loi de Dieu qui fait de tous les hommes des frères, des fils adoptifs du même Père.

Dernier point, cette liberté reçue du Christ n'est pas sans dimension sociale. Certes, pour Paul, elle se vit dans le cadre de l'Église et des relations interpersonnelles entre frères, ce qui lui donne une dimension extrêmement concrète. Mais cette liberté vécue dans l'Église a, qu'on le veuille ou non, des répercussions sur la vie en société. On le voit dans le billet à Philémon, car – à la condition bien sûr qu'il ait suivi les recommandations de Paul –, tous ceux qui le connaissaient ont dû être surpris de le voir changer d'attitude à l'égard de son esclave Onésime. Mais, parce qu'il vivait dans l'attente du monde à venir (1 Co 7,29), c'est un aspect que Paul n'a pas développé.

# Bibliographie


### Histoire de la recherche

ALETTI J.-N., « Où en sont les études sur saint Paul ? Enjeux et propositions », in *Revue de science religieuse* n° 90, 2002, p. 329-351.

CUVILLIER E., « La recherche paulinienne : quelques travaux récents », *Études théologiques et religieuses* n° 75, 2000, p. 391-394.

### Contexte historique et éléments biographiques

COTHENET É., « Saint Paul en son temps », *Cahiers Évangile* n° 26, Paris, Éditions du Cerf, 1978.

LÉGASSE S., *Paul apôtre. Essai de biographie critique*, Paris, Éditions du Cerf-Fides, 2002.

### Introduction à la pensée de Paul

DEBERGÉ P., « Paul le Pasteur », *Cahiers Évangile* n° 126, Paris, Éditions du Cerf, 2003.

MARGUERAT D., *Paul de Tarse. Un homme aux prises avec Dieu*, Aubonne (Suisse), Éditions du Moulin, 2000.

SENFT C., *Jésus de Nazareth et Paul de Tarse*, Genève, Labor et Fides, 1983 (réédité en 2002 sous le titre : *Jésus et Paul. Qui fut l'inventeur du christianisme ?*).

### La théologie de Paul

BECKER J., *Paul. L'apôtre des nations*, Paris-Montréal, Éditions du Cerf-Fides, 1995.

BORNKAMM G., *Paul, apôtre de Jésus Christ*, Genève, Labor et Fides, 1971, 1982.

ZUMSTEIN J., « Paul et la théologie de la Croix », *Études théologiques et religieuses* n° 76, 2001, p. 481-496.

### Art épistolaire et rhétorique

BURNET R., *Épîtres et lettres. Iᵉʳ-IIᵉ siècle. De Paul de Tarse à Polycarpe de Smyrne*, Paris, Éditions du Cerf, « Lectio Divina » n° 192, 2003.

O'CONNOR J. M., *Paul et l'art épistolaire. Contexte et structure littéraires*, Paris, Éditions du Cerf, 1994.

PANIER L. (éd.), *Les lettres dans la Bible et dans la littérature*, Paris, Éditions du Cerf, 1999.

### Les lettres authentiques

*1 Thessaloniciens :*

MASSON C., *Les deux épîtres de saint Paul aux Thessaloniciens*, Neuchâtel, Delachaux et Niestlé, 1957.

LÉGASSE S., *Les épîtres de Paul aux Thessaloniciens*, Paris, Éditions du Cerf, 1999.

*Philippiens :*

COLLANGE J.-F., *L'épître de saint Paul aux Philippiens*, Neuchâtel, Delachaux et Niestlé, 1973.

LÉGASSE S., « L'épître aux Philippiens. L'épître à Philémon », in *Cahiers Évangile* n° 33, Paris, Éditions du Cerf, 1980.

*Philémon :*

COLLANGE J.-F., *L'épître de saint Paul à Philémon*, Genève, Labor et Fides, 1987.

LEHMANN R., *Épître à Philémon. Le christianisme primitif et l'esclavage*, Genève, Labor et Fides, 1978.

*Galates :*

BONNARD P., *L'épître de saint Paul aux Galates*, Neuchâtel, Delachaux et Niestlé, 1972.

LÉGASSE S., *L'épître de Paul aux Galates*, Paris, Éditions du Cerf, 2000.

*Correspondance corinthienne :*

CARREZ M., *La deuxième épître de saint Paul aux Corinthiens*, Genève, Labor et Fides, 1986.

SENFT C., *La première épître de saint Paul aux Corinthiens*, Genève, Labor et Fides, 1989.

*Romains :*

BÉNÉTREAU S., *L'épître de Paul aux Romains*, Vaux-sur-Seine, Edifac, 2 t., 1996-1997.
LEENHARDT F.-J., *L'épître de saint Paul aux Romains*, Genève, Labor et Fides, 1981.
LÉGASSE S., *L'épître de Paul aux Romains*, Paris, Éditions du Cerf, 2002.
VOUGA F., *Ce Dieu qui m'a trouvé. Vingt lettres inédites sur l'épître de Paul aux Romains*, Aubonne (Suisse), Éditions du Moulin, 1990.

**La tradition paulinienne**

Collectif, « Trajectoires pauliniennes », *Cahier biblique* n° 34 et *Foi et Vie* n° 94, 1995.
KAESTLI J.-D., « Mémoire et pseudépigraphie dans le christianisme de l'âge post-apostolique », in *RTP* n° 125, 1993, p. 41-63.

*Colossiens :*

ALETTI J.-N., *Saint Paul. Épître aux Colossiens*, Paris, Gabalda, 1993.
COTHENET É., « Épître aux Colossiens. Épître aux Éphésiens », *Cahiers Évangile* n° 82, Paris, Éditions du Cerf, 1992.

*Éphésiens :*

BOUTTIER M., *L'épître de saint Paul aux Éphésiens*, Genève, Labor et Fides, 1991.

*2 Thessaloniciens :*

LÉGASSE S., *Les épîtres de Paul aux Thessaloniciens*, Paris, Éditions du Cerf, 1999.
MASSON C., *Les deux épîtres de saint Paul aux Thessaloniciens*, Neuchâtel, Delachaux et Niestlé, 1957.

*Les Pastorales :*

COTHENET É., « Les épîtres pastorales », *Cahiers Évangile* n° 72, Paris, Éditions du Cerf, 1990.
DORNIER P., *Les épîtres pastorales*, Paris, Gabalda, 1969.
RÉDALIÉ Y., *Paul après Paul. Le temps, le salut, la morale selon les épîtres à Timothée et à Tite*, Genève, Labor et Fides, 1994.

8

# *Lire l'Apocalypse de Jean*

par Jean-Pierre Prévost[1]

Plus d'un lecteur partagera l'opinion émise par Claudel, au début de son troisième ouvrage consacré à l'Apocalypse, au sujet de ce livre biblique qu'il estimait « le plus obscur et le plus difficile du recueil sacré[2] ». Pourtant, c'est sans doute l'un des livres – sinon le livre – le mieux construit de tout le Nouveau Testament. N'en déplaise à ses détracteurs, c'est tout le contraire d'un livre écrit sous le coup d'une inspiration furibonde et dénuée de tout repère logique et de toute cohérence. Certes, les commentateurs ne s'entendent pas sur *une* structure, mais ce n'est pas faute d'indices inscrits dans le texte.

Le génie de l'auteur – ou rédacteur final – aura été source de désarroi aussi bien que d'ingéniosité pour les interprètes. Le plus ancien commentaire « complet » qui ait subsisté, celui de Victorin de Pettau (milieu du IIIe siècle) avait déjà, tout en exprimant une préférence de l'interprète pour l'un des deux pôles du dilemme, bien énoncé la nature du problème : « Il ne faut pas chercher un déroulement chronologique dans l'Apocalypse, mais chercher ce qu'elle veut dire[3]. » Autrement dit, le débat est le suivant : y a-t-il une progression linéaire du présent de Jean et des Églises d'Asie Mineure aux événements de la fin, en passant par la chute de l'Empire romain ? ou y a-t-il une lecture prophétique de l'histoire, à la fois ancrée dans le présent de l'auteur et des communautés, et qui serait projetée vers les derniers temps, eux-mêmes redéfinis à partir de la résurrection du Christ (la victoire de l'Agneau) ? Les pages qui suivent voudraient aider à entrer dans l'intelligence de ce livre à nul autre pareil qu'est l'Apocalypse de Jean.

---

1. Bibliste. Auteur de plusieurs ouvrages de vulgarisation sur l'Apocalypse. A dirigé le *Nouveau Vocabulaire biblique* récemment publié chez Bayard-Médiaspaul.
2. *Introduction à l'Apocalypse*, Œuvres complètes, t. 21, p. 93.
3. *Sur l'Apocalypse* VIII, 2, trad. de M. Dulaey, Sources chrétiennes n° 423.

## STRUCTURE ET GRANDES LIGNES NARRATIVES DE L'APOCALYPSE [4]

On a souvent écrit à propos de l'Apocalypse, et non sans une certaine exagération, qu'il y a autant de propositions de plan ou de structure qu'il y a de commentateurs de ce texte. Il est vrai qu'il est difficile, voire impossible, de rallier les commentateurs à une proposition unique, tellement les méthodes diffèrent et tellement foisonnent les indices littéraires structurants. Mais on peut dire que, grâce aux travaux récents de spécialistes comme Vanni, Lambrecht, Bauckham, Gourgues, pour ne citer que les principaux, un consensus se dessine pour reconnaître dans l'Apocalypse un ouvrage savamment construit. La structure qu'on trouvera dans les pages qui suivent voudrait rendre compte de cette nouvelle appréciation du caractère construit de l'Apocalypse. Quelques remarques, en complément de la structure proposée, permettront aux lecteurs de se rendre compte par eux-mêmes du remarquable travail littéraire qui a présidé à la composition de l'œuvre.

**Plan du livre**

**Prologue : Titre et adresse (1,1-8)**

**I. Le Ressuscité parle aux Églises (1,9 – 3,22)**
**Vision inaugurale : le Fils de l'homme (1,9-20)**
**Le Ressuscité parle aux Églises (2,1 – 3,22)**

**II. Jugement ou salut ? Le Ressuscité dévoile le sens de l'histoire (4,1 – 16,21)**

**A) Les sept sceaux (4,1 – 8,1)**
1. Prélude : la victoire du Ressuscité (4 – 5)
2. Les signes du jugement : les six premiers sceaux (6,1-17)
3. Les « cent quarante-quatre mille », un petit « reste » ? (7,1-8)
4. Le peuple innombrable des sauvés (7,9-17)

**B) Les sept trompettes (8,2 – 11,19)**
1. Prélude : « les prières de tous les saints » (8,2-5)
2. Les signes du jugement : les six premières trompettes (8,6 – 9,21)
3. Le délai de grâce : le « petit livre » et les « deux Témoins » (10,1 – 11,14)
4. La septième trompette (11,14-19)

**C) Les sept coupes (12,1 – 16,21)**
1. Prélude et délai de grâce : le combat du Dragon contre la Femme et sa descendance (12,1-18)
2. Les signes du jugement (13,1 – 16,21)

**III. De Babylone à la Jérusalem nouvelle : la victoire finale du Ressuscité (17,1 – 22,5)**
1. La chute de Babylone (17 – 18)
2. La victoire du Christ ressuscité sur les forces du mal (19 – 20)
3. L'avènement de la Jérusalem nouvelle (21,1 – 22,5)

**Épilogue (22,6-21)**

---

4. La traduction utilisée pour l'Apocalypse est celle de la Bible, nouvelle traduction (Bayard, 2001), par l'écrivain québécois Jacques Brault et le signataire de ce chapitre.

## Remarques générales

– L'étroit parallélisme qui existe entre le prologue (1,1-8) et l'épilogue (22,6-21) est reconnu par tous les spécialistes. Il suffit de recopier le texte, dans la traduction de son choix, et de les mettre sur deux colonnes synoptiques, pour apercevoir les liens.

– Tout le monde reconnaît aussi la profonde unité des chapitres 2 – 3, où le message à chacune des sept communautés est bâti sur le même modèle (voir plus bas). Pour cette raison, entre autres, bon nombre de commentateurs ont voulu y voir une section autonome, qui aurait existé indépendamment de l'œuvre. Ce n'est pas impossible, mais les recherches récentes soulignent plutôt une intégration harmonieuse au livre. Par exemple, bon nombre de promesses (accès à l'arbre de vie, vision de la Jérusalem nouvelle, don de l'étoile du matin, exemption de la seconde mort) anticipent les chapitres 21 – 22. De la même manière, il faut reconnaître les liens évidents entre les chapitres 2 – 3 et plusieurs éléments de la vision inaugurale de 1,9-20 : énumération des sept communautés, ordre d'écrire à ces mêmes communautés, titres et attributs christologiques (ces derniers, presque tous repris dans les chapitres 2 – 3). En laissant le prologue en exergue, on peut donc dire que les chapitres 1 – 3 forment une première grande section, intitulée ici « **Le Ressuscité parle aux Églises** ».

– La division en trois grandes sections repose essentiellement sur la récurrence d'une même expression au début de chacune de ces sections (avec une variante en 17,3) :

1,10 : *egenomèn en pneumati* je fus **en esprit** (BNT : *je fus inspiré*)
4,2 : *egenomèn en pneumati* je fus **en esprit** (BNT : *je fus inspiré*)
17,3 : *apènenken me… en pneumati* il me transporta **en esprit** (BNT : **par inspiration**, il me transporta)

Certes, il existe beaucoup d'autres récurrences du même genre, mais il faut reconnaître que celles-ci ont une valeur stratégique dans un livre où les visions occupent autant de place. Or les sections II et III annoncent de façon presque identique un développement majeur dans les visions : « Monte ici *et je te montrerai* » (4,1) ; « Viens. *Je te montrerai…* » (17,1.)

– Les chapitres 4 – 16, que nous avons intitulés « **Jugement ou salut ? Le Ressuscité dévoile le sens de l'histoire** », forment un tout. Ils sont au centre du livre.

Il faut convenir que cette section, la plus complexe de toutes, pose plus d'un défi aux interprètes et qu'on trouvera souvent sous leur plume des mots comme « interlude, digression, intercalation, série non numérotée (?) de signes », etc. En revanche, presque tous les interprètes reconnaissent la profonde imbrication des trois septénaires (sceaux, trompettes et coupes), ce qui devrait à tout le moins amener à voir les chapitres 6 – 16 comme formant unité. Si nous ajoutons ici les chapitres 4 – 5, c'est qu'ils forment un prélude au premier septénaire (anticipation de la victoire ou annonce d'un délai de grâce), au même titre que le début du chapitre 8 pour le septénaire des trompettes (8,2-5) et que le chapitre 12 pour celui de la vision de la femme et du dragon.

– L'unité de la dernière section n'est pas moins remarquable (17,1 – 22,5), Jean ayant dressé un tableau vivement contrasté entre la chute de Babylone et la restauration de Jérusalem [5]. D'où le titre : « **De Babylone à la Jérusalem nouvelle : la victoire finale du Ressuscité** ». Il est entendu, cependant, qu'il faut aussi relire les chapitres 17 – 20, qui traitent du sort et du jugement définitifs du dragon et des deux bêtes, en parallèle avec les chapitres 12 – 13.

– On peut trouver une confirmation d'une telle division tripartite dans les deux formules récapitulatives de 4,1 et de 17,1 : « Et la voix, la première, celle que j'entendis telle une trompette parlant avec moi... » (référence à la vision inaugurale et au discours qui s'ensuit) ; « Un des sept messagers aux sept coupes... » (référence au septénaire des coupes, maintenant complété).

– Enfin, septième remarque, les titres donnés à chacune des sections permettent de mettre en évidence la centralité du Ressuscité, dans cet admirable scénario imaginé par Jean et qui porte précisément comme titre et programme : *Dévoilement de Jésus Christ.*

## Jean, auteur de l'Apocalypse

Le visionnaire et auteur de l'Apocalypse se prénomme Jean. Mais de quel Jean s'agit-il ? Est-il aussi fils de Zébédée, et auteur du quatrième Évangile ? Serait-il cet Ancien (= Jean le Presbytre ?) qui signe les lettres dites johanniques ? Ou s'agit-il d'un autre Jean ?

La question a été débattue dès les premiers siècles, et résolue en Occident sur la foi du témoignage d'Irénée de Lyon (seconde moitié du IIe siècle) qui concluait à l'origine apostolique de l'œuvre et l'attribuait à Jean l'apôtre et l'évangéliste (voir plus bas). Alors que cette opinion a rallié un fort consensus en Occident, les Pères grecs ont été plus hésitants sur le sujet : les doutes sur le caractère apostolique de l'œuvre expliquent en partie le fait que l'Apocalypse n'est entré dans le canon des Églises d'Orient qu'au VIe siècle. Le débat a été rouvert par la recherche récente, qui n'hésite pas à distinguer – comme le proposait Denys d'Alexandrie – un Jean de Patmos et un Jean originaire de Galilée et fils de Zébédée. On parle volontiers d'école johannique pour expliquer à la fois les ressemblances et les différences entre l'Apocalypse et les autres écrits attribués à Jean (Évangile et épîtres).

Le texte lui-même ne permet donc pas de trancher avec certitude, et la position qu'on prend sur ce point dépend de l'appréciation de témoignages externes, du contexte historique induit du texte, de l'apostolicité de l'œuvre, etc. En fin de compte, on doit reconnaître que la question de l'identité précise de l'auteur n'est pas déterminante ni même essentielle pour l'intelligence de son œuvre. D'ailleurs, on notera que l'argumentation des partisans de l'origine apostolique de l'œuvre n'a pas entraîné une lecture substantiellement différente de celle que font les tenants de la position contraire. Le texte n'est ni plus facile ni plus difficile à interpréter pour les uns ou pour les autres.

---

5. C. Deutsch, « Transformation of Symbols : The New Jerusalem in Rv 21, 1-22,5 » in *Zeitschrift für die Neutestamentliche Wissenschaft und die Kunde der älteren Kirche* 78 (1987), p. 106-126.

Les trois témoignages qui suivent permettront de mieux apprécier la nature du débat qui s'est tenu au cours des premiers siècles sur cette question :

« Jean, le disciple du Seigneur, vit lui aussi, dans l'Apocalypse, la venue pontificale et glorieuse de son royaume » (Irénée de Lyon, *Contre les hérésies* IV, 20, 11 et V, 26, 1, trad. de A. Rousseau, B. Hemmerdinger, L. Doutreleau et C. Mercier, Sources chrétiennes n° 100, t. II).

« Ici, il est convenable de remarquer que Papias compte deux fois le nom de Jean : il signale le premier des deux avec Pierre et Jacques et Matthieu et les autres apôtres, et il indique clairement l'évangéliste ; pour l'autre Jean, après avoir coupé son énumération, il le place avec d'autres en dehors du nombre des apôtres : il le fait précéder d'Aristion et le désigne clairement comme un presbytre. Ainsi, par ces paroles mêmes est montrée la vérité de l'opinion selon laquelle il y a eu en Asie deux hommes de ce nom, et il y a, à Éphèse, deux tombeaux qui maintenant encore sont dits ceux de Jean. Il est nécessaire de faire attention à cela, car il est vraisemblable que ce soit le second Jean, si l'on ne veut pas que ce soit le premier, qui a contemplé la révélation transmise sous le nom de Jean » (Papias, propos rapportés par Eusèbe, *Histoire ecclésiastique* III, 5-6, trad. de G. Bardy, Sources chrétiennes n° 31).

« Qu'il s'appelle donc Jean, et que cet écrit soit de Jean, je ne dirai pas le contraire et j'accorde qu'il est d'un homme saint et inspiré de Dieu. Mais je n'accepterais pas facilement que celui-ci fût l'apôtre, le fils de Zébédée, le frère de Jacques, dont les œuvres sont l'Évangile intitulé *Selon Jean* et l'*Épître* catholique. Je conjecture en effet, d'après la manière de l'un et des autres, d'après l'aspect des discours, et d'après ce qu'on nomme l'arrangement du livre, que ce n'est pas le même » (Denys d'Alexandrie, d'après Eusèbe, *Histoire ecclésiastique*, VII, xxv, 1-2, 4-5 et 7-8, trad. de G. Bardy, Sources chrétiennes n° 41).

# CARACTÉRISTIQUES LITTÉRAIRES : STYLE, RÉDACTION

## LES RÉPÉTITIONS

Le style de l'Apocalypse a souvent été présenté sous un jour défavorable : grec souvent incorrect ou inorthodoxe, vocabulaire restreint, style répétitif et souvent étrange. Le style, il est vrai, est répétitif à souhait : les nombreuses visions sont introduites quasi invariablement par la formule « Et je vis » (32 fois : 5,1.2.6.11 ; 6,1.2.5.8.12...), tout comme les révélations orales le sont par la formule « Et j'entendis » (17 fois : 1,10 ; 5,11 ; 6,1.6 ; 7,4 ; 8,13...). La dimension universelle d'un événement ou d'une révélation est indiquée par des variantes des expressions comme « les habitants de la terre » (3,10 ; 6,10 ; 8,13 ; 11,10 ; 13,8 ; 17,8), « tout l'univers » (3,10 ; 12,9 ; 13,3 ; 16,14) et « toute tribu, toute langue, tout peuple et toute nation » (5,9 ; 7,9 ; 10,11 ; 11,9 ; 13,7 ; 14,6 ; 17,15), tandis que les théophanies sont accompagnées de manifestations cosmiques (« des éclairs, des voix, des tonnerres » : 4,5 ; 8,5 ; 11,19 ; 16,18, avec des variantes mineures).

La répétition ne s'arrête toutefois pas au niveau lexical et idiomatique. Des scènes entières sont dupliquées : « le trône dressé dans le ciel et quelqu'un assis sur ce trône » (4,1-11 ; 5,1-14) ; le « volume » d'abord scellé puis ouvert (5,1-10 ; 10,1-11) ; le « cheval blanc » et « vainqueur » (6,2 ; 14,11-16) ; la foule des « cent quarante-quatre mille » (7,4-8 ; 14,1-5) ; la bête qui monte « de la mer » (10,1-10) et celle qui monte « de la terre » (10,11-17) ; le jugement de Babylone (18,1-24 ; 19,1-8) ; la Jérusalem nouvelle (présentée non seulement en deux mais en trois volets : 21,1-8 ; 21,9-27 ; 22,1-5).

Toutes ces répétitions peuvent sembler déroutantes et parfois fastidieuses au lecteur moderne. Elles ne sont toutefois pas de simples répétitions, l'auteur procédant par touches successives et par intensification dramatique. En cela il s'inscrit parfaitement et avec brio dans la mouvance de la poésie biblique, hébraïque en particulier, qui aime utiliser les parallélismes, les échos sonores, les inclusions et autres procédés de « focalisation sémantique [6] ». Au début de ce chapitre sur la poésie hébraïque, Alter suggère même que c'est *peut-être* dans l'Apocalypse qu'on trouve les « passages poétiques... les plus impressionnants » (p. 744) de tout le Nouveau Testament. Bien sûr, Jean écrit en grec, mais les procédés de composition sont tout à fait en consonance avec la poésie hébraïque de l'Ancien Testament.

## INTERTEXTUALITÉ

Un second trait littéraire caractéristique de l'Apocalypse est le jeu de l'intertextualité. La Bible, on le sait, s'écrit avec la Bible. L'Apocalypse a été placée en dernière position du canon chrétien des Écritures et s'avère l'un des derniers livres du Nouveau Testament à avoir été écrit. Le livre est donc dans une position tout à fait privilégiée pour faire jouer l'intertextualité des

6. Robert Alter, « Les caractéristiques de la poésie hébraïque ancienne », in *Encyclopédie littéraire de la Bible*, sous la direction de R. Alter et de F. Kermode, Bayard, 2003 p. 750.

Écritures. De fait, on se rend compte que Jean est passé maître en la matière, au point où son livre, sans jamais présenter de citation formelle, est tissé d'allusions à l'Écriture et pourrait fort bien être présenté comme un *midrash*.

### *Apocalypse et références vétéro-testamentaires*

Les premiers chapitres de la Genèse (Gn 1 – 3) sont évoqués principalement avec les thèmes du Dieu créateur (Ap 4,11) et de la création nouvelle (Ap 21), de l'arbre de vie (Ap 2,7 ; 22,1-5) et de l'antique serpent (Ap 12,9). La tradition de l'Exode y est également omniprésente : mention de la manne cachée en 2,17, figure de l'Agneau avec ses connotations pascales (Ex 12), allusions à la théophanie du Sinaï avec « des éclairs, des voix, des tonnerres » (voir références plus haut), référence explicite à « l'hymne de Moïse, serviteur de Dieu » (Ap 15,3 ; Ex 15), reprise de sept des dix plaies d'Égypte (Ap 8 ; 16), pour ne nommer que les principales.

La tradition prophétique est, on s'en doute, abondamment représentée, habilement retravaillée par Jean et adaptée à son propos. Jean s'appuie notamment sur Isaïe et Jérémie, mais plus encore sur Ézéchiel et sur Zacharie. On le voit commenter à sa manière la vision de gloire de Is 6 : « Saint, saint, saint… » (Ap 4) et la finale du même livre annonçant la création et la Jérusalem nouvelle (Is 65 – 66 : voir Ap 21 – 22). De Jérémie, il exploite surtout la thématique de la captivité ; Ap 13,10 reprend presque mot à mot Jr 15,2, et il pourrait bien lui avoir emprunté la métaphore du dragon, que le prophète de l'Ancien Testament appliquait à Nabuchodonosor, roi de Babylone (Jr 51,34), pour la rediriger contre un ou des représentants du pouvoir impérial romain (Ap 12 – 20). Jean relit et réécrit en quelque sorte certaines des pages les plus fortes du prophète Ézéchiel : sa vision des quatre animaux et du char de gloire (Ap 4 // Ez 1) ; la manducation du livre (Ap 10 // Ez 2 – 3) ; l'oracle sur la chute de Tyr (Ap 18 // Ez 28), etc. Enfin, le livre tardif et relativement bref de Zacharie (seulement 14 chapitres) est mis à contribution par Jean, qui en intègre la vision des chandeliers (Za 4,1-14 ; voir Ap 1,12.20) et celle des chevaux (Za 1,8 ; 6,1-8 ; voir Ap 6). Jean s'inspire également de Za 4,3.14 pour sa description des deux témoins (Ap 11,4).

La tradition psalmique n'est pas en reste, puisque l'œuvre de Jean est ponctuée d'hymnes d'action de grâces et de louange ainsi que de cris de supplication et de lamentation, et qu'on y trouve les seuls *alléluia* du Nouveau Testament (Ap 19,1.3.4.6), les seuls d'ailleurs de toute la Bible qui soient en dehors du psautier. Enfin, le livre de Daniel occupe une place tout à fait privilégiée dans l'écriture (et l'Écriture) de Jean : la figure du « fils d'homme » (Ap 1,13 // principalement Dn 7,13-14), les nombreuses références à Babylone dans les deux livres, la représentation du pouvoir impérial sous la forme de monstres venus de la mer (Ap 13 // Dn 7), le rôle protecteur de l'ange Michel à l'endroit du peuple de Dieu (Ap 12 // Dn 12), la durée du temps d'épreuve, équivalant à trois ans et demi (Ap 11,2 ; 12,6.14 // Dn 7,25 ; 12,7), etc.

Mais il ne faudrait pas croire que l'intertextualité s'arrête à l'utilisation de l'Ancien Testament. Contrairement à l'opinion encore trop répandue selon laquelle l'Apocalypse est un corps étranger dans le Nouveau Testament, il faut redire son enracinement profond dans la tradition évangélique : place centrale de la mort-résurrection du Christ, figures du fils d'homme (à comprendre à la lumière des quelque quatre-vingts emplois dans le Nouveau Testament comme titre christologique) et de l'Agneau (à mettre en parallèle avec Jn 1,29.35.36), liens avec l'« apocalypse synoptique » (Mt 24 ; Mc 13 ; Lc 21), affinités avec les Béatitudes (voir Mt 5 et Lc 6), proclamation d'un « évangile éternel » (Ap 14,6), festin messianique (Ap 19,9 à comparer avec Mt 22), etc.

## Les symboles

Au nombre des autres traits littéraires caractéristiques de l'Apocalypse figure, bien sûr, le recours aux symboles. Les deux citations qui suivent montrent comment, à plus de quinze siècles de distance (IVe et XXe siècles), les témoignages de Jérôme, l'exégète et traducteur, et de Northrop Frye, critique littéraire, s'accordent sur la puissance d'évocation du vocabulaire et de l'imagerie utilisés dans l'Apocalypse :

> « **L'Apocalypse contient autant de mystères que de mots.** *C'est encore trop peu dire ; vu le mérite de ce volume, toute louange est insuffisante ; en chacun des mots se cachent des sens multiples* » (*Jérôme, Lettre LIII. À Paulin, prêtre*, § 9, texte établi et traduit par J. Labourt, Paris, Les Belles Lettres, 1953, p. 23).
>
> « Nous pouvons peut-être prendre le livre de Job comme le condensé du récit de la Bible, de même que **l'Apocalypse est le condensé de son imagerie** » (Northrop Frye, *Le grand code. La Bible et la littérature*, trad. de l'anglais par C. Malamoud, Paris, Éditions du Seuil, 1984, p. 264).

Ce qui paraît, à coup sûr, comme un hommage bien senti au génie de Jean de la part de ces deux interprètes, fait pourtant difficulté à plus d'un lecteur. D'une part, il en est pour récuser totalement la dimension symbolique de l'œuvre : c'est le cas notamment d'un grand nombre de lectures fondamentalistes. Comme on le verra un peu plus loin, de telles lectures, qui se prétendent littérales, vont justement à l'encontre d'avertissements explicites de l'auteur, qui donne lui-même la clef de certains symboles ou encore prévient le lecteur que tel ou tel mot doit être entendu dans un sens *mystérieux* ou *spirituel*.

D'autre part, ils sont nombreux ceux qui, après un premier contact avec l'œuvre, se disent désemparés par un tel foisonnement d'images et de symboles : animaux ailés, monstres hybrides aux multiples têtes et cornes, chevaux fantastiques, agneau égorgé et pourtant debout, éclairs, tonnerres et tremblements de terre, sceaux, trompettes et coupes, chiffres, couleurs, et tant d'autres. Surgissent aussitôt les questions : pourquoi tous ces symboles ? Jean n'aurait-il pas pu parler plus clairement ? C'est le langage symbolique lui-même qui semble faire difficulté. Essayons d'y voir un peu plus clair, en procédant graduellement.

Fort heureusement pour nous, Jean prend lui-même la peine de nous mettre sur la piste symbolique. S'il nous dit qu'on retrouve le cadavre des deux témoins « sur la place de la grande ville qu'on nomme *spirituellement* Sodome et Égypte » (11,8), il faut comprendre qu'il s'agit en réalité d'une ville autre que Sodome et autre qu'une ville d'Égypte : cette ville semble bien être Jérusalem (« là même où leur Seigneur fut crucifié »), que le prophète *compare* à Sodome détruite pour sa corruption, et à l'Égypte comme terre d'esclavage. De même, à propos du nom de « Babylone » inscrit sur le front de la grande prostituée, Jean précise que ce nom est un « mystère » (17,5). Il faut donc comprendre que c'est en quelque sorte un surnom donné à la ville visée, qui ne peut être que Rome (voir encadré sur Babylone = Rome).

Dans ces deux exemples, Jean dit qu'il y a symbole. Mais il est aussi des cas où, après nous avoir présenté une image, Jean s'empresse de la décoder pour nous et d'en donner le sens. Ainsi en est-il de la double image du fils d'homme se tenant « au milieu des (sept) lampadaires » et tenant « dans sa main droite sept étoiles » (1,12.16). Jean dirige nos regards au-delà du signe, du symbole : « les sept étoiles **sont les sept messagers** des sept communautés et les sept lampadaires **sont les sept communautés** » (1,20). Même chose pour les « sept têtes » de la prostituée, elle-même symbole de la bête : « les sept têtes, **ce sont sept montagnes où la femme est assise, et ce sont sept rois** » (17,5). Qui, parmi les Anciens, n'aurait pas compris qu'il s'agit de Rome, la ville aux sept collines et le siège du pouvoir impérial de l'époque ?

***Babylone = Rome***

Babylone, ville située sur les rives de l'Euphrate et réputée notamment pour la beauté de ses jardins, est, pour les auteurs bibliques, la capitale honnie d'un empire responsable de l'exil de Jérusalem et de Juda, en deux vagues successives (597 et 587 av. J. C.). Elle est mentionnée douze fois dans le Nouveau Testament, dont six dans l'Apocalypse (14,8 ; 16,19 ; 17,5 ; 18,2.10.21). Pour les six emplois qui restent, cinq sont des références historiques et géographiques à la capitale de l'empire et à l'exil du peuple élu (Mt 1,11.12.17 [2 fois] et Ac 7,43), tandis que 1 P 5,13 emploie le nom de façon symbolique pour désigner la communauté chrétienne habitant à Rome (= Babylone) : « La communauté qui se trouve à Babylone, élue comme vous, ainsi que Marc mon fils, vous adressent leur salut. » C'est la seule référence positive à « Babylone » dans le Nouveau Testament, et les commentateurs de la première lettre de Pierre sont unanimes à y voir une désignation de la jeune communauté chrétienne de Rome.

Lorsque Jean, dans l'Apocalypse, parle de Babylone comme d'un « mystère », il n'invente donc rien. Le nom, qui est en fait un surnom, circule déjà dans les milieux chrétiens à propos de Rome, comme c'était le cas d'ailleurs dans les milieux juifs : « Ce roi redouté et sans scrupules (= Néron) s'enfuira de Babylone (= Rome) » (*Oracles sybillins*, V, 143 ; voir aussi V, 158).

La raison d'une telle association entre Rome et Jérusalem est simple : Rome, et Rome seule, partage avec Babylone la triste et double responsabilité d'avoir déporté la population de Jérusalem *et* d'avoir incendié et pillé le temple de Jérusalem. Chaque fois donc qu'on entend résonner, dans l'Apocalypse, le nom de Babylone, on ne peut oublier cette double tragédie. C'est dire que Jean relit l'histoire de la fin du Ier siècle à la lumière des horreurs et des blasphèmes jadis commis par Babylone et son roi, Nabuchodonosor. Si Jean interprète le présent des communautés comme un passage de l'oppression à la libération, c'est-à-dire comme un nouvel exode, comme au temps de Moïse et de Pharaon, il le voit tout autant comme un temps de passage de la captivité au retour à la cité bien-aimée, reconstruite et renouvelée de fond en comble : la nouvelle Jérusalem (Ap 21 – 22).

Outre ces deux types d'indications fournies par l'auteur, le lecteur ne manquera pas non plus d'être frappé par l'usage combiné, de la part de Jean, de l'adjectif « semblable » (*homoios* : 21 des 45 emplois dans le Nouveau Testament), et de l'adverbe « comme » (*hôs* : 58 fois, soit le plus haut total pour le Nouveau Testament). La toute première vision illustre bien cette caractéristique du langage de Jean, puisqu'on les trouve tous les deux, adjectif et adverbe : « j'aperçus sept lampadaires d'or et au milieu des lampadaires *une sorte de* (*homoion*) *fils d'homme* revêtu jusqu'aux pieds d'une tunique serrée à la poitrine par une ceinture d'or. Sa tête et ses cheveux *étaient blancs comme laine blanche et comme neige*, ses yeux *comme flamme de feu*, ses *pieds semblables (homoioi) à du bronze affiné* en fournaise ardente, et sa voix *comme voix des eaux multiples*... » (1,13-15.) En trois versets seulement, on a déjà six comparaisons.

À l'autre extrémité du spectre, pour parler cette fois du tourment qui affligera « ceux qui n'ont pas le sceau de Dieu sur leur front », Jean présente de façon tout à fait surréaliste, et à grand renfort de comparaisons plus étranges que les autres, ces sauterelles à qui il « fut donné un pouvoir *comme* ont pouvoir les scorpions de la terre » (9,3). Veut-il vraiment parler de sauterelles ? La description qu'il en fait nous renvoie à un monde fantastique : « Ces *sortes de* sauterelles étaient *semblables à des chevaux* équipés pour la guerre : sur leurs têtes, *comme des couronnes d'or*, et leurs faces *comme des visages humains*. Elles avaient des cheveux *comme ceux des femmes*, et des *dents comme celles des lions*. Elles avaient un thorax *semblable à une cuirasse d'acier*, et le bruit de leurs ailes était *comme le bruit des chars* à plusieurs chevaux courant à la guerre. Elles ont des queues, avec des dards, *semblables à celles des scorpions*... » (9,7-10.)

Comment ne pas voir que Jean porte continuellement notre regard ailleurs, et qu'il n'y a pas lieu de chosifier les représentations ? « Le symbole donne à penser », écrivait Ricœur. Jean l'avait déjà compris, lui qui multiplie les comparaisons et les images, qui exigent ensuite d'être décodées et interprétées. Le symbole sollicite l'intelligence et l'imaginaire du lecteur, et c'est une des grandes richesses du symbole d'être ouvert, de prêter à plusieurs interprétations. C'est peut-être l'un des plus grands malentendus au sujet de l'Apocalypse : on voudrait un langage univoque, objectif, qui ne prêterait à aucune interprétation dite « subjective ». N'est-ce pas tuer le mode de communication choisi par Jean, et rendre, *de facto*, impossible la lecture de l'Apocalypse ?

Un dernier mot sur la difficulté ressentie devant les symboles de l'Apocalypse. Force est de constater qu'elle est souvent liée à un manque de familiarité avec l'Ancien Testament. Ce n'est pas que le symbole soit incompréhensible, mais bien que son arrière-plan nous échappe. La difficulté alors n'est pas insurmontable. Relisons l'Ancien Testament, et l'Apocalypse nous paraîtra certainement moins étrange, et de nombreux passages s'éclaireront d'eux-mêmes.

**Résistance (*hypomonè*)** : 1,9 ; 2,2.3.19 ; 3,10 ; 13,10 ; 14,12. Nouveau nom de l'espérance pour les temps de crise majeure. Il décrit bien, avec le terme « royauté », le versant positif de la situation de Jean, décrite autrement comme « oppression » (1,9). C'est aussi le mot d'ordre, la consigne que Jean donne au plus fort de la crise, au moment où il est question du combat sans merci mené par la bête : « Si quelqu'un est promis à la captivité, qu'il aille en captivité. Si quelqu'un doit être tué par l'épée, qu'il soit tué par l'épée. C'est ici la résistance et la fidélité des saints » (13,10).

**Heureux (*makarios*)** : le mot est employé huit fois en Mt 5 et quatre fois en Lc 6 pour les béatitudes attribuées à Jésus. Ici, tout au long du livre, on trouve sept béatitudes (1,3 ; 14,13 ; 16,15 ; 19,9 ; 20,6 ; 22,7.14). La première et l'avant-dernière sont générales et promettent le bonheur à quiconque fait une lecture appliquée du livre ; celle de 16,15 est une invitation à demeurer vigilant en tout temps pour « le grand jour » du Dieu Tout-Puissant, et les quatre autres annoncent le monde nouveau de la Résurrection.

**Témoin/témoignage (*martys/martyria*)** : si les mots *témoin* (cinq emplois) et *témoignage* (neuf emplois) ont dans l'Apocalypse un sens juridique indéniable, ils prennent déjà le sens *martyrologique* qu'il aura dans la théologie chrétienne, pour désigner le témoignage scellé par la mort. Tous ceux qui reçoivent dans l'Apocalypse le titre de *témoin* sont, en effet, passés par la mort et par une mort violente liée à l'ensemble de leur *témoignage*, à commencer par le Christ, témoin « crédible » par excellence et « premier-né d'entre les morts » (1,5 ; 3,14). À sa suite, il faut mentionner Antipas de Pergame, « mon fidèle, lui qui a été tué chez vous » (2,13), puis les deux témoins prophètes, tués par la bête (11,3.7), et enfin tous les témoins de Jésus dont le sang enivre la prostituée (17,6). Quant au mot *martyria* (*témoignage*), il a une connotation christologique très forte, alors qu'on trouve six fois sur neuf l'expression *le témoignage de Jésus*, à comprendre sans doute au sens d'un génitif objectif, c'est-à-dire *sur Jésus* (1,2.9 ; 12,17 ; 19,10 [2 fois] ; 20,4).

**Agneau (*arnion*)** : le mot apparaît vingt-neuf fois dans le livre, toujours comme titre christologique, à l'exception de 13,11, où il est dit que la deuxième bête « avait deux cornes comme un agneau et elle parlait comme un dragon » (parodie). Dès sa première apparition, il est décrit comme « semblant égorgé » (5,6), le participe passif *esphagmenon* étant repris en 5,12 et 13,8 avec *arnion*. C'est le même verbe qui est employé par la Septante en Ex 12,6 à propos de l'Agneau (*probaton*) pascal. L'importance de la symbolique de l'Exode dans l'Apocalypse (voir plus haut) oriente naturellement les regards de ce côté, mais on ne peut écarter les rapprochements possibles avec la figure mystérieuse du Serviteur souffrant, « mouton mené à l'abattoir » (Is 53,7) et celle du prophète Jérémie, qui se décrit « comme l'agneau docile qu'on mène à l'abattage » (Jr 11,19). La figure de l'agneau combine à la fois l'image du sacrifice ayant valeur de rachat/rédemption et celle de la non-violence et de la docilité de la victime offerte.

**Bête (*thèrion*)** : l'Apocalypse revendique 39 des 46 emplois du mot dans le Nouveau Testament, dont 31 – tous au singulier et, pour la plupart, avec l'article défini : « *la* bête » – dans les seuls chapitres 13 – 17. Les autres emplois dans le Nouveau Testament sont tous à prendre au sens propre, à l'exception de Tt 1,12. En revanche, le sens est toujours métaphorique dans l'Apocalypse, et il reprend la métaphore créée par Daniel (dix fois le mot *thèrion* dans son chapitre 7 : versets 3.5.6 [2 fois].7 [2 fois].11.17.19.23), pour montrer le caractère inhumain, monstrueux du pouvoir : « Les quatre vents du ciel brassaient la mer immense d'où ont surgi quatre énormes bêtes différentes... ces quatre énormes bêtes sont quatre rois qui se lèveront de la terre » (Dn 7,3.17).

**Sept (*epta*)** : ce chiffre était déjà considéré comme « chanceux » ou synonyme de plénitude et de complétude d'abord chez les Babyloniens, puis chez les auteurs de l'Ancien Testament (Gn 1 – 2 : sept jours de la création ; Gn 4,24 : Lamek venge Caïn sept fois ; Ex 25,31-40 : le chandelier à sept branches, etc.). C'est le cas aussi dans le Nouveau Testament : à preuve les « sept pains » des récits de multiplication (Mt 15,34 et par.), les « sept démons » de Marie-Madeleine (Mc 16,2 ; Lc 8,9), le pardon jusqu'à « sept fois » et même jusqu'à « soixante-dix fois » (Mt 18,21-22 ; Lc 17,4), etc. L'Apocalypse est le livre qui exploite le plus ces propriétés du chiffre biblique : 54 fois en tout. Pour les réalités positives, il s'agit donc de plénitude, de perfection et d'universalité (esprits, églises, chandeliers, étoiles, etc.), tandis que pour celles qui sont affectées d'un coefficient négatif (sceaux, trompettes, coupes), on parlera plutôt de comble et de paroxysme, ou de malice et de violence extrêmes.

**Prophète** (10,7 ; 11,10.18 ; 16,6 ; 18,20.24 ; 22,6.9)/**prophétie** (1,3 ; 11,6 ; 19,10 ; 22,7.10.18.19) : le livre de l'Apocalypse est le seul de tout le Nouveau Testament à revendiquer le titre de *prophétie* (1,3 et tous les emplois du mot dans l'épilogue, chapitre 22), et Jean est tenu pour un prophète par le « messager » qui lui montre la Jérusalem en gloire et le fleuve ainsi que l'arbre de vie en son milieu : « Je suis un serviteur comme toi *et tes frères les prophètes* qui gardent les paroles de ce volume » (Ap 22,9).

**Grand (*megas*)** : Jean a le sens de l'emphase. L'Apocalypse revendique à lui seul le tiers des emplois de l'adjectif *grand* dans le Nouveau Testament (80 sur un total de 242). L'adjectif sert à marquer la solennité d'une révélation ou d'une proclamation : *phônè megalè* « voix forte » : 5,2.12 ; 10,3 ; 11,12 ; 14,7 ; 21,3, la gravité d'un fléau ; 6,4 : la grande épée du deuxième cavalier ; 7,14 : « la grande oppression » ; 6,12 ; 16,18 : un « violent tremblement de terre », la puissance des forces du mal ; 12,3.9 : le dragon ; 16,19 ; 18,2.10.16... : Babylone ;

13,5.13 : les blasphèmes proférés et les prodiges opérés par la bête. En contrepartie, de « grandes voix au ciel » célèbrent la grande « puissance » de Dieu et de son règne (11,17), bientôt manifestée dans le « grand signe » de la femme du chapitre 12 (v. 1).

**Vaincre (*nikaô*)** : on le trouve 17 fois dans le livre (sur un total de 28 pour le Nouveau Testament). En dehors de l'Apocalypse, un seul emploi comporte une référence à la résurrection de Jésus, et encore, elle est indirecte (Jn 16,33 ; à relire à la lumière de 1 Jn 5,4, seul emploi de *nikè/victoire* dans le Nouveau Testament). Dans l'Apocalypse toutefois, le verbe fournit une clef importante pour comprendre la résurrection du Christ et ses répercussions dans le combat livré aux forces du mal. Si la victoire est d'abord celle du Christ (5,5 ; 17,14 ; peut-être 6,2), Jean met surtout en lumière la participation des croyants à cette victoire du Christ : à preuve les sept emplois du mot « vainqueur » en conclusion des messages aux Églises (2,7.11.17.26 ; 3,5.12.21), et la proclamation de leur victoire à l'issue du combat contre leurs adversaires (12,11 ; 15,2 ; 21,7). On comprendra que le verbe ne soit appliqué que de façon très restreinte à la bête (11,7 ; 13,7), et ce, pour une victoire fragile et provisoire.

**Trône (*thronos*)** : les trônes, mentionnés 47 fois, font partie du décor de l'Apocalypse. Or, à l'exception de 2,13 qui fait référence au « trône de l'Adversaire (= Satan) » et de 13,2 et 16,10 évoquant ceux du dragon et de la bête, tous les emplois se réfèrent à la cour céleste : le trône divin lui-même (4,2 *sqq.*), celui du Christ-Agneau (3,21 ; 5,6), des vingt-quatre vieillards (11,16) et, sans doute aussi des martyrs (20,4). Expression de la majesté divine, le trône céleste est aussi symbole de la royauté divine et de l'autorité du Dieu juge.

## L'Apocalypse dans l'art

Dans le cas d'un livre aussi discuté que l'Apocalypse, l'histoire de l'art s'avère un lieu privilégié pour vérifier le degré de popularité de l'œuvre et les couleurs qu'elle revêt dans l'imaginaire chrétien. Or, avec l'exubérance de ses symboles et de ses images, l'Apocalypse s'impose comme l'un des hauts lieux de l'imaginaire chrétien, et les représentations qui en découlent meublent les châteaux, les musées, les cathédrales et les bibliothèques du monde : tableaux, vitraux, tapisseries, enluminures, gravures, icônes, mosaïques de toutes sortes et de toutes les époques, rendent, chacun à sa manière, hommage au créateur et, disons-le, à l'artiste de génie qu'était le visionnaire de Patmos.

La multiplicité et la diversité de ces œuvres témoignent non seulement de la faveur de l'Apocalypse auprès des artistes et de son éventuelle visibilité auprès du public, mais aussi d'une lecture beaucoup plus équilibrée et sereine qu'on a voulu le faire croire à certaines époques. Les travaux de spécialistes de l'histoire de l'art comme

Yves Christe [7] et Mireille Mentré [8], ainsi que de l'exégète Pierre Prigent [9], livrent à ce sujet un témoignage aussi convaincant qu'érudit. On ne saurait entrer ici dans trop de détails, mais on trouvera dans leurs ouvrages une juste appréciation de cette richesse iconographique inspirée par l'Apocalypse.

La liste qui suit donne un bref aperçu d'œuvres illustrant à la fois la richesse du symbolisme de l'Apocalypse et la sérénité de la lecture – essentiellement christologique et ecclésiologique – qui en a été faite par les artistes au cours des âges.

## Mosaïques

Christ en majesté avec les vingt-quatre vieillards (Arc triomphal de Sainte-Marie-Majeure, Rome, Vᵉ siècle)

Christ au milieu des vingt-quatre vieillards (Arc triomphal, Saint-Paul-hors-les-Murs, Rome, reconstruction au XIXᵉ siècle d'une œuvre originale du milieu du Vᵉ siècle)

Agneau sur le trône, entouré des quatre animaux (Arc triomphal de Saint-Côme-et-Saint-Damien, VIᵉ siècle)

Agneau avec le livre scellé (Saint-Vital, Ravenne, VIᵉ siècle)

Christ avec les quatre vivants et les vingt-quatre vieillards (Sainte-Praxède, Rome, IXᵉ siècle)

## Vitraux

Médaillons du Christ (3), chacun étant commenté par quatre médaillons « en pétales » (cathédrale Saint-Étienne de Bourges, première moitié du XIIIᵉ siècle)

Christ à l'épée (cathédrale Notre-Dame d'Amiens, XIIIᵉ siècle)

Rosace de la Sainte-Chapelle (Paris, XVᵉ siècle – reproduction d'un vitrail original du XIIIᵉ siècle)

## Sculpture monumentale

Christ en majesté, entouré des quatre animaux et des vingt-quatre vieillards (portail de Moissac, France, XIIᵉ siècle)

Portail de Notre-Dame de Reims (seconde moitié du XIIIᵉ siècle)

7. *L'Apocalypse de Jean. Sens et développements de ses visions synthétiques*, Paris, Picard, 1996, 271 p. ; *Jugements derniers*, Zodiaque, (s.d.), 371 p.

8. Mireille Mentré, *La peinture mozarabe. Un art chrétien hispanique autour de l'an 1000*, Paris, Desclée de Brouwer, 1995 (© 1994), 300 p. ; – *Création et apocalypse. Histoire d'un regard humain sur le divin*, Paris, O.E.I.L., 1984, 255 p. ; « L'Apocalypse dans la peinture mozarabe », in *Le Monde de la Bible*, nº 94, septembre-octobre 1995, p. 32-35.

9. *La Jérusalem céleste. Histoire d'une tradition iconographique du IVᵉ siècle à la Réforme*, Saint Augustin, Bible et image, 2003, 120 p.

## Enluminures et miniatures

Les « Beatus », nom générique donné aux manuscrits enluminés du commentaire de Beatus de Liebana sur l'Apocalypse, Espagne (rédigé vers 776)

Apocalypse de Trêves, Allemagne (IXe siècle)

Apocalypse de Bamberg, Allemagne (XIe siècle)

Apocalypse de Saint-Sever, France (abbaye bénédictine, XIe siècle)

## Tapisseries

Château d'Angers, 1373-1380. L'œuvre originale comportait 84 tableaux, dont 74 ont été préservés

Jean Lurçat, *Le chant du monde*, 1961

## Peinture

Retable de l'Agneau mystique, par les frères Van Eyck (entre 1420 et 1431)

Le Corrège, *Vision de saint Jean à Patmos* (1524)

## Fresques

Scènes variées de l'Apocalypse, Porche de l'église abbatiale de Saint-Savin-sur-Gartempe, France (première moitié du XIIe siècle)

Christ au milieu des chandeliers, Agneau mystique, vingt-quatre vieillards, âmes des martyrs et ange à encensoir, etc., crypte de la cathédrale d'Anagni (XIIIe siècle)

## Gravure et lithographie

Albert Dürer, *Apocalypsis cum figuris* (14 tableaux, 1498)

Gustave Doré (1865)

« Livre-monument » de Joseph Foret (éditeur d'art), *L'Apocalypse*, Paris, 1958-1961 (comprend les illustrations de sept artistes contemporains et des inédits de sept écrivains)

# DES TEXTES... DES LECTURES DIFFÉRENTES

**Textes étudiés**

Ap 1 (lecture historico-critique)
Ap 4 – 5 (lecture narrative)
Ap 12 – 13 : La guerre « sur la terre comme au ciel »
Ap 18 : La chute d'un empire économique (lecture politique)
Ap 20 : Le règne des mille ans – Histoire de la réception

## Ap 1 (lecture historico-critique)

Dévoilement de Jésus Christ : Dieu le lui confia pour montrer à ses serviteurs ce qui doit arriver au plus vite ; il le signifia par son messager envoyé à Jean son serviteur, lequel a attesté comme parole de Dieu et témoignage de Jésus Christ tout ce qu'il a vu.

Heureux celui qui donne lecture
et ceux qui écoutent les paroles de la prophétie
et qui gardent les choses qui y sont écrites
car le moment, oui, est proche.

Moi, Jean, votre frère et votre compagnon dans l'oppression et la royauté et dans la résistance en Jésus, je me suis trouvé en l'île qu'on appelle Patmos, à cause de la parole de Dieu et du témoignage de Jésus. Je fus inspiré au jour du Seigneur et j'entendis derrière moi une grande voix telle une trompette : « Ce que tu vois, commence à l'écrire dans un volume et envoie-le aux sept communautés : à Éphèse, à Smyrne, à Pergame, à Thyatire, à Sardes, à Philadelphie, à Laodicée. »

Je me retournai pour voir la voix qui me parlait, et m'étant retourné j'aperçus sept lampadaires d'or et au milieu des lampadaires une sorte de fils d'homme revêtu jusqu'aux pieds d'une tunique serrée à la poitrine par une ceinture d'or. Sa tête et ses cheveux étaient blancs comme laine blanche et comme neige, ses yeux comme flamme de feu, ses pieds semblables à du bronze affiné en fournaise ardente, et sa voix comme voix des eaux multiples ; il tenait dans sa main droite sept étoiles et de sa bouche sortait un glaive acéré à double tranchant et son visage était comme un soleil qui brille de tout son éclat. En le voyant, je tombai à ses pieds comme mort ; il mit sa main droite sur moi, disant : « Ne crains plus ; moi, je suis le premier et le dernier, et le vivant, et je fus mort, et voici : je suis vivant pour les éternités des éternités et je détiens les clés de la mort et de l'Hadès. Commence donc à écrire ce que tu as vu et qui est et qui doit arriver après. Quant au mystère des sept étoiles que tu as vues dans ma main droite et aux sept lampadaires d'or : les sept étoiles sont les messages des sept communautés et les sept lampadaires sont les sept communautés.

Ce chapitre joue fort bien son rôle d'introduction. Le prologue (v. 1-8) donne le titre, l'origine, l'objet et le récipiendaire de l'« apocalypse » ; il comprend aussi une adresse révélant les destinataires, aux accents liturgiques et théologiques très appuyés. Puis, après un verset d'autoprésentation du visionnaire (v. 9), la vision inaugurale (v. 10-20) d'un fils d'homme, vivant et marchant au milieu de lampadaires qui symbolisent les communautés, lance le programme de visions et de proclamations orales qui vont se succéder jusqu'à la fin du livre. À travers ce seul chapitre, se manifeste déjà une multiplicité de locuteurs : les éditeurs du livre (v. 1-3), le « nous » de la communauté (v. 5-6), le Seigneur Dieu (v. 8), Jean lui-même (v. 9-17), le fils d'homme (v. 11.18-20), et on y trouve des données capitales pour la compréhension de l'ensemble de l'œuvre.

### L'écriture d'un livre (v. 11)

Jean est le seul auteur du Nouveau Testament à recevoir l'ordre d'écrire, et d'écrire un livre : « Ce que tu vois, commence à l'écrire dans un volume et envoie-le aux sept communautés... » (v. 11). Il s'inscrit, à ce titre, dans la foulée des prophètes Isaïe (8,1 ; 30,8) et Jérémie (Jr 30,2 ; 36,2). L'ordre d'écrire est d'ailleurs repris, avec ou sans la mention d'un livre, sept fois, au début des messages aux communautés (chap. 2 – 3), et quatre fois ailleurs (1,19 ; 14,13 ; 19,9 ; 21,5). La conscience du travail d'écriture et du livre en train de naître apparaît aussi en 1,3 ; 10,4 ; 22,18-19. S'il est vrai que Luc manifeste lui aussi un réel souci d'écrivain dans ses deux dédicaces à Théophile (Lc 1,1-4 ; Ac 1,1), ce qu'il entreprend d'écrire n'est jamais présenté comme un *biblion* (*livre*) mais bien, dans le cas de l'Évangile, comme un *récit* (*diègèsis*), fait « avec rigueur et méthode », et, dans le cas des Actes, comme une *parole* (*logos*). Ce qui est frappant dans le cas de Jean et de l'Apocalypse, c'est que le projet d'écriture soit ainsi évoqué tout au long de l'œuvre. Ce qui a été dit plus haut au sujet de la structure et de la cohérence du livre confirme avec quel soin Jean s'est acquitté de sa tâche d'écrivain.

### Quel livre ? (v. 1-3)

Le livre écrit par Jean reçoit également une double qualification dans le prologue, rédigé sans doute par des disciples de Jean, ce dernier étant désigné ici à la troisième personne. Le premier mot, qui fait office de titre, est *apocalypse*. Le deuxième, mis en parallèle avec « ces choses qui y sont écrites » (v. 3), nous renseigne lui aussi sur la nature de l'écrit : il s'agit d'une *prophétie*. Aucune œuvre du Nouveau Testament ne revendique pareil statut auprès de ses lecteurs.

Le titre est donc *Apocalypse*. Qu'est-ce à dire ? Le mot est connu du Nouveau Testament, principalement dans les épîtres pauliniennes, où il est toujours employé au sens de *révélation* (Rm 2,5 ; 2 Co 12,1 ; Ep 1,17), et notamment dans l'expression semblable à celle qu'on trouve ici : *dévoilement de notre Seigneur Jésus Christ* (1 Co 1,7 ; voir aussi Ga 1,12 ; 2 Th 1,7). L'usage religieux du terme grec *apokalypsis* est propre au Nouveau Testament, mais il est conforme à son étymologie : *kalypsis* dérive du verbe *kalyptô, voiler* et signifie *action de voiler*, tandis que la préposition *apo* indique la provenance, la séparation, l'éloignement : elle est rendue en français par la préposition *de*. Le mot composé *apo-kalypsis* signifie donc : *dé-voilement*.

Ce n'est pas le moindre paradoxe du livre : placé d'emblée sous le signe du dévoilement, de la découverte, on y a pourtant vu le summum de l'obscurité. L'ambition et le projet du livre sont pourtant aux antipodes de l'incompréhensibilité : il s'agit de faire connaître, de mettre en lumière, de révéler. Mais faire connaître quoi ? Le génitif *de Jésus Christ* dit bien quel est l'objet du livre. C'est sa présence qui traverse et illumine l'ensemble de l'œuvre, soit par la richesse des titres qui lui sont attribués, soit par le nombre des visions qui lui sont consacrées, soit encore par son rôle déterminant aux moments critiques du drame. Il ne faut pas s'attendre, en ouvrant ce livre, à y trouver une collection de prédictions sur la fin du monde. Ce qu'on y trouvera, par contre, c'est un enchaînement de visions et de proclamations visant à *dévoiler* la richesse inépuisable du mystère du Ressuscité.

### *Le genre littéraire apocalyptique*

L'Apocalypse de Jean n'est pas née dans un vide culturel et théologique [10]. Si elle demeure la plus connue et la plus scrutée des apocalypses, elle n'appartient pas moins à un vaste courant littéraire et théologique qui s'enracine déjà dans la Bible (principalement avec Ézéchiel, Zacharie et Daniel), et qui a été extrêmement populaire en milieu juif, et plus tard en milieu chrétien, à partir du IIe siècle av. J. C. et jusqu'au milieu du IIe siècle ap. J. C. L'unanimité est loin d'être faite sur la définition du genre littéraire apocalyptique et, par conséquent, sur la nature et l'étendue du corpus à étudier. Mais la connaissance des apocalypses a grandement progressé depuis le début du XXe siècle, et l'interprétation de la seule apocalypse canonique, qui est celle de Jean, ne peut que bénéficier des études comparatives avec les autres apocalypses. Dans le monde foisonnant des apocalypses juives, sont à privilégier les rapprochements avec l'Apocalypse syriaque de Baruch et 4 Esd, contemporaines de l'œuvre johannique. Composées toutes trois à la fin du Ier siècle (dernière décennie), elles témoignent essentiellement des mêmes événements (ceux de 70-73 à Jérusalem) et nous présentent trois perspectives différentes sur ces événements et sur le rôle de l'Empire romain dans cette immense tragédie.

Le *Petit Robert* définit l'adjectif « apocalyptique » comme ce qui est « relatif, propre à l'Apocalypse, à une apocalypse ». Il faut donc combiner ce qu'on sait de l'Apocalypse de Jean et d'un certain nombre d'œuvres littéraires considérées comme « apocalyptiques » pour définir le genre.

Notons tout d'abord que le mot fait référence à un ***corpus littéraire***, à un ensemble d'apocalypses du monde juif ou chrétien, réparties sur près de quatre siècles aux abords et au tournant de l'ère chrétienne. De façon plus large encore, l'apocalyptique désigne ***un mouvement théologique et spirituel*** aboutissant aux apocalypses ou s'inspirant des apocalypses. On parlera aussi et surtout de l'apocalyptique pour désigner ***le genre littéraire*** des apocalypses, impliquant révélations, messagers et voyages célestes, symbolisme numérique, bouleversements cosmiques, affrontement entre les forces du bien et les forces du mal, anticipation de la fin et message de consolation en temps de crise.

Pour mieux apprécier le genre, le public francophone dispose d'un outil remarquable avec *La Bible. Écrits intertestamentaires* (Gallimard, Bibliothèque de la Pléiade, 1987). On y retrouvera, entre autres, les deux apocalypses juives citées plus haut (Apocalypse syriaque de Baruch et 4 Esd).

---

10. Pour la liste des apocalypses non canoniques et la présentation de leurs éléments les plus caractéristiques, voir « Entrer dans le monde des apocalypses », in J.-P. Prévost, *Pour lire l'Apocalypse*, Paris, Éditions du Cerf, 1991, p. 65-80.

Un titre en quelque sorte alternatif du livre de Jean est celui de *Prophétie* [11]. Le caractère prophétique de l'œuvre va de pair avec la mission de Jean : « Il te faut prophétiser *de nouveau* sur nombre de peuples, de nations, de langues et de rois » (10,11), et avec la reconnaissance implicite de son appartenance à un groupe de prophètes (« tes frères les prophètes » : 22,9). Mais il faut dire aussi que Jean se situe dans la lignée et dans l'esprit de la prophétie biblique de l'Ancien Testament. Dans une chanson sur les prophètes, Noël Colombier a eu cette formule heureuse pour résumer leur message : « ils **dénonçaient**, ils **annonçaient** ». Voilà bien ce qu'est la mission des prophètes : pour une très large part, **dénoncer** l'injustice, le manque de compassion, la guerre, la violence, la haine, etc., mais aussi, **annoncer** des jours meilleurs, une humanité nouvelle, un rassemblement des nations, un Dieu de justice, de tendresse et de compassion.

Voilà bien ce qu'on trouve dans l'Apocalypse de Jean : d'une part, une **dénonciation** sans ménagement de la bête, de son pouvoir tyrannique, du culte qu'elle impose et de la guerre qu'elle mène contre « les saints », et d'autre part, une annonce **puissante** de la seigneurie du Christ sur l'histoire et sur le monde, de la victoire de ceux et celles qui lui demeurent fidèles et de l'avènement d'un monde nouveau, libéré du mal, de la souffrance et de la mort.

### L'auteur : « Moi, Jean, votre frère et votre compagnon… » (1,9)

Ce livre, contrairement à tous les autres livres du Nouveau Testament à l'exception des lettres de Paul, n'est pas anonyme. L'auteur se présente sous le nom de Jean [12], et sous le double titre de « votre frère et votre compagnon… ». L'œuvre n'est donc pas celle d'un théoricien au-dessus de la mêlée, mais de quelqu'un qui partage le quotidien de sa communauté. Ce quotidien est qualifié « d'oppression » et plus tard, en 7,14, de « grande oppression ». Le contenu de l'Apocalypse suppose une période de crise majeure pour les chrétiens : c'est le sens du mot *thlipsis*, qu'on peut traduire par *détresse, oppression, persécution* (voir aussi 2,9.10.22). Il s'agit manifestement d'une période troublée, qui n'est pas sans rappeler d'ailleurs la dure condition de *servitude* du peuple hébreu en Égypte (Ex 4,31, où la Septante utilise le mot *thlipsis*).

La mention du « témoignage [13] » (qui se dit *martyria* en grec : voir aussi 1,2 ; 6,9 ; 11,7 ; 12,11.17 ; 19,10 ; 20,4) n'est pas à banaliser non plus. Certes, il s'agit d'abord du témoignage *de* Jésus, et donc de la mort-résurrection du Christ survenue dans les années 30, mais il y est aussi fortement question des témoins (*martyrs*, en grec). Nous sommes alors renvoyés à tout le moins à la période de Néron, avec les martyres de Pierre et de Paul à Rome (en 62-63). Si Jean lui-même n'est pas mort à Patmos, la raison de sa présence sur cette île de la mer Égée est liée au « témoignage [*martyria*] de Jésus Christ ». Jean est solidaire des martyrs.

11. Voir « Pour (re)lire l'Apocalypse : dix mots clefs » – « Prophète/prophétie », p. 460.
12. Voir « Jean, auteur de l'Apocalypse », p. 452-453.
13. Voir « Pour (re)lire l'Apocalypse : dix mots clefs » – Témoin/témoignage », p. 459.

L'heure est grave, mais Jean n'a pas l'intention de se laisser abattre. Car il est « frère et compagnon » non seulement dans l'oppression, mais aussi « dans la royauté et la résistance en Jésus ». Le premier de ces deux termes anticipe le fruit de la victoire du Ressuscité, tandis que le second est un mot d'ordre lancé aux communautés pour raviver une espérance forte, qui saura tenir tête à l'oppression.

## Quel public ? Les sept communautés (Églises) d'Asie Mineure

La conscience que Jean manifeste de sa mission d'écrivain se traduit également par l'attention qu'il accorde à son public lecteur. Une attention que les éditeurs du livre ont eux-mêmes relevée, avec la béatitude [14] initiale réservée au lecteur (1,3). En outre, l'épilogue contient deux références au lecteur, la première sous forme, elle aussi, d'une béatitude prononcée par Dieu lui-même (22,7), et la seconde sous forme d'avertissement solennel à quiconque voudrait altérer le contenu du livre. Mais le public visé ne reste pas indifférencié. Jean s'adresse aux sept communautés d'Asie (1,4.11) prises globalement et comme représentant l'ensemble des communautés, et tour à tour (chapitres 2 – 3) comme entités distinctes.

Parmi les questions qui se posent à propos des sept Églises à qui l'Apocalypse est destinée, il y en a trois qui reviennent immanquablement : pourquoi *sept* ? Pourquoi *ces* sept Églises ? Que sait-on de ces Églises, d'après le témoignage de Jean lui-même et d'après les écrits anciens ?

Pourquoi *sept* ? Le symbolisme est évident, comme pour tout ce qui est affecté du chiffre sept dans l'Apocalypse [15] : l'auteur entend couvrir l'ensemble d'une réalité, sa plénitude, son universalité. Ce qui est dit à l'une ou à l'autre de ces Églises ou aux sept Églises vaut pour toute l'Église. Mais il faut aussi rappeler que Jean n'est pas le seul à procéder ainsi, puisque le début du IIe siècle nous a légué une collection de sept lettres à des Églises d'Asie, écrites par Ignace, évêque d'Antioche de Syrie, alors qu'il était en route vers Rome où il mourra martyr. En fait, six Églises sont concernées, mais celle de Smyrne reçoit deux lettres, dont une est adressée directement à son évêque, Polycarpe, qui mourra martyr lui aussi. Outre Smyrne, les Églises d'Éphèse et de Philadelphie sont les deux autres Églises de l'Apocalypse à qui une lettre d'Ignace est adressée.

Pourquoi *ces* sept Églises : *Éphèse, Smyrne, Pergame, Thyatire, Sardes, Philadelphie, Laodicée ?* Ce qui entraîne aussi la question : *pourquoi pas d'autres* ? On aurait pu penser, par exemple, à d'autres Églises de la même région comme *Milet, Colosses, Troas*. Trois raisons semblent s'imposer davantage. Premièrement toutes ces Églises, à l'exception sans doute de Thyatire, sont situées dans des villes importantes et prestigieuses de l'Asie Mineure. Deuxièmement, ces mêmes villes prestigieuses *abritent toutes des sanctuaires dédiés à la déesse Rome et/ou au*

---

14. Voir « Pour (re)lire l'Apocalypse : dix mots-clefs » – « Heureux », p. 459.
15. Voir « Pour (re)lire l'Apocalypse : dix mots-clefs » – « Sept », p. 460.

« *divin César* », et ce, depuis l'érection à Pergame du premier temple dédié à l'empereur Auguste en 29 av. J. C. Enfin, toutes ces Églises sans exception sont soumises à de fortes pressions de la part de l'empire ou de cultes concurrents en même temps qu'elle sont aux prises avec des problèmes de croissance internes.

Au moment où Jean s'adresse à elles, les sept Églises d'Asie Mineure connaissent une situation d'« oppression » (1,9), voire de « grande oppression » (7,14). Alors qu'elles sont confrontées à la puissante machine impériale romaine et aux excès des Césars qui vont jusqu'à leur divinisation et à l'imposition de leur culte, Jean les invite à rien de moins que la « résistance [16] » (1,9 ; 2,2.3.19 ; 3,10 ; 13,10 ; 14,12) pouvant aller jusqu'au martyre. Ces Églises sont également minoritaires dans la cité : dans des métropoles administratives, culturelles et commerciales comme Éphèse, Pergame et Laodicée, elles n'ont guère d'influence sur les pratiques quotidiennes. Elles doivent aussi panser les plaies d'une rupture douloureuse avec le judaïsme de la fin du Ier siècle, comme en témoignent les propos vivement polémiques de Jean (2,9 et 3,9).

Enfin, ces Églises, qui comptent au moins deux générations d'existence, ne manquent pas de problèmes ni de conflits internes : diminution de ferveur et tiédeur, tentation de syncrétisme, débats sur les pratiques judaïsantes, pratiques apostoliques, etc. Bref, si les villes gréco-romaines où elles sont établies sont toutes, à l'exception sans doute de Thyatire, réputées et prospères, le ton général de l'Apocalypse de Jean suggère que l'avenir de ces sept Églises était loin d'être assuré. Or, avec le recul du temps, il est permis de dire que ces Églises, en proie à de vives tensions et victimes d'oppression et de persécution, au moment de la rédaction de l'Apocalypse, ont eu un rayonnement important dans le christianisme naissant. Ainsi, par exemple, Éphèse a été un haut lieu de théologie et le siège de quatre conciles au Ve siècle, dont celui, œcuménique, de 431 décernant à Marie, mère de Jésus, le titre de *Theotokos* (mère de Dieu). De même, Smyrne doit sa célébrité, en milieu chrétien, à Polycarpe, disciple de l'apôtre Jean, et premier évêque du lieu. Il est mort martyr et le récit de son martyre – le plus ancien qui ait été écrit à propos d'un martyr chrétien –, illustre de façon particulièrement saisissante la problématique de l'Apocalypse : qui, de César ou du Christ, est seigneur et roi ? Sardes a aussi donné à l'Église l'une des « grandes lumières d'Asie », selon le jugement de Polycarpe, évêque d'Éphèse, vers 190 [17]. Son *Homélie sur la Pâque* est un modèle de rhétorique et son commentaire biblique s'emploie à faire ressortir les rapports entre les deux Testaments.

## Une vision emblématique (v. 10-20)

À la manière des quinze prophètes écrivains de l'Ancien Testament (d'Isaïe à Malachie [18]), Jean indique le cadre de la vision qui est à

16. Voir « Pour (re)lire l'Apocalypse : dix mots-clefs » – « Résistance », p. 459.
17. Eusèbe de Césarée, *Histoire ecclésiastique*, 5,24,5.
18. En tête des livres des quinze prophètes, on trouve toujours une référence à une expé-

l'origine de sa mission prophétique : « Je fus inspiré au jour du Seigneur et j'entendis derrière moi une grande voix telle une trompette... » (v. 10). Tout comme les prophètes placent leur livre sous le signe d'une parole venue d'ailleurs, Jean invoque une forme d'inspiration : « Je fus inspiré » (en grec : *egenomèn en pneumati*, litt. *je devins en esprit*), expression reprise presque telle quelle au début des deux autres grandes sections identifiées plus haut pour la structure générale de l'Apocalypse (4,2 ; 17,3). Du même coup, Jean révèle une affinité toute particulière avec Ézéchiel, qui inscrivait son expérience prophétique sous le signe de l'inspiration divine : « Un *souffle* entre en moi ; cela me fait tenir debout et j'entends celui qui me parle » (Ez 2,2 ; voir aussi 3,12.24 ; 11,5).

Mais là où la plupart des livres des prophètes de l'Ancien Testament donnent des coordonnées chronologiques précises : « aux jours d'Ozias, de Yotam, d'Akhaz et d'Ézékias, rois de Juda » (Is 1,1) ; « aux jours d'Ozias, roi de Juda, et aux jours de Jéroboam, fils de Joas, roi d'Israël, deux ans avant le tremblement de terre » (Am 1,1) ; « au temps de Josias, fils d'Amôn, roi de Juda » (So 1,1), Jean se contente d'une notice générique : « au jour du Seigneur », *du Seigneur* traduisant l'adjectif grec *kyriakos*, utilisé ailleurs dans le Nouveau Testament seulement une fois, dans l'expression « le repas du Seigneur » (1 Co 11,20). À expérience unique, expression unique : Jean souligne ainsi le caractère foncièrement pascal de sa vocation prophétique, dévoilée le jour même où les premiers chrétiens commémorent la résurrection du Christ.

D'autre part, Jean demeure en continuité avec les prophètes de l'Ancien Testament, du fait que son expérience prophétique est double : sonore et visuelle (il *entend* et il *voit*). Les deux activités s'éclairent mutuellement, soit que la parole vienne expliciter le sens de la vision, soit que la vision prolonge une parole initiale, comme c'est le cas ici.

## « Une sorte de fils d'homme » (1,13)

Le livre de Jean se veut un *dévoilement*. Mais on doit dire que Jean a un don pour créer et maintenir un suspense. Le voile n'est levé que progressivement : Jean a d'abord entendu une voix, et il doit ensuite se retourner « pour voir la voix qui [me] parlait ». L'image est audacieuse, mais elle permet à Jean de personnaliser graduellement la voix entendue, et de l'identifier à celle d'une « sorte de fils d'homme ». Qui est donc ce personnage ? Jean entretient le mystère ici, exactement comme il le fera au chapitre 4 pour le personnage divin siégeant sur le trône.

---

rience originaire de révélation : *parole de Dieu/du Seigneur, oracle, vision, proclamation* (voir Is 1,1 ; Os 1,1 ; Ab 1,1 ; Na 1,1...).

## Une *voix* et son mystère

L'Apocalypse nous fera entendre plusieurs voix. Le mot *phônè* revient 55 fois tout au long du livre. Mais c'est ici la première à être formellement annoncée. Si elle est d'abord anonyme tout comme le personnage auquel elle sera bientôt attribuée – « une grande voix telle une trompette » (v. 10) ; « la voix qui me parlait » (v. 12) ; « sa voix comme voix des eaux multiples » –, on comprendra facilement son importance du fait qu'elle occupe une grande partie de la vision inaugurale, et qu'elle déclenchera les visions de la section centrale (4,1). La trompette, dans le Nouveau Testament, est liée au Jugement et à la Résurrection (Mt 24,31 ; 1 Co 15,22 ; 1 Th 4,16), et dans l'Ancien Testament, elle prélude à la théophanie et à l'alliance du Sinaï (Ex 19,16).

De toute évidence, la figure énigmatique du *fils d'homme* renvoie à celle de Dn 7,13, et bien entendu à une appellation qu'on retrouve environ 80 fois dans le Nouveau Testament comme titre christologique. Chez Daniel, il s'agit d'un personnage céleste, qui sera investi de « royauté, gloire et pouvoir » – tous termes qu'on retrouve dans l'Apocalypse à propos du Christ –, et qui demeure en lien étroit avec l'Ancien des jours (Dn 7,9). Or, justement, dans la description que Jean donne de ce fils d'homme, il opère en sa faveur un transfert d'attributs qui, chez Daniel, appartenaient à l'Ancien des jours : « Vêtement comme neige blanche/ chevelure comme laine pure/trône de flammes/roues de feu… » (Dn 7,9.)

Ce genre de transposition d'attributs proprement divins au Christ-Agneau est une des constantes de l'Apocalypse. On peut bien discuter sur le détail de la description du personnage, véritable surimpression et superposition d'images. Mais le sens général semble clair : le personnage a l'éclat d'un personnage divin, son aspect et ses parures font penser à un personnage royal, et peut-être aussi lié au sacerdoce (Ex 28-29). Mais pour un lecteur familier du Nouveau Testament, l'éclat de la tête et des cheveux (« blancs comme laine blanche et comme neige » (Ap 1,14) évoque sans aucun doute la Transfiguration de Jésus (Mt 17,2 et par.) et les apparitions du Ressuscité (Mt 28,3).

Soulignons enfin deux autres traits caractéristiques du fils d'homme, et non des moindres. Le premier est « le glaive acéré à double tranchant » (v. 16) sortant de sa bouche, magnifiquement représenté dans les vitraux de Bourges et d'Amiens, ainsi que dans les fresques d'Anagni et la tapisserie d'Angers [19]. Que le glaive acéré soit une image de la parole de Dieu, cela ne fait aucun doute dans la Bible (voir Is 49,2 ; Sg 18,15 ; Hb 15,12), mais c'est la première fois que l'image est associée à un personnage. Il n'y a rien là d'étonnant puisque le personnage en question est bien celui qui parle dans la vision et qui adressera la parole à chacune des Églises (« Il dit ceci… »). Il recevra même le nom de « Parole de Dieu » (19,13). Quant au symbolisme du « double tranchant », il n'est pas moins évident, puisque la parole de Dieu, et en particulier celle des prophètes, est porteuse à la fois de *jugement* et de *salut*. La meilleure illustration en est l'énoncé de la mission confiée à Jérémie, établi prophète « … sur les nations et sur les royaumes / Pour arracher et pour démolir…/ Pour bâtir et pour planter » (Jr 1,10).

19. Voir « L'Apocalypse dans l'art », p. 461-462.

Un second trait domine la dernière partie de la révélation faite par le fils d'homme : « je fus mort, et voici : je suis vivant pour les éternités des éternités et je détiens les clefs de la mort et de l'Hadès » (v. 18). Le locuteur de la vision inaugurale n'est nul autre que le Ressuscité, et on assiste ainsi à un autre transfert, en faveur du Christ, d'un titre divin : le Vivant (Ap 4).

## Ap 4 – 5 (lecture narrative)

Ensuite je vis ; et voici qu'une porte s'était ouverte au ciel, et la voix, la première, celle que j'entendis telle une trompette parlant avec moi, disait : « Monte ici, je te montrerai ce qui doit arriver après. » Aussitôt je fus inspiré ; je vis un trône dressé dans le ciel et quelqu'un assis sur ce trône. Celui qui siégeait paraissait, dans ma vision, comme une pierre de jaspe et de sardoine, et un halo nimbant le trône paraissait, dans ma vision, comme de l'émeraude. Tout autour du trône, encore vingt-quatre trônes et, assis sur les trônes, vingt-quatre anciens revêtus de blanc avec des couronnes d'or sur leur tête. Et du trône sortent des éclairs, des voix, des tonnerres ; sept lampes ardentes brûlent devant le trône, qui sont les sept souffles de Dieu. En face du trône se trouve comme une mer de verre transparent, pareille à du cristal, et au milieu ainsi qu'autour du trône quatre animaux pleins d'yeux par-devant et par-derrière. Le premier animal ressemble à un lion, le deuxième à un taurillon, le troisième a visage comme d'un homme, le quatrième ressemble à un aigle en vol. Les quatre animaux ont chacun six ailes, et tout autour comme au-dedans ils sont pleins d'yeux ; jour et nuit ils n'ont pas de repos et disent :

Saint, saint, saint
le Seigneur Dieu, le Puissant-sur-tout,
celui qui est et qui était et qui vient.

Chaque fois que les animaux rendront gloire et honneur et action de grâces à celui qui siège sur le trône, au Vivant pour les éternités des éternités, les vingt-quatre anciens tomberont devant celui qui siège sur le trône et se prosterneront devant le Vivant pour les éternités des éternités, et ils jetteront leurs couronnes devant le trône en disant :

Tu es digne, notre Seigneur et notre Dieu,
de prendre possession de la gloire,
et de l'honneur et de la puissance,
car tu créas toutes choses
et par ton vouloir elles étaient
et elles furent créées.

Et puis j'aperçus dans la main droite de celui qui siège sur le trône un volume écrit au recto et au verso, scellé de sept sceaux. Et je vis un puissant messager clamant à grande voix : « Qui est digne d'ouvrir le volume et d'en briser les sceaux ? », et personne ne pouvait ni au ciel ni sur terre ouvrir le volume et le regarder ; je pleurais abondamment, car personne ne se trouva digne d'ouvrir le volume et de le regarder. Mais l'un des anciens me dit : « Ne pleure plus, voici : il a vaincu, le lion de la tribu de Juda, le rejeton de David, pour ouvrir le volume et briser les sept sceaux. » Et je vis, entre le trône et les quatre animaux et au milieu des anciens, un agneau debout semblant égorgé, ayant sept cornes et sept yeux qui sont les sept souffles de Dieu envoyés par toute la terre. Et il vint et il reçut le volume de la main droite de celui qui siège sur le trône. Et quand il prit le volume, les quatre animaux et les vingt-quatre anciens tombèrent à genoux devant l'agneau, tenant chacun une cithare et des coupes d'or pleines d'encens, qui sont les prières des saints ; et ils chantèrent une hymne nouvelle :

Digne es-tu de recevoir le volume
et d'en briser les sceaux,
car tu fus égorgé et tu rachetas
pour Dieu, par ton sang,
parmi toute tribu, toute langue,
tout peuple et toute nation,
ceux dont tu fis pour notre Dieu
un royaume de prêtres,
et ils régneront sur la terre.

Alors je vis ; et j'entendis la voix de nombreux messagers autour du trône et des animaux et des anciens, et leur nombre était myriades de myriades et milliers de milliers ; ils disaient à forte voix :

Digne est l'agneau, l'égorgé,
de recevoir la puissance
et richesse et sagesse et force
et honneur et gloire et bénédiction.

Et toutes les créatures au ciel et sur terre et sous terre et sur mer avec tous les êtres qui s'y trouvent, je les entendis qui disaient :

À celui qui siège sur le trône et à l'agneau :
bénédiction, honneur, gloire et domination
pour les éternités des éternités.

Et les quatre animaux disaient : « Amen », et les anciens tombèrent pour se prosterner.

Les chapitres 4 – 5 présentent une symétrie parfaite, et se prêtent tout naturellement à une lecture narrative. L'unité de lieu est incontestable : tout se passe autour du trône divin. Dans les deux chapitres, on trouve le même personnage central : « Celui qui siège sur le trône », entouré de la même cour céleste (les quatre animaux et les vingt-quatre vieillards. Enfin, les deux chapitres se font écho avec des hymnes et des doxologies utilisant une même terminologie (4,8.11 à comparer à 5,9.10.12.13).

## Le héros

Il est d'abord présenté sous le couvert de l'anonymat : « quelqu'un assis sur ce trône » (4,2), et d'emblée selon sa caractéristique principale qui est, précisément, de « [siéger] sur le trône [20] » (4,3.10 ; 5,1.7.13). Il est désigné par le narrateur comme étant « le Vivant pour les éternités des éternités » (4,9-10) et acclamé par les quatre animaux comme « le Seigneur Dieu, le Puissant-sur-tout, Celui qui est et qui était et qui vient » (4,8) et par les vingt-quatre anciens, comme « notre Seigneur et notre Dieu » (4,11) – ce dernier titre « notre Dieu » invitant à lire les autres mentions de Dieu (4,5 ; 5,6.9.10) comme se référant au héros. C'est lui et lui seul qui apparaît en autorité et en gloire au chapitre 4, et c'est lui qui détient ce volume « scellé de sept sceaux », qui est au cœur de l'action dramatique du chapitre 5. Lui seul peut ensuite confier le volume à « un agneau debout semblant égorgé » (5,7), à qui

20. Voir « Pour (re)lire l'Apocalypse : dix mots clefs » – « Trône », p. 461.

est reconnue la dignité « de recevoir le volume et d'en briser les sceaux ».

## La quête

Le chapitre 4 est placé sous le signe de la gloire céleste. La liturgie céleste s'y déroule avec ampleur et solennité, et la placidité de la scène n'est interrompue que par « des éclairs, des voix et des tonnerres », ainsi que par le mouvement perpétuel des quatre animaux. Mais cette placidité apparente ajoute à la tension qui marque le début du chapitre 5 : quelqu'un peut-il ouvrir le livre « scellé de sept sceaux » ? L'impasse semble d'abord absolue : « Personne ne pouvait ni au ciel ni sur terre ni sous terre ouvrir le volume et le regarder… » (5,3.) La quête est donc double : ultimement, il s'agit de pouvoir ouvrir le livre scellé. Mais la question est aussi *qui* pourra le faire ? Or non seulement la quête sera résolue, mais l'ouverture du premier sceau (6,1) déclenche l'action qui occupera la section centrale du livre, soit les chapitres 6 – 16, et permet l'ouverture des six autres sceaux (chap. 6 – 7), le retentissement des sept trompettes (chap. 8 – 11) et le déversement des sept coupes (16).

## Les adjuvants

Les adjuvants sont nombreux : ce sont, par ordre d'apparition, *les vingt-quatre vieillards* (4,4), *les quatre animaux* (4,6-9), *un agneau debout et semblant égorgé* (5,6), les *nombreux messagers* (en fait, « myriades de myriades et milliers de milliers » ; 5,11) et, finalement, « toutes les créatures au ciel et sur terre et sous terre et sur mer avec tous les êtres qui s'y trouvent ». Pourrait-on imaginer une cour céleste plus complète ? À noter, dans ces deux chapitres, l'absence complète d'opposants, tous les acteurs étant réunis autour d'une seule et même liturgie à la louange de Dieu et de l'Agneau.

## Une vision de gloire (Ap 4)

Tout dans ce chapitre concourt à l'éclat de la scène et à sa puissance de révélation, à commencer par l'arrière-plan d'Ancien Testament, judicieusement choisi par Jean et intégré à son œuvre. En effet, Jean est ici au sommet de son art, quand il s'agit de fusionner des images et des traditions bibliques d'origines diverses. Dans le court chapitre 4 (onze versets !), il s'est littéralement surpassé en faisant écho à quatre des théophanies les plus importantes de l'Ancien Testament.

Les emprunts littéraires sont manifestes pour deux d'entre elles : le « Saint, saint, saint » est une reprise de la vision isaïenne de la gloire de Dieu (Is 6) et la figure des quatre animaux provient de la non moins célèbre vision du char de gloire d'Ézéchiel (Ez 1). Pour les deux autres, les allusions sont plus subtiles, mais non moins réelles. Il s'agit de l'épisode du buisson ardent (Ex 3), où Yahvé se révèle ainsi à Moïse : « Je serai ce que je serai », que Jean commente ici avec une formule originale appliquée à Dieu : « Celui qui est et qui était et qui vient », et qu'il avait déjà employée en 1,8. On y retrouve la même idée qu'en Ex 3, d'un Dieu qui se manifeste à travers l'histoire. Et enfin, comment ne pas penser aussi à la grande théophanie du Sinaï (Ex 19 – 24) ? Tout comme Moïse au Sinaï (Ex 24,1.12), Jean reçoit l'ordre de *monter* (4,1),

### *Les Pères de l'Église et leur interprétation des quatre animaux comme symbole des Évangiles*

Partons du plus connu. L'interprétation « traditionnelle » chez les chrétiens associe la figure du lion à l'évangéliste Marc, celle du taureau à Luc, de la figure humaine à Matthieu et de l'aigle à Jean. On ne compte plus les représentations qui en ont été faites dans les églises chrétiennes et les enluminures de manuscrits.

Cette interprétation s'est imposée à partir de l'opinion émise par saint Jérôme, qui expliquait les choses ainsi :

« Or ces quatre Évangiles avaient été annoncés depuis longtemps déjà, comme le prouve également le livre d'Ézéchiel qui décrit ainsi sa première vision : "Et au milieu, il y avait comme la ressemblance de quatre êtres vivants et leur visage était la face d'un homme, la face d'un lion, la face d'un jeune taureau et la face d'un aigle." La première face, celle d'un homme, désigne Matthieu qui, dans son début, semble écrire l'histoire d'un homme : "Livre de la généalogie de Jésus Christ, fils de David, fils d'Abraham." La seconde désigne Marc, qui fait entendre la voix du lion rugissant dans le désert : "Voix de celui qui crie dans le désert : Préparez la voie du Seigneur, aplanissez ses sentiers." La troisième face, celle du jeune taureau, préfigure l'évangéliste Luc qui commence son récit auprès de Zacharie ; la quatrième, celle de Jean l'évangéliste qui prend des aigles pour s'élancer plus haut encore et traiter du Verbe de Dieu. [...] C'est pourquoi l'Apocalypse de Jean, après l'évocation des vingt-quatre vieillards qui tiennent des cithares et des cassolettes et adorent l'Agneau de Dieu, fait voir la foudre, le tonnerre, les sept esprits qui courent de tous les côtés, la mer de verre et les quatre animaux couverts d'yeux ; et il dit : [citation de Ap 4,6-8]. » (Jérôme, *Préface au Commentaire sur saint Matthieu*, t. I, livres I-II, lignes 55-80, trad. de E. Bonnard, Sources chrétiennes n° 242).

Mais on sera sans doute surpris d'apprendre qu'il n'en a pas toujours été ainsi, et que l'attribution des symboles a pu varier dans les premiers siècles, comme en fait foi le tableau qui suit :

| | *Lion* | *Taureau* | *Figure humaine* | *Aigle* |
|---|---|---|---|---|
| Irénée | Jean | Luc | Matthieu | Marc |
| Victorin | Jean | Luc | Matthieu | Marc |
| Ambroise | Marc | Luc | Matthieu | Jean |
| Augustin | Matthieu | Luc | Marc | Jean |
| Jérôme | Marc | Luc | Matthieu | Jean |

Comme on peut le voir, il y a unanimité dans le cas de Luc et quasi-unanimité dans celui de Matthieu. Le fait que Marc et Jean, deux Évangiles si différents, partagent le signe du lion et de l'aigle a sans doute de quoi étonner. Notons que la fluctuation des attributions peut s'expliquer selon que les interprètes s'appuient sur le commencement de chacun des Évangiles, ou son contenu, ou sa vision du Christ. De toutes manières, il y a un fort consensus chez les plus anciens commentateurs autour du symbolisme du chiffre quatre, quant au rayonnement universel de l'Évangile.

même s'il n'y a pas ici de montagne physique. La mention des éclairs et des voix (4,5) rappelle les phénomènes qui ont accompagné la manifestation de Dieu au Sinaï, de même que les « sept lampes ardentes qui brûlent devant le trône » équivalent au « feu dévorant » de la gloire de Yahvé (Ex 24,17). Celui qui siège sur le trône est bel et bien le Dieu de l'Exode.

Bref, au chapitre 4, Jean nous livre une vision panoramique des grands moments de la révélation biblique (temps de l'exode, de la monarchie et de l'exil) et un remarquable condensé de ce que l'Ancien Testament nous laisse entrevoir du mystère de Dieu.

## La présence du narrateur

Comme c'est le cas tout au long du livre, la présence du narrateur se fait sentir dès le début et aux moments forts du déploiement de l'action dans ce passage : « Ensuite je vis... ("et la voix, la première, celle que j'entendis telle une trompette parlant avec moi [flash back sur 1,11-12]..." » (4,1) ; « Et puis j'aperçus... » (5,1) ; « Et je vis... » (5,2) ; « je pleurais abondamment » (5,4) ; « Mais l'un des anciens me dit : "Ne pleure plus..." » (5,5) ; « Et je vis... » (5,6) ; « Alors je vis » ; « Et j'entendis... » (5,11). Le narrateur s'efface toujours derrière les visions et les voix entendues.

Mais on trouve ici, pour la seconde fois, une expression de ses émotions face aux visions. La vision inaugurale avait entraîné chez lui torpeur et frayeur : « En le voyant, je tombai à ses pieds comme mort ; il mit sa main droite sur moi, disant : "Ne crains plus..." » (1,17-18.) Cette fois, il fond en larmes « car personne ne se trouva digne d'ouvrir le volume et de le regarder », mais là aussi il reçoit l'ordre de surmonter cette émotion : « Ne pleure plus, voici : il a vaincu, le lion de la tribu de Juda, le rejeton de David, pour ouvrir le volume et briser les sept sceaux » (5,5).

## Du Seigneur de gloire à l'Agneau glorifié : un transfert d'attributs

La symétrie des chapitres 4 – 5, si esthétique soit-elle, sert admirablement un autre propos, théologique celui-là. C'est en effet au chapitre 5 que Jean introduit pour la première fois la figure de l'Agneau [21], si typique de sa vision du Christ. Si le chapitre 4 est ce qu'on pourrait appeler « la théophanie des théophanies », en raison des réminiscences de l'Ancien Testament, on peut dire que le mouvement du chapitre 4 au chapitre 5 est celui d'une théophanie (manifestation de Dieu) évoluant vers une christophanie (manifestation du Christ).

Le transfert d'autorité est manifeste en 5,7 : « Et il vint [l'Agneau] et il reçut le volume de la main droite de celui qui siège sur le trône... », mais il apparaît encore davantage dans les hymnes qui sont adressées, d'abord séparément, puis conjointement, à Dieu et à l'Agneau :

21. Voir « Pour (re)lire l'Apocalypse : dix mots clefs » – « Agneau », p. 459.

– À Dieu :
Tu es **digne**, notre Seigneur et notre Dieu,
*de prendre possession* de la **gloire**,
et de l'**honneur** et de la **puissance**,
car tu créas toutes choses
et par ton vouloir elles étaient
et elles furent créées (4,11).
– À l'Agneau :
**Digne** est l'Agneau, l'égorgé,
*de recevoir* la **puissance**
et richesse et sagesse et force
et **honneur** et **gloire** et bénédiction (5,12).
– À Dieu et à l'Agneau :
À celui qui siège sur le trône et à l'Agneau :
bénédiction, honneur, gloire et domination
pour les éternités des éternités. (5,13)

La vision de l'Agneau « debout et semblant égorgé » devient ainsi, pour les chrétiens, l'expression parfaite du mystère de Dieu.

## Ap 12 – 13 : La guerre « sur la terre comme au ciel »

Il parut un grand signe dans le ciel : une femme enveloppée du soleil, avec la lune sous les pieds et sur la tête une couronne de douze étoiles. Elle est enceinte et elle crie, tourmentée par les douleurs de l'enfantement. Il parut un autre signe dans le ciel ; et voici un grand dragon rouge feu avec sept têtes, dix cornes et sept diadèmes sur ses têtes. Sa queue entraîne le tiers des étoiles du ciel, et les jette sur la terre ; et le dragon se tient devant la femme qui va enfanter, pour dévorer son enfant quand elle enfantera. Elle enfantera un fils, un mâle, qui doit faire paître toutes les nations avec un sceptre de fer. Et son enfant fut enlevé vers Dieu et son trône. La femme fuit au désert où elle a un lieu préparé par Dieu pour que là même on la nourrisse mille deux cent soixante jours.

Survint une guerre au ciel. Michel et ses messagers firent la guerre au dragon ; et le dragon et ses messagers firent la guerre, mais il ne fut pas de force, et on ne trouva plus leur place au ciel. Il fut jeté, le dragon, le grand, l'antique serpent qu'on appelle le Diviseur et l'Adversaire, qui égare l'univers entier, il fut jeté sur la terre et ses messagers avec lui. Et j'entendis une voix forte dans le ciel :

Maintenant sont advenus le salut et la puissance
et la royauté de notre Dieu et le pouvoir de son Christ,
car il a été jeté, l'accusateur de nos frères,
celui qui les accuse devant notre Dieu jour et nuit.
Mais eux, ils l'ont vaincu par le sang de l'agneau
et la parole de leur témoignage,
et ils n'ont pas préféré leur vie, jusqu'à mourir.
Ainsi donc, réjouissez-vous, ciels
et ceux qui y dressent leur tente.
Malheur à la terre et à la mer, car le Diviseur
est descendu auprès de vous, pris d'une grande fureur,
sachant qu'il ne lui reste plus qu'un bref moment.

Quand le dragon se vit jeté sur la terre, il pourchassa la femme qui avait enfanté le mâle. À la femme furent données les deux ailes du grand aigle pour s'envoler au désert, en son lieu, là même où elle est nourrie un instant, des instants et la moitié d'un instant, loin de la face du serpent. Et de sa bouche le serpent jeta une eau tel un fleuve derrière la femme pour qu'elle soit emportée par le fleuve. Mais la terre porta secours à la femme ; la terre ouvrit la bouche et engloutit le fleuve que le dragon avait jeté hors de sa bouche. Le dragon se mit en colère contre la femme et partit faire la guerre au reste de sa descendance, ceux-là qui gardent les commandements de Dieu et qui ont le témoignage de Jésus.

Puis le dragon se posa sur le sable de la mer.

Je vis monter de la mer une bête, avec dix cornes et sept têtes ; sur ses cornes, dix diadèmes, et sur ses têtes des noms de blasphème. La bête que je vis était semblable à un léopard, ses pieds comme ceux d'un ours, sa gueule comme une gueule de lion. Le dragon lui donna sa puissance, son trône et un grand pouvoir. L'une de ses têtes semblait égorgée à mort, mais sa plaie mortelle fut guérie ; et toute la terre étonnée suivit la bête. On se prosterna devant le dragon puisqu'il avait donné pouvoir à la bête, et on se prosterna devant la bête en disant : « Qui est pareil à la bête et qui peut lui faire la guerre ? » Il lui fut donné une bouche proférant des énormités et des blasphèmes, il lui fut donné pouvoir d'agir pendant quarante-deux-mois. Elle ouvrit la bouche en blasphèmes contre Dieu pour blasphémer son nom et son abri et ceux qui dans le ciel dressent leur tente.

Il lui fut donné de faire la guerre aux saints et de les vaincre, il lui fut donné pouvoir sur toute tribu, tout peuple, toute langue, toute nation. Et tous les habitants de la terre se prosterneront devant elle, eux dont le nom n'est pas inscrit au volume de la vie de l'agneau égorgé, depuis la fondation du monde.

Si quelqu'un a des oreilles, qu'il écoute :
Si quelqu'un est promis à la captivité,
qu'il aille en captivité.
Si quelqu'un doit être tué par l'épée,
qu'il soit tué par l'épée.
C'est ici la résistance et la fidélité des saints.

Je vis une autre bête monter de la terre ; elle avait deux cornes comme un agneau et elle parlait comme un dragon. Tout le pouvoir de la première bête, elle l'exerce en sa présence et elle fait que la terre et ses habitants se prosterneront devant la première bête, celle dont fut guérie la plaie mortelle. Elle accomplit de grands signes, jusqu'à faire descendre le feu du ciel sur la terre en présence des hommes. Et elle égare les habitants de la terre par les signes qu'il lui fut donné de faire en face de la bête ; elle dit aux habitants de la terre de faire une image de la bête qui avait une blessure d'épée et qui vivait. Il lui fut donné de prêter souffle à l'image de la bête pour que parle l'image de la bête et qu'elle fasse en sorte que tous ceux qui ne se prosterneront pas devant l'image de la bête soient tués. Elle fait que tous, petits et grands, riches et pauvres, affranchis et esclaves, portent une marque sur la main droite ou sur le front, afin que personne ne puisse acheter ni vendre s'il n'a pas la marque, le nom de la bête ou le chiffre de son nom.

C'est ici la sagesse : qui a de l'intelligence, qu'il calcule le chiffre de la bête, c'est un chiffre d'homme en effet, et ce chiffre est six cent soixante-six.

Les chapitres 12 – 13, qui s'ouvrent sur « un grand signe dans le ciel : une femme enveloppée du soleil... » (voir plus bas), sont toutefois dominés par trois figures monstrueuses, en étroite dépendance l'une de l'autre, et qu'on a appelées la « trinité infernale » : le dragon rouge feu (12,3-18), la bête montant de la mer (13,1-10) et la bête montant de la terre (13,11-17).

Au niveau de l'espace, le chapitre 12 joue sur l'opposition ciel-terre, tandis que le chapitre 13 joue sur l'opposition mer-terre. On aurait tort de confondre ces trois bêtes [22] : si le dragon *est* « l'antique serpent qu'on appelle le Diviseur (= Diable) et l'Adversaire (= Satan) », on ne peut pas en dire autant des deux autres bêtes, qui n'en sont que les acolytes, sortes d'agents terrestres et historiques n'agissant que par délégation et sous-délégation. Le « grand dragon », lui, est l'Adversaire ultime, celui qui peut combattre « dans le ciel » contre Michel et ses anges, tandis que les deux autres ne peuvent combattre qu'au niveau terrestre et historique. Au niveau de l'action, l'unité des deux chapitres tourne autour de la *guerre* [23] : « Survint *une guerre au ciel* : Michel et ses messagers *firent la guerre* au dragon ; et le dragon et ses messagers *firent la guerre*... » (12,7-9) ; « Le dragon se mit en colère contre la femme et *partit faire la guerre* au reste de sa descendance » (12,13-17) ; « "Qui est pareil à la bête et qui peut lui faire la guerre ?" » (13,4) ; « Il lui [= la première bête] fut donné de *faire la guerre* aux saints et de les vaincre... » (13,7 [24]) ; enfin, même si le mot *guerre* n'est pas employé dans la section concernant la deuxième bête, elle n'en participe pas moins au combat sanguinaire mené contre les saints : « Il lui fut donné de prêter souffle à l'image de la bête pour que parle l'image de la bête et qu'elle fasse en sorte que tous ceux qui ne se prosternent pas devant l'image de la bête *soient tués* » (13,15).

## « Une femme enveloppée du soleil... »

Quatre femmes se partagent la scène du livre : Jézabel, la prétendue prophétesse (2,20) ; « une femme enveloppée du soleil » (12,1) ; « la prostituée, la grande » du chapitre 17, qui n'est autre que Babylone, « la ville, la grande » (17,18) ; et enfin l'épouse de l'Agneau (19,7 ; 21,9), qui représente elle aussi une ville, « Jérusalem, la sainte » (21,10). Au total, deux figures négatives, et deux figures positives. Dans la présentation de la structure, nous avons déjà souligné le contraste plus que frappant entre les deux dernières figures (la prostituée et l'épouse), les deux étant symboles d'une collectivité. C'est dans cette ligne, nous semble-t-il, qu'il faut interpréter la figure de la femme du chapitre 12. Plusieurs indices du texte appellent, en effet, une telle lecture.

– La description initiale (« enveloppée du soleil, avec la lune sous les pieds ») évoque la bien-aimée du Cantique des cantiques (Ct 6,10), en qui la tradition juive voyait une figure du peuple de Dieu : « Les nations se sont exclamé : Comme elles brillent les œuvres de ce peuple,

22. Voir « Pour (re)lire l'Apocalypse : dix mots clefs » – « Bête », p. 460.

23. Cinq des vingt-cinq emplois dans le Nouveau Testament des mots *guerre* et *faire la guerre* se trouvent dans ces deux chapitres.

24. On avait déjà, en 11,7, une anticipation de cette guerre menée par la bête.

autant que l'aurore ! Sa jeunesse est belle comme la lune, et ses mérites ont l'éclat du soleil... » (*Targum* du Cantique 6,10.)

– La mention des douze étoiles est également un symbole fort, directement lié aux fondations du peuple de Dieu de la première et de la nouvelle alliance (douze tribus d'Israël – douze apôtres).

– La femme, nous dit Jean, « est enceinte et elle crie, tourmentée par les douleurs de l'enfantement » (v. 2). Il est vrai que la Bible (Ancien et Nouveau Testament) contient plusieurs récits d'annonce de naissance (Gn 17,15-22 ; 21,1-7 ; Jg 13 ; 1 S 1 ; Is 7,14 ; Mt 1 ; Lc 1,26-38) mettant en scène des femmes engendrant et donnant naissance à « un enfant mâle ». Mais on ne peut pas ignorer non plus la maternité de Sion (Ps 86 ; Is 66,8), symbole de Jérusalem et de Juda. Le thème des « douleurs de l'enfantement » est précisément évoqué par le prophète à propos de Juda : « femme enceinte près d'enfanter / qui gémit en travail, liée par ses douleurs / voilà ce que nous sommes devant toi, Yahvé / enceints et en travail, nous enfantons du vent... » (Is 26,17), et par une apocalypse non canonique à propos de Sion : « J'ai enfanté dans la peine et mis au monde dans les douleurs... » (4 Esd 10,12.)

– La protection divine octroyée à la femme est présentée dans les mêmes termes que celle dont avait bénéficié le peuple de la première alliance : Dieu la nourrit au désert (12,6.14 ; comparer avec Ex 16 ; Nb 11), et elle est emportée par « les deux ailes du grand aigle » (12,4 ; comparer avec Ex 19,4).

– Le destin de la femme est lié à celui de sa descendance (v. 17) et la persécution dont elle est l'objet pourrait bien être celle des chrétiens eux-mêmes, déjà symbolisée dans la persécution des deux témoins (chap. 11). Les « mille deux cent soixante jours » de l'épreuve de la femme (12,6) correspondent, en effet, à la période de leur témoignage (11,3) et à la durée du piétinement de la Ville sainte.

À ces indices du texte, s'ajoute l'histoire de l'interprétation, elle-même très majoritairement ecclésiologique, depuis Hippolyte et Victorin au IIIe siècle, et Méthode d'Olympe au IVe siècle. Ce dernier a bien récapitulé le caractère collectif de la figure en présentant la femme comme « notre Mère [= l'Église]... celle que les prophètes, dans la vision qu'ils eurent des temps futurs, ont appelée tantôt Jérusalem, tantôt la Fiancée, tantôt la Montagne de Sion, tantôt Temple et Tabernacle de Dieu [25] ». L'interprétation mariologique est apparue au Ve siècle, et mis à part les heures de gloire de la mariologie catholique au XXe siècle, elle est toujours demeurée seconde par rapport à l'interprétation ecclésiologique.

## Le dragon

Premier dans l'ordre d'apparition, il l'est aussi dans l'ordre du pouvoir. L'impressionnante titulature qui forme une inclusion (12,9 ; 20,2) – « l'antique serpent qu'on appelle le Diviseur et l'Adversaire » – en fait

25. Méthode d'Olympe, *Le banquet*, 8e discours, V, 184 et VII, 188-189, Sources chrétiennes n° 95, 1963.

non seulement l'emblème des forces du mal, mais aussi l'ennemi originel de l'humanité (Gn 3), et c'est lui l'Adversaire ultime, celui d'ailleurs qui sera vaincu le dernier (20,10).

L'Apocalypse revendique les seuls emplois du mot *drakôn* dans le Nouveau Testament (13 fois en tout, dont 11 dans les chapitres 12 – 13). En revanche, le mot est attesté 36 fois dans la Septante, la plupart du temps cependant au sens plus large de *serpent* et non au sens propre de *dragon*. Il reste tout de même un certain nombre d'emplois au sens, propre ou métaphorique, d'un monstre fabuleux. Or ces emplois sont tirés de prophètes que Jean affectionne particulièrement : Isaïe, Jérémie, Ézéchiel et Daniel. Dans ce qui est appelé *l'apocalypse d'Isaïe* (Is 27 – 29), le mot *drakôn* est appliqué par trois fois au monstre Léviathan, que Yahvé promet d'abattre un jour. Jérémie, pour sa part, évoque la violence de la destruction de Jérusalem par Nabuchodonosor, en comparant ce dernier au *drakôn* : « Il m'a dévorée, il m'a dévastée, Nabuchodonosor, roi de Babylone... il m'a engloutie comme un crocodile » (Jr 28,34 Septante ; 51, 34 TM). Ézéchiel utilise la même image, mais cette fois dans des oracles prononcés contre « Pharaon, roi d'Égypte / grand crocodile couché au milieu de ses Nils » (Ez 29,3 ; voir aussi 32,2).

Enfin, la finale de Daniel (Septante) rapporte le combat victorieux de Daniel contre « le grand serpent » que vénèrent les Babyloniens (Dn 14,23-28). Or Daniel est formel : « Je ne me prosternerai que devant le Seigneur mon Dieu, dit Daniel, car lui est un dieu vivant. Mais si tu m'y autorises, roi, je tuerai ce serpent sans épée ni bâton » (Dn 14,25).

## La bête qui monte de la mer...

Il y a déjà, comme jadis dans le livre de Daniel, une ironie subversive à représenter le pouvoir royal ou impérial sous les traits de bêtes monstrueuses et hybrides : « un grand dragon rouge feu avec sept têtes, dix cornes et sept diadèmes » (12,3), une bête venant de la mer « avec dix cornes et sept têtes ; sur ses cornes, dix diadèmes, et sur ses têtes des noms de blasphème » (13,1), et une seconde bête, venant de la mer celle-là, qui « avait deux cornes comme un agneau et elle parlait comme un dragon ». Mais l'ironie ne s'arrête pas là. Les adorateurs de la bête, avec leur question « "Qui est pareil à la bête et qui peut lui faire la guerre ?" » (13,4) usurpent en effet une question que la Bible entière réserve à Yahvé/Dieu (« Qui est comme Yahvé notre Dieu ? » [Ps 113,5 [26]]) ; et pour laquelle elle offre encore plus fréquemment une réponse non équivoque sur l'unicité et l'incomparabilité de Yahvé/Dieu : « Yahvé tu es Dieu / toi seul » (2 R 19,19 [27]), « Seigneur Yahvé, nul ne t'égale. Il n'est pas de Dieu en dehors de toi » (2 S 7,22 [28]).

Ce n'est pas sans ironie non plus que le nom de celui qui combat l'ennemi ultime, le dragon, soit précisément Michel, de l'hébreu

---

26. Voir aussi, avec des variantes : 2 S 22,32 ; Is 45,21 ; Ps 18,32 ; 71,9 ; 89,9.
27. Voir aussi, avec des variantes : Dt 4,35 ; 2 R 19,15 ; Ps 86,10.
28. Voir aussi avec des variantes : Ex 8,6 ; Dt 32,39 ; 1 S 2,2 ; 1 R 8,23, etc.

*Mi-ka-el*, c'est-à-dire *Qui* (est) *Comme Dieu* ? Autre trait d'ironie : la deuxième bête semble vouloir se présenter sous les traits du héros principal du livre, l'agneau. Elle a bien « deux cornes comme un agneau », mais Jean s'empresse d'ajouter : « elle parlait comme un dragon ». Pas de doute possible donc quant à son allégeance ! C'est d'ailleurs le seul des vingt-neuf emplois du mot *agneau* qui, dans l'Apocalypse, ne soit pas réservé au Christ.

### ... et son chiffre (13,16-18)

Que voilà un texte qui a fait couler beaucoup d'encre et inspiré les interprétations les plus contradictoires, des plus subtiles aux plus farfelues : les plus cruels tyrans de l'histoire, de Caligula jusqu'à Saddam Hussein, en passant par tous les autres tyrans, l'adversaire religieux qu'on démonise (le pape et la papauté aux yeux de Luther et, bien entendu, Luther aux yeux des catholiques), l'islam, le communisme, le système économique mondial, etc. ! Comment faire pour s'y retrouver ? Le plus simple est de retourner au texte :

« Elle [la deuxième bête] fait que tous, petits et grands, riches et pauvres, affranchis et esclaves, portent une marque sur la main droite ou sur le front, afin que personne ne puisse acheter ni vendre s'il n'a pas la marque, le nom de la bête ou le chiffre de son nom. C'est ici la sagesse : qui a de l'intelligence, qu'il calcule le chiffre de la bête, c'est un chiffre d'homme en effet, et ce chiffre est six cent soixante-six. »

Relevons d'abord quelques données du texte :

– C'est *la deuxième bête qui prend l'initiative d'imposer* cette marque qu'est le chiffre de la bête. Non pas le sien propre, mais celui de la première bête.

– Le *nom* de la bête *et le chiffre* de la bête *sont une seule et même chose.*

– L'auteur donne un avertissement qui fait appel à *la sagesse* et à *l'intelligence* du lecteur : ce qui en soi est déjà une indication que le chiffre en question a plus qu'une valeur proprement numérique.

– Le lecteur doit *calculer le chiffre de la bête*, qui est *six cent soixante-six* : dans le cas présent, il doit donc chercher un nom, en grec selon toute vraisemblance – et peut-être en hébreu –, formé de lettres dont la valeur numérique individuelle donne, une fois additionnée, le total de 666.

– Ce chiffre est *un chiffre d'homme.* L'expression peut être prise de deux manières différentes : soit un chiffre que l'homme peut comprendre, soit le chiffre d'un homme (par opposition à celui d'un dieu). Dans l'un et l'autre cas, cette affirmation ramène la bête au monde auquel elle appartient : historique et terrestre. La bête n'a rien d'un dieu.

Bref, on a sans doute accordé beaucoup trop d'importance au *six cent soixante-six* (*six cent seize* dans certains manuscrits !), au détriment des autres éléments du texte. L'important n'est pas tant d'identifier à tout prix *le* personnage de l'histoire qui est visé, mais de comprendre le pourquoi de l'énigme et le sens de l'exercice, et plus encore le portrait

## 666 : *Énigme insoluble ou « charade à la mode »*

Si ce chiffre représentait bien une énigme, il faut savoir que, pour les lecteurs auxquels Jean s'adresse, l'exercice proposé était loin de paraître étrange. Des textes contemporains de Jean, ou antérieurs, nous livrent, en effet, bon nombre d'exemples où les lecteurs sont invités, comme dans le cas présent, à chercher le nom d'un personnage à partir d'un « chiffre ».

Avant de citer quelques exemples qui aideront à comprendre l'exercice proposé par Jean, il faut cependant rappeler que, pour les Anciens, aussi bien Grecs que Juifs, chacune des lettres de l'alphabet avait une valeur numérique. Pour les Juifs, où l'alphabet n'est formé que de consonnes, chacune des vingt-deux consonnes a sa propre valeur numérique : les neuf premières comptant pour les unités, les neuf suivantes pour les dizaines, et les quatre autres pour 100, 200, 300 et 400. Pour les Grecs aussi, les vingt-quatre lettres de l'alphabet – qui comprend consonnes et voyelles – reçoivent chacune une valeur numérique : les huit premières comptent pour les unités (le chiffre 6 étant représenté par un signe non alphabétique), les huit suivantes pour les dizaines : de 10 à 80, et les huit autres pour les centaines : de 100 à 800.

Si donc on vous donne, en grec ou en hébreu, un nom, un surnom, un mot, une expression, vous n'avez qu'à additionner la valeur de chacune des lettres qui le forment, et vous aurez ce que Jean appelle « le chiffre ». Si, comme le fait Jean, on vous donne le « chiffre », c'est-à-dire le total, il vous reste à trouver la combinaison de lettres équivalente à ce total, et vous aurez alors le nom recherché. Sauf, bien sûr, qu'il pourrait y avoir différentes combinaisons gagnantes, comme dans tout jeu portant sur « des chiffres et des lettres ».

Voyons maintenant quelques exemples de ce jeu « des chiffres et des lettres » dans l'Antiquité, et nous pourrons ensuite revenir au fameux *six cent soixante-six*. Un premier exemple est tiré d'un ouvrage juif – avec des interpolations chrétiennes –, comprenant des sections apocalyptiques et dont la rédaction s'est étalée sur un peu plus de deux siècles, avant et après la rédaction de l'Apocalypse. Il y est question des empereurs romains jusqu'à Hadrien :

[1] Eh bien, écoute donc l'histoire de la déplorable époque des fils du Latium… [12] un roi se lèvera qui additionnera dix et dix (= Iulius Kaisar = Jules César) [13] dans sa lettre initiale. Il triomphera longuement dans ses guerres. [14] Il tirera de la décade sa première initiale. Après lui [15] régnera celui qui pour initiale aura la première des lettres (= Auguste)… [20] Après un très long temps, il remettra son pouvoir à un autre [21] dont l'initiale aura la valeur numérique de trois cents (= Tibère) [22] et dont le nom dérivera de celui d'un fleuve… [24] Ensuite régnera celui dont le nom aura une initiale de valeur numérique trois (= Gaïus Caligula). [25] Le roi qui lui succédera aura une lettre initiale [26] valant deux fois dix (= Klaudius)… [28] Puis sera souverain celui qui aura cinquante pour initiale (= Néron). [29] Reptile affreux, il attisera une guerre acharnée. Un jour, [30] portant la main jusque sur son propre lignage, il fera périr et bouleversera toutes choses, [31] jouant à l'athlète, au conducteur de char, assassinant, osant d'innombrables forfaits. [32] Il percera le mont que battent les deux mers et l'éclaboussera de sang. [33] Même disparu, il restera funeste. Ensuite il reviendra [34] et se donnera pour l'égal de Dieu. Mais Dieu le convaincra qu'il n'en est rien. [35] Après lui, trois rois (= Galba, Othon, Vitellius) périront sous leurs coups mutuels. [36] Puis se lèvera un grand fléau des hommes pieux. [37] Il exhibera l'initiale ayant pour valeur sept fois dix (= Ouespasianos = Vespasien). [38] Son fils, dont l'initiale vaudra trois cents (= Titus), le vaincra tout d'abord [39] et lui arrachera le pouvoir. Après lui se lèvera comme souverain [40] un tyran maudit dont l'initiale vaudra quatre (= Domitien). Puis [41] un mortel vénérable dont l'initiale

vaudra cinquante (= Nerva). Mais après lui [42] viendra celui dont l'initiale sera marquée du nombre trois cents (= Trajan), [43] un Celte, un montagnard, qui, courant guerroyer au Levant, [44] n'échappera pas à un sort misérable, mais y succombera... (*Oracles sibyllins*, V.)

Un deuxième exemple, tiré du même ouvrage, mais beaucoup plus bref, est tout ce qu'il y a de plus intéressant, puisqu'il nous offre, en contrepartie au « chiffre de la bête », le chiffre de... Jésus (*Ièsous*), qui est 888 :

Alors viendra vers les hommes le Fils du grand Dieu, revêtu de chair, pareil aux mortels sur la terre ; ayant quatre voyelles, la consonne en lui est doublée. Mais je veux te dire le nombre entier : huit unités, autant de dizaines en outre, et huit centaines, voilà ce qu'aux amis de l'incrédulité, aux hommes le Nom révèlera (Ἰησοῦς = *888*) ; mais toi, dans ton esprit, pense bien à l'immortel et très haut Fils de Dieu, au Christ (*Oracles sibyllins*, I, 324-331).

global que Jean trace de la bête et de ses activités. Le chiffre n'est qu'un élément parmi d'autres.

Les remarques et informations qui précèdent devraient rendre l'interprétation du chiffre de la bête plus facile. Du moins, en principe, car, à tout ce qui vient d'être dit, il faut ajouter que :

– Certains manuscrits anciens ont changé le « chiffre » de *six cent soixante-six* à *six cent seize*, ce qui conduit à d'autres noms.

– Le plus ancien interprète dont il nous reste un témoignage écrit sur le chiffre de la Bête est saint Irénée de Lyon, et lui-même propose trois noms, qui sont en fait des surnoms de l'Empire romain : Teitan (Titan), Lateinos (Latin), Euanthas (Florissant/Prospère), et au terme de l'exercice, il invite ses lecteurs à faire preuve de beaucoup de prudence.

– Il semble plus approprié de s'en tenir à l'alphabet grec, la seule certitude étant que Jean écrit en grec et s'adresse à des lecteurs qui savent lire le grec. Toute recherche de solution à partir du latin ou de quelque langue moderne n'est que pure spéculation, sans aucun fondement dans le texte.

– Les solutions les plus anciennes apportées à l'énigme, y inclus celles qui partent de l'autre chiffre *six cent seize*, aboutissent toujours au nom ou au surnom de l'Empire romain ou d'un de ses empereurs.

En conclusion, on retiendra donc les remarques judicieuses d'un des premiers commentateurs de ce passage, Irénée de Lyon :

> « Il est donc plus sûr et moins dangereux d'attendre l'accomplissement de cette prophétie que de se livrer à des recherches et de conjecturer les premiers noms venus, car on peut trouver un grand nombre de noms ayant le chiffre que nous avons dit, et le même problème n'en demeurera pas moins posé : en effet, si l'on trouve beaucoup de noms ayant ce chiffre, on se demandera quel est celui d'entre eux que portera l'homme qui doit venir. [...] En fait, Jean a fait connaître le chiffre du nom de l'Antéchrist, afin que nous nous gardions de lui lorsqu'il viendra, sachant qui il est ; mais il a tu son nom, parce que celui-ci n'était pas digne d'être proclamé par l'Esprit saint... » (*Contre les hérésies*, V, 30, 3-4 [29].)

29. Édition critique par A. Rousseau, L. Doutreleau et C. Mercier, t. II. Texte et traduction, Sources chrétiennes n° 153.

### Le sort de la trinité infernale : victoire ou défaite ?

Les trois comparses que sont le dragon et les deux bêtes sont des ennemis redoutables, et une large part des violences et des ravages rapportés dans l'Apocalypse leur est imputable : ce sont eux qui causent les turbulences dont font état les chapitres 12 – 20. L'Apocalypse le dit avec un réalisme impitoyable en même temps qu'un sens profond d'anticipation de l'histoire. Mais pour autant, il ne faut pas perdre de vue le cadre très précis et, disons-le, plutôt étroit dans lequel opère le sinistre trio. À lire ou à entendre certains commentaires courants d'inspiration fondamentaliste, on pourrait avoir l'impression que le dragon/ Satan est davantage maître de l'histoire que ne le seraient Dieu et l'Agneau ! Or, justement, l'Apocalypse met les choses en perspective.

Premièrement, le contexte antérieur immédiat (la septième trompette : 11,15-19) établit sans aucun doute possible la souveraineté et la victoire absolues de Dieu et du Christ : « La royauté du monde est advenue/la royauté de notre Seigneur et de son Christ, et il régnera pour les éternités des éternités » (11,15). Les trois bêtes auront beau prétendre au pouvoir et à la victoire, elles sont vouées à l'échec et à la ruine.

Deuxièmement, aussitôt la guerre déclenchée (12,7), l'issue est déjà connue et, là aussi, la défaite du dragon est sans appel : « [...] mais il ne fut pas de force [...] Il fut jeté, le dragon [...] il fut jeté sur la terre et ses messagers avec lui » (12,8).

S'ensuit un fort chant de victoire et de réjouissance (12,10-12) en l'honneur de « notre Dieu », de « son Christ » et de ceux qui ont vaincu le dragon « par le sang de l'agneau et la parole de leur témoignage ». La finale du chapitre 12 concède que le Dragon n'a pas fini de déverser sa fureur (12,12.17), en ajoutant toutefois « qu'il ne lui reste plus qu'un bref moment » (12,12). Son sort est déjà scellé, et on assistera à sa déroute finale au chapitre 20.

## Ap 18 : La chute d'un empire économique (lecture politique)

> Après cela, je vis un autre messager descendre du ciel ; il avait un grand pouvoir, et la terre fut illuminée de sa gloire. Il cria d'une voix forte : « Elle est tombée, elle est tombée, Babylone la grande, elle est devenue refuge de démons et repaire de tout souffle impur, repaire de tout oiseau impur, repaire de toute bête impure et haïe. Toutes les nations ont bu le vin de la fureur de sa prostitution, les rois de la terre se sont prostitués avec elle et les marchands de la terre se sont enrichis de l'excès de son luxe. »
>
> J'entendis une autre voix du ciel : « Sortez, ô mon peuple, de chez elle, que vous ne soyez pas en communion avec ses fautes et que vous ne receviez pas de ses fléaux. Ses fautes se sont empilées jusqu'au ciel et Dieu s'est souvenu de ses actes d'injustice. Rendez-lui comme elle-même a rendu, doublez le double de ses œuvres et, dans la coupe où elle a mélangé, doublez le mélange pour elle. Autant elle s'est glorifiée dans le luxe, autant donnez-lui d'accablement et de deuil, car en son cœur elle dit : "Je vais siéger, reine ; et je ne suis pas veuve ; que je ne voie aucun deuil." À cause de cela, en un jour arriveront ses fléaux : mort, famine ; et elle sera consumée dans le feu. Car il est fort, le Seigneur Dieu qui la jugea. »

Ils pleureront, il se frapperont la poitrine à son propos, les rois de la terre qui se sont prostitués avec elle et ont vécu dans le luxe, quand ils regarderont la fumée de son incendie. Se tenant loin, par crainte de son tourment, ils diront :

Malheur, malheur, la ville, la grande,
Babylone, la ville, la forte,
puisqu'en une heure survint ton jugement.

Les marchands de la terre pleureront sur elle et s'endeuilleront. Personne n'achète plus leurs cargaisons. Cargaisons d'or, d'argent, de pierres précieuses, de perles, de lin, de pourpre, de soie, d'écarlate, de tous bois de senteur, de tous ustensiles d'ivoire, de tous objets du bois le plus précieux, d'airain, de fer, de marbre, de cannelle, d'amome, de parfums, de myrrhe, d'encens, de vin, d'huile, de fleur de farine, de blé, de bœufs, de moutons, de chevaux, de chariots, d'esclaves, corps et âme.

Et le fruit de la convoitise de ton âme
s'est éloigné de toi,
et toute opulence, toute splendeur
ont été perdues loin de toi,
jamais plus on ne les recevra.

Les négociants qui se sont enrichis sur elle se tiendront au loin par crainte de son accablement, et en pleurs et en deuil ils disent :

Malheur, malheur, la ville, la grande,
la vêtue de lin, de pourpre et d'écarlate,
la dorée d'or, de pierres précieuses et de perles,
en une heure si grande richesse est devenue déserte.

Tous les pilotes et tous ceux qui naviguent en ce lieu, les matelots et tous ceux qui travaillent en mer se tinrent à distance. Ils criaient en regardant la fumée de son incendie : « Qui est semblable à la ville, la grande ? » Ils jetèrent de la poussière sur leurs têtes et en deuil ils criaient en pleurant :

Malheur, malheur, la ville, la grande,
où se sont enrichis de sa cherté
tous ceux qui avaient des navires en mer
parce qu'en une heure elle est devenue déserte.

Réjouis-toi donc sur elle, ô ciel ; vous aussi, les saints, les envoyés, les prophètes, car Dieu a jugé selon votre jugement contre elle.

Un messager puissant souleva une pierre grande comme une meule, il la jeta dans la mer et dit :

Ainsi d'un élan sera jetée Babylone, la grande ville,
et désormais on ne la reverra plus,
et les voix des citharistes, des musiciens,
des flûtistes et des trompettistes ne seront plus entendues chez toi ; aucun artisan d'aucun art ne se trouvera plus chez toi désormais ; la voix de la meule ne sera plus entendue chez toi encore ; aucune lumière de lampe ne brillera plus chez toi désormais, la voix de l'époux et de l'épouse ne sera plus entendue chez toi encore,
car tes marchands étaient les grands de la terre,
car avec ton poison elles ont été égarées, toutes les nations.

Chez elle fut trouvé le sang des prophètes et des saints et de tous les égorgés de la terre.

Une lecture politique de l'Apocalypse s'impose. En effet, Jean parle abondamment du *pouvoir* : cinq des neuf emplois du mot *basileia/règne* visent un pouvoir terrestre, lié à la Bête : 16,10 ; 17,12.17.18, et trois des douze emplois du mot *dynamis/force, puissance,* désignent le pouvoir du Dragon et de la Bête (13,2 ; 15,8 ; 17,13). Il fait également référence aux *rois de la terre* (huit mentions : 1,5 ; 6,15 ; 17,2.18 ; 18,3.9 ; 19,19 ; 21,24) et *du monde entier* (16,14), et voit en *Babylone* (14,8 ; 16,19 ; 17,5 ; 18,2.10.21), la superpuissance par excellence, tant du point de vue politique que du point de vue économique. Au chapitre 18, la politique et l'économie passent carrément à l'avant-plan, et l'art poétique de Jean atteint ici l'un de ses plus hauts sommets [30].

Quelle que soit la méthode d'analyse adoptée pour interpréter ce chapitre, on ne saurait en ignorer la dimension proprement économique. Les lectures historico-critiques récentes ont d'ailleurs largement contribué à la mise en lumière de cet aspect du texte. Voyons de plus près.

## La structure du chapitre

Ordonnée autour du thème de la chute et du jugement de Babylone, elle est on ne peut plus transparente. Le refrain qui traverse le chapitre de part en part est bien celui de la chute (ruine) de Babylone : « Elle est tombée, elle est tombée, Babylone la grande » (v. 2.16-17.19.21), et de son jugement (v. 10.20). Le caractère définitif et irréversible du jugement est marqué avec insistance dans les versets 21-23 : « Désormais on ne la [= Babylone] trouvera plus... les voix des citharistes, des musiciens, des flûtistes et des trompettistes ne seront plus entendues chez toi ; aucun artisan d'aucun art ne se trouvera plus chez toi désormais ; la voix de la meule ne sera plus entendue chez toi encore ; aucune lumière de lampe ne brillera plus chez toi désormais, la voix de l'époux et de l'épouse ne sera plus entendue chez toi encore... » On l'aura compris : le sort de Babylone est aux antipodes de celui qui est promis à Jérusalem (Ap 21,1.4 ; 22,3.5).

Le thème de la chute et du jugement de Babylone est également commenté par une série impressionnante d'intervenants, huit en tout, quatre au ciel et quatre sur terre. On trouve d'abord un double message d'origine céleste (v. 1-3 et 4-8), puis une quadruple lamentation, sur la terre, des principaux complices et artisans de la prospérité, désormais partie en fumée, de la grande ville : les rois de la terre (v. 9-10), les marchands de la terre (v. 11-14), les négociants (v. 15-17), et enfin les navigateurs (v. 17-20). Pour compléter le quatuor des voix célestes, le chapitre s'achève sur un appel à la réjouissance, associant le ciel ainsi que « les saints, les envoyés, les prophètes » (v. 20), et une ultime proclamation, par « un messager puissant », de l'anéantissement de Babylone. Or, ce qui est frappant, c'est que – à l'exception du v. 20 –, chacun des segments fournit une lecture économique de la chute de Babylone.

30. Pour ce chapitre 18, on lira avec grand profit l'étude de Richard Bauckham, « The Economic Critique of Rome in Revelation 18 », dans son ouvrage *The Climax of Prophecy. Studies in the Book of Revelation* (T&T Clark, 1993), p. 338-383. Il écrivait justement à ce propos (je traduis) : « Le livre de l'Apocalypse est une des attaques les plus féroces contre Rome et l'une des pièces les mieux réussies d'une littérature de résistance politique provenant des débuts de l'empire. Sa critique systématique de l'ensemble du système du pouvoir romain comporte un élément important de critique économique » (p. 338).

En effet, le grand reproche qui est fait à Babylone ici n'est pas d'avoir versé le sang des saints, mais bien de s'être enrichie à l'excès et de s'être glorifiée de son luxe (v. 3.7.9.12-14.17.19).

**L'arrière-plan biblique** (notamment avec Ez 27-28)

Reconnu par tous les spécialistes et signalé dans toutes les bibles de référence, il confirme l'intérêt que Jean porte à la dimension économico-politique de la chute de « Babylone ». Bien sûr, la charge du prophète Ézéchiel visait une puissance économique et commerciale de son époque (première moitié du VIe siècle av. J. C.) : la ville phénicienne de Tyr. Mais les emprunts textuels de Jean à ces deux chapitres d'Ézéchiel sont nombreux et significatifs. Au-delà des rapprochements de détail, on comprendra facilement que Jean s'inspire d'une des condamnations les plus sévères d'une puissance économique dans l'Ancien Testament pour dénoncer, à son tour, l'appétit insatiable de Rome-Babylone pour le profit et le luxe.

## Jean, observateur et critique de la scène économique

Mais il y a plus. Bien qu'il doive beaucoup à Ézéchiel, Jean n'en garde pas moins une étonnante connaissance de l'économie et des activités commerciales de son époque. On l'a déjà dit ailleurs : dans l'Apocalypse, Babylone désigne Rome et son empire. Or, si on regarde de plus près la liste des denrées mentionnées dans le chapitre 18, on se rend compte qu'elles correspondent en très grande partie à ce qu'on sait par ailleurs – grâce notamment aux historiens romains Suétone et Tacite –, des activités commerciales et économiques de Rome au Ier siècle de notre ère. Le luxe dont il est question ici n'est pas une fiction : il correspond à la réalité historique du temps, et au commerce qui faisait la prospérité de Rome. Jean n'est pas un rêveur détaché de la réalité : au contraire, il se révèle observateur averti et critique impitoyable de la scène socio-économique et politique. Cette critique apparaît encore clairement dans le cri que Jean prête aux marins : « Ils criaient en regardant la fumée de son incendie : "Qui est semblable à la ville, la grande ?" » (v. 18), écho explicite du cri des adorateurs de la bête : « Qui est pareil à la bête, et qui peut lui faire la guerre ? » (13,4.)

## Exemples de lectures politiques (libérationnistes) de l'Apocalypse

La dimension politique de l'Apocalypse a suscité, elle aussi, des interprétations diverses au cours des âges. Dès 1957, Norman Cohn, avec un ouvrage devenu classique sur les *mouvements millénaristes révolutionnaires* du Moyen Âge (*The Pursuit of the Millenium*, traduit en français sous le titre *Les fanatiques de l'Apocalypse*), a montré l'impact de l'Apocalypse sur ces mouvements et les dérives éventuelles d'une lecture politique de l'Apocalypse. Plus près de nous, la rhétorique guerrière américaine depuis la guerre du Golfe et les attentats du 11 septembre 2001, souvent inspirée d'une lecture fondamentaliste et complaisante de l'Écriture, puise assez largement dans l'imagerie apocalyptique d'une lutte à finir entre les forces du bien et celles du mal. Mais on parle ici de dérives.

Il existe toutefois, dans le sillage de la théologie de la libération, un certain nombre d'essais ou de commentaires plus pertinents, qui voient dans l'Apocalypse un livre dénonçant l'oppression du pouvoir politique, la divinisation de ce pouvoir, et prônant la résistance pouvant aller jusqu'au martyre. Du côté de l'Amérique du Sud, signalons les essais de Carlos Mester (*L'Apocalypse. Espérance d'un peuple qui lutte.* Paulines, 1988 [original de 1986]) et de Pablo Richard (*L'Apocalypse, reconstruction de l'espérance.* Paulines ; Lumen Vitae, 2001 [original de 1994]). Mais les lectures politiques récentes les plus fortes et les plus systématiques nous viennent de l'Afrique. En premier lieu, mentionnons l'ouvrage percutant d'Allan A. Boesak : *Comfort and Protest. Reflections on the Apocalypse of John of Patmos* (1987). L'auteur travaillait à cet ouvrage lorsqu'il fut arrêté et placé en isolement dans une prison de Pretoria, à l'été 1965. Le titre de l'ouvrage traduit bien les deux aspects de la mission prophétique de Jean et de son message : *protestation* et *consolation.* Boesak, que d'aucuns ont salué comme un second Martin Luther King, s'appuie sur une étude exégétique sérieuse et sobre, et l'application qu'il fait systématiquement au régime oppresseur de Pretoria est un exemple éloquent, en même temps qu'un témoignage émouvant, de lecture prophétique de l'Apocalypse.

À titre d'illustration, voici deux extraits de son commentaire, à propos du cri des justes en Ap 6,10 (« Jusques à quand, ô Maître ? ») et de la « demeure de Dieu parmi les hommes » (Ap 21,3-4) :

« Qui répondra aux mères de Soweto et de Cape Town, de ces camps de réfugiés et de ces petits villages ruraux, lorsqu'elles demandent pourquoi il fallait que leurs enfants meurent ? Qui leur dira pourquoi elles ont dû ensevelir des enfants morts de faim dans un pays où les tables des riches croulent sous le poids d'une surabondance de nourriture ? Qui leur expliquera pourquoi la police et l'armée se cachent dans des camions pour mieux abattre des enfants sans armes ni méfiance ? Si le livre n'est pas ouvert, le "pourquoi" derrière la souffrance du peuple de Dieu ne sera pas entendu et restera sans réponse » (p. 56).

« Le Dieu qui brûle de voir les nations "changer leurs épées en charrues et leurs lances en serpes" ne peut pas se sentir chez lui dans un pays "rempli de chevaux et de chars sans nombre" (Is 2,4.7). Ce Dieu qui désire passionnément voir les nations cesser d'apprendre à faire la guerre ne sera jamais chez lui dans un monde où des gens gagnent leur vie avec la guerre et la destruction, où sont décorés ceux qui tuent des enfants créés à l'image de Dieu, et où on glorifie la violence et la mort… Ce monde où des petits enfants meurent prématurément pour avoir mangé des journaux déchiquetés et des débris de nourriture, comme ces enfants abandonnés des camps de réfugiés d'Afrique du Sud – non, un monde comme celui-là ne peut pas être la demeure du Dieu de l'Exode, des prophètes, de Jésus de Nazareth. Il ne saurait tout simplement pas être appelé une demeure pour les enfants du cœur de Dieu » (p. 139-131).

Le second exemple est l'œuvre d'un prêtre du Cameroun, exégète reconnu, et qui, dans un ouvrage intitulé *Lettre aux Églises d'Afrique (Apocalypse 1 – 3)*, fournit des clefs essentielles aux communautés chrétiennes d'Afrique pour analyser la crise qu'elles connaissent et tracer des voies d'avenir. L'auteur écrit, en conclusion de son enquête :

« Ma fréquentation du livre de l'Apocalypse m'a fait découvrir une similitude entre d'une part l'Asie Mineure de la fin du Ier siècle et d'autre part l'Afrique du XXe siècle finissant. Toutes les deux sont secouées par une crise profonde et menacées de déstructuration. Je voyais également une ressemblance frappante entre les Églises asiates et nos communautés chrétiennes, affrontées à des difficultés similaires. Enfin, l'aggiornamento que l'Esprit impose aux Églises d'Asie éclaire celui que le même esprit dicte aujourd'hui aux Églises d'Afrique [31]... »

## Ap 20 : Le règne des mille ans – Histoire de la réception

Le chapitre 20 est un chapitre idéal pour prendre la mesure de l'écart qui peut exister entre les différents types et méthodes de lecture de l'Apocalypse. Il fait également partie de ces textes pour lesquels la masse des commentaires peut facilement faire écran au texte lui-même, les développements autour du texte ayant parfois dispensé plus d'un lecteur de retourner au texte et à son contexte. Pour cette raison, il ne sera pas inutile de redonner ici le texte *in extenso* (version BNT) et de le situer dans son contexte immédiat, avant de relever les principales questions qu'il pose et de signaler les grandes écoles d'interprétation.

> 1 Je vis un messager descendre du ciel avec la clé de l'abîme et une
> grande chaîne dans sa main. 2 Il s'empara du dragon, l'antique serpent, qui
> est le Diviseur et l'Adversaire, et il l'attacha pour mille ans. 3 Puis il le jeta
> dans l'abîme qu'il ferma et scella sur lui afin qu'il n'égare plus les nations
> jusqu'à la fin des mille ans ; après cela il doit être délivré pour un peu de
> temps. 4 Je vis des trônes ; à ceux qui y siégèrent il fut donné pouvoir de
> juger ; je vis aussi les âmes de ceux qui avaient été décapités à cause du
> témoignage de Jésus et de la parole de Dieu, et qui ne se sont pas prosternés devant la bête ni devant son image et qui n'ont pas reçu sa marque
> sur le front ou sur la main, et ils vécurent et régnèrent avec le Christ pendant mille ans. 5 Les autres morts ne vécurent pas jusqu'à la fin des mille
> ans. Tel est le premier relèvement. 6 Heureux et saints ceux qui ont part au
> premier relèvement. Sur eux la seconde mort n'a pas de pouvoir, mais ils seront prêtres de Dieu et du Christ et ils régneront avec lui mille ans.
>
> 7 Lorsque seront accomplis les mille ans, l'Adversaire sera délivré de
> sa prison. 8 Il sortira pour égarer les nations aux quatre coins de la terre,
> Gog et Magog, il les rassemblera en vue de la guerre, eux dont le nombre
> est comme le sable de la mer. 9 Ils montèrent sur l'étendue de la terre, ils
> encerclèrent le camp des saints et la ville bien-aimée, mais descendit du

31. Paulin Poucouta, *Lettres aux Églises d'Afrique. Apocalypse 1 – 3*, Paris-Yaoundé, Éditions Karthala-Presses de l'UCAC, 1997, p. 259.

ciel un feu qui les dévora. [10] Et le Diviseur, lui qui les égare, fut jeté dans l'étang de feu et de soufre où sont aussi la bête et le pseudo-prophète, et ils seront tourmentés jour et nuit pour les éternités des éternités. [11] Je vis un grand trône blanc ; celui qui y siège, terre et ciel fuyaient loin de son visage, et on ne leur trouva plus de lieu. [12] Je vis les morts, les grands et les petits, debout devant le trône. Des volumes furent ouverts, et un autre volume fut ouvert, celui de la vie, et les morts furent jugés, d'après ce qui est écrit dans les volumes, selon leurs œuvres. [13] La mer donna ses morts, la Mort et l'Hadès donnèrent leurs morts ; ils furent jugés chacun selon ses œuvres. [14] Et la Mort et l'Hadès furent jetés dans l'étang de feu. Cette mort, la seconde, est l'étang de feu. [15] Quiconque ne fut pas trouvé inscrit au volume de la vie fut jeté dans l'étang de feu.

## Le contexte, antérieur et postérieur

Il est bien celui d'une victoire définitive sur le mal et d'un salut sans restriction. Alors que le chapitre 19 célèbre déjà l'établissement du règne de Dieu, l'avènement des noces de l'Agneau et la victoire [32] du cavalier blanc avec un quadruple *alleluia* (v. 1.3.4.6), les chapitres 21 – 22 détaillent à souhait la description du monde qui naît de la déroute ultime du Dragon et des deux bêtes qui le servent. On ne saurait donc interpréter le chapitre 20 indépendamment, et *a fortiori* à l'encontre de ces chapitres 19, 21 et 22, et encore moins vouloir tout comprendre de la « fin » uniquement à partir du chapitre 20 et de ce qu'il dit sur le règne des mille ans.

Cela dit, il faut **demeurer attentif à ce que dit le chapitre 20, et le respecter jusque dans ses ambiguïtés**. Or si le règne des mille ans a suscité des interprétations si diverses chez les exégètes, c'est sans doute qu'il pose au lecteur des questions qui peuvent entraîner des réponses diverses. On a tout intérêt à éviter ici toute interprétation simpliste qui refuserait d'entendre ces questions. Signalons les principales questions :

- *Que veut dire « mille ans » : doit-on prendre l'expression au sens propre ou figuré ?*
- *Le « règne » des saints est-il terrestre ou céleste ?*
- *Que ce règne soit terrestre ou céleste et que sa durée de « mille ans » soit interprétée au sens propre ou au sens figuré, peut-on déterminer avec certitude à quel moment il commence ?*
- *Qu'est-ce que la « première résurrection » et la « deuxième mort » ?*
- *L'Adversaire a-t-il un pouvoir quelconque au cours et au-delà de la période des mille ans ?*
- *Pour l'interprétation d'ensemble de ce passage, doit-on y voir une prédiction ou une prédication (selon l'heureuse expression de l'exégète Elian Cuvillier) ?*

S'il n'y a pas lieu de refaire ici l'histoire des millénarismes qui se sont développés autour du chapitre 20 de l'Apocalypse [33], il ne sera toutefois pas inutile d'en rappeler les grandes lignes :

---

32. Voir « Pour (re)lire l'Apocalypse : dix mots clefs » – « Vaincre », p. 461.

33. On trouvera un dossier plus complet, avec de nombreuses citations des interprètes de

## Interprétations

Les plus anciennes interprétations du chapitre 20 de l'Apocalypse, aux IIe et IIIe siècles de notre ère (Épître de Barnabé, Papias, Hyppolite, Irénée, Tertullien et Victorin), sont proprement millénaristes. Le « règne des saints » est alors vu comme une période de prospérité et de bonheur exceptionnels pour les chrétiens, *avant ou après* le retour du Christ, et il sert de prélude au Jugement dernier.

Ces positions commencent toutefois à être vivement contestées en Occident à partir d'Eusèbe, qui critique la position de Papias, et de Jérôme qui, dans son édition du commentaire de Victorin, n'hésite pas à en corriger les thèses millénaristes. Dans leur sillage, saint Augustin (354-430) revendique une lecture du chapitre 20 qu'on peut qualifier d'*a-millénariste*, du fait qu'elle attribue au chiffre *mille* une valeur symbolique et qu'elle interprète le règne des mille ans comme coextensif au temps de l'Église :

> Dans l'intervalle des mille ans où le diable est lié, *les saints règnent eux-mêmes avec le Christ pendant mille années, à comprendre elles aussi sans aucun doute de la même manière, à savoir de ce temps actuel de son premier avènement*... C'est donc de ce royaume en état de guerre où l'on est encore aux prises avec l'ennemi, où tantôt l'on résiste quand assaillent les vices, tantôt on leur commande quand ils cèdent, jusqu'à ce que l'on parvienne à ce royaume de toute paix où l'on régnera sans ennemi ; et c'est de la première résurrection, celle qui a lieu maintenant (dans le baptême) que parle ce livre [l'Apocalypse] (*Cité de Dieu* XX, 9).

À l'approche de l'an mil, le livre de l'*Apocalypse* occupe une place de choix dans la pensée religieuse occidentale. Le succès incomparable du *Commentaire sur l'Apocalypse* du moine espagnol Beatus de Liebana, paru en 776, et qui allait donner lieu à une riche tradition d'enluminure, en est un témoignage éloquent. On peut aussi penser au non moins célèbre *Libellus de Antechristo*, écrit en 954 par le moine Adso – vedette du roman à grand succès d'Umberto Eco, *Le nom de la rose*. En revanche, au fur et à mesure qu'approche l'échéance historique de l'an mil, il semble, d'après les témoignages littéraires disponibles, que les croyances millénaristes n'ont guère eu d'impact sur la population, du moins dans l'expérience concrète du passage au nouveau millénaire.

Le millénarisme connaîtra toutefois un regain de vie dans la prédication populaire du Moyen Âge, avec la figure charismatique de Joachim de Flore (1130-1202). Le prédicateur calabrais transpose l'idée du *millenium* en celle d'un règne de l'Esprit, dont il prédit l'inauguration pour l'an 1260. Son influence spirituelle sera considérable, avec notamment l'apparition de nombreux ordres religieux voués à préparer

---

l'Apocalypse depuis les premiers siècles jusqu'à nos jours, dans le *Supplément aux Cahiers Évangile*, n° 112, juin 2000. Je reprends ici en bonne partie mon encadré intitulé « Petite histoire du millénarisme » à l'intention du *Commentaire pastoral* de l'Apocalypse, Bayard, 1995.

l'avènement des derniers temps. Nombreux aussi ont été les théologiens, contemporains de Joachim, qui se sont engagés dans l'interprétation des signes avant-coureurs du *millenium*, à propos des luttes entre l'empereur Frédéric II et la papauté.

Aux XVIe et XVIIe siècles, le millénarisme refait surface en Europe, comme rêve de révolution sociale. À ce chapitre il convient de signaler, chez les anabaptistes allemands, le rôle tenu par Thomas Münzer (1489-1525), qui se sépara de Luther pour défendre la révolte des paysans (première moitié du XVIe siècle). Du côté de l'Angleterre, le mouvement des *Levellers* (les *Niveleurs*), au XVIIe siècle, associe étroitement révolte prolétarienne et millenium.

D'une manière générale, l'histoire bicentenaire des États-Unis est intimement liée à la cause millénariste. Dès la fondation, les puritains de Nouvelle-Angleterre étaient animés de convictions millénaristes. Puis, au moment du *Great Awakening* (*Grand Réveil*) avec Jonathan Edwards, on assiste à une véritable croisade missionnaire, axée elle aussi sur la conviction que les derniers temps sont proches. Enfin, on n'en finirait plus de recenser les groupes religieux, (adventistes, mormons, témoins de Jéhovah, ou autres), qui sont apparus aux États-Unis depuis un siècle et demi, et qui sont d'inspiration proprement millénariste.

Chez ces groupes religieux plus récents, on peut distinguer deux tendances fort différentes. On parle de *pré-millénarisme* ou de *post-millénarisme*, selon qu'on situe le retour du Christ *avant* (*pré*-millénarisme) ou *après* (*post*-millénarisme) l'établissement du *millenium*. Alors que les tenants du post-millénarisme ont une attitude résolument missionnaire et plus soucieuse de provoquer des changements sociaux, les adeptes du pré-millénarisme n'offrent pas le même degré de sensibilité aux problèmes actuels de société et s'en remettent davantage à une intervention spectaculaire de Dieu pour l'amorce de tout changement.

Depuis 1970, sous l'influence notamment de Hal Lindsey et des nombreux prédicateurs évangélistes de « l'Église électronique », on assiste à un regain des lectures fondamentalistes de la prophétie biblique, avec les spéculations apocalyptiques les plus fantaisistes. Fondamentalement, le discours n'a guère changé par rapport au discours millénariste de la fin du XIXe siècle.

En conclusion de ce bref survol historique, on conviendra facilement de l'impact qu'un texte comme Apocalypse 20 a pu avoir dans l'histoire de la théologie et dans l'imaginaire chrétien. On aurait tort d'ignorer les débats passionnés qu'il a inspirés, et l'histoire de la réception de ce texte ne fait qu'en illustrer la richesse de sens, tout comme elle invite à une lecture respectueuse des questions qu'il pose.

## Clefs de lecture pour quelques textes

### Chapitres 2 – 3

Dans un premier temps, on pourra lire l'ensemble du texte et repérer le schéma suivant dans chacune des lettres, en notant au besoin les variantes :
– adresse
– titre du christ
– jugement
– appel à la conversion
– promesse
– exhortation à l'écoute

Ensuite, on pourra porter une attention particulière aux différents titres du Christ et essayer de voir, d'une part, leurs liens avec la vision inaugurale et, d'autre part, les liens avec la situation particulière de chacune des Églises.

Sous la rubrique « jugement », on pourra aussi noter l'ensemble des points forts (objets d'éloge) et des points faibles (objets de reproche) des Églises et chercher à voir de quel ordre sont les problèmes que vivent les communautés (questions doctrinales, unité, rapport à d'autres religions, rapport au pouvoir politique, etc.) et leurs points forts ou réussites. Enfin, on pourra noter l'ensemble des promesses faites aux Églises et voir en quoi elles jettent un éclairage sur l'interprétation de l'Apocalypse : s'agit-il de promesses déjà réalisées, ou réalisables, dans la vie présente des Églises, ou faut-il les entendre au sens proprement eschatologique, c'est-à-dire, comme devant être réalisées uniquement à la fin des temps ?

### Chapitres 6 – 7

Le chapitre 6 décrit l'ouverture des six premiers sceaux, dont quatre au moins (les 2$^{e}$, 3$^{e}$, 4$^{e}$ et 6$^{e}$) présentent l'annonce d'un fléau. L'ensemble du chapitre est donc placé sous le signe du jugement (appelé ici la « colère » de Dieu) et de l'Agneau, et s'achève sur cette question redoutable : « Qui donc peut encore tenir debout ? » Le ton même de la question fait redouter le pire.

Dans ce contexte, en quoi le chapitre 7 – qui parle des « cent quarante-quatre mille » qui sont marqués du sceau et de « la foule immense que nul ne pouvait dénombrer » –, vient-il contrer les sombres perspectives du chapitre 6 ? La perspective du salut est-elle égale, moindre, ou supérieure à celle du Jugement ?

### Chapitres 21 – 22

1) Relire d'un côté les chapitres 17 – 18 (et, si possible, se faire des copies qu'on pourra examiner en parallèle), et de l'autre côté les chapitres 21 – 22. Noter les contrastes entre les attributs de la prostituée du chapitre 17 et la fiancée du chapitre 21, puis entre le sort de Babylone (chap. 18) et de Jérusalem (chap. 21 – 22).

2) À l'aide des notes et des références de votre Bible, identifier les principales images du salut et vérifier en quoi elles rejoignent celles des prophètes de l'Ancien Testament.

3) Relire les chapitres 21 – 22 en étant attentif au langage de création ainsi qu'aux allusions aux chapitres 1 – 3 de la Genèse. En quoi ces références peuvent-elles changer l'image courante qu'on se fait d'une Apocalypse qui serait axée sur la fin du monde plutôt que sur une nouvelle création ?

# OUVERTURE : UN PLAIDOYER POUR L'ESPÉRANCE

La lecture que nous venons de faire de l'Apocalypse aura permis, nous l'espérons, de dissiper un certain nombre de malentendus tenaces – Non, l'Apocalypse n'est ni un livre de prédictions sur la fin du monde ni un livre de peur ! –, et de découvrir, au contraire, une œuvre théologique originale et puissante, placée à l'enseigne de la résurrection du Christ et de l'immense espérance qu'elle suscite. Reprenons brièvement les principaux acquis de cette lecture.

## UNE CHRISTOLOGIE RÉSOLUMENT PASCALE

La *christologie* s'impose à la fois comme la pierre angulaire et comme la clef de voûte de l'Apocalypse. Ainsi, l'œuvre johannique remplit admirablement le programme annoncé dès les premiers mots du livre, et qui font office de titre : *Dévoilement DE Jésus Christ.* C'est lui le personnage central, pour qui l'auteur déploie une titulature sans égale dans le reste du Nouveau Testament : le Vivant, l'Alpha et l'Oméga, le Fils de Dieu, le principe de la création de Dieu, le lion de la tribu de Juda, l'Agneau debout et semblant égorgé, le Seigneur des seigneurs, l'Étoile du Matin, l'Époux, Celui qui vient bientôt, etc. C'est ce même Christ qu'on trouve en inclusion dans la vision inaugurale et dans l'épilogue, et qui joue un rôle de premier plan dans chacune des trois sections que nous avons repérées dans l'étude de la structure.

Essentiellement, le Christ de l'Apocalypse apparaît comme le Vivant ayant vaincu la mort et les puissances du mal, et comme le Christ en gloire, recevant de Celui qui siège sur le trône autorité, pouvoir et majesté. Il est *le* Vivant et, pourrait-on dire dans la foulée de François Varillon, *le Vivifiant,* dont la résurrection illumine le présent des communautés chrétiennes et les fait vivre. Enfin, ce Christ est Celui qui vient et que les communautés chrétiennes attendent avec ardeur : « Amen, viens, Seigneur Jésus » (22,20).

## UNE ÉGLISE INTERPELLÉE ET RÉCONFORTÉE

L'Apocalypse, ne l'oublions pas, est un livre adressé à sept communautés d'Asie Mineure et donc, en raison du symbolisme du chiffre sept, à toute l'Église. Ce sont des Églises en chair et en os, implantées dans des cités importantes d'Asie Mineure. Minoritaires dans ces grandes cités, les chrétiens font face à des choix déchirants devant la concurrence des nombreux cultes qu'on y trouve. Plus grave encore est la crise suscitée par la machine impériale romaine et par les prétentions blasphématoires de l'empereur qui se croit l'égal de Dieu et exige qu'on lui rende un culte.

Dans ce contexte, les chrétiens doivent faire un choix et accepter d'en payer le prix jusqu'au martyre. Aux lendemains des événements tragiques de la prise de Jérusalem par les Romains, ces mêmes chrétiens doivent repenser leurs liens avec les communautés juives, qui sont alors florissantes dans les grandes métropoles d'Asie Mineure. L'Apocalypse porte, pour cette raison, les cicatrices d'une rupture devenue, à la fin du Ier siècle, inévitable. Enfin ces communautés, qui ont déjà une ou deux générations d'existence, se voient également confrontées à des problèmes internes et doivent s'interroger sur leur propre fidélité à l'Évangile.

Devant pareille situation, Jean se présente comme un authentique prophète et son livre est animé, de part en part, du même souffle que les Isaïe, Jérémie, Ézéchiel et Zacharie. Comme eux, il *dénonce* l'inhumanité et le caractère oppressif de l'Empire (Rome dans l'Apocalypse) et de son immense machine de propagande au service de l'empereur. Comme eux, il *appelle* sa communauté à la vigilance, à la fidélité et, au besoin, à la conversion et à la résistance. Il puise aussi chez ces mêmes prophètes l'inspiration qui lui permet d'*annoncer* le salut et la victoire dans des visions sublimes (les cent quarante-quatre mille et la foule immense des sauvés, le Temple ouvert dans le ciel, le règne des milles ans, la Jérusalem nouvelle), qui proclament toutes l'avènement d'un monde nouveau, façonné à l'image du Ressuscité.

## Un plaidoyer pour l'espérance

Pour toutes ces raisons, l'Apocalypse apparaît donc comme le livre par excellence de l'espérance chrétienne ou, comme l'avait si bien exprimé la revue *Lumière et Vie* dans un numéro spécial consacré à ce livre biblique [34], *le livre du désir*. Le mot d'ordre que Jean adresse à ses frères et sœurs est bien celui du courage et de l'espérance [35], et les sept Béatitudes qui viennent ponctuer son œuvre disent bien son intention d'apporter réconfort et encouragement aux communautés.

Depuis la fin du Ier siècle de notre ère, les visions mentionnées dont nous venons de parler ont meublé l'imaginaire chrétien ; au moment des crises les plus graves, elles ont accompagné et réconforté les communautés chrétiennes. Pourrait-on imaginer plus belle espérance que celle qui se déploie sous nos yeux aux chapitres 21 – 22 : disparition de l'ancien monde, des larmes, de la mort et de la malédiction, création nouvelle et accès à l'arbre de vie, réconciliation des nations et, par-dessus tout, présence tout en lumière de Dieu et de l'Agneau au milieu d'une humanité nouvelle ? Vivement l'apocalypse !

34. N° 227, avril 1996.
35. Voir « Pour (re)lire l'Apocalypse : dix mots clefs » – « Résistance (*hypomonè*) », p. 459.

# Bibliographie


**Commentaires**

AUNE D. E., *Revelation 1 – 5*. Dallas, Texas, Word Books Publisher, 1997 (Word Biblical Commentary, 52 A) CCXI, 374 p. ; – *Revelation 6 – 16*. Dallas, Texas, Word Books Publisher, 1998 (Word Biblical Commentary, 52 B) XLV, p. 378-903 ; – *Revelation 17 – 22*. Dallas, Texas, Word Books Publisher, 1998 (Word Biblical Commentary, 52 C) XLVI, p. 905-1354.

CORSINI E., *L'Apocalypse maintenant*, trad. de l'italien par R. Arrighi, préface par X. Léon-Dufour, Paris, Éditions du Seuil, 1984 (© 1980), « Parole de Dieu », 342 p.

COTHENET É., *Le message de l'Apocalypse*, Paris, Mame-Plon, 1995, 183 p.

PRÉVOST J.-P., *L'Apocalypse. Commentaire pastoral*, Paris, Bayard-Centurion ; Outremont, Novalis, 1995, 179 p.

PRIGENT P., *L'Apocalypse de saint Jean*, éd. revue et augmentée, Genève, Labor et Fides, 2000 (Commentaire du Nouveau Testament II, XIV), 507 p.

SCHÜSSLER FIORENZA E., *The Book of Revelation : Justice and Judgment*, Philadelphie, Fortress Press, 1985, XII, 211 p.

VANNI U., *L'Apocalisse. Ermeneutica, esegesi, teologia*, Bologne, Edizioni Dehoniane, 1988 (Supplementi alla Rivista Biblica n° 17), 432 p.

**Introductions**

BAUCKHAM R., *The Climax of Prophecy. Studies on the Book of Revelation*, Édimbourg, T&T Clark, 1993, XVIII, 550 p. ; – *The Theology of the Book of Revelation*. Cambridge, Cambridge University Press, 1993, XV, 169 p.

COTHENET É., « Révélation ». *[Apocalypse de saint Jean]*, in *Dictionnaire de spiritualité ascétique et mystique*, t. 13, 1988, 453-482.

GRAPHÈ, *L'Apocalypse*, Lille, Centre de recherches de l'université Charles-de-Gaulle – Lille-III (« Lectures de l'Écriture » n° 1), 1992, 158 p. ; – *Dire et voir l'Apocalypse*, Lille, Centre de recherches de l'université Charles-de-Gaulle – Lille-III (« Lectures de l'Écriture n° 3 »), 1994, 182 p.

« La fin du monde. Relire l'Apocalypse », *Lumen Vitae* n° 39, 1984, p. 362-452.

« L'Apocalypse : le livre du désir », *Lumière et Vie*, Lyon, avril 1996, t. XLV-2, p. 1-79.

« Lire L'Apocalypse », *Cahiers Évangile*, supplément, n° 112, Paris, Éditions du Cerf, juin 2000, 131 p.

POUCOUTA P., *Lettres aux Églises d'Afrique. Apocalypse 1 – 3*. Paris, Karthala/ Presses de l'UCAC, Yaoundé (Cameroun), 1997, 288 p.

PRÉVOST J.-P., *Pour lire l'Apocalypse*, Paris, Éditions du Cerf ; Ottawa, Novalis, 1991, 160 p. ; – « Vers une résurgence des millénarismes ? Les mouvements apocalyptiques contemporains », *Religiologiques* n° 20, automne 1999, p. 153-164 ; – *Les écrits johanniques. III. L'Apocalypse*, dans O. Mainville (dir.), *Écrits et milieu du Nouveau Testament. Une introduction*, Montréal-Paris, Médiaspaul, 1999, p. 245-261.

YARBRO COLLINS A., *Crisis and Catharsis : The Power of the Apocalypse*, Philadelphie, Westminster Press, 1984, 179 p.

***Pour une bibliographie plus détaillée sur l'ensemble du livre, voir :***

PRÉVOST J.-P., « L'Apocalypse (1980-1992) », in M. Gourgues et L. Laberge (éd.), *« De bien des manières ». La recherche biblique aux abords du XXI^e siècle*, actes du cinquantenaire de l'ACEBAC (1943-1993), Montréal, Fides ; Paris, Éditions du Cerf, 1995, « Lectio Divina » n° 163, p. 433-457.

# *Index des références bibliques*

Les citations bibliques des parties « Lire l'œuvre de Jean » et « Lire l'Apocalypse de Jean » sont tirées de la Bible Bayard, Nouvelle Traduction ; celles des parties « Lire l'évangile de Matthieu », « Lire l'évangile de Marc », « Lire les lettres de Paul » sont tirées de la Traduction œcuménique de la Bible (TOB).

# Index thématique

# Index des noms propres

# Table des matières

Composition : Facompo, Lisieux

Cet ouvrage a été achevé d'imprimer en septembre 2004
par Normandie Roto Impression s.a.s.
à Lonrai (Orne)
pour le compte de Bayard Éditions

Dépôt légal : septembre 2004
N° d'édition : 7765
N° d'impression : 04-2386

*Imprimé en France*